叢書・ウニベルシタス　453

ウィトゲンシュタイン評伝

若き日のルートヴィヒ　1889-1921

ブライアン・マクギネス
藤本隆志／今井道夫／宇都宮輝夫／髙橋 要 訳

法政大学出版局

Brian McGuinness
WITTGENSTEIN, A LIFE
Young Ludwig 1889-1921

This book is published in Japan by arrangement with
Gerald Duckworth & Co. Ltd., London,
through Tuttle-Mori Agency Inc., Tokyo.

目次

凡例

一、本書は Brian McGuinness : *Wittgenstein, A Life, Young Ludwig 1889-1921*, London, Gerald Duckworth & Co. Ltd., 1988, pp. xiv + 322 の全訳である。翻訳にあたっては同書の Joachim Schulte による独訳 *Wittgensteins Frühe Jahre*, Frankfurt am Main, Suhrkamp Verlag, 1988 を適宜参照した。

一、括弧の使用については慣例に従い、原文中の ‘……’ による引用箇所は訳文中の「……」に、イタリック体表記の文献名は『……』にそれぞれ対応させ、訳者による挿入部分は訳文中〔……〕のように表示した。ただし、パーレン（……）と角括弧［……］は原著の用法どおりである。

一、固有名の表記については、文脈上あるいは慣行上特別な配慮が必要と判断される場合を除いては、原則として原音にできるだけ忠実であることを旨としたが、その際、①ウィトゲンシュタイン生存時の発音慣行をできるかぎり尊重し、②促音「ッ」による表記はなるべく省き、③原音の長音も煩を厭わず訳語に取り入れ、④その他、人名などで訳者の意見に異同ある場合には『西洋人名辞典』（岩波書店、一九八一年、増補版）によった。

一、原著中の英語以外の外国語表記は、あえて訳文中に挿入しなかった。邦訳によって十分に意味が表されうると考えたからである（例、“to get a thing done, etwas durchsetzen”は「物事をやりぬく」に）。

一、巻末に、読者の索引の便を図って、原著にはない「引用文献一覧」を載せた。

一、巻末の「索引」は原著・独訳本のそれぞれを参考にしながら、新たに訳者が編んだものである。

写真解説

1. ヘルマン・クリスティアン・ウィトゲンシュタイン，祖父（クララ・シェグレン夫人蔵）
2. カール・ウィトゲンシュタイン，父（クララ・シェグレン夫人蔵）
3. カールとレオポルディーネ・ウィトゲンシュタインの銀婚式における一族の写真．前列左から四人目のセーラー服姿がルートヴィヒ（トマス・ストーンボロ博士蔵）
4. ホーホライトにおけるカールとレオポルディーネ，中央ヘルミーネ（クララ・シェグレン夫人蔵）
5. 幼児ルートヴィヒ・ウィトゲンシュタイン（クララ・シェグレン夫人蔵）
6. パウルとルートヴィヒ・ウィトゲンシュタイン（クララ・シェグレン夫人蔵）
7. 旋盤に向かうルートヴィヒ（クララ・シェグレン夫人蔵）
8. ホーホライトで食卓を囲む家族．左から家政婦，ミニング，祖母〔マリア〕カルムス，パウル，グレートル，ルートヴィヒ（クララ・シェグレン夫人蔵）
9. ミヒャエル・ドロービル製作になるルートヴィヒ・ウィトゲンシュタインの頭部彫像（フランツ・リヒャルト・ライター博士蔵）
10. 1913年頃のデイヴィド・ピンセント（ルートヴィヒ・ウィトゲンシュタイン相続人共蔵）
11. 右：グスタフ・クリムト画になるマルガレーテ・ストーンボロの肖像（ミュンヘン，ノイエ・ピナコテーク蔵）
12. アレーガッセの邸宅内部，音楽室（トマス・ストーンボロ博士蔵）
13. 初期のホーホライト別邸，「ブロックハウス〔丸太小屋〕」（クララ・シェグレン夫人蔵）

14. 凧の実験をしているウィトゲンシュタインとエクルズ（トマス・ストーンボロ博士蔵）
15. ウィトゲンシュタインがガリチアで乗船していたゴプラナ号(ウィーン戦争資料館蔵)
16. ウィトゲンシュタインの軍隊身分証明書（ルートヴィヒ・ウィトゲンシュタイン相続人共蔵）
17. ブコヴィナ地域における砲兵隊の進軍（ウィーン戦争資料館蔵）
18. 休暇中の家族団欒．左からクルト，パウル，ヘルミーネ，マクス（ザルツァー），レオポルディーネ，ヘレーネ，ルートヴィヒ（クララ・シェグレン夫人蔵）

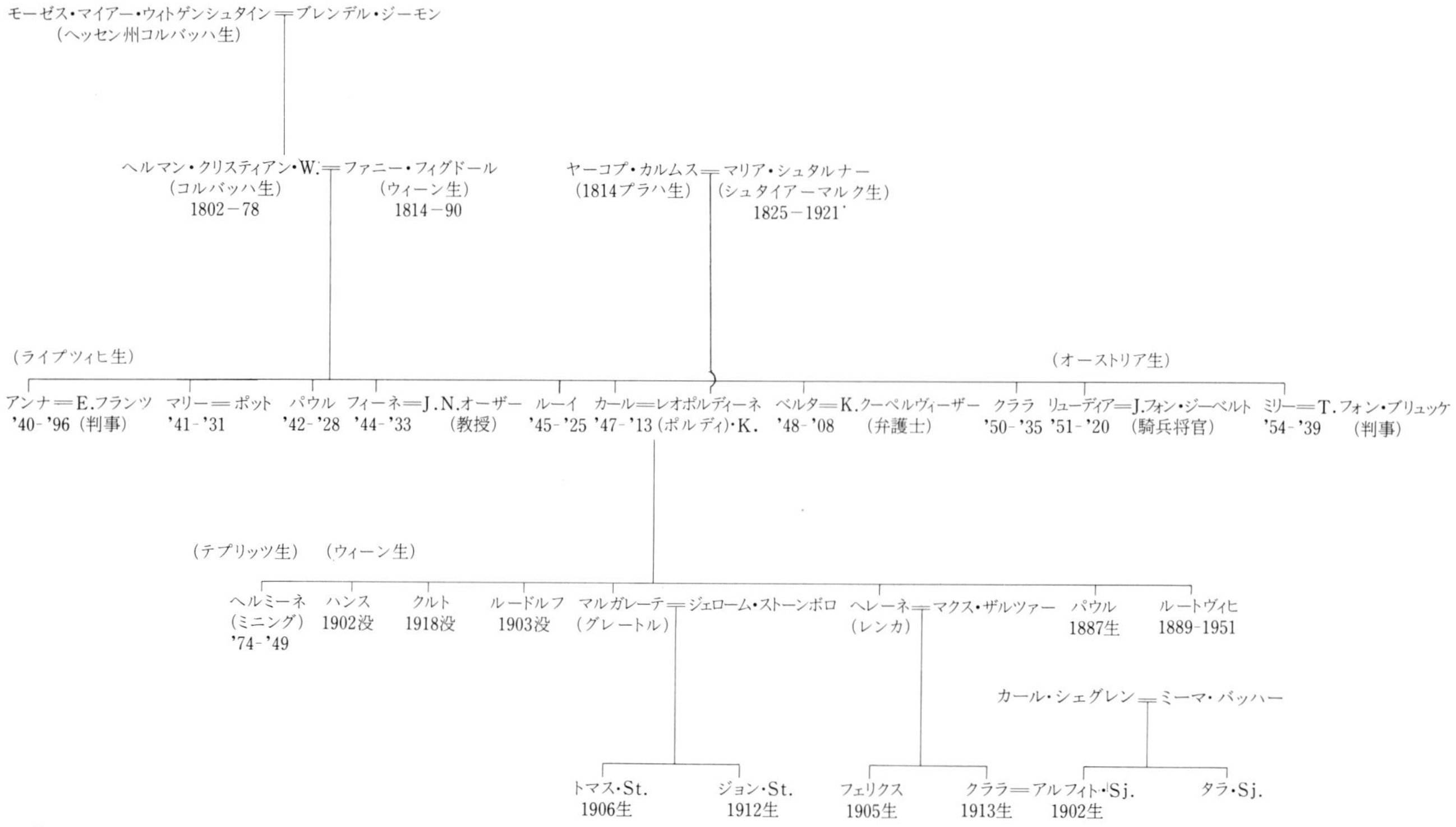

ウィトゲンシュタイン家系図

序

長年ウィトゲンシュタインの『論理哲学論考』に学び、デイヴィド・ペアーズ氏と共にその翻訳者でもあった私は、その後公刊に値するさまざまな文書が発見されたことによって、ウィトゲンシュタインの生涯に関心を抱くようになった。まず第一にフリードリヒ・ヴァイスマンの遺稿があった。この遺稿の存在にジェイムズ・グリフィン博士とロバート・ストゥートホフ氏が私の注意を喚起してくれたのであるが、これによってウィトゲンシュタインとウィーン学団のメンバーたちとの会話を復元することが可能になった。それはまたハンス・モッツ博士やJ・ヘヴェシ氏を知る機縁にもなって、ヘヴェシ氏は当時まだ存命中だったテルアヴィヴのパウル・エンゲルマンの著作、ならびに彼の所有する『論考』の草稿のことを教えてくれた。ここでもまた、もっぱら文通によって(というのは、エンゲルマンはあまりにも思いやりがありすぎて、私がわざわざ彼に会いにいくのを許してくれなかったからである)、私はウィトゲンシュタインの書簡とエンゲルマンの回想録を出版し、贈与された『論考』の草稿をボドレアン図書館に寄贈する労をとることができたのであった。

これらの資料を出版するにあたっては、ウィトゲンシュタインの伝記的背景についての知識が若干要求された(そうした伝記資料は、私の獲得できた範囲で、エンゲルマン著『ルートヴィヒ・ウィトゲンシュタインの手紙と回想』の編者序文や追補記事の中に収録してある)。もう二〇年ほども前のことになるのだが、すでにこの段階で、わたくしはトマス・ストーンボロ、アルフィト・シェグレン、クララ・シェグレン、フェリクス・ザルツァー、ジョン・ストーンボロとその夫人など、ウィトゲンシュタイン家につながる一族の人たちの助力をえて、ウィトゲンシュタインの知っていた（また、建てさえした）家々へ案内され、家族の大切に保存していたアルバム、手紙類、書籍など、あらゆる種類の遺品を見せてもらっていた。とりわけ彼らは、あの魅力あふれる環境のすべてについて率直に話をしてくれ、全身で信頼の情を示してくれた。私の仕事があまりにも遅延して、右の方々のうち最初の四人の方が、この結果について好悪いずれの感じをもたれるにせよ、これを目にするまで存命されなかったことは、私にとっての悲しみである。シェグレン家のアルフィトとクララに対しては、私がオーストリアで仕事をしていたとき、彼らのウィーンの自宅とホーホライトの別荘（後述するように、ウィトゲンシュタイン家の郊外別邸である）の二カ所をわたくしの作業拠点に提供してくれた親切を特記しておかなくてはならない。ここイギリスでは、ジョン・ストーンボロ少佐に終始連絡を取り、質問攻めにして迷惑をかけたにもかかわらず、彼は誠実かつ精力的に応対してくれた。彼とその夫人は、かつてウィトゲンシュタインの姉マルガレーテ・ストーンボロが公妃然として華麗な生活を送っていたグムンデンのヴィラ・トスカーナに案内してくれた。オクスフォードでは、〔ジョン・ストーンボロ夫妻の〕遠縁の姪であるハインリヒ・クーン夫人が一族との連絡を確保していてくれた。彼女とその夫ハインリヒ・クーンはトゥーメルスバッハで私を歓迎してくれ、他の甥御たちや、一族集団の雰囲気に接する機会を与えてくれた。

しかし、このときまでには、私は早や伝記作家として旅立つ用意ができていた。その旅立ちに際しては、その他もろもろのことどもと同様、ゲオルク・ヘンリク・フォン・ウリクト教授に負うところが大きい。彼はウィトゲンシュタイン一族に接近する道をすでに整えていてくれていた。私が他の目的のために収集していた諸資料を誰か一人の人に委ね、一冊の伝記へまとめあげてもらうことの必要について相談にのってくれたのもフォン・ウリクト教授である。彼は、そのような人はウィトゲンシュタインを個人的に知らない人であるべきだという感触を持っており、その仕事を私自身が引き受けるよう督励した。彼はそれからというもの、常時資料を提供してくれ、私がヘルシンキを訪れて、彼自身の所有になるウィトゲンシュタイン・コレクションを閲覧するのを可能にしてくれたうえに、私の生み出したものを共感をもって読んでくれただけでなく、反対意見も率直に述べてくれた。彼からは多くのことが学べたと思っている。

もう二人、ウィトゲンシュタインの著作権継承者たるエリザベス・アンスコム教授とラッシュ・リーズ氏もまた同様に、絶大な厚意を示してくれ、私の計画の開始を祝ってくれた。相続人代表でもあるアンスコム教授は記念品や写真や日記類をたくさん見せてくれたし、また会話の際には（その夫ピーター・ギーチ教授と共に）有益な指示を与えてくれた。リーズ氏はウィトゲンシュタインの少数ながら興味深い蔵書類を自由に利用させてくれたし、どのような質問にも思慮深い長文の手紙で答えてくれたのだが、そのために氏個人にとってはもっと貴重な仕事の時間が犠牲になったに違いない。

主としてこれら三人の方々のおかげで、私はウィトゲンシュタインの手稿やタイプ原稿や日記や手紙など、あらゆる種類の文書に接するという計りしれない便宜を特別に与えられたのである。（そのうちのいくつかはオーストリア在住の一族の家々や、ウィトゲンシュタインの古い友人の子息であるヘルマン・ヘンゼル教授の家で見たのであるが、教授はこのうえない寛大さをもって度重なる私の訪問や申し出に耐えてくれた。）

私を支援してくれたウィトゲンシュタインの友人や家族の中で特別な位置を占めるのは、フリードリヒ・フォン・ハイエク教授である。ウィトゲンシュタインの甥でもある彼は、私の知るかぎり、伝記を書くために資料を収集し始めた最初の人物であった。彼は、当時まだ存命中だったウィトゲンシュタインの姉たちや兄（ただし、彼らにはそうした企画を促進させようとする意図などなかった）、その他多くの価値ある証言者たち（たとえば今述べたヘンゼル）とも文通した。そのハイエク教授は個人的に自分の思い出を開陳してくれただけでなく、自分の書いたスケッチ（と彼の呼んでいたもの）まで閲覧させてくれたし、さらには、その基礎になった文通資料までも見せてくれるという驚くべき好意を示してくれた。ジョージ・ピッチャー教授もまた、とても親切に、自分の集めた資料を私に提供してくれた。

本書一巻が扱うのはウィトゲンシュタインの生涯の（ほぼ正確に）最初の半分だけである。私は、半ば不本意ながら、以上の方々以外の人たちに対する謝辞や礼辞は第二巻の序文まで残しておいて、ここでは前半部分に関してわたくしを支援してくれた人たちのことに言及するに留めておかなくてはならない。そのうちのおそらく最も早い時期については、故ウィリアム・エクルズがいて、私は彼がアイルランドに隠棲しているときに会った。エンゲルマンの友人たち、すなわちオルミュッツ・サークルのメンバーたちも、もちろん早い時期を占める。たとえば故ハインリヒ・グロアクとは数多くの素晴らしい議論ができたし、マクス・ツヴァイク博士も最近高齢ながら、エルサレムにご存命と聞いている。これらの人々のすぐあとに、第一次世界大戦終結時ウィトゲンシュタインの捕虜仲間だったフリッツ〔フランツ？〕・パラク氏がいる。その直後の時期については、私に膨大な知識を惜しげもなく与えてくれた故ルードルフ・コーダーに負うところが大きい。

これら遺作の継承者、あるいは家族、あるいは存命中の友人たちいずれの場合にも、私は自分のウィトゲンシュタイン観——ここに提示されるもう一つの観点——が彼らのものと完全に一致しているとは思えない。それはゲーテが自らの生涯について述べたように、虚構すなわち想像と、真実との混淆なのである。ここでウィトゲンシュタインについて知られていることの一切を含む（かつ知られていること以外の何事も含まない）ような参考書を公刊しようとしているわけではない。むしろ、私は彼の生涯を（まずはその前半を）理解可能な全体として、つまり一貫した単一体として、ウィトゲンシュタインの好んだ詩の中でゲーテが叙しているような、まさにダイモーンの展開として提示しようとして、この詩を本書の巻頭銘とした。ウィトゲンシュタインは自分の生涯をそのように見たかったのではないかと思う。すなわち、私が記述すべきは、彼がそうであった人物であるのと同じように、彼がそうあろうとした人物でもあるのである（その両者が実際区別できるとして）。私はまた、彼が自分の伝記の書かれることを望んでいたとも思う。保存されていた彼の心の状態に関する記録がそのことを示している。晩年彼は暗号で（いわば遺稿管理者たちに対する）指示すら残している。だから、私は伝記など無分別の極みだという（ハイエク教授に対して表明された）ウィトゲンシュタインの兄の感情に気がねする必要はないと思っている。もちろん、客観的に見て、私がその伝記を書くにふさわしい人間であるかどうかは別の問題であり、私の答えるべき問題でもない。ウィトゲンシュタインやその家族、あるいはその他の事柄について、一見私自身の意見なり判断なりコメントなりが介入してくるように見えても、それはいささかギリシア悲劇に現れるコロス〔合唱歌舞〕を模倣した制作上の手法なのだ、と言うべきであろうかと思われる。ときに挿入される従来の見解は、主人公や、その家族さえも持っていた個性を浮き彫りにするのに役立つ。

主観的には、私は机上に費やした長い年月を悔やむわけにはいかない。私の知ったさまざまな人々も町々も、一度たりとも私をあきさせなかったばかりでなく、その双方に出会えた点で私はこのうえなく幸運だったと思う。この第一巻のために、私は一時代前へ身を移されたように思った。トリニティ・コレジでも、中央ヨーロッパでも、私はある仕方で自分の親の世代の経験を追体験することができた。おまけに、特殊なドイツ文化の精髄を消化したいという関心もあった。そうすることが可能となったかぎりでは、私はその事実を多くのオーストリアの友人に負っている。すでに述べた人たちの何人かはその意味での友人になった。そのほか私のすでに知っている人たちの中では、大変な高齢で最近亡くなったエミー・ウェレスが私をシュティフター、グリルパルツァー、ケラーなど多くの人たち〔の作品〕への手引きをしてくれた。マクダ・ミニオ゠パルエロ（同じく最近他界）とその弟レオ・ウンガル博士が、カール・クラウスとアードルフ・ロースのウィーンについて私が何事かを理解するのを助けてくれた。

私に与えられた刺激がもし読者にまで及ぶとすれば、私はある程度成功したことになるであろうし、読者もまたルートヴィヒ・ウィトゲンシュタインについて自分の態度を決めるのが一層容易になるであろう。

バートランド・ラッセルに関する情報については、故ドーラ・ラッセル、キャサリン・テイト夫人、コンラッド・ラッセル教授、およびマクマスター大学のバートランド・ラッセル文庫、とりわけ故ウィリアム・レディ氏とケネス・ブラックウェル氏に感謝したい。ラッセルからオットリーン・モレル夫人へ宛てた書簡は、テキサス大学オースティン校図書館の好意によって引用可能になった。ケンブリッジ大学のトリニティ・コレジでは、第一次世界大戦以前の時期に関する情報をフィリップ・ガスケル博士（元主任図書館員）に負い、その時期の生存者（残念ながら今は亡い）の中では、初代エイドリアン卿、J・R・M・バトラー卿、H・ホロンド教授、J・E・リトルウッド教授にお世話になった。故ヘスター・エイドリアン氏とその令嬢リチャード・ケインズ氏夫人がデイヴィド・ピンセントについての情報収集を助けてくれた（その日記からの抜粋もまたトリニティ・コレジ図書館で手に入れることができた）。故ドロシー・ムーア夫人とポール・レヴィ博士はG・E・ムーアについて、またレヴィ博士はブルームズベリー・サークル一般について、私に多くのことを語ってくれた。キングズ・コレジ図書館（当時ペネロープ・バロック博士が在任中だった）はケインズの書簡類を閲覧させてくれ、故ジェフリー・ケインズ卿からも情報を得ることができた。キングズ・コレジとカーン卿はそれら資料を公刊する許可を与えてくれたのである。ヨアヒム・シュルテ博士はドイツ語の語法や文献に対する特別の視点をもって草稿と最終稿を読んでくれた。文献関係、出版関係、図書館関係の諸問題について終始助言してくれた旧友ジョン・コマンダー氏にもここで謝辞を述べられるのがうれしい。ダックワース出版社では、旧友でもあるコリン・ヘイクラフト氏が激励と無限の忍耐を併せ発揮する能力を示してくれた。

ロンドンの国防省図書館、ウィーンの戦争資料館と内務省、下オーストリアのキルヒベルク・アム・ヴェクセルにあるウィトゲンシュタイン資料館、およびこれら諸機関のスタッフの皆さんが終始私を支援してくれた。ボドレー、ブラックウェル、および母校のコレジなくしては、一介のオクスフォード人ごときは迷走を重ねたことであろう。私のコレジはとくに優れた便宜を提供してくれた――休暇、優れた図書館、コンピュータ施設、それに優秀な秘書たちがいて、パトリシア・ロイド嬢（彼女がこの原稿の大部分をタイプしてくれた）、フレーア・ウォルシュ夫人、およびジェーン・フューイングス嬢がコンピュータ処理を可能にしてくれたうえ、その他いろいろ力を貸してくれた。スティーヴン・コープ氏とアリスン・コープ夫人がこれら資料を実際にレーザー処理できるようにしてくれたときには、唯々畏敬の念に打たれるばかりであった。私はグリフィン博士に対する謝辞から始めたが、その作業システムに関する助言を与えてくれたジェイムズ・グリフィン夫人に謝辞を述べることをもってこの序文を締めくくれることを光栄とする。

一九八七年七月　オクスフォード大学、クイーンズ・コレジにて

B・F・マクギネス

ΔΑΙΜΩΝ

Wie an dem Tag, der dich der Welt verliehen,
Die Sonne stand zum Gruße der Planeten,
Bist alsobald und fort und fort gediehen
Nach dem Gesetz, wonach du angetreten.
So mußt du sein, dir kannst du nicht entfliehen,
So sagten schon Sibyllen, so Propheten;
Und Keine Zeit und Keine Macht zerstückelt
Geprägte Form, die lebend sich entwickelt.

GOETHE, in *Urworte. Orphisch*

ダイモーン

汝を世に授けし、かの日のごとく
太陽は遊星たちの会釈を受けしに、
汝はそれより先へといやさらに
汝を生み出せし法に従ひて育ちゆけり。
汝はかくあるほかなく、おのれより逃るるすべなしと
早や巫女たち、預言者たちの言いけるに、
生きて展開しゆく刻印の形相は
時も力もなべてこれを毀つことなし。

(ゲーテ「根源言、オルフェウス風」)

第一章　家族的類似

われわれの扱おうとしているウィトゲンシュタイン家は、一八世紀末、その名の冠せられる一貴族の城塞からほど遠からぬウィトゲンシュタイン郡の村ラースフェに発している。今は未知のある年、おそらくはいつとは知らぬある年に、ラースフェ町のマイアー・モーゼス（Meyer Moses）の息子であり、領主の執事でもあったモーゼス・マイアー（Moses Meier）が、その土地の郡名を自分の姓として名のった。伝説への愛、あらゆる出来事を慣れ親しんだ名称に結びつけたがる要求、また後には貴族的出自を標榜するというよりは自分がユダヤ人でなかったことを願う欲求が、いくつかの事件や動機を伴いながら、この襲名の背景になっていた。〔たとえば〕この地の領主はかつてこの無遠慮な自分の執事を打擲したといわれている。当の執事のほうは、一八〇二年に生まれた息子が実際には領主の私生子だったという事実に対する怒りを（実際考えられないことながら）公言してはばからなかったといわれている。また、ユダヤ人はすべて家族名を名のらなくてはならないというジェローム・ボナパルトの勅令が一八〇八年にこの事件の位置づけをしたようでもあった。いちばんもっともな説明はたぶんこういうことであろう。すなわち、モーゼス・マイアー、マイアー・モーゼスといった姓名の交替がユダヤ人のあいだでは古い命名スタイルであったのだが、ジェロームの法律がラースフェといった市町村名を名のることをあからさまに禁止したのである。そのため、この地域に在住あるいはこの地域出身の一群の家族たちは、疑いもなく、ウィトゲンシュタインという姓を名のった。たとえばベルレブルクの一家族、ヘクスターの一家族などがそうである。こうした家族がわれわれのウィトゲンシュタイン家に関係があると考える理由はない。その名が一八〇八年に用いられ始めたとしても、モーゼス・マイアーはすでにヴァルデク侯国内のコルバッハに移住しており、その地で問題の息子が一八〇二年に生まれ、その父親が一八〇五年に死んでいたのである。

モーゼス・マイアー・ウィトゲンシュタインとその妻ブレンデル・ジーモンの肖像画は堅苦しく、古風で、所在なげのまま、いまだに彼らから四代あとの玄孫娘のウィーン別邸に掛かってはいるが、その当人たちについてはほとんど何も思い出が残っていない。「コルバッハの市場で魚を商っていた老人マイアー・ラースフェ」として家族の伝統からみてあまり尊敬されない仕事をして生活していたのは、(確かに)モーゼスの父親である。といってしまうと、おそらくこの家族のウィーンにおける教養と富、そのつましい素性とのあいだにあまりにも先鋭にすぎる対比をしていることになろう。なぜなら、ウィトゲンシュタイン家はコルバッハ最大の事業の一つに従事していたし、その潤沢な基盤は息子や孫の一人によるのと同様、この老人によっても据えられたのだからである。

だが、この家族は明らかにユダヤ系であった。「純血だ」というのはモーゼス・マイアーの孫ルーイが妹ミリーにいった言葉であるが、これには——われわれが今観察したように——彼らが現にユダヤ系であるということではなく、かつてユダヤ系であったということに誇りを持っていたという、一種のアイロニーが伴っている。(1) そして、ヘルマン・クリスティアンの庶生に関する噂が流布し、あるいは復活した次の世代には、マルガレーテ・ストーンボロは冷笑しながら、そうした考え方が姉たちにも及ぶことを肯んじなかった。すなわち、この一族は自分たちの要求が先祖の一九世紀における業績についての格別な評価、とりわけ生き方も生涯も別段ユダヤ的ではなかった祖父の性格についての評価に準拠している、と考えたがっていたのである。彼らのユダヤ的出自に対するこのアンビヴァレンス〔相反傾向〕は時と場所に応じて決まってくる一つの特性であった。同化したユダヤ人、とくにドイツ帝国領となった地域のユダヤ人は、自ら苦労して古い文化の痕跡を全部放擲したのみならず、おのれの文化の表現を他の文化のなかに見、民族性そのものさえも一種の汚点と見て、彼らに自由が保証されているかぎりで、幸運と自己統御のみが自分たちを民族のくびきから解放してくれると見なしていたのであった。だから、ヘルマン・クリスティアンの息子カールが「名誉に関することでは、人はユダヤ人に相談しない」と言ったと伝えられ――彼は確かにそうした直截なものの言い方ができた――、またその息子ルートヴィヒ（われわれの特別な研究対象）が、（たとえば彼自身のような）ユダヤ人思想家には模造以上のことができないのではないかと思案したときには、彼らはその時代に共通な現象の一例、すなわち反ユダヤ主義を理解しているユダヤ人の一例であったにすぎない。こんにち、ヒトラーなきあとでは、ユダヤの血を引く多数の家族は、その中にヘルマン・クリスティアンの子孫たちも含まれるのだが、どのような理由にせよ、自分たちの出自については異なった態度をとっており、それを自分たちのエネルギーや知性の根源と見なしている。しかし、ルートヴィヒの考えはそれ以前の考え方に属していて、カール・クラウスやオットー・ヴァイニンガーのユダヤ的自己憎悪のような側面をもっていた。

ナチ当局者たちがルートヴィヒの姉たちの家系を調査した一九三八年には、ストーンボロ夫人が二度にわたって資料を閲覧させたにもかかわらず、ヘルマン・クリスティアンの出生に関するいかなる記録も出生地のユダヤ人記録保管所では発見されなかった。クリスティアンという名は、もちろんそうした保管文書に出てくるはずもなく、ヘルマンという名前ですら、ユダヤ人の名前らしくなく、洗礼のときにつけられたものなのであろう。洗礼の日時も明らかでない。彼の孫娘ヘルミーネは、それを一八三九年の結婚直前のことではなかったかと考えていたが、その他の家族の説明では、少年期の一八一一年（年齢八歳）あるいは一八一五年（年齢一二歳）の頃だとして、彼が「立ったまま洗礼を受けた」という点についてだけ意見が一致している。われわれは、彼の将来の妻が実際には結婚直前に洗礼を受けていることを知っているから、結婚するために両人が一緒にキリスト教徒になったというよりは、彼女のほうが彼の宗旨に従ったというほうが確からしいように思われる。もし彼が一時期キリスト教徒だったとすれば、彼の遺言の言葉によって含意されているような、家族からのある種の疎遠状態を説明するのに役立つかもしれない。すなわち、その遺言状では、妻子にまともな生活をさせてやるのに困難を感じる必要のなかったことを神に感謝したあとで、彼は次のように言葉を続けているのである。

私は自分の経歴を別の困難な状況のもとで開始した。自分自身の力にのみ頼り、一度も気落ちしたことがなく、一度も他人の好意を頼みにしたり、受けたりしたこともなくて、私よりも優れている人たちに負けまいとしながら、一度も彼らの蔑みの対象にはならなかった。

「頑固さと威厳」というのは、孫娘のヘルミーネが祖父のマナーを言い表すのに使った言葉であるが、この表現は確かに右の簡潔な遺言によって裏書きされている。また、彼がこの中で示しているのは、宗教的な真摯さ、課題としての人生という受けとめ方であり、これは彼の子孫のうちの多くの者に再三現れてくる。これに劣らず典型的なのは、この自分の課題が主として世間の中で確固とした地位を確保するのに必要な、まともで秩序あるビジネス行為のうちにある、といっているかのごとき彼の印象である。こうした目的を達成する手段は、精力と不屈という別種の商人道徳によって与えられた。

写真類は彼が血色のよさそうな、決然とした、少なからずかんしゃくもちの初老の男であることを示している。彼と結婚し、われわれに最初の個人的な印象記を残してくれることになるファニー・フィグドールに出会った三五ないし三六歳の頃にも、彼はおそらく同じように恐ろしげな風貌であったことであろう。彼女の兄グスタフは彼とペストの町で会った——彼は当時木綿業界で活躍しており、オランダやイギリスの顧客を訪ねるのと同様に、ハンガリーやポーランドにおける自分の生産地をも訪れていたからである。一八三八年のあるとき、彼はウィーンで八日間、とあるオランダの仕事仲間と一緒にいた。グスタフは二人を自分の父親の家に連れていったのだが、たまたま彼ウィトゲンシュタインがテーブルの相客としてファニーと同席した。彼の厳格で冷たく、近寄り難い表情や、その会話の生真面目さは、当時でさえウィーンの夕食席を特徴づけていた魅力あふれる浅薄さとは、きわだった対照をなしていた。しかし、その後さらに二度ほど会ったのちには、少しばかり緊張が和らいでいた。彼女にとっては彼は今や見かけがよくなったわけではないとしても、ともかく一層魅力ある人物に見え、他方彼のほうでは、すでに結婚の申し込みをするに十分な下地ができていた。(すでに二四歳であったし、申し込みもたくさんあったに違いない)彼女は初めてこれといった嫌悪感を持たなかったのである。(2)しかし、父親がバーデンへ行かなくてはならなかったし、ウィトゲンシュタイン自身も(滞在を延長し、将来の花嫁の近くに三週間近くもいて)フランクフルトでの仕事をそれ以上延期するわけにはいかなかったので、アウグスブルクのオーバーマイアー夫人が彼の性格や経済的地位などについてファニーの相談にのることになった。すでに主役二人の気持ちがはっきりしていたので、すべてが順調にいって、一八三九年にはビーダーマイアー製の家具が購入され、食器類やリネン類(その多くが現在でも使用されている)が調えられ、花嫁の持参金が二〇フローリン金貨で支払われたのちに、ファニーがドレスデンにおもむき、まずルター派教会で洗礼を受け、

次いで結婚式を挙行したのである。(3)

ヘルマン・クリスティアンは明らかにそのときすでにライプツィヒを中心に活動していた。コルバッハでの商業活動はこのときまでに衰微しており、彼はともかくも一族の商会から独立していたように思われる。一八三八年あるいは一八三九年以後(のちにウィーンでも)彼は妻の一族の協同経営者であった。新婚の二人は、当時ライプツィヒの郊外にあり、現在はその中心近くにあるゴーリスの町に落ち着いた。この地で彼らは堅実な繁栄をものにし、ここで一一人の子どもたちのほとんどが生まれ、ここで彼らの家庭生活が決定的な烙印を押されるのである。その家庭生活は書籍や木綿取引の中心地に位置するドイツ商人の家庭であり、生活であって、リヒァルト・ヴァーグナーの生誕地にあり、グスタフ・フライタークが『貸方と借方』(4)を書いた町の中にあった。このフライタークの本はおそらく他のどの場所でよりも長い期間この家族のあいだで読まれたものである。実際、これを読むのには歴史的な眼力が要る。そこではドイツ中流階級の商業的価値観、〔たとえば〕T・O・シュレーダー家の豊かさのただ中にある秩序、静謐、厳格といったものが、貴族階級の無気力や贅沢、ユダヤ人の嫉みや貪欲(学者になって夭折した彼らの秘蔵っ子ベルンハルトはその例外として)、隣国ポーランドの混乱した状況(「ポーランド経済」というドイツ語の表現には「混乱状態」という俗義がある)ならびに定見なき隣国ポーランドの反乱といったことなどと、露骨にすぎるほどに対比されている。のちのウィトゲンシュタイン家の人々が満腔の賛意をもって自分たちをこの社会小説の登場人物と同一視したというのではない。この本の中には、本当のところ、ある種の鈍感さが看取される。つまり、この著者は友情や個人的問題の持ち味ないしは内容を十分に伝えることができず、人物をいくぶん外側から描写しすぎているように思われる。そうした事柄については、ウィトゲンシュタイン家の人たちは最高の尺度で判断を下し、自分たち一族のドイツ時代——たとえばキューゲルゲンの『過ぎ去りし日々』(5)に描かれている時代——を別の眼鏡を通して見ていたのである。この書物は一九世紀最初の一〇年間におけるドイツ精神の再生を描いているのであるが、そこでは、不合理であるがゆえに静かで有無を言わせぬ母親の、最高水準の正直さと義務感に対する執着、ならびに父親の自分の仕事や自分自身の価値に対する落ちついた確信が支配しているような、親密な一家族の枠組みが描かれている。おじたち、家庭教師たち、家族の友人たちがすべて協力して、真実の愛情が正義と結びつきうるし、また結びつくべきであることを子どもたちに示す。少しあとになって初めて、この周到なブルジョワ道徳に宗教的な要素が加わり、人はそうしたことがすべて満たされたところで依然として無価値である、という認識が生まれてくる。この本はウィトゲンシュタイン一族ののちの世代にとっては、正しい感覚を表す一種の鏡——いわば彼らの「ザクセンシュピーゲル〔ドイツ最古の法典〕」——になったのである。彼らが当時を回想する手がかりにしたもう一つ別の本は、フリッツ・ロイターの『古譚・我が農耕の日々』であった(6)。そこでは、実生活の場合と同様に、ある地主は無気力、あるユダヤ人は貪欲、ある農夫は意地が悪いのだが、しかし、その主たる教訓は、単純で自然な人間感情としての人の正直さや勤勉さや自分の力が、一方では不運が生じたときにはこれを拡大してしまうが、他方では人が不運に耐え、自分自身の良心を堅持し、自分をよく知っていて公正な判断のできる少数の人たちに信頼されることを可能にする、ということである。

こうした生活は辛い労働の世界であると共に深い感情の世界でもあるのだが、それでも、その中に都会的なウィーン世界の息吹を持ちこんできた少々謹厳なファニー・フィグドールは、磨かれて磨き砂の散乱したライプツィヒの新居の床《ゆか》を初めて見たときには泣いたといわれている。この話はたぶん彼女自身の語ったものであろう。実際、場違いなあらゆる物事に気づくや否や、それに注意を与えるよりも早く叱責してしまうようなこの将来の母ないし祖母を形容するために、誰かがそのような話を捏造するはずもなかったであろう。しかしながら、ウィトゲンシュタイン家が一〇年後にオーストリアへ移った事実はこの話に符合する。それはごく自然な、おそらくは本当に、ファニーの影響によると思われる移住であった。

アンナ、マリー、パウル、フィーネ、ルーイ、カール、ベルタ、クララ、リューディア、ミリー、そして最後にクローティルデ（保護監察下に長命であった）は、それにもかかわらず、この精力的で辛辣な淑女によって厳格に家事をしつけられ、家族の財政が必要とするよりもはるかに質素に育てられた。女の子は姉たちのお下がりを着せられた。規則違反はある一室や地下室に閉じこめられることによって罰せられたし、大きくなってからでさえ、娘たちは、それほど文字通りのことではなかったにせよ、不適当な求愛者たちから隔離されていた。この家庭の中では、家族数そのものがある程度子どもたちを保護していたし、たまたまそのうちの誰かにふりかかった困難を他の者が軽減することもできた。ある場合には、彼らは母親の短気や決断の速さを受け継ぎ、別の場合には、それに適応していくことを学んだ。（彼らにお気に入りの話は、イタリアで休暇を過ごそうというのに、彼女が船をエジプトへ行かせてしまったというものである。）この判断の素早さといったものは彼女のきびきびした一般知性の特性なのであろうが、そのいくぶんかは、それぞれに身にしみついた礼儀正しさによって緩和されながらも、のちの世代にもこれを見ることができる。

ウィトゲンシュタイン家にきわめて特徴的でありながら、ファニーが持たず、あるいは夫と同程度には持っていなかった資質が一つある。それはきわめて一般的な性質であって、これを定義することは困難であるけれども、人が他人に依存しなくてはならないようなときにはただちに認められるものである。――すなわち、それは「物事をやり遂げ、やりぬく」能力である。この能力は誇張された形態ながら、ヘルマン・クリスティアンが過まった投資をしたときでさえ堅持した頑固さ——ある地域の特殊条件を知らずに買ってしまった不動産に対しても断固支払いを続けようとした決意——の中にも示されている。その能力のもう一つの側面は、家族に対する自分の権威についての完璧なまでの自信であった。ファニーが従弟のヨーゼフ・ヨアヒムに対して彼女の権威を発揮できなかったとき、ヘルマンは賢明にも、少年には別の家に一室を与えるよう彼女に助言したうえで、その助言をこう結んでいる。

私は自分がここに書いたことの正しさを十二分に信じているから、君の同意の得られることを確信して待ちつつ、話題を変える。

息子のカールが物事をいつも自分流儀でやることも、それはそれでうまくいったことを認めながらも、ヘルマンの気に入らなかった。だが、カールは、のちに見るように、この父親のやり方に従い、父親の処世訓をそのまま実行していたのである。父ヘルマン・クリスティアンのように、カールは自分自身の本分に立ち返ろうとしたのであり、またヘルマン・クリスティアンがヨアヒムの場合に意図したように、彼は人間というものが安楽な生活のかいなから投げだされて、やむなく禁欲主義者の強靭さを堅持する以外には、自分を保護してくれるものの一切ない窮乏生活のいばら道を歩まざるをえなくなることがありうるという事実を、すでに学んでいたのである。(7) この点、彼は家族の中で孤独であった。というのは、母親の活動力と父親の教育方針とが相俟って、子どもには安楽というものに対して無関心でいるよう教えていたのだけれども、それ以外の〔父親の〕教育方針が本当に必要だったことなど絶えてなかったからである。カールはまた、わが道を行くという点でも孤独であったように思われる。そうした徴候のいくぶんかは姉フィーネにも見られる。彼女は子どものとき、閉じこめられた部屋の窓から跳び出したし、その八九年の生涯を通じて、ある種の不遜さと独創性を堅持していた。彼女はルートヴィヒの好きな伯母であったが、しかし皆にいちばん好かれたのは職業婦人の叔母クララであって、生涯独身を通し、その寛大さ、思慮深さ、他人の道徳的・物理的改善に対する配慮、あるいは、彼女をルクセンブルク皇后と呼んでもへたな冗談としか聞こえないほどの威厳や存在感の典型と受けとめられていた。

他の二人の兄、パウルとルーイは、もっと自然に父親の希望に従った。一人は法律の勉強を放棄して、父親の手伝いをしたし、もう一人も同じようにして、兄と競合しないよう心掛けていた。教養があり、感受性ある人間として、二人は自分たちに備えられた道を歩んだのだが、しかし、彼らが皆受けた教育は女のきょうだいたちのほうに最もよく適合していたという印象は否み難い。(父親を別にすれば)ルートヴィヒの姉ヘルミーネが第二次世界大戦後に自分の家族歴について一文をものしたときに回想していたのも、これらおばたちのことであった。

家族の名がナチスの規制によって不明確にされ——ある場合には家族の事績が文字通り抹消された——時期に、家族のかつての非凡さを年下の世代に自覚させることが、当然のことながらヘルミーネの目的の一部だったのであるが、彼女が喚起しようとしていたある雰囲気と畏敬の念は、ルートヴィヒがその中で育てられたものでもあった。家族歴の明るい部分はいつも彼の眼前にあったし、彼のさまざまな関係者や、彼らの扶養者や仲間たちが、それ自体で一つの社交世界を形づくっていた。今第三者の少しく冷静な目で観察することにして、もしカールが特殊な例外だったのだとすれば、彼らの非凡さと卓越ぶりはいったい奈辺にあったのだろうか。これを理解するするためには、まず、家族の社会的地位を見てみることが必要である。ヘルマン・クリスティアンがウィーンへやってきたのは五〇歳代後半、たぶん二重帝国を改革するにはあまりにも遅すぎる時期にやってきた、ドイツ本土からの移民の一人としてであった。型通りに彼は最初エステルハージ家の管財人となり、この高貴な所有者がまったくお手あげだった財産の管理や取得、貸借に対する保全措置なども行った。なるほど妻が美術品収集家であり、グリルパルツァーの友人でもあったオーストリアのユダヤ系家族の出身であったことは事実であるが、しかし、彼自身とその家族のウィーンにおけるさらに著名な友人たちは――ヘッベル、ボニツ、ブリュッケ、あるいはブラームスでさえ――オーストリア史上著名ではあるけれども、これまたドイツ本土からの移民だったのである。イギリスに住む多くのアメリカ人と同様に、ウィトゲンシュタイン一族も、それなりの相当な苛立ちと自分たちの現に住んでいる国に対する強い愛情とを併せ持っていた。彼らは、むしろ夫がしばしばそれあるがためにめとった妻の諸特性に苛立つように、そうした自分たちのありようを嫌悪していた。ビスマルク称賛が彼らの中に強くあったことが完全に彼らの特徴を示しており、彼らが帝国の中のドイツ的要素を支持して、(ある場合には)第一次世界大戦後ドイツとの合併さえをも望んだのは驚くにあたらない。彼らのプロテスタンティズムもまた(早晩結婚によって稀釈されるけれど)彼らをいくぶんうさんくさい階級に組み込むことになって、結局彼らは学者や文筆家以上に、新しい企業家階級、いわばハプスブルク帝国の古い郷土への侵入者階級を代表することになった。

この家族が自らに要求した非凡さは、単にその有効さ――富、結束力、外面的な成功――だけに依存していたのではなく、彼らがこれらと結合させた生活のスタイル――快適さ、正しさ、虚飾なき趣味――にもあった。音楽、病院、教会、研究所などへの私的・公的な支援等もその現れである。彼らは姻戚関係によってオーストリア生活の多くの分野に結びついていた。一人の兄と一人の姉は、のちに貴族に叙せられて、ルートヴィヒの時代にはかなり高位の陸軍士官とか大使とかによって代表されることになるプロテスタント社会の指導者、フランツ一族と縁組みしている。フランツ家はザルツァー家（これまたプロテスタント）と結びついていて、後者の子女二人はウィトゲンシュタイン家と養子縁組みし、別の二人はウィトゲンシュタイン家と姻戚関係に入って、外科医や公務員の地位を占めるようになる。別の妹は、画家でシューベルトの友人だった人物の子息カール・クーペルヴィーザーと結婚した。この結びつきがカール・ウィトゲンシュタインを鉄鋼業界へ誘い込むことになる。ほかにも林学教授との結婚、高位の士官との結婚（これが可能になったのはヘルマン・クリスティアンの死後だったのだけれども）、それに判事テーオドール・フォン・ブリュッケ（生理学者の子息）との婚姻があった。カールだけが一部ユダヤ系の血を引く妻をめとったのである。全体としては、こうした婚姻関係の効果が企業閥ではなく、相続財産を持った専門家たちの支配者閥を生み出すことになった。それは、あたかも彼らすべてがその出自以外のものを願ったかのようであって、カールは子どもたちに見られるそうした傾向に抵抗していたにもかかわらず、ときにウィトゲンシュタイン家の興亡と見える事態を評価する際には考慮しなくてはならないことなのである。「泡沫会社氾濫期」に彼らを特徴づけた大胆さと精力は、部分的にはともあれ、単に消滅したのではなかった。それはそのままずっと彼らの理想に随伴していて、結果的には別の経路の中で現れざるをえないことになるのである。

うわべだけを見れば、この拡大した一族は生活の必要をほぼ満たしていた――ヴィザを取得してくれる従兄、将軍への紹介状を手に入れてくれる伯父、研究所の企画を指導できる甥、子どもの教育に助言を与え、あるいは実際に手助けしてくれる弟などである。そのようにして送る生活の内実について言えば、それはまさにこうした相互依存によって部分的にも制約を受けており、一族各員が互いに他の生活に密接に巻き込まれ合って、ごくまれにしか（たぶんルートヴィヒとその兄が最も目立ったケースであったろう）

ある範囲で身を引き離し、隠遁することができなかった。自分自身でもドイツ詩集を編纂したり、妻の従弟である若きヨアヒムをライプツィヒのメンデルスゾーンのもとへ送り出したりしたヘルマン・クリスティアンは、また同じようにして娘たちにクララ・シューマンのレッスンを受けさせ、子どもたちに音楽的・美術的才能を陶冶するためのあらゆる機会を与えた。こうしたことは驚くべきことではないし、考えられないことでもない。ウィトゲンシュタイン家の「兄弟姉妹」の一人、パウルがほかの兄弟姉妹の肖像画を描き、別の一人も絵をかき、また別の一人が胸像を刻み、彼らの何人かは自分で作曲をすると共に、自分たちの大きな家々やコンサート・ルームなどでの音楽活動を支援し、激励したのである。彼らは時間もエネルギーも十分にある広範な世界に属し、何よりもいまだに断片化せず専門化もしていない時代の文化に属していたわけだから、彼らが家で作曲した音楽も描いた絵画も、程度の差こそあれ、その種類においては当時最高の作品群とあまり違わなかった。ある点では、それはもっと昔の生活態度の遺風である。ビーダーマイアーの、プリンス・コンソートの、あるいはメンデルスゾーンの世界はすでに過ぎ去っていたが、彼らはまだそうした態度、そのおそらくは幻想にすぎない文化的統一感を維持しつつ、文明の価値と「市民的」であることの価値との同一性を信奉していた。この点、ルートヴィヒは、のちにヨーロッパ文化が一八四〇年代に実際上終焉してしまっていたと回想したときには、はるかに自覚的であったにせよ、こうした一族のある態度を回想していたわけである。しかし、その彼でさえ、どの程度までこの文化の没落が「泡沫会社氾濫期」の成果と厳密に関わっていると見ていたのか、少しも明らかでない。彼もまたこの時期のことを特別な口調で語っていた。崇敬の能力は、ウィトゲンシュタイン家の誰もがそうであったように、その対象選択においては厳しかったけれども、ルートヴィヒの中にも同じように強く培われていたのである。

「ウィトゲンシュタイン一家」――「ウィトゲンシュタイン家の兄弟姉妹」――その末裔たちや友人たちがこの一族をさまざま点で成功した大家族以上のものと見ていたことに、どれほどの正当性があったのだろうか。彼らに共通して流れる性格上の特質があったのだろうか。彼らのすべて、あるいはその多くに、本当に（崇敬の念を伴って使われた一語で表現すれば）「ウィトゲンシュタイン的」と呼びうるような要素があったのだろうか。われわれが今話題にしている世代は、凍るようなライプツィヒの星明かりの下で、カシオペア座が「ウィトゲンシュタイン」のWを表していると教えられていた。一世紀ののち、ケンブリッジの水辺の牧草地で、ルートヴィヒはそれが「マルコム」のMを逆向きに表しているという意見に耳を貸さなかった。おそらく家族に帰せられる最も一般的な特徴は、物事をまともにやり遂げようとする決意、すなわちヘルマン・クリスティアンに帰せられる特徴であったろう。劣等感を伴い、しばしばユダヤ系の家族に帰せられるような競争心ではなくて、もっと貴族的な態度、自分の能力の自覚、能力発揮のための強い義務感。それは野心といったものではなかった。たとえばルートヴィヒの伯父ルーイは意識的に他の地主たちと競うタイプの人物ではなかったけれども、それでもプーフベルク近郊の彼の土地は、その収穫の見事さだけで認められるようになったのである。しかし、それは他人に認められたい願望というのでもない。彼らは自分たちの富に自信を持っていて、成り上り者のようには振舞わなかった。新聞の攻撃などは軽蔑すべきものだったし、爵位を授けようという申し出が（カールやベルタの夫カール・クーペルヴィーザーに対して）あったときも、然るべき理由を考えて、それを辞退した。また、多くの場合、総じて彼らの知性と性格双方の表現でもあったもう一つの特性は、主としてファニーに見られる俊敏さとたくましい神経の力であった。彼らの思考の俊敏さはしばしば決断の速さに、あるときには性急さに、ときには友人なり代理人なりを信頼すべきだといった、あまりにもせっかちにすぎる判断のうちに現れた。彼らは選ばれた友人には並みはずれた忠誠心を持ってはいたが、同時に神経の過敏さと連動して、格別平静な気質に恵まれた仲間以外の多くの友人たちにはつき合いにくいと思わせるような類いの感受性をも持っていた。そのような平静な人物の一人がカール・クーペルヴィーザーであって、妻ベルタが二人の家の改造を兄カールが企てたと興奮しながら報告するのに対し、静かに声の調子を下げながら、「何事も起こりはしないよ」と言った、と言われている。もう一人はネポムク・オーザー（フィーネの夫）で、新婚旅行のとき新婚の妻が禁煙車で旅するのを、自分が喫煙車で旅することができさえすれば許していたという。これら強健なオーストリア人たちが一族の中へきわめて重要な一要素をもたらしたのであるが、しかし、甥たちや姪たちはそのような資質をパウルのような伯父に対しては持っていなかった。パウルは、ルートヴィヒがあるとき哲学を放棄して建築の仕事へ転身することを考えたとき、あるいはルートヴィヒが自分の遺産相続分をあちこちにばらまいたことを兄や姉たちが容認した（あるいはむしろそれを妨げることに失敗した）とき、ルートヴィヒと和解することができなかった。ウィトゲンシュタイン一家の「兄弟姉妹」にとっては、友情が完璧な親密さを失ったとき、それを維持し、あるいは回復することが困難だったし、また小さすぎて言うに足りないが、しかしやがては多くの人間関係を損なうと感じないではおれないほどに大きな、一連の腹立ちを克服することがなかなかできなかった。だから、クララは身近な友達が万事控えめな義姉ポルディのほうへ心を移していく苦痛に耐えなくてはならなかった。彼女の性質はそうした推移に反発しないまま、その損失によって傷ついてしまうほどに一種洗練されたものであった。

クララはすでにウィトゲンシュタイン「一族」の化身であるといわれ、一家に強く流れている一つの特性を格別に具現していた。他者を改善し教育する必要を感ずるという特性である。この必要感は、時宜と親密さに対する要求を伴っていて、一族大部分の生活形態を一部条件づけていた。仲間たち、姪たち、弟子たち、使用人たちでさえ、各自に対してそれほどまでの関心が向けられたときには、完全な交誼の対象になった。クララが三回引き続いてまったく同じ昼食を摂ったという話、すなわち一回目は姪が見学しながら料理人が作ったもの、二回目は姪が手伝いながら料理人が作ったもの、三回目は姪が自分一人で作った同じ料理を毎回食べたという話は、彼女の配慮の典型と考えることができる。

こうした一一人の兄弟姉妹の大部分が長命であった。このような大家族では病気や突然の死が子どもたちを奪いがちだったから、運悪く女性が優勢になる傾向があった。暗い一面は――当時ほとんど説明不可能と思われていたのだが――最年少の叔母のひどい神経失調と、ルートヴィヒの従兄および三人の兄の自殺に現れた。行動面では、おばたちも、伯父たちも、時代の要求するあらゆる手段を講じはした。すなわち、おばたちが非難されることはまったくなかったし、一人の伯父がカード賭博で家を失い、また別の伯父が妻よりは妻の妹と同棲することを好んでも、そうした失敗は許容限度内のことだったのである。こうした確固として自足した人物たちが、それ自体顕著な家族背景を形成し、そこからカールやその子どもたちの生活が傑出してきたのである。

カールの能力は最初からその独創性や片意地ぶりほどに顕著だったわけではない。その独創や片意地は多くの場合、せがまれてする冗談や人まねに現れていたのであって、父親を「荘厳ミサ」の主人公に仕立てて食事を厳粛に聖別したりするのが彼であった。カールは生涯を通じて気短かで、真剣な会話を冗談で遮りがちであり、悪ふざけを好みすぎたし、欺瞞をすばやく嗅ぎつけたり猜疑したりするのだった。子どものときの彼のいたずらはしばしば一種の事業であった――城の時計を直して一晩中鳴り続けさせたり、バイオリンを質に入れてガラス細工の実験費にあてたり。こうしたいくつかの例は創意と実用への好みを示している。もう少し大きな企ては、一一歳のときに学校（および家庭）を飛び出したことだった。一家はそのときまでにヴェーゼンドルフの城からウィーンへ移り住んでいたのだけれども、カールはクロスターノイブルクまで行って、そこでライプツィヒからきた孤児だという嘘をつき通すことに失敗したのである。（子どもたちは当時まだゲーテを憤慨させた発音の仕方をまねることができ、それをかすかにおもしろいと感じていた。）カールはバイオリンを弾くことにひどく熱中していたが、学校の勉強にはうんざりしていた。多くの場合ウィトゲンシュタイン一家はおくてだったように思われるが、カールにはある種の子どもっぽい無能力が普通よりも長く残留していた。たとえば字の綴りや句読点の打ち方が不確かで、同じことはルートヴィヒの手紙や手稿にも現れている。この事態のもう少し真実に近い説明をするとすれば、すでに述べた「徹底」ということになるのかもしれない。すなわち、彼には物事を自分で学ぶ必要があり、ギムナジウムの授業にはつむじ曲がりの反応をしていたからである。彼の兄たちや姉たちは家にきていた家庭教師――自身学者で、偉大なテーオドール・ゴンペルツの友人だったヴェッセル氏――に十分満足していた。学校に対するカールの不満は、父親ヘルマン（その学歴についてわれわれは何も知らない）には勉強嫌いに起因するように思えたから、カール自身のちに自分の子どもたちのためになると思ったラテン語や数学のような科目でさえ、格別よく勉強していたとは思えない。カールはのちに歴史や地理といった科目にひどく抵抗したが、そこでは彼の気短かだけでなく、通説に対する反発がある種の役割を演じている。その初期の一例は霊魂の不滅を否定した作文であって、これが一八六四年、彼の通っていたギムナジウムから退学勧告を受けた最大の原因であったろう。

そのときカールは最終学年だったから、父親の決断で、彼は一人で勉強を続け、翌年のイースターに「マトゥーラ」〔高校卒業および大学入学の資格試験〕を受けなくてはならなくなった。「目的は勉学によってのみ達成され、そうした手段によって実際に達成できることを奴は知らなくてはならん……」。しかし、結局カールは一八六五年一月に家から姿を消して、その後の一年間ほとんど消息不明だった。

死に臨んでカールはいくつかの簡潔な自伝ノートを娘ヘルミーネに口述しているが、この時期のことについては企業人としての経歴以上のことを語っている。彼は姉のお金二〇〇フローリンとバイオリン一つを持って家出した。ウィーンの中心部に二ヵ月間隠れていたあと、貧乏な学生のパスポートを買い取り、それを使って、ほとんど無一文で四月ニューヨークへおもむいた。そこでまずウエイターとして働き、次いでリンカーンの暗殺事件が公共の娯楽を禁止するまで、酒場でバイオリン弾きとして働いた。その次はワシントン行き遊覧船の乗組員となり、ワシントンではバーテンになったのだが、そこの店のオーナーとは違って黒人の顔を見分けることができたために、初めてかなりのまとまった賃金を手にすることができた。一一月になると、新しい洋服を着てニューヨークへ戻り、初めて家に手紙を書いたのだけれども、その後さらにもう一年間バイオリン、ホルン、数学、ラテン語、ギリシア語、作図などを教えたり、（ある手紙に書いているところでは）ニューヨーク州のさまざまな場所でできることは何でもしながら糊口をしのいでいた。彼の記録では、一八六七年初頭にお金と新品の服を持って家に帰ったことになっているが、姉フィーネの記憶しているところでは、その衣服も人柄も彼が経験した試練をよく表していて、ショックから醒めやらぬ人の意気消沈した姿に見えたという。

そのような冒険がしばらくのあいだカールに「できそこない息子」という烙印を押すことになったのだけれども、彼自身は両親を深く傷つけたことの赦しを乞う必要を感じると共に、いつもと変わらぬ愛情を示して彼を驚かせた兄弟姉妹たちにも申し訳ないと感じていたであろう。また、おそらくはこうした感情のために、彼はアメリカにかくも長く留まっていたのであろう。というのも、兄弟姉妹たちが実際に送金していて（彼がその金にすぐ手をつけたわけではないのだが）、彼の帰国の時期をもっと早めるのに疑いもなく役立っていたはずだからである。カールの手紙類は彼が父親との和解を確認したがっていたことを示している。その行動を見ても、彼が放蕩息子の形で戻ることを欲しなかったことがわかる。事実上いろいろな臆測がなされたにしても、実際にはその原因について当時何かあれこれ想像されていたふしがほとんどない。娘ヘルミーネは、ずっとのちになって回想しながら、一見汚れのない若い生命に深い亀裂が生じたように見えるけれども、本当は一人の若者にとって辛いけれども必要な変転期の一側面だったのだ、と考えている。(8) 彼女の考えでは、かくも尋常でない人格が尋常でない発展を要求したというわけである。若者の引き起こす諸事件の中にもっぱら成長しつつある人格の諸側面だけしか見ない、というのは健全な一九世紀の本能であり、カールの場合に現れた諸側面は実際には強力な人格の諸相にすぎないのだ、と。彼は家族に背を向けた。彼は自分に与えられた枠組みの内部での最良の解決もしくは何らかの妥協点を見出そうとはしなかった。彼はすべてと訣別したのだが、とりわけその訣別を、目に見えるような緊張を長期間続けることなしに、一気呵成に行った。ある日はいつも通り愉快にしていたのに、次の日にはもう立ち去っていたのである。大胆なもの、型にはまらないものに対する彼の好みが父親の形式主義との不和をもたらし、二人のあいだにはヘルマン・クリスティアンとその息子パウルのあいだにあったような、温かい開かれた関係が一度も（アメリカ滞在以後は明らかに）なかった。にもかかわらず、この息子はアメリカで、父親が称賛するような特質——物事に着手する能力、窮乏に耐えようとする意志、いったん引き受けたことは終わりまでやりぬく決意など——をまさしく発揮して見せたのであった。二人の違いは、一つには気質の違いであった。ヘルマン・クリスティアンは義務を重んずるよりは生き生きとした活動力の点で目立っていた息子にうまく適応できなかったのだが、そのうえに、この二人はまた親子関係の結びつきを相互に困難にしてしまうような性格を共有していた。二人とも不屈の独立心と、相手にとってよいと思うことについての確固たる意見とを併せ持っていた。そのためにこそ、それぞれがそれなりに自立した人物であり、それぞれが少なくとも一人の息子とのあいだの確執を生み出したのである。

この「遍歴時代」の影響はカールの心に残った。彼は自分の力に確信を持った。多様な経験のほうが形式的な教育よりも好ましいという観点が確認されたと信じた。アメリカでは、伝統によって束縛されていない資本主義体制を知るに至った。彼が一八八八年以降書いた多くの論文がその讃歌を謳っている。「人間の教育にとって、移民たちがそれぞれ最初の年に通り抜けるもの以上に適切な学校を考えることは不可能である。彼らは、単に生きのびるためだけでも、自分の力を最大限に張りつめなくてはならない恐ろしい運命に迫られている。(9)」

父親からの独立について、カールは自分の主張を貫いていた。以後の彼の自己形成は彼自身の選んだパターンに従っている。アメリカにいたときには、父親が、兄の場合と同じように、彼にも不動産管理の仕事に就くことを期待しているのだろうと考えていたのだが、実際には母親の示唆に従って技術教育を受けることにしたのである。借家に入って暫時休養したあと、彼は一年間ウィーン工科大学で工学を学び、午後は国有鉄道で働いた。その他の訓練は鉄道、造船、タービン製造などの製図工あるいは技師として一連の職務に就いたことによって得られた。この最後の場合のように、しばしば彼は最初自分のまったく知らない事柄でも処理しなければならなかった。しかし、至る所で、ブダペストでもトリエステでも、彼の精力と決意と適応性が放蕩息子どころでない彼の姿を見せつけたのであった。

カールの経歴そのものは、彼が下オーストリアのテルニッツへおもむき、義弟の兄でありテプリッツ圧延工場の社長であったパウル・クーペルヴィーザーのもとで、企画を練る製図工として働き始めた一八七二年に始まったと見ることができる。一八七三年の秋には、ズデーテンラントのテプリッツそのものへ移って、そこでベッセマー溶鉱炉の建設に携わる技師となった。それとほぼ同じ頃、彼はレオポルディーネ・カルムスとの婚約について記録している。彼女はウィトゲンシュタイン一族の故地であるルクセンブルクの小さな城に一八七二年以来宿営していた一士官の義理の妹であった。ポルディ〔レオポルディーネの愛称〕嬢はカールの妹クララや姉フィーネ、それに母親とも旧知の間柄であり、カール自身も主として彼女と一緒に音楽を演奏する機会を介して彼女と知り合っていたのである。母親も姉も妹も長いあいだ二人の縁組みを待ち望んでいた。

カールは善良な心と明晰な頭を持っています［と、ファニーは将来の花嫁に書き送っている］――けれども、あまりにも若くして両親の家を離れました。

彼の教育の完成、規則正しいまともな生活、自己鍛練。こうしたものを彼があなたとの愛に満ちた交わりを通して身につけてくれることが、私の願いです。(10)

印象的なのは、ヘルマン・クリスティアンがポルディに会ったことがなく、カールが父親に「天使」と結婚したい意志を告げなくてはならなくなったときには、かなり困惑していたということである。「女なんて、みんなそんなものだ。だが、あとになって化けの皮がはげるぞ」というのが、その答えであった。母親の期待のほうが父親よりも正しかったということがすぐにわかる。

自伝ノートの中で、カールは婚約当時のことについては給料のことだけを記している（年収一二〇〇フローリン）。第一子が生まれる前、重役会議の席上でパウル・クーペルヴィーザーに対する特徴的な断固とした忠誠心から、彼は自分の身分を放棄してしまっていた。結局はクーペルヴィーザーの反対者が二年を経ずして退職し、カールが取締役になって、ウィーン在住のまま仕事をすることになるのだが、当初そのようなことになるなどと計算するすべもなかったであろう。一年後、一八七七年には、彼はウィーンに居住したままクーペルヴィーザーの後を継いで専務取締役となった。

この時期は、それを利用するすべを心得ていた者にとっては、幸運な時期であった。オーストリアの経済が一八七三年の証券取引所崩壊に伴う不況から回復し始めていたからである。ウィトゲンシュタインの経歴はそれ以後経営者と産業家の経歴になる。彼の成功には相当な技術知が不可欠であったにしても、その成功の主たる理由は彼の決断の速さ、大胆さ、予期できないものを見抜く彼の才能にあったのであって、それによって顧客や競争相手が予想もしなかった解決法や企画を考え出すことができたのである。かくして、クルップ社その他と競争しながら、彼は一八七八年の露土戦争のとき、担当大臣に軽量レールによる鉄道建設で十分であることを示唆し、かつ現地で鉄材の重量と敷設距離の節約を図ることにして、ロシアに鉄道レールを供給する契約を締結することに成功した。〔そのときには〕彼の約束したレール材が以前の顧客から譲渡してもらえるのかどうかさえ、はっきりしていなかったのである。同様にして、一八八〇年には、テプリッツの工場のみならず、クラードノを除く全ボヘミア地域に及ぶベッセマー製鋼法の使用権（それによってボヘミア燐鉱石の使用が許される）を買収した。

当時燐鉱石の大きな鉱床を所有していて、ベッセマー製鋼法を彼以上に効果的に利用することのできるボヘミア鉱山会社を出し抜くことが重要であった。その代表者ドゥシャネクは、ウィトゲンシュタインのような小企業がまともな関心を抱くことなど可能であるとさえ思っていなかった。そのうえ、彼はフュルステンベルク侯の同意をまたねばならないと感じていたのだが、自分の選択の自由が消失した朝思いがけなく発見したのは、ウィトゲンシュタインがすでにマサネッツ（特許権所有者）と夕食を共にし、夜中に契約を結んでしまっていたということであった。今や大部分がボントゥー氏の管理下にあったボヘミア鉱山会社の起こした自然な反応は、テプリッツ工場の奪取を試みることであった。ウィトゲンシュタインはきわめて大胆に反応して、その主要株主だったグートマン一家の株を自分で買収した。友人たちや家族の金(妻の分も含めて)が彼を助けたけれども、この賭の成功(結局そうなった)は、実際には、次年度テプリッツ工場における彼の経営手腕と、今やウィトコーヴィッツにあるロートシルト工場の専務取締役になっていたパウル・クーペルヴィーザーおよびカール自身の努力によるオーストリア鉄道カルテルの設立、ならびに、のちのテューレ・カルテル設立とに大きく依存していたのである。

ともかくもボヘミア鉱山会社は競争に敗れたのだが、しかし、一八八二年フランスにおけるボントゥーのユニオン・ジェネラールの倒産によって、ウィトゲンシュタイン・グループ(カール・クーペルヴィーザー、ヴァインベルガー、ヴェッセリ、ヴォルフマン、およびウィトゲンシュタイン自身)は会社を好条件で接収することができた。ボヘミアにおける鉄鋼業の組織化は、プラハ鉄鋼産業会社が名目上グループの株を取得した一八八五年には完成していて、ウィトゲンシュタインが全複合企業体を管理し、信頼のおける人物をあちこちの企業体首脳に配置していた。クラードノでは、彼は妻の記念に新しい工場を建てたが、このポルディ・ヒュッテは、いまだにチェコの社会革命小説におけるポルディンカとして悪名が高い。ボヘミアにあった他の大きな鉄鋼工場はウィトコーヴィッツ工場であって、ウィトゲンシュタインがパウル・クーペルヴィーザーと相談のうえ、ウィーンに共同の営業所を開設するのに何も問題はなかった。彼はまた一八八六年に(自社の全製品を扱う)オーストリア鉄鋼カルテルを結成した。

産業家は危険を冒さなくてはならない[と、ウィトゲンシュタイン自身一八九八年に書いている]。時がそれを要求するとき、産業家は、自分の望んだ果実の収穫に失敗し、元手を失い、最初からやり直さなくてはならないような危険を冒してさえ、一枚のカードにすべてを賭ける用意ができていなくてはならない。(11)

こうした言葉はアメリカ旅行によって触発されたもので、実際ウィトゲンシュタイン自身が、彼の取って代わった人々、たとえば封建的な忠誠心をもったドゥシャネクにとっては、アメリカ型の攻撃的なビジネスマンであるように思われた。カールの興隆は時代のもう一つ別の現象の一部――帝国におけるユダヤ的・プロテスタント的資本の成長――でもあった。この帝国とフランスにおけるボントゥーの冒険は、カトリシズムと貴族階層の利益を代表して、こうした資本成長に抵抗しようとする絶望的な試みであった。政官界でなら、偏見と保守主義がウィトゲンシュタインとその仲間たちに対する反発の風潮を煽るのに十分だったであろうが、そうした反発は同時に政治的現実の反映でもあったのである。政府の税制や関税政策、農民の保護、とりわけハンガリーの特殊な地位が新聞紙上でウィトゲンシュタインによって嘲笑され、攻撃された。彼は産業化と生産性の向上が唯一理にかなった政府の目標であることを、自明のことと見なした。国民性の欠陥と役所の愚劣さが当時の帝国を西洋諸国の後進国にしてしまっていた。最良の働き手の多くが外国へ移住していったのは、

何十年ものあいだ、多数のわが政府省庁はどれ一つとして、経済界に要求されている業務を引き受けるに足る能力、経験、影響力を持った、たった一人の人物すら雇用しなかったからである。(12)

かくして、ウィトゲンシュタインはアレーガッセ街の幕屋から世に出る。だが、かりにオーストリアが一

人のビスマルクやカール・ウィトゲンシュタインのごとき人物さえ必要としていたとしても、この帝国は彼らをうまく支持していくことができなかったであろう。ある意味でこの帝国の国民闘争は、実際ウィトゲンシュタインの言ったように、パンのための闘争ではあったけれども、しかし産業の成長が諸民族間の対立を加速していて、彼が自分の企業を拡張し、ドイツ人なら受けつけない賃金でチェコ人を雇用するのに成功すればするほど、彼は（カール・クラウスが指摘したように）[13]チェコ人の土地の産業地域をスラヴ化し、民族摩擦を尖鋭化することになったのである。多くの理由で二重帝国内の諸国の将来は彼のような資本家や自由主義者によって決定されることにはならなかった。

ウィトゲンシュタイン自身も、一八九八年初めにあらゆる鉄鋼会社の役員会から劇的な引退をしたとき、これに似たことを引退の理由としてあげている。自分に対する政府の敵意が自分の管理している仕事を損なっている、と彼は宣言する。一月一〇日の『ベルリン学生寮速報』は、その直截な一例として、通商大臣ディ・パウリ男爵とウィトゲンシュタインの同僚ケストラネクのあいだの討論を載せているが、その中で政府は増税を振りかざして鉄鋼カルテルに圧力をかけ、価格の値下げを要求している。しかしながら、これが唯一の対立点であったとは思われない。ウィトゲンシュタインはその経歴の頂点にいて、今やオーストリア経済では実際上指導的な地位を確保していたであろう。一三年以上にわたって、彼のグループは鉄鋼製品の販売や購入のために、ボヘミアやシュタイアーマルクの鉱山や工場を買収してきた。最終的には、一八九七年に、それまでプラハ銀行に依存していた彼らのプラハ支店が強大な信用協会と支配人を交換し、自らの仕事を協会へ委譲したのである。銀行と会社は、そこでアルプス鉄鋼会社の株を相当量購入したのだが、その燐鉱石を含まぬ鉱石の供給からはもはや何の利益も引き出すことがなく、経営がうまくいかなかった。信用協会のマウトナーは、経営に影響を及ぼす意図などなかったと弁明したが、これは明らかにウィトゲンシュタイン・グループのもくろみであった。彼らは自分たちの人物フォン・ハルを送り込み、このハルが新しい経理システムを導入して会社を蘇生させた。しかしながら、プラハ鉄鋼会社との完全な合併は、ウィトゲンシュタイン・グループにとっては望ましくない仕方で決定権を行使した税務当局者によって阻止されてしまったのである。

ウィトゲンシュタインは徐々に自分の産業経営から身を引いていったにすぎないのだが、そのことに問題がなかったわけではない。一八九八年の終わり近くになって、彼の同僚たちが部分的に最近蓄積されたばかりのプラハ会社の予備金をいくばくか配当しようとした。これは公明正大な株取引上の処置であるように思われたのだが、官報の中では手ひどく批判された。次期皇帝たるべきフランツ・フェルディナント大公がこれに介入したとさえ言われている。結局は配当措置が一年間延期され、信用協会の取締役たちがプラハ会社の役員会を離れて、ウィトゲンシュタイン自身も信用協会を辞任したのである。彼がまさに自分の利益を奪われていたときに、株価（ウィトゲンシュタインが鉄鋼役員会を辞任した日には二七フローリンも値下がりしていた）がこういう仕方で釣りあげられたことは、まず偶然の出来事ではありえない。一年後カール・クラウスが指摘できたように、[14]利益配当が事実上六〇フローリンから五〇フローリンにまで下落し、株価も一〇〇フローリンまで下がる一方で、ウィトゲンシュタインはもはや会社をどうすることもできないと宣言していたことになる。その結果生じたもう一つの変化は、プラハ会社に対して信用協会の代替機関を提供するために行われた二つの銀行の合併であった。このやり方もまた批判されたが、ウィトゲンシュタインは、自分がファイルヒェンフェルト、ケストラネク、ヴァインベルガー等と会っているのは純粋に友人としてである、と抗弁することができた。

このようにして、五二歳のとき、ウィトゲンシュタインは引退して私的生活に入った。しかし、実際には完全に隠棲したわけではない。彼はいくつかの論文を書き、毎朝自分のオフィスにいた。彼の言うところでは、商業大臣が連絡してきたとき、すぐ電話口に出られるようにするためだったという。だが、取締役としての報酬は受けげず、自分の金銭を不動産や外国債券に代えて家族の将来に備えている。その措置は憤懣から出たものでも、幸運なめぐり合わせから出たものでもなく、「あらゆる明白な事実のみならず、将来の不確定な事実に対してもまた配慮する」という能力――産業家に必要な能力――によるものであった。[15]

この能力、そしてまたその行使に必要な勇気は、たとえば音楽の才能のような生得的なものではなく、勤勉と訓練によって植え込まれ、獲得されるのでなくてはならない。[16]

カール・ウィトゲンシュタインは自分が国家にふさわしい人間だったことを確信していた。市場の全装置を利用している自分が正しいことを常に確信しており、金は汗の副産物であると言いながらも、明らかに金を功績の証拠と見なしていた。彼は父権的な資本主義者であって、自分と市況が適当と思う賃金を労働者に支払ったのち、残余の利潤は一部彼が自分自身にふさわしいと考えた生活スタイルのため、一部は自分の召使、雇用者、地域社会のために自分がいちばん適切と思った仕方で使った。その結果、彼の働きで病院が建ち、ビスマルクに仕えた専門家を職員としてベルリンから招き、列車の運転手に葉巻を手渡し、レストランからの帰り路モンテ・カルロのカジノのテーブルにダブル・イーグル〔当時二〇ドル相当のアメリカ金貨〕をひょいと投げ与え、公認芸術に対して何がしかの挑発を行うことにいささか満足しながら「分離派」の建造物を賄ったりすることができたのである。これらはおしなべて自分の自信と富に対する気まぐれな装飾行為であった。ドイツの指導的な経済学者アードルフ・ヴァーグナーがウィーンへやってきて、各都市は未収納の財貨利潤を最大限徴収すべきである、なぜならそうした利潤は全共同体の経済活動によって産出されたものだからであるといった主張(現在では少なくとも理論的には穏当な主張)を擁護したとき、ウィトゲンシュタインはこれを冷笑して、相手にしなかった。あらゆる経済活動はその成功を社会全体に負っていた。ヴァーグナーは引き続いて、社会はそのすべてから利益を得るべきであり、かつ得たものの一部をその推進者たちに還元しなければならない、と言っていたのである。(17)

ウィトゲンシュタインの蒙った批判や羨望の多くは、彼が他の多くの人たちのやっていたことを、もっとうまく格好よくやりおおせたことに起因している。それほど問題にならなかった彼の私生活面にも気位の高さを感じさせる趣きがある。娘の考えでは、広々とした生活環境に対する嗜好を彼が身につけたのは、借家ながらも城館で過ごした幼年期以来であるが、しかし、彼が成功した多くの実業家たちと共有していたのは「大貴族」の生活趣味でもあった。彼が一九世紀初頭ナコー伯爵によって建てられたアレーガッセの壮大かつ威圧的な家を買い、それを必ずしも優美でないながら最良の家具や敷物や彫像で満たしたのは、完全に彼の階級の特性を表している。この家が、家族はもちろん決してそうは呼ばなかったにせよ、彼らの生活の中心たる「パレー・ウィトゲンシュタイン」になった。「召使」が入口で椅子に座っており、一階には会議室があり、子どもたちがババ札をそっと上に置くトランプ台があり、堂々たる階段、広い音楽室があり、それに大勢の書生や家庭教師や使用人がいた。また、その家には、成功した実業家なら誰でも持っているような、クレーマーの画筆による彼自身の乗馬姿の肖像、のちにはラースローの筆になる当世風の肖像などと共に、一八七〇年から一九一〇年のあいだに描かれたはるかにモダンな作風の絵画――セガンティーニ、ルードルフ・フォン・アルト、とりわけクリムトなど――が収集された。それらのあいだにはロダンやメシュトロヴィチの作になる彫刻や、マクス・クリンガーによる有名なベートーヴェンの彫像が並んでいた。最年長の子女であり、おそらくは最も身近な協力者であったヘルミーネが彼を助けて、そうしたコレクションを集めていったのである。もっともヘルミーネの言うところでは、父親の趣味が最終的に選択を決定したのだけれども。このことは一種の統一をもたらすことになった。たとえばゴヤは他の作品に合わないだろうということで拒否された。彼女にとっては、集められたすべての絵画が、奇妙なことに、その構図においてはある種の真面目さと静謐さ、彼女が「倫理的」と呼びたくなるような垂直線と水平線の強調を特徴としているように思われた。「奇妙なことに」というのは、疑いもなく静けさこそ、彼女が父親について連想する最終的な性質だったからである。にもかかわらず、見かけの自発性の中に貫通し含有されている、激しく熱っぽくさえもある力強さという観念には、きわめて「ウィトゲンシュタイン的」な何かがあった。それは、ルートヴィヒ・ウィトゲンシュタインの生涯にも、その著作にも、姉や友人の娘マライレ・ヘンゼルに向かって彼の言う、正直にまともに描けという勧告にも、最も惨めな状況下で作られながら、このうえなく明るく伸び伸びしたシューベルトの作品に対する彼の称賛にも、あるいはまた、最も自然で最も非専門的な思想表現や思想連関を見出すために自分の哲学的考察を異常なほどに書き直し並べ直した事実にも、繰り返し現れている。われわれはまたこれを、クリムトの描く姉マルガレーテの肖像の様式や主題にも見出す。クリムトという人はモデルに対する態度が問題の人物であって、カール・ウィトゲンシュタインが若きマルガレーテ・ストーンボロを彼に委ねているのを笑う者もいたのである。しかし、その結果は父親の正しさを証明しており、その背景の豊穣だが明敏な装飾によって強調されている安らぎの中で、この女性の活気と情熱的で知的な緊張とが余すところなく示されている。クリムトの描く多くの当世風女性の肖像画に見られるような性の雰囲気がいささかもない。父親も娘たちも、世紀末のそうした倦怠感には少なくとも影響されないままでいた。

しかしながら、カールの趣味にはむらがあった。予期せざるものに対する彼の愛着がある種の独創の閃きを引き起こしたことがある。たとえば、彼の郊外保養地の主たる別荘ですらない「ブロックハウス〔丸太小屋〕」のためにヨーゼフ・ホフマンが企画した分離派スタイルの豊かな内装、自分と自分の妻のためにだけ作られた途方もなく都会的な道具立てがそうである。こうした気質ゆえに、彼は「哲学」と題するクリムトのフレスコ画を、これとそれに続く〔同名の〕三部作がウィーン大学の教授団を憤激させ拒否させるに至ったときにも、あえて購入しているし、またプロレタリア芸術家クントマンの作になる彫像をノイヴァルデッグにある自邸の庭に埋めてしまったりしている。しかし、彼はまた自分の階級に見られる通常の趣味ないし無趣味に同調することもできた。たとえばアレーガッセの家の選択もたぶんそうだし、また明らかに、すでに述べたブロックハウスの近くに大げさな石造邸宅を建てたこともそうである。この邸宅は妻と娘にとっては一つの驚きであって、彼が期待したほどには、あるいは彼女らがそう見せかけたほどには、歓迎されなかったのである。

たぶん絵画と彫像の家である以上に、あるいは召使と富の家である以上に、アレーガッセ（と、この家族は自分たちの家を呼んでいた）は音楽の家であった。F・R・リーヴィスの記憶によれば、ルートヴィヒ・ウィトゲンシュタインは、子どもの頃この家には七台のグランドピアノがあった、と語っていたという。[19] ノイヴァルデッグにあったカールの別の家やホーホライトでの台数を勘定しなければ、三台ないし四台以上あったということを証明するのは難しいのだけれども、そのように強調したという事実は興味深い。ブルーノ・ワルターはウィーン社会をほとんど見ていないが、[20] それでもウィトゲンシュタイン一族の音楽に対する本物の感性が彼をアレーガッセへ招き寄せたのである。ヘルミーネ・ウィトゲンシュタインの感じていたところでは、彼らはロマン派の音楽家たちだけでなく、古典後期の作曲家とも接触があったという。ヨアヒム弦楽四重奏団がこの家で演奏したが、メンデルスゾーンのもとで学んだこのヨアヒムもベートーヴェンを見知っていた音楽家の演奏をここで聴いている。カールの姉や妹も、すでに見たようにクララ・シューマンの教えを受けており、ブラームスもこの家族をよく知っていた。アレーガッセの絶頂期は、おそらく一八九二年の一夕、すでに一度だけ公開演奏されたクラリネット五重奏曲をブラームスが聴きたいと言っていると聞いて、カール・ウィトゲンシュタインがその私的演奏の機会を設けたときだったろう。ブラームスはそのあともしばしば尋ねてきたし、ヘルミーネとその母も後日彼の最後の病床を見舞っている。ブラームスの訪問は記憶すべき情景であった。娘たちが戸口で彼を出迎え、その手をとって階段を上り、彼が一人の娘の髪に注ぐシャンペンが必要だと言えば一瓶持ってこられ、老音楽家が踊り場に一人座って音楽を静かに聴いている。画家だった伯父パウルはそのときの彼を一幅の絵に描いている。ブラームスはこの家に非常にうまく適応していた。英雄視されることは確かに嫌っていたが、しかし子どもたちが実際に『マイスタージンガー』を暗唱しているようなアレーガッセに〔単なる〕社交の精神を見たわけではないし、彼がウィトゲンシュタイン一家のもつ崇敬の気持ちに抗し難かったのは、その気持ちがかくも明らかに一家の深い音楽性に根差していたからであった。彼らは人間の種類を偉大な人間（娘の目にはカール自身がそうであった）と通常人とに分け、人格における発展とか矛盾とかを（他の場合でも見るであろうように）容認しなかった。偉大な人間のあらゆる特徴はその偉大さの一面であった。おそらくはそれに劣らず、ブラームスの気難しさも、当人自身むしろ誇りに思い、カールのおべっか嫌いと共通する所の多いものであったろう。「こんなのは屑籠行きだ！」という、自作の楽譜を見せたある作曲家に対するブラームスの評言は、二人ともよく使ったことであろう。だが、偉大さそのものは、彼らの特殊な歴史的状況に対応している。ブラームスはハイドン以来彼らのための音楽を本質的に構築してきた一時代の最後の代表者であった。彼の音楽は管弦楽的音色への効果には依存せず、家の中で聴いたり弾いたりできるような室内楽とか連弾のための編曲とかとして作られる構造音楽であった。そのうえ、彼の明るい側面と並んで、いつ吹き出すかわからない彼の悪魔的センスがあった。たとえばルートヴィヒはそれを四重奏の一つに聴いたのだが、第一次世界大戦中、前線からの休暇期間中聴くことに熱中したのは、こうした二面を持ったブラームスの音楽であった。ブラームスは、ウィトゲンシュタイン家の年長者たちと同じように、自分の本性の中のあまりにも真剣な要素、あるいはメランコリーの要素を補正してくれるような環境をウィーンの街に見出したドイツ人であった。そうした彼の要求はハンガリー音楽とシュトラウスのワルツに対する彼の憧れの中に見出される。しかし、とりわけブラームスが代表していたのは、受け継がれてきた諸形式に対する反抗なのではなくて、そうした諸形式の内部で、つまりルートヴィヒの言う地についた様式によってではあるが明らかに彼の時代に一段と即したやり方で、ベートーヴェンの直面した諸問題を解決しようとする試みなのであった。ウィトゲンシュタイン一家は音楽作品のあらゆる楽節の意義を演奏家の感覚で理解できたし、ブラームスが素晴らしいのは「それぞれの主題が表現さるべき情緒の状態にぴったりと適合している」(21)からであった。

アレーガッセは音楽的な家庭であった。ブラームスの訪問があり、若きカザルスや、ロゼ弦楽四重奏団や、ヨーゼフ・ラーボルによる演奏があった。ブラームスの好きだったバイオリニスト、マリー・ゾルダート＝レーガーや、ピアニストのマリー・バウマイアー（二人ともクララ・ウィトゲンシュタインの女友達で、事実上その庇護を受けていた）もこの家では特権的な地位を占めていた。しかし、とくにオルガンとグランドピアノは家族専用であった。カールはどこででも自分のバイオリンを取りあげて、休日には妻とソナタを演奏し、ビジネス旅行のあいだには無伴奏組曲を弾いた。ある楽節が目に涙を浮かべさせると、それについて冗談をいうのが彼のやり方だった。しかし、音楽は最後の闘病生活のあいだ彼にとって必要欠くべからざるものだった。厳しい手術に直面せざるをえなくなったとき、彼はその直前の一夕を妻との音楽演奏に費やしたのである。

レオポルディーネ・ウィトゲンシュタインにとっては、音楽はたぶん彼女の生活を潤す源泉であった。音楽は夫と子どもたちとの真の触れ合いの主要な手段であった――音楽と、おそらくは彼女が子どもたちに美しく話して聞かせた物語が。痩せぎすで率直で、一オクターブにも届かない手とペダルにも届かない脚を持ちながら、彼女はピアノでもオルガンでも、あらゆる肉体的ハンディキャップ、歳と共に加わるあらゆる調整の失敗を乗り越えた。知的な模倣、あるいはそのように見えるものもまた、音楽のことになれば消え失せてしまったから、娘の批評では複雑な音譜をたどるのが遅かった彼女でも、手の込んだ音楽作品を初見で演奏することができた。ゴルトマルクの弟子であり、ブルーノ・ワルターとの連弾演奏のよきパートナーであり、楽譜を視読し、移調し、見事に即興演奏できたのに、彼女は決して専門家でも大家でもなかったのである。彼女はオーケストラの譜面から演奏することができなかった。彼女の音楽は一九世紀の家庭音楽であった。あらゆる力点は楽想の表現におかれていて、ウィーン・フィルハーモニーのコンサート終了後、そのつどアレーガッセで行われた長い論評の際、最小の術語と教養ある明敏な同席者の語彙によって議論されたのは、まさにこの点であった。ポルディが妻として母としてその役割を最もよく発揮したのはピアノの傍らにおいてであって、彼女の担当部分は父親と息子たちが室内楽を演奏するとき双方を調和させることであり、歌唱を導く伴奏をすることであった。今やほとんどの人が彼女の演奏を覚えていない。それがコンサート・ピアニストになった息子の演奏よりも優れていたと考えた人もおり、音楽家になることを許されなかったもうひとりの天才音楽家よりも優れていたと言われている。とりわけ彼女の演奏は誇張とか、効果を目指す努力とか、音楽の論理の歪曲とかを避けるという点に特徴があった。その他の領域では、彼女は実際自分自身のしなくてはならないことに確信を持ってはいたが、他人の失敗を見とがめたり正したりすることには、おそらく奥手であっただろう。ただ、音楽については彼女は絶対の信念を持っていた。すなわち、どうして自分はこんな音楽白痴と一緒に演奏できようか、ピアノというものは叩きつけなくてはならないものなのか、というのである。この前者の評言は彼女の孫に対して言われ、あとのほうは彼女の息子について（息子の聞いていない所で）言われたことである。

ポルディとその親族たちはウィトゲンシュタイン一家ほどには、ルートヴィヒやその兄姉たちが自分たちとその一族について持っていた問題意識の中に現れてこない。当時普通だった父系優先ということもあったし、ウィトゲンシュタイン一族のほうが自分たちを生き生きと表現し、かつ実際に目立ったからでもある。だから若い世代になると、カルムス家やシュタルナー家については、先行する母方のフィグドール家以上に、自ら語るところが少なかった。この母方の系列にはヨアヒムや、彼らの誇るべく愛すべき美術品収集家アルバート・フィグドールとの結びつきがあった。これらのフィグドール一族は彼らの世界に属しており、その関係でヴィリ・フィグドールと伯父パウルの二人がホーホシュテッター家と婚姻関係を結ぶことになり、〔その名の〕傑出したプロテスタント地質学者との関係が生じたのである。カルムス一家はもっと簡素な生活をした。ヤーコプ・カルムスは一八七〇年に死んだのだが、往時のシュタイアーマルク、現ユーゴスラビア領のリヒテンヴァルトからきた美しい娘マリー・シュタルナーの温和で妻に甘い夫であった。彼女はルートヴィヒ・ウィトゲンシュタインの唯一証明された非ユダヤ系祖母であり、地主になっていた地方商人の娘であった。(22) 男やもめであった彼は娘に行儀のよさと優美な外見以上のものを期待した。彼女はその道徳教育を義母に負っている。ヤーコプ・カルムスは、自身かなり成功した商人であったのだが、その母方の祖父の一人であるエルンスト・ヴェーリがユダヤ人共同体の長であったプラハに生まれた。しかし、このヴェーリの娘でありマリー・シュタルナーの道徳教師でもあったゾフィー・カルムスは、晩年になって洗礼を受け容れ、敬虔なカトリック信者になった。彼女の夫の側にはすでに改宗者が複数いたが、それというのも、従兄弟のパーター・カルムスが最初は軍の司祭として、次いで当世風のウルスュラ会修道院の司祭としてよく知られており、あらゆる聖職者と同じく、前者のほうが後者よりもはるかに問題が少ないふりをしていたからである。たぶん先祖の何らかの痕跡が残存していたことはありうる——たとえばプラハ・ゲットーでの質朴な威厳のおぼろげな記憶。しかし、ポルディの子どもたちにとっては、カルムス家はむしろ彼らの背景の中のオーストリア的なものを代表していた。それはゲーテですら羨望の眼をもって見た、ドイツ文化のゆったりとして底深いカトリックの潮流である。

ポルディの母親は長いやもめ生活をおくって、昔のカールとのいざこざも忘れ、自分に献身している娘をいつくしみながら、一九一一年まで生きた。二人の姉はさほど性格がよくなかったので、ウィトゲンシュタイン一族の目には、どのような美点によってもそれを相殺することができなかった。その一人の娘であるエルザ・フォン・ブルックナー（のちエルザ・シュトラーダル）はその美声によって常に歓迎され、もっと遠縁の従姉妹ドーラ・ハウザーはその画作と自立心によって評価された。この女性はシュタルナー家のそばのツィリにずっと住んでいたのだが、第二次世界大戦のとき家屋が（彼女の断固たる防御努力にもかかわらず）パルチザンによって焼失させられてしまった。だが、こうした密接な接触はまれで、その他の従兄弟たち——たとえば第一次世界大戦中、貴重な中立国郵便の便宜を提供してくれたチューリヒのグレーガー一家——との友好関係を除けば、ポルディ・ウィトゲンシュタインの関係者たちが彼女の子どもたちの生活枠の重要な部分を形成することはなかった。彼女とその親族はウィトゲンシュタイン家の係累の中へ吸収されてしまったのである。しかしながら、ポルディ自身は二つのきわめて重要な要素をその生活の中へ持ち込んできた。第一は音楽であり――彼女一人の楽才だけでも有用だった――、第二は道徳的な真剣さと無私性であって、これは極端とも言えるほどのものであった。息子ルートヴィヒはのちに、自分が書いたものすべてに対して、自分の生活の半分――その中に音楽がある――は表現しないままに残した、と言うことになる。道徳生活についてポルディの義母がすぐに見てとったのは、結局「天使」であることが最上のことではないということであった。「親愛なるポルディ、『あまりにも』という言葉があります。あまりにもよすぎ、あまりにも無私にすぎるということが可能なのです」[23]。彼女をお気に入りの娘にしていた無私性なるものが、おそらく彼女を完璧な妻にはしなかったのであろう。最も確固たる意見を持った女がカール・ウィトゲンシュタインのような男の確信と精力に拮抗していくのは難しいことだったであろう。その恐れの最たるものが他人に迷惑をかけたり、自分の義務を遂行できなかったのではないかといったことであったポルディにしてみれば、そのようなことは不可能であった。彼女の全視野を占めていた彼女の夫にとってもそれが義務であってみれば、なおさらにそうであった。夫の最後の病いのとき、彼女が完全に自分を犠牲にしたということだけではない。そのとき、実際に夫を悩ますよりはむしろ自分が苦しんで嘘をつき、医師の診断が彼女に涙を流させたのではないかなどと夫に思わせるよりはむしろ鼻から血を流していたほうが、彼女にとって正しいことだったのかもしれないのである。しかし、夫を生涯そのように扱うことによって彼女は（娘さえそう考えていたのだが）夫を甘やかし、とくに夫のあまりよく練られていない計画や偏見に対しても理にかなった反対意見を提供することができなかった。結婚生活にあっても、企業計画にあっても、彼はよきにつけ悪しきにつけ、眠れる伴侶を持っていたのである。

ウィトゲンシュタイン「一家」のすべての子どもたちのうち、特別な地位が「カールの息子たち」によって占められていた。平均して少なくとも彼らと同じくらいの世俗的成功を収めながら、悲劇という対照的要素の少なかった従兄弟たちのあいだにも、科学者がおり、実業家がおり、外科医がいる。しかし、事実上「ウィトゲンシュタイン的」であるということの将来性、強烈さ、名声、資質において、カールの子どもたちは傑出していた。反逆者カールは結婚によって、多少ユダヤ系の血を持っていた家族の中へ一人で入っていったのだが、一つの観点からすれば、彼の結婚は悟性と感性の結婚、攻撃的な実務能力と顕著と言えるくらいの自己不信との結婚であり、別の観点からすれば、結婚によって彼は自分自身の遺産の中に現存していた諸傾向――ヘルマン・クリスティアンの道徳的な真摯さ、綿密さ、および憂愁、それとファニー・フィグドールの俊敏で神経質な芸術家気質――を相殺したのではなく、かえってそれらを増強したのである。むしろ、婚姻関係がユダヤ人のあいだに科学的・音楽的才能と躁鬱的精神不安との高い発生率をもたらす傾向があった（というふうに考えられている）ように、この一例の場合には、カールとポルディが遺伝的にも、また彼らが生きかつ再創造した道徳的雰囲気によっても、先代から継承しつつ後世へ伝達したものがすべて相俟って、調和や幸福を成就する能力によって顕著であるよりは、分与された破格の能力によってはるかに顕著になるような、一つの世代を形成するに至ったのである。

第二章　幼少年期と学校時代

ルートヴィヒ・ウィトゲンシュタインは、一八八九年四月二六日午後八時半、ウィーンのアレーガッセ街に生まれた。父カールと母ポルディにとっては末子であり、成人に達した子どもの中では八番目の子どもにあたる。「立派な人間は四月に生まれる」というのは、彼がのちに力説してやまなかったうぬぼれの一つであるが、実際、彼の父も四月生まれであり、さらに彼自身もこの月に世を去ることになる。初期の写真を見ると、彼はまず、大きな青い目をした金髪で巻毛の赤ん坊として現れる。のちの写真としては、大勢の一族の者たちのあいだにあってセーラー服を着ている男の子の写真、父親の別邸で女性家庭教師と共にテラス、芝生、草地を歩いている写真などがある。愛くるしく、ちょっぴり真面目顔ではあるが、不安げなところはいささかもない。当時のウィーンの富裕な企業家の家に生まれた子どもの典型である。典型的と言えば、彼や兄姉が（少なくとも一〇歳ないし一二歳になるまで）受けた教育もそうであった。彼らは学校には行かず、何人もの家庭教師から教育を受けた。まだ幼いときから彼らにフランス語や英語を教えたのは、当時雇うことのできた家庭教師の中で、それぞれの言語を母国語とする素姓の正しい者たちであった。「フランス語はへただが、英語はできる」。第一次世界大戦中に、ルートヴィヒはあるオーストリア人の友人にこう語った。イギリスやアメリカで何年かを過ごしたことのある者だけではなく、彼の家族全員が一生涯を通じて英語を書くことができたし、話すこともできた。しかし彼らの話す英語たるや、アクセントにしても語彙にしても、今や時代遅れとなったかつての純正さを保っており、かつての世代の生き残りか中年以上の王家の者からしかもはや聞くことのできないものであった。彼らのドイツ語にしても、もはやめったに聞くことのできない美しさと気品を備えていた。それは洗練されたドイツ語、当時のオーストリアの劇場で使われるドイツ語であり、ドイツ帝国のそれとは明らかに異なっていたが、まったくなまりのないドイツ語であった。実際、彼らには、召使や使用人のほかには、人々と接する機会がほとんどなかった。子どもたちのパーティやダンス教室でも、彼らが接するのは上流階級の者たちであった。確かに、彼らの外見と習慣はオーストリア人のものであった。しかしそれは、上流階級のオーストリア人の外見であり、習慣であった。家庭内で教育を受けたために、この隔絶は一層はなはだしくなった。「庶民」だけでなく、著作家や科学者になるような人々も含めて、大部分のオーストリア人の普通の生活は、彼らには疎遠だったのである。ルートヴィヒは、たとえば字を書くときにはいつもラテン書記体で書いた。そのため学校の教師になったとき、彼は通常の「ドイツ筆記体」を懸命に練習せねばならなかった。彼らの受けた教育は標準的なものであった。ただし、特殊な時代における特殊な階級にとって標準的だったのである。

同様にごく普通のことであったが、彼らは父親を畏れ敬い、母親とはほとんど会うことがなく、おじやおばの前ではあまりしゃべってはいけないことになっていた。彼らが心に深く銘記させられたのは、何よりもまず、正直であることの大切さ、義務の厳格な履行、召使や使用人に対する責務遂行の重要性であった。これと対照的に、公式の宗教は、彼らの生活のうちでほとんど何の役割も演ずるところがなかった。周囲の人々に対する道徳的、文化的、物質的優越（ないしその自覚）が一つに溶け合い、彼らの生活の雰囲気を形成していた。

当然のことながら、彼らの家には独特の雰囲気が漂っていた。長姉ヘルミーネ（フリッツ・ロイターの作中人物にちなんでミニングと呼ばれていた）によれば、子どもたちは皆、この雰囲気の中に絶えず神経を苛立たせるものを感じていた。こうした張りつめた雰囲気は、何と言っても父親に原因があった。精力的で毅然とした父親の姿は、家族全員のうえに色濃く影を落としていたようである。彼は事業での成功のただ中にあり、従業員たちを悩ませていた問題をたちどころに処理してしまったが、他面では、軍人と同じようにフェンシングや乗馬に打ち込む十分な時間とエネルギーも持ち合わせていた。彼は人を圧倒せずにはいなかったのである。また、恐るべき知力の持ち主でもあり、暗算のすばやさについては多くの逸話が残っているし、死後出版された論文のうちで最も重要なものは、表・統計などを含んでいるにもかかわらず一切のメモなしでなされた講演（アメリカ産業の成功に関する分析）である。[1] 道徳的、人間的問題をも、彼は迅速に処理した。彼は議論を好まず、しばしば巧みな冗談でそれを打ち切った。こうした性格は人を引きつけずにはいない。さらに、娯楽、愉楽、安逸に流されそうになるときにも意志を貫く強さが、もう一つの魅力になっていた。端整にして精力的、自信に満ちて機知に富み、（人々に理解できるかぎりで）判断において過たず、機を見るに敏。折々の読書によって広く教養全般を身につけ、何人をも説きふせてしまう不思議な力を仕事上のライバルさえもが認めざるをえない男。それがカール・ウィトゲンシュタインであった。子どもたちにとっては、あらゆるよき物の授与者であり、彼らにとって自然環境ともなっていた何軒もの大きな家、庭園、地所の創造者であった。寵愛していた娘たちが彼を崇拝していたのも、さして不思議ではない。娘たちにとって、彼は卓越した男の模範であった。だから彼が死んで大分たってからも、召使が何か仕事をおろそかにしようものなら、いつも決まってこう言われた。「パパが生きていてこれをご覧になったら！」彼女たちが歩を向けるすべての場所が、父親にまつわるちょっとした出来事、たとえば孫たちにご馳走してくれたことなどと結びついていた。

同様にルートヴィヒも、またすぐ上の兄パウルも、父親についてはよい思い出しか持っていなかったし、そうでない思い出は持とうとしなかった。権威の観念が彼ら二人の心を強く引きつけていたので、彼らは何ら抵抗なく無条件の道徳性という考え方を受け容れることができた。道徳とは、あれこれ考慮した結果容認されるようなものではなく、即座に認識可能なのであり、そこからの逸脱はすべてまったくの過誤なのである。彼らも父親と同様に、ごまかしを忌み嫌い、それを目ざとく見破った。(込み入った事情があるのだが)第二次世界大戦によって彼ら二人の接触が絶たれるまで、ルートヴィヒに宛てたパウルの手紙は、ほとんどが無意味なもの、つまりありきたりでつまらぬ新聞記事の切り抜きであった。しかしルートヴィヒは、それを遺言でことさら指定した品々のコレクションの中に入れて大切に保存した。

確かに、これら二人の末の息子たちは、父親に対して敵意を覚えることはなかった。しかしながら、彼らでさえも、父親の選んだ育て方のために——彼らに対しては父親も管理の手を多少緩めたものの——明らかにさまざまな点で健全な成長を妨げられた。というのは、彼らも父親の活動力と自信とを当然のことながら十分に受け継ぐこととなったが、しかし他面では、ある種の感受性を喪失し、ときには冷酷にもなったからである。父親はたいそう雅量のある男ではあったが、拙劣なあるいは要領の悪いやり方で持ち出された要請は、これを断固としてはねつけることもあった。彼は嘘・ごまかしの類を嫌いつつも、他方では、社会的に不安定な境遇にある人々をだしに使った悪ふざけもした。たとえば、別荘でのパーティに招かれていた全員がひそかに晩餐会用の服に着替えてしまい、(召使からそれを持たずにやってきたと教えてもらった)新来の客を当惑させるとか、特別に印刷したうやうやしい招待状を出してサーカス公演に招く、などといった悪戯である。自分自身に対しても、また自分の価値観に対しても自信を抱いていたので、彼は息子たちの資質をあまり顧慮せずに、そして彼らの好みなどにはまったくおかまいなしに、自分の価値観を押しつけた。父親は彼らに数学とラテン語とを学ばせ、のちには、彼自身がそうしたように、彼らが工学と事業とを共に身につけるように決めてしまった。他の学芸は、息子たちは自分で選んで学んだ。たとえば音楽では、彼らの一人には天賦の楽才があった。それは予期せざる賜物であったが、それによってその息子の人生コースが変えられるようなことを、父親は肯んじなかった。こうした父親の態度は、第二子の長男ハンスの上に最も重くのしかかった。彼は疑いもなく音楽的神童――エプシュタイン教授の言葉によれば、天才――であって、九歳のときには聖ペーター教会でバイオリンを演奏し、またオルガンやピアノも弾くなど、音楽のさまざまな妙技を披瀝したのである。しかしそれは、彼が父親の望む知的能力を欠いていた、ということではない。実際、姉のヘルミーネが彼の子ども時代の空想や遊び、さらには、まさしく父親の暗算能力を思い起こさせるような計算や精密測量について記している。だからむしろ実態は、父親の選んだ人生コースに彼は何の関心も持てなかったということ、そして、普通の子どもとは違って学校に行かなかったために、楽しくはないがともかく規則的に勉強する習慣が身につかなかった、ということにすぎない。それゆえ、もろもろの事業で必要とされる知識を習得するために、適切な個人指導も受けずにボヘミア、ドイツ、イギリスへと送り出されたとき、彼は自分に何が期待されているのかをいささかも考えずに、むしろ弦楽四重奏団の組織に腐心した。休暇中の彼と父親とのあいだには、気まずい空気が流れた。彼は二六歳のときに、自殺をにおわすような状況の中で、チェサピーク湾航行中の船から失踪した。それゆえあらゆる徴候からして、家族の者は彼の死を自殺と見ていた。

ウィトゲンシュタイン家の歴史には、(この時代にふさわしいことであるが)精神分析の論文の巻末資料にでも出てきそうな多くの逸話が残されている。たとえば、伝えられるところによれば、ハンスが最初に覚えた言葉は「エディプス」であった。彼が母親と一体化し、父親を拒絶したと言われるのにも、明らかな根拠がある。そうなった原因は、不適切な教育方法によりも、むしろもっと深いところ、つまり家族成員の絡み合いの中にある。しかし、この点での母親の態度も特徴的であった。父親には自分の指定した教育を監督する時間がなく、母親は夫のため以外の時間をもとよりほとんど持っていなかった。彼女は自分に自信が持てなかったので、自分の代わりに仕事をしてくれる者たちをたしなめたり統制したりするのに消極的であった。生後数年のあいだ子どもたちを育てたのは、意地の悪い養育婦であって、彼女は子どもたちが何をしようと、どう振舞おうと、身体的にどんな状態にあろうと、ほとんど気にかけなかった。ポルディの母親、その他の人々がこの事態を見て、ポルディに抗議した。しかし彼女は、事態の改善へ向けてあえて介入することを避け、そのため養育婦のエリーゼ嬢は、ルートヴィヒが六歳になるまでの二一年間の長きにわたって家に留まり続けたのである。役に立たない家庭教師がいた場合も、同様であった。とりわけ問題なのは、ハンスに対する夫の厳しさについて、彼女が夫に何も言わなかったことである（寡婦になってからの回想の中で、彼女自身それを後悔している）。感情と強い義務感との板ばさみの中で、彼女は心の平穏を失った。その葛藤がどのようなものであったかは、もはや知りえない。しかし子どもたち、少なくとも娘の一人――ここでの叙述は彼女による一家の思い出によっている――は、こうした葛藤を感じ取っていたし、また母親が自分の母親や夫への献身に疲れ果て、そのために平静ではいられなかったのを知っていた。子どもの問題になると、彼女は子どもたち一人一人の性格に対する理解力を欠いていたようである。とくに、力にあまる困難に巻き込まれることを、彼女は極度に恐れていた。そのため彼女には、すべてがうまくいっているなどとはとても思えなかった。

彼女のしとやかさ、礼節、無私は、子どもたちにとって常に変わらぬ模範であった。彼らはまた、何か義務を怠りはしなかったかと不安げに気づかう母親の姿を見ていたし、子どもたちの何人かはそうした性分を受け継ぎもした。しかし同時に彼らは、自分の義務がいったい何であるかをはっきり見て取り、考えうる最善策を講じてそれを遂行するという点で母親が無能であったために、苦しめられもした。内面の状態からしても、結婚生活から言っても、彼女は嵐のただ中で奮闘する人のようであった。彼女が子どもたちを力づけるどころではなく、むしろ子どもたちが彼女を支え、いたわらねばならなかった。これは彼女が寡婦になるといよいよ顕著になり、その晩年は、彼女に関する子どもたちの思い出に色濃く影を落としている。しかし、寡婦時代の彼女の暮らし方そのものから、彼女には支えてくれる者が必要であったことがわかる。それはともかく、彼女の息子たちは、彼女が実際になしえた以上の献身と理解とそれぞれにふさわしい世話とを必要としていたように思われる。

ヘルミーネは、弟のハンスについて、たとえ彼が音楽家として生きることを許されたとしても、はたして幸せになりえたかどうか疑問に思っていた。彼の演奏には荒々しいと同時に神経質なところがあり、それは彼の人間性のうちにある何かと対応しているようであった。ヘルミーネには、若い頃の弟たちには皆、生きようとする意欲——それを彼女は「生命力」・「生きる意志」・「若者らしい生活感情」などとさまざまに表現している——が欠けているように思われた。

三男のルードルフ（ルーディ）は、ベルリンで服毒自殺を遂げた。七歳だった彼が初等教育のあるテストを受けねばならなかったとき、彼は非常におびえて惨めな様子をしていた。そのため試験官は彼の母親に、ルーディは神経質な子どもであるから気をつけるよう警告したほどである。母親はこの話を大変おもしろい冗談としてよく語ったものであった。ルーディに関する回想によれば、彼は兄弟の中で文学に対する感受性を最も豊かに持っていた。もっとも、それは創造的な感受性というより、批評の才だったようである。通例、彼の自殺は、彼が同性愛者であったこと、あるいはそうであると自ら思い込んでいたことが原因とされる。しかし、ある別の伝聞によれば、父親の家での安楽な生活をあとにしたものの、ベルリンで身を立てることができず、それがもとで彼は自殺した。さらに、この伝聞によれば、彼は性病持ちであった。ルーディもハンスと同様、今世紀の初頭に自殺した。

次男クルトも自殺したが、それはずっとのちのことである。彼は最も問題の少ない息子だったようである（ただしこれは、彼にはあまり才能がなかったという意味のウィトゲンシュタイン家特有の言い方なのかもしれない）。彼が人々の記憶に留まったのは、主として優れた楽才のためであって、しばしば彼はピアノの前に座り、オペラで聞いたことのある曲を見事に演奏したものであった。父親はある会社の重役ポストに彼を据えさせた。彼はその仕事が好きだったわけではないが、外見上は喜んでそれを遂行した。結婚しようとしたことが二度ばかりあったが、いずれも失敗し、見た目には、とりわけ重い責務を負っているわけでもない金持ちで教養のある独身者という感じであった。一九一八年の写真では、彼はホーホライトのテラスで家族の者と共に腰をかけている。服装・物腰・表情のどれをとっても、自信にあふれた軍人の姿である。その数カ月後、第一次世界大戦の終結時に、前にしていたイタリア軍から退却する際、彼は手足を伸ばしてくると言って野営を出た。そしてその直後に、一発の銃声がとどろいた。さまざまな理由が推測されてきた。敗北の恥辱、部下たちの戦闘放棄に対する恥辱、捕虜となることへの怖れ、などである。しかし、（ルーディの場合がそうであるように）自殺の原因そのものは、さして重要とも思われない。むしろ、それより重要なのは、一つの家庭から三人の自殺者が出たという事実であり、残された二人の弟たちも（姉の一人が言うかぎりでは）しばしば自殺への傾向を示し、二人が共に寿命をまっとうする可能性はほんのわずかしかないように思われた、ということである。彼女の考えでは、おそらく自殺への誘因となっていたのは、父親が息子たちに植えつけようと強く望んでいた「厳格な義務感」の欠如であった。しかしながら、もう一つ別の説明のほうがもっともらしい。つまり、彼らは両親から過度の義務意識を受け継いだのであり、父親からは、人生における自分たちの務めが何らかの形で世界を変革するところにあるということを学んだのである。父カールは、技術の進歩があらゆる問題を解決すると信じていた。少なくとも、そう信じることに全力を傾けていた。彼は進歩の理念の権化であり、のちにこの理念はルートヴィヒにつきまとい、反感を抱かせることになる。ルートヴィヒは、この理念こそ当時の社会の本質的特徴であり、まさにそれゆえに自分は社会の中でよそ者となっているのだと考えた。しかし他方、息子たちが母親から受け継いだ気質はこうした信念に、また前述した人生の務めに、まったくそぐわなかった。それは受動的で、繊細で、どこかいじけたところのある気質なのである。上の三人の息子たちが自己主張するだけの強さに欠け、そのため受容しうる人生コースを見出せなかったとしても、当然かもしれない。父親自身のすばやい方向転換がここで思い起こされよう。彼もまた、些細な過ちすら許容できない人間であった。しかし彼には、どんなことでも可能だという半ば狂信的な信念があったのに対し、上の三人の息子にはそれが欠けていた。抑鬱的パーソナリティの持ち主である彼らにとっては、職業においてであれ、道徳生活においてであれ、はたまた祖国の運命に関わることであれ、どんな過ちも取り返しのつかないもののように思われたのである。

総じて言えば、三人の娘たちは自分たちに対する期待にきわめてよく適応したと言える。それは、疑いもなく、息子たちと比べて彼女たちに対する期待が小さかったからである。最年長のヘルミーネは、父の真の伴侶となった。彼女と共同で父は絵画を収集し、彼女に対して自伝を口述し、田舎の地所、ホーホライトを購入して開発したのも、本来は彼女のためであった。彼女は年少の子どもたちに対しても、いくぶん母親の地位を占めていた。のちになると、彼女は事実上、家の長となり、アレーガッセでもホーホライトでも母家に腰を据えた。まわりでは一家を取りしきる「お嬢様」として通り、家の伝統を保持し、また家の歴史を折りにふれて書き残した。彼女の築いた調和のとれた生活は、昔のウィトゲンシュタイン家の生活にいくぶん似ていた。彼女は趣のある油彩画・スケッチ画をたしなんだ。たいていはホーホライトの風景や家庭内の情景を描いたものである。さらに、ピアノも弾けば、音楽の夜会を催したり、その機会を与えたりもした。また彼女は、家が援助を与えている無数の人々を温かくもてなし、趣味のよい贈り物をした。第一次世界大戦までは彼女は家庭内の仕事に専念していたが、大戦中は病院で働き、戦後には託児所を運営した。もちろん多くの、そして幸運なことに、選りすぐった協力者を得てである。というのは、彼女は母親から実務的な面での無能力を多く引き継いでいたからである（もっとも、それに伴う不安は受け継がなかった）。甥や姪たちには、彼女の人生に欠けたところがあるとは思えなかった。それで、たとえば、彼らには彼女の結婚した姿は想像もできなかったのである。もちろん、彼女が弟や妹と激しいいさかいを起こすことも、ときにはあった。彼らも自分たちに対する他人の振舞い方について、はっきりした考えを持っていたからである。しかし彼女は誰からも尊敬され、母親とは違って、人からのいたわりを必要とするような存在ではなかった。

次姉ヘレーネ、愛称レンカの生涯も平穏であった。この家の者にはまま見られることであったが、子どもの頃の彼女の性格には、あまりしっかりしたところが見受けられなかった。むしろその頃の彼女は、（厳格な基準からすれば）軽薄だと思われていた。彼女はマクス・ザルツァーという堅実かつユーモアのある公務員と結婚することになった。この男は堅いプロテスタントの家の出で、ウィトゲンシュタイン家とすでに交わりがあり、あらゆる実際的問題に関して助言を与えていた。彼女も豊かな楽才に恵まれ、両大戦間には小さな合唱団を組織したりした。軽薄ではないのかという懸念は解消したが、（父親が自らの姉妹に宛てた手紙に見られるような）ユーモアのセンスというウィトゲンシュタイン家の血筋は、まぎれもなく引き継いでいた。だからしばしば彼女は、やはりこの血筋を引き継いでいたルートヴィヒと、他愛もない話を何時間にもわたってしたものである。主として、こうした他愛もない馬鹿話、彼女の誕生祝いに贈った花火、器楽の合奏、音楽についての話などを通じて、二人は結びつきを保っていた。ヘルミーネのような母親としての特権を持っているわけでもなければ、妹のように人類の改良にやみ難い情熱を抱いているわけでもなかったので、彼女はルートヴィヒに干渉せず、思うように人生を歩むに任せた。

マルガレーテ、愛称グレートルは、年齢的にも、能力の点でも、気質の面でも、ルートヴィヒに最も近い姉で、彼の成長に二人の姉よりはるかに大きな影響を与えた。彼女は生涯を通じて異彩を放つ存在であった。二人の姉も、彼女と比べれば、また彼女との関わりにおいては、強い性格の持ち主とはとても思えなかった。甥や姪にとって、また外部の人々にとって、「お嬢様」〔ヘルミーネ〕も「局長夫人」〔ヘレーネ〕も強い婦人であって、なれなれしくすることなどできなかった。しかしグレートルだけは（ルートヴィヒへの手紙に書かれているのだが）、姉たちは非常事態に対処できるほど精神的に強くない（グレートルが言いたいのは、明敏でないということ）のではないか、と危惧していた。彼女たちに影響を及ぼそうとしたのは、彼女だけだった。レンカの子どもの一人を励まし、責任をもって引き受けることのできた人物がいたとすれば、彼女をおいてほかにはいなかったであろう。

彼女はまた、常に姉たちよりも進歩的であった。確かに姉たちと同様、彼女も二〇世紀の半ばまで、かつてのウィトゲンシュタイン家の生活を送ろうと努めた。たぶんそれは、少々取りすましていて偏狭な生活（グレートルはフロイトの友人であったが、この点は直らなかった）ではあったが、本来的には善意に満ち、もしほどほどの自己満足を幸福と呼びうるなら、幸福な生活であった。しかし他方で彼女は、単なる旧套に我慢がならず、精神分析とか社会主義といった新思想に情熱を燃やし、理解・分析・改善への強い意志を有していた。こうした点で、また仕事のスケールの点に関してさえ、子どもたちの中ではいちばん彼女が父親の多才と活動力とを彷彿させるところを持っていた。それらが科学技術の問題によりも、むしろ人間的問題に向けられたのは、単に彼女が女性であったからというより、それこそ彼女の世代のウィトゲンシュタイン家の精神だったからである。

パウルとルートヴィヒは、それぞれグレートルより五歳と七歳年下であった。彼らは年が近かったので、ふだんの生活ではよく一緒に遊んだ。パウルとルートヴィヒはまったく違った性格の持ち主で、パウルはルートヴィヒと比べると、他人の意見に耳を貸すことがほとんどなかった。パウルは生涯を通じて、万事につけ自分の思うままに振舞おうとした。彼には、人に好かれるよりも、尊敬され、恐れられさえすることのほうが重要であった。確かに彼は、人々にこうした反応を起こさせるだけの力と強さとを備えていた。レシェティツキーの弟子であり、ピアニストとしての道を歩むことになる――これは父親が支配をゆるめた顕著な徴候である――彼がデビュー・コンサートを開いたのは、一九一三年のことである。しかし第一次世界大戦開戦後、数カ月して、彼は東部戦線で右手を失った。捕虜交換でロシア側から釈放されると、彼は副官として復務させてもらえるように努めると同時に、左手だけで演奏できるように自らをきたえた。（ジチー伯という先例がいた。この人のためにリストが何曲か作曲している。）彼はリヒァルト・シュトラウス、ラヴェル、その他の人々に作曲を依頼し、彼らの曲を演奏した。そしてピアノ奏者としての、また教師としての歩みを続け、大いに成功を収めたのである。これまでの記述から当然推測されるように、家族の者たちは彼に対してきわめて辛辣な批判を抱いていたし、パウルの演奏のスタイルは、母親はもとより、兄弟姉妹の好みにも必ずしも合っていたわけではない。そこには、左手のみによる演奏という事情だけからでは十分に説明できないような荒々しさがあったのである。家族の者――彼らはヨーゼフ・ヨアヒムの演奏を聞いたことがあり、サラサーテを軽蔑していた――は、純粋に音楽そのものから生じるのでないような感銘に対しては、うさん臭く思っていた（のちにラヴェルもこうした感覚を抱くようになる）。現代人の耳でレコードを聴くと、確かに彼は巨匠のように聴こえる。しかしオーストリア的な、しかも過去の巨匠といったふうで、現代の演奏家と比べると、豊かではあるが、キラリと光るところはむしろ少ない。言うまでもなく、録音状態は今日のレコードと比べると不鮮明ではあるが、そこには家族の者たちがはっきりと感じ取ったような演奏の不自然さは感じられない。

彼はさまざまな仕方で、自然に逆らうかのように無理に力を振り絞っていたように思われる。彼は、両腕のある人と同じように姿勢をまっすぐに正しておくために運動を欠かさなかったが、その一環として左手だけで――ピアニストの彼がである――ボクシングを習っていた。これなどは、ほとんど不必要だったであろう。彼は信じ難いほどの長い距離を散歩したが、これも姿勢を正すのに役立った。なお、これは父親の好んだ休日の過ごし方でもあった。ただし父親は、散歩に熱心でなかった妻や、長女ヘルミーネと連れ立って行くことを好んだのに対し、パウルは一人で行った。逆境にあったために、またそれを克服するために、彼は内面に厳しい緊張を秘めていた、あるいは秘めるようになった。それゆえ、第二次世界大戦までは家族と一緒に暮らしていたにもかかわらず、彼の私生活は、時折何らかの偶然的事情によって明らかになる以外は、家族の者も知らずにいた。その後、彼は家族と別れる。その間の事情については、おそらく双方の側に深い誤解があった。家族の者にしてみれば、彼は家族を捨てて行ったのであり、彼にとっては、明確な理由あってのことであった。そして突然に彼の隠し妻が現れる。この「併合」をうまく乗り越えていくのは、第一次世界大戦の苦難や敗戦の屈辱を乗り越えるよりも、はるかに難しいことが明らかとなった。「パウルは哀れなやつだ」とルートヴィヒは言った。彼がパウルについてこう語ったのは、それが最初である。家族の者に対するパウルの関わり方のうちに象徴されていた何かが、それによって最終的に壊されてしまった。

有能かつ明敏にして博学、しかも貴族的マナーを身につけていたパウルは、過ぎ去りし時代の雰囲気を一身に漂わせながら、教授としてニューヨークへ渡っていった。彼を排除したのはほかならぬドイツ人だったにもかかわらず、シュターレンベルク家で過ごした日々や、彼が以前属していた連隊（第六騎兵連隊）の将官らと過ごした日々は、彼の胸中から去らなかった。幅広い教養、自然への興味、さらには貴族的品性も、彼の身にしみついていた。オーストリアにいた頃、例の長い散歩に出かけるときには、しばしば彼はポケットの片方にはリヴィウスを、もう一方には植物標本を入れていったものである。彼の顕著な特性は、父親と同じようなあの人を食ったユーモアのセンスであって、それによって彼はうぬぼれた人物をへこませたり、くどい議論を終わらせたりした。姉の回想の中でまず最初に言及されるのも、この特性である。すなわちパウルは、次から次へと馬鹿なことを言っては今や初老の養育婦を困らせる少年であり、かろうじてそうした彼を押さえられるのは、彼自身と同じくらい頑固であった祖母つきの家政婦だけであった。

ルーキないし「ルー坊」と呼ばれていたルートヴィヒは、すべての兄姉——これまでは彼らの性向を見てきたわけであるが——の目には、守ってあげねばならない存在のように思われた。それは、兄姉たちと彼との年齢差のためばかりではない。というのは、パウルに対しては、誰もそうした態度で接しはしなかったからである。ルートヴィヒは気質の点でも、おそらく身体的な面でも、デリケートで繊細な子どもであった。一四歳まで、学校では体育を免除してもらわなければならなかったし、病歴としては、第一次世界大戦の苦難が始まる以前にすら、ちょっとした手術を何回か受け、何度か外科的処置を講じてもらったことなどが知られている（彼には両側性鼠蹊ヘルニアがあったようである）。この時期までの彼は、愛情を必要としていたし、実際に愛されもした。

子ども時代についてのルートヴィヒ自身の発言は、単純に真に受けることができない。もちろん、発言時の彼の精神状態を示す徴候としてなら別である。発言の中には、明白な矛盾は何らない。自らの性格上の欠陥が不幸の原因となることもありうるのだから、最良の父・最良の姉たち・最良の環境に恵まれながら、なおかつ不幸であることも起こりうる。そしてルートヴィヒは、不幸の原因の解釈として、この可能性を退けるどころか、それを信じて疑わなかった。彼は、子ども時代のあらゆる事件と欲望の中に罪と過ちとを探し求める聖アウグスティヌスにも似たまなざしで、自らの子ども時代を振り返る。実際、彼がこの頃のことを語ったり書いたりするときには、しばしば洗いざらい告白するような状況においてであった。しかし他方で彼は、自ら伸ばした能力や、自分が身を置いていた知的道徳的文化に対しては、誇りを持っていた。この誇りは、フランスのある政治家の自己肯定にも似て、自分のアイデンティティに対する肯定だとも言える。ルートヴィヒが引用するところによれば、この政治家は、フランス語は考える順番に言葉が並んでいる唯一の言語だと言ったそうである。

優れた精神的養育――「精神のよき育児室」――ルートヴィヒは自分の少年期をよくそう呼んでいた。この言葉は、彼が家で過ごした一四年間を（それだけではないが）指している。概して言えば、それは彼の家庭教師たちが優れていたという意味ではない。彼らの能力はまちまちであったし、何よりも彼らは誰からも監督されることがなかった。よほどの正直者でないかぎり、自分には怠惰でやる気のない子どもたちを矯導する能力がないなどと雇主に知らせる者は、いないであろう。ピアノですら、ルートヴィヒはまともな仕方では教えてもらえず、レッスンは中止されてしまった。この件は、若干腑に落ちない。というのは、この件を語っているのはパウルであり(2)、彼はルートヴィヒの並はずれた楽才を力説しているのだが、その彼自身はピアノを弾けるようになったのだからである。ルートヴィヒは、のちに独力でクラリネットを習得したように、独習できる科目を好んだようである。また、音楽に関するかぎり、自分で演奏するよりも、他人の批評をしたり指揮をしたりする役割のほうが、彼の好みに合っていたらしい。ともかく、音楽に関しては、彼は家庭の音楽生活によるほかはなかった。すなわち、しばしば家族でコンサートに行くとか、家でコンサートを開くとか、あるいはメンデルスゾーンの合唱曲や二重唱、シューマンの三重唱、室内楽やソナタ――この二つは両親や兄たちがよくやった――などを家族の者が上演する、といった生活である。彼は大変正確かつ情感豊かに口笛を吹くことができたし、音楽の専門的知識を苦もなく習得した。家庭で外国語を身につけたのと同じように、それは彼にとってぞうさのないことであった。

さて、家での教育は、主として読書と討論であった。特定の章節が解説され、暗記させられた。各人に適切だと思われる作品が選ばれた。文学を素材にして、いつも人生に関する討議がなされ、簡潔で飾らない文体が称揚された。あるとき、ルートヴィヒは友人に次のように語ったことがある。「君が何をしたかは、重要ではない。君が人を殺したという場合でさえそうだ。重要なのは、それについて君がどのように語ったのか、そもそもそれについて語ったのかどうか、ということだ」。これは、彼が文学作品の中で問題にしていた点でもある。彼はラッセルにトルストイの『ハジ・ムラート』を、姉の一人にはクライストの『ミヒャエル・コールハース』を薦めている。そこではいずれも、主人公は非運に対して超然としたストア派的な無頓着さを示すのではなく、アリストテレスにおける有徳の人間のように、辛いことでも自ら進んでなし、身に受けようとする。というのは、そうせざるをえないときには、それも自ら選んだよい生活ないし高貴な生活の一部を成すものだからである。「主人公の生活は破壊される」、しかしそれでも非運を通して高貴さが輝く。このことは、語られる出来事からわかるだけではなく、文体からも知らされるのである。実際、これらの人物がどのように運命を受容するのかは、文体からしか知りえない。ウィトゲンシュタイン自身の言い方を借りれば、それについては語りえず、示すことしかできないのである。

これらの作品については、ルートヴィヒがそれらを第一次世界大戦前に読んでいたということしかわかっていない。少年期に彼がどのような作家と作品に触れるようになったのかということについては、手がかり程度のものしかない。ゲーテ、シラー、メーリケ、レッシングなどといった偉大な作家たちには、彼は終生傾倒していた。彼らは太陽のようだ、と彼は言っていた。それは、彼らが文化の中心に位置し、文化を規定している、という意味である。なかんずくゲーテは、西洋文化の諸問題を取り扱った。確かにベートーヴェンほどではないにせよ、それまで哲学者が扱ったことのない問題と取り組んだのである。もしかすると、ニーチェがそれと取り組んだと言えるかもしれない。しかし、ニーチェは哲学者というよりも、むしろ詩人であった（これもウィトゲンシュタインが言っているのであるが、悪い意味で言っているのではまったくない）。西洋文化に関するこうした発言は、一九三〇年代からなされ始めるのであるが、西洋文化は人類史の一局面でしかないというそこに見られる意識は、シュペングラーの考えに対する彼の尊敬と軌を一にしている。ルートヴィヒは、自らが体現している文化は過去の遺物だという考えに取りつかれていたわけではない。彼はそれをもっと単純に受容していた。すなわち、生の意味についての自分の理解を形成し、表現する際の媒介手段として受容していた。その好例が音楽である。彼とその家族にとって、音楽とは、ハイドンからブラームスまでのウィーンの音楽のことであった。彼にしてみれば、この音楽に変更を加える必要などなかった。だからたとえばベルクの作品などは、恥ずべき代物のように思われた。人生について考えるのに十分すぎるほどのものが、すでに古典音楽の中に含まれていたのである。それゆえ、音楽に対する彼の関わり方は、母国語に対するそれと等しかった。彼には、その外部に表現手段を探し求める必要がなかったのである。音楽に対する彼のこうした態度は、終生変わることがなかった。そしてある種のドイツ文化に対する関わり方も、成人するまで、また第一次世界大戦を通して彼の感受性に新しい局面が訪れるまでは、これと同様であった。学生として渡英したとき、彼は前述した主要な作家の作品を多数たずさえていった。それらは豪華本ではなかったが、しゃれた版であった。第一次世界大戦後、彼はそれらの本を売ってしまい、のちにイギリスでもっと廉価な版を古本で取り揃えた。明らかに――彼が好んで用いた言い方をすれば――内的および外的理由がこれに関与していた。

彼は多読家であるよりも、精読家であった。彼は「自分に意味のあることを語っている」章句や詩に繰り返し立ち戻ろうとした。これはレコードで音楽を聴く場合も同様であって、彼は、そこにすべてがこめられていると思う移行部へ何度も針を置き直したものである。文学、さらには哲学に対する態度もこのようであって、それは友人エンゲルマンの報告に適切に述べられている。(3)「ウン、そこまではわかった、それで次は?」などと言うのは、彼の反応の仕方ではない。彼は意味深長な表現の箇所で立ちどまり、自分の理解を深めようとするのである。それゆえ、当然の結果として、彼の覚え書きはゲーテやシラーの引用で埋まることとなる。

他の作家たちとその作品も、のちに重要になってくる。ここでは、常に変わることなく彼の精神の――彼の言う精神的「育児室」の――構成要素となっていたものを取りあげよう。ルートヴィヒの目には、レッシングは倫理と美学とが不可分であることを示す実例と映った。この点で世界は別の方向へと動いてしまい、ルートヴィヒは、文化はすでにこれら二つのものの統一を喪失していると考えるようになった。彼の考えでは、この統一は、ある時代の最良かつ最強の人物が芸術へと向かう際には不可欠なのである。しかし、そう考える彼自身が、時代遅れの考え方をする前時代の生き残りであった。彼は、自分はシューマンの死と共に終わった世界の住人だと、しばしば口にしていた。シラーに対する賛美の中にも、どことなく時代遅れのところがある。理想主義、そしてシラーを引きつけた自由への情熱は、ナポレオン戦争以前の時代に特有の形式を取っていたからである。メーリケの長所は、言葉づかいの簡潔さと自然さとにあった。それは、表現が抑制されているというのとは多少異なる。むしろ感情が状況に、そして当然、言語が状況に正確に適合している、ということなのである。まさにこの性質を、ルートヴィヒはゴットフリート・ケラーの中にも見出した。(偶然わかったことであるが)ルートヴィヒは彼の作品もイギリスへたずさえていったし、またエンゲルマンの報告によれば[4]、彼を深く崇敬していた。ケラーの語調は、感情の深さを考慮すれば、いささかも仰々しくはない。これは、ルートヴィヒが好んで友人に薦めた『チューリヒ短篇集』――「グライフェンゼーの代官」と「馬子にも衣装」――において明らかである。これらはいずれも、ルートヴィヒが簡明な譬え話を愛好したことを示す好例である。しかし、『緑のハインリヒ』に出てくるハインリヒ・レーの形象も、ルートヴィヒ自身を彷彿させる。さらにそれは、青春期の背信行為に対する羞恥心という点でも、また、機会が提供されるたびにいつも自分は尻込みして逃げてきたという思い(ハインリヒの場合にはこれは正当化される)においても、ルートヴィヒの自己評価と一脈通ずるところがある。

ルートヴィヒはゲーテのどのような点を賛美していたのか。それを語ることは、彼が人生のどのような点に素晴らしさと価値を認めていたのかを語るに、ほぼ等しい。だから彼の思想の中には、ゲーテに由来するテーマや立場が数多く出てくる。ゲーテを賛美していた点としては、たとえばアカデミックな学問に対する軽蔑とか、比較の斬新な基礎を求め、ニュートンのような権威にすら満足しない豊かで独創的な精神などがあげられる。さらに一般的な点をあげれば、登場人物の完全無欠な調和である。それはゲーテの書く一行一行にはっきりと刻印されていて、そのため「ここに人間がいる」と言う代わりに、「ここに文体がある」と言ってもよいほどであった。自らは官能主義者ではなかったが、ルートヴィヒは『ローマ悲歌』も軽視しはしなかった。おそらくそこに見られる解放感に引きつけられたのであろう。何よりもゲーテは啓蒙主義の子であり、混乱・変動の時代と人生とのさまざまな葛藤を自らの手で解決したのである。

しかし、ルートヴィヒがもっと強い親近感を抱いていたのは、やはりオーストリアの作家だったようである。グリルパルツァーについて彼は、「どれほど彼が素晴らしいか、われわれはわかっていない」と言っている。彼が魅力を感じたのは、グリルパルツァーの古典主義だったらしいということは、彼がゲーテの『イフィゲーニエ』をラッセルに薦めたことからもわかる。さらに、『主君の忠実なしもべ』（これは彼がとりわけ気に入っていた戯曲である）(5)の主題も、彼の心に訴えるところがあった。そこでテーマになっている忠実なしもべは、最悪の不幸は自ら悪事を犯すことだと考えて、どんな侮辱をも耐え忍ぼうとするのである。これは、法に認められた権威に対するルートヴィヒ自身の態度と正確に符合する。グリルパルツァーの戯曲はすべて、アレーガッセでよく知られていた。その中には、ハプスブルク家の高潔な雅量を述べているものもあれば、オーストリアの独特な道徳的役割に関する考えを述べたものもある。その役割とは、諸民族を統治するというより、ドイツ文化に適切ではっきりした真の道徳性を与えるという役割である。これと関連してエンゲルマンは、理性と感情、頭と心ということを言っているし、グリルパルツァー自身は、オーストリアを児童期にあるイタリアと円熟のドイツとの中間にいる青年として論じている。

子どものイタリアと成人のドイツのまん中に
お前はいる、紅顔の若者よ。(6)

グリルパルツァーが言うには、ライン地方やザクセンには、本を読んで多くのことを知っている人々がいるであろうが、肝心の事柄については、オーストリア人のほうがずっと先を行っているのである。オーストリア人は、神に最も喜ばれるもの、つまり澄んだ目と偽りのない真実の心とを持っている。オーストリア人はすべてのことに自分なりの考えを持ち、他の人々には語りたいことを語らせるのである。

風刺詩や覚え書きになると、グリルパルツァーはドイツの国民精神に対して一層批判的になる。その理由は、一つには、それらの多くが一八四八年の野蛮の勝利（彼はそう考えていた）後に書かれたからである。政治・文学・思想のいずれの点でも、ドイツの特徴となっていたのは、うぬぼれ、抽象性、そして仰々しさであった。こうした特徴の多くに責任があったのはヘーゲルであり、彼の風刺詩も多くは――あるときは腹立たしげに、またあるときは的を得て――ヘーゲルに向けられていた。彼はダーフィト・フリードリヒ・シュトラウスとの関連で「ヘーゲルを信じるくらいなら、むしろその十倍の奇跡を信じたほうがましだ」とか、「ヘーゲルの体系にも優れたところがある。世界そのものと同じくらい理解不能だ、というのがそれだ」などと語っていた。(7) これに対して、オーストリア文学の特徴となっていたのは、慎みであり、良識であり、純粋な感情であった。グリルパルツァーによれば、喜劇詩人ライムントは、芸術の課題が理念の提示にではなく、理念に命を与えるところにあることをドイツ人に示す好例である。ナショナリズム・急進主義・進歩等に対するグリルパルツァーのこうした反対のうちに反映しているのは、たいていの場合明らかに、ハプスブルク帝国を分割せんとする諸勢力に対するオーストリア人の怖れであった。しかし同時に彼は、ドイツ本国では今や無視されているワイマール古典主義の真の継承者をもって任じていた。彼がより所としてカントに訴えるのも、同じ精神からである。こうした感情は、何もオーストリア人だけのものではない。ショーペンハウアーもニーチェも、それを共有していた。この二人、そしてライムント、ネストロイ、さらにグリルパルツァー自身（すべてルートヴィヒが賛美していた著作家である）は、ドイツ文化の中の主流ではないにせよ、一つの流れを示している。グリルパルツァーは、この流れに属しているという自覚を持っており、またこの流れの中にいたからこそ、一八四八年以前の時代に郷愁を抱きもしたのである。オーストリアにおける古典主義の典型的な生き残りとしては、さらにシュティフターもあげられるが、ルートヴィヒは彼のことがとりわけ気に入っていたというわけではない。たぶんそれは、彼の過度の単純性が不自然に思われたからであろう。彼の欠点は、エンゲルマン言うところの「人為的な平凡さ」(8)、すなわち悪い意味での「単純性」である。ルートヴィヒに感銘を与えたもう一人のオーストリア人作家、レーナウは、さらに別の系統を代表する。彼のファウストは、ゲーテのファウストに対峙するカトリック的ファウストであって、それはちょうどブルックナーの第九交響曲がベートーヴェンのそれに対峙しているのに似ている、とルートヴィヒには思われた。二つの対立項のうち、ルートヴィヒは啓蒙主義の人間のほうを一層賛美していたが、しかしカトリックの側にも共感を覚えていた。レーナウのファウストは、絶望がどんなものかを、また人間がどれほど無力であるかを示した。ルートヴィヒは、こちらのファウストと自分自身とを、そしてこのファウストの孤独感を自らのそれと重ね合わせて見ていた。

ルートヴィヒがこれらの作家をなぜ熟知していたのかは、特別な説明を要しない。彼らは彼にとって文化的伝統の一部であり、彼は父親の書庫の中で彼らの作品に取り囲まれて育ったからである。彼の独特な好みは、姉グレートルの影響下で形成されたようである。兄のルーディ、そしてルーディの友人にして情熱的な俳優でもあったツィトコフスキー兄弟と並んで、グレートルはウィトゲンシュタイン家の文化的刺激剤となっていた。家庭内で古典劇が上演されたが、それはおじやおばにも気に入られた。そしてルートヴィヒがモリエールやシェイクスピアを初めて知るようになったのも、そこにおいてである。彼にとって、モリエールは常に道徳の教師であったが、シェイクスピアは、彼の考えでは、西洋文化における独特な人物で、道徳の教師ではなく自然や風景のようなものであった。彼は詩人というよりむしろ創造者であった。もちろんルートヴィヒは、グリルパルツァーの家庭内での上演にもしばしば臨席した。『祖先の女』の中の、はからずも近親相姦を犯すベルタの役をグレートルが演じたが、これはとりわけ人々の記憶に残った。尊敬をかちえていたこれらの作家と並んで、現代的な作家や思想家も、家庭内の若い者たちには愛好された。グレートルが弁をふるってそれらの人々を擁護した。おばのクララはそれを分別と理性をもって受け容れたものの、他の年輩の家族成員たちはそれを押しつけがましいと感じた（自分たちの好みに合わない主張があからさまに擁護されるときには、よく見られる反応である）。ルートヴィヒが現代文学に興味を示すようなそぶりを見せたことは、ほとんどなかった。ホーフマンスタールは遠い親戚にあたり、当時の文化的衰退からの逃避としてバロックへの回帰を構想していた。そこにはどこか人を引きつけるところがあったが、ともかくルートヴィヒは、次のような彼の言葉を好んで引用した。

恥ずかしくない振舞いをせよ
いつか、どこか、何らかの形で、それは報いられる。

しかし総じて言えば、ルートヴィヒは「若きウィーン派」のことをよく知らなかったし、一九一四年に芸術家のための寄金をしたときも、フィッカーの選んだ作家たちの名をほとんど知らなかった。しばしば比較の対象とされるムージルも、彼はおそらく読んだことがない。少なくとも一九〇六年以前に読んだことがないのは、間違いない。基本的には現代文学はこのように軽視されていたが、そこにも例外があり、彼はカール・クラウスを尊敬していた。一九三〇年代に彼は、自分の思想に影響を与えた主要な人物の一人としてクラウスの名をあげ、影響を受けた人の名をボルツマン、ヘルツ、ラッセル、クラウス、ロース、ヴァイニンガー、シュペングラー、スラッファという順番で列挙している。おそらくこれは、影響を受けた時代順であろうが、彼はクラウスを思春期の頃から知っていたようにも思われる。『破壊された文学』、『道徳と犯罪』等の小冊子は、初版本が家の書庫にあったし、姉のグレートルは（そしておそらく家の他の者も）自分の父親を激しく攻撃している雑誌であるにもかかわらず、『ファッケル』を全巻揃えていた。彼がクラウスのどんな点を好ましく思っていたかは、まったく明瞭である。それは、またもや、文体と人物なのである。風刺、道徳的に卑しい態度の摘発、冷笑などが、文学的というよりむしろ倫理的と言うべき言語使用と言語批判によって表現される。ルートヴィヒは、相手の言葉をひとまずそのままに受けとめ、たった一つの無分別な文からその者の道徳的性格全体を読み取るというクラウスの習性を終生持ち続けた。さらに、クラウスが尊敬し、読者を親しませようとした作家たちは、まさにドイツ文学の中の前述した流れに属する人々であった。ルートヴィヒが『論理哲学論考』のモットーを取った文芸欄作家キュールンベルガーは、その一例である。おそらく彼は、ルートヴィヒに影響を与えたというより、趣味が一致した人物だったのであろう。実際、かのモットーが載っている『文学的情事』も、家の書庫にあった。もう一人の例はリヒテンベルクであり、彼の『選集』の一九世紀初めに出された版が揃えられていた。ウィトゲンシュタイン家は、信頼のおける校訂版よりも、出版されてまもない美しい装丁の版を所有する傾向があったからである。ルートヴィヒはフォン・ウリクトに、リヒテンベルクは「すごい」と語り(9)、また第一次世界大戦のずっと前に、ラッセルのためにリヒテンベルクの古本を捜してやった。言語の誤用ないし誤解に起因する、あるいはそれらのうちに現れている過誤と過失というテーマが、リヒテンベルクにおいても顕著に認められる。のちにルートヴィヒ自身のやり方ともなるアフォリズム的な書き方も、同様である。体系を信用せず、「瞬間の閃き」に信をおく者にとっては、また、問題は言語の不適切な使用から生じ、正しい言いまわしを見つけてやることによって解決できると考える者にとっては、アフォリズムは自然な方法であった。それゆえルートヴィヒは「救済の言葉」を、すなわち解決を与えてくれるキーワードを、自分を解放してくれる力ある言葉を、切望するのである。エンゲルマンに宛てた手紙の中で、彼は次のように言っている。

きらめく才気が究極の善でないことはわかっている。それでも今の私は、精神がきらめく瞬間に死ぬことができれば、と思う。(10)

リヒテンベルクの思想は、疑いもなくルートヴィヒにとって重要であったし、それゆえ吟味されねばならない。それに対して、クラウスの思想は彼にもっと間接的な仕方で影響を及ぼした。というのは、彼はクラウスに思想があったことなどほとんど認めていなかったからである。彼は次のように述べている。「干しぶどうはケーキの最上の部分ではあろう。しかし干しぶどうが一袋あるからといって、一個のケーキよりも優れているわけではない。私は、クラウスと彼のアフォリズムのことを考えているのだ。と同時に、私自身と私の哲学的な発言のことも考えているのである」[11]。ルートヴィヒ自身は、自らの発言を手直しするのに膨大な時間をかけねばならなかった。しかし、後期になされた上述の言葉通り、彼はいつも干しぶどうとしてクラウスを読み、かなり残酷な冗談に腹の底から笑った。ある人物に対する賛辞に、次のような一節があった。「彼は鉄と鋼の男である」。クラウスはこれを次のように修正した。「彼は鉄の男であり、盗みを働いた」[12]。

現代の思想家について言えば、自殺する頃にルーディが学んでいたのは自然科学であり、グレートルも心理学に向かう前には化学と数学を勉強していた。そのほかに、哲学やそれに類するものを読むことも、一般的教養の一部を成していた。ルーディが持っていたエミール・デュ・ボア・レイモンの『世界の謎』は、グレートルの本棚に残されていたが、形而上学の問題を科学によって解こうとしたり、科学によって解決済みと見ようとするレイモンの企てに対して、ルートヴィヒは否定的な態度しか取らなかったようである。のちに彼は『論考』の中で、「謎は存在しない」と述べるに至る。科学は説明を含まないし、われわれの問題に触れさえしない。彼は説明の機能を科学に認めなかった。その点で彼は、彼が若かった頃に人々の崇拝を集め、そしてもちろん彼自身もよく知っていたマッハの立場に近づくことになる。しかし彼は、ラッセル宛の手紙で、マッハの文体にはむかつくと述べた。この発言の底には、重要な意味がこめられている。というのは、またもやここでも、文体は思想を反映し、思想の弱点を共有しているからである。マッハの著作では、事例が積み重ねられるものの、中心テーマが見られず、組織化もなされていない。これは、現象は皆同等であるという考え、そして、科学は経済的な思考形式であって、ひとえに諸現象の反復に基づき、われわれを駆って進化的に歩ませるという考え、また、自我さえもろもろの印象の特殊な結合にすぎないという考えに対応しているのである。マッハの書いたものの中には個性が見られず、風刺のきいた寸言もなければ、印象深い比喩もない。それは、彼が自分を哲学者とは考えていなかったからである。自分の役割はまったく自覚しないまま、彼は自らの時代の科学を固定的に保持しようとしていた。彼の業績は印象深く、影響力もあった。しかし、自らの由ってきたる過去の歴史への最良の案内人ともならなければ、独創的な思想家にとって最善の助けとなるわけでもなかった。ルートヴィヒは、ヘルツとボルツマンからはもっと多くのことを学んだ。彼はこの両者のうちに、科学はしばしば最も大胆で自由な精神が生み出した像ないしモデルであるという考えを見出した。のちに彼は、いろいろ異なる基本的仮説――これを彼はネットワークと呼んだ――も等しく世界にあてはまるというボルツマンの考えを用いるようになるし、これら二人の着想を利用して、科学のみならず言語に関するもっと一般的な説明を展開するに至る。彼はヘルツの次の文を好んで引用した。「哲学の全課題は、われわれを不安にするもの（つまり問題）が消え失せるような表現を見出すことである(13)」。彼が学校を卒業する前にボルツマンを知っていたのは、間違いない。というのは、ボルツマンのもとで勉強するつもりであったが、一九〇六年に彼が自殺したため、だめになってしまったという話が（あまり確かな話とは思われないが）残っているからである。ボルツマンの『通俗著作集』は一九〇五年に出版され（もちろん個々の著作の多くはそれ以前に入手できた）、シラーの霊にささげられている。ボルツマン自身の考えでは、彼の人となりを形成したのは、まさにシラーであり、ベートーヴェンがそれに次ぐのである。音楽・文学・哲学のこうした融合は、ルートヴィヒ自身の思考習慣と完全に軌を一にする。彼は大学に入る前にヘルツを知っていたらしい。ただしこれは、自分が影響を受けた人物としてヘルツの名を真っ先にあげていること、そしてヘルツとマクスウェルはアレーガッセでよく読まれていた著作家であったこと、この二つに基づく推測である。

これらの科学者は別にして、彼が最初に読んだ哲学者は、ショーペンハウアーであったらしい。フォン・ウリクトの報告に従えば、ルートヴィヒは、フレーゲの著作によって方向転換するまでは、自分の最初の哲学はショーペンハウアー式の観念論的認識論だったと語っていた。確かに、のちの彼は『意志と表象としての世界』を知っていたし、『処世術箴言』からの引用を好んだ。実際、このあとのほうの本から彼はしばしば、そのモットーにもなっているゲーテのエピグラムを孫引きした。アンスコム女史は、彼が『充足理由の原理の四つの根基について』をも読み、それを利用していたと述べている。しかし、ルートヴィヒは学者の美徳（見方を変えれば欠点）を持っていなかった。つまり、まだ曖昧で原初的な形しか取っていないものを何でもかんでも読んでしまいたいなどとは思わなかった。それゆえ、もしこの書に独自な価値があったなら、そして彼がショーペンハウアーの諸著作から特別な感銘を受けていたのなら、彼はこの書に向かったかもしれない。しかし、このいずれの条件も満たされていなかったように思われる。第一の条件については、読者の中でドイツでの論争に興味のある人は、自ら判断すべきであろう。第二の条件について言えば、ショーペンハウアーに関して、のちのルートヴィヒは通例留保をつけていた。「ショーペンハウアーは明解で、底まで見通せるが、バークリは奥深い」（比較のためになぜバークリが出てくるのかと驚かざるをえないが、彼らしい選択ではある）と彼は友人のドルーリに言った[14]。同様に次のようにも書いている。「本当の深みが始まるところで、ショーペンハウアーは終わっている」。彼は自らの著作の中でショーペンハウアーの考え方に厳密な解釈をほどこすようになるが、それについてはのちに触れたい。ともかく、およそ青年にとって、そしてとくにルートヴィヒにとって、ショーペンハウアーの魅力と映った点は明瞭である。時折大仰な表現が見られるものの、エレガントな書き方、ルートヴィヒの好きな言葉の引用が随所にちりばめられていること、哲学教授たちの学者ぶった哲学からほど遠く、それに対する軽蔑で満ち満ちていること、一行一行がおのれ自身の独創的な言葉で書かれていること、誇り高く孤独な精神の力強い表現、一方では世界に対する清澄な展望に、また認識対象としての世界の可塑性に心を奪われつつも、他方では世界と自らのうちに働いている暗い無機的な力に畏れおののく心。こうした孤独、恍惚とした心、ものに憑かれたかのような熱中、それはルートヴィヒのものでもあった。彼も手紙の中でしばしば自らの「悪しき諸霊」について語り、そしてショーペンハウアーと同じく、芸術が、とくに音楽がそれらの諸力を具体的に表し、それらを一層よく理解させてくれるのだと、また、人生の安寧のためには、何らかの形で意志を捨て去り否認することがそれらの諸力から解放される唯一の道なのだ、と考えていた。

ヴァイニンガーの『性と性格』が公刊されたのは一九〇三年であり、ルートヴィヒが彼に引かれたのは、同じような問題をかかえ、生の態度の点で類似したところがあったからである。一九〇六年に死後出版され、もっと抑制のきいた著作、『究極的なことについて』の中に、ルートヴィヒとの相似を探すことは魅惑的な試みであろう。その中でヴァイニンガーは、たとえば次のように言っている。「真実で永遠の問題は、同様に真実で永遠の罪である。すべての答えは贖いであり、すべての認識は改心である」。しかし、最初に主要な衝撃をルートヴィヒに与えたのは、そしてのちに彼が友人たちと論じ合ったのは、『性と性格』のほうであり、そこに表明されている立場である。ショーペンハウアーの場合と同じく、ここにも学問的な観点から論ずべき事柄がある。すなわち、要素論はヴァイニンガーがマッハおよびアヴェナリウスから受け継いだものであるし、論理と倫理を同一平面に置くのは『論考』の中に反映している。しかし、重要なのはむしろ個人的な側面である。性格についてのヴァイニンガーの思想は往々にして浅薄に流れるものの、その淵源は、自らの生の倫理的な問題に寄せる深い関心にあった。のちにルートヴィヒが、彼の本は提起している問題のゆえに重要なのだと言った理由が、ここからわかる。彼によれば、ヴァイニンガーの答えをすべて否定してしまうこともできるが、それでも彼の本は熟考に値するのである。ヴァイニンガーは、人間の性格のうちに二つの倫理的な極を見る。一つは積極的・創造的な極で、現実と真理に関わる。他方は消極的・非道徳的な極で、客観的な真理や善にではなく、衝動、とりわけ性的なものと関わりを持つ。ヴァイニンガーが一方の極ないし類型を男性に、他方を女性にあてはめて考えたということは、この書の最も顕著な特徴ではあるが、重要な点ではない。彼がすべての人間を、「男＋男＋男＋女」とか「男＋女＋女＋女」などのように、男性と女性の混合と考えたこと、また、この混合の原因は細胞の構造にあると考えたこと、さらには、感情生活を性に還元するという点でフロイトの先駆をなす、あるいはよく言われるようにフロイトを剽窃しているということ、これらについても同様である。この書の主要なメッセージは、こうした突飛な主張、およびそれにつきまとう馬鹿馬鹿しさにあるのではない。この書の価値は、真・善・美および賛嘆に値するすべてのものを含む道徳的理想を見きわめ、それを表現し、しかも同時に、この理想に真っ向から対立する諸原理が人間本性の中に、ときにはまさしくわれわれが尊重しているものの中に存在するのを見ていた、というところにある。のちのアフォリズムの中で、ヴァイニンガーは自分の理想を次のように表現した。

あらゆる道徳性の最高の表現はこれだ。「生きよ！」
人はあらゆる瞬間に自らの個性の全体が見られるように行為せよ。

背理的ではあるが、まさにこうした表現に反抗するような要素が人間のうちにはある。ヴァイニンガーの考えでは、確かにそれらは魂の構造にも反した要素で、自我に属するわけではなく、だからこそ原罪だの悪魔などといった観念がそれらの要素を表示するために持ち出されたのである。ともかく、そうした要素は実在する。ヴァイニンガーの第二の功績は、学問的な観点からではなく倫理的な観点から、それらの克服が不可能に近いこと、それどころか、彼が天才と呼ぶような人物の英雄的行為を除けば、時間のうちに生きる人間がそれらを克服するのは事実上不可能なことを指摘した点にあった。自殺に対する考え方でも、ヴァイニンガーはルートヴィヒにとって重要な意味を持っていた。自殺は、自分が最後的に邪悪になってしまったと感じたときにおもむく、立派な男の退場門である。ヴァイニンガーはそう言った。そして彼の行為は、それとはほんの少しばかり違っていた。というのは、本が出版された直後に彼は自殺したが、その理由は、自らに課した道徳的要請は自分の持って生まれた遺伝形式をもってしては満たしえないから、というものであった。

ときとしてヴァイニンガーは、その心理学理論は馬鹿げているが、彼自身の生の問題をなまなましく提示したということで、擁護されることがある。こうした賛辞は不十分である。ヴァイニンガーは、心理学の教科書に載っているような症例などではない。すべての独創的な著作家と同様、彼が一定の成功を収めたのは、

私個人のではなく、人間一般の
悲しみ……

を表現したからである。とはいえ現実には、実直な人の多くは、ヴァイニンガーの言うような罪責感や無

力感を何ら感ずることなく、むしろ排斥しさえする。それは彼らが宗教に触れたことがないためなのか、それとも宗教へと至るとしても別の理由でそうするからなのかは、問題ではない。ある場合には――たぶんヴァイニンガーの場合がこれにあたる――罪責感や無力感はまったくと言ってよいほど悪い影響しか及ぼさないように思える。またある場合には――たぶんルートヴィヒの場合がこれにあたる――友人や親戚の者は、見たところ立派な生活を送っている者がなぜ良心の呵責に苦しむのかを必死に理解しようとし、その者がただちに何かよい仕事に従事するわけでもなく、自らの欠陥に思いをこらすことに対して苛立ちを覚えさえする。だからといって、彼らの本性が劣っているわけではない。単純な人々も能力に応じて、ただちに事態にかなった正しい認識と振舞いに至ることもある。彼らは、誰しもが持っている人間的限界の内部で、無価値感や挫折感に打ちのめされることもなく、必ずしも単なる因襲的あるいは功利的な道徳判断ではなく、真の道徳判断に到達することがある。しかし、思想家――それも知識人とか科学者ということでは必ずしもなく、人生一般について、そして自己自身の生について思案をめぐらし、それらを理解せねばならないと思っている人――の取る道は、これとは違ったものであらざるをえない。それは本質からして一層優れた道というのでもなければ、幸福と呼ばれるにはほど遠い道でもあるが、人間生活の重要な一部である。というのは、この道は、単純な人々の生において働いている諸力に関しても何事かを示してくれるからである。[15] だからこそ、安逸な生活をしている人々もアウグスティヌスやトルストイを読むのである。この二人のたどった道は、ヴァイニンガーとルートヴィヒの道でもあった。

ヴァイニンガーは卑しい境遇に生まれ、父親にいつも称賛され、容姿の点ではあまり見栄えがせず、明らかに狂気と紙一重であった。しかしそのような彼とルートヴィヒとのあいだに、二つの重要な共通点がある。まず第一に、ヴァイニンガーはユダヤ人であった。彼はその事実に悩んだ。彼は（彼の理論で言うところの）女性的・消極的なものをすべてユダヤ的なものと同一視した。それは何をもってしても拭えない恥であり、彼が嫌悪した性的なものと同じく、彼が自殺によって逃れようとした性格のあの根源的劣等性を成していた。生活と思想のうえに押されているユダヤ的刻印というテーマは、ルートヴィヒの後のメモにも頻繁に出てくる。もっとも、ルートヴィヒはそれを道徳的限界としてより、むしろ知的限界として見ているという違いはある。もっと実践的な面で、すでに子どもの頃からルートヴィヒの頭を占めていた事柄があった。それは、社会的な理由から、同時にまさに道徳的な理由から、オーストリアにおけるあらゆる階層のユダヤ人社会と絶縁することである。のちにわれわれは、彼がそのためにどれほどの呵責に苦しんだかを見るであろう。また、それによって、絶縁への欲求がどれほど激しいものであったのかも知るであろう。ユダヤ人であるということの強迫観念よりも一層重要なこととしては、二人とも人間の性格を逃れえないものとして重視していたということがあげられる。「性格は人間にとってダイモーンである」。ヘラクレイトスのこの言葉を彼らは、そしてゲーテは、そのように解釈した。これは、ルートヴィヒにとってのヴァイニンガーの魅力を理解する際に重要になってくるヴァイニンガーの第二の特徴と関わりがある。外的というより、明らかに内的な理由から、ヴァイニンガーも孤独な青春を過ごした。彼は内省的というより、（知的な意味で）自己中心的、いな独我論的にすらなっていった。すなわち彼には、世界全体を自分の視点と関連するものとして見る傾向があった。彼は世界全体を映すミクロコスモスであった。それゆえ（おそらく最も重要な帰結として）彼はこの世にあるかぎりのすべての悪をおのれの罪と感じたのである。

ヴァイニンガーは、性に関して特別な罪悪感を抱いていた。いくつかの報告によれば、それは非常に強かった。ユダヤ人であったことと並んで、同性愛者であったために、彼は自らを最も女性的な男と考えたからである。しかし、ルートヴィヒがこの罪悪感を抱いていたことを示す徴候は、ほとんどない。性への関心は青年期につきものである。ややのちの時期、第一次世界大戦の頃からの日記が残されていて、その中で彼は、しばしば「肉欲」を覚えると書いているが、それに罪悪感を感じている様子は見られない。彼によれば、それは、気を散らせるが憤慨しても仕方のない生の単なる事実であった。彼の考えでは、性関係の危険性はそれ自体のうちにあるのではない。むしろ彼にとっても大部分の人間にとっても、危険なのは、それがこそこそと陰湿に営まれること、あるいは相手や第三者に対する嫉妬やさもしい心をもって営まれることであった。

ルートヴィヒが一八歳までに親しんでいた文学と思想を論じた際、われわれは宗教用語を用いて語りたいほどであった。明らかにある意味では、それらの著作家たちが取り組んだ問題は宗教的な問題なのであって、われわれは本書全体を通じて常に、その「ある意味」とはどんな意味であるかを明らかにしたいと思う。ルートヴィヒは、正式な宗教教育を受けた。のちに司教となり、それゆえウィーン社会ではかなり高い尊敬を受けていたと思われる一人の司祭が雇われて、宗教教育を授けたのである。しかし（友人のアルフィト・シェグレンに語ったように）ルートヴィヒは姉グレートルと会話を交わすうちに、子どもらしい信仰を失ってしまった。当時の彼女は、知的にややませた少女で、伝統・外面的形式その他欺瞞的なものはすべて排撃しようとする強い傾向を持っていた。ずっとのちに、ルートヴィヒにはキリスト教信仰が欠けているというフォン・ウリクトの発言[16]に反論して、彼女は「私の祖父とその多くの娘・息子たちの厳格で強い、そして若干禁欲的でもあるキリスト教」の影響を指摘し、ルートヴィヒについては「私の見るところでは、彼はまぎれもなくキリスト教徒だった」と述べた。晩年には、彼女と二人の姉は、ある力強い霊的な指導者の感化を受けて、以前よりずっと自分たちの教会に近づいていった。しかし、アレーガッセから教会に通うことはほとんどなかったし、(彼女が示唆しているように)宗教的に最も強い影響を及ぼしたのは祖父とおじ・おばたちであって、この人たちは教籍上もカトリック教徒ではなかった。ルートヴィヒは、終生、公式の宗教とは距離を置いていた。彼が言うには、頭を下げるのが困難だったのである。のちに触れるが、第一次世界大戦中には彼は神に祈ったし、熱心にキリスト教関係の本を読んだ。しかしラッセルの言によれば、これは著しい変わりようであった。戦前のルートヴィヒは宗教を敵視していたという印象を、ラッセルは持っていたからである。変化を認めたという点で、確かにラッセルは正しい。しかし、ルートヴィヒの内面を垣間見せてくれるものを遡れるかぎりで調べてみると、彼は罪と罪責、そしてよい霊と悪い霊について思索をめぐらしていた。宗教組織の大部分や終末論は、彼には道徳的現実の自然な表現であるように思われた。

われわれの知るかぎり、ルートヴィヒの受けた精神的養育、すなわち彼が知るようになり、尊敬するようにもなった、そしてたいていの場合、終生彼を支え続けた音楽・書物・思想家は、以上のようなものであった。児童期・思春期については、彼自身最も肯定的に語っているにもかかわらず、われわれはこの時期にも陰鬱な色合いを認めざるをえない。受けた教育については、彼自身はほとんど語っていない。姉の一人が、気難しくて無能な養育婦について語っており、また兄のパウルも次のような報告を残している。それによれば、家庭教師たちも、労を厭うことはないが必ずしも有能であったわけではなく、腕白な少年たち(ここではパウルは明らかに主として自分自身のことを語っている)を諭して一生懸命勉強させるのに大変難渋した。とうとう彼らの中でいちばん正直な者が、息子たちが何も学んでいないことを父親に率直に告げ知らせた。親の監督不足が招いた当然の結果に驚いて、カールは今や熱心に介入するようになり、まずテストをやらせて息子たちの無知を確認すると、次には教育方針を変えて彼らを普通の学校に入れた。

方針の変更に関しては、見落としてはならない点がある。すなわち、今やカールは、三男に教育を受けさせたときよりもかなり年をとっていた、ということである。（パウルとルートヴィヒは下の二人の息子であって、上の三人とは結構年が離れていた。）さらにちょうどこの頃——一九〇三年に——ハンス自殺の知らせが届き（のちにルーディの自殺がこれに続くことになる）、それまでの教育方法の欠陥がいやがうえにも明らかになったのである。

息子たちが何も学ばなかったというのは、決してパウルの誇張ではない。実際ルートヴィヒは、のちになってようやく学校の諸科目に一定の能力を示し始めたほどである。すでに述べたように、彼の家族には才能が遅い時期に開花するという傾向がある。ただしルートヴィヒは、父親と同様に、どんな事柄であれ当面の目的に必要なことはすばやく習得する能力を示した。たとえば数学の基礎に関する（当時、非常に斬新な）諸問題に、彼はすばやく精通するようになった。これより些細な点ではあるが、ウルガタ訳聖書と聖アウグスティヌスの『告白』が彼の精神生活にとって重要になったとき、彼はたやすくラテン語が読めるようになった。彼は、期待がかけられているからとか、他人と張り合うためとか、知識・情報に対する一般的・無差別的欲求からとか、そうしたことのために多様な事柄を学ぶのには向いていなかった。そうした動機のためには正規の学校教育は好都合であるが、彼がそれを受け始めたのは遅すぎたということかもしれない。しかし、ともかく彼のような子どもには、父親の方法のほうが精神的に合っていた、と言うべきではなかろうか。彼の精神には、非常に実践的な傾向がある。多くの学者とは違って、彼は、いつ役立つとも知れぬ膨大な知識をやたらと蓄えておくなどということはしなかった。彼の精神は、打ち捨てられたゴミが丹念に蓄積され、ついには肥沃のもとになるような堆肥の山ではない。また、接した情報をことごとく収集・整理・蓄積し、そして再び取り出すためにとりわけ効率的な機械ですらない。確かに彼は、こうした不可欠の能力をすべて備えていたし、一般教養も幅広く持つようになった。しかし彼の精神のとりわけ卓越した点は、集中力である。ひとたびある問題と関わると、彼は必要なあらゆる技術をたちどころに習得できた。逆に言えば、進歩するためには、問題と関わっているのでなければならなかった。父親の願望とも一致するのだが、彼の精神は工学者の精神傾向を備えていた。それは、問題を根本的・具体的に分析し、また、問題を解決してくれそうなありうるかぎりの観察と探究を行うのに適していた。こうした傾向を持っていたにもかかわらず、彼が関わり合うようになった問題が、普通に考えれば、彼自ら言うようにおよそ最も抽象的な問題であったというのは、一つの逆説ではある。しかし同時に、それが彼の豊かな生産力の源でもあったのであろう。

彼はまた、文字通りの意味で工学者になれる素質をも持っていた。姉のヘルミーネは、彼が花・動物・風景といった自然に興味を持っていたパウルとは対照的であるのに気づいていた。技術に対する関心は高く、一〇歳の頃には木と針金で、実際に少しは縫える家庭用ミシンの模型を作ったほどである。終生彼は機械の仕組みに対する関心を失わなかったし、生涯の最後の数年間には、蒸気エンジンを調べるためにサウス・ケンジントンの科学博物館によく行ったものである。彼は機械と取っ組み合って考えるのを好み、その働き方を一つ一つ詳細に理解しようとした。なぜ彼が旧式で単純明快なタイプの機械に関心を寄せていたのか（彼は自動車に興味を持たなかった）、また、故障した機械をどうして修理できたのかということが、ここからわかる。彼が機械を修理するときにはいつも、まずあらゆる面から機械を細心に観察し、その原理が会得できるまで精神を集中し、深く考察をめぐらしてから取りかかるのが常であった。これと同じように、彼はアレーガッセでお針子の仕事ぶりをじっくりと観察したため、変な目で見られた。そしてまた、これと同じようにして、彼は探照灯やボイラーなどをよく検査・吟味したものであった（しかしそれは、はたで見ている者を時々苛立たせた）。彼は、患者を診る熟練の医者のように、これからの経過が完全に明らかになったときにだけ、手を出そうとした。彼の残したノートとスクラップブックには、しばしば機械の略図が出てくる。その中の一つは、哲学的な記述の中に出てくるのであるが、とりわけ興味深い。思春期の彼を彷彿させるからである。それは、父親の思いついた原理による、一見非常に能率がよいように見えるが、実際にはまったく作動しない機械のスケッチである。[17]それは、ルートヴィヒお気に入りのテーマを扱った初期の一例である。そのテーマとは、人間の精神には、ある事態に関して自ら描いた像と、自らが熟知している他の諸像とのあいだに外見的な類似があると、それにまどわされる傾向がある、というものである。大切なのは、真に錯綜した事態にすべての点で対応するような像を正しく作り、かつそれを理解することなのである。家族の中でそうした関心を父親と共有していたのは、ルートヴィヒだけだったようである。

さて、ルートヴィヒが一四歳まで過ごした文化的・精神的環境、彼の受けた教育、彼の示した興味は、以上のようなものであった。ウィトゲンシュタイン家についてこれまで述べてきたことからも明らかなように、彼の過ごした生活は、大部分が一族の内部での生活であった。おじやおばの所へ行くのを除けば、たいていアレーガッセの陰気な邸で過ごすのが常であり、春と秋にはひと月ほどノイヴァルデッグに滞在した。カールはそこに二軒の家を所有していて、その広大な庭は裏の山々にまでのび、個人所有のウィーンの森という趣を呈していた。夏には家族でホーホライトに行った。ルートヴィヒが五歳のときに、カールはそこに地所を取得したのである。ルートヴィヒが子どもの時分には、いつもカールは、道をつける・家を建てる・植物をうえる・邪魔なものは取り除くなど、取得した地所の手入れに余念がなかった。そこには、家族および親しい知人以外は、誰も入ることができなかった。近くにザンクト・エーギトという小さな町があったが、そこもウィトゲンシュタイン家の世界の一部であった。というのは、カールはかつてそこに工場を持っていたし、また尊大な地主のように、自分の教派の教会を、しかも彼の好みの様式、すなわち当時すでに派手な感じを与えていた分離派様式の教会を建てたからである。環境は豊かで変化に富んではいたものの、閉鎖的であった。それがさまざまな点でルートヴィヒの孤独感を強める結果となった。第一に、それは彼を狭いサークルに閉じこめた。その中では、すでに見たように、父と母は善意には満ちていたものの、その性格と多忙のゆえに、ルートヴィヒを温かい心で守り包んでやることがなかった。確かに、兄や姉たちは愛情を寄せてくれた。パウルはややぶっきら棒な男性的愛情を、姉たちは率直で強い愛情を、善良でかわいいルーキに寄せた。明らかに彼女たちは、ルートヴィヒのためにあらゆるよいことを願った。あるときグレートルが言ったように、彼が自分でも望むことができないほどのよきものを願ったのである。しかし彼女たちはまさしく姉であり、ルートヴィヒとのあいだには、普通姉と弟とのあいだにあるような緊張があった。そしてこの緊張は、身体的健康は言うに及ばず、精神的な幸福に関しても家族同士が互いに積極的に気づかっていたことで一層強められた。さらに彼女たちは、(子どもの頃の、そして思春期のルートヴィヒから見れば)ずっと年上であった。ルートヴィヒには友人が必要であったし、実際いつも彼はその必要を感じていた。しかしここで、彼の家庭環境に由来するもう一つの事柄が影響を及ぼしてくる。それは、彼が道徳的にも文化的にも、さらに交際の面でも、非常に気難しい基準を持っていたということである。そのために、彼はほとんどの人間関係にうんざりしてしまった。そしてこの傾向は、明らかに彼が幼少の頃に多様な人間関係にさらされなかったために、一層強められたのである。第一次世界大戦中、彼はショーペンハウアーのヤマアラシの比喩を好んで引用した。ヤマアラシはある冬の日、寒さから身を守るために体を寄せ合うが、互いの針を避けるために再び離れ、かくして我慢できるほどよい距離がわかるまで右往左往するのである。人間に関しても同じことがあてはまる。人々は、共同生活していけるようなほどほどの距離をようやく見出した。それが礼節であり、よきマナーなのだ。

もちろんそれは、温かさを求め合う欲求を十分に満たすことはないが、その代わりに針で刺されることもない。しかしうちに温かさを備えた人（つまり卓越した人）ならば、他人に嫌な思いをさせることも、他人からそうされることも望まず、他者との交わりを避けるであろう。(18) そのような人間はいるかもしれないが、ともかくルートヴィヒはそのような者では決してなかった。彼は一方では愛情や温かさへの欲求を、他方同時に、どんな人間関係にもつきものの不和と軋轢に対する感じやすさを人一倍持っていた。しかも、通常の意味で幸福でありうるためには度を逸して強く持っていた。彼の持っていたこうした性質を、あるいはそれを持っていた度合いを、病的と考える必要はない。いかなる中庸の教説も、ここに単純にあてはめることはできない。どちらの性質も、人間の質としては望ましく思える。ただし一定の限度を越せば、確かに人生は多難にはなろう。どのような仕事をやる際にも彼が示した情熱と集中力と並んで、これらの性質のためにも、常に彼は「風変わりな人間」、常軌を逸した人間と見なされることになったのである。

のちのルートヴィヒは、子どもの頃について自分から話すことは滅多にしなかった。彼は常々、それが幸せな時期ではなく、孤独であったと語っていた。しかしそこには他人を、わけても両親をとがめるような傾向はなかった。すでに見たように、彼は自分の受けた精神的養育を誇りに思っていた。同様に、彼は「基準」を持つような人間に育てられたことに喜びを覚えていた。それは、知的な仕事にも出版物にも、る。最も重要なことから最も些細なことに至るまで、あらゆる文化的・道徳的な事柄に適用される基準であった。彼の人生を多難にした（のではないかと思われる）当の事柄を、彼は受容し、肯定してもいたのである。

先に触れたように、彼はアウグスティヌスの目をもって自らの過去を振り返り、当時ほとんど自覚することもなかったような過誤と動機を探り出し、（時折）友人の身振りや言いまわしを分析したときと同じ冷厳さでそれらを分析の対象とした。そうした詮索の一つが、彼の遺稿の中にある覚え書きのうちに典型的な形で残っている。彼が身内や友人に対する告白を用意していたのか、それとも（かつて彼は鑑定を受けねばならなかったことがあったので）精神科医のためにこれまでの生涯について説明を用意しようと思っていたのかは、定かではない。いずれにせよ、目的とするところは一つであった。すなわち、

私は自分に対して辛辣であろうとは思っていない。むしろ公正であろうと努めているのだ。

下書きには、まず、まとまったいくつかの節があり、そしてメモに変わっている。末尾にあるリンツ時代について述べた部分は、のちほど引用する。

遡りうるかぎりでの記憶によれば、私は優しい子ではあったが、同時に性格が弱かった。

とても幼い頃から、私は兄のパウルが私より強い性格の持ち主であることに気づいていた。彼が軽い病にかかったのち回復し、もう起きたいか、それとももっと寝ていたいかと聞かれたとき、彼はこのまま寝ていたいと平然と言ってのけた。それに対して、同じ状況にあったとき、私は本当でないことを（つまり起きた

いと）言った。まわりの人に悪くとられるのを恐れたからである。

八歳か九歳の頃、私の将来のあり方を決めるようなとは言わないまでも、少なくとも当時の私の本性を示すような経験をした。どういう経緯だったかはわからない。ただ私は家の戸口に立って、「嘘をつけば有利になるときに、どうして真実を語らねばならないのか」と考えていた。嘘をついていけないわけは何も見出せなかった。

嘘そのものを悪魔的と呼ぶのでないかぎり、そのときの私は、悪魔の邪悪さでもって行動し始めたというわけではない。私は邪悪だったのではなく、私の嘘の目的は、他人の目に私をよく見せることにあった。それは臆病から出た嘘にすぎなかった。

私は自分に対して辛辣であろうとは思っていない。むしろ公正であろうと努めているのだ。

一〇歳から一一歳までについては、次のことを覚えている。

ビンタをはる

体操教室を探したこと　　アーリアの出自

体操教室　　エーリヒへの愛

喧　嘩

パウルとの関係

グレトールとの関係

ルーディとの関係　　よい思い出

ヴォルフルム　　私は彼を打ち負かそうとし、彼を兄から引き離そうとした

夢中になっていた　　パウル　　不和をもたらす者

無邪気な表情
卑猥
パパのためのラテン語の勉強　自殺への想い(19)

たとえ他人を喜ばせるためであれ、真実からのどんな逸脱をもひどく気に病むというのは、いかにもウィトゲンシュタインらしい。少なくとも、この覚え書きが書かれた二〇代ないし三〇代のウィトゲンシュタインの特徴をよく示している。実は姉のグレートルも、この種の問題に心をわずらわせていた。会話においてはどのようなことが相手の人を喜ばせるのか、またそれをどのように言うのが最も適切なのかに絶えず気を配るようしつけられたので（これは現代のしつけ方というより、おそらく一九世紀のしつけ方であろう）、彼らはこの貴族的な礼節と、ありのままに真実を言うという厳格で、たぶんプロテスタント的な伝統とを融和させねばならなかった。そのやり方について、グレートルはしばしば語ったり書いたりしている。それによれば、誰かを、たとえば子どもを叱責するときには、自分はむしろ称賛したいと思っているのだということを相手が感じ取れるようにしなければならない。批判をするときには手紙でしてはならず、面と向かってすべきである。そうすれば、批判が呼び起こした反応に対して適切に対応できるし、批判の背後にある善意も示すことができるからである。ルートヴィヒはこうしたやり方をいつも取っていたわけではなく、のちの彼の非難はしばしば苛烈にすぎたように思われる。彼の回顧によれば、子どもの頃の彼はあまりにも他人を喜ばせようとする逆の過ちを犯すほどであっただけに、それは一層きわだつ。（さほどのちではないが）のちの彼が抱いていた、耳ざわりであっても真実を語るという欲求は、人の機嫌をとるという以前の傾向に対する意識的な反動であった。自分にこの傾向があるのではないかと考えた点で、また（彼が上記の覚え書きの中で示唆しているように）子どもの時期をすぎるとその傾向のほとんどを振り捨ててきたと考えた点で、おそらく彼は正しかった。子どもの頃の彼は、しきりに人を喜ばせようとする感じやすい人間という印象を与えた。性格の真の強さは（それは多くの人にとって驚きであったが）、のちになって初めて生じてくる——というより、徐々に発達してきたのであろう。多大な犠牲を払って、どうにか彼は自分の人生を納得のできる形に整えることができた。そのために彼は大分苦労したが、翻ってそれが、多少とも彼と親しくなった人々をもひどく苦しめた。

自分に期待されているのを知りながら怠り、しかもそのことを隠蔽しようとする自分に対する不満、また、弱点を告白しないで、何食わぬ顔をしてそれをおおい隠そうとする自分に対する不満、そのような不満がこの覚え書きから垣間見える。しかし多くの細々としたことを補うことは、もはやできない。体操教室を探す件についての逸話は、彼が友人のアルフィト・シェグレンに語っている。のちの時代もそうだったが、当時その種のクラブは極度に民族主義的で、たいていの場合はアーリア人であることが要求された。少なくとも、パウルとルートヴィヒが入りたいと思った体操教室はそうであった。ルートヴィヒは、アーリア系を装うのは簡単だと思っていた。しかし年上でもっと現実的だったパウルは、それでは決して済むまいと見ていた。彼らは結局、別の体操教室を見つけたのである。ヴォルフルムというのは、父親が親しくしていた同僚の名前である。ラテン語の勉強は、明らかに個人教育が終わったときから開始された。これは、個人教育の不適切さに父親が気づいたというパウルの報告と一致する。ルートヴィヒは、この種の義務には相変わらずひどく敏感だった。だから大戦中に彼は、オーストリア＝ハンガリー帝国の歩兵連隊の構成とか軍隊組織に関する些末なことについてそれまで学ぶのを怠ってきたとき、「おれはげすだ」というのセリフを吐きながら、自らを厳しく責めたのである。

これまで言及してきた出来事の大半は、今日より厳格だった当時の男女の区別を考えれば、青少年期にはかなりありふれた経験であったと思われる。自殺への想いでさえ、一九〇三年――オットー・ヴァイニンガーが自殺した年である――の一四歳という年齢では、とくに異常というわけではない。当時オーストリアの著名人のあいだで自殺が流行していたことを取りあげ、その現象を社会のアイデンティティ喪失と結びつけて説明するということが、よくなされる。その際、社会のアイデンティティ喪失とは、社会生活の諸形式と、社会の中で実際に作用している力とのあいだに生じていた大きな乖離を指す[20]。自殺を脱出口として承認している社会の一員だったことが、ルートヴィヒと兄たちに影響を及ぼしていたことは明らかである。しかし、むしろ彼らの自殺ないし自殺への想いは、彼らの社会の道徳構造の間接的な現れだったように思われる。すでに見たように、彼らの家庭は一種の孤島であり、周囲の堕落と欠陥に対して固有の厳格な道徳的基準でもって武装した要塞であった。しかし彼らのうちの何人かは、この基準に合った気質を備えてはいなかったように思われる。わずかのことしかわかっていないが、それでも他の者よりかはよく知られているルートヴィヒの場合について言えば、彼はこの基準に異様に強い共感と愛着を感じていたようである。通常は見過ごされるようなありきたりの人間的欠陥も、この基準に照らすと目につき始め、許容されることがない。そればかりか、著しく柔弱で優しい性格も、この基準とは相容れないのである。自殺への想いと父親のためになされた（明らかに不十分な）勉強とが並記されているとはいえ、ルートヴィヒは、父親の要求を満たしえないところに自分の問題があるとは見ていなかった。彼の問題は内面の葛藤であり、そのために彼は、一九〇三年以後何年ものあいだ、自分は価値のあることを何もなしえないのではないかという疑念に絶えずさいなまれ、それゆえまた、あるときは自殺に、またあるときには（待望していた）迫りくる死に思いを馳せたのである。一九一二年に彼がデイヴィド・ピンセントに語ったと

ころによれば、

昨年のクリスマスまで九年間ものあいだ、彼はひどく（物理的ではなく精神的な）孤独に苦しんだ。その頃にはいつも自殺することを考えたが、そうするだけの度胸がなかったのを恥ずかしく思っている。彼が言うには、彼は自分がこの世で無用の存在であることをそれとなく感じ取っていたのだが、卑劣にもそれを無視してきたのである。(21)

こうした思いは、一九一二年以後も繰り返し生じてきた。あとで触れるが、彼は少なくとも一度は、自殺寸前までいった（怖れだけではなく、引きとめる多くの要素があった）。

さて、一九〇三年に、パウルとルートヴィヒを公立学校にやることが決まった。パウルはウィーナー・ノイシュタットにあるギムナジウムへ、ルートヴィヒはリンツの「実科学校」に行った。ここからうかがえるのは、実科学校は理科教育ないし工業教育の下地になり、ルートヴィヒはパウルよりもその種の教育に向いていると見なされた、ということである。同時に、彼はギムナジウムの一層厳しい学力基準には達していないとも見られた。そこでは西洋古典の教育がほどこされるからである。リンツが選ばれたのは、適切な学年に入れてもらうのに、ウィーンよりもリンツのほうがはるかに容易に試験に受かるであろうという考えからでもあった。しかし同時に、二人の息子を別々にすること、および彼らがたいして学びもせず、さほど幸福にもならなかった家庭の雰囲気から二人を引き離してやること、これらのことも望ましいと考えられたに違いない。ルートヴィヒは、予期される変化を当初は歓迎した。実際、のちに彼は、アルフィト・シェグレンに次のように語った。リンツはウィーンのはるか西にあったので、自分はリンツへ行くことを望んだ、と。

そこには学寮がなく、彼は当地のギムナジウム教師であったシュトリグル博士の家に住んだ。このためシュトリグル家はウィトゲンシュタイン家の庇護を受けるようになり、気のきいた贈り物をもらったり、娘がウィーンで勉強するとか二度の手術を受けねばならないなどといった重要な折に、援助を受けたりしていた。ここにはウィトゲンシュタイン家の気前のよさがよく現れている。ルーキ（シュトリグル家の人々にもこう呼ばれていた）は、この下宿を選んだという点で幸運であった。彼はここで大いに好かれたからである。彼は引っ込み思案で、人を喜ばせたいという欲求を持っていたが、この二つの性質には独創性という特質が付随していた。そのためにシュトリグル家の人々は、彼の意見・言葉を永く心にとめることになった。彼の堅苦しさにも魅力があった。彼はこの一家の息子ペピ——ルートヴィヒは最初彼を「ペピさん」と呼んでいた——とことのほか親密な、しかし波瀾にとんだ関係を結んだ。

リンツの「帝立・王立実科学校」は、歴史の一コマに登場する。アードルフ・ヒトラーが一九〇〇年から一九〇四年までそこに通っていたからである。ヒトラーはルートヴィヒより数日前に生まれたが、彼らが共に在籍した一年間には、ルートヴィヒは第五学年にいたのに対し、ヒトラーは第三学年にいた。通常よりヒトラーは一年遅れ、逆にルートヴィヒは一年進んでいたようである。この学校はドイツ民族主義の拠点として重きを成していた。そしてヒトラーは『わが闘争』の中で、輝かしきよきものはすべてゲルマン民族に由来すると言ったある歴史教師に言及している。ユダヤ人の生徒も若干いて、彼らは孤立してはいたが、生徒たちの粗暴さを考慮すれば、決して迫害されていたわけではない。以前ここの生徒だった者の話によれば、ユダヤ人が喧嘩のときに「ユダ公」と呼ばれるとしても、それはお決まりのやり方にすぎず、バイエルン人がプロイセン人を「プロ公」と呼ぶのと同じであった。ヒトラーは特定の生徒をではなく、在校生全体を軽蔑していた。彼は「将来こっぱ役人になるこの連中と、私は席を同じうせねばならなかった」と言ったと伝えられている。この報告は、いささか正確さを欠く。というのは、生徒の大半は技術系ないし商業系の職に就くことになっていたからである。しかし報告ではなく、ヒトラーのほうが不正確だったのかもしれない。ヒトラーは学業面で怠惰な生徒であり、美術でも器用なだけであった。当地で少しばかり音楽生活の一端に触れたことを除けば、リンツ時代に彼が得たものはほとんどない。そこでの音楽生活の水準は高度であったが、それも、ウィーンとではなくパッサウと比べればの話である。

同級生に対するルートヴィヒの当初の反応は、ヒトラーの場合よりも激しかった。「糞ったれ！」と彼は思っていた。姉がある同期生から聞いたところでは、彼はまったくの別世界からきたようだったという。彼の生活様式は他の生徒とはまったく異なり、彼は彼らに「あなた」と呼びかけ（明らかに意識的に距離をおこうとする言い方である）、彼の読書や関心もまったく違っていた。一緒に授業を受けるのは、彼にとって（当時もそしてのちの時期にも）苦痛であった。そしてともかくも無事三年間を修了するのではあるが、教科の成績はお世辞にも優れていたとは言えない。パウルは、ルートヴィヒの主たる関心は物理にあり、彼が五段階評価で「最高点」をもらったのはこの教科だけだと思っていた。確かに物理はルートヴィヒの関心と一致していたかもしれない。しかし実際には、彼が「マトゥーラ」でもらった成績は、当時の五段階評価で最高の5は「宗教」だけであり、4は「行状」と「英語」、3は「フランス語」、「地理および歴史」、「数学」、「博物学」、「物理」で、「ドイツ語」、「化学」、「画法幾何学」、「自在画」は2であった。「宗教」を教え、試験をしたのは、専任の教師というより司祭であって、しばしばかなり甘い点をつけた。のちにルートヴィヒは、伝統的なキリスト教のいくつかの要素の意味について、いわばその背後にある道徳的真理について、しばしば思索をめぐらした。彼はキリスト教の教理の伝統的な規定や定義を機械的・自動的に受け容れるということがなかったので、それだけ一層自由に思索をめぐらすことができたようである。現在でも通常行われている仕方でキリスト教の教理を徹底的に教え込まれると、その副産物として、人々はキリスト教のもろもろの規定や定義を機械的・自動的に受け容れてしまうものである。「マトゥーラ」での他の教科の成績は、それ自体としてはよくも悪くもないが、これらの諸分野での彼ののちの知識と比べると、笑いを禁じえない。子どもの頃に理系科目の教育を受けなかったとはいえ、それだけでは三年間の通学後に修めたこの成績に対する十分な説明にはならない。むしろ、独特の背景と気質とを引きずっていたために、学校のつめ込み方式に嫌気がさした、というところであろう。単なる速さではなく、深さこそ、彼が本能的に求めたものであった。こうした気質上の理由がどれほどもっともなものであったとしても、彼はそれを自らの欠点と見なしていた。一九一三年に、彼は次のように述べている。

若い頃、一八か一九歳になるまで、私は単語の綴りをよく間違えた。これは（勉強が苦手だという）私の性格全体と関係がある。

このように、彼は語を正しく綴るのがことのほか不得手であった。おそらくそのためであろう、彼はドイツ語の筆記試験で「不十分」＝1の落第点をつけられてしまい、「口述試験」で「称賛に値する」＝4を取ってようやく及第したのである。語を正しく綴るのに、彼はいつも努力を要した。そして彼の推敲されていない草稿の中には、かなり多くの綴りの誤りが、ときには非常に特徴的な誤りがある。彼の英語の書き方は、当然、イギリスに滞在した期間ないしイギリスを離れていた期間の長さに応じてさまざまである。しかしどんな場合であれ、綴りは熟語表現以上に心もとない。親ゆずりとも思えるこの些細な欠点は、ルートヴィヒの吃音傾向（エンゲルマンはこれに気づいていた）と関係があるのかもしれない。どもりは、二〇代までには直った。その頃、彼は高いはっきりした声で話したが、それはどもりを克服した人々にあっては、めずらしいことではない。断片的ではあるが、内面生活を伝えてくれる彼の覚え書きを見ると、彼がある友人に愛情を傾けたことや、罪を洗いざらい告白しようと初めて試みたことなどがうかがわれる。

「実科学校」のクラス、第一印象。「糞ったれ」。ユダヤ人に対する関係。ペピに対する関係。愛と誇り。帽子をはたき飛ばす。Pと絶交。

クラスでの受難。

Pと半ば和解、そして再び絶交。見せかけの無垢、僕は人生に目を開かされた。宗教心、僕に対するGの影響、仲間たちと懺悔について話す。Pとの和解そして優しさ。

発　明

ミニングに半ば告白、しかしそれは、何とかして僕が優れた人間に見えるようにする告白だった。

ベルリン。

ルートヴィヒは、学校には言うまでもなくローマ・カトリックとして登録された。だから彼の素性は、リンツではほとんど誰にも知られていなかったであろう。おそらく彼は、自らユダヤ人の血を否定した、あるいはできるだけ言わないでおいた、という思いを抱いたことであろう。というのは、これこそ彼の告白に一貫するテーマだからである。のちに触れるが、第一次世界大戦中および戦後の数年間、彼は自分が徹頭徹尾オーストリア人であり、文化的な意味ではドイツ人であると感じていた。

ルートヴィヒは、真の友人を得ようと何度も試みた。ペピはこの試みの最初の対象であった。そのほかにはデイヴィド・ピンセント、アルフィト・シェグレン、フランシス・スキナーなどが最もよく知られている。ときに友人は同年齢であったり、多少年下であったり、またずっと年少だったりした。友人を求める際には、ルートヴィヒの側には激しい熱意が伴っていたし、恋愛的要素さえもあった（しばしば相手の側はそれに気づかず、たいていはそうした感情を持っていなかった）。少なくとも一度は、女性が相手である。しかしどの場合にも、ルートヴィヒは怒りを爆発させることがよくあった。それは、相手がときとして彼の友情に最高の価値を置かず、彼がどのような感情を抱いているかを何にもまして考慮しないとき、彼がそれをあまりにも繊細に感じ取ったためであり、またそれが彼の自尊心を傷つけたからである。友人関係を保つ際の困難は、これだけではなかった。ルートヴィヒは相手の幸福とよき振舞いとをいつも気にかけていたが、しかしそのために、ルートヴィヒがさほど強い友情を持っていたわけではなかった場合でも、交友関係は相手にとって重荷となったのである。友人関係が破綻するか否かは、相手の平静さと愛情の深さ次第であった。ルートヴィヒは、自分より素朴な心を持った友人を必要としたし、ときには得もした。ペピとの関係がどうなったのかは、おそらく今後もわからないであろう。彼は一九一四年八月に戦死したからである。ルートヴィヒ自身は、ピンセントを最初の友人と見なしていた。

グレートルの影響と子どもらしい信仰の喪失については、すでに述べておいた。上記の覚え書きだけからでも明らかであるが、代わりにもっと暗い宗教心が生じている。贖いに対する何らの希望も持てない罪意識がそれである。それゆえ、おのれの身を正すこと（「自分にけじめをつけること」）、そしておのれの本性の弱さと暗い部分とを心底憎むために、まずそれらを認識することが重要な目標となった。これこそ彼が告白をする際の目的であった。のちに彼は、甥の精神分析治療に関連してこの点を示唆している。すなわち、精神分析が自分に与えてくれる益は、分析家にすべてを話さなければならないときに感じる自己嫌悪である、と。告白のもう一つの目的は、少なくとも一つの悪い要素を除去すること、つまり他人を意識していないかのような見せかけを除去することであった。しかしながら、ここにはさまざまな誘惑があった。その一つが過ちを誇りうるもの＝「輝かしき過誤」であるかのように見せたいという誘惑である。姉のミニングに向かってした初期の告白において、彼はこの誘惑に負けたと思った。将来の苦悩の種をはらんだこのような精神状態にあって、彼はオーストリアを離れ、ベルリンに向かった。

第三章　工学研究

　ルートヴィヒは一九〇六年の夏、実科学校を卒業した。フォン・ウリクトに語ったところによれば、そのときから一九一二年の末頃にかけての数年間は絶え間ない不幸の歳月であったという。この不幸は、彼の職業選択における苦悩にはっきりと現れており、またおそらくはほとんどがこの苦悩に起因するものであったろう。職業を選ぶという点では、彼を束縛するものは何もなかった。というのも、父親の財産のおかげで、いつでも研究場所や研究テーマを変えることができたからである。本来はウィーンのボルツマンのもとで研究することを願っていたのだが、卒業のまさにその年にボルツマンが自殺してしまったとフォン・ウリクトに語っている。この話の詳細は定かではない。というのも、ボルツマンが教鞭を執っていたのは総合大学であり、ルートヴィヒの実科学校の「マトゥーラ」証明書では「工科大学」の入学許可を得るのが精一杯であったからである。総合大学に入るには、もう一年どこかほかの学校に籍を置く必要があった。ボルツマンのもとで研究したいというのは、たぶん漠然とした希望にすぎなかったのであろう。だが、工学教育を受ける準備はボルツマンが自殺する前からすでにできていたのである。

　ボルツマンのもとで研究したいという願いは、職業選択におけるジレンマの最初の現れとして興味深い。彼を引きつけたのはボルツマンの科学哲学であったに違いないからである。ボルツマンの厳密に物理学的な著作に対して、その数学的な簡潔さを正しく評価するのに必要な知識は、まだ備えてはいなかった。

結局、ルートヴィヒは機械工学を学ぶことになる。そして、シャルロッテンブルクの「工科大学」が選ばれた。理由は簡単である。そこはドイツの工科系の学校の中では最も有名で最も優れた学校であり、またルートヴィヒは、こと工学に関するかぎりドイツの優位性を長いことずっと信じていた。一年か二年ののちに、彼はマンチェスターでの友人エクルズに、イギリス主導の時代はとうに終わりを告げ、いま工学の教育を受けるにはドイツに留まることが必要だ、と語っている。もちろん、(リンツでの学校に関して見たように)ウィーンを離れたいという欲求も当然あったろう。その生涯を通じ、折々の居住地の欠点がことさら目につくというところが彼にはあった。確かに、一九一四年には、また束の間とはいえ一九三八年にさえ、自分はウィーンの住人でありウィーンと運命を共にしなければならないと感じてはいた。しかし、第一次世界大戦以前には、技術のドイツ・人文のイギリスということは彼にとって自明の理であった。

こうして、ベルリンへと彼はやってきた。当時一七歳と六カ月、身長約五フィート六インチの「ウィトゲンシュタイン坊や」は、その愛らしさは子供時代のままながら、とくに正装して真剣な面持ちで臨んだのだった。もちろん縁故者とは連絡がついていて、シェグレン家の親戚であるリーダー家の人々を頼ることもできたし、教授の一人のヨレス氏が彼を自宅に置いてくれることになった。

一九〇六年一〇月二三日、「機械工学」の学生として「工科大学」に登録され、三学期間——ドイツの教育制度では一年半——在学することになる。「卒業証書」は一九〇八年五月五日に授与されている。履修に関する記録は残っていないようである。彼は最初から航空学に関心があり、一九〇八年、すでに航空学に関する研究計画をたくさんかかえてマンチェスターにやってきたのは確かだ、と姉のミニングは述懐している。いつからかはわからないが、彼はほとんど自分の意志に反して哲学のとりこになっていた、とも彼女は語っている。もちろん、どういう形でそうなったのかは知る由もない。確かなことは、当時、彼の将来には多くの可能性があっただろうということだけである。一九三〇年にヨレス夫人は、彼が哲学者として有名になったと知って、やはり同様のことを述べている。「工科大学」では、工学の多くの専門分野ばかりではなく、総合大学と同じレベルの数学や物理学の理論的な研究にも接する機会があっただろう。しかし、哲学の講座などあろうはずもなく、シュトゥンプやディルタイの講義を聴くために動物園《ティアガルテン》を通ってベルリン大学まで出かけていったというのも考えにくい。

ウィトゲンシュタインには、当時から知られていた――というのも、何とも不躾なベルリンの流儀でご婦人たちの噂の俎上にまで載せられていたのだから――ように、過去の暮らしを思い込みで誇張し、無邪気に自慢してしまうところがあった。前述〔三〇頁〕の、七台のグランドピアノの話もその一例だろう。この性癖のおかげで、ベルリン時代についての最初の伝記項目を書くことができる。彼は、ベルリンにいるあいだに『マイスタージンガー』を三〇回も聴いたとつねづね言っていた。この数は誇張に違いないが、偉大な作品を一つ集中的に聴くというのは彼らしいところであり、蓄音機の針を重要な一節へとしきりに戻していたのを、やはり思い出さずにはいられない。ウィトゲンシュタインの受け取り方は、「『マイスタージンガー』は偉大な作品である。ヴァーグナーの作品をもっとたくさん聴かなくてはならない」(あるいは学者風に、「ヴァーグナーの発展過程を研究しなければならない」)というのではなくて、「『マイスタージンガー』は偉大な作品である。それをもっとたくさん聴かなくてはならない」というものであった。実際、のちにはコンサートの演目に『トリスタン』や『パルジファル』からの曲があるだけで行くのを避けたり、そこだけ聴かないこともよくあった。なぜ『マイスタージンガー』だけがそんなにも彼の琴線に触れたのか、推測することはできる。一つには、どんな特質があれば彼の家族はそれを気に入るようになるのか、ということはわかっているからである。この作品は音楽の問題と人生の問題とを同時に扱っていた。そしてその解決には、音楽や人生に対する崇拝の気持ちがあってのことだが、自然発生的なものにさえ見出すことのできる規則というものが必要なのであった。このオペラは、このことを実地に示すと共に、はっきりとしたメッセージを伝えるのに必要なハッピー・エンドになるよう作られてはいるが、どんな偉業にも諦めはあるのだし、また人間的な観点からすれば失われるものもあるのだ、ということをも見て見ぬ振りはしていない。この一般的なテーマが、音楽——それはウィトゲンシュタイン家の人々にとっては単に人生を映したものではなく人生の一部であった——と結びついて、しかも、神話的な舞台設定ではなく普通の市民生活という舞台設定の中で展開されるということは、彼らの嗜好や思い込みにまったくかなったことだったのである。この作品の真価は、こういったテーマが、ときに陳腐になるとしても、きわめてたくみに捉えられ、感じ取られ、統一されているところにある。つまりこの作品は、上演されている五、六時間のあいだ、一つの世界が現出しているようなオペラなのである。ほかの作品のほうがはるかにヴァーグナー的かもしれないが、この作品がヴァーグナーの創作中最も完成されたものであることに異を唱えるものはいないだろう。しかしながら、おそらくこの作品は少しく作為がすぎるのだろう。そのテキストがよく引用されるのも、それが格言風だからである。四〇年後にウィトゲンシュタインは、ヴァーグナーに高い地位ではあるが二流の地位を与えるという趣旨のことをノートに数多く書き込んでいる。それによれば、ヴァーグナーはベートーヴェンの模倣者であり、ベートーヴェンの恐るべきアイロニーあるいは宇宙的アイロニーもヴァーグナーにあっては現世的あるいは通俗的なものになってしまっている。それに、ヴァーグナーのモチーフは一種の音楽的な散文であって、そこからはメロディーが生まれてこないし、また同様に、そのドラマもただ出来事の連なりがあるばかりで、そこから霊感が与えられることもない。とくに『マイスタージンガー』への前奏曲については、次のように批評している。

天才も薄っぺらであれば、器用さが透けて見える。(1)

過度な技巧、十分にはこなれていないテーマ、おそらくはこなれようのないテーマ。こういった批判は耳新しいものではないし、あながち不当とも言えまい。しかし、ベルリンにいた数年間は、この作品が「純ドイツ的なもの」、すなわち彼の属している文化そのものをすべて表現し、説教しているように思われたのである。

この時期ウィトゲンシュタインは、自分の人生についての考えを書きとめておくという習慣を身につけ、その後も折りに触れ続けられることになった。

こんなにも長い年月のあいだ、日記をつけたいという欲求をほとんど感じなかったというのも不思議な気がする［一九二九年か一九三〇年の記入］。ベルリンにいた最初の頃に私自身についての考えを紙片に書きとめ出したのだが、そのとき初めて欲求が起こったのだった。それは私にとっては重要な一歩であった。のちになるとその欲求は、一つには人のまねをしてみたいという衝動から（以前にケラーの日記を読んだことがあった）、また一つには自分自身について何か書きとめておきたいという欲求から生じた。だから、それはおおむね虚栄心であった。しかし、それは秘密を打ち明けることのできる人間の代わりでもあった。のちにはピープスの日記のまねも取り入れた。もちろんここでも、いつもながら、公平であることは難しい。私がしようとしていたことの中には、自然な動機と虚栄心とが完璧に混じり合っていたのだから。(2)

ひどく意気消沈して、それ以外には書くべきことが何もない日にも、また幸福で順調な日にも、ともかく自分自身について何か書きとめておくという考えは、実際、ケラーの主要な目的の一つであった。ウィトゲンシュタイン自身の説明によれば、この動機はむしろあとになって出てきたもので、本来の目的は、あたかも心を許せる友人に対するかのように自身を語ることにあった。のちには、考えが心に浮かぶとまずそれを紙片に書きとめておき、あとでそれを大きなノートに記入するというやり方をとった。そうした記入をしたり書き写したりということに内在する虚栄心の問題にはしばしば悩まされたものの、書くことは明らかに彼のやみ難い欲求だった(「紙がなければ、砂にだって書くだろうね」と第一次世界大戦中にある友人に語ったように)。そして、その根本的な目的は、彼の自覚しうるかぎりでだが、あるがままの人生を正しく理解し、それを受け容れること、自分自身を納得させることであった。

もし日記がまっとうなものであれば、私はいわば、そこから戸外へ——人生の中へ——踏み出していかねばならない。あえて地下室のような所から光の中へとよじ登ることも、高みから再び地上へと飛び降りることもないのだ。

第一次世界大戦以前のこの種の日記や覚え書きは、知られているかぎりまったく残っていない。

ウィトゲンシュタインの家族や友人たちには、どうして彼がベルリンを去る気になったのかわからなかった。いずれにせよ彼らは記録として何も残していない。おそらく彼は、単に航空学の実験や研究をイギリスで続行したかっただけであろう。しかし兄のパウルは、ある失望がその誘因となったのだという印象を持っていた。(3) 事実、いつのことかははっきりしないが、下宿先の家族とのあいだにある痛ましいエピソードがあったということは、間接的にだが知られている。これだけの歳月を隔てた今なら、彼と下宿先のヨレス教授夫人とのあいだで一九三〇年に交わされた手紙のやりとりをここに再現しても、公正を欠くことにはならないであろう。（その婦人はどうやら感情の起伏の大きい人で、知的生活に魅せられた、ドイツ風に言えば「芸術好みの」女性であった。）もっとも、こういった人物に対し、彼も若い頃はまだ我慢が利いたのである。最初の手紙は、ベルリン・ハーレンゼー、クールフュルステンダム一一〇番地から出されたもので、一九三〇年九月二〇日の日付がついている。

拝啓　ウィトゲンシュタイン様

もうずいぶん永いこと――本当に永いこと――あなたにお手紙を差しあげませんでした。確かあのとても不幸な出来事のあとに差しあげたきりですね。ですから、よく承知していますが、あなたは私の手紙などご覧になってもお喜びにはならないでしょうね。あなたがウィーンで困った顔をなさっているのが見えるようです。「このよそ者たちをいったいどうしたらいいんだろう」――この「余計者」でしょうか？――「どうやったら逃れられるんだろう」。ここ数週間というもの、あなたにお手紙を差し上げたくてたまらないという気持ちをずっと抑えて参りました。あんなにきっぱりと、しかもこれが最後というふうに私たち昔の友達から別れていってしまった方なのに、どうして私のことを思い出させることができましょう。それでもそうしようというのは、もちろん私のつむじ曲がりなところなんですけど。あなたにはあなたの流儀がおありでしょうし、それは私が口出しすべきことではありません。でも、あなたのではなく、私の流儀で振舞ってどうしていけないことがありましょう。たとえ、あなたが「もうたくさんです」と私におっしゃったことで、ご親切にも引っ込んでいるよう指示なさった舞台裏からちょっと顔を覗かせなくてはならくなるとしても、私のプライドが再び一撃を受けざるをえなくなるとしてもです。もうまもなく、決定的な「もうたくさんです」が発せられることでしょうし、手紙を書いても書かなくてももう手遅れで、プライドも蝕まれることになりましょう。前置きは、もうたくさんですね。さて、私たちは、本当に永いあいだなかったことですけれど、再びある学術会議――ケーニヒスベルクでした(4)――に行って参りました。そこで、ウィーンからきた学会の人たちに大勢お会いして、私たちの以前のお友達――「お友達だった人」と申しあげたほうが、不躾ではありますけれど正確な言い方でありましょう――あの「ウィトゲンシュタイン坊や」が今や田舎教師以上の者におなりで、学会でとても高く評価されていると知りました。あなたがこのことをどうでもよいこと、それどころか望ましくないこととさえお思いでしょうとも、私がどれほど、本当にどれほどうれしかったかお話ししないわけには参りません。あなたの前途が――どう言ったらいいかしら――まだ全然定まっていなくて、あなたの「梯子」があなたをどこに連れていくのか少しもはっきりしていなかったあの頃でも、やはり私はあなたのことを信じていました。先にも書きましたあの(「もうたくさんです!」という)事情、あなた自身はそんなことは言っていないと主張なさるあの事情がありましても、いえそれだからこそ、年に一度定期的に近況をお知らせくださるような手紙のやりとりを気楽に申し出たいくらいです。でも、それはしないでおきましょう。ずっと昔に、あなたの手紙を燃やして灰を風に散らせるなんてことをしてしまったのですから。それはそれで仕方ありません。主人は、ご存知のようにあなたのことを父親のように愛しておりました。ですから、あなたにはすっかり失望しておりました。けれども、それは主人のことで私のことではありません。本当にあなたのことは、私にとって数少ない晴れやかで大切な思い出としていつまでも残ることでしょう。言葉を換えて申しますと、今のあなたではなく「ウィトゲンシュタイン坊や」、あのかわいい子のことはずっと残るでしょう。といっても、あなたはその人のことをもはや思い出したくはないのでしょうけれど。私には、現在のウィトゲンシュタインのことはわかりません。変わらぬ真心というものは、きっと、動きのないこと、死んでしまった人や去って行ってしまった人への執着、同じところに留まっていること、進歩や成長にとっての障害、なのでありましょう。そんなことはすっかりわかっているのですけれど、それは私の病気みたいなものなのです。ですから、実際のところ私は少しも進歩しなくて、ずっとしんがりに居座ったままです。――さて、こうしたこともすべて過ぎ去ったこと、変えようがありません。

隣の部屋で、従姉妹のマルガレーテ・Jがブラームスの変ロ長調のコンチェルトを弾いています。あの有名なピアニストが今私たちの所にいるのです。ああ、あれから時代はどんなに変わってしまったことでしょう。(私たちがその曲をどうやって二手で弾いたか覚えておいでですか。)生きることは辛いこと……。(5)

この手紙に対する返事には鉛筆で書いた下書きが残されている。ウィトゲンシュタインはそれを書類のあいだに挟んだままにしておいたのである。

拝復

今日お手紙受け取りました。もちろん、本当に驚きました。でも、あなたのお思いになっておられるような不愉快な驚きではありません。それどころか、あなたと再び親しくする機会を運命が与えてくれたことに、ちょっとした幸運を感じております。けれどもいざ返事を書き始めてみると、あなたに返事を出すだけのために、言ってみればとにかく何か返事を出すということのために、私にとってはまったく不自然なことを書くか、それとも、私が実際に考えていることではあってもあなたには少しも理解できそうにないことを書くか、という問題にぶつかってしまいます。多少もっともらしく聞こえはするけれど、真実ではないために結局は理解できないことを書くよりは、私にとって自然で、たとえ難しくてもあなたに理解で、き、そ、う、な仕方で書いたほうがよいように思われます。

　何よりもまず、ケーニヒスベルクで私が高く評価されたかどうかは私にはどうでもよいということ、これはまったくあなたのおっしゃる通りです。どうひいき目に見ても、私には自分を高く評価することはできませんし、（例外もありますが）哲学や数学の教授たちの高い評価は、励みになるというよりは、私自身に対する批判的な判断を一層強くするだけです。（確かに、その二、三の例外的な人たちの高い評価で、私が自分自身と自分の研究について判断を誤ることはないでしょう――また、そうあってほしくないと思っています――。しかし個人的な好意としては、その評価を感謝して受け容れます。）ところで、あなたが学術（？）会議に出席したというところを読んで、私は激しい反感と嫌悪を覚えました。その反感や嫌悪は、教授夫人たちが会議に参加して「学会員たち」と議論を交わすということに対して、私が常々感じていることなのです。とはいっても、私がこんなことを書きますのも、そのことが私にはまったく無縁のものとなってしまった特質・事柄の一つの現れだから、というにすぎません。ベルリンにいたときにも、またのちになってさえ、私はこんな反感を覚えたことはありません。もっとあとになって、その反感が私の中でとても強くなり、それであなたとの相互理解や交際がとてもできなくなったのです。実際、今日いただいた手紙の一つ前の手紙、あなたのとても不幸な出来事のことをお知らせいただいた手紙を受け取って、あなたの不自然で新聞記者のような――こんな言葉をお許しください――お気持ちの表し方に、はなはだしい反感と、私たちのあいだには相容れないものがあるという感情とが起こり、理解し合おうなどという考えは馬鹿らしくなって捨ててしまったのです。

　けれども、まず最初に感謝と忠誠心とを抱かなくてはいけないのに、あんな感情に身を任せたのがいけなかったのだと、今ではわかっています（そして、そのときだって今ほどはっきりとではありませんがわかってはいたのです)。ですから、遺憾ながら、あなたに不実と責められても、たとえ事実はあなたの想像なさっていること――それももっともな想像なのですが――とはまったく違っていたとはいえ、仕方のないところがあります。ご主人を失望させるに違いないことは承知していましたし、また遺憾にも思っておりました。しかし、私の咎はそこにあるのではありません。と言いますのも、正しいことをすることが、まさしく多くの人々を失望させずにはおかなかったのですから。私の言いたいことは、私の咎は相互理解など問題外だと見なしたことにあるのではない、ということなのです。というのも、それは実際――また、おそらくは今でもやはり――問題外だったからです。そうではなくて、感謝と忠誠心とをお互いの理解よりも重要ではないものとしたことに、私の咎があったのです。感謝と忠誠心に比べれば、お互いの理解などは少しも重要ではないのに、です。そういうわけで、結局私は礼儀正しくは振舞いませんでした。ですから、もし心からそうしていただけるなら、あなたとご主人に私の無礼を許していただきたいと願っております。さらに、あなたのお手紙の三つの箇所に感動したことも申し添えておきたいと思います。その一つは、私には私の流儀があり、それはあなたが口を出すべきことではないし、あなたもあなた自身の流儀で振舞わざるをえない、とお書きになっていたことです。それは真実ですし、私もよく同じことを考えます。次に、ケーニヒスベルクでの私の成功を喜んでくださったという一節もうれしく思いました。もっとも、それは「学会員たち」の評価について誤った値踏みをしているのですけれど(6)。そして最後に、「生きることは辛いこと」というあの言葉。それは、私の心に響くものがありました……。

ウィトゲンシュタインは、このほかにもヨレス夫人の二通の手紙を保存していた。一つは、彼の率直なもの言いに感謝する旨の、前よりはずっと落ち着いた調子の返事であり、もう一通は一九三九年の手紙で、ウィトゲンシュタインがベルリンにきているあいだに会おうという計画（実現しなかった）について記されている。その際に彼女は、家族の思い出の品をいくつか、他の人ではなくまさしく彼に委ねたいと考えていたのである。その手紙は、老齢の寡婦暮らしの中で、しかも忍び寄る戦争の影に脅えながら書かれたものなので、やはり感情的になってはいる。しかし、それは諦めと永遠の別れへの予感という意味での感情である。

心よりあなたに挨拶を送ります。そして、ご多幸を祈ります。私が死んだら、親しみをこめて思い出してください。それと、あんまり悪口は言わないでください。

時々あなたをうんざりさせたものは、たぶん無意識の愛情だったのでしょう。あるいは、意識的なものだったのかもしれません。(7)

これらの手紙からは、二人の交友関係についての漠然とした印象しか得られないが、この印象からでも、ウィトゲンシュタインに特徴的な多くのことが明らかになる。一緒に音楽を奏で、その際ウィトゲンシュタインは一つのパートしか受け持たなかったものの、指揮の大部分はおそらく彼がしていた。ヨレス夫人の強烈な愛情は、最初こそ求められ歓迎されもしたが、その後かなり激しく拒絶されるようになった。彼女のもったいぶった仰々しさ（それこそ彼らを近づかせたものの一つであったのに、あたかもそうではなかったかのように）が嫌で、というのが表向きの理由だが、これはある程度は本当であった。しかしもっと深い理由は、彼女が彼のプライバシーを脅かしたからであった。そしてさらに次の段階では、彼は自分が愛情と忠誠心を欠いていたと自ら認めたのだった。彼はこのことをある手紙の中で慎重に、当然のことながら痛々しく表明し、彼が何に憤慨していたのかを、そしてそれは正当であるということを説明している。彼の手紙の中に見られる告白的な要素でさえ、ある意味ではその目的を半ばで撤回している。なぜなら、そこで目指されたことは、自らの冷淡さを認めることではなくて、暖かさを示すことであったからである。こうした特徴のために、親戚の中には、彼が罪の告白をしたときにはそれに対して批判的であった人もいた。彼らには、彼の告白は自分の欠点を直すというよりは、それを記録することを目指しているように見えたからである。それでもヨレス夫人の場合には、すべてを率直に説明するというやり方が効を奏し、その結果として以前より穏やかな第四の局面、つまり実際に親しくするというのではなくて、そうした関係を追憶するという局面を迎えることになった。こうした率直さによってのみ、自分との友情は可能となると考えていた点で（彼は多分にこれと似た手紙をたくさん書いているのだが）、ウィトゲンシュタインは正しかったのかもしれない。そして（今回がおそらくそうであるように）しばしば彼は、率直に語ることによって、文通の相手はどの程度の理解力があるかを正しく判断することができた。しかしながら、一般的に言って——彼自身も理屈としてはわかっていたのだが——こうした友情の修復には手紙ではなくて実際に会うことが必要であった。しかも実際に会ったときでさえ、それは口で言われうる領域によりは、むしろ示すことしかできないものの領域に属しているのである。どんな込み入った感情があってウィトゲンシュタインがこれらの手紙を保存していたのかは、想像することしかできない。しかしそれらは、それ自体がウィトゲンシュタインの態度における矛盾を証している。それらの手紙全体の主題もその証となっているが、そこからは彼が受け容れることのできる以上の愛情を求めていたということ、さらにはこの緊張状態を十分に自覚していたということもうかがい知ることができる。

上に述べた印象は主に、ウィトゲンシュタインののちの発言から得られたものである。しかし、彼にはそのあいだに、先に引用した手紙の中で自ら語っているように（またそのほかにもしばしば言及しているように）、ある変化が生じた。その変化は、一つには、年齢的に成長して自分の能力を一層確信するようになり、自分の望むことがより明確になった、ということであるにすぎない。学生になって最初の数年間は、彼は明らかにヨレス夫人からの心づかいと親しい交際とを、そして彼女の夫からの愛情と期待とを受け容れていた。しかしその後、彼は自分の道を行かねばならないと思い至り、そのためヨレス教授は、前途有望な生徒が自分の指導を払いのけ、自分のとはまったく異なった一連の研究や実験に夢中になるのを目のあたりにすることになったのである。そして、その研究や実験はどれも、いかなる成果にも達しないうちに新しい問題を次々に生み出していくような類のものであった。ウィトゲンシュタインはこの過程を進み、戦争によって歪められるというよりはむしろ促進されることになったある発展を経て、ついには学校の教師となったのであった。『論考』の成功や価値、あるいはその存在すら知らない人には、こうした発展過程は意味のない回り道だったと思われるであろう。ところが実際には、命題を像として捉えるというこの著作の中心的な考えの一つは、ヨレス教授の専門に関する考察に負うところが大きい。彼の専門は、画法幾何学（立体やその他の図形を一つの平面内に描くことによって、三次元的に表す方法の研究）と図式力学（力の体系を図式的に還元し、その合力や偶力や平衡を示す方法）であった。ヨレス夫人に関して言えば、ありそうなとは言っても単なる推測にすぎないのだが、彼にとってベルリンから離れることは彼女のうっとうしい愛情から離れることを意味したのであろう。それでも戦争中はまだ、彼女の愛情も喜ばしいものだった。心のこもった彼女からの手紙は、イギリスにいるケインズからの事務的でそっけない便りを受け取ったあとでは、慰めとなったからである。(8) しかし、戦後彼は自らの人生の問題を解決しようとしゃにむに努め、彼女との縁を他の多くの人のつながりもろとも最終的に切ってしまった（ように思われる)。

そういうわけで、イギリス行きは独立した一個の科学者へと彼が進んでいく第一歩であったように思われる。つまり、正規のカリキュラムに従って勉強し最後には全科目の試験を受けるというよりは、むしろ教授連に助言を求めながら議論をする、そういう科学者への第一歩だったのである。この点で、マンチェスターを研究の場所として選んだのは優れた選択であった。そこには研究生もあまりいなかったし、いたとしてもはっきりと規定された研究計画というものはなく、しかも、そこでは教授たちといつでも面会することができた。たとえば、数学教授のホラス・ラム(9)は、研究生が彼のところに自分の問題を持ってこられるようにと、そのためのセミナーを設けていた。そこの教授陣や講師陣は、その多くがすでに大いなる名声を博しているか、あるいは必ずやそうなるような人たちであった。ラム自身、流体力学に関していまだに古典的な著作となっている本の著者として、最もよく知られた人物である。この専攻のために彼は、第一次世界大戦中は航空機の構造に関する主導的な助言者の一人であった。彼はクラーク・マクスウェルの弟子で、静力学と動力学に関する一般講義において師の考えを発展させてきた。ニュートンの法則に基づく静力学の理論的な展開を精力的に論じ、その結果、提出されるべき更なる実験データはもはや必要なくなったのである。彼による理論静力学の要約は、『ブリタニカ百科事典』の第一一版に見ることができる。

J・E・リトルウッド——ウィトゲンシュタインはケンブリッジで、トリニティ・コレジのフェローとしての、のちにはそこの数学教授としての彼に再び相目見えることになる——は一九〇八年から一九一〇年にかけてラムのもとにいて講義をしており、ウィトゲンシュタインも少なくともそのいくつかに出席していた。それは数学的解析に関するもので、表現の簡潔なことで有名な講義であった。(その数年間に、ウィトゲンシュタインは純粋数学に関してほぼ大学二年程度の学力を身につけた。その後、ハーディの

『純粋数学』の中のいくつかの証明を検討したりもしていたが、彼の興味は、最初のうちは証明の基礎づけに、あるいはその基礎づけの欠如にあり、のちにはそれら証明の意味することに向けられた。）

一九六〇年代の終わり頃にリトルウッドが語ったところによると[10]、彼自身は、ウィトゲンシュタインは工学の背後にあるものを学びにマンチェスターにきて、そのためにラザフォードの門下生になるつもりなのだ、と想像していた。主な動機は大体そんなところであったろうし、実際その一年前にラザフォードはマンチェスターに着任していた。興味深いことに、ウィトゲンシュタインがマンチェスターにきたまさにその年に、オーストリア科学アカデミーからマンチェスター大学にラジウムの大量な貸与があり、それでラザフォードは放射能に関する彼の研究をさらに進めることができたのである。この貸与とウィトゲンシュタインのマンチェスター行きとのあいだに直接間接の関連——おそらくは彼の父による後押し——があったとしてもおかしくはないが、彼とラザフォードのあいだに何か接触があったのかどうか、あるいは彼がラザフォードの研究に何か興味を持っていたのかどうか、については何もわかっていない。（ラザフォードが原子構造を確認したのはこの数年間のことであった。）ラザフォードがいつも自分の周りに創り出していた、あの「着々と仕事を進める」という雰囲気は、本格的な科学研究ということについてのウィトゲンシュタインのイメージに当然一役買っていたことであろう。だが、彼自身の思考との相性や、（ここでこんな言葉を使ってよければ）工学の基礎づけの探求にとっては、先にあげたラムの研究のほうがはるかに関係するところが多かった。マンチェスター到着後、ウィトゲンシュタインはある程度はラザフォードの前任者であるアーサー・シュースター[11]の指導を受けた。シュースターは科学協会に専心するためすでに職を退いていた。だが、マンチェスター大学の名誉教授の地位にはまだ留まっていたのである。彼は改宗した（今なお繁栄している）富裕なユダヤ教徒一家の年下の息子で、かなり早い時期から自分が家業よりも科学に対して熱意を持っていることに気づいていた。このことで反対されることはなく、それどころか彼は一家から多額の金を出してもらって研究計画や大学での自分の勤め先に経済的な支援をしたのだった。その計画には、ハワード家領の観測所で行われる上空の大気に関する気象学上の研究も含まれており、ウィトゲンシュタインがイギリスに渡って最初に行ったのはそこであった。

シュースターは、気象学を大学の学科として発展させていった草分け的存在であった。彼は（気象条件に応じて）凧ないし気球を用意して、それに記録計器を積んで打ちあげていた。その主要な目的は、さまざまな高度で気温を測定し、その測定結果と上空大気中の他の諸条件との関係を調べることにあった。これらの測定結果はさらに他の測候所で得られた結果と比較され、実際、毎日『デイリー・テレグラフ』やイングランド中部の諸紙に発表されていた。一九〇八年以降、気象学の講義を受け持っていたのは（したがって、先の実験観測所の責任者は）高名な物理学者J・E・ペタヴェル[12]であった。彼は、わけても実験用の機械類を設計したり改良したりする天賦の才に恵まれており、まさにこの理由で、計器を積む凧に用いられるウィンチを改良すべく招聘されたのである。それ以来、彼はこの計画全体に興味を持つようになった。

ペタヴェルは当時すでに英国学士院の会員であり、のちには国立物理学研究所の所長にもなった。彼は戦争小説の中によく出てくるイギリスの科学者のモデルにでも使えそうな人物であった。実際にはスイスの聖職者の息子で、スイスとそれにドイツでも教育を受けている。母親はイギリス人で、彼に相当の財産を遺した。また彼は驚くほど多才な人で、すでに爆発に関する重要な研究をして、大砲用に長いあいだ使われたペタヴェル・ゲージを考案していたし、低温現象・気体の膨張・ガス機関・高圧下での反応についても研究していた。さて彼は、グロサップにある凧と気球による観測所を訪れたあと、気球の繋留綱を解いて自由飛行を行い、それで航空学に興味を持つようになった。一九〇九年に政府によって設立された最初の諮問委員会に任命され、まもなくその分野のあらゆる方面で指導的な権威となった。彼はまず自ら飛び方を習得し、当時の飛行士の生涯における平均飛行時間ほどまで経験を積んだ。その計画の最後の飛行でひどい事故に遭ったのだが、それには後日談がある。まだ足が不自由なのに病院を抜け出したというに留まらず、戦争になると新しい飛行機の安定性をテストするためにデ・ハヴィランドと共に再び空へと飛んでいった、というのである。危険を顧みないというのが彼の特徴で、グロサップでもやはりそうだった。激しい雷雨の真っ最中に平然と凧の巻きあげ装置を操作し続け、やっとそれを放したのはそれに落雷するほんの三〇秒前だった。ありふれた奇行ならほかにもまだあるし、また工学教授としては、一〇〇ヤードも走るとすぐに止まってしまうような一気筒エンジンの車で、マンチェスター中を走り回って大いに楽しんだものであった。

しかしながら、もちろん彼は小説の中の人物ではなく、特定の時代に生きた人間であった。その当時、科学者は自分に関係する問題のあるゆる局面に手を染めることができたし、またそうしなければならなかった。だから、科学者は装置を自分で設計して自分で作るのは当然のことと思っていたし、(ペタヴェルが実際そうであったように) 新しい器具の考案と理論的研究との両方に関わることもよくあった。そして、科学の多くの分野は、今でこそデータと技術の蓄積に伴って専門化が進んでいるが、当時はまだ揺籃期にあり、一般原理を臨機応変に用いることによって、科学を進展させることが可能であった。こうした、おそらくはマンチェスターで特に顕著であった雰囲気の当然の帰結として、専門分化によって研究のあり方が決められてしまったり、各専門で研究している科学者たちの共同研究が制限されたりすることもなかった。その頃はまだシュースターが物理学と応用数学の教授で、応用数学のほうはラムの着任と共に彼に委ねられることになり、また物理学のほうはペタヴェルが講師となった。ペタヴェルは最初は物理学の講師であったが、その後、気象学の講師となり、次いで工学教授になったのである。ある部局の研究室や実験施設、作業場は他の部局の研究者にも利用できるようになっていたので、ラザフォードのグループのメンバーも息抜きに、あるいは趣味としてグロサップまで出かけていって、凧を使った気象学上の実験をしてみることがよくあった。マンチェスター特有の破格の自由度や融通のきく体制は、その部局の規模、またそもそも大学全体の規模が小さかったことにもよっていたし、そこで働く研究者たちのきわだった学問的能力にも負うていた。シャルロッテンブルクにおけるような十全な規模・資力・方法論といったものは欠けていたが、マンチェスターには独立独行の科学の天才を生み出すという独自の伝統があった。今日でもそこを訪れたら、きっとドールトンやジュールのことが思い出されよう。一九〇八年当時の人々もまた、若きウィトゲンシュタインにとっては一連の関心や問題に関して、気軽に尋ねることのできる理想的な教師であり助力者であって、この点でもまた、シャルロッテンブルクとはおそらく対照的に、そしてわれわれの時代とはまぎれもなく対照的であった。彼はのちにケンブリッジにおいても、同様な幸運に恵まれることになる。彼ほどの申し分のない作法（議論が白熱すると別だが）をもってしても、あれほど即座に、またあれほど打ち解けて意見を聞いてもらう機会はドイツでは得られなかったことだろう。

ウィトゲンシュタインがグロサップの研究観測所にきたのは一九〇八年の夏で、どうやらシャルロッテンブルクを去ってすぐのことのようである。当然のことながら、観測所には夏の数カ月間はいつもより十分な人員が配置されており、また凧や気球の上昇実験もより頻繁に行われていた。どうも取り決めがあったらしく、それによるとウィトゲンシュタインは自分の凧で実験するために機械類を使用してもよいが、ささやかなお返しとして、計器を積んだ凧を制作したり飛ばしたり回収したりするのを手伝うことになっており、そして実際、そういった凧はその夏中ひっきりなしに揚げられていたのである。観測所はグロサップから三マイルほどの所にあり、近くには当時ぽつんと一軒「雷鳥荘」という旅館があるだけだった。そこは主に猟場として使われていた荒れ地の中に位置しており、その荒れ地をとぼとぼと歩いて凧や引き綱を回収しに行くことが科学者には許されていた。道路はほとんどなかったし、あってもめったに使われていなかったのである。観測員たち——と科学者たちは呼ばれていた——は、よくその旅館に泊まって居間を共同で使ったものだった。一九〇八年五月二九日付の姉ヘルミーネ宛の手紙(13)(現存するウィトゲンシュタインの手紙の中で最も古いものと思われる)の中には、彼と気象観測員のリマー氏、それに宿の主人夫婦だけとの暮らしぶりが書かれている。食べ物と洗面所の設備がかなり「田舎風」で、これにはなかなかなじめないと彼は不平をこぼしている(こういった不平は、総じて見れば、少なくとも食べ物に関しては、のちの彼にはまったく見られない)。彼自身の仕事はと言えば、これまで外注に頼っていた凧を自前で調達することであった。それまではただ観測するばかりだったのが、今や凧を制作することができるようになったのである。その頃の彼は友達がほしいと思っており、日曜日に観測所にやってくる学生たちに期待をかけていた。また、彼はよく眠れており、(彼らしい手紙の結びであるが)「私自身の自我が私を始終さいなみさえしなければ、ここでは当分快適に過ごせるはず」であった。友達ができたのは、ウィリアム・エクルズが交替観測員としてやってきたときと思われる(14)。このときエクルズは、ウィトゲンシュタインの本や書類で散らかり放題になっているテーブルを見るや、それらをすっかり整頓し本をきちんと積み重ねたのだった。こうした気取りのない振舞いにウィトゲンシュタインは引かれるところがあり、また同時にそれを喜んだ。こうして二人は、数週間のあいだ小さな旅館で生活を共にするのに必要となる程度を越えて、友情が深まったのだった。

エクルズは、ウィトゲンシュタインより四つ年上の専門技術者であり、表向きは確かに気象学上の研究計画の手伝いをしながら研究を行っていたものの、適当な職を待つというのが主なところであった。一九〇九年の八月に突然ウェスティングハウス社就職の話が持ちあがり、その後定年まで勤めることになるのだが、最初の数年はマンチェスターが勤務地であった。ウィトゲンシュタインがエクルズに語ったところによると、自分たちが一緒にとてもうまくやっていけたのは、エクルズが彼の心を和やかにしてくれたからだという。（当時工学部にいた）J・バンバーの言もその事実を裏づけている。彼によれば、エクルズや、あの荒れ地でウィトゲンシュタインが出会ったもう一人の友人であるブラッドリも、ウィトゲンシュタインとはまったく正反対の気性であったという。(15) エクルズは確かに類を見ないほどあけっぴろげで快活で、しかも人なつこいたちだった。決して愚かというのではなくて、こだわらない性格なのだった。もっともそれは、行動を起こす際に他人の思惑といったものを考えて人生を込み入ったものにしたりはしない、という意味である。世間で言われていることを鵜呑みにするのではなく、物事をあるがままに捉えた。だから、彼にとってはウィトゲンシュタインも滑稽な外国人などではなく、外国なまりのアクセントにもわざわざ耳をそばだてたりはしなかった。(16) ウィトゲンシュタインが物思いにふけって邪魔されるのを嫌がったとしても、それもエクルズにしてみればウィトゲンシュタインについての一つの事実であって、誰でも十分簡単に合わせてやれるはずのことであった。彼らはよく技術的な問題について話し合ったが、そうした問題としては、ウィトゲンシュタインの研究から生ずるものよりは二人が共同で携わっている研究からのもののほうが多かった。エクルズにはウィトゲンシュタインがどの学科にもそれほど精通しているとは思われなかったけれど──一九歳で精通していたらそれこそ驚きである──ウィトゲンシュタインの発明の才には感服していた。彼はよく、鍵は掛かっていないのに知らない人には開けるのが難しいドアのことを例にあげていたが、ウィトゲンシュタインはこういう場合、取手は押し下げるのではなく引きあげればよいとすぐに閃くのである。この点でエクルズは、自分のほうもウィトゲンシュタインにそうした印象を与えていると考えていたし、また、問題を分析しその本質を明らかにする能力によって事の真相に迫ろうとするという点で、いくぶん自分は彼に似ているとも考えていた。

ウィトゲンシュタインはエクルズに、君はこれまでの生涯でただ一人の友であると語っていた。これはウィトゲンシュタインが以前よくやっていた類の告白であるが、また実際、その頃の二人は共にかなり孤独であった。二人の友情がどのくらい深いものであったのかを判断するのは難しいとしても、ウィトゲンシュタインが友人（のちには一家の使用人になった）のポスルに次のように説明したことは、彼自身の特徴をよく示している。つまり、「僕は善人の収集家なんだ」と語ったのである。彼は気取りのなさと率直さをとくに好んだのであり、彼自身もそうありたいとずっと努めてきたのであった。二人はもちろん個人的なことについても語り合った。ウィトゲンシュタインはエクルズに、母や（当時の彼の生活の中では重要な位置を占めていた）姉のヘルミーネのこと、そして、あまりに聡明で何でもできたために自殺してしまった兄（おそらくはハンス）のことも語った。とは言っても総じて二人の話は、とくに将来のことや今後の計画のことになると、エクルズの身の処し方のほうに重点があった。エクルズはどこに働きにいったらよいのか、家はどんなふうにしつらえたらよいのか、というのが、エクルズが書き写しておいた戦前の手紙二通の話題である。若いほうが主導権を握っていながら、気にさわることなどなかった、というのは特筆に値する。つまり、こうした関係が二人には合っていたのである。

エクルズの報告には、ウィトゲンシュタインの友人関係の中に繰り返し現れるもう一つの特徴も示されている。つまり、彼の友人関係は長い期間共に過ごすかどうかにかかっている、あるいは、共に過ごすことから生じてくるのであった。観測所での仕事は骨の折れるものであるうえ、休む間もなかった。ときには日に八回から一〇回も凧を揚げ、夜の九時一〇時になることもよくあった。凧は五千フィートの高さまで揚げられ、そのため当然、連凧にする必要があった。凧はよく切れて飛んで行ったり落ちたりしたから、それだけの長い距離を歩いて回収しに行かねばならなかった。また、嵐の危険もあった。エクルズとウィトゲンシュタインはペタヴェルと同じように、そういう危険にもさらされていたのである。

一九〇八年の夏、最初の友情の期間はこのようにしてすぎた。けれども、二人がマンチェスターにいた翌年も友情は続いていた。ウィトゲンシュタインはエクルズのおばムーア夫人の家に彼と連れ立ってよく出かけたものだが、彼女は、テレビ番組『戴冠式通り』で今も知られている、あのマンチェスターの貧民街に住む医者の妻であった。どちらかと言えば慎ましく、質素で実質を重んじるそこの人たちの暮らしぶりは、ウィトゲンシュタインの心に訴えるものがあった。彼は無心の友情やちょっとした気づかいが好きだった。ささやかだが心をこめて選んだ贈り物に、彼らしさがよく表れている。エクルズは、一風変わってはいるがどこか人を引きつけるビスケットの小箱を生涯とっておいたが、それはウィトゲンシュタインからムーア夫人への贈り物の空き箱であった。二人はよく一緒にちょっとした遠出にも出かけた（徒歩旅行はしなかった。というのも、あの荒れ地での仕事はもっぱら歩くことだったから）。語り草になっているのは、ウィトゲンシュタインがブラックプール見物に行きたいと言い出したときの出来事である。そのとき彼は、定時の列車に都合のよいのがないので、特別列車を仕立てようとしたのである。それはエクルズに説得されてやめにしたが、その代わりマージサイドまで行って船遊びをするという（当時はかなり高くついたに違いない）贅沢にふけった。あげくにはさらに足を延ばして、アイルランド北部にあるエクルズの家族の家まで訪れることになったのである。

二人には合わないところもいくつかあった。エクルズにしてみれば、ウィトゲンシュタインはたいして読書家ではないという印象（もっとも、これは誤った印象であり、あの旅館「雷鳥荘」についての彼自身の話とも一部矛盾する）を持っていたし、エクルズのほうも音楽に対してはあまり耳のあるほうではなかった。それでも時々はウィトゲンシュタインと一緒にハレ管弦楽団のコンサートに行ったり、エクルズにとっては「交響曲全曲」と思えるものを、ウィトゲンシュタインが口笛で吹き通すのを最後まで聴いたりはしていた。見たことのある人は皆そうなのだが、ウィトゲンシュタインが音楽に耳を傾けるときのあまりに激しい集中度に感銘を受けている。おそらく、二人の性格やものの考え方が違っていたために、かえって関係が荒々しいものとはならなかったのだろう。二人とも、自分と同じ嗜好やものの受け取り方を相手に期待しようという気は起こらなかったのである。ことによっては、エクルズが自覚していた以上に二人には共通点があったのかもしれない。エクルズは、通のウィトゲンシュタインとは違って自分はまったくの芸術音痴だと思っていたが、エクルズの新しい家の設備のことで二人が議論したときは、装飾を排するということで意見が一致している（たいていはウィトゲンシュタインのほうが批評家で指導者であった）。たとえば、ウィトゲンシュタインは一九一四年六月に、エクルズに次のような手紙を出している。

僕にはベッドの図面なんか想像もつきません。それとも、君は家具職人が出してきた図面を採ろうというつもりなのですか。そうだとしたら、あの下品な飾りのついた端っこはみんな切り取ってしまうよう強く主張なさい。それに、どうしてベッドにキャスターなんかいるんです。まさかベッドに乗って家の中を動きまわろうというんじゃないでしょう!?　このあたりは、ぜひとも君の設計で別のものを作ってもらってください。

このとき同時に、ウィトゲンシュタインは洋服簞笥や救急箱などのために、エクルズが作った、きわめて単純で何の装飾もない引き出しをほめている。彼が望んだのは（当時としては一層伝統に反したことであったが）、ドアの水平な桟を真ん中に取りつけて、上下の鏡板が同じ長さになるようにすることぐらいであった。あとになって――少なくとも、これがのちの時期に属すというのはエクルズの回想なのだが――部屋の装飾に関しては、ウィトゲンシュタインはエクルズ家の人々を説いて、部屋のカーペットはロイヤルブルー一色に、木の部分は黒に、そして壁は黄色にするよう計画させた。ウィーンの工房をまねたのである。

ウィトゲンシュタインはエクルズの性格ばかりではなく、彼のようなタイプの知性をも素晴らしいと思っていた。実際、この二つは、何事にもとらわれることのない探究心旺盛な精神の二つの側面であった。ウィトゲンシュタインに言わせれば、エクルズは十二分に経験を活用することのできる人であった。というのも、彼は自分の経験をいつもしっかりと活かしていたからである。率直・冷静・円満、それに、幸せや本物の男の友情を追求しうる能力――ウィトゲンシュタインが友達になる人というのは、こういう性質を持つ人たちであった。のちの友人から例をあげると、レイモンド・プリーストリがそうである。エクルズには生来、世の中の有為転変にも自分を失わず、自分を評価してくれる人にはいつでも応えるだけのものを備えていた。これは確かにその通りであったろうし、また自分の写真をエクルズに贈る際にウィトゲンシュタインが添えた言葉の意味でもあったろう。もっとも、エクルズはその言葉の本当の意味について気にかけることは決してなかった。それにはこう書かれていた。

時は多くを与え、また奪うもの。けれども君の勝ち得たこんなにも素晴らしい友人たち、その友情がいつま

でも君の喜びでありますように。(17)

ウィトゲンシュタインにはこの友のことがよくわかっていた。印象的なことに、いくぶん愛情をこめすぎた戦時中の手紙にエクルズが返事を書かなかったのは、(書けない事情はいくらもありえたのだが) 実際のところ、敵との文通にためらいを感じたからだとウィトゲンシュタインにはすぐにわかった。そのようなためらいは、ウィトゲンシュタインとケンブリッジの世慣れた友人たちとのあいだでは、少しも考慮に値しない類の配慮なのであった。

エクルズとウィトゲンシュタインが出会ったのは、一九〇八年の夏の、あの荒れ地でのことであった。次年度には、ウィトゲンシュタインは週に五日勤務する研究生としてマンチェスター大学の工学部に登録された。この間の事情について、エクルズとメイズは次のように説明している。

凧を使った彼の実験研究は長くは続かなかった。ある形式のエンジンが利用可能となるまでは、航空機の開発には意味がないと彼はすぐに悟ったからである。幸運にも、彼の試作エンジンの設計図が現存している。プロペラの羽根一枚一枚の先端に反動推進ジェットを取りつけるというアイデアに、彼がどのようにして到達したのかは知られていない。しかし間もなく彼は、ジェットの噴出ノズルが何よりも重要であることに気づき、それにつれて関心も、グロサップの荒れ地から工学部の研究所へと移っていった。研究所で彼は、近くのクック商会に容量可変型燃焼室を組み立ててもらい、さまざまな燃料噴霧器やガス噴出ノズル用にそれを調整してもらったのである。

その装置全体は職人的なたくみさで目的にふさわしく組み立てられており、上部の噴出ノズルから出る高熱ガスの噴流はそらせ板〔デフレクター〕にあたるようになっていて、そこでその反動を測定することができた。この装置はうまく作動したものの、それを使った実験研究がそれほど行われないうちに、ウィトゲンシュタインはプロペラの設計に興味を持つようになった。しかも、これは完全に数学的処理の問題であったために、数学に対する彼の関心が深まり、とうとう今度はプロペラまで忘れ去られてしまった。

プロペラの羽根の先端に接線方向むきに反動ノズルを取りつけ、これと燃焼室をつなぐというウィトゲンシュタインのアイデアが実用化されたことは注目に値する。第二次世界大戦中にオーストリアの設計技師ドブルホフがヘリコプターの回転翼として実用化し、現在ではフェアリー社などでジェット・ヘリコプター〔ジャイロダイン〕用に採用されている。

この説明は図式的にすぎる。しかも、エクルズはウィトゲンシュタインがやっていたことを何もかも知っていたわけではないということも、思い出してしかるべきである。ウィトゲンシュタインは研究所での研究を始めてからもなお、凧にはいくらか興味を持ち続けていたようである。というのも、一九〇九―一〇年の大学便覧には、あの観測所の「無給観測員」として彼の名が載っているからである。それに、すぐあとで見るように、彼は一九〇九年四月以前に数学の基礎について考えていた、ということもわかっている。おそらく彼の進歩は、エクルズが想像していたほど直線的なものではなかったのであろう。結局のところ、飛行機械にはエンジンが必要となるということは、マンチェスターに行く前から気づいていたと考えねばならないし、また、マンチェスター時代の終わりにケンブリッジに行ったときにもまだ、自分のことを航空士あるいは飛行家志望と称していたのである。ともかく、航空学の研究をしているかぎりは、機械を自分で設計・製作して飛ばすことが彼の目的であったように思われる。当時は、そういう抱負を持つこと自体はもっともなことであった。ウィトゲンシュタインがこの計画を開始したのは、ライト兄弟が従来のものよりも数百倍も長い距離を飛ぶ動力飛行をなし遂げて名声を博する前のことである。だが、理論的に見て、航空学において最も見込みのある発展の方向は、操縦可能な飛行船ではなくてプロペラ推進の飛行機であることは、ずっと以前から——ボルツマンは一八九四年の講義でこの見解を表明している——明らかだった。ボルツマンはマクシムがすでにそのような機械を飛ばしたあとに語ったのだが、そのとき、これを操縦するのは途放もなく困難であることがわかった。これを克服し方策を見つけるのは、天才であり同時に英雄でもあるような人の仕事である、とボルツマンは考えた。一九〇八年当時、動力飛行のほとんどすべての局面はまだ試行錯誤の段階だった。エクルズはあの荒れ地での実験に携わって、動力飛行には幻滅していたが、それは当時の航空学の状況をよく示している。あらゆる形態の翼が試され、死者の出る事故もままあった。風洞が使用されて従来の翼の形や機体の設計に進展が見られたのは、やっと動力飛行が成功したその年であった。エンジンもまた決定的な要因だった。忘れてはならないのだが、ウィトゲンシュタインがこの問題に実際に取りかかったあの時代までは、どんな飛行機械もまだ継続飛行ができるほど十分に軽くかつ強力なエンジンは装備されていなかった。確かに、ガソリン・エンジンが開発されて、マクシムの蒸気エンジンのように大きなものは必要なくなった。ライト兄弟は改良型発動機エンジンを備えつけていたし、フランス人〔グノーム〕はその数年後に航空機用のロータリー・エンジンを開発した。ウィトゲンシュタインの計画は技巧に走りすぎていたのかもしれない。あんな実験的なエンジンを飛行機械に取りつけるのは、かなり無謀であったと言えよう。在来型のガソリン・エンジンを取りつけた場合でさえ、実際に飛ばす際の主要な問題の一つは、エンジンに対する信頼性の問題だったからである。だがそれでも、彼の計画は当時の緊急の問題に対処しようという試みだったのであり、想像的とは言えるかもしれないが、当時提案されていた多くのものと同様、決して空想的なものではなかった[18]のである。マンチェスター地区の使われていない鉄道線路上で、いくつかのエンジンが試されており、かなりの程度の進展がうかがえる。しかしながら、ウィトゲンシュタイン自身が実際に飛んだかどうかはわからない。彼にそのつもりがあったのは確かで、ラッセルも彼と知り合った当初は、彼のことを時々飛行家とか航空士と呼んでいた。彼が実際に飛んだということは大いにありうる。誰も聞いていないからなかったのだ、とは言えまい。というのも、彼は友人たちに話す際には、内容をよくよく選んだうえで話していたからである。自らの生活についてはは明らかにしようとはせず、たまに、ことのついでに逸話を語る程度だった。それにもちろん、語ったことのすべてが記録されているわけではない。

これらマンチェスターでのさまざまな計画は、数週間で終わる研究ではなく数年を要するものであった。実際彼はそこで三年を過ごし、少なくとも四年目も過ごすつもりではいたのである。彼は変わり者のように見えた、とリトルウッドは言っている。当時工学部にいたバンバーとメイソンも共に、彼のことを、魅力的ではあるが神経質なあるいは興奮しやすい質と評している。日常的な物事における極度の几帳面さと魅力的な物腰、それらが、激しさや集中、それに、重要なことをしているときに妨げられたり邪魔されたりすることへの極度の嫌悪と一つになっていた。これがイギリス人の目には、変わっている、と映ったのである。(バンバーが言うには)「彼は気体の燃焼に関する研究を行っていたのだが、神経質な気質のためにそのような研究に取り組むにはまったく不向きな人間だった。というのも、事がうまく運ばないことがよくあって、そういうときに彼はよく腕を振り回し、足を踏み鳴らして歩き回り、さらにはドイツ語でさかんに罵ったりしていたからである」。彼はよく昼休みを無視して、夕方まで実験を続けた。一九〇九年の秋に、メイソンはウィトゲンシュタインが理学部から工学部の新しい実験室に移したある重い装置を、手伝って据えつけたことがあった。それは、高圧ガスの研究に用いられる頑丈なコンプレッサーの一部だった。そのメイソンに言わせれば、彼は「魅力的で熱中しやすい男だが、当時はまだ工学機械の扱いや組み立てにあまり慣れていなかった」。この人物評は重要である。つまり、彼はまだ初学者だったのである。ところが、第一次世界大戦の頃には、砲兵隊作業場での作業に関して優れた指揮官となっていた。

ウィトゲンシュタイン自身はその「神経質な気質」を一層深刻に受けとめていた。それは、彼にとっていつまでも心をうずかせる自我の一側面だった。だから、姉ヘルミーネに宛てた別の手紙（グロサップ発、一九〇八年一〇月二〇日の日付がある）に、まず自分の研究のこと――教授のラムには「私の方程式が現在の方法で解けるかどうかわからないのだ」ということ――を書き、次いでいかにも彼らしい個人的問題を続けている。「私の邪悪な霊は、私の中に想像しうるかぎり最も嫌な気分を引き起こすのです」。ラムと話し合ったあと、ウィトゲンシュタインは製図室に入り、彼にとっては「大変危険な人物」であるそこの助手に会う。そして、製図の仕方についてその男を叱り始めた。その助手があんまり平然としているのでかっとなり、ますます苛立った。だがそのとき、折よく助手が呼び出されたので、彼も正気に戻った。これは、第一次世界大戦以前およびその後の教師時代に共通するパターンであった。つまり、ある人たちに対して彼は過敏になり、あまりに荒々しく反応してしまったり本性をさらけ出してしまったりするがゆえに、そういう人たちは彼にとっては危険だったのである。彼はありのままに自然でいたいと願っていたのだが、こういう場合、無意識的な反応がきっかけに比して不釣合いなほど過剰になり、彼としては嫌だと思いつつも抑制することができなかった。さらに不快なことには、自分自身の反応の荒々しさを嫌悪してはいても、それを引き起こす本当の欠点、つまり相手の「だらしなさ」あるいは品性の卑しさを容赦することはやはりできなかったのである。

マンチェスター大学の記録によれば、工学実験室の研究生としてのウィトゲンシュタインの登録は、一九〇九―一〇年の学期も更新されている。そのあいだはまた、すでに述べたように、あの凧観測所の無給観測員でもあった。一九一〇年と一九一一年にも大学の評議会から研究奨学生に選ばれている。もっとも、この二年目の奨学生は辞退した。これはちょっとした名誉であり、少なくとも当時は彼が真面目な学生と見られていたことを示している。財政的な点から言えば、これは彼にはほとんど意味がなかった。凧や燃焼室を使った実験に彼は自分で費用を出していたようだし、あの荒れ地に小屋を建てさせたりもしていたようである。だから、概して彼は派手な暮らしをしていたわけではないとしても、いわゆる金持ちの生活をしていたのである。エクルズの見積もりによれば、年に五千ポンドの収入があり、これは当時としては莫大な額である。当然のことながら、エクルズの心にはあの特別列車を仕立てようとしたエピソードが焼きついていたのである。バンバーはファローフィールドの下宿屋のことに触れているが、そこでのウィトゲンシュタインの唯一の気晴らしは、とても熱い風呂に入ってのんびりすることであったという（ウィトゲンシュタインの無邪気な自慢の種はいろいろあって、この場合で言えば、湯がどんなに熱かったかというものである）。彼の一九一一年の住所はパラタイン通り一〇四番地（現在は一五四番地）であったことがわかっており、パラタイン通りはウィズィントンとウエスト・ディズベリーとの境界線上にある。ファローフィールドは隣接地区なために、そこに下宿屋があったというのはバンバーのちょっとした記憶違いであろう。そこは、成功したユダヤ人やアルメニア人の住まいも少なからず点在する、快適で広々とした邸宅からなる一画だったということに少し興味を覚える。特に一〇四番地の家は普通なら下宿人を置くような家ではなかったし、ウィーンのウィトゲンシュタイン家の親戚筋が考えるように、彼を置いてくれるような一家の友人が見つかったのかもしれない。いずれにしても、快適な暮らしだったのであり、ウィトゲンシュタインもおそらく趣味のうるさいところは見せたが、他の人たちと共に荒れ地でかなり厳しい生活を我慢したというのを別にすれば、彼一流の質素な生活はまだ少しも表に現れなかった。彼は服装に気をつけ、見るからに高価そうな装いをしていた。マンチェスターの活気ある音楽活動を大いに享受していて、ヴァーグナーやベートーヴェン、ブラームスといったどちらかと言えば重厚な作曲家のハレ管弦楽団コンサートによく行ったこと、それを聴く際の集中度、そしてそういうときに音楽について語る熱心さ、これらは語り草となっている。

マンチェスターでは三年間暮らした。ウィトゲンシュタインが再びこれほど長きにわたって一つ所に暮らすのは、二〇年ものちのことである。そこで、あるいはそことシャルロッテンブルクにいたあいだに、彼は多くのことを学んだものと思われる。だが、この三年間は、人々の耳目を集めるとか持てる力が外に現れ出る、といった時期ではなかった。魅力的で、移り気で、有能で、常軌を逸したところがある――ただそれだけの人物だったと言えなくもない。しかし、いずれ蛹の殻を破って出てこなければならなかった。一つには、そこには、ラッセルがのちに与えてくれるような刺激が欠けていたし、また一つには（それに関連することだが）、彼はまだ自分の天職を探し求めているところだった。彼の携わっていた計画はどれをとっても中途半端に終わったし、そのうちのいくつかなどは、あまりに野心的であったために最初から失敗する運命にあった。思うに、息子のうち一人ぐらいは一廉の人物になってもらいたいという父の望みを、彼はかなえようとはしていたのだが、心がついてこなかったために、自分の個人的な計画については十分な熱意を持っていたにもかかわらず、事をなし遂げようというほどの決意は持たなかった、というところなのであろう。

第四章　ケンブリッジ　一九一一―一二年

一九一一年の秋に、ウィトゲンシュタインは、のちに決定的な意味を持つようになる一歩を踏み出す。当初の計画に従ってマンチェスターに戻る代わりに、彼はケンブリッジに行き、ラッセルの授業に出ることにしたのである。ラッセルとの事前の交渉は一切なかったし、ユニヴァーシティや各コレジに対しても同様であった。そのため一九一二年の二月まで、ウィトゲンシュタインは大学への入学を許可されなかった。あらゆるしるしに照らして、彼のケンブリッジ行きは衝動的になされた決断であり、一種の実験だったようである。ケンブリッジ行きまでの経緯については、これまでにもさまざまな説明がなされてきた。ウィトゲンシュタイン自身から聞いた話としてフォン・ウリクトが伝えるところによれば、当初彼は飛行機の製作に関心を抱いていたが、それがエンジン製造の関心へと変わり、さらにプロペラ設計へと興味の対象が移ったあと、この問題の数学的解決に没頭するようになって、ついには数学の基礎に関心を寄せるようになったのである。先に見たエクルズの説明も、これと一致する。『自伝』[1]やウィトゲンシュタインの死後に出された回顧録におけるラッセルの説明も同様である。

ウィトゲンシュタインはエンジニアになろうと思い、そのためにマンチェスターへ行った。数学書を読むうち、彼は数学の原理に関心を覚え、誰かこのテーマを研究している者がいないかどうか、マンチェスターで尋ねた。誰かが私の名を教え、こうして彼は、トリニティ・コレジに居を定めたのである。マンチェスターには、当然、ラッセルの名を教えることのできる者がいたであろう。たとえば、リトルウッドが考えられる。もっとも、彼自身にはこうした会話を交わした覚えがないのであるが。しかしながら、フォン・ウリクトに話したウィトゲンシュタイン自身の説明によれば(2)、数学の哲学の研究をしようと思って、彼は最初イェーナに行き、自分の計画についてフレーゲと相談したところ、フレーゲがケンブリッジに行ってラッセルのもとで勉強するよう勧めたのである。

ウィトゲンシュタインがこのことをフォン・ウリクトに語ったのは、一九四〇年代だったはずである。ほぼ同じ頃に、オーストリアで姉のミニングが弟についての記録を書いていた。シャルロッテンブルク時代について、彼女は以下のように言っている。

この時期に、あるいはもう少しのちに、まったく予期せずして突然彼は哲学に、すなわち哲学的諸問題の考察に、強く心を奪われた。このため彼は、二つの相反する使命感のあいだでひどく苦しみ、二つに引き裂かれるように感じた。彼は生涯のうちに多くの変転を経ることになるが、今その一つに直面し、存在の奥底まで揺すられたのである。彼は哲学的論文の執筆に従事していた。そしてついに、この著述計画について話を聞いてもらうために、イェーナのフレーゲ教授のもとにおもむくことにした。それまで教授は、同様の問題を論じていたからである。この頃のルートヴィヒは、いつも途方もない病的なほどの興奮状態にあった。それで私は、フレーゲが——老人であることを私は知っていたので——十分な忍耐と理解を示してくれないのではないかと危惧した。大事な事柄をしっかり聞いて検討するためには、それらは不可欠だったからである。

このようなわけで、ルートヴィヒがフレーゲの所へ行っているあいだ中、私は絶えず気をもんだ。しかし、ことは思ったよりはるかにうまく運んだ。フレーゲは、哲学的探求を進めるようルートヴィヒを励まし、ケンブリッジへ行ってラッセルのもとで学ぶよう助言したのである。そしてルートヴィヒは、この助言に従った。

これは、当時のウィトゲンシュタインの悩みを熟知していた者の発言であり、それゆえのちの彼自身の説明に依拠しているわけではない。おそらくイェーナには、一九一一年の夏にウィーンから向かったようである。ただし、哲学的著述はそれよりも少し前から始められていた。この発言、およびウィトゲンシュタイン自身の説明は、どちらも、「この時期」つまりケンブリッジにきた頃のウィトゲンシュタインはフレーゲを直接知らなかったというラッセルの（一九五一年に書き記された）印象とは食い違っている。

伝記を書く際にはよく経験することであるが、これらの回想は、同時代に書かれた記録と完全には一致しない。それらは、一つの対象に関するさまざまに異なる断片なのであろう。一九一一年の一〇月に、ウィトゲンシュタインが最初にラッセルを訪ねたとき、彼はラッセルに次のように言った（ラッセルはこの日、つまり一九一一年一〇月一八日に、オットリーン・モレル夫人に宛てた手紙にこれを記している）。彼は「シャルロッテンブルクで工学を学んだが、そのあいだに、人に吹き込まれてではなく自分から、数学の哲学にきわめて強い関心を持つようになり、それで私の授業を聴くためにケンブリッジにきた」と。数学の哲学への関心がかなり初期からのものであったことを示唆する証拠がほかにもある。P・E・B・ジョーダンが書簡録を保存していて、(3)その中で彼は、一九〇九年四月二〇日にラッセルと交わした会話を記録している。

私は（ラッセルの矛盾を「解いた」）ウィトゲンシュタインと応酬し合ったときにある見解を示したが、ラッセルは自分も同じ見解だと言った。

この見解は、クラスのようなものがあると考えるべきではない、というものである。この見解をここでは検討しないが、すでにマンチェスターでの最初の年に、ウィトゲンシュタインが独自の主張をなすに足る読書をしていたことは、疑いえない。フレーゲに会う以前に、彼はラッセルのものをいくつか読んでいたようである。フレーゲの『算術の基本法則』とラッセルの『数学の原理』に対するのちの彼の熱中を見れば、この頃までにすでに彼は両書を読んでいたのではないかと考えたくなる。『算術の基本法則』第二巻と『数学の原理』は、共に一九〇三年に出版されており、付論の中で互いに相手の名をあげているのである。

ウィトゲンシュタインの弟子たちのあいだには、彼はラッセルの本の付論を読んでフレーゲへと導かれたのだと考える伝統がある。しかし、ある弟子が伝えるウィトゲンシュタイン自身の回想によれば、フレーゲを知るようになった別の経路がある。マンチェスターの哲学教授はサミュエル・アレグザンダーといい、変わり者ではあるが人気のある人物であった（ビジネスライクなこの町に哲学の研究者がいること自体、驚くべきことだと思われていた）。倫理に関する著作の中でダーウィンとヘーゲルを結びつけて論じたあとは、長いあいだ沈黙を守り、もはやものを書く力がなくなっていたと見られていた。しかし、一九〇八年から一九一二年のあいだに、彼は矢継ぎ早に論文を著したが、その中で彼は――彼の追悼文を書いた人の言葉によれば――「ムーアに降伏した」[4]のだと考えられた。この時期の彼は観念論に反対し、われわれが知覚したり思い描いたり想像したりする対象は、われわれとはまったく別個に存在しており、意識は他の諸対象と同列の一対象にすぎないという見方を支持していた。彼はフレーゲやラッセルの仕事を確かに知っていたし、彼らの数の定義も知っていた。（R・L・グッドスタインが言うように）若きウィトゲンシュタインにフレーゲのことを話したのが彼であったということは、十分ありうる。もっとも、その証拠が多々あるわけではない。アレグザンダーがフレーゲを「現存する最大の哲学者」と呼んでいたというウィトゲンシュタインの話を、グッドスタインが報告しているだけである。[5] アレグザンダーのこの教示は、ウィトゲンシュタインがマンチェスターにきてからフレーゲを訪問するまでの、いずれかの時点でなされたのであろう。その場合でも、ウィトゲンシュタインがフレーゲの著作に通じ、それに関して自らの見解を表明できるようになる（一三九頁以下参照）ためには、まだ時間的余裕があったであろう。ウィトゲンシュタインがアレグザンダーをどう見ていたかということは、ほとんど何もわかっていない。ドルーリの回顧によれば、[6] ウィトゲンシュタインはアレグザンダーの主著のタイトル『空間・時間・神』（一九二〇年）を次のように言って称賛していた。「空間・時間・神、そこにこそ哲学の大問題がある」。とはいえ、彼がその内容を知っていたならば、哲学を自然科学と同じものにしてしまおうというその内容に満足したとは思えない。アレグザンダーは実験心理学にも関心を持っていた。ウィトゲンシュタインものちに、専門の哲学のほかにそれにたずさわるが、おそらくそれは偶然であろう。

ウィトゲンシュタインのフレーゲ宛書簡は、もはや残っていない。フレーゲの遺品のうちウィトゲンシュタインの手紙が戦災で焼失する前にショルツが作成した記録によれば、[7] ウィトゲンシュタインの最初の手紙は、一九一三年一〇月の面会の申し込みである。この面会が二人の最初の出会いでなかったことは、疑う余地がない。ウィトゲンシュタインは、一九一二年冬の訪問について、ラッセルに手紙で知らせているからである。このほかにも、ヘルミーネ・ウィトゲンシュタインの詳細な報告がある。それは、最初のフレーゲ訪問が一九一二年の夏以後になされたという推定を支持しない。彼女がどのような記憶違いをしていようとも、ともかく彼女がウィトゲンシュタインのフレーゲ訪問についてひどく心配したはずがない。それ以前に（一九一二年夏）彼女は、「哲学における次の大いなる一歩は、あなたの弟さんによって踏み出されることになるだろう、と私たちは思っています」というラッセルの言葉を聞いていたからである。

さて、経緯を大まかに述べれば、次のようになろう。一、数学の哲学に対する関心の増大。これは、シャルロッテンブルク時代（一九〇六—八年）におけるラッセルあるいはフレーゲの本との出会いに起因する。二、マンチェスター時代（一九〇八—一一年）のアレグザンダーによる刺激。三、当時未解決だった主要問題を解こうという試み。これがさらに、一九〇九年のジョーダンとの書簡のやりとりへとつながっていった。おそらくその機縁となったのは、一九〇五年の『フィロソフィカル・マガジン』に掲載された、この問題に関するジョーダン自身の諸論文であろう。(8) 四、これに続くのが、ウィトゲンシュタインがいわば副業として哲学的著述を構想していた時期である。五、最後がフレーゲ訪問とラッセルのもとで学べという彼の助言である。この助言は順当であった。というのは、フレーゲは、解決法が見つかるという確信は持っていたが、自身はそれを手がけてはいなかったし、どんな解決可能性があるのか、講義の中で言及してさえいなかったからである。(9)

「人に吹き込まれてではなく自分から、彼は数学の哲学にきわめて強い関心を持つようになった」。ラッセルのこの発言が真実をついているとしても、そしてそれはウィトゲンシュタイン自身の言葉を伝えるものではあるが、ここで言われていること以上のことはわからない。彼にはよい教師がいなかった、と考えることはできる。実際、シャルロッテンブルクやマンチェスターでそのような人物を見つけるのは、困難であった。彼がよく読んでいて、のちに引用するようになる本をあげることはできる。しかし、彼の心を最初に捉えたものが何であったかを推測してみても、無益だと思われる。とはいえ、ここには解かねばならない謎、哲学者としてのウィトゲンシュタインの生涯を貫く謎がある。つまり、数学の哲学に対する情熱と、彼のその他の関心ないし情熱とがどのように関連しているのかという謎である。彼は数学者ではなかった。エンジニアとしての彼にとって、数学は手段でしかなかった。彼の受けた数学教育や数学的素養だけでは、彼が実際になした仕方で数学の基礎を論ずることは、ほぼ不可能であった。したがって、日常の勉強で難しさを感じたり、はっきりしない点があったから、この問題と関わるようになったというのではない。それでいて、彼の書いたものの約半分は、数学に関係している。しかも、彼がケンブリッジに行ったときも、さらに、長い沈黙のあと、一九二八年に哲学の論議を情熱的に再開したときも、彼をとりこにしたのは数学の基礎の問題（最初はパラドクスをめぐるフレーゲとラッセルの困難、二度目はブラウアーの直観主義の提示）であった。こうした問題は、エンジニアとしての彼の関心とは結びつかない。しかも、一見したところでは、彼の他の関心事ともおよそかけ離れているように見える。彼は音楽を愛した。また、「自分に何事かを語る」、つまり人生について何事かを語る文学作品をも情熱的に読んでいた。彼の心には、自らがかかえる欠陥と問題とがのしかかっていた。彼は他人の欠点、とりわけ誠実さに関わる欠点を厳しく批判した。彼はのちには（自ら言うように）倫理を主要テーマとする本を書いた。こうした愛着やこだわりと、数学の基礎とのあいだには、どのような関係があるのであろうか。

この問いは、何か腑に落ちないところがあるという困惑の現れである。さまざまな仕方で答えを出してみることができる。まず、次のように問うてみよう。なぜウィトゲンシュタインは数学の哲学者にならずに、エンジニアになったのか。もちろん、数学のどんな点に彼が関心を抱いていたかを、試みに言ってみることはできよう。しかしそうしても、どうして彼があれやこれやに関心を寄せたのかは、説明がつかない。彼自身は、自分の抱いた関心について、その理由を説明したりしなかった。オットリーン夫人に宛てた一九一二年三月の手紙の中で、ラッセルは次のように述べている。

[『哲学の諸問題』の］最後の章で彼の気に入らない点は、哲学には価値があると言っていることです。彼によれば、哲学を愛する人は哲学をするし、そうでない人はやらない、ただそれだけのことだ、というのです。彼自身について言えば、哲学に対して最も強い欲求を感じています。

他面、ウィトゲンシュタインは、間違いは哲学には価値があると言うことにあると考えていたようである。哲学は技術であり、訓練であって――一九一四年一一月九日の「日記」に、彼は哲学に対してスコラ的とも言いうる強い専門家意識を持っていると書いている――その価値は、それがよく行われること自体にある。だから人は、実際に哲学を一生懸命やればよいのであって、哲学について説教を垂れるべきではない。彼のややのちの言い方をすれば、重要なのは言うことではなく、示すことであった。あらゆる技術と同様、最良の形で実行された哲学は、美を生み出す。そしてそれを捉えるためには、知的努力が必要なのである。ラッセルは同じ手紙の中で次のように述べている。

彼は理想的な学生です。鋭い意見の対立があっても、他人への称賛を惜しみません。彼は熱情をこめて大著［おそらく『プリンキピア・マテマティカ』ではなく、『数学の原理』のことであろう］の美しさについて語り、それは音楽のようだと言いました。それは私の印象でもありますが、しかしそう思う人は、ほかにはほとんどいないようです。

確かにウィトゲンシュタインは、『論考』を書きあげたとき、自分の論理は固有の美しさを備えていると同時に、形而上学の可能性や倫理学の本性に、また、婉曲にではあるが生の意味に光を投じうると考えるようになった。とはいえ、こうした射程が当初から彼の念頭に明確な形であったとは必ずしも言えない。ラッセルは、ウイトゲンシュタインが第一次世界大戦後に神秘的になったのを見て驚いた。その理由はのちに述べるが、少なくとも一つの理由は、右に引用したラッセルの手紙の中に見て取れる。ウィトゲンシュタインは、好感を抱いていたある男が修道士であることを知って大きなショックを受けたが、このことが手紙の中に書かれているのである。

彼はおよそ倫理とか道徳というものを心底忌み嫌っています。彼はわざと衝動的な人間となっており、誰もがそうあるべきだと考えています。

(こののちに、ウィトゲンシュタインの最も強い欲求について述べた最初の引用箇所が続く。)

「私は彼が普通の意味で道徳的であることを保証しようなどとは思いません」という言葉で、ラッセルは手紙を結んでいる。しかしながら、倫理に対するこの種の嫌悪は、おそらく『論考』からそれほどかけ離れているわけではない。それは説教に対する、したがってまた説教者に対する嫌悪である。ウィトゲンシュタインの内面の変化をもっとはっきり示しているのは、「日記」(一九一六年八月二日)に記された彼自身の言葉である。

そうだ、私の仕事は論理学の基礎から世界の本質へと広がってきている。

これが記されているノートは、それまでの彼の論理学的研究は先にあげたようなあらゆる領域にまで射程が及ぶという明確な認識を示した（失われずに残ったものの中では）最初のものである。

とはいえ、数学の哲学への新たな関心と、生の哲学への当初の模索とのあいだには、最初から何らかのつながりがあったように思われる。フォン・ウリクトの回想によれば、ウィトゲンシュタインは、ショーペンハウアーから学んだ初期の観念論的立場を捨てたのはフレーゲの概念実在論のためだ、と言っていた。[10]この問題は錯綜している。というのも、観念論さらには独我論への共感がウィトゲンシュタインの出発点であったばかりでなく、彼はこの共感を『論考』執筆中も、そしておそらくその後も（これは立証できる）抱き続けていたからである。[11]のちに見るように、この共感から得た洞察が『論考』に織り込まれている。ショーペンハウアーに深い影響を受けたもろもろの記述にまじって、一九一六年一〇月一五日付の「日記」に、ウィトゲンシュタインは自らの発展を次のように記している。

> 私がこれまでたどってきた道筋は、こうである。観念論は人々を無二のものとしての世界の中から取り出し、独我論は私だけを取り出すが、結局のところ、私は自分もまた世界の残余の部分に属しているのを認めるのである。かくして、一面では残るものは何もないが、他面では無二のものとして世界が残る。このようにして、観念論は、厳密に考え抜かれるならば、実在論へと至る。

（この記述は『論考』五・六四に反映している。）ここでの関心は、こうした進展の出発点である。ウィトゲンシュタインはショーペンハウアーの観念論に独我論的傾向を加味しているのであるが、ショーペンハウアーはこの傾向を（ハッカーの言うように、断固としてというわけではないが）常に否定していたからである。

認識主観の外にある全自然も、彼以外のあらゆる人間も、彼の表象のうちに存在しているにすぎない。彼は自分の外にあるこれらすべてを、いつもただ自分の表象としてだけ、ただ間接的にだけ意識しているのであり、自分自身の内的本質と存在とに依存しているものとして意識しているのである。(12)

フレーゲが反対したのは、これほどラディカルな観念論ではない（ましてや、そこに含まれているかもしれないような独我論ではない）。彼が観念論に反対したのは、何よりもまず、観念論によっては数学的真理を説明できないからであり、世界は一方では物的対象から、他方ではわれわれの観念から成るという通常の世界像を説明できないからであった。さらに、概念、命題（フレーゲの言葉で言えば思想）、数、その他無数の対象のカテゴリーなどを含む第三の領域もあった。これらはわれわれの思惟の産物ではなく、その対象なのであり、フレーゲはそれらのあいだに存立する永遠の関係を認識しようと思ったのである。これらのものを彼がどのように見ていたかを示す事例が、『算術の基本法則』序言――これをウィトゲンシュタインはほとんどそらんずるほどよく知っていた――中の有名な箇所に見られる。

この点は、もっと一般的な形で述べることができる。つまり、私は、現実的ではないが客観的なものの領域を認めるのに対して、心理学的な論理学者は、現実的でないものをただちに主観的なものと見なすのである。

しかしながら、判断する主体から独立した存在を持っているものがどうして現実的でなければならないのか、すなわち、直接的にせよ間接的にせよ、感覚に作用することができねばならないのかは、まったく理解できない。概念間のそのような連関は、見出しえない。実際、その反対のことを示す例さえあげることができる。たとえば、J・S・ミルの信奉者でもないかぎり、1という数を現実的だと見なす人はいまい。しかし他方、私的な1を個々の個体に帰属させることは不可能である。というのは、その場合に、それら1の諸性質がどの程度一致するのかが、まず探究されなければならなくなるからである。そしてある者が「1かける1は1だ」と言い、別の人が「1かける1は2だ」と言うなら、われわれはその違いを認めて、「君の言う1は前の性質を、私の言う1は後の性質を持つ」と言わざるをえなくなる。(13)

フレーゲに従えば、この第三の領域に属する対象を認めることは、多くの哲学的問題を正しく見るために不可欠であった。それゆえ、たとえばある思想（判断され、思惟され、考察されうるものという意味での思想であって、判断し、思惟し、考察する働きという意味ではない）が真であれば、それは誰かがそれを真と判断するかどうかにはまったく依存しない、と常識の要請通りに言えるためには、そうした対象の認知が不可欠であった。しかし、そうした対象を認めることがとりわけ必要となるのは、われわれがいわゆる思考法則——論理法則ないし真理それ自体の法則——の普遍性と妥当性の本性を理解しようとする場合である。

私が論理法則と呼んでいるのは、あることを真と見なす心理の法則ではなく、真理そのものの法則である。外で風がうなる中、私が一八九三年七月一三日に書斎でこれを書いているのが真であれば、のちの人間が皆それを偽と見なそうとも、依然それは真である。このように、真であることが真と認められることから独立しているのであれば、真理の法則も心理法則ではなく、永遠の土地に据えられた境界石であって、われわれの思惟がこれをおおい隠すことはあっても、どけてしまうことはできない。[14]

論理に関して妥当することは、フレーゲの考えでは算術にもあてはまり、ラッセルの考えではあらゆる純粋数学にあてはまる。彼らは、感覚に作用することのない諸対象間の永遠の関係を語ったのである。こうした諸対象の実在およびこれらの関係の存立が認識主体の表象に依存しているとは考えられない。もちろん、フレーゲ以前のショーペンハウアーやカントがまさしくこうした依存性を考えていた、というわけではない。彼らは、論理学が思考の形式を含んでいるかぎり、そしてその法則が悟性の使用を反省するだけで発見されうるかぎり、論理学はアプリオリなものだと考えていた。懐疑的な批判家たちにしてみれば、こうした思考の法則がなぜ妥当性を持つのか、またそれが法則としてどのような効力を持っているのかは、まったく不明であった。ボルツマンは、ショーペンハウアーを冷やかに批判する中で、思考の法則が不条理な諸帰結に至るときにはいつでも（彼の考えでは、物質が無限に分割されうるなどという場合がそれである）思考の法則が変化すると主張する。

これらの思考の法則がアプリオリと呼ばれうるのは、人類の何千年にもわたる経験がそれらを個々人に生得のものとしてきたからである。しかし、カントがそこからさらに進んで、それらはあらゆる場合に絶対確実であると推論するとき、それはまさしく彼の論理的な失策以外の何ものでもないように思われる。[15]

このような見解に対して、フレーゲとラッセルは、ある世界像を対置したと言えよう。のちのウィトゲンシュタインが言うように(16)、それは、永遠の諸対象の結晶のように透明な世界であって、それらの対象は、論理学や数学の真理から付与されるような諸性質と諸関係を永遠に有している。これら諸対象に具現されているのは、思考の形式ではなく、実在そのものの形式である。これは、人間の思考の不確かさや相対性のただ中にあって、絶対的な実在と本性を持ったものの発見であった。しかもそれは、ウィトゲンシュタインにとっては、論理学と数学を越えて、倫理や世界の意味といった問題にまで及ぶ射程を有していると思われるようになった(いつごろから彼がそう考えるようになったのかは、はっきりしない)。

当時の彼が最初に関心を寄せたもの、彼がフレーゲやラッセルに引きつけられた所以のものは、論理学の基本的諸概念＝論理定項であった。当時のラッセルは、これをフレーゲの数と同じような永遠の対象と考えていた。

定義不可能なものについて論議すること――これが哲学的論理学の主要な部分を成す――は、問題となっている存在者を明瞭に見、他人にも明瞭に見せようとする努力である。その目的は、心が赤い色とかパイナップルの味とかを熟知しているのと同じようにそれらの存在者を知るようになることにある。当面の場合のように、定義不可能なものが何よりもまず分析過程で必然的に生ずる残余として生ずる場合には、そのような存在者を実際に知覚するよりも、それらが存在しなければならないと認識することのほうが、往々にして容易である。これは、海王星の発見に至った過程と類似しているが、それと違うのは、最終段階、つまり推論された存在者を精神の望遠鏡で探し求める段階がしばしば最も困難な仕事になる点である。告白せねばならないが、クラスの場合には、「クラス」という観念に必要な諸条件を満たすような概念を、私は認知することができなかった。また、第一〇章で論じられる矛盾は、何かがうまくいっていないことを証明しているが、それが何であるのか、私はこれまでのところ突きとめられないでいる。(17)

すでに一九〇九年、ラッセルのパラドクスに対する一つの解法を提示したとき、ウィトゲンシュタインもまた、クラスという概念が論理定項の一つなのかどうかという問題に直面していたようである。彼がその後すぐに、どのような論理定項が維持されねばならないかという問題のみならず、それらにいかなる存在論的地位が与えられるべきかという問題をも問い始めたことは間違いない。現存する彼の最初の哲学的所見は、一九一二年六月二二日のラッセル宛書簡に記されている。

論理学は依然るつぼのうちにあります。しかし、一つのことが私にはだんだんはっきりしてきました。すなわち、論理学の命題は見かけの変項しか含まないこと、そして、見かけの変項についての正しい説明がどのような形のものとなるにせよ、論理定項なるものは存在しないという結論が出てこなければならない、ということです。

論理学は他のいかなる学問ともまったく異なった種類のものであることが明らかにならねばなりません。

これはきわめて激しい反論である。しかも、当初彼を魅了したと思われるラッセルとフレーゲの学説の核心に対する反論である。しかし、論理学を他のあらゆる学問とまったく異なるものと見るのは、完全に彼らの、少なくともフレーゲの真意に即している。ウィトゲンシュタインは、ある特定のカテゴリーの諸対象を扱う実質的学問という地位を論理学に認めなかったが、世界の超越論的性格を明らかにするために、あるいはそれを示すために、論理学を用いた。このときに彼のたどった大まかな道筋については、別の章で触れることにする。その道筋をたどっても、ほかにも伝記上のさまざまな事柄が介在していて、年代史的に正確な記述にならない。彼のさまざまな着想がどのような順序で生じたのかを厳密に示すためには、空白期間のない史料が必要であるが、そのようなものはないのである。

ウィトゲンシュタインが最初に接するようになった三人の論理学者のうち、フレーゲは彼が尊敬した一人であった(人を尊敬する感情は彼のうちで高度に発達した感情であったが、その対象を見出すのはきわめてまれであった)。この点は、『論考』の中の諸発言に見出すことができる。「フレーゲの偉大な業績と私の友人バートランド・ラッセル氏の著作」から刺激を受けたという言及、あるいは「フレーゲほどの厳密な思想家が論理命題の基準として自明さの度合いを引き合いに出したことは、驚くべきことである」といった、いくつかのフレーゲ批判に見られる懐疑的な註記がそれである。ラッセルの名はもっと頻繁にあげられるが(フレーゲの一八回に対して二九回)、フレーゲの場合ほど丁重ではない。ウィトゲンシュタインはラッセルを尊敬していた——ウィトゲンシュタインは、尊敬していない者は決して取りあげないから——が、それを明白な形では語らなかった。しかし、フレーゲは特別であった。

ウィトゲンシュタインは、幸運にも稀有なる慧眼の持ち主であったがために、フレーゲのうちにカントに比肩しうるような人物を見出すことができた。誰の注目も集めることなく無視されていたイェーナの教授、正教授とはいっても嘱託正教授であったフレーゲは、世に認められることもなければ、年来の願いであった論理学上の仕事での成功を収めることもなく、齢六三に達していた。小柄で内気で極度に内向的であった彼は、数学の基礎に関する権威と認められていた大部分の者たちを軽蔑していた。彼らのほうでは炭焼き人の迷信を大目に見ていたかもしれないが、フレーゲのほうではそうした寛大な目で彼らを見ていなかった。おそらくその一、二年前から、彼は、ペアーノが率いる論理学の一派が（彼らに先んじて提起していた）自分の考えに近い考えを採っているのを知っていた。しかしここでも彼は、彼らが自分の説を追認してくれていることよりも、むしろ彼らの間違いのほうが気になった。イェーナでは、ほんの一握りの学生が好奇心から彼の授業に出ていたにすぎない。カルナップが言うには[18]、一九一三年の夏学期には、彼と友人と道楽でやってくる退役少佐の三人が聴講者のすべてであった。カルナップとウィトゲンシュタインの双方に刺激を与えたということだけでも、フレーゲの天才を推し測るに十分であるが、彼の偉大さはそれに留まるものではない。第一に、彼は現代論理学の創設者であった。主としてそれは、彼が多様な一般性を含む言明の論理を説明したからであって、その説明と洞察は、量化という操作に集約される。この発見以前には、人間言語のさまざまな要素の論理学的分析は、アリストテレスの『分析論前書』における三段論法の優れた論じ方とは対照的に、むしろ『トピカ』の諸断片[19]のように、鋭いものもあれば誤ったものもあるばらばらの洞察がまとまりなく存在するという段階にあった。もちろんフレーゲの業績は、人間の言語のあらゆる要素をカバーしているわけでもないし、触れてさえもいない部分もあるが、しかし彼が全体として無視した領域から例を引くならば、時制や様相についての議論でさえ、彼が設定したパターンに従っているのである。第二に彼は、部分的には論理学の潜在能力について新たに得た知見に基づいて、哲学的論理学に対しても新しい領域を切り開くことができた。その結果、この主題に関する論議は、今日なお彼の術語でなされているほどである。

デカルト以来、認識論が哲学の基礎部分であった、とダメットは指摘している。

どんなテーマを論ずるにしても、「われわれは何を、またどのように認識するのか」という問いから始めねばならなかった。……デカルトの視点が、ウィトゲンシュタインによって打破される今世紀まで、哲学を支配し続けた。ウィトゲンシュタインは『論考』[20]において、哲学的論理学を哲学の基礎として据え直し、認識論を周辺的な位置へと追いやったのである。

明らかに、哲学におけるこの転換は、英米系の「分析」哲学の伝統に限られているし、そこにおいてすら例外なく承認されているわけでは決してない。ダメットの指摘するこの転換以前に哲学を始めたラッセルは、このような転換が実際に起こったという認識をおそらく持っていなかった。論理学および哲学的論理学における自らの諸発見にもかかわらず、彼にはデカルトの問いを哲学の出発点と考える傾向があった。この傾向（これをどう判断するかは当面の目的ではない）が依然根強いことは、ラッセルの賛同者が大勢いること、そして彼らは哲学の主要問題は今日なお解かれていないと固く信じていることからも、明らかである。

フレーゲは、認識論よりも哲学的論理学のほうが哲学にとって重要である、と明言しはしなかった。しかし彼の示した実例、つまり論理学や言語についての哲学的議論にはいかなる認識論的序説をも置こうとしなかったという事実そのものが、明らかにウィトゲンシュタインに多大の影響を与えた。フレーゲ訪問についてのウィトゲンシュタイン自身の話が、ピーター・ギーチによって伝えられている。[21]

私はフレーゲに、彼の理論に対するいくつかの反論を記した手紙を書き、心に不安を覚えながら返事を待った。幸いにも、彼は会いにくるようにとの返事をくれた。

着くと、一列に並べられた学生帽があり、庭で騒々しく遊んでいる少年たちの声が聞こえた。あとで知ったのだが、フレーゲの結婚生活は幸せなものではなかった。子供たちは幼くして死に、その後、夫人をも亡くした。養子が一人いて、彼にとってフレーゲは温かいよき父親であったと思う。

私はフレーゲの書斎に通された。彼は小ざっぱりした小柄な男で、とがったあごひげをはやしていた。彼は話しながら部屋の中をはねるように歩きまわった。私は彼に散々やりこめられてしまい、すっかり意気消沈した。しかし、彼が最後に「ぜひまたきなさい」と言ってくれたので、元気がわいてきた。

その後、彼とは何回か議論した。彼は論理学と数学以外のことは何も話そうとしなかった。私が何か別の話でも始めるならば、彼は一言二言如才ないことを言って、すぐさま論理学と数学へと話を戻したものだった。あるとき、彼は私に、一人の同僚の追悼文を見せてくれた。それによれば、その同僚は一語たりとも意味を知らずして用いたことがない、とのことだった。人はこんなことで称賛されるのか、と彼は驚いていた。

フレーゲに最後に会ったときのことだ。私の乗る汽車を二人して駅で待ちながら、私は「数は対象であるというあなたの理論に、いかなる難点をも見出しませんか」と尋ねた。彼はこう答えた。「ときには難点があるようにも見えるけれども、やっぱりないんだよ」。

これまで述べてきたことから判断するかぎりでは、フレーゲはラッセルより狭くはあるが深い思想家であったし、それゆえ、哲学により大きな影響を与えてきた。しかし、ウィトゲンシュタインに直接的な形でより大きな作用を及ぼしたのは、ラッセルのほうであった。少なくともこれは、自分の研究に影響を与えた人物のリストとして（各人は一歩ごとの前進を表す）、ウィトゲンシュタインが一九三一年に記したところと符合する。

私の思考は、本当は模造的でしかない。こう言っても、決して間違いではないと思う。私が新しい思想の方向を生み出したことなど、一度もないのではなかろうか。それはいつも、誰か他の人からもらってきたものにすぎない。私はただ、明晰化への情熱に駆られて、すぐさまそれに飛びついただけである。こうして私は、ボルツマン、ヘルツ、ショーペンハウアー、フレーゲ、ラッセル、クラウス、ロース、ヴァイニンガー、シュペングラー、スラッファから影響を受けたのである。(22)

右の言葉は、彼が自らのうちにあるユダヤ的要素について述べた箇所から引いたものである。同じ所で、彼は次のようにも語っている。

他人の作品を当人以上によく理解するのが、ユダヤ的精神の特徴である。

ユダヤ的特質は別としても、以上のような点は、ラッセル自身がほどなくしてウィトゲンシュタインから受けた印象でもあった。彼は師であるラッセルに対して熱烈な称賛と猛烈な反対とを合わせ持っており、そしてラッセルは、自分の仕事については彼にあとを託すことができると思うようになった。実際、彼の初期の著述には、フレーゲの考えが反映しているように思われるが、そこで立てられている問いはラッセルのものである。ウィトゲンシュタインがヘルツとボルツマンから受け取ったのは、実在の心的な像ないし相関物という考え方であるが、そこで本質的なものはと言えば、当該理論（彼らの場合には科学理論）の論理構造だけであった。それに対してラッセルは、そうした分析をわれわれの言語全体にまで拡大するための道具を与えた。ウィトゲンシュタインはそれを援用して、存在しなければならないもの、生起していなければならないもの、何らかの仕方で存在するかもしれない（そして存在していてもよい）ものを認識することができる、と考えた。論理学や言語に関する彼の考えは、結局はラッセルの考えと異なっていた。とはいえ、それは、論理学は言語の本性について何を明らかにしうるのかというラッセルの問いから生じたものであり、ウィトゲンシュタインの著書におけるアルキメデスの点、つまり哲学の諸問題を解決するための論理学上の洞察なのであった。そこから世界に対するある態度が帰結し、さらになされるべき課題についての把握が生まれてくるのだが、これはクラウスの影響であったと思われる。

一九一一年一〇月、ラッセルはトリニティ・コレジの講師として二年目を迎えていた。この任用はかなり名誉なことであった。コレジ側にもユニヴァーシティの側にも、彼を任用するはっきりした必要があったわけではなく、型破りの任命だったからである。それは、その二年前の英国学士院への推挙と同様、数学の基礎に関する研究と、ホワイトヘッドとのつながりによるところが大きかった。彼にとっては、ちょうどよい折に任用されたと言える。俸給は生活の支えになったからである。実際、当時の年額二〇〇ポンドというのは、決して少額ではない。しかしこれ以上に重要な出来事は、『プリンキピア・マテマティカ』全三巻を書きあげるという、彼がそれまで心血を注いできた仕事――ラッセル自身はこれを機械的作業と呼んでいるが――の完成であった。「私の知力は、この緊張から完全に回復することはなかった」とラッセルは言っている。(23)「それ以来私は、明らかに以前のようには、困難な抽象的思考をやり遂げることができなくなった」。以前ほど抽象的ではない哲学への移行は、彼がケンブリッジにいたこの頃になされた。そしてそれに与って力があったのは、そこでの彼の交流、とりわけウィトゲンシュタインとの交流であった。『プリンキピア』のような限定された厳密な仕事からの退行は、ウィトゲンシュタインがケンブリッジにくる前からすでに始まっていた。一九一一年、ラッセルは、自ら「三文小説」と呼んだ『哲学の諸問題』を書いていた。この書は、哲学への入門として今でも広く読まれている。ケンブリッジでのウィトゲンシュタインの最初の学期中に校正刷りが出、本そのものは一九一二年一月に刊行された。それは非常に洗練された書き方をされており、当時の、あるいはいつの時代の哲学書よりもはるかに大がかりな論理学的装置を備えていることが、随所にうかがえる。しかし、この書は哲学を認識批判と考えているため、アプローチの仕方はもっぱら認識論的である。この枠組みの中で議論が展開されるため、この書は徹底した懐疑論には対処できなかった。

こうした絶対的な懐疑論に対する論理的反駁は、展開しえない。とはいえ、この種の懐疑論が不合理であることは、容易に見て取れる。(24)

かくして哲学は、疑いえないもの、たとえば感覚与件の実在を疑うことができない。しかし哲学は、一見明白な信念、たとえば物的対象はわれわれの感覚与件と厳密に類似しているという信念を退けるであろう。要するに哲学の目的は、誤謬の可能性を減ずるところにある。実際、ある場合には、哲学は誤謬の可能性を事実上無視しうるほどまでに低減させる。この答えはいささか説得力に欠ける。というのは、実用的な観点からすれば、哲学をしようなどという者はいないからである。しかし他方、宇宙全体に関する認識を提供しようとする試み、論理学の法則によりかくかくのものが存在しなければならず、しかじかのものは存在しえないと証明しようとする試みは、すべて退けられる。そのために使われる主な道具は、事物に関する知識と真理に関する知識との区別である。ヘーゲル学派（や若い頃のラッセル自身）が考えていたのとは違って、個々の事物の本性は他の事物との関係をすべて含んでいるのだから、宇宙は単一の調和的体系を成す、などとは主張できない。というのは、事物は（それゆえ、普通の言葉で言えば、その本性は）、それについてほんのわずかの命題しか知られていない場合でも（理論的には一つの命題も知られていない場合ですら）知りうるからである。「理論的には」という語は、ある種の困惑を示唆している。そうした端的な直接知は、結局何なのであろうか。それはすべての人がよく知っている現象というよりは、むしろそれに先行する世界像――相互のあいだに一連の数の独立した諸関係のいずれかが成立することもあれば成立しないこともあるような、独立した諸対象から成っていると見なされた世界の像――から導かれた結論のように思われる。しかしその像そのものは（関係の論理が世界に対して適用されうるのであれば、その像は有用なのであろうが）宇宙全体についての一つの知識なのではなかろうか。ラッセルは、「三文小説」においてはこれらの問いに対してほとんど答えることができなかった。しかし実際には、大部分の著名な哲学者たちの答えと同じ程度には満足すべき答えをすでに持っていたか、展開していたのである。それでも『哲学の諸問題』については、何か完全にはうまくいっていないという印象が残っていたので、ラッセルが次に思索を向けたのは、もっと完全な認識論的観点であった。

この頃のラッセルの私生活は、彼の思索といくぶん同じように、変化と混乱のただ中にあった。私生活と思索との両面で生じていた事態は、『自伝』のうちにほのめかされてはいるものの、ことさら強調されてはいない。一九〇二年から一九一〇年までの期間は、思索の面では労苦に満ちた時期であった。第一に彼は、パラドクスの解決法を探求していた。『数学の原理』の目的は、すべての数学的命題は少数の基本的な論理学的原理から演繹可能であることを示すことにあったが、この目的はパラドクスのために挫折してしまうように思われたのである。第二に、彼は、自らの洞察およびホワイトヘッドの洞察から出てくる帰結をこと細かに叙述しようとしていた。終日白紙をながめている第一の仕事と、毎日一〇時間から一二時間、あまり重要でもないことに取り組む第二の仕事、このどちらが耐え難かったかは知る由もない。ラッセル自身はそれについて何も語っていないからである。ところでこの時期は、彼が最初の妻アリスをもはや愛していないことに気づいてから別れるまでの時期でもあった。彼がオットリーン・モレル夫人と愛人関係になるに及んで、二人の仲はいよいよ疎遠になり、一九一一年のイースターに決定的な別離が訪れた。

私たちは二人とも、真面目で因襲にとらわれない人間であった。出自から言えば貴族であるが、現在の境遇の中で意図的にそのようには生きなかった。二人は共に、貴族の残忍さと傲慢と狭量とを嫌っていたが、しかし、暮らすことにした世界の中では、いくぶんよそ者であった。その世界は、私たちがよそ者であったために、私たちへの理解を欠き、うさんくさそうな目で見ていた。こうした事情に起因するさまざまな屈折した感情を、私たちは共に持っていた。私たちのあいだにあった深い共感は、彼女が死ぬまで続いた。愛人としての関係は一九一六年に終わったけれども、その後もずっと私たちは親しい友であり続けた。

オットリーンは私に大きな、そして非常に有益な感化を与えた。私が道徳家ぶったり学者ぶったりしたとき、あるいは高飛車な話し方をしたときなど、彼女は私を嗤った。私は、鋼のように強い自制によらなければ抑えきれないような恐るべき邪悪が自らのうちにうず巻いていると信じていたが、彼女はこの信念を徐々に取り除いてくれた。私は自己中心的で独善的であったが、彼女のおかげで少しずつそれがなくなっていった。彼女はユーモアのセンスに非常に富んでいた。そして私は、うっかりそれを刺激すると危険であることに気づいた。彼女の感化で、私は以前ほどピューリタン的ではなくなったし、他人に対して批判的でもなくなった。言うまでもないが、むなしい歳月のあとに幸せな恋愛が訪れたということだけでも、一切に対して私の心は軽やかになった。多くの男性は女性に感化されることを恐れているようであるが、私の経験からすれば、これは馬鹿げた心配である。[25]

ラッセルはいつでも多情であった。実際、これ以前にも彼は、女性との交際を大いに楽しんでいた。なかでもルーシ・マーティン・ドネリとは、活発な文通を続けた。しかしアリスを除けば、（彼自身の言葉で言えば）「全面的な関係」にまで進んだのは、オットリーン夫人が最初であった。彼は新たに手にした自由をオットリーン夫人以外にも行使し、これ以後は多くの女性とそのつど関係を持つようになった。そのきっかけは、オットリーン夫人とのあいだに生じた内面的・外面的軋轢であり、哲学研究上の行きづまりであり、またときには、その時々の単なる衝動であったように思われる。しかし、彼の生活が全面的に変わってしまったわけではない。以前にも彼は、意識的に挑発的な態度を取り、因襲を排し、公的な活動にたずさわっていた。しかし、基本的にはほかならぬこの時期に、彼は伝説上のラッセルになった。つまり公的問題と真剣に取り組み、批判的に対決するものの、以前に比べ、深みへ達しようとする欲求は薄れ、私生活の面でも知的生活の面でも、皮相になる傾向が強まり、安直な成功を求めるようになった。こうして彼は、合衆国を訪れるアポリナクス氏となったのである。[26]ラッセルに生じた変化はオットリーン夫人と第一次世界大戦に起因するが、彼自身は、一九一〇年から一九一四年までのこの変化を、メフィストフェレスに会う前後のファウストの生活になぞらえた。ウィトゲンシュタインがラッセルの「技術的な道徳」に対して異議を唱えた形跡はない。彼にとって、ラッセルの聡明・明敏さは、大きな魅力であった。「当時のラッセルは途方もなく冴えていた」と彼はしばしば語っていた。しかし彼は、ラッセルが最良の発見をなしうる年齢を過ぎていたことを、非常に早くから見抜いてもいた。二人の関係にとってもっと重要な点は、ラッセルのうちに生じた新しい錯綜した態度にウィトゲンシュタインが気づいていたことである。おそらくこの新しい態度のために、ラッセルは自分で好ましいと思った生き方をするようになるのだが、やがてこの態度は、ウィトゲンシュタインの態度とは正反対のものであることが明らかとなる。というのは、ウィトゲンシュタインには、私生活においても知的生活においても難事をやり抜こうとする傾向があったが、他方、公的な事柄に関しては、公民としての最も明白な義務のほかにはなすべきことはないという、断固たる確信があったからである。

さて、一九一一年秋のラッセルの情況に目を向けよう。彼は妻を捨て、トリニティのネヴィル・コート内の部屋に移り住んだ。アリスは離婚に同意せず、オットリーン夫人のほうも離婚を望まなかった。彼女と暮らすこと、さらには彼女と夜を過ごすことも不可能であった。彼はロンドンにアパートを借り、しばしば彼女に会いに行き、そしてケンブリッジに戻って講義をし、そこで夜を過ごした。コレジの部屋に住んでいたので、彼は訪問者の格好の的であった。そのほかにも、彼は「スカッシュ」とか「イブニング」などと呼ばれた会をしばしば開いた。現在もなお存命中の少数の人々の記憶によれば、それらの会は、まず第一にラッセルの話を聞く場であり、さらに、ケンブリッジへのめずらしい新参者あるいは訪問者との出会いの場であった。彼はまた、毎日時間を見つけてはオットリーン夫人に手紙を書き、その日の出来事を振り返った。言うまでもなく、彼はその中で面白おかしく、また辛辣な書き方をしている。それらの手紙によって、彼は日々の出来事に対する反応を彼女に伝えたのであり、またそれを通じてわれわれも今日それを知ることができるのである。(27)

ラッセルは以前よりも多くの方面で一層多忙となり、また幸福な日々を迎え、外からの影響に心を開いていた。そのような彼に、一つの変化が起ころうとしていた。ウィトゲンシュタインがおずおずと、しかし予告もなしに初めて彼を訪ねてきたのである。ラッセルの変化は、一つにはこのウィトゲンシュタインが原因であった。

一人の見知らぬドイツ人が現れ、多くの厄介な問題を引き起こし、私たちはその渦中におかれました。彼は英語をほとんど話せないのですが、ドイツ語で話そうとはしないのです。［このあとに、シャルロッテンブルクで数学の哲学に関心を抱くようになった云々という、先に引用した記述が続く。(28)］

彼は翌日、ラッセルの講義後に再びやってきて、夕食時まで議論した。

頑固で強情だが、馬鹿ではないと思う。

四時か五時にウィトゲンシュタインはラッセルのもとへやってきて、ラッセルが身じたくを整えているあいだでさえも話し続け、食事時まで滞在する。これがお決まりのパターンとなった。夕食中は出ていって、その後また話をしに戻ってき、来客があったりすると帰るまで部屋に残っている、というのが次第にウィトゲンシュタインの習慣となった。当然、ラッセルの判断と忍耐は揺れ動いた。

私のところにきたドイツの友人は、えらい厄介物になりそうです（一〇月一九日）。

例のドイツ人は、善良そうですが、とても論争好きです（一〇月二五日）。

例のドイツ人はとても論争好きで、うんざりします。部屋にサイがいないのは確かであるということを、彼は認めようとしないのです［これは授業中のことらしい。というのは、そのあとで「彼はまたやってきて、私が身じたくを整えているあいだ中、論じ続けた」とあるからである。］（一一月一日）。例のドイツのエンジニアは、思うに、馬鹿です。経験的なものは一切認識不可能だ、と彼は考えています。私は部屋にサイがいないのを認めるよう彼に求めましたが、どうしても認めようとしませんでした（一一月二日）。

ラッセルが以下の話を述べた際、そのもとになったのはこの出来事なのであろう。

初めは、彼が天才なのか変人なのかわからなかった。しかしすぐに、天才なのだと思うようになった。最初の頃に彼が述べた考えのために、なかなかそうは考えられなかった。たとえば、あるとき彼は、すべての存在命題は無意味だと主張した。このときわれわれは教室におり、私は、「今この部屋にカバはいない」という命題について考えてみるよう彼に促した。彼がそうは思わないと言い張るので、私はすべての机の下を見てカバのいないことを確認した。しかし彼は依然として納得しなかった。(29)

この議論は、当時のウィトゲンシュタインが抱いていたテーゼ、すなわち、主張された命題のほかには、世界には何も存在しないというテーゼと関連しているように思われる。このテーゼについては、続く二通の手紙（一一月七日と一三日）でも言及されている。

問題点を正確に復原するのはほとんど不可能であるが、はっきりしているのは、ウィトゲンシュタインが以前ラッセルとG・E・ムーアの抱いていた見解に立ち返っているということである。ここに言う「主張」の意味なるものは、社会的あるいは心理学的な意味ではない。そのような意味でなら、真の命題も偽の命題も等しく主張されたり承認されたりする。むしろそれは、『数学の原理』(四九頁)で述べられているような意味である。そこでは、「主張される」ということは、真の命題が持っている特別な性質であり、それによって真の命題は偽の命題から区別されるのである。命題も心理的なものではなく、ムーアが「判断の本質」(『マインド』一八九九年)で述べた意味での諸概念の複合体である。この見方によれば、概念は思考の様式ではなく対象であり、そのようなものとして、唯一実在するものである。命題の真理(右の意味での「主張される」ということ)は、概念の複合体とそれ以外の何かとのあいだの対応とか、その他の何らかの関係なのではなく、複合体そのもののある性質なのである。

ここに述べられた見解は、判断される事柄と判断するという行為との混同に対する(フレーゲの考えに即した)反対として見るならば、きわめてよく理解できるものとなる。仮に、判断される事柄を命題と呼び、そしてそこには心的なものは何もないとするならば、命題は判断において問題となっている現実の物事の前で停止しはしない。そしてその命題が真であるならば、それは事実と一致するであろう。[30] したがって(ムーアの考えでは)、真理を命題と事実との対応だとするその時代の見方は、心的行為とその対象とを区別しないことから出てくるのである。

それゆえ、主張された命題が存在するということは、事実が存在するということになる。その際、そのように言いうるための理由は、哲学的にかなり興味深い点を含んでいる。主張された命題だけが存在すると言うためには、さらに別の理由が必要である。ラッセルが以前マイノングの著作に対する書評の中で述べた二つの見方のうち、二番目の見方を取るならば、人はそのように言える理由を持つことになろう。

対象［ここに言う「対象」とはムーアが「概念」と呼んだものに等しい］には二種類ある。単純対象と複合対象である。後者はある種の統一体という特徴を有し、それは定義できそうになく、それを含むより大きな複合体の一構成要素でもない。ある見方では、複合体は命題と同じものであって、常に真か偽かのいずれかであるが、いずれの場合でも同様に存在を有する。別の見方によれば、複合体だけが真の命題であり、偽は対象性を持たないような判断の一性質なのである。[31]

ラッセル自身は第一の見方を取っていた。『論考』（六・一一一）で批判される見解、つまり赤いバラと白いバラがあるように、真の命題と偽の命題があるという見解を彼が述べたのは、この見方を取っていたためである。

われわれが理解しなければならないのは、何が真で何が偽かということだけである。というのは、どちらも分析はできないように思われるからである。[32]

（ウィトゲンシュタインがとっていたと思われる）二番目の見方をとると、否定命題をめぐっての一般的な困難が——ラッセルはこれに言及はしたが、無視してしまった——最初の見方をとった場合よりも先鋭になってくるように思われる。

Aの存在が真であれば、それは事実であろう。これとまったく同じ意味で、Aの非存在を、それが真であるときに事実と見なすのは困難である。[33]

忘れてはならないが、この議論では、事実とは真の命題ないし主張された命題、すなわち複合概念のことであり、それは、第一の見方によればある性質を有しており、（ウィトゲンシュタインが取っていた）第二の見方では、単に存在するだけである。さて、部屋にサイがいないということに基づいて、どのような複合体が存在すると考えられるのであろうか。

ここには二層の難しさがある。まず、構成要素として「ない」とかその他の否定を含んだ複合体が存在するのかどうかという問題がある。これはただちに、否定的事実というものがあるのか、という問いとなる。第二に、構成要素として存在を含む複合体が存在するか否かという問題、したがって存在するという事実なるものがあるのかという問題がある。この時期には、これら二つの難しさが共に意識されていた。ウィトゲンシュタインは、「論理に関するノート」（一九一三年秋）の中では、肯定的事実と否定的事実の双方が存在すると言い、ラッセルへの手紙（一九一三年一一月のものらしい）の中では、'(∃x). x=L.W.' が無意味になってしまうのではないかと危惧している[34]。事実（あるいは主張される命題）だけが存在すると言い、また同時に、それらの中には存在という事実はないと言うことは、無論パラドクスである。要するに、それ自体は存在命題ではない命題の真理に言及するときにのみ、われわれは存在について語りうる、ということなのである。

存在命題という特殊な問題はひとまず措くことにして、主張された命題だけが存在するという主張の意図は、明らかに、一八九九年の論文で示されたムーアの立場——それによれば、世界は概念から成る（一八二頁）——の修正にある。ムーアの考えでは、世界の中身は思考の全対象から成り立ちえ、それゆえ、すべて命題のすべての構成要素、およびそうした構成要素の全複合体（したがって、真であれ偽であれ、すべての命題）を含んでいる。ウィトゲンシュタインの修正点は、主張された命題あるいは事実を除いて、一切のものに対してこの意味での存在を否定するところにあった。したがって彼は、世界は事実から成るという『論考』の最初の諸命題に言われているような立場に、すでに到達していたのである。「世界は事実の総計であって、ものの総計ではない」（『論考』一・一）、すなわち、もの、対象、ムーアの言う単純概念が世界を構成するのではない。明らかにまた、存在しない事態（諸対象の結合）――これは、ムーアが偽という性質を持った命題ないし概念の複合体と呼んだものである――が世界を構成しているのでもない。ずっとのちになってウィトゲンシュタインは、「基本的な考えは、ごく初期に着想したものだ」とドルーリに語っている。あとにも見るように、彼は他人がもたらした新発見や前進にさほど影響を受けなかったのではないかと思われる。議論や反省は彼にとって重要ではあったが、それが果たした役割はと言えば、初期に得た洞察を明瞭・明晰にすることだけであった。つまりある問題についてごく初期に何らかの書物を読み、そこから得た「着想」を明瞭・明晰にすることだけであった。ここでの場合で言うなら、そうした書物はラッセルやムーアの著作で、しかも彼ら自身がすでに捨て去ってしまった著作であった。

ウィトゲンシュタインは、世界の内容についての初期の見解から、われわれの知識に関してどのような結論を引き出したのであろうか。これについてはさまざまに臆測することができるが、確かなことはわからない。われわれは、主張された命題、つまり概念ないし構成要素の実際の結合をじかに知ることによってのみ、命題の真理を認識することができるのであり、しかもそうした結合が必然的である場合にのみそれが可能だ、と彼は考えていたようである。しかしこうした考えは、命題の本性に関するこれとは違った、一般に流布していた想定と混同せずに述べるのが難しい。確かにムーアは、判断を形成する諸概念の結合はすべて必然的であると考えていたが、その理由はまったく異なっていた。経験命題という知識が存在すると仮定した『論考』の難点は、主として（ここではまだ暗に拒否されている）真理の対応説に固執して、われわれの精神が現実との比較をいかにして行いうるのかがはっきりしないことに起因している。

それゆえ、のちの見解――それはたとえ間違っていたとしても、きわめて説得的に思えたのであるが――の萌芽を、ウィトゲンシュタインはラッセルとの共同研究を始めた最初の月にすでに示していた。無論それは漠然とした形で述べられていて、ラッセルが承認することのできるような論拠によって裏打ちされてはいなかった。「私のところのドイツ人は、……理をつくした攻撃を頑として聞き入れない。彼と話すのは、実際、時間の無駄だ」とラッセルは語ったことがある。一一月二七日に、ウィトゲンシュタインは初めてラッセルに一身上の相談をした（ようである）。

私のところのドイツ人は、哲学をやるか飛行機に乗るかで迷っています。彼は今日、哲学をやってもまったく望みがないと思うか、と私に尋ねました。わからないが望みはあるのではないか、と答えておきました。書いたものがあれば判断の材料になるから持ってくるよう言ってあります。彼にはお金もあり、哲学に並々ならぬ関心を寄せていますが、ある程度の適性がないなら哲学に生涯をささげるべきではないと彼自身は考えています。責任を感じます。彼の能力をどう考えていいのか、実際私にはわからないのですから。(35)

そうこうするうちにも、二人は徐々に親しくなっていった。一方でウィトゲンシュタインは、オットリーン夫人のところへ出入りするのを許されるようになり、他方ラッセルはウィトゲンシュタインを訪ね、彼が本当はオーストリア人であって、文学に通じ、態度もさわやかで、（ラッセルはそう思い始めていたのだが）とても知的であるのを知った。

こうしてケンブリッジでのウィトゲンシュタインの最初の、非公式で暫定的な学期が終わった。彼とラッセルとの間柄は、まださほど親密ではなかった。彼は着想は持っていたものの、まだ何も書いていなかったし、ラッセルに見せられるようなものは何もなかった。彼にはケンブリッジの社会がどんなものなのか、まだよくわかっていなかった。実際彼は、ラッセル以外の誰とも会わず、哲学と、哲学に一生をささげるべきかどうかという問いとに、すっかり没頭していたようである。どのような錯綜した個人的事情がこの不安にからんでいたのかは、正確にはわからない。彼の父はその頃、死の床に就いていた。それでも父はその後なお二年間生きた。しかし、ルートヴィヒがオーストリアを離れた頃から、カールの活力は失せ、辛辣な記事も新聞には載らなくなり、彼は家族のための生活を送るようになった。確かに彼は、ルートヴィヒにエンジニアになれとは言わなくなった。しかし、父親のこの思いは、ルートヴィヒにはよくわかっていた（そして実際、一九一二年三月以前に、ラッセルにそう語っている）。カールは他の息子たちには全員失望し、ルートヴィヒには工学のような何かまともなことをし、哲学などといった馬鹿げたことに時間をつぶすことのないよう念願していた。カールの状態は、将来の仕事に関する問題を深刻にしただけであった。このため、またその他の理由もあって、ルートヴィヒは暗鬱な気分に悩まされ、それに加えて、彼は自らの本性を苦痛に感じていた。彼がこれらの問題にある解決を見出したのは、ウィーンに戻っていたこの頃、およびその後のクリスマス休暇のあいだであったようである。翌六月には、彼はその解決について、新しい友、デイヴィド・ピンセントと話し合った。ピンセントは、日記に以下のように記している。

彼は非常に多弁で、自らについていろいろと話した。昨年のクリスマスまで九年間ものあいだ、彼はひどく

（物理的ではなく精神的な）孤独に苦しんだ。その頃にはいつも自殺することを考えたが、そうするだけの度胸がなかったのを恥ずかしく思っている。彼が言うには、彼は自分がこの世で無用の存在であることをそれとなく感じ取っていたのだが、卑劣にもそれを無視してきたのである。彼はエンジニアになるよう育てられたが、それには興味も才能も持っていなかった。そしてつい最近、彼は哲学をやってみたいと思い、ラッセルのもとで勉強するためにここにきた。これは彼にとって救いとなった。というのは、ラッセルは彼を励ましたからである。[36]

彼が能力を発揮し出し、研究能力と人々に対する影響力を示し始めたのは、この休暇後からであった。哲学に向かっての変化は、彼がピンセントにした話とは少し違って、おそらくそれほど急激なものではなかった。この休暇後でさえ、変化はしばしば中断し、自己猜疑の時期が訪れたのである。それでも、クリスマス中に何らかの心境の変化が生じたように思われる。一つの可能性として考えられるのは、自分にはものが書けると知ったことである。これは常に彼にとって、精神の安定を示す何よりのしるしであった。彼は宗教に関連するある出来事をマルコムに語ったが、その出来事もこの時期のことであろうと思われる。

彼が話してくれたところによると、彼は少年の頃には宗教を軽蔑していたが、二一歳ぐらいの頃に、あることがきっかけとなって彼の心に変化が生じた。ウィーンで彼は、ある芝居を見た。ありきたりの劇であったが、その中の登場人物の一人が、世界に何が起ころうとも、自分には悪いことなど起こりはしない——自分は運命や周囲の事情に左右されることはない、という考えを表明したのである。ウィトゲンシュタインはこのストア的な考えに感銘を受け、初めて宗教の可能性に目を開いた。[37]

その芝居というのは、ルートヴィヒ・アンツェングルーバーの『十字を書く人々』である。[38] 宗教に対するウィトゲンシュタインの開眼は、一人の登場人物が自分の受けた「特別な啓示」ないし「霊感」を述べる場面と関連している。それまでのその男の生活は、いかなる慰めもない惨めなものであったが、ある日彼は、今はの際に立ったと思い、陽光ふりそそぐ中、丈の高い草の中に身を投げた。晩になって再び我に返ると、苦痛はなくなっており、さっきの陽光が身体の中に入ったかのごとく、えも言われぬ喜悦に包まれ、次のように語りかけられているかのように思った。「何事もおまえには起こりはしない！　最悪の苦難さえ、すぎてしまえば何でもない。おまえが草葉の陰に眠ろうとも、あるいは幾千回となくそうした悲惨な目に遭おうとも、何事もおまえには起こりはしない！　おまえは万物の一部であり、万物はおまえの一部なのだ。[39] 何事もおまえには起こりはしない！」「何事もおまえには起こりはしない」という言葉は、ウィーンではほとんど慣用句になっていた。[40] ウィトゲンシュタインは、やがて再びこの言葉に立ち返ることになる。[41]

一月に、ウィトゲンシュタインはケンブリッジに戻った。ラッセルの目には、「とても元気」そうに見えた。たずさえてきたのは「休暇中に書いた草稿で、とても優れており、私のイギリス人の学生のよりも、ずっとよく書けています。彼を励ましてやろうと思います。ことによると彼は、偉大なことをなし遂げるかもしれません。しかし他方、彼が哲学に嫌気がさしてしまうということも、大いにありうると思っています」（一月二三日の手紙）。一週間後に彼は別の草稿を持ってきたが、彼は哲学を続けるに値する人物であるという決定がすでになされていたのは、間違いない。というのは、一月一日に、彼はトリニティ・コレジの一員として受け容れられたからである。J・W・L・グレイシャーが彼のチューターになった。[42]

ウィトゲンシュタインが加入し、活動の場としたケンブリッジ大学とトリニティ・コレジは、現代の感覚からすれば、小さな施設であった。「モラル・サイエンス」（それには哲学と実験心理学が含まれ、経済学はもはや含まれていなかった）の優等卒業試験を受ける学部生は、例年三、四人であった。教授はソーリとウォードの二人であり、ウィトゲンシュタインは彼らとは接触がなかったらしい。哲学的論理学者のW・E・ジョンソンとG・E・ムーアが講師を務めていた。ウィトゲンシュタインはこの二人と親しくなったが、ジョンソンを哲学者としては評価していなかった。ラッセル、マクタガート、ケインズもモラル・サイエンスのスタッフであった。実験心理学者のC・S・マイアーズもそうで、のちにウィトゲンシュタインは彼と共同で研究をすることになる。一九一一年から一九一二年のあいだには、モラル・サイエンス・クラブ（学生の討論クラブ）には一八人の男子学生と六人の女子学生が、また一九一二年から一九一三年のあいだには三四人の男子学生と九人の女子学生が所属していた。その中には、ホワイトヘッドの息子であるノース・ホワイトヘッド、のちに哲学者となったA・D・リッチーとA・J・ドーウォード、C・A・メイス、F・C・バートレット、（ウィトゲンシュタインと共同研究した）B・ムーシオといった心理学者、さらに、のちに翻訳や編集の仕事をするようになるC・K・オグデンらがいた。のちにオグデンと共著で『意味の意味』を出したI・A・リチャーズは、まだクラブのメンバーではなかったが、ウィトゲンシュタインを含む一〇名ほどの者と共に、ムーアの授業に出ていた。ウィトゲンシュタインは、ドーウォードとムーシオとは仲がよかった。他の人々とのつき合いについては何の記録も残っていない。トリニティにおいても事情は同じである。一九一三年までホワイトヘッドはロンドンで教鞭をとっていたが、それまでにウィトゲンシュタインがホワイトヘッドと出会ったという記録はない。彼は、リトルウッドのことはすでにマンチェスターにいた頃から知っていたし、リトルウッドの親しい同僚G・H・ハーディも、トリニティのフェローであった。彼はこの二人と親しく、古典学者ドナルド・ロバートソンとも親しかった。H・A・ホロンドは、ラッセル主催の「スカッシュ」でウィトゲンシュタインと知り合いになる。しかし、自分の二人のチューターとは当然接触を保っていたものの、それを別にすれば、ウィトゲンシュタインが他のフェローたちと懇意になったかどうかは疑問である。G・H・S・ピンセント、J・R・M・バトラー、F・D・エイドリアン、J・バーナビ、K・W・M・ピクソーンらは上級研究員で、年齢も身分も彼と似通っていた。のちに彼は（程度はさまざまであるが）彼らとかなり親しくなり、彼らを高く評価するようになるが、第一次世界大戦以前には、彼らから何の印象も受けなかった。彼の真の友人となったのは、デイヴィド・ピンセント（G・H・S・ピンセントの従兄弟）だけであった。そしてこれも、ラッセルの部屋で開かれたある会がきっかけであった。少しのちに、彼はケインズと知り合いになり、また、あとで触れるが、「ケンブリッジ懇話協会」というやや排他的な小集団を知るようになる。これは秘密の集団であったが、多くの回顧録や伝記などにより、「協会（ソサイエティ）」とか「使徒」たちという名で知られている。これと同じように、ケインズのサークルも小さいものではあったが、ひときわ洗練されたサークルで、またそのことをメンバー自ら意識していた。ケインズの語るところによれば、『プリンキピア・エティカ』と『プリンキピア・マテマティカ』は基本的業績であり、それぞれの領域で新しい一時代を画するものと目されていた。ケインズはもちろんまだ世界的な権威ではなかったが、インド通貨委員会での功績により、イギリス政府内で名をなしていた。彼は発足したばかりの経済学の部局の講師として、同時に自分の非公式の経済学クラブを通じて、大きな影響力を行使していた。その頃彼は、すでにあげた二つの『プリンキピア』の影響下に、『確率論』の最初の草案を書きあげつつあった。これは第一次世界大戦後の一九二一年に出版され、彼のその他の著作同様、世界を驚動させるような本ではなかったが、展望の広さと博識の点で（ハロッドが一九五一年に予言したように[43]）今日まで比肩するものがないと言えよう。ハーディとリトルウッドは、すでに共同研究を開始していた。この研究によって彼らは、一時期（ハーディ自身、十分控え目に言っているのだが）解析学の領域で世界で五、六番目に優れた学者と目されるようになったのである。

マンチェスターにいたときと違って、ウィトゲンシュタインはこうした交流により、当時のイギリスで進められていた最も基礎的な科学研究の中心に身を置くこととなった。ジュニア・フェローであったゴーランド・ホプキンズは、のちにビタミンの発見者の一人と称されるようになる研究に従事していた。フェローたちが食事をするハイ・テーブルの席上では、J・J・トムソン（電子の発見者）が原子量3の新元素を発見したという発表がなされたり、ハーディとリトルウッドが、独学のインド人（これはラマヌジャンのことである）から教えてもらった注目すべき成果について報告したりしていた。[44]数学の基礎に関するラッセルの哲学的研究、そして哲学に科学の方法を導入しようとしたその頃の彼の試み[45]も、科学の一翼を担うものとして重視された。そして一九一三年の秋までには、その席上でウィトゲンシュタインの論理学上の理論が、明らかに同等の敬意を受けつつ、しばしば議論の俎上にのった。[46]ラッセル、ムーア、ケインズ、ハーディ、リトルウッド、そしておそらくホワイトヘッド――こうした人々こそ、ラッセルがヘルミーネ・ウィトゲンシュタインに次のように語った際に、「私たち」ということで思い浮かべていた面々ではなかったかと思われる。「哲学における次の大いなる一歩は、あなたの弟さんによって踏み出されることになるだろう、と私たちは思っています」。

トリニティに登録されたとき、ウィトゲンシュタインはこの集団に迎え入れられるための第一歩を、そして名声への第一歩を踏み出した。当初、コレジ内には彼のための部屋が見つからなかった。これは、春学期や夏学期には異例のことであったようである。彼はコレジの門から数百ヤード離れたローズ・クレセント街四番に居を構えた。この街路は、トリニティ通りから市場へ通じる曲がりくねった道で、当時は下宿屋、たばこ屋、服屋などが建ち並んでいたが、今日では健康食品店、喫茶店、ステーキ屋などに変わってしまっている。もっとも今日でも、キャルヴァリの詩にあるように、角の店「ベイコン」では葉巻を買うことができる。

モラル・サイエンス内でのウィトゲンシュタインの身分は、正式に言うと編入生（Advanced Student 一九一三年に研究生 Research Student と改称）であった。指導教官に就いて二年間在籍し、研究成果を論文にして提出すれば、学士号（B. A.）が授与されるのである。さらに決められた期間在籍して、一定の納付金を納めれば、修士号（M. A.）がもらえる（博士号（Ph. D.）の制度ができたのは、ケンブリッジでは第一次世界大戦後である）。ウィトゲンシュタインはこれを真に受け、学位を取得しようとした。それは、学位を取得すれば学者としての地位に就けると考えたからではない。少なくとも当初はそうではなかった。彼は、そうしたはっきりした目標などまるで持っていなかった。ラッセルは、彼はいつか「工学の研究をやり遂げる」（すなわち、工学の何らかの称号も取得する）であろうが、当座は哲学をするのだ、と思っていた。

大学でのウィトゲンシュタインの身分は、正式には六月まで決まらなかった。そして六月にはラッセルが彼の指導教官になったのだが、元来ラッセルは、ウィトゲンシュタインには「ジョンソンのもとで学ぶ」よう助言していた。当時のジョンソンは五三歳のやもめであり、コレジやユニヴァーシティでの公的生活からは身を引いてしまっているという感じで、健康を害し、収入も少なかったため、消沈していた。ユニヴァーシティの講師とキングズ・コレジのフェローとを合算した俸給は、当時非常に低く、しかも彼には、業績を公刊しなかったために、フェローの職を更新してもらえない可能性が常にあった。[47] それでも彼は、ラッセルを除けば、当時のケンブリッジでは注目に値する唯一の論理学者（今日なら哲学的論理学者ということになろう）であった。彼は、ケインズの父が『形式論理学』――これは今でも三段論法についての最良にして最も専門的な研究の一つである――を書いていたときには、助言を与えたこともある。彼は一八九二年の『マインド』に「論理計算」という論文を書き、一九〇〇年の国際学会には論文を寄稿した。この大会でラッセルは、ペアーノの講演によって数学の哲学に対する新しい論理学的方法（とくにフレーゲの方法）の重要性に気づかされる。さて、ジョンソンは一時期、『数学の原理』の書評を書いていたが、ブロードによれば、それは、印刷されたなら『マインド』の数号を要するような代物であった。彼の講義は一風変わっており、すぐ脇道にそれたが、評価は高かった。その内容の大半は、彼が戦後、学生の協力を得て三巻本の『論理学』を出版したときに、整序された形で世に出た。この著作に対しては、オクスフォードのある人物が、そこで用いられている「命題」という語には二〇もの違った意味がある、と批判した。これに対してブロードはこの著作の思想の豊かさと深さを擁護したが、それが正しかったことは、この本で展開された類別と専門用語がその後も永く使用されたことからもわかる。日のあたる場で自分の思想をせっせと売り込むようなことをせず、晩年になってようやくそれを結晶させる人がいるが、ジョンソンもそうした人々と同じ運命を忍んでいた。（ジョンソンの場合がまさにそうだったように）個々の洞察は押し寄せてくるのだが、全体として体系を成すにはほど遠く、どこか常軌を逸していて、そのため著者がもたついているうちに別の新しい場へと移っていってしまうような人々のあいだでは、決して称賛されることがない。孤独な思想家であれば誰でも――フレーゲのように――時代の先を行くというものではないのである。

ジョンソンのもとで学ばせるという取り決めは、結局失敗に終わる。それをラッセルは、三月二日にオットリーン夫人に知らせている。

私が講演の草稿を書いていると、ウィトゲンシュタインが大そう興奮してやってきました。というのは（指導教官になってもらうようウィトゲンシュタインに助言した）ジョンソンが、手紙でウィトゲンシュタインに、もう彼を引き受けるつもりはないと言ってきたのです。その手紙には、ウィトゲンシュタインはおとなしく授業を受けずに議論ばかりする、というようなことが書いてありました。彼はジョンソンの言い分に理があるのかどうかを知るために、私のところへやってきたのです。彼は恐ろしく頑固で、人に口をさしはさませず、皆にうんざりする人間だと思われています。私は彼がとても好きですから、彼を傷つけないようにして、こうしたことをそれとなく知らせることができました。……ウィトゲンシュタインは、ジョンソンの考えは混乱しているように思う、と言います。しかし、ウィトゲンシュタインの着想に関するジョンソンの批評は、非常に的確であるように思われました。もっとも、ジョンソンは、ウィトゲンシュタインが彼の言うことをそのまま受け容れないことに憤慨したようです。……ウィトゲンシュタインに話して聞かせるのは、神経を使います。

ムーアの回想(48)も大体同じようなものである。それによれば、取り決めを打ち切ってしまったのは、ウィトゲンシュタインではなく、ジョンソンであった。議論の相手としては、二人はどっちもどっちという感じだったようである。というのは、ジョンソンの授業や試験に関するブロードの話から判断するかぎり、彼は注意を引く個々の点を完璧に理解しようとして、いつでも本質的な点を見落としがちだったし、ウィトゲンシュタインはウィトゲンシュタインで、相手に合わせることのできる人間ではまずなかったからである。ウィトゲンシュタインが人から刺激を受けて、その人とは違った見解に到達するときでさえ、その前提として何らかの基本的な知的共感が必要であった。ラッセル、シュリック、（信念と確実性に関する）ムーアなどの場合がその例である。

取り決めの破綻にもかかわらず、二人の関係は決して悪くならなかった。これはいかにもジョンソンおよびウィトゲンシュタインらしいことである。一つの重要な絆は、音楽であった。ジョンソン家の言い伝えによれば、彼の家は彼のグランドピアノを中心に建てられたらしい。彼が社交生活の主たる場としたティーパーティでは、真剣な議論が交わされたのち、彼自らが、あるいは乞われて客がピアノを弾いた。ジョンソンとウィトゲンシュタインは、「音楽をした（make music）」。この表現は英語では今日きざに響くが、ウィトゲンシュタインにとって「音楽する（Musizieren）」ことは、とくに家父長制的な雰囲気の中では、空気のように自然なものであった。ずっとのちに、ジョンソンが病で死の床に就く少し前に、ウィトゲンシュタインがケンブリッジに戻ってきたとき、彼は少なくとも一度そうしたティーパーティの折にラムジー館〔ジョンソンの家〕を再び訪れ、F・R・リーヴィスと衝突することになる。このために、二人の関係はぎくしゃくしたものとなった(49)。

フォン・ウリクトに語ったように、ウィトゲンシュタインは変わることなくジョンソンに好意を抱いていた(50)。実際それは、戦時中、そして戦後にケインズに宛てた手紙に現れている。「私の好意をジョンソンに伝えてください。彼には長いこと会っていませんが、それだけに一層感謝の念がつのるのです」（一九一五年一月四日）。これは典型的な文言の一つである。ジョンソンがどう思っていたかは、ウィトゲンシュタインが訪ねてくるかもしれないというときにケインズに書き送った手紙（一九二五年八月二四日）

のうちに現れている。

また会えると思うと、とてもうれしい。そうウィトゲンシュタインに伝えてください。しかし、私たちは論理学の基礎については話をしない、と取り決めをしておかねばなりません。私の根が掘り返されるのに応じる力は、もうありませんので。

ケインズは子どもの頃からジョンソンを知っており、彼もまたキングズ・コレジのフェローであった。彼は別の件でも、ウィトゲンシュタインのためにジョンソンへの仲介を果たした。一九一三年の前半、ウィトゲンシュタインはケインズに、ジョンソンを経済的困難から救い、彼の研究を支援するために、キングズ・コレジの研究資金として一定額を拠出したいと言い出した。六月までに、彼は拠出の方法を決めた。それは年額二〇〇ポンドの予定であった。戦前に一部が支払われたのかどうか、またどのような仕方で支払われたのかはわからないが、ケインズとウィトゲンシュタインは、一九一四年から一九一五年にかけて再びこの件で書簡を取り交わしている。先ほど引用したケインズ宛のウィトゲンシュタインの手紙には、「戦争が終わり次第、金は事務局に送ります」と書かれているが、それはこの件を意味しているのである。明らかにこの送金経路は、提供者の身元を隠すためであった。

のちに触れるが、戦争の初期にオーストリアでなされた数多くの寄付も、これの延長線上にある。そうした目的のために金を与えること、そしてのちには、トリニティからであれ友人からであれ、彼自身が金を受け取ることは、ウィトゲンシュタインにはまったく当然と思われた。この種の寄付は、彼の家の伝統であり、重要な思想家が教育と出版で十分に身を立てることなど考えられなかった彼の時代には、とりわけ適切なことであった。大学での収入だけで暮らしていたジョンソンは、とかく人の噂話の種となった。別の収入源を持っているのが、普通だったからである。だからペタヴェルやムーアのほうが、たとえば大学からの収入で一家を支え、大変苦労していたホワイトヘッドなどよりも、普通のタイプだったのである。こうした事情のもとでは、自分のかせぎで暮らしていくというラッセルの、そしてのちに見るように、ウィトゲンシュタインの決心は、独立した思想家が取っていた普通の生活の道を放棄することを意味したのである。

ウィトゲンシュタインは、ケンブリッジでは知的刺激を主としてラッセルから受けた。ラッセルは、二人の関係について多くの逸話を書き残している。もっともなことではあるが、これらの逸話において彼は、ウィトゲンシュタインの奇抜性を強調する嫌いがある。そうしたものに対してラッセルは、貴族的な愛好を覚えていた。しかし彼は、二人の共働から受けた大きな影響についても、賛辞を惜しんではいない。彼は追悼記事の中で次のように述べている。

　ウィトゲンシュタインと知己になったのは、私の生涯で最も刺激的な知的冒険であった。二人のあいだの精神的共感は後年には薄れてしまったが、最初の頃は、私は進んで彼から学び、彼も私から学んだ。(51)

『自伝』の中の、おそらく三〇年代前半に書かれた箇所では、次のように述べている。

　おそらく彼は、私がこれまで知ったうちで最も完全な天才の実例であった。深く、激しく、情熱的で、周囲を威圧せずにいない、といった伝統的に天才と考えられてきた型の天才である。彼には、ある種の純粋さが

備わっていた。この点で彼に比肩しうる者としては、G・E・ムーアのほかには私は一人も知らない。(52)
こうした後期の述懐では、彼は両者間の強い知的牽引力を必ずしも強調しなくなったが、ともかくこの牽引力のゆえにこそウィトゲンシュタインは、ラッセルの部屋で過ごした時間が生涯でいちばん幸せなときだったと強調したのであり(これは先に言及したエクルズに対してなしたのと同様に、期せずして発せられた言葉であった)、またラッセルは、オットリーン夫人への手紙の中でウィトゲンシュタインを「大切な人」と呼び、「ウィトゲンシュタインのおかげで私は存在するに値すると感じることができます」と述べたのである。

ますますウィトゲンシュタインが好きになってきました。理論に対する彼の情熱は、非常に強いものがあります。それは類まれな情熱で、誰もがそれを認めるにやぶさかではありません。彼が欲しているのは、あれやこれやの個々の事柄を証明することではなく、物事が実際いかにあるのかを発見することなのです。(オットリーン・モレル宛ラッセルの手紙、一九一二年三月八日)
ウィトゲンシュタインはとても激しやすい人間です。彼は哲学に対して私以上の情熱を持っています。彼の怒濤のような情熱の前では、私の情熱はさざ波のように見えます。彼は最高度に純粋な知的情熱を有しています。私が彼を愛するのはこのためです。彼は直観的で感情の起伏が激しく、芸術家肌の人間です。彼は、毎朝希望に満ちて仕事を始めるのに、毎晩失望に終わる、と言います。何か理解できないことがあると、私と同じようにカッとなるのです。(同、一九一二年三月一六日)
彼は私と同じ比喩さえ使います。それは、何としても突き崩さねばならぬ壁、彼と真理とを分け隔てる壁という比喩です。この前、二人で議論を交わしたのち、彼は「よし、これで少しは壁が崩せた」と言いました。

（同、一九一二年三月下旬）

これらは、二人のあいだで頻繁に交わされた議論に対するラッセルの感想である。そうした議論は、ウィトゲンシュタインが何か書いたものをラッセルのところへ持ってきたときになされることもあれば、ラッセルの授業中に始まった議論の続きとしてなされることもあった。さらにまた、（じきに彼らの習慣となったのだが）ウィトゲンシュタインが授業前にやってきて、講義ノートをあらかじめ読んだり、あるいは数学的論理学の何らかの点について「提案」をしにきたりしたときなどにも、議論が交わされた。ラッセルはオットリーン夫人に、あるとき、論理内容に対立するものとしての論理形式について述べているが、しかし彼女には通常、専門上の詳細な話はしていない。

続く二学期のあいだ、二人はますます頻繁に会うようになる。ウィトゲンシュタインはラッセルの授業に最もよく出てくる聴講者であり、学生たちがケンブリッジでの一年の区切りとなっている優等卒業試験、ボート・シーズン、舞踏会などを迎える時期には、ただ一人の聴講者であった。彼はしばしば授業後もラッセルのもとにやってきたが、ときにはバラとかスズランといった大陸的な趣味のプレゼントをたずさえていた。彼はよくラッセルと昼食を共にし、その後、長い散歩に出たものであった。彼はケンブリッジを取り巻く草原が好きだった。下オーストリアの丘陵地帯よりもウィーンのプラーターの草原のほうをずっと好む者の目には、ケンブリッジ以上に好ましい場所に立地している町は、ほかにありえなかったであろう。しかしラッセルは、さらにその先の野原へと彼を連れ出した。二人は野原に寝そべり、ひばりやカッコーの声に耳を傾け、さらにマディングリのまわりに広がる私有森の中へ侵入していった。

驚いたことに、ウィトゲンシュタインは木に登り始めた。大分上まで登ったときに、猟場管理人が銃を持って現れ、侵入をとがめた。私は上にいるウィトゲンシュタインに呼びかけ、一分以内におりてくれば発砲しないと約束してくれていると告げた。彼は私の言葉を信じ、おりてきた。(53)

他愛のない奇行や子どもじみた冗談は、ウィトゲンシュタイン流の気晴らしとして、その後も続けられた。些末な規則にとらわれない貴族主義的な態度は、彼とラッセルに共通していた。二〇年後にも、彼はリーヴィスに同じような私有地の侵犯をもちかけたが、その際には財産や礼節というイギリスの伝統的価値観、貴族主義的態度とは異なるもっと中心的な伝統的価値観に基づく非難を受けた。(54)ラッセルとウィトゲンシュタインは、しばしば午後のお茶を共にした。五時から七時までは、通常、仕事のための時間であり、ウィトゲンシュタインは時折ホールでの夕食（通常七時四五分からであったらしい）の前にラッセルを訪問した。ウィトゲンシュタインがラッセルと、あるいは他の知り合いと一緒にハイ・テーブルについて食事をしたということはなかったようであるが（研究生をその席に招くのは異例であったであろう）、二人は一緒にユニオン・ソサイエティで食事をしたり、私的な夕食会に出ていたらしい。夕食後に何らかの団体の会合があって、あるテーマでの議論が交わされたりしたときなどには、会合のあとで二人はそれについて辛辣な言葉で語り合い、夜更けに別れる、という次第になる。その時間は非常に遅く、朝早く起きるのはまずもって無理であった。夕食後には、同じような成り行きになるラッセル主催の「イブニング」が開かれることもあったし、また、コンサートが催されることもあった。ウィトゲンシュタインは会合のあと、ラッセルの部屋に再び行き、(55)夜半まで話し込むこともよくあった。ただしこの頃までは、まだ毎晩というわけでもなく、失望して帰るという具合でもなかった。

こうした一日の行動パターン――その一切合財をラッセルとウィトゲンシュタインがいつも、ないしばしば共にしていたというわけではないが――は、旧い大学では一九五〇年代まで残っていた生活様式を示すものとして、興味深い。それは、この二人の奇癖ではなかったのである。ウィトゲンシュタインは(友人になったときには)他の人々とも同じように長いあいだ会っていた。ただ、人一倍長い時間一緒にいようとする点で、他の人々と違っていた。彼はよく知られた冗談の中のユダヤ人のようであった。つまり、彼は他の人々とまったく同じように振舞っていたのだが、ただ同じであろうとする程度が人並以上だったのである。

会う頻度だけから考えても、ラッセルがウィトゲンシュタインを好きになり、彼をただの厄介者と見なそうとする当初の気持ちが失せたことは明らかである。この第一印象(ラッセルはそれを皆に共通する印象だと述べており、このことは彼が折々に出した当時の手紙でもはっきり言われている)には、明らかに二つの原因があった。まず第一に、人々は、ウィトゲンシュタインの洗練されたマナー――これは教養あるイギリス人の通常のレベルを凌ぐ繊細さを示していた――と、彼が何らかの問題に取りつかれて語る際の荒々しさ・激しさ・しつこさとのあいだの対照に驚かされた。

議論のときの彼はマナーを忘れ、ただ自分の考えていることをしゃべるのみです。(オットリーン・モレル宛ラッセルの手紙、一九一二年三月八日)

しかし、さらに別の側面があった。マナーに欠け、「霊感」と「才気」も失われるような場合が、それである。ラッセルは続けて次のように語っている。

それにもかかわらず、うんざりする厄介者だと思いたくなるようなところが、彼にはあります。気分がのらないときにも彼は話すのですが、のろく、どもりながら、つまらぬことをしゃべるのです。しかし最も調子のよいときの彼は、とても素晴らしい。(同)

「最も調子のよいときの彼は、とても素晴らしい」——ラッセルはウィトゲンシュタインの洞察力ばかりでなく、まったき率直さにも感心した。

ウィトゲンシュタインほど誠実な人間、真実を隠す偽りの礼節を持たない人間はいないでしょう。彼は感情を隠しません。そういう点に私たちは好感を寄せているのです。(オットリーン・モレル宛ラッセルの手紙、一九一二年三月一〇日)

彼はいつでも完全に率直です。(同、一九一二年三月一六日)

彼はおべっかを使わず、隠し立てしないまったく誠実な人間です。(同、一九一二年三月一七日)

あとでも触れるが、この頃のラッセルはウィトゲンシュタインの批判を受け容れることができたし、批判の強さのために彼にうんざりするということもなかった。おそらくその年の夏が二人の親密さの頂点であり、ウィトゲンシュタインはラッセルの「宝」であった。

彼は心底私を好いているようです。どんな感情の行き違いも、彼には苦痛の種となります。私は彼のことがとても好きですが、もちろん私はあなたに夢中になっていますので、彼に対する私の好意は、私にとってそれほど重要ではありません。少なくとも、私に対する彼の好意が彼にとって重要であるほどには。(オットリーン・モレル宛ラッセルの手紙、一九一二年六月一日)

ウィトゲンシュタインがこの年の夏にラッセルに宛てて出した手紙には、愛情のこもった表現が見られる。(56)それは、彼の強い愛着を証明しているとまでは言えないとしても、そうした愛着を十分にうかがわせる。ラッセルも自らの感情を隠すところがなかった。

ウィトゲンシュタインから手紙を受け取りました。心のこもった手紙で、いずれあなたに見せましょう。私は彼を息子のように愛しています。(オットリーン・モレル宛ラッセルの手紙、一九一二年八月二二日)

のちの手紙(九月五日)でラッセルは、保護者としての感情を抱いていると語っている。彼が心に思っているままを述べていることに、疑問の余地はない。彼は当時四〇歳で、子どもを持ちたいと切望していたが、その見込みはなかった。一方でオットリーン夫人は、アリスが長いあいだ果たしていなかった妻の役割を担っており、他方ウィトゲンシュタインは、ある程度、子どもの代役となった。かくしてこれら二つの関係は、しばらくのあいだ、ラッセルにとって最も親密な関係となり、彼は絶えずそれら二つの関係を並べて見ていた。

ラッセルは四〇歳となり、数学で多大の業績を残してきた。この領域は、独創的能力がいち早く開花し、いち早くしぼんでしまう領域である。とすれば、この種の研究に関するかぎり、ラッセルが能力を使いつくしたと自ら感じたのも、無理はない。一九一二年の夏になると、それははた目にもわかった。それでホワイトヘッド父子は、学問研究はやめておくよう彼に助言したほどである。その夏には、彼はウィトゲンシュタインを息子とも後継者とも考えるようになった。しばしば彼は、新しい発見をなしえない科目を教える価値が自分にあるのか、と自問した。四月にウィトゲンシュタインと話し合ったあと、彼は次のように書いた。

ここでの私の日々の単調な仕事は、実際有益だと思います。ただウィトゲンシュタインがいるからこそ、そうなのです。（オットリーン・モレル宛ラッセルの手紙、一九一二年四月二三日）

聖霊降臨節の頃に、ウィトゲンシュタインが哲学研究を正規に修了し、そしておそらくは哲学の教師になることを望んでいるのがはっきりしたとき、ラッセルは次のように言うことができた。

奇妙なことに、生きたいという願いが彼のために減じてきました。というのは、私がなすべき仕事は彼がするでしょうし、私よりもうまくやるでしょうから。私が知性のバネをほとんど使い切ってようやく到達した地点から、彼は新しく始めるのです。（オットリーン・モレル宛ラッセルの手紙、一九一二年六月一日）

ウィトゲンシュタインは、自らの考えを筋の通った体系の形にして展開することにも、また、自らの考えを当時の哲学的議論の流れに正しく位置づけて論ずることにも、ほとんど意を用いなかった。言うまでもなく、これが障害となった。一つには、これは彼の文章上の好みによる。いつでも彼は、獲得した洞察の印象的で簡潔な表現を探し求めた。それは、まがうべくもなく明瞭でなければならない。そして同意できない見解を論駁するために彼が用いた手法は、当の見解を言い換えることであり、これによってその見解の不条理が明らかになるのである。しかし、『論考』との関わりでのちに触れるが、彼の立場の斬新さのゆえに、旧来とは異なる表現形式が必要であった。ラッセルは、ウィトゲンシュタインのこうした哲学のやり方にためらいを覚えた。

私は彼に、真と思うことを述べるだけでは駄目で、論拠を呈示するよう言いました。すると彼は、論証などすれば思想の美しさが損なわれるし、泥だらけの手で花を汚すような気がする、と言うのです。私は彼に感心しました。知性の領域での芸術家というのは、きわめて稀有なものです。私は、それに反論するつもりはないが、奴隷を雇って論拠を述べさせたらどうか、と彼に言いました。彼の書くものの要点は誰にもわからないのではないかと、はなはだ心配になります。何しろ彼は、考え方の異なる者に論拠を呈示して、主張をよく見せようとはしないのですから。（オットリーン・モレル宛ラッセルの手紙、一九一二年五月二八日）

しかし、「それは成り行きに任せねばならない」とラッセルは思った。彼が以前から気づいていたように、ウィトゲンシュタインが「知らねばならないことのうちわずか」しか知っていないという事実についても、彼は同様に考えていた。一九一二年五月末に、ピンセントは日記に以下のように記した。[57]

ウィトゲンシュタインは［哲学の］組織的な読書を始めたばかりである。彼は、かつて知らずに崇拝していた哲学者は皆、結局のところ愚かにして不誠実であり、ひどい誤りを犯している、と素朴に驚きを表明している。

大事な点は、ラッセルが自分の手にあまると思っている欠陥や誤謬をウィトゲンシュタインは看破し、直すことができた、ということである。それゆえラッセルは、ケンブリッジでの五年目が終わるとき（一九一五年）には教職を辞し、そのときにはウィトゲンシュタインがあとを継ぐまでになっているだろうと考えた。

彼を見ていると、これまで私一人の肩にかかっていた難しい思想の部門をすっかり彼に委ねることができるのではないかという、喜ばしくも不精な思いがわいてきます。こう考えると、学問研究を放棄するのも、ずっと気が楽になります。（オットリーン・モレル宛ラッセルの手紙、一九一二年九月四日）

ここで言われている学問研究というのは、『プリンキピア』の続篇のこととは思われない。幾何学に関する第四巻の執筆は、すっかりホワイトヘッドに任されていた。ラッセル自身は、『プリンキピア』そのものの基礎に関する別のもっと基礎的な説明、すなわち論理学的真理の本質についての解明、および「還元公理」のような必然性を欠いていると思える公理の正当化が必要だと思っていたようである。そしてこれこそ——ラッセルのあらゆる発言が示唆しているのであるが——ウィトゲンシュタインが手がけていたことであった。ウィトゲンシュタインは一九一三年の秋に、元来は「論理学」という表題が付された「論理に関するノート」をラッセルのために書いた。しかしウィトゲンシュタインは、一九一二年の夏には論理学の本質に関するそうした説明を書こうとしていたらしい。ラッセル自身は、一九一二年の秋になってようやく、そうした企てに直接たずさわるようになった。その成果については、のちに見ることにする。

著作の表題は「論理とは何か」となる予定であったが、結局これは、『プリンキピア』で未解決のまま残された問いであった。

しかし、すでに述べたように、ラッセル自身は別の方面の仕事に従事していた。ウィトゲンシュタインがケンブリッジにやってきたときには、『プリンキピア』の第二巻と第三巻が印刷中であった（これらはそれぞれ一九一二年と一九一三年に公刊された）。校正の作業が残っていたものの、ラッセルにとってオリジナルな仕事は残っていなかった。もっとも、ホワイトヘッドは第二巻に多数の改訂を加えねばならなかった。(59) 一九一二年四月、ラッセルはオットリーン夫人への手紙に次のように書いた。

この一年にした仕事を振り返っているところです。三文小説、宗教に関する論文、アリストテレス協会の論文、ベルクソンに関する論文、自伝、そして年内には「物質」も片づけねばなりません。

アリストテレス協会の論文というのは、「普遍と特殊の関係について」(60) のことであって、ウィトゲンシュタインと親しくなる前に書かれ、講演されたものである。そこでのテーマは、主語と述語のあいだにある分析不可能な述定関係の存在であり、これは『論考』四・一二七四に反映している。そこではウィトゲンシュタインは、「分析不可能な主語‐述語命題が存在するか」と問うことはできない、としている。ラッセルはまた、この論文において、哲学で伝統的に言う実体のように、破壊不可能ではない特殊者が存在する可能性を擁護している。ウィトゲンシュタインが『論考』（二・〇二―二・〇二七二）で、世界の実体は不変でなければならないと主張するとき、彼は当然このことを考えていたであろう。しかし、この論文について、当時どのような討議がなされたのかはわからない。そしてよく知られていることであるが、

『論考』は、そこで言われている「対象」が普遍者なのかそれとも特殊者なのかについて、何もはっきりと表明してはいない。こうした考え方全体が退けられているように思われる。(61)

ラッセルは、一年よりはるかに長い期間、「物質」論文にかかりきりになる。この方面の彼の思索は、一九二七年の『物質の分析』をもってようやく終わるのである。『哲学の諸問題』では、物質の存在は妥当なこととして扱われたが、感覚所与からの絶対に確実な推論とは見なされなかった。今やラッセルは、この推論を問題にし始め、それが依拠しているアプリオリな諸原則の有効性を疑い、それまでの考え方をやや変えて、物質は感覚所与からの論理的構成であるという考えに傾き始めた。もし物理学に妥当性があるなら、われわれが現実に経験する感覚所与と非常によく似た、感覚されざる感覚所与があるということ(ラッセルはのちにこれを「センシビリア」と呼ぶ)、また、物理学で言う物体とはそのような知覚される感覚所与と知覚されない感覚所与との集合であるということが、仮定されなければならない。そのような実体が物理学では要請されるということだけでは、その存在証明としては不十分である、とラッセルは考えていた。そのために彼が提示しえた唯一の形而上学的論拠は、われわれの知覚する諸性質が独立した実在であるという、われわれの本能的な信念であった。このときの彼の全般的な目標は、直接の経験のうちにであれ、自明な一般的原則の助けによってであれ、独我論を退け、科学の真理を受容するための根拠を見出すことであった。

一九一二年のイースター後にケンブリッジに戻ったウィトゲンシュタインは、この企てに辛辣で否定的であった。

「物質」について彼と議論しました。彼はそれをつまらぬ問題だと考えています。彼は、物質がなければ自分以外の誰も存在しないことになるのは認めるのですが、それでも構わないではないか、何しろ物理学・天文学その他すべての科学は依然真であると解釈されうるのだから、と言うのです。（オットリーン・モレル宛ラッセルの手紙、一九一二年四月二三日）

ウィトゲンシュタインは、気質的にも哲学的にも、独我論を渇望していた。『論考』では、独我論はともかく前面に出ないようにされているものの、全面的に退けられてはおらず、戦時中のいちばん最後の「日記」では、その考察量が増大する。[62] 彼の考えでは、物理法則がいかなる論理的装置を用いようとも、その目的は世界の諸対象――それがいかなるものであれ――について語ること（『論考』六・三四三一）なのであるから、世界がどのようなものでなければならないかについてのいかなる結論も物理法則から引き出せないのは自明のことであった。この後半の部分に関しては、おそらく彼は、彼自身が考えるほどラッセルと違ってはいなかった。というのは、ラッセルの努力の大半は、われわれが十分な根拠をもって前提してよいと彼の考える諸対象（感覚所与）に対して、物理学がどのような解釈を適用しているのかを発見することに向けられていたからである。

物質に関するウィトゲンシュタインの考え方は、その過激性のためにラッセルの気に入ったようである。彼の考え方は、その翌日あるいは翌々日に、茶会の席でリットン・ストレイチと出会った際に彼が示した態度と同一線上にある。このときの彼について、ラッセルは次のように記している。

彼は、私が出会った中で、哲学的懐疑論に偏執する唯一の人間です。何か知られえないものがあると証明されると、彼は喜ぶのです。（オットリーン・モレル宛ラッセルの手紙、一九一二年五月二日）

しかし、こうした特徴は、現存する彼の文章の中には見出すことができない。これに最も近いものは、認識論――もしこれが、われわれの確実に知っているものを発見しようとする試みだと考えられるならば――の問題を彼が周到に避けたことである。彼はすべての論理学的真理の標識をあげることができたが、すべての知られている真理の標識をあげようとしたことはなかったのである。しかしながら、当時の彼が懐疑論者であったならば、物質に関するラッセルの論文を読んでその冒頭部に満足を覚えたことは、何ら不思議ではない。

以下で私は、三つのテーゼを主張したい。

(一) これまで哲学者が物質〔の存在〕に反対して主張してきた議論は、すべて誤りである。

(二) これまで物質〔の存在〕を支持してきた議論は、すべて誤りである。

(三) 仮に物質が存在すると考えるべき理由があるとしても、それに固有な本性に関して何事かを発見する方法がない。(63)

この論文の結びの部分は、ウィトゲンシュタインも好んだ箇所であった。そこでは、現実の感覚所与と可能な感覚所与とが存在するという仮説が、われわれの本能的信念と最もよく一致するものとして提起されている。ただし、それを否定するような決定的論拠がありうるかもしれず、逆にそれを支持する論拠はありえないのではあるが。冒頭と結びの部分に関するかぎり、物質についてのこの論文はそれまでのラッセルの仕事のうちで最良のものである、とウィトゲンシュタインは考えた。しかし彼は、真ん中の部分には同意しなかった。その部分の骨子は、物質の存在を仮定しなくても済むようにするには、科学をどう解釈したらよいのかを説いていたからである。(実際ラッセルは、一〇月になってからこの部分を大幅に書き改めた。)

三文小説、『哲学の諸問題』については、先に簡単に述べておいた。また、それが、論理学の確実性を説明するために、自明性ということに依拠していることにも触れておいた。この点はラッセル自身も不十分だと感じていたし、ウィトゲンシュタインもその著述においてとりわけこの点を批判的に考察した。[64] この書について二人のあいだで議論が交わされたようであるが、ラッセルは「哲学の価値」を論じた最終章に対してウィトゲンシュタインが嫌悪感を示したということしか報告していない。ウィトゲンシュタインと交わしたさまざまな会話が契機となって、ラッセルは彼をきわめて率直な人間だと思うようになったが、この議論もそうした会話の一つであった。ウィトゲンシュタインの考えでは、哲学が自らの外側に目的を持つ、すなわち価値を有すと考えるのは、誤りであった(この点に関する彼の見解は、先に引用しておいた)。実際この頃のラッセルには、熱をこめて大げさな結論を語ったり、さらには「自由人の信仰」——最初に出版されたのは一九〇三年——のテーマに逆戻りしているような論文を書く傾向があった。

おのれの幸せを求めてもがくのをやめ、束の間の欲望をすべて捨て去り、熱い思いをもってひたすら永遠のものを求める。これこそ解放であり、自由人の信仰である。そしてこの解放は、運命に思いをひそめることによってもたらされる。というのは、時という浄化の火によって清められねばならぬものを何一つ持たぬ人は、運命そのものの上に立つからである。[65]

それまでのラッセルは、疲れ果ててはいるが屈することのないアトラスにも似て、もっぱら誇り高い反抗をこととしていた。その慰めはと言えば、ただ、自分は善を知っているが、敵対的で邪悪な世によってそれを阻まれているという自覚だけであった。しかし今や彼は、哲学において知性を客観的に働かせることが実際生活にも望ましい効果をもたらしうることを知ったのである。

哲学的思索の自由と公平とに慣れ親しんだ精神は、行為と感情の世界においても同じ自由と公平とをいくらかなりとも保持するであろう。……思索によってわれわれは、他の都市と相争って自らの周囲に城壁をめぐらす都市の市民になるのではなく、世界の市民となるのである。(66)

さらに思索は、ラッセルにとって、もはや世界を断罪するための手段ではなく、世界を受容するための手段となった。おそらくこれは、善悪の客観的妥当性に対する信念を失ったこと(67)と関連がある。彼はそのことを『自由人の信仰』に関する一九一七年の論評の中で指摘している。

一九一二年四月の手紙で彼が言及している「宗教に関する論文」というのは、明らかに、一九一二年一〇月の『ヒバート・ジャーナル』に掲載された「宗教の本質」のことである。その中で彼は、宗教の教義は退けるが、礼拝・信従・愛といった好ましい要素は保持しようとする。彼の考えでは、人間の中の動物的な部分は、自分の欲求を世界が重視していないと考えるのに耐えられない。しかし、

神的な部分は、世界がある範型に従うように要求したりしない。それは世界を受け容れ、世界から何も要求するところのない融合を知恵のうちに見出す。……およそ要求というものは牢獄であり、知恵は、何ものも

要求しないときにのみ自由なのである。

ウィトゲンシュタインは、この論文を公刊後に初めて目にした。のちにも触れるが、一〇月にケンブリッジに戻ってきたときの彼の気分は、その前の学期よりも攻撃的かつ批判的であった。彼はこの論文を嫌悪した。彼のこうした反応のため、ラッセルとの会話は往々にして苦痛に満ちたものとなった。

彼は、私が厳密性という信条を裏切り、曖昧な言葉をみだりに用いていると考えました。また、この種の事柄はあまりにも個人的問題なので、印刷されるにふさわしくないというのが彼の意見でした。私はそれを深く心にとめました。彼の言う通りだと半ば自ら思ったからです。(オットリーン・モレル宛ラッセルの手紙、一九一二年一〇月一一日)

ウィトゲンシュタインの批判に、私はひどく狼狽しました。彼は私のことをよく思いたいと望んでいたので、大変惨めでおとなしくなり、また傷ついていました。(同、一九一二年一〇月一三日)

道徳的教説を印刷物の形で表明しようとする試みを、ウィトゲンシュタインはいつもうさんくさい目で見ていた。人生の諸問題を私的に議論する際にも、対話のほうが手紙よりもずっと好ましいと思っていた。人が活動や行為に付与した道徳的意味、人がある発言の中に認めた意図、こういったものは通常、その人自身をよく知っている人と差し向かいで、しかも抵抗を覚えつつ表明されるものでしかなかった。一方で彼は、個人的な事柄を論文や説教で語ることに対して、美的な観点から反対した。他方彼は、活動や生活から道徳的な内実や原則を分離抽出し、それだけを提示しようという試みには、知的・道徳的観点から反対した。これら二つの反対は、まったく同一線上にあった。それゆえ彼は、あとで見るように、ムーアに深い好意を寄せ、彼の生活のあり方に引きつけられた。とはいえ、自らの理想を表明しようという『プリンキピア・エティカ』におけるムーアの試みは、ウィトゲンシュタインの目には成功しているとは思えなかった。一九一二年六月に、彼はラッセル宛の手紙で以下のように述べている。

今ムーアの『プリンキピア・エティカ』の一部を読んでいるところです。（驚かないでほしいのですが）まったく気に入りません。（注意してください。内容の大部分に同意できないということは別にしてです。）これがフレーゲやあなたの著作（ただし『哲学論集』中の数篇の論文は別です）と比肩しうるとは思えません。いやむしろ、全然比較にならないと確信しています。……不明瞭な言明は、いくら反復したところで決して明瞭になどなりはしません。

ウィトゲンシュタインによれば、倫理に関するムーアの発言は、彼が善そのものの本性を記述し、いかなることがよいのかを述べようと試みるときには、不明瞭にならざるをえなかった。そのように試みる点で、彼は、世界に対するある特定の態度を称賛する『自由人の信仰』のラッセルになぞらえることができる。(68) この方向でなしうる最善は、読者を何らかの価値ある活動に実際に関わらせ、しかもその際、それには価値があるとくどくどと申し立てないことである。だからこそウィトゲンシュタインは、その種のこと（＝哲学の価値の擁護）が「背後にしっかりしたもの」を持っている場合には好ましい、と言ったのである。(69) 彼にとっては、ラッセルがベルクソン哲学を論じたとき、その結びの部分がちょうどそのようなものであった。その中でラッセルは、知性よりも本能を好んだベルクソンに対する反論を展開するが、その中核をなすのは思索の称揚である。

目的のない活動も善として欠けるところがないと思っている人々は、ベルクソンの著作の中に好都合な世界像を見つけることであろう。しかし、行為に何らかの価値があるとすれば、行為は、日常生活の世界よりも苦痛・不正・争いの少ない世界に関する展望によって、あるいは想像力を働かせてそうした世界を思い描く予感によって導かれなければならないと考える人もいる。それは要するに、思索に基づいて行為する人である。このような人は、この哲学の中に自らの探し求めるようなものを何も見出さないであろう。そして、この哲学を正しいと考える理由のないことを進んで認めるであろう。

この部分は、ラッセルがいつも主張していた議論から引き出されうる結論である。それゆえ文体にも、ラッセルの特徴がよく出ている。すなわち、鋭く簡潔で、ユーモアがあり、しかも説得力に満ちている。それは（たいていの人にとっては）『自由人の信仰』や「宗教の本質」などに見られるような、気品はあるが不自然にこった文体よりも好ましいものとなっている。

印刷物は個人的なものであってはならず、説教であってもならない。これがウィトゲンシュタインの考えであった。のちの逸話によれば、彼がトルストイの『復活』を指弾したのも、この理由による。彼が言うには、疑いもなく『ハジ・ムラート』――彼は一九一二年夏にこれをむさぼるように読んだ――でなしたように、トルストイは「読者に背を向ける」ときがいちばんよい。われわれは著者が人生を描写するのをその肩越しに見る。そしてわれわれは、そこにあらわにされた価値を、教えられるというより、むしろ見るのである。パウル・エンゲルマンは、ウィトゲンシュタインと共にウーラントの詩『エーベルハルト伯爵のサンザシ』を称賛していたが、彼もこの詩の与える感銘について同様の分析をしている。[70]

高尚な事柄は間接的にしか伝達できないという考えは、『論考』の中心思想の一つとなった。そこでの表現を借りれば（六・五二二）、高尚な事柄は示される、すなわち自らをあらわすのである。そして言うまでもなく『論考』そのものも、主として、それが語っていないものによって何事かを示そうとしたのである。ウィトゲンシュタインの考えでは、『論考』は、そこに書かれた全命題を考え抜き、最後にはそれらが無意味であることを認識した人にのみ理解される（六・五四）。この意味は、少なくとも次のように理解できる。つまり、高尚なこと（ウィトゲンシュタインの考えでは、これが『論考』の主眼であった）の伝達は、『論考』の思想を正しい心で著者と共に考え抜いた人に対してのみ可能だ、ということである。『論考』を理解するのはそこに表明された思想をすでに持っている人だけで、しかもそのような人は一人しかいないであろう、とウィトゲンシュタインがその序文の中で述べたのは、主としてこうした理由からであった。

こうしたのちの時期の問題を哲学的な連関の中で検討することは、まだできない。しかし、それをここで言及しておくのも悪くはない。というのは、そこに見られる態度は、ラッセルに対するこの時期のウィトゲンシュタインの反応の中に、すでにうかがえるからである。彼がある問題について最初に見解を表明したときには、それはいつでも完全に定式化された形で見出されるわけではない。概して言えば、のちに定式化される見解の原型が当初からの彼の思索の中に見出されるのである。それゆえ、彼の思索の跡をたどると、受けた影響が収束していく場合よりも、発展し、広がっていく場合のほうがはるかに多いことがわかる。おそらく類例は比較的容易に見出されるであろう。ジャニクとトゥールミン[71]は、一九〇一年の『チャンドス卿の手紙』で最初に表明された、言語に対するホーフマンスタールの不信を一つの類似事例として引き合いに出している。しかしそうした比較によって、ウィトゲンシュタインの見解がどのような形で解明されるのか、疑問である。つまり、誤用によってすっかり汚された言葉を前にして沈黙を選ぶという態度は、語るに値することは直接的伝達が原理的に不可能であるという信念と同じではないのである。もちろん、ウィトゲンシュタインの信念がホーフマンスタールの言う沈黙の必要性を誇張し誤った仕方で認めたものであるとするなら、話は別である。ジャニクとトゥールミンは、誰も自らの歴史的状況以上のものは表明できないと考えているように思われる。彼らはそれによって、ウィトゲンシュタインに右の誤りを帰したいのであろう。彼らの方法論（これ自体が特定の時代の表現のはずである）に対する全般的な反論はひとまず措くとしても、明らかなのは、価値の表現不可能性に対するウィトゲンシュタインの信念と、文化が断片化していない時代には価値の間接的表現ははるかに容易であるという認識とは、矛盾するわけではないということである。実際ウィトゲンシュタインは、このあとのほうの認識に到達した。もっともそれは、今問題にしている時期よりものちの時代にであったようである。

ラッセルが印刷されるにふさわしくないような個人的な事柄を書いたとき、ウィトゲンシュタインはそれに対する批判と不快感とを表明した。ということは、そのような事柄が二人のあいだで話し合われたことになる。G・E・ムーアは、聡明な若者たちと人生の諸問題についていつも論じ合っていた。それに対してラッセルは、青年たちとの議論にムーアほど頻繁かつ無邪気に加わることがなかった。しかしラッセルは、ウィトゲンシュタインとの関係においては、しばし若々しい柔軟性と率直さを取り戻した。ラッセルがウィトゲンシュタインとの交流で再び活力を取り戻していったことは前に見たが、これもその一つである。

言うまでもないが、内面的・個人的事柄に対するウィトゲンシュタインの態度をラッセルが知り、またウィトゲンシュタインのほうからそれを話すようになるまでには、一定の時間を要した。ラッセルが最初に気づいたのは、宗教と道徳に対するウィトゲンシュタインの激烈で敵意に満ちた態度であった。

彼はキリスト教徒に対して私よりもはるかに手厳しい人間です。彼は修道士である学生Fが好きでしたが、Fが修道士であると知って驚きました。彼とFが一緒に茶会にきたところ、突然彼はFを非難し始めました。すっかり憤激しているように見えました。昨日、彼は再び非難を始めましたが、論争をするのではなく、誠実さについて説教をするのです。私はこれからどうなるのかと思っています。彼はおよそ倫理とか道徳というものを心底忌み嫌っています。彼はわざと衝動的な人間となっており、誰もがそうあるべきだと考えています。（オットリーン・モレル宛ラッセルの手紙、一九一二年三月一七日）

半年後にも、ウィトゲンシュタインはFに「精密科学に関する何かよい本を読み、誠実な思惟がどんなものかを知る」[72]ようにと勧めていた。Fはこれに怒らずに耐え、彼の気にさわっているのは自分が修道士であることなのだと考えた。ラッセルはウィトゲンシュタインの気性の激しさと衝動の強さとに感心した。

私と同じように、彼も張りつめた興奮状態のうちで生きており、じっと座っていたり、本を読んでいたりすることがほとんどできません。彼はベートーヴェンについてある友人がどのように描いているかを話していました。その内容は、こうです。その人がベートーヴェンの部屋の戸口の所へ行くと、中で新しいフーガを作曲中の彼が「呪咀したり、わめいたり、歌ったり」するのが聞こえました。まる一時間もしてから、やっとベートーヴェンは戸口に出てきたのですが、悪魔と闘っていたかのような顔つきでした。三六時間ものあいだ、彼は何も口にしていなかったのです。料理人もメイドも、荒れ狂っている彼のもとから逃げていたからです。これぞあるべき男の姿だ、というのです。(オットリーン・モレル宛ラッセルの手紙、一九一二年四月二三日)

この年の夏に、ラッセルはモーツァルトとベートーヴェンの伝記を読んだ。[73] そのことにウィトゲンシュタインは喜びを表明し、「彼らこそまことの神の子らです」と手紙に記して、早速ベートーヴェンの五巻の書簡集をラッセルに送った。

「これぞあるべき男の姿だ」。ウィトゲンシュタインは、ベートーヴェンのような人の生涯に否も応もなく圧倒され、それを賛嘆していた、というだけではない。彼は自らやラッセルに対しても、そのようであるべきだという絶対的な要求をかかげ、しかもその際、ラッセルがしていたようには、イギリス式の生活や慣行に対していささかも譲歩するところがなかった。一九一二年一一月に、ラッセルは次のように書いている。

今日、ノースとウィトゲンシュタインのために、興奮した午後を過ごしました。私はウィトゲンシュタインと散歩に出る約束をしていましたが、ノースのボートレースも見に行かねばならぬと思いました。そこで私は、ウィトゲンシュタインを川へ連れていきました。大敗ではありませんが、ノースは負けました。レース後の彼は、へとへとになっていました。レースの興奮と、伝統的にそれに与えられてきた重要性は、苦痛を与えます。ノースは、さほど表にはあらわしませんでしたが、負けたことをひどく気に病んでいました。ウィトゲンシュタインはうんざりして、こう言いました。――われわれは闘牛を見物したほうがましだった

(私自身もそう思いました)、一切はろくでもない、云々。私はノースが負けたので、いらいらしていました。それで競技の必要性を根気強く、はっきりと説明しました。最後に私たちは話題を変え、これでうまく収まると私は思いました。しかし、彼は突然話を中断して、こう言うのです。——こういう仕方で午後を過ごすのはきわめて邪悪であり、私たちには生きる資格がない、少なくとも自分には生きる資格がない。自ら偉大な仕事をなし遂げるか、他者の偉大な仕事を味わうこと以外には、何も許されない。自分はこれまで何事もなし遂げたことがないし、これからもないだろう、等々。人を打ちのめさんばかりに力をこめて、こうしたこと一切を語ったのです。

彼といると、私はメーメー鳴く子羊になったような気がします。私はやっとのことで彼をなだめ、家に帰り、ノースをもなだめました。あなたは、私がどんなことに対しても冷静で、いささかも興奮を覚えなかったのだと、そして私を単なる常識の塊だと思うことでしょう。(オットリーン・モレル宛ラッセルの手紙、一九一二年一一月九日)(74)

あとにも触れるが、この頃のウィトゲンシュタインは、とりわけ厳しく友人や自分のあらを探し出し、そして欠点を直すことにきわめて熱心に取り組んだ。

ラッセルは、ウィトゲンシュタインが自分と同じ理想を抱き、また同じように妥協を排する厳しい態度を持っているのを見て、しかも自分よりも一層厳格な形でそれらを持っているのを見て、感動すると同時に、それをおもしろがりもした(この二つの反応は、ラッセルの友人とのつき合いにしばしば見られる二要素であった)。しかし、聖職者や修道僧に対するウィトゲンシュタインの憎悪、倫理に対する彼の嫌悪について言えば、ほどなくラッセルは、それらが当初彼が考えていたのとは違ったものであり、また彼自身の態度とも異なるものであることに気づいた。

先だって、ウィトゲンシュタインには驚かされました。彼は突然、「たとえ全世界を手に入れても、自分の魂を失ったら、何の得があろうか」という聖書の句に自分がどれほど深い感銘を受けているかということ、また、自分の魂を失わない人がどれほどわずかしかいないかということを語り始めたのです。私は、魂を失うか否かは自分の大きな目標に忠実でいるかどうかにかかっている、と言いました。すると彼は、むしろそれは苦難とそれに耐える力とにかかっていると思う、と言うのです。驚きました——彼からそんなことを聞くとは思ってもみませんでした。（オットリーン・モレル宛ラッセルの手紙、一九一二年五月三〇日）

ウィトゲンシュタインはたいていはいつもペシミスティックであり、ラッセルもしばしばそうであった（それゆえに『自由人の信仰』におけるような運命についての言葉が書かれるのである）。しかしラッセルの場合は、そこから反抗へと転じ、苦難そのものに価値があると考える人々をモレクの宗教、奴隷の屈従に身を委ねる者と見なす傾向があった。他方、ウィトゲンシュタインは、苦難を慎み深い生活の不可欠の要素と見ることができた。(75) 以下は、その翌日のことである。

ウィトゲンシュタインはディケンズを読み始め、デイヴィド・コパフィールドは、エミリーとかけ落ちしたことでスティアフォースをとがめるべきではなかった、と言うのです。私は、自分ならそうしただろうな、と言いました。彼はたいそう心を痛め、それを信じようとしませんでした。彼は、人は友人たちに対して常に誠実で、彼らを愛し続けることができるし、またそうすべきだと考えているのです。次に私たちは、ジュリ・レスピナスについて語り合いました。そして私は彼に、「仮に君がある女性と結婚していたとして、その人がほかの男とかけ落ちしたとしたら、どう思うかね」と尋ねました。すると彼は、怒りや憎しみを抱くことはなく、ただ深い悲しみを覚えるだろう、と言うのです（彼は本当のことを言っていると思います）。彼の性格はどこまでも善良です。だからこそ、彼は道徳の必要性も理解できないのです。私は当初、完全に誤解していました。彼は激情に駆られればどんなことでもやりかねませんが、冷血な悪行を犯すことは決してないでしょう。彼の考え方は、何ものにもとらわれることがありません。原則とかそれに類したものは無意味だと彼は思っています。彼の衝動は強く、しかも恥ずべきところは微塵もないからです。

私はジュリの物語をウィトゲンシュタインに話して聞かせ、それから彼女の手紙を一通、彼に読むよう渡しました。彼は大いに心を動かされました。私が彼女の不幸の原因はギベールだと言うと、彼は「彼女は不幸にならざるをえなかったのです。なぜなら彼女はそういった仕方で愛することができたのですから」と言うのです。こうした事柄について、これまで彼と話をしたことはありませんでした。（オットリーン・モレル宛ラッセルの手紙、一九一二年六月一日）

人格の一部になっているような高潔な衝動に全面的に従って行動することが苦難を招くのであれば、それゆえ苦難を避けたり減じたりしようとすることが自らの魂を失わせる誘惑となるのであれば、安逸よりも苦難のほうが望ましい。ウィトゲンシュタインのこうした考えは、ヴァイニンガーに対する称賛と同一線上にある。（ヴァイニンガーに言及したときに述べたように）ウィトゲンシュタインにとって、自分の思想を宗教的な言葉で表現するのは、自然なことであった。とはいえ彼には、公式の宗教には不誠実なところがあるように思われた。というのは、公式の宗教は、本来私的で自らの意志に基づく事柄を制度の問題にしてしまい、それゆえ道徳的真理を他の知的営みにならふさわしい方法で客観的な観点から探究し、教え広めようとするからである。したがってそれは、追求される目標（ここでは「自らの魂を救うこと」）とそれに用いられる手段の双方を安直なものにしてしまうのである。繰り返し表明される道徳の忌避、そして精密科学のあり方を誠実に見きわめるべきだという要請、この二つはここに由来する。確かにこの頃のウィトゲンシュタインは、宗教経験を排斥するようなことはしなかったし、ムーアが「使徒」たちの集会で回心について発表した折には、自分の知るかぎりでは、回心とは思いわずらいを捨て、何が起ころうとも動じない勇気を持つことなのだと会員たちに述べた[76]。このとき彼の頭にあったのは、明らかに、『十字を書く人々』によって呼び起こされた、自分はまったく安全だという「体験」であった[77]。のちになって彼自ら言っているように、こうした体験の表明は、字義的にはナンセンスであるし、学問的発言であろうとするわけでもない。ここで宗教に対するウィトゲンシュタインの態度を描写してきたが、それを推奨しようという意図があるわけではない。その大半は月並なもので、重要なのはそれをどのように応用するかである。しかし、いずれ明らかになるが、彼はラッセルほど宗教を拒絶しなかったし、それを変革することもなかった。二人は偉大な仕事の意義については意見が一致していたものの、ウィトゲンシュタインは、宗教という道徳の等価物を客観的な目標の中よりも、むしろ個人の生の中に見出していた。そしてのちの彼は、政治的・社会的なプログラムや運動に対して、とりわけそうしたものへのラッセルの参与に対して、きわめて懐疑的であった[78]。それはともかく、友情を説明することなどできるものではない。ラッセルの類まれな鋭敏さ——ウィトゲンシュタインが言ったように、彼の「聡明さ」——は、二人の交友にとって重要な契機であった。このような力にあふれた精神との親密な交流をウィトゲンシュタインが長く続けたのは、これが初めてであった。彼はラッセルの力強い精神を決して忘れることがなかった。それは、彼が自らの後期の思想に対するラムジーとスラッファの寄与を忘れることがなかったのと同じである。知的な関わりという点では、ウィトゲンシュタインはこの二人ともラッセルと同じような友人関係にあった。(おそらくケインズはこのカテゴリーには入らない。彼とはそれほど頻繁な接触はなかった。)しかし、ラッセルが語っていた二人のあいだの知的共感には、さらに別の要素も含まれていた。この頃のラッセルには、円熟に達しつつも他方では新しい思想を進んで受け容れるという、ウィトゲンシュタインの目から見れば貴重な特性が備わっていた。それだけではなく、この頃の彼は(哲学以外では)公的な事柄によりも、むしろ個人的な事柄に一層強い関心を抱いていた。ラッセルにこうした特性がなければ、二人のあいだに友情がはぐくまれることもなかったであろう。

このように時宜に恵まれた友情は、とりわけこの最初の年においては、二人にとって大いなる幸せの源となり、彼らの生活に意味を与えた。この交わりの中で、彼らはもっぱら哲学について論じ合った。彼らは相互に刺激を与え、相手の反応から、何らかの進歩があったという感情を確認し合ったのである。彼らは重要と思われたほかのこともすべて分かち合った。ラッセルは前よりも頻繁にコンサートに行くようになった。当初はウィトゲンシュタインに連れられて、しかしのちには彼がいなくとも行くようになった。アレーガッセの逸話、ベートーヴェンの偉大さについての話、『第九交響曲』をラッセルと一緒に聴きに行ったときが生涯で最も素晴らしいときであったという発言、こうしたことはいかにも些細なことではある。しかしこうしたことのために、ラッセルはベートーヴェンやブラームスのいくつかの曲を初めて、あるいはこれまでとは違った仕方で聴くようになったのである。とはいえラッセルは、音楽だけでは洗練された人間になることはできないと考えていた。

音楽はあまりにも情緒的で、言葉とあまりにも異なり、かけ離れすぎています。［ウィトゲンシュタインは］さほど広い興味を持っておらず、世界を幅広く探究しようとする望みもさして抱いていません。そのために論理学の仕事が損なわれることはありませんが、彼はいつまでも偏狭な専門家に留まり、ある特定の党派のチャンピオンになるでしょう。もし最高の尺度で判断した場合には。（オットリーン・モレル宛ラッセルの手紙、一九一三年三月六日）

こういうわけで（二人のあいだにどのような相違があるのかが本人たちに次第に明瞭になりつつあった）この頃、ラッセルはウィトゲンシュタインに、偏狭で無教養にならぬようフランス語の散文を読むべきだと勧めた。[79] 先に述べたように、ウィトゲンシュタインの読書には、深さと狭さが同居していた。フランス文学がほとんど無視されていたことは、パウル・エンゲルマンも確認している。それは単なる偶然であったのかもしれないし、彼がフランス語に通じていなかったためかもしれない。しかしそれは彼の気質と深く関係していたので、偶然とは考え難い。パスカルは――『プロヴァンシャル』はそうではないが、少なくとも『パンセ』は――彼に感銘を与えた。[80] 彼がルソーを読んだとは考え難い。彼がしばしば読んだフランスの作家はモリエールであり、その理由も理解できる。すなわち、モリエールの風刺詩は、劇的な現実の中から生まれるべくして生まれてきたからであり、ウィトゲンシュタインが好んだ言い方を借りれば、モリエールにはそれらの風刺詩を作る「権利があった」からである。ウィトゲンシュタインによれば、それらを単に引用してみたり、あるいは分析したり理論づけしたりすれば、そのよさはすべて失われてしまうのである。ラッセルがフランスの散文を読むように勧める一方、ウィトゲンシュタインのほうはドイツの詩文にラッセルの関心を向けようと努めた。ラッセルが述べているように、ウィトゲンシュタインはメーリケを「激賞」し、ラッセルの部屋に作品を一冊置いていくのであった（これはアレーガッセでの慣習である）。こうしてラッセルは、フランツィスカ・フォン・ヒューゲルがいくつかの作品を朗読するのを聞いて、メーリケを好むようになる。するとウィトゲンシュタインは（やや驚いて）、次にはゲーテを読むようにせき立てるのであった。ラッセルにとって、ゲーテを読むのはそれが初めてでは無論なかったが、以前にはその真価を味わって読んだわけではなかった。ラッセルのためにリヒテンベルクのアフォリズムを一冊（これは今日でもラッセルの蔵書の中にある）見つけ出してきたときには、ウィトゲンシュタインは一層大きな期待を抱いていた。リヒテンベルクの熱狂を理解するのは、イギリス人には困難である（フランス人にもそうであろう）。一八世紀の大方のドイツ文学に言えることであるが、リヒテンベルクの思想はがっしりしていても、ドイツ文学に比べて早くから洗練されていた文学に深く通じた者――ジョン・ラッセル卿の孫であるバートランドがそうであったが――から見れば、出発点はやや素朴である。たとえばリヒテンベルクは、人間が、とくに学識ある人間が愚者でありうるということを意外なことと思っているように見える。そして彼の言葉には、鋭さとアイロニーが欠けているように思われる。風刺詩――アフォリズムと呼ぶべきかもしれない――がさほど成功していないのは、そのためである。

こうして二人は、自分が影響を受けたものを交換し合い、書物について、男性と女性について、自分たちの理想と願望について論じ合いながら、互いに相手を説得しようと熱心に努めた。ウィトゲンシュタインは説得できるという望みは持っていたが、実際にはその可能性は薄かったし、他方ラッセルは半ば父親のような寛容を示しつつ、自らは一歩身を引いて、ウィトゲンシュタインが友人たちにどのような影響を与えるのか楽しみながら見ていた。このようにして、二人は相手の欲求に応え合っていたのである。

ウィトゲンシュタインは徐々にラッセルの友人たちと知り合いになり、そのうちの何人かと親しくなった。すでに述べたように、彼は最初の学期（一九一一年秋学期）をラッセルと過ごすために、そして数学の哲学を研究するために費やした。最初の正式の学期である次学期には、哲学に対して以前より広い関心を寄せ、ジョンソンに就いての勉強のほかに、心理学に関するムーアの講義に出席した。当初ほかの学生たちは、ウィトゲンシュタインの出現にさしたる印象も受けなかった。おそらく、彼はしばしば議論の根幹に関わるような異論を唱え（これは学生の目には単なる妨害と映ったであろう）、しかもそれを論証するのではなく、ただ断言するだけだったのであろう。ムーアはナンセンスな、あるいはナンセンスだと思った見解と議論を交わすときには、きわめて手厳しいことがあった。しかし相手も（振り返って考えるならば）これを個人的侮辱と受け取ることはめったになかった。論敵となった人々も、彼がきわめて慎み深い人間で、自らの能力や自らの見解の正しさについて謙虚であることを感じ取っていた。このことは、ムーアの友人なら知っていたし、彼の書簡や日記からもうかがえる。彼は、性格上のこの特質をウィトゲンシュタインに対しても示した。ムーアがラッセルに語ったところによれば、ムーアは

ウィトゲンシュタインの頭脳を非常に高くかっています。彼が言うには、意見が食い違ったときには、ウィトゲンシュタインのほうが正しいに違いないといつも感じるそうです。講義中でいつもウィトゲンシュタインは、全然納得がいかないといった様子を見せるが、ほかにはそんな学生はいないそうです。（オットリーン・モレル宛ラッセルの手紙、一九一二年三月五日）

その後ほどなくして、ラッセルはウィトゲンシュタインの話も聞いた。

ウィトゲンシュタインは、ムーアがとても好きだと言っていました。彼は、どのような考え方をするかで人を好きになったり、嫌いになったりするのだ、とも言いました。私の知るかぎり、ムーアは最も素晴らしい笑顔の持ち主です。それがウィトゲンシュタインに強い印象を与えたのです。(オットリーン・モレル宛ラッセルの手紙、一九一二年三月一六日)

ウィトゲンシュタインは、しばしばムーアのもとを訪れた。通例それはムーアの講義後で(講義は月曜・水曜・金曜の一一時からであった)、彼は昼食も取らずに「1と3/4時」までムーアの部屋に留まった。議論のテーマとなるのはムーアの講義内容で、ウィトゲンシュタインはラッセルが講義でやるような調子で議論を展開し、ムーアに読むようにとフレーゲの本を持ってきた。ムーアの報告、[81]および当時の彼の日記によれば、二人の交友は次の年度に一層親密になるのであるが、それについての詳細な叙述は、その年度のもろもろの出来事を説明する次章にまわしたほうが適切であろう。しかし、いくつかの重要な事実にはここで触れておこう。一九一二年の初めには、ムーアはラッセルより一歳年少の三七歳であった。西洋古典学を修めたのち、彼はなおトリニティの学生のまま哲学に転じ、「成績優秀者奨学生」として一九〇四年までそこで学んだ。この時期に、彼は観念論に反対する立場を取るようになり、それがラッセルに影響を与えたのである。この立場については、主として一八九九年の彼の論文、「判断について」との関連ですでに論じておいた。この時期はまた、『プリンキピア・エティカ』執筆の時期でもあった(一九一二年に出版された『倫理学』のほうを好むのは、ムーア自身だけだったらしい)。十分な資産のあったムーアは、その後の七年間を正規の職を持たない研究者として過ごした。彼自身の言葉によれば、彼はこの時期の前半をラッセルの『数学の原理』を理解することと、一、二篇の論文を書くことに費やした。(ここで問題になっている時期にわずかに先行する）後半の時期には、先にあげた倫理に関する本と、のちに『哲学の主要問題』という書名で刊行された一連の講義とを書きあげた。一九一一年に、彼はモラル・サイエンスの講師としてケンブリッジに戻ってき、その職に就いた二学期目にウィトゲンシュタインが彼の授業に出てくるようになったのである。彼は元フェローとして、正規のフェローの部屋ではなかったがトリニティの中に部屋を与えられ、通例は大学ホールで食事をとった。（彼は一九一六年に結婚し、一九二五年には教授になって再びトリニティのフェローとなった。）

彼に宛てたウィトゲンシュタインの手紙を読むと、ウィトゲンシュタインは、重要な点でムーアはラッセルより柔軟で若々しいと考えていたらしいことがわかる。実際ムーアは、話し方の点でも振舞いの点でも、常に類まれな率直さを示した。一九一二年には、外見の点でも若かった。すでに太り、赤ら顔をしていたとはいえ、ラッセルが抱いていた天才の理想像を何年にもわたって満たしていた学生時の姿を依然として彷彿させるところがあった。

当時の彼はすらりとした美男子で、インスピレーションにあふれた顔つきをしており、スピノザと同じく、深い情熱を秘めた知性の持ち主であった。彼は比類のない純粋な人間であった(82)

最近の卒業生で時たま戻ってくる者たちや、若い人々にムーアが与えた影響は、ラッセルの影響よりも強かった。リットン・ストレイチに、ロンドンからケンブリッジにきて、ウィトゲンシュタインと知己になるよう最も強く勧めたのも、ムーアであったと思われる。無論、ラッセルにはあいだに立ってもらった。ムーアもストレイチも、ラッセルをウィトゲンシュタインの後見人と見なしていたからである。

リットンはウィトゲンシュタインに会うため、茶会にやってきました。皆、ウィトゲンシュタインの真価を悟り始めたところです。彼が天才であることを、今やすべての人が知っています。茶会での彼は、素晴らしいものでした。(オットリーン・モレル宛ラッセルの手紙、一九一二年五月二日)

この茶会の折に、ウィトゲンシュタインが哲学的懐疑論に傾いているのを知って、ラッセルは驚いた。そしてストレイチは、ある特別な意図があってこの会にきていた。

ある人が彼ら[リットン、のちに有名な経済学者になるジェラルド・シャヴ、のちのキングズ・コレジ学寮長シェパード]にウィトゲンシュタインのことを話していました。彼らは、私が彼のことをどう思っているか聞きたがりました。彼らは彼を「協会」のメンバーに選ぼうと思っていたのです。そこで私は彼らに、彼は「協会」が好きではないと思う、と言っておきました。確言しますが、実際彼は「協会」が嫌いです。そこは彼にとって息のつまるような場所に思えるでしょう。そして事実そうなのです。それは、メンバーが相互に好意を寄せ合うという慣習のためです。こんなことは私の時代にはなかったことでした。思うに、それは主としてリットンのせいです。(一九一二年五月二日付、オットリーン・モレル宛ラッセルのもう一通の手紙)

ムーア(やホワイトヘッド、マクタガート)と同様、ラッセルも「協会」のメンバー、つまり「使徒」であった。しかし彼には、「協会」は彼の学生だった頃と比べて、悪い方向へ変わってしまったように思われた。それは今述べた点に限られてはいなかった。

われわれはヴィクトリア朝期の人間で、彼らはエドワード朝期の人間であった。われわれは、政治や自由討議による秩序ある進歩を信じていた。われわれの中で比較的自信に満ちた者たちは、大衆の指導者にならんと望んだこともあろう。しかし、われわれの誰一人として、大衆と隔絶してしまうことを欲しはしなかった。ケインズやリットンの世代は、庶民とのいかなるつながりも持とうとしなかった。むしろ彼らの目標は、微妙で上品な感情のあやに包まれた隠居生活であり、彼らは美徳というものを、エリート連中の熱烈な相互称賛のことだと考えていた。彼らはG・E・ムーアの弟子たることを公言し、不当にもこうした考え方を彼に由来するものとしていた。(83)

のちにウィトゲンシュタインは、「協会」についてもっと多くのことを聞き知るようになる。しかし、ともかくこのときは、彼は一人の人物、ストレイチによっていろいろ質問され、吟味されていたのである。ストレイチはケンブリッジでは伝説的な人物で、ロンドンではすでに、「ブルームズベリー」という名で知られていた文学・芸術サークルの中心的存在であった。人に感心することなどめったにないウィトゲンシュタインが、この最初の茶会では異彩を放とうと大いに努めた。このことがすでに、ストレイチが人と接する才にたけていたことを十二分に語っている。先のラッセルの発言にも見られるように、ウィトゲンシュタインは才気と凡庸との両極を揺れ動いていたが、彼に関するストレイチの最初の二つの評言もそれを例証している。

シンケル‐ウィンケル氏と昼食を共にしました。無口な小男でした。（ケインズ宛リットン・ストレイチの手紙、一九一二年五月五日）

この手紙の受取人であるケインズ自身は、一〇月になって初めてウィトゲンシュタインと会った。ある晩、ストレイチの兄弟であるオリヴァーの部屋で、再び哲学的な会話が交わされた。

オリヴァーとシンケル-ウィンケル氏は、普遍と特殊について激しく論じ合っています。後者はものすごく頭がよい。しかし、聞いているのは何と苦痛なことでしょう。我慢できないくらいです。「AがBを愛しているならば」――「両者のあいだに共通する性質があるのだろう」――「そんなやり方では全然分析できないけれど、複合体には特定の性質がある」。私はどうやってこっそり抜け出し、ベッドに逃げ込むことができるでしょうか。(ケインズ宛リットン・ストレイチの手紙、一九一二年五月一七日)(84)

ラッセル主催のあるイブニングで、ウィトゲンシュタインは一人でしゃべりまくったことがあるが、この二番目の手紙はおそらくその折のことを言っているのであろう。少なくともそれと同じ日のことを言っているのは間違いない。そのイブニングについて、ラッセルは次のように述べている。

ウィトゲンシュタインは、趣味とは誠実に思考することから生ずるのであるから、数学は人々の趣味を改善するだろうという奇説を展開しました。われわれは皆、これに反対しました。(オットリーン・モレル宛ラッセルの手紙、一九一二年五月一七日)

のちに触れるが、ウィトゲンシュタインは未熟な学生たちよりも、「協会」の(「天使」と呼ばれていた)

年長のメンバーのほうをずっと好ましく思っていた。そしてストレイチは、確かにこうした年長のメンバーの中で最も活発な部分に属していた。しかしウィトゲンシュタインは、多くの人々に称賛されていたストレイチの業績を評価していなかった。『フランス文学の里程標』に対する彼の評言に、それは明らかである。

［ウィトゲンシュタインは］リットンの小著を読んでいました。彼はそれをよく思っていませんでした。彼によれば、それは懸命な努力の産物という感じで、喘息患者のあえぎのようだ、というのです。私はその本を手に取りましたが、彼の言うことが理解できませんでした。（オットリーン・モレル宛ラッセルの手紙、一九一三年四月二三日）

のちにウィトゲンシュタインは、「協会」やブルームズベリーと一層深い関係を持つようになる。しかしさしあたっては、「協会」の周縁にいた一人の男と親しくなった。哲学者ヒュームの傍系の子孫であるデイヴィド・ヒューム・ピンセントがそれである。彼は一九一一年には「胎児」、つまり「協会」に迎えるかどうかを考慮されている人物であったが、結局はメンバーに選出されなかった。最初、彼は数学を修め、のちには法学を学んだ。彼はバーミンガムのあるゆかしい音楽一家の出であった。彼の母親は長年寡婦として暮らし、のちには社会運動家として有名になったエレン・ピンセント女史である。彼女は牧師の娘で、フリッツ・ロイターを思わす教化的な小説を数多く著した（実際その一つは、ほとんど禁酒パンフレットである）。ピンセント自身は気取らない好青年で、まずまずの教育を受け、音楽に対する人並以上の趣味を備えていた。彼は他人の関心事に心を開いて熱心に対応し、いつも人の心を楽しませるようなことを話して、嫌味になることは決して語らなかった。そのため彼の交友関係は広く、彼はどこでも歓迎された。彼は(ウィトゲンシュタインに関する箇所から判断するかぎり)率直で思ったままを綴った日記をつけていた。この日記を読むと、一つの人となりが浮かびあがってくる。それは、多くの者が死んでいったあの世代、当時はパブリック・スクールや大学に通っていたあの世代の者が書いた手紙や若き日の作品を読んだことのある者には、なじみ深い人となりである。もし当時の青年たちが生きていて現在長じていたならば、われわれはそれらの文を今日違った目で読むことであろう。われわれの目には、ピンセントは若々しく、熱情にあふれているように見える(そしてピンセントよりも広い経験を有し、はるかに鋭い感覚を持っていたウィトゲンシュタインの目にも、そのように思われた)。彼は因襲にとらわれることがなく、かといって極端に走ることもない。彼が自らの志と意見とに批判のまなざしを向けることはなかったとはいえ、それでもそれらは曲がったところのない誠実なものであった。要するに、彼は当時のきわめて典型的なイギリス人であった。明らかにこれが、ウィトゲンシュタインの心を引きつけた要素の一つであった。当時の彼は、イギリス的な行動様式や人間関係を大いに賛美していたからである。こうした優れた点と密接に結びついた欠点を、彼は時折、イギリスという国やピンセントのうちに見ていたが、それは人間として普通のことであった。それに対して、彼がそうした欠点に対して強い嫌悪感を抱き、表明したのは、彼自身のほとんど病的とも言える感受性の強さのためであった。したがって、低教会派の洗練された進歩的な上層中流家庭――E・M・フォスターの『ハワーズ・エンド』に出てくるシュレーゲル家の雰囲気をたたえた家庭――の出であるピンセントのうちに、彼が不人情とか偽善といった固定的イメージを見出したとしても、それはあたっている場合もあれば、誤っている場合もあった。これがきっかけとなって二人のあいだでどのような会話が交わされたのかを、次の三つの記述がよく示している。

パブリック・スクールについて、ウィトゲンシュタインと活発な議論を交わした。相互に腹を立て合うという結果になったが、最後には、互いに誤解し合っていたのだということがわかった。彼が「俗物的」と呼んでいる態度、つまり残酷さや苦難に対する思いやりのない態度を、彼は激しく嫌悪し、そうした態度のゆえにキプリングを非難する。そして彼は、私もその一党だと考えていた。(日記、一九一二年九月一二日)

これまでにもウィトゲンシュタインは、さまざまな折に「俗物」について語ってきた。彼は、自分の嫌いな人物にはすべてこの名をつけるのだ。私の表明したいくつかの見解は、いくぶん俗物的だという印象を彼に与えたものと思う(哲学に関するものではなく、実際的な事柄に関する見解、たとえば、過去の時代に対する現代の優位に関する見解などである)。彼はどう考えたらよいのかと困惑している。というのは、彼は私を俗物とは見なしていないからだ。そして彼は私のことを嫌ってはいないと思われる。私がもう少し成長すれば、すぐにも別の考え方をするようになるだろうと言って、彼は自分を納得させるのだ。(日記、一九一二年九月一九日)

私たちは婦人の選挙権について話した。彼はそれに大反対した。「僕の知っている女性は、みんなひどい馬鹿だ」と言うだけで、特別な理由などなかった。マンチェスター大学では、女子学生は暇さえあれば教授たちといちゃついている、と彼は言った。彼には、これがたまらなく嫌なのだ。これはちょうど、彼があらゆる種類の中途半端を嫌い、真面目でないものは一切非とするのと同じである。しかし、およそ三〇歳にならなければ結婚できず(それ以前に十分な稼ぎのある者などいないから)、しかも同棲が是認されない今日では、軽い気持ちで女の子と遊ぶぐらいしか、やることはない。(日記、一九一三年二月七日)(85)

時折生じたこのような意見の不一致——その際には、まず間違いなくウィトゲンシュタインのほうが論争的だった――に対してピンセントの取った態度を見ると、なぜ彼がウィトゲンシュタインと親密な交友を結びえたのかが、ほの見えてくる。ここで重要な彼の特性は、柔軟性とか従順とかではない（彼が心を開いていて、人間について、とりわけ自己自身について学ぶ用意があったということは、確かに重要ではある）。むしろ逆に、それは、両者の関わり合いの中で示した彼の剛気であり自信であった。ずっとのちになってウィトゲンシュタインは、ノートに記した暗号のような文章の一つで「愛において最も大事なのは勇気である」と述べている。これこそ、ピンセントの持っていたものである。このために彼は、ウィトゲンシュタインが二人の交友関係に持ち込んだ激しさを受容することができたのである。また、そのために彼は、気難しい友のむら気を憤慨することもなく見守ることができた。彼はウィトゲンシュタインを統制したりせず、ありのままの心で率直に対応した。彼はいつも冷静でいられたわけではなかったが、悪意も嫉妬も抱くことがなかった。彼はウィトゲンシュタインのよい性質や好ましい側面を、それらがきわめてわずかしか現れてこない場合でも、決して忘れることがなかった。

私たちは明日の計画について長いあいだ話し合った。私はレイキャヴィクにまっすぐ戻りたかった。彼はもう一日ここに滞在し、水曜日に発つことを望んだ。最初私が折れて、ここであと二泊しようと言った。すると彼は私の譲歩をえらく気に病んだ（最終的にはわれわれは妥協案を思いついて、それを実行したのである）。「小さな平和を得る」ためにのみ私が譲歩したことを、彼は病的なほど気にした。もちろん「小さな平和を得る」ことが私の動機だったのではない。私は彼に対する好意から、そして身勝手なことは言うまいと思って、そうしたのだ。結局は彼もわかってくれたと思う。（日記、一九一二年九月二三日）

汽車の中で、もう降りる頃になってから、私たちは席をかえねばならなかった。彼が他の客のいない所へ行こうと言い張ったからである。そうしているところへ、非常に愛想のよいイギリス人がやってきて、私に話しかけ、しまいには一服しに彼の車両へくるよう強く勧めた。私たちのは禁煙車だったのだ。ウィトゲンシュタインは行くのを断った。もちろん私は、せめて束の間でも行かねばならなかった。断れば、はなはだしい無礼となったからである。できるだけ早く戻ってみると、彼はひどく興奮していた。かのイギリス人は変わった男だと私が言うと、彼はそれに食ってかかって、「その気になれば、僕は全行程を彼と旅することもできる」と言った。そこで私はとことん彼と論じ、そしてやっとのことで彼をなだめた。私は昼までかかっても、あくまで彼と論じ合うつもりでいた。腹をわって話すチャンスさえあれば、私はいつでも彼と和解することができるからだ。しかし些細なことが次々と生じて、それもできなくなった。その機会が訪れたとき、私たちは一〇分ほどで仲直りした。彼はカオスのような人間だ。(日記、一九一三年九月二日)

これらの事例を見ると、ピンセントが類まれな慧眼の持ち主で、どのような事柄を取るに足らぬことと見ていたかがわかる。ウィトゲンシュタインは、二人の交友はピンセントにとってよりも自分にとって一層重要だと思っていた。そうした感情があったからこそ、右のような二つの場面も生じたのかもしれない。第二の場面の事の起こりは、ウィトゲンシュタインの吐露(「僕たちは、これまでとてもうまくやってきたじゃないか」)であった。これに対してピンセントは、まったく同じように思ってはいたものの、恥ずかしさもあって軽い返事しかしなかった。この内気さの根には、ピンセントの若さとイギリス人気質があったのだが、彼の真情は明らかであった。そのため、二人が長く一緒にいると生じてくる軋轢――時折、彼も苛立ったたし、ウィトゲンシュタインも気難しくなった――の原因について彼がウィトゲンシュタインに話した際、その説明には重みがあったし、誠意が満ちていた。それゆえまた、軋轢をおさめる普通のやり方では生じないような効果をも持ったのである。さらに言えば、ウィトゲンシュタインが不機嫌になって、ピンセントが知っている彼の普通の状態を逸脱してしまうようなときには、彼はウィトゲンシュタインに怒りを覚えるというより、むしろ気の毒に思った。ウィトゲンシュタイン自身がそれを後悔することが、彼にはわかっていたからである。「こうした不機嫌の発作に、彼は大変悩み苦しんでいるのだと思う」。言うまでもなく、ピンセントはウィトゲンシュタインをほかの友人たちとは違った存在だと見ていた（「どちらかと言えば、彼は少し気が変だ」）。とはいえ、ウィトゲンシュタインが彼に示した魅力、頭のよさ、好意、思いやりなどについての認識が、それによって損なわれることはなかった。

ウィトゲンシュタインが人とつき合っていくには、こうした難しさが種々つきまとっていたのであり、今しばらくそれを追ってみることにも価値がある。というのも、それは多くの彼の親しい交友関係に繰返し生じたからであり、また、彼のパーソナリティについて人々が一般に抱いている印象の中で過度に強調されているように思われるからである。確かに彼は、友情に対して多くのものを要求した。すべては心から出たものでなければならない。軋轢を掃いてカーペットの下へ隠してはならない。意見の違い、趣味の違いは、とことん突きつめねばならぬ。二人の人間の第三者に対する振舞い方の微妙な違いと同じように、そうした違いは、価値判断上の重要な相違を明らかにするかもしれないのだ。ともかく、そうした相違こそが人生の糧であり、友人関係の目的であった。このような考えは、理想としてはめずらしいものではない。「友人とは、心の秘密を分かち合える存在である」と言うアウグスティヌスに、(86)誰しもが同意するであろう。しかし理想を実行しようとすると、多くの障害が現れる。たとえば、人は安逸を望み、自ら恥とするおのれの部分をさらけ出すのを嫌がり、とりわけ、ここで問題となっている勇気を持ち合わせていないのである。ウィトゲンシュタイン自身、人並以上にこうした困難に直面した。彼は自らや他人のうちにある下劣な衝動に異様に敏感であり、隠しだてのないありのままの人生のみが生きるに値すると確信していた。彼の側では心のうちの吐露がなされねばならず、それに応じて友人の側には強さと理解とが必要であった。ピンセントはこれらの資質を持っていた。[87] ケインズも、ウィトゲンシュタインが相互の些細な行き違いを誤解したときに、それを示した。のちに見るが、ラッセルとムーアとでは対応が違っていた。ラッセルは、ウィトゲンシュタインの初めての吐露にはうまく応ずることができたものの、のちには彼から遠ざかっていった。他方ムーアは、最初の深刻な仲たがいの際には打ちひしがれてしまったが、のちには多くの相違を乗り越えることができたのである。

このように、彼は多くのことを要求したが、それゆえにこそ彼との交友は価値あるものとなったのである。自分の人生について、また他者の人生について、徹頭徹尾誠実に論じ合ったとき、友人たちの目は生の新しい様相に対して開かれていった。正確に言えば、彼らは、忘れかけていた現実と触れ合うところへ引き戻されたのである。そのような議論は、気軽に始められることも、あっさり終えられることも、ありえなかった。(ずっとのちになって、彼はマルコムに次のように語った――自己の生活や他人の生活について誠実に考えるのは、厄介なことだが同時に重要でもある、さらに、友人の間柄であっても、それは衝突を招きかねない、と。[88]) ウィトゲンシュタインを聖人視するのは馬鹿げているが(姉のミニングは一時期そうしていた)、彼があらゆる領域で「完全」ということを考えていたのを、友人たちは知っていた。それは日常生活の重大事や彼の仕事、さらにはプレゼントするハンカチの選択にまで及んでいた。彼がとりわけ完全性を求めたのは、交友関係に対してである。そして友人のほうでもほとんどの者が、一種の啓示に接するがごとくこれに応えたのである。とはいえ(当然かもしれないが)彼らはこのような仕方で生活を続けることはなかった。そしてウィトゲンシュタインは、自分や友人たちが完全になりえないこと、あるいはおのれの不完全さに対して（彼が考えるような）正しい態度を取りえないことに、我慢がならなかった。友人たちはこれにも時折苦しめられたのである。ピンセントがそうであったように、彼らはたいてい、どんなことに関しても自分たちの考えがウィトゲンシュタインによって改めさせられたと感じた。

ウィトゲンシュタインとピンセントが初めて会ったのは、ラッセル主催のあるパーティの席上であった。彼らは再び五月四日にあるコンサートで出会ったが、演目の中には「シューベルトの素晴らしいピアノ三重奏」が含まれていた。彼らに共通する趣味の中でも、シューベルトは主要なものであった。ピンセントはよくピアノ用に編曲したものを弾いた。あるときには、彼の姉妹との連弾のための編曲をした。ウィトゲンシュタインと彼は、しばしば音楽協会から楽譜を借り出し、ピンセントの部屋に持っていった。しまいには彼らは、シューベルトの歌曲を奏する独特な方法まで考案し、ピンセントがピアノを弾き、ウィトゲンシュタインが口笛を吹くのである（よく言われるように、彼の口笛は実に上手で表現力豊かなものであった）。こうして彼らは、休日には四、五〇曲も練習した。

あらゆる音楽の中で、シューベルトに対する好みほど説明を要しないものもない。シューベルトに関するウィトゲンシュタインの言葉がいくつか残されているが、その中の一つで彼は（観相学に対する愛好を示しながら）、シューベルトが特別な意味でオーストリア人であったことに注意を促している。

ブルックナーの音楽には、ネストロイ、グリルパルツァー、ハイドンといった、細長い（北方系の？）顔がいささかもない。むしろそれは、シューベルトの顔よりもはるかに純粋なタイプの、まことにふっくらとした丸い（アルペン系の？）顔をしている。(89)

彼はまた、シューベルトの音楽のある特徴についても語っている。この特徴のために、彼らの演奏法はシューベルトにとくにふさわしいものとなる、と言うのである。

> シューベルトのメロディーは思想の転換に満ちていると言える。モーツァルトのメロディーについては、そうは言えない。シューベルトはバロック的だ。彼のメロディーのある箇所を指して、「ほら、ここがメロディーのポイントで、思想が頂点に達しているんだ」と言うことができる。[90]

こうした「ポイント」ないし転換は、たとえば『死と乙女』のテーマの最後の二小節に現れる。

> われわれは最初、この音型を伝統的で月並だと考えがちである。しかし、それがもっと深いところで表現しているものを理解するときには、つまり、ここでは月並のものが意味に満ちていることを知るときには、事情は違ってくる。[91]

意味に満ちた月並——それはウィトゲンシュタインの理想を表現しているのであろう。しかし彼がシューベルトに心を引かれたのには、そのほかの理由もあった。その理由には、倫理的なものと美的なものとが交錯している。シューベルトの生涯は悲惨なものであったのに、音楽の中にはその痕跡すらなく、恨みがましさは微塵もない。この対照がウィトゲンシュタインを引きつけたのである。

ピンセントもずっと以前からシューベルトを愛していた。もちろん、彼はベートーヴェンをも愛していた。今日から考えれば奇妙な感じがするが、彼はブラームスをよく知らなかった。彼がブラームスの交響曲第一番を初めて聴いたのは、ウィトゲンシュタインと連れ立って行ったロンドンでのあるコンサートであった。また別の折に、二人はピンセントの家族と共にバーミンガムで開かれたヘンリー・ウッド指揮のフェスティバル・コンサートに行き、そこでブラームスの『ドイツ・レクイエム』を聴いた。ウィトゲンシュタインは以前にもしばしばそのコンサートを聴いたことがあったが、それを聴いて楽しいと思ったことはなかった。さて、昼食後のことである。

コンサートの後半はシュトラウスの『サロメ』から選んだ二つの曲で始まった。しかしウィトゲンシュタインはそれを聴きに中に入ろうとはせず、次のベートーヴェンが始まるまで外にいた。彼はベートーヴェンが終わると外に出て、一人でローズウッドに戻った。『サロメ』はくだらなかった。しかし、小器用にできていて、娯楽にはなった。(日記、一九一二年一〇月四日)

二人のうちで好みにうるさいのは、無論ウィトゲンシュタインのほうであった。ピンセントよりさして年長ではなかったが、彼は自分が我慢できるものとできないものとをすでにわきまえていた。(バッハが始まる前に!)早く帰ってしまったことについて言えば、それはいかにも彼らしい行動であった。特定のものを一心不乱に聴いた彼は、あまりにもいろいろなものを取り揃えた音楽祭に背を向けざるをえなかったのである。

ケンブリッジでは、二人はしばしば一緒に、あるいは(それぞれ別の友人もいたので)別々に、音楽協会のコンサートに行った。たいていそれはクラシック音楽の室内楽で、セミプロたちが演奏していた。ピンセントを介してウィトゲンシュタインは、「モダン・ミュージック」を支持する「音楽好きの学生たち」と知り合いになった。この「モダン・ミュージック」がどんなものであったかはわからないが、おそらくリヒァルト・シュトラウス、マーラー、ラットランド・ボートンの混合物であって、すでにウィーンで始められていたあの無調音楽ではない。ともかくウィトゲンシュタインとピンセントは、断固これに反対していた。現代音楽の中で、この頃のウィトゲンシュタインが好んだ唯一のものは、ヨーゼフ・ラーボルの室内楽であり、それは古典的モデルに緊密にのっとっていた。ラーボルは、ウィトゲンシュタイン家が援助していた盲目のオルガン奏者である。ウィーンで彼らは、ラーボルのために「楽友協会」でコンサートを開き、友人や庭師たちさえ動員して席が埋まり、拍手が大きくなるよう配慮した。ケンブリッジでは、ウィトゲンシュタインがラーボルの弦楽五重奏曲の演奏会開催を計画していた。何度も話し合いがもたれ、参加できそうな演奏家たちが関心を表明した。しかし結局、計画は実現しなかった。ウィトゲンシュタインがもう少し長くケンブリッジに滞在していたなら、事態は変わっていたであろう。ともあれこの企画も、彼の青春時代であったこの時期に、彼が立てては捨てた数々の計画の一つと見ることができよう。

ウィトゲンシュタインとピンセントとを結びつける点がもう一つあった。ウィトゲンシュタインの心理学上の仕事がそれである。ピンセントは音楽好きであったためか、二人が最初に会った頃に、ウィトゲンシュタインの被験者となる約束をさせられた。この頃は、ケンブリッジにおける実験心理学の黄金期であった。若手の研究者として、F・C・バートレット、E・スミス女史（のちのバートレット女史）、C・A・メイスらがいた。C・S・マイアーズは、粗末な部屋にあった研究所を独立した建物に移し、一九一二年には新しい実験室が建築中であった。（マイアーズがこの建築のために金を寄付したり集めたりしたこと、そして彼がユダヤ人であったことも、当時の社会的経済的状況をよく示している。）この分野はまだ草創期にあり、当時の雰囲気もおおらかであった。そのためマイアーズを初めとして研究者たちは、実際的応用とか、早急に成果を出す見込みさえほとんど顧慮せずに、理論的・人間的に興味深い問題を自由に探究することができた。のちに戦争のために彼らは四散し、それぞれ戦争神経症、産業心理学、知能検査などに取り組むようになる。しかし当面は、マイアーズだけではなく（マンチェスターの）ペアやヴァレンタインやムーシオらも、音楽の心理学に多くの時間をさいていた。当時「原始社会」と呼ばれていた社会における音楽の発達が研究されることもあれば、ケンブリッジやヴュルツブルクの住民における音楽認識が分析されることもあった。初期の『英国心理学会誌』を見ると、音源の位置感覚、音の差異の知覚、〔ある音を聞くと一定の色が感覚されるなどといった、二つの異なる感覚を同時に経験する〕共感覚、音楽認識の個人差などに関する論文が数多く載っている。マイアーズ自身も原始音楽に関する諸研究を『会誌』とか、多くの探検報告書や民族学の論文集などに寄稿した。彼にあっては、二つの関心が絡み合っている。一方で彼は、幼少の頃より音楽を深く愛し、他方、生理学の研究を積んだのちには、当初、自然人類学に専念した。彼は原始民族の特有な感覚を慎重に研究したが、その結果は欧米人を対象に実験室で発見したことと大差なかった。もっとも、彼の後継者で追悼文をも書いたF・C・バートレットは、もっと精密な統計的分析をしたならば興味深い差異が明らかになったのではないかと考えた。[92] マイアーズが発見した音楽認知能力の差異は、かなり容易に説明できるように思われる。すなわち、音の高低が重要な要素となっている所では、われわれの社会よりもはるかに広く絶対音感が人々のあいだに行き渡り、リズムが支配的な所では、原始人は「連続するさまざまな時間間隔を一つのまとまりのある全体として、つまりフレーズとして認知する」優れた能力を示すのである。戦後、マイアーズの関心の方向は変わってしまった。そのため、彼がこの研究を（そもそも可能であればの話であるが）完結させることはなかった。しかし彼の研究から、そして一部はおそらく彼の予見から、音楽の発達に関する全般的な見解が導き出された。それは魅力的な見解であって、それによれば、音楽の起源についてのそれまでの一元論的説明は、いずれも一切をあますところなく説明してはいない。また、音楽と言語とのあいだには平行関係があるが、しかし両者は共にもっと原初的なコミュニケーション・システムから発展したと考えたほうが適切である。さらに、リズムという点では、音楽は身体の運動・活動と関係があるものの、この関係も音楽の全体を説明するには不十分なのである。同じ考察が音楽の性的説明にも適用された。こうした所見はすべて、民族音楽学が成立し、それぞれの社会で音楽が——しかもいろいろな音楽が——果たすさまざまな社会的役割に関して豊かな知見が獲得される以前のものであった。マイアーズは原始音楽の研究をいくつかの方面に応用したが、その中でも重要なのは、われわれの音楽認識におけるさまざまな要因の分別である。その主なものは、音高および音高の差異の知覚、リズムの知覚、音の流れに音楽的な意味を与え、フレーズや旋律を構成するような特性の知覚、などである。この最後の要素によって、音楽は単なる騒音から区別される。この要素を知覚する能力を失った人々の興味深い事例を、マイアーズは記述している。それによれば、ときには高度に音楽的な人々のあいだでもそれは起こり、彼らは自分たちが聞いているもののうちにある差異はすべて識別できるとはいえ、それを音楽として聞くことができないのである。(93)

ウィトゲンシュタインがマイアーズを、そして上述のような事柄に対する彼の関心を知るようになった経緯は、明らかである。彼はケンブリッジでの音楽愛好者の集いやモラル・サイエンス・クラブで、頻繁にマイアーズに会っていたのである。二月上旬に、彼は原始音楽に関するマイアーズの話を聞いたものと思われる。その折にマイアーズは、原始民族のところから持ち帰った曲のいくつかを歌って聞かせた。彼の論題は、いつでもウィトゲンシュタインの関心を引いた。とりわけ、音楽と言語のあいだの類似、もっと厳密に言えば、音楽の主題ないし「思想」と命題ないし文とのあいだの類似という論題がそうであった。

音楽の主題は、ある意味では命題である。だから論理の本質の認識は、音楽の本質の認識へと通ずる。（『日記』一九一五年二月七日）

メロディーは一種の同語反復である。それは自己充足的である。それは自らを満足させる。（『日記』一九一五年三月四日）

『論考』では、次のように言われている。

命題は語の寄せ集めではない。——（音楽の主題が音の寄せ集めではないように）。命題は分節的である。（『論考』三・一四一）

言語と平行関係に置いたり、論理や文法を引き合いに出したりするのは、彼が音楽について語る際のいちばん普通のやり方であった。それは、たとえばラーボルなどにとりわけ特徴的な思考法であった。ウィトゲンシュタインの語るところによれば、ラーボルが演奏しているときには、人々は「彼は話している！」と評したものであり、またラーボル自身はしばしば、音楽のある諸思想を指して、それらは手あかにまみれてもはや使いものにならないと語っていた。のちにウィトゲンシュタインは、言語と音楽との類比はさほど重要ではなく、特定の音楽にしかあてはまらないと考えるようになった（彼が言うには、類比はベートーヴェンやモーツァルトよりもバッハにあてはまる）。しかしこの時期には、それは、音楽の諸相のうち彼の記述の中で最も頻繁に言及される側面である。おそらく当時の彼は、自分が属していた単一の音楽的伝統の思想によって支配されていたからであろう。

彼の心理学実験の背後にあった美学に関する問題意識と以上のこととは、関連があったのかもしれない。しかしそれは、ありそうなことではあるが、臆測の域を出ない。彼の共同研究者であったムーシオは夭逝し、音楽に関するマイアーズの精密な研究――彼の実験はこの研究との連関で企図されたのであるが――は公刊されるに至らなかった。それらの実験はリズムに関するもので、どのような条件下で被験者が実際には存在しないリズムを拍の連続の中に聴き取るのか、ないし読み込むのかを突きとめた。被験者が主観的に強弱をつけて聴くという現象は、明らかに、規則的に動くメトロノームがまとまりのある拍群を刻んでいるように聴かれる場合に生じる。メトロノームを箱の中に入れたり、被験者にわからないようにフタを開けたりして条件がさまざまに変えられ、このようにして強調された拍と、被験者が強調されている拍だと思って聴く拍とを比較したりした[94]。こうした実験にどれだけ多くの時間が費やされたかを、ピンセントが報告している。さらに彼は、リズムの問題をめぐって交わされた議論のやり取りにも言及している。こうした研究過程は、彼らの友情を強めることになった。そこで明らかになった音楽の文法ないし音楽の論理について言えば、それは、マイアーズ自身の仕事と同じく、示唆にとみ、有望な成果も期待しえたが、そう簡単には厳密な発展を遂げうるものではなかったようである。心理学とは、そうしたものなのであろう。しかし、ともかくウィトゲンシュタインの実験は専門的業績として評価され、一九一二年七月に英国心理学会の大会がケンブリッジで開催されたときには、ウィトゲンシュタインはリズムに関する発表――ラッセルに宛てた手紙の中で、自ら「リズムに関するきわめて馬鹿げた論文[95]」と呼んだ発表――を行っている。彼はまた、一九一三年五月に実験心理学の新しい実験室が設置された折に、開設式の席上で「リズムの心理学的研究のための装置」を実演して見せてもいる。(96) ということは、ピンセントの日記にはこの年の実験については何も語られていないものの、ともかくウィトゲンシュタインは、一九一三年にも心理学研究に対する関心を持ち続けていたことになる。写真マニアであったピンセントは、ウィトゲンシュタインに何の趣味もないのをよくないと思っていたが、実際には心理学こそが彼の趣味だったのである。彼は心理学と、自分の仕事だと言っていた論理学（この時期の彼にとって、「哲学」は罵言に等しかった）とのあいだに、関連があるとは考えていなかった。彼はこの点の解説をマイアーズに試みたようである。

論理学と心理学の関係について、マイアーズと議論しました。私は歯に衣きせず語ったところ、彼は私を比類なき尊大な悪魔と考えたようです。一緒にいたマイアーズ夫人は、私にひどく腹を立てた様子でした。しかし議論を終えた後には、彼の混乱はそれまでより少しは収まったように思います。（ラッセル宛ウィトゲンシュタインの手紙、一九一二年六月二二日）

彼は、のちには別の趣味ないし気晴らしも持つようになる。この頃（一九一二年のイースター学期）のピンセントとウィトゲンシュタインは、実験、コンサート、お茶の折に会っていた。ウィトゲンシュタインの生活は、ピンセントといることによって、普通の学生生活へと変わりつつあった。彼は、ピンセントが礼拝で聖書を朗読するときには、友情のしるしとして自ら進んで礼拝に行った。そしてのちに彼がピンセントと一緒にユニオン・ソサイエティの討論会に参加したことも知られている。

ピンセントは、ウィトゲンシュタインには仕事以外の関心が欠けていると誤解していた。しかし、彼が孤独なのだと考えたことでは、決して間違っていなかった。ウィトゲンシュタインは友人を、つまり一緒に長い時間を過ごすことのできる人間を必要としていた。ラッセルでは、この欲求を満たすことはできなかった。彼の関心と愛情はあまりに多くの方面に向けられていたし、彼の性格はもう変化する余地がなかったのであろう。物事に熱中する能力は備えていたものの、彼はウィトゲンシュタインが協力してその生活と価値観を形成する途上にある人間ではもはやなかった。ピンセントはまったく違っていた。ウィトゲンシュタインには、それがすぐにわかった。

彼は突然私に、休暇中は何をするつもりなのだと尋ね、一緒にアイスランドに行こうと提案してきた。最初はびっくりして、私は、どれくらいかかると思っているのかと聞いた。彼はこう答えた。「ああ、そんなことは関係ない。僕にはお金はないし、君にもない。たとえ君にはあるとしても、どうでもいいじゃないか。僕の父はたくさん持っているんだから」。彼は、彼の父親にわれわれ二人の金を出させようと提案したのだ！……私とウィトゲンシュタインとは、ほんの三週間ほど前に知り合ったばかりなのだ――しかし、われわれのあいだはうまくいっているように思う。……（ピンセントの日記、一九一二年五月三一日）

ピンセントは行きたいと思い、彼の両親は物わかりよくそれに同意してくれた。かくて旅行の日取りは、きたる九月と決められた。

大学が休みに入っても、ウィトゲンシュタインは七月の半ばまでケンブリッジに留まった。ラッセルは、六月中はケンブリッジを離れていた。ウィトゲンシュタインがラッセル宛に最初の三通の手紙を書いたのは、このためである。一方ではリズムについての論文に気を取られてはいたが、ウィトゲンシュタインは論理学の基礎に関する研究も続けていた。（ピンセントも六月はほとんどケンブリッジにいなかったので）

彼はこの数週間を一人で過ごすことになる。そのためこの時期は、彼にとって仕事のうえでことのほか実りある期間となったようである。この期間に生み出されて文書の形で残っているのは、一つは先に引用した（一三六頁）重要な議論であり、これは論理定項は存在しないという『論考』の根本思想へと通ずる。今一つは、一般命題は個体についての命題に連なる諸推論の文脈の中でのみ意味を持つ、という説の提示である。のちに彼は、論理の問題は命題間の結合子とか一般性の概念とかいった特別な主題を扱うものではなく、最も単純な命題のうちにさえすでに現存しているのを見てとるようになる、あるいはそう考えるようになる。しかしこの六月には、彼の思索は別の問題にも向けられていた。

今、暇さえあればジェイムズの『宗教的経験の諸相』を読んでいます。本書は私にとって大変ためになります。だからといって、すぐにでも聖人になれるなどと言うつもりはありません。しかし、本書のおかげで私は少しは改善されるのではないかという、いささかの自信はあります。できれば、改善に向かってもっとずっと進歩したいものだと願っています。本書は私を（ゲーテが『ファウスト』第二部で言っている意味での）「不安」から解放してくれる気がするのです。（ラッセル宛ウィトゲンシュタインの手紙、一九一二年六月二二日）

七月一三日の心理学会のほかに、ケンブリッジを発つ前のウィトゲンシュタインに二つの出来事が起こった。一つは姉ヘルミーネの訪問である。「姉をあなたに引き会わせたいのですが、いかがでしょうか」と彼はラッセルに手紙で尋ねた。「彼女は、見るに値するものはすべて見ていくべきです」。二人はラッセルのもとに昼食に行き、午後のお茶を共にした。

彼女は不美人などでは決してありません［明らかにラッセルは、自分が予想したところとの関連で言っている］。彼よりずっと年上で、飾らず気持ちのよい人ですが、興味をそそるわけではありません。会っているのは、しばしば難儀に感じられました。——どちらかと言えば、彼女は内気なように思われます。しまいに彼と私は、彼女をそっちのけにして議論を始めました。彼はケンブリッジにきて以来、別人のようだ、つまりずっと幸せそうだ、と彼女は言います。当地は彼にふさわしい場所だ、と彼女は思っています。（オットリーン・モレル宛ラッセルの手紙、一九一二年七月一〇日）

実際、彼女は深い感銘を受けた。彼女は、弟を援助してくれている人々に深い恩義と敬意とを覚えたのである。そして彼女には、ラッセルはルーキにとってちょうどよいときに現れた人物と思われた。

ルートヴィヒと私は、コレジにあるラッセルの美しい部屋へお茶に招かれた。私は今でもその部屋を思い描くことができる。大きな書棚が壁全面をおおい、縦長の古風な窓には美しい比率を示している十字形の石造りの窓桟がついている。突然ラッセルは私に言った。「哲学における次の大いなる一歩は、あなたの弟さんによって踏み出されることになるだろう、と私たちは思っています」。私にとってこれは、途方もない信じ難い言葉であった。それで私は、しばし文字通り目まいがしたほどである。ルートヴィヒは私より一五歳も年下だった。彼は二三歳であったけれども、私は依然として彼を未熟な若者、単なる学習者と見ていた。無論そのときのことは、忘れ難く記憶に残っている。(97)

まさにこのときから、家族の者は彼の非凡さを信じるようになったようである。それ以前から彼らは彼の能力を、つまり的確な分析・批判能力を知っていた。現存する彼の手紙の中で最も古いもの（筆跡から判断するかぎり、一九〇八年ないしそれ以前）には、ヘルミーネに向けて、作画方法に関する指示が自信に満ちた断固たる調子で述べられている。また、家族の者は、彼が未経験の新しい事柄の基本をいかにすばやく習得してしまうかということも知っていた。その頃に欠けていたのは、特定のものに打ち込むこと、そして彼の力のすべてを引きつけるような関心であり、何か独自なものを生み出しそうな徴候はまだ見られなかった。しかし今や彼らは、こういったことのすべてが満たされたという確信を得たし、その当然の結果として、ルートヴィヒも以前より幸福に感じた。彼の日記や手紙を見るかぎり、幸福と不幸を測る基準は、通例、仕事ができるか否かということであった。この点では、彼は明らかに父を受け継いでいた。ただし彼にとっては、（理論的にはともかく、想像のうえでは）論理学的な諸概念や操作が溶鉱炉・梁・エンジンなどと同じ現実性を帯びており、そして一日の仕事は、それらを頭の中や手帳の中で造りかえ、整理し直すことであった。このほかにも二人の類似点がある。すなわち、数々の職業や関心事を経めぐり、通常の意味ではそのいずれをも最後までやり遂げることはなかったが、しかしその各々から必要とするものを得、二三歳で成人としての生涯を始めた（テルニッツへ行ったときのカールは、実際にはそれより一歳上だった）などといった点である。

このような年齢でラッセルから称賛されたのは、ヘルミーネが思った以上に、はるかに驚くべきことであった。かくも若くして認められること、しかも前途有望な青年としてではなく、先頭を進む者として認められること、そして三〇歳になる前に主要な著作を書きあげてしまうこと、こうしたことは、哲学者の運命としてはほとんど類例がない。確かにデカルトの夢は、彼が二四歳のときの出来事であった。しかしそれは、少なくともその後九年間、抑圧された。ライプニッツやミルのような天才でさえ、哲学的著作をものしたのは、ほぼ晩年であった。若いうちから哲学を始めたヒュームやショーペンハウアー、さらにはバークリでさえも、当初はウィトゲンシュタインほど認められていたわけではなかった。

この数週間のうちに起こった第二の出来事は、ウィトゲンシュタインが翌年住むための部屋を決めたことである。今や彼は、コレジ内に移り住むことが許された。ちょうどその頃、現在では不明であるが、ともかく何らかの理由で、ムーアはケンブリッジに戻ってきたときに与えられた自分の部屋（フェローの部屋ではない）から移ろうと思っていた。(98) そこへのウィトゲンシュタインの転居は七月初旬と決まった。ヒューエル・コートのK一〇番というその部屋は、ヴィクトリア朝ゴシック様式の塔の最上階にあった。た。そしてその塔は（中庭のある二つの細長い建物が縦につながっているような）コレジの塔の最上階にあっティ通りを渡った所にあって、コレジの主要部から最も離れた端に位置していた。コレジの中にあるとはいえ、完全にそれに属するわけではないこの静かな片隅で、ウィトゲンシュタインは一人でひっそり暮らすことができた。そこからは、コレジから目を転じれば、小さな商店や下宿屋が並んだ通り越しに、川辺の景色を見おろすことができた。のちにフェローになったとき、また、教授として戻ってきたときにはなおのこと、彼はその気になりさえすれば、ヘルミーネに感銘を与えたラッセルの部屋のような所に、あるいは、壮麗なレン図書館に近く、ニュートンが住んだかもしれない部屋を得ることもできたであろう。しかしいずれのときも、彼は、感じがいいとはとても言えないこの暗い塔に戻ることを選んだ。彼は、階段を登り切った所にある、この比較的狭い部屋で生活することを好んだ。そこには生活を快適にしてくれるもの、年齢と健康を考えれば必要だったもの、たとえばバスルームもついていなかったのにである。不便さや質素に対するこうした好みは、のちに発展してきた傾向であるが、狭くて管理しやすい部屋に対する好みは、終始一貫していたように思われる。塔での生活に関して言えば、彼は一九一六年にもオルミュッツで同じことを企てている。これは、隠棲閑居への衝動を実地に移したものであろう。ともかくケンブリッジの部屋は、その後彼が数年間暮らした場所の中でいちばんまともな住居であった。彼の死後、わずかの記念の品が残され、その中でも、友人にではなく彼自身に関するものはきわめて少数であった。しかしそのうちの一つは、この塔のスナップ写真である。

部屋の中は整理され、彼は（すでにケンブリッジに戻っていた）ピンセントと一緒に、いろいろな店へ家具を見にいった。この遠征はおもしろくはあったが、得るところはなかった。店員が見せてくれる品の九割方に、ウィトゲンシュタインが「駄目だ、ぞっとする！」と叫んで拒絶したからである。九月にロンドンでもう一度買物をしたときも、同じであった。最初の日には、彼はまったく何も買わなかった。彼は建物に不必要な装飾品は一切好まず、納得のいくような簡素なものを見つけることができなかったのである。結局、彼はほとんどの家具を特注で作らせた。ピンセントはそれらを「風変わりではあるが、悪くはない」と思った。最上の素材が使用され、数限りない修正がほどこされた。たとえば、一九一三年三月には、彼はサイドボードの白い大理石でできた天板を、ロンドンで特別に切って研磨させた黒い大理石のものに替えた。現代では、簡素はむしろ高くつく贅沢となっている。特定の使用法を意図してデザインよりも機能を優先させたというのは、彼の趣味を正確に言い表しているとは思われない。いかにも彼らしいことではあるが、彼の趣味は、抽象的思考訓練の価値に関する見方と結びついていた。彼がしばしば語っていたところによれば、数学は趣味をよくする。「というのは、趣味のよさは趣味の純粋さということであり、したがってそれは、人間に誠実な思考をさせるものによって促進されるのだから」(99)。彼はラッセルとの会話の中で、決定的なのは構成だと強調した。ものはあったままにして、動かしてはならない。そして生活は、それを軸にして、それに適合するように営まれねばならない。だからこそ、すでに見たように、エクルズのベッドにはキャスターがついていてはならなかったのである。[100] 人々のほうがそのまわりを動くべきであり、それには掃除をする人も含まれる。同様の点が、のちに彼の建築の仕事に現れる。たとえば、部屋の中心か、あるいは左右対称になるように置かれた電球は、部屋を均一に照らすのであって、誰か特定の人のために置かれるのでもなければ、使用者の特別な必要や好みに合わせて配置されるのでもなかった。[101] ケンブリッジの部屋では、彼は、ロンドンにある医療器具や実験器具の納入業者から買った磁器製のビーカーをカップの代わりにした。「そのほうがずっと素敵に見えるからね。しかしカップより不便だ」とピンセントは言っていた。彼の部屋には、ほぼ正方形で八人がけの大きな食卓があった。それは独特な黒い色調の重厚な感じのするマホガニー製で、こった彫刻のほどこされたヴィクトリア調の脚がついていた。これはのちに、ウィトゲンシュタインがイギリスに残した本や家具をラッセルが買い取った際、彼のものとなった。息子のコンラッド・ラッセルの記憶によれば、それは来賓があったときにしか使用されず、そのため彼の両親は「ウィトゲンシュタイン」で食事をすべきか否かでよく議論していたという。[102]

七月一五日に、ウィトゲンシュタインはウィーンに向けて発った。その前の四月には、彼は兵役検査のためロンドンのオーストリア大使館に行っていた。その際（以前わずらったことのある）ヘルニアが発見され、手術せねばならないことがわかった。ウィーンに着いたらすぐに手術を受けることにしていたが、身辺の事情はひどいものであった。

彼が言うには、（私が会ったのとは）別の姉［グレートル］が出産後に重病になり、二年前からガンにかかっていた父親は七回も手術を受け、我慢できないほどの痛みに苦しんでいます。何事につけ極度に感じやすい母親は、すっかり混乱して、どうしていいかほとんどわからない状態です。彼女は彼［ルートヴィヒ］が手術を受けねばならないのを知りません。それで彼は、告げ知らせねばならないときがくるのを恐れています。彼が言うには、彼女は決してわが身のことを顧慮したりせず、他人を通じて喜びを得るほかは自分の楽しみというものを持ちません。ただし音楽は別なのですが、彼女はコンサートには行っていません。（オットリーン・モレル宛ラッセルの手紙、一九一二年七月一五日）

結局、事態はますます悪くなるばかりであった。父親はもう一度手術を受けねばならず、そのためルートヴィヒは、家族の者に自分の手術のことで心配の種をふやすわけにはいかないと考えた。しかるべき手術を秘密裡にしてもらうのは、不可能だったであろう。そこで彼は、その代わりにちょっとした一時しのぎの手術を密かにしてもらった。

彼は夏を過ごす場所を二カ所に分けた。一つは父親の別荘地ホーホライトであり、今一つは、ザルツブルクに近いハラインにあった伯父パウル・ウィトゲンシュタインの家である。身辺の事情はよくなかったが、その夏は幸せなときであった。体の調子はすっかり回復し、「全力をつくして哲学をしている」とラッセルに知らせている。天候は上々で、たいていは屋外で思索をすることができた。

哲学の真の諸問題ほど素晴らしいものは、この世にありません。(103)

これらの環境は彼にとってなじみ深く、またそこには、見知らぬ者であれ知り合いであれ、彼の気にさわるような人間もいなかった。こうした状態が仕事に有益であることを、彼は折にふれ知っていく。また、彼の生涯を通じて認められる点がもう一つある。つまり、他人との議論は彼にとって有益であり、不可欠でさえあったけれども、その成果が実際に現れ、彼が進歩を遂げることができたのは、長い期間にわたって一人きりで思索する機会があった場合に限られるのである。思索は戸外でもなされえた。というのも、メモを取り、着想をエピグラム風の文や疑問の形で手帳や紙片に書きつけ、それをのちに大きなノートに書きうつしていくことを、彼は習慣としていたからである。この頃の彼の思索は、論理定項に集中していた。これは、論理学の主題をなす基本概念である。さしあたり彼が関心を寄せていたのは、彼が見かけの変項と呼んだもの、すなわち一般性の観念であり、また（大まかに言って、通常言語の「あるいは」、「かつ」、「もし～ならば」にあたる）「v」、「・」、「⊃」といった命題の結合子であった。これらの結合子は、否定や同一性と共に、ホワイトヘッドとラッセルの論理学における基本概念であり、論理学とは、こうした基本概念の性格によって真であるようなあらゆる命題からのみ成り立つ科学と見なすことができる。[104] しかし問題は、こうした諸命題が有する「論理的」真理とは何かということである。なぜこれらの基本概念は恣意的に寄せ集められたものではなく、統一ある集合体なのか。論理学の諸命題を真とするそれらの性格とは、どのようなものなのか。ウィトゲンシュタインは、これらの問いに答えうる何らかの記号理論を発見しようと努めていた。ラッセルに宛てた手紙の中で、彼は、のちに誤りであると判明する一、二の試みに触れているが、結論全般はのちにきわめて有用であることが明らかになる。

> 私たちの問題は原子命題にまで遡行することがありうると思います。そのような命題における繫辞がどのようにして意味を持つのかを正確に説明しようと試みれば、このことがおわかりになるはずです。
> 私にはそれが説明できません。しかし、この問いに対する厳密な答えが与えられるならば、「v」の問題や見かけの変項の問題は、解決はされないまでも、大いに解決に近づくことでしょう。それゆえ私は今、「ソク

ラテスは人間である」（善良なる老ソクラテス！）について考えています。(105)

「私たちの問題」とは、論理的真理の本質を発見すること、あるいは——当時の彼らならこう表現したであろう——どのような種類の複合体が論理的命題に対応するのかを明確にすることであった。すでに見たように（前述一三六、二一九頁）そうした命題の特殊性は特殊な構成要素として論理定項を含んでいるという点にあるのではなく、もっと別のところにある、とウィトゲンシュタインは感じていた。さまざまな可能性がおのずから現れてきて、ラッセルとウィトゲンシュタインは、論理形式という概念が必要な説明を与えるかどうかについて、多くの時間を費やして論じ合った。この夏にオーストリアから出した数通の手紙の中で、ウィトゲンシュタインは最初、答えは論理学の命題に対応する複合体の特殊性にではなく、あらゆる命題複合の本性のうちにあるのかもしれない、と示唆している。彼の手紙の調子からは、彼の自信と仕事の進展に対する喜びとが、はっきり読み取れる。それゆえ八月一六日の手紙にある「私は気違いになったようです」というあとがきは、実際の苦悩を言っているというよりも、知的作業への熱狂的集中を表現したものとして読む必要があろう。彼はしばらくのあいだは、自らのすべての努力はむなしいという感情、生の無目的という感情、ケンブリッジから出した手紙に書いた「不安」、などから解放されていたように思われる。すでに言及したが、彼は『ハジ・ムラート』から強烈な影響を受けた。そのことをラッセルに告げ知らせたのも、この時期であった。(106)

それを知らせた手紙を、彼はハラインの伯父パウルのもとから出した。パウルは、ヘルマン・クリスティアン・ウィトゲンシュタインの長男であった。彼は父親の財産管理のために法律の勉強をやめ、実際上、父親の事業を継いでいた。彼はこれを手際よく行ったが、熱意はわかなかった。むしろ熱意は、絵を描くことに、そして彼が主たる後援者になっていた「分離派」の活動のために注がれた。彼は趣味が洗練され、身だしなみがよく、（若い頃は）ハンサムだった。そして気は短かったが、心は優しかった。大半の兄弟姉妹よりずっと自由に暮らし、その態度は気さくで親しみやすかった。カールが最期の病に臥していた痛ましい歳月のあいだ、彼はカールの家族にとって特別な支えとなった。張りつめたホーホライトの空気から当分のあいだルートヴィヒを離しておくよう取りはからったのも、おそらく彼であった。彼がルートヴィヒを父親のような目で見守っていたことを示す事例は、ほかにもいくつかある。彼はルートヴィヒの内面的窮境にも目ざとく気がついた。そうしたことにカール家の者たちは、極度の緊張が常態となってしまっていたので、まったく気がつかなかったのである。さらに、哲学に身をささげているルートヴィヒの姿は、ロマンチックな傾向のあるパウルの空想力をとらえ、彼はあらゆる仕方でルートヴィヒを励ましたいと思っていた。

九月の初旬に、ウィトゲンシュタインは数日かけて、オーストリアからイギリスへ戻った。休暇旅行に発つ前に、ケンブリッジの部屋で使う品をさらに買い揃える必要があったからである。彼はベリー通りにあるラッセルのアパートに泊まった。彼がそこに泊まった最初の客であった。このときラッセルは、あらためてウィトゲンシュタインの能力に感銘を受ける。

彼はスティーヴン家やストレイチ家の人々のような天才気どりの者たちとは著しい対照をなしています。私たちはすぐさま論理学の問題を話し始め、大いに論じ合いました。彼は、本当に重要な問題点を見抜く途方もない能力を持っています。（オットリーン・モレル宛ラッセルの手紙、一九一二年九月四日）

ラッセルはウィトゲンシュタインに、すべての問題を解決し終えてからというのでは時を逸してしまうから、ただちに著述に取りかかるよう強く勧めた。

このように勧めると、彼は激昂しました。彼には、完全なものを創るか、さもなくば何も創らないという、芸術家肌のところがあるのです。私は、不完全なものを書けるようにならなければ、学位も取れないし、教職にも就けないことを説明してやりました。こうした説明が彼をますます激昂させました。しまいには、彼は私に真顔で懇願し、私をがっかりさせるようなことがあっても、決して見放さないでくれ、と言うのです。(オットリーン・モレル宛ラッセルの手紙、一九一二年九月五日)

ラッセルには、ウィトゲンシュタインの健康だけが心配だった。彼は人々に、生命そのものが危いのではないかという印象を与えていた。(医学的根拠があったわけではないが)ラッセルは、ウィトゲンシュタインの耳は聴こえなくなりつつあるとも思っていた。

旅行地としては奇妙な選択であったが、ともかくアイスランドは健康にはよいように思われたし、実際そうだった。もっともウィトゲンシュタインは、旅行の際には心配症だったので、この年アイスランドが例年にない寒さであることを兄から聞いたとき、計画そのものをほとんど取りやめるところであった。躊躇する彼をピンセントが説得し、二人はかなりのお金を持って出発した。二人はウィトゲンシュタインの父からそれぞれ現金で一四五ポンドを持たされ、ウィトゲンシュタインはさらに二〇〇ポンドを信用状で持っていったのである。二人はどこへ行くにも一等を使い(当時のウィトゲンシュタインの習慣だったようである)、最高級のホテルに泊まった。船中では(ウィトゲンシュタインは船の小ささにげんなりした)、一人がそれぞれ二段ベッドつきの船室を使った。ウィトゲンシュタインはトランクを三つ持っていったが、ピンセントが一つしか持っていないのに驚いた。そこで彼はピンセントに、エディンバラでほかのさまざまな品物をも買うよう勧めた。彼らは気前よくチップをはずみ、彼らがアイスランドで借りあげたポニー群は、もっとタフで忍耐力のある旅行者の目には、さながら騎馬行進であった。何か特別な折には、手に入るかぎりのあらゆる種類のシャンペンでお祝いをした。要するに、彼らは罪のない贅沢なら何一つ惜しみはしなかった。当時の金持ちは、こうした贅沢をして、簡素さのゆえに選んだ旅先での休暇にある程度の楽しみを与えるのが常だったのである。

休暇そのものは（これについてはピンセントが詳しく報告している）、他の休暇とそう変わりはしなかった。船上での輪投げや簡単なトランプ遊び、時折見つけたピアノでのシューベルトの演奏、話し好きでときには迷惑な道づれの旅行客、情報通のガイド、足の丈夫なポニー、樹木の見えない奇妙な風景、オーロラ、数日待っても噴出しそうにない大きな間欠泉、さまざまに変わる食事としばしば寝にくいベッド、夜間の写真現像などが、この旅の要素であった。物事がうまくいきそうにないと、二人共苛立ったり神経質になったりしたが、すぐに回復して上機嫌になった。ウィトゲンシュタインは、旅行者としてはさほどたくましいほうではなかった。船では、船酔いしたわけでもないのに、船室に閉じこもりがちであった。陸にあがっても、慣れない食物は、胃があまり受けつけなかった。岩登りをしたときには、極度に神経質になり、命を危険にさらすようなまねはやめてくれとピンセントに懇願したものであった。後年のウィトゲンシュタインはしばしば困難に耐えたが、それは彼の生来の性向ではなかったのである。

彼ら二人は、一方の者が一人だけでどこかへ発つ場合のことも念頭において、時間を大切に使った。しかし際限なく話し込むことも、ままあった。二人が知っている人物や出会った人物について、また「俗物主義」について、などの会話である。[107] ピンセントの「俗物主義」の一つは、おそらく、彼があまりにも安易に寛容だったことである。あるとき、二人がホテルの食堂で他の客と一緒のテーブルにつかねばならなかったときに、ピンセントは「野卑ではあるが堂々とした男」と話していて愉快に感じた。しかしウィトゲンシュタインはその男に激しい嫌悪を覚えたので、ウィトゲンシュタインとピンセントは食堂を出て、自分たちだけの食事を注文せねばならなかった。[108] お人よしのピンセントは「食堂での食事時間はいつもひどく遅いけれど、それ以外は思ったほど愚劣ではない」と日記に書いている。とはいえ、やはりその場は気まずい雰囲気になった。仕方なく結局彼らは、ウィトゲンシュタインの仕事について話し始めた。瞠目すべきことだが、原理的には本来完全に理解されうるような事柄をうまく説明することに、ウィトゲンシュタインはきわめてたけていた。のちにも、彼が友人の子どもたちに算数の初歩をかみ砕いて教えたとか、ズブの素人に演繹と帰納の差異を説明した、などといった例がある。周知のように、彼は後年、学校教師の職を選んでいる。家族の多くの者と同様、彼も教育への強い情熱を持っていたのである。それゆえ講義という形であれ、著作という形であれ、彼の哲学上の仕事が理解しがたく、要点が容易に見て取れないのは、彼に説明の能力がなかったとか、その気がなかったためではない。講義や著作の中で、彼は常に新しい洞察を伝えようと努めたが、通例それらの洞察は、聴講者や読者の、それどころか彼自身の先入見に真っ向から対立するものであった。しかも彼は、議論を単純化したり、生徒に単なるテクニックを教え込んだりはしなかった。アリストテレスの言葉を借りれば、彼の方法は論証的であるよりも、むしろ弁証的であらざるをえなかったのである。とはいえ論証的な方法も、船のエンジンがどのように作動するのかを説明する際には適切であったし、同様に、ホワイトヘッドとラッセルの論理学の基本や彼らによる数の定義をピンセントに説明してやる場合には、きわめて適切であった。かくしてピンセントは、ウィトゲンシュタインが優れた教師であることを知るようになるのである。

二人は一〇月の初めにイギリスに戻り、四日にはバーミンガムに着いた。ウィトゲンシュタインは、その夜はピンセントの家族のもとに泊まった。彼らは当地で大きなパーティのあることを知り、先に言及した音楽祭の最後のコンサートに出かけた。最初のうちは臆していたウィトゲンシュタインも、じきに打ちとけ、そしてピンセントは、ウィトゲンシュタインとの仲を両親に得意げにひけらかした。ウィトゲンシュタインはピンセントの父親に論理学について説明し、また、小さな子どもの教育についてのちのエレン女史と論じ合った。

かくして、今まで過ごしたうちで最も素晴らしい休暇は終わった。田園でのめずらしい体験、倹約をまったく気にしなくてよいという新しい経験、興奮などなど――こういったものが一体となって、この休暇は、これまでのうちで最も素敵な経験となった。(日記、一九一二年一〇月五日)

第五章　ケンブリッジ　一九一二―一三年

ウィトゲンシュタインは一九一二年一〇月一二日頃、ピンセントに家具の搬入を手伝ってもらって、新しい部屋に居を構え、彼がすでに伝説的存在になっていたケンブリッジ大学で初めて正規の在学期間の第一年目を過ごすことになった。ジョンソンの弟子であったナオミ・ベントウィチの回想するところでは、[1]彼は総じて金持ちの生活をし、いいコンサートがあれば必ずロンドンへ行き、自分の部屋を独自のスタイルで飾ったという（壁を黒く塗ってしまったという噂がある）。これには多少の真実味がある。われわれはすでに、彼が家具を特別注文したことを見た。ピンセントの日記には、ロンドンに旅して、ウィトゲンシュタインを伴い、シュタインバッハの指揮するコンサートへ行って、その夜はグランド・ホテルに宿泊した旨が記されている。

すでに心理学仲間や音楽仲間のあいだでもよく知られていたから（というのは、ケンブリッジではほとんどすべてのコンサートを聴きにいったからであるが）、ウィトゲンシュタインは今や「協会」を中心とした、かの知的貴族階層の会員たちからも目をつけられるようになっていた。[2]ラッセルは「協会」の年長幹事であったマクタガートにも、（そのほかたくさんの事柄でもそうであったように）おそらく「天使」のうちでも最も活発に運営に携わっていたケインズにも、ウィトゲンシュタインを紹介した。

私は昨日彼をケインズに引き合わせたのですが、これは失敗でした。ウィトゲンシュタインは体の調子が悪くて、うまく議論ができなかったのです。一人の人物の存在が他の人物に新しい光を投げかけるというのは、おもしろいことです。ケインズは柔弱で、ふわふわしているように私には見え、いつも思っていたほどには有能でありませんでした。別にウィトゲンシュタインがそう言ったというわけではありません。彼はほとんど何もしゃべらなかった——ただ彼がそこにいたというだけで、そうなったのです。ケインズは、多くの人たちと同様、ある意見を容認しながら、そのもたらす結果を顧慮しない所があります。彼が柔弱だと言わざるをえない所以です。——私はまたウィトゲンシュタインを連れてマクタガートにも会わせましたが、このほうはもう少しうまくいきました。ただ、ウィトゲンシュタインは、マクタガートがどうしてあんな突拍子もないことを信じていられるのか、理解するのが難しいようでした。(オットリーン・モレル宛ラッセルの手紙、一九一二年一〇月三一日)

マクタガートとの出会いは、ウィトゲンシュタインの生涯では、単なる一事件にすぎなかったが、ケインズとの出会いははるかに重要であった。両人とも、初対面のときには、いささか引っ込み思案であったように思われるが、むしろウィトゲンシュタインのほうが遠慮していたのかもしれない。しかし、自分がまともに知りたいと思う新たな知己には自分の才気や俊敏さを隠して、むしろ静かに傾聴するというのがケインズのスタイルであった。当時いささかウィトゲンシュタインの呪縛にかかっていたラッセルは、たぶんそのふわふわしたところを誤解したのであろう。ともかくもウィトゲンシュタインとケインズはほどなくしてお互いを認め合う。ケインズがまず友人のダンカン・グラントにそれほど甘くはない評言をするのだが、しばらくあとでは次のように書き送っている。

ウィトゲンシュタインはとても素晴らしい人物で——最後に会ったとき、私が彼について言ったことはまったく真実ではない——、そのうえ非常に気持ちのいい男なので、私は彼と一緒にいたいと切に思います。(ダンカン・グラント宛ケインズの手紙、一九一二年一一月一二日)

辛辣で才気があり、しばしば意地悪なケインズでさえ、新しい考えや影響力に対しては共感を示し、ものわかりがよく、心を開くことがありえた。ウィトゲンシュタインの全友人の中でも、彼はおそらく最も大きな受皿であった。哲学者、経済学者、著述家であり、稀有な説得力や優美さやスタイルの有機的統一を唱道した彼は、同時にまた、抜群の精力と資産を持った管理者兼実業家でもあった。自分に関心のあるあらゆる領域で、彼は最上のものに対する本能、鑑識家の習性を持っていた。このことは彼の書籍収集や、音楽と美術(この領域で彼をその気にさせたのは、心に感ずる情熱というよりは、むしろ知的な確信であったというのが、明らかにブルームズベリー仲間の感想であった)の庇護(彼が富んで重要人物になってから)のうちにも現れている。友人の選択については、彼はこのうえなくそうであった。もしウィトゲンシュタインが「善人の収集家」であったとしたら、ケインズのほうは通常でないもの、刺激的なものに対する愛を人一倍持っていたのである。彼の最初の伝記作家の語るところでは、新たに出会ったウィトゲンシュタインに彼が魅了されたのは、「あらゆる点で風変わりな学生」(3)だからであった。いったん友人になると、その業績や考え方に対するケインズの関心によって、あるいは実務的な仕方で、友人たちは援助され昇進していったのである。ケインズは彼らの必要を予期し、彼らの欲するものを手配するのを常とした。二人が最初の何がしかの遠慮を克服したときには、ウィトゲンシュタインに対しても同様であった。二人はケインズが体現し、ウィトゲンシュタインが半ば属していたケンブリッジ大学の理想について、長いあいだ話し合うことができたであろう。パラドクス好み、法外な誇張、頻繁な非礼行為、鈍感な者への苛立ち、偏見など、ときにはケインズの同僚たちを警戒させ、「協会」外の広い世間で彼の成功を（完全にというわけではないが）妨げることさえあったけれども、そうしたことがウィトゲンシュタインに衝撃を与えることはなかったであろう。実務的な側面のほうも重要だった。ウィトゲンシュタインにとっては、ケインズがほどなくして公的なケンブリッジ大学を代表するようになった。一つには、ケインズの父親が当時大学の学籍担当事務長(Registrary)であったからでもあるが、おもにケインズ自身がその役にうってつけだったからである。彼はウィトゲンシュタインの生活における一種のマネジャーであった。捕虜収容所にいたウィトゲンシュタインとの連絡網を組織し、一九二〇年代にラムジーが下オーストリアの村々を訪ねたときに手を貸し、一九二五年の再訪英を可能にし、一九二九年にウィトゲンシュタインをケンブリッジ大学へ呼び戻し、一九三五年にはソ連との仲介役を務め、一九三八年にはウィトゲンシュタインの国籍問題について助言を与え、一九三九年ウィトゲンシュタインを教授に昇任させるための選考委員会では最も積極的な委員であった。実際、その時までに考え方や理想についての長い議論が終わり、ケインズの役割はウィーンにおける家庭顧問の一人——たとえば「ウィトゲンシュタイン官房」の長ないし家族秘書官長——のようなものになっていた。ウィトゲンシュタインは自分の仕事を処理するのに友人たちを巻き込むことを好み、かつそうすることを必要とした。われわれは、彼が「しばしば」ピンセントを使って、招待状を紛失したといった事態に対する正式の陳謝状の下書きを書かせたりしているのを発見しているし、またのちには、彼はギルバート・パティソンを自分の会計係兼慈善係にしている。その背後には、ある種の実務嫌いや他人依存の習慣があるし、またいくぶんかの内気さもある——彼には仲介者がいるほうが安心なのであった。たとえば彼が第三者Ｂ氏をよく知っているときでさえ、自分の有する理由とか疑いとかを彼自身で直接B氏に説明するよりは、友人A氏が〔代弁して〕B氏に説明するほうがうまくいくことがあるだろう。最終的には、重要事であれ些細事であれ、仲間と共に決定や手続きの問題を解決していくのが友情の一部であり、しかも人生の重要な一部なのであった。興味深いのは、どのような理由があったにせよ、親密な関係に何らかの破綻があったときでさえ、彼の役割が継続しえたという点である。ウィトゲンシュタインは一度友人であった者を助けたり、その者に助けを求めたりするのに、決して躊躇しなかったであろう。友情が実際いまだに生きているのかどうか、躊躇することはあったかもしれない。この連関では、一九一三年六月および七月のケインズ宛書簡を一読されたい。彼は先に述べた（一六五頁）ジョンソンへの研究費贈与について助言を求めている。ケインズは返信の中で明らかに、イースター学期にあまり会えなかったことについて何らかの遺憾の意を表しているが、それに対してウィトゲンシュタインはこう応えている。

この前の学期にしばしばお目にかからなかったことに対する私の言い訳は、あなた自身がそれを望んでいるというしるしがなければ、私もわれわれの交友関係を継続したくないということです。（ケインズ宛ウィトゲンシュタインの手紙、一九一三年七月一六日）

たぶん、「協会」に関する何らかの誤解の反響なのであろう。ラッセルがウィトゲンシュタインとの友情をケンブリッジ大学の他の人たち抜きに独占しようとしているという噂が、一九一二年ブルームズベリー・グループ以来の古いメンバーを含む協会員のあいだで広まっていた。マイケル・ホルロイドはこれをムーアとデズモンド・マカーシーの意見として報告している

(この後者のウィトゲンシュタインとの知友関係が薄弱であることに注意すべきであるけれども)(4)。二人によれば、ウィトゲンシュタインを「協会」に接触させたのはもっぱらケインズの介在による、という。リットン・ストレイチは確かにこうした見解を持っていた。

[ラッセルは]ケインズがウィトゲンシュタインと会うことに固執し、ただちにその天才ぶりを見て取るまで、ウィトゲンシュタインを自分のところに引きとめておいたのです。……[ラッセルの考えでは]「協会」があまりにも堕落しているので、明らかにウィトゲンシュタインはこれに所属することを拒否するだろう、というわけです。(シドニー・サクソン＝ターナー宛ストレイチの手紙、一九一二年一〇月二〇日)

それにしても、この噂はとりとめがない。ホルロイドがラッセルにその話をしたとき、ラッセルにはそうした事態にくやしい思いをした記憶がまったくなかったのも、驚くに足りない。ウィトゲンシュタインには、ケンブリッジにあらゆる種類の交友関係があり、いかなる意味でもラッセルに支配されてはいなかった。ラッセルの後日の記憶とは無関係にわれわれに知られている真相は、ラッセルが当時ウィトゲンシュタインの選出を考えることは誤りであると信じていたということ——つまり、ラッセルは「協会」に嫌気がさしていたか、あるいはそれに関係することをいっさい拒否したであろうということ、その結果何らかの予期せざる悶着が生じたであろうということである。すぐ見るであろうように、こうした点についてはラッセルがある点まで正しい。しかし、彼らの鋭すぎる目が看取していた嫉妬については、オットリーン夫人宛の手紙に何の痕跡もない。

もしムーアがウィトゲンシュタイン関するかぎりラッセルは独占欲が強いと考えていたとしたら、それは格別に驚くべきことである。まさにこの頃、彼自身とウィトゲンシュタインとの結びつきが密接になりつつあったからである。それは、他の一対の人物だったらたぶんきわめて不幸であったであろうような仕方で始まった。ウィトゲンシュタインは、先年と同様ムーアの心理学講義に出席し始めたのだが、そこでは、夏『プリンキピア・エティカ』を読んだときにうんざりしたのと同様な欠陥を見出した。そこで、彼はラッセルに向かって、ムーアには「吐き気をもよおす」ほどの繰り返し癖があるばかりか、重要でない問題に時間を費やす傾向さえもあると言ったのである。「彼はムーアを愛している」とラッセルはオットリーン夫人に書き送っているが（一九一二年一〇月一五日）、「しかし、ほかの人たちほどには敬服していない」。実際、ウィトゲンシュタインは一〇月一八日の講義が終わったあとでムーアのところへ行き、もっと自制してくれるよう頼むのである――哲学の比較的初心者から自分より一五歳も年長の人に至るまで聴講しているクラスだというのに。ムーアは自分にできることは改めると約束して、（デズモンド・マッカーシーに彼自身語ったところでは）依然としてウィトゲンシュタインをこのうえなく尊敬していた。(6)

彼は授業に一、二回やってきたが「ムーア自身が一連の日記の抜き書きの中でウィトゲンシュタインについて記している」、心理学と物理学の違いはそれぞれの主題にあるのではなくもっぱら観点の違いにある、というウォードの見解の意味をはっきりさせ、これを論駁するのに、私があまりにも時間をかけすぎると、激しく説諭した。私のなすべきことは自分の見解を述べることであって、他人の見解を攻撃することではない、というのである。そのあと、彼は私の授業に出てこなくなったが、きわめて友好的ではあって、私の部屋へ訪ねてきたり、彼の部屋へ招待してくれたりした。

ムーアの当時の日記もこれを裏書きしている。(7) 二人の接触は頻繁になった——あらかじめ打ち合せたうえで、たぶん週に二度ほど(これは友人と会うにしては稀有なムーアのやり方である)。そのほかにも、コンサートとか、ラッセルの部屋でとか、夕食会とか、予定外の出会いがあった。ウィトゲンシュタインはお茶の時間とか夕食後とかにやってくるのを常としていて、そこでラッセルの集合論とか、ラッセルや彼がいま断定記号について考えていることとか、命題記号の意味とか指示対象とか、ラッセルの同一性理論に対する彼の反対意見とかについて「説明を試みる」のであった。しかし、全時間を哲学に費やすというのはまれなことだった。(8) 二人の友情における一種の抑制によって、音楽とか、ドイツの叙情詩とか、ラッセル、ジョンソン、あるいはその他の友人とかについての話が始まったり、話題が変わったりしたことであろう。音楽と詩歌はムーアの生活の二大愛着であった。彼は詩人トマス・スタージ・ムーアの弟であり、彼自身の二人の息子のうち、一人は詩人になり、もう一人は音楽家になった。彼は自伝の中で学校での音楽、とくにシューベルトの歌曲に対する熱狂を語っている。(9) 彼にはテノールの美声があって、ウィトゲンシュタインに長々と唄って聞かせることがあったであろう——あるときには『冬の旅』の中から「多くの歌曲を」、別のときにはブラームスの『わが乙女』や『四つの古典歌』などを。どちらの場合も単なる合間の座興ではなかった。あるいは一緒に室内楽を演奏して、ウィトゲンシュタインがいつものように、その一部を口笛で受け持つこともあったであろう。

ムーアは含羞の人であった。自分が理解されていないときでさえ、ウィトゲンシュタインのほうが正しいに違いないと信ずる覚悟があった——自分が完全に理解していると思わないうちに何かを書き下したり、何かに賛同したりするようなムーアを想像することは不可能なのだけれども。彼はまた、その日記が示しているように、社交においても内気であった。人の「話がうまくいった」ときにはこれを評価できる能力があったが、たとえばハイ・テーブルで隣り合わせた人とのあいだに沈黙の瞬間があったり、その人を会話に引き入れるのに失敗したりしたときには、すぐ落ち着かなくなるのだった。それは事実彼の魅力の一部であった。彼の洞察力と明敏な反応は、彼がいかなる意味でも、ケインズやラッセルが明らかにそうであったようには、演技者でなかったために、なおさらに高く評価された。そして、第一次世界大戦以前、彼はウィトゲンシュタインとの個人的関係でこのうえない含羞を示した。「音楽クラブ、ウィトゲンシュタインの後ろの座席で」と日記に記すのが常であった。「彼は私にうんざりしていると思う」（一九一三年五月二四日）とも。もう一つ別の一節も、ウィトゲンシュタインがどのような社交的集まりに参加したかについて、いくばくかの光を投げかける。

ロバートソン邸で夕食。ハーディ、ウィトゲンシュタイン、およびT・ジョーンズ嬢が同道。ハーディが催眠術について話し始める。私が彼に話したばかりの話題だが、ウィトゲンシュタインは夕食中これについてうまく話をまとめた。それから山岳と生体解剖の話。そのあと私が歌を唄ったが、ウィトゲンシュタインには気に入らなかったと思う。次いで道徳の話がでたが、ウィトゲンシュタインは困っていたように思える。ハーディが一時すぎに話しをやめるまで、私は［一語解読不能、「辞去」?］するのを待っていた。ウィトゲンシュタインはわれわれの前を歩いていたが、私に不満だったのではないかと心配した。（日記、一九一三年五月二一日）(10)

ムーアの講義に対するウィトゲンシュタインの批判は、決してムーアに対する信頼の喪失を意味していない。事実、まさにこの時期に、ウィトゲンシュタインは（ムーアがこれを聞いた最初の機会に記した言い方では）ムーアが「モラル・サイエンス・クラブでは一種の独裁者として行動すべき」計画に手を染めるのである。ウィトゲンシュタインはこのクラブに出席することを常に好んでいた（ただし、ずっとのちになって大学で教鞭を取るようになってから、自分が出席しないほうがいいのではないかと思った時期がある）。われわれに伝わってくる、この時期以降の彼の評言は（大部分ラッセルの書簡の中にあるのであるが）ごく自然に、そのたいていが否定的な性格のものになる。ウィトゲンシュタインはラッセルに対して、効果を狙った語り口、言い逃れ、問題に直面しようとはしない態度、お説教などを自分が好まないことを説いて、そんなことよりもむしろ自分が会合で価値があると思うことに熱狂したほうがまだいい、とさえ言うほどだった。たまたま聖職者であった二、三のメンバーに対する彼の批判が格別厳しかったので、ラッセルはウィトゲンシュタインがその場合混乱を不正直と取り違えたのではないかと考えている。それでも、ウィトゲンシュタインは、とくにその会合が本来討論の目的のために用いられ、長い論文を発表したり、これを聞いたりするためのものでないとするなら、会合そのもののあり方をもっとどうにかできるはずだと考えていたのである。

そこで、彼の計画というのは、実際にクラブはそれを一一月一五日に採用したのであるが、まず議長が選ばれて討論を司会し、論文は七分以内に制限する、というものであった。それに加えて、修士レベルの者が参加できない二次会も設けられることになった。この規定はクラブの歴史の中で折にふれ再導入されて、のちには当然ウィトゲンシュタイン自身を締め出すのに使われることになった。それは決して一九一二年当時のウィトゲンシュタインの計画の一部ではなく、彼はこれに激しく反対したのだが、（ラッセルの考えでは）それを提案したある「教区司祭」の憎悪に乗せられた結果であった。ラッセルの考えでは、その司祭の論点――若年者はムーアやラッセルが出席しているときにはあえて発言しようとしないという論点――はもっともなものであったが、しかしウィトゲンシュタインは疑いもなく、この二人の年長者を、まさに当の提案者のような人たちに対する防波堤と見なしていたのであった。ムーアはしかるべくして例会の議長に選ばれた。

W・タイが話をした二次会が一一月二三日に開かれたが、新しい制度のもとでの最初の例会は一一月二九日にウィトゲンシュタインの部屋で開催され、ムーアが議長になった。ウィトゲンシュタインの友人ドーウォードの手書きになる議事録には、少しおもしろいことが書いてある。

ウィトゲンシュタイン氏が「哲学とは何か」と題する論文を発表した。その論文は四分ほどしか続かなかったから、タイ氏によって樹立された記録をほとんど二分も切りつめたことになる。哲学は、さまざまな科学による証明なしに真と仮定される基本命題の総体として定義された。この定義は大いに議論されたが、それを正しいとする雰囲気は会場になかった。討論は論点に即してよく行われ、議長はあまり介入する必要がなかった。(11)

ここでいちばん意味深いのは、おそらく暗黙裡に「哲学」を論理と同一視している点であろう。ウィトゲンシュタインは論理のあらゆる問題が原子命題の本性に遡源しうるという、すでに述べた洞察から、最初の結論を導き出しつつあったように思われる。論理とはいかなる特殊な対象領域に関する科学でもなくして――たとえば一般性とか含意とかの導入と共に効果を発揮する一科学なのではなくて――、およそ何かを言うことが前提している物事についての科学なのであった。そのようなものとして、論理はあらゆる科学に平等な構成部分となるであろう。(12)論理の原理があらゆる科学の原理に含まれているという考えはまったく伝統的なものである。その理由と、論理以外の何ものも諸科学における証明なしには想定されないという見解だけが、新しいものであろう（もし実際にわれわれのウィトゲンシュタイン解釈がこの双方の点で正しいとするならば）。しかし、こうした考えはそれ自体で、なぜ論理の諸真理が真なのかについての説明を示唆するものではない。その説明を与える試みの中で、ウィトゲンシュタインはすぐに、論理の命題が他のすべての命題と異なっていることを見て取るようになる――「哲学は実在のいかなる像も与えない」というのが一九一三年夏の彼の言い方である。そして、『論考』では、事態の存在と非存在を正しく表出している諸命題の総体が自然科学を構成するのだと述べたあとで、彼は続けて哲学を科学から区別しようとする。

哲学は自然諸科学のうちの一つなのではない。
（「哲学」という語は、その位置が自然諸科学の上あるいは下にあるようなものを意味し、それらと並ぶものを意味しないのでなくてはならない。）（『論考』四・一一一）

哲学は一特殊科学でないのみならず、その他の諸科学の一部分あるいは共通な一部分ではないのである。ムーアはウィトゲンシュタインの発表がいいものだとは思わなかったし、ラッセル（都合で出席が遅れ、最初のほうは聞いていない）はウィトゲンシュタインがそのことでたぶん意気消沈していると見た。

それから私はウィトゲンシュタインの論文についての討論の末尾に加わったのですが、ほかの人たちが去ったあとで、私は彼の失敗について話しました――彼は自分が受け容れられなかったことを気にしていて、なぜなのかと私に尋ねました。それは夜半一時半までも続いた長くて難しい、(彼にとっては)熱のこもった会話でしたから、私はかなりの睡眠不足に陥りました。彼は偉大な課題であり、それに値したのです。少々単純にすぎてはいたけれども、彼を単純にしないよう私が多くを言いすぎれば、彼のいい素質をこわしてしまうのではないかと思いました。(オットリーン・モレル宛ラッセルの手紙、一九一二年一一月三〇日)

実際、当時ウィトゲンシュタインが人々を判断し、取り扱ったやり方、〔たとえば〕問題を何とか誤魔化して切り抜けようとしたある牧師を「かつて生きた最も愚かで、最も邪悪で、最も完全に無価値な生物」と考えてしまうような不寛容さ(そこでラッセルは考えの曖昧な人を誤解しないことの重要さを説くという、慣れない仕事をさせられたのである)の中には、単純さやナイーヴささえもがあった。しかし、さらにナイーヴだったのは、ムーアのような子どもらしい単純さを持っている者しか彼の徹底的な批判によって益しないだろうということに、ウィトゲンシュタインがまったく気づいていないという点であった。ピンセントは、ウィトゲンシュタインが学生修道士Fに向かって何か精密科学に関するいい本を読むよう、説得している場面を記録している。[13]

それは明らかにFにとって——実際誰にとっても——非常によいことであろう。しかし、ウィトゲンシュタインはきわめて高圧的で、Fのことを自分がどう考えているのかを精確に知らせようとし、結局は彼自身がFの研究指導者であるかのように話をしたのである! Fはそれを非常に好意的に受けとめたのだが——明らかにウィトゲンシュタインが狂っていることを確信したであろう。(日記、一九一二年一一月の日記)

この同じFに対するウィトゲンシュタインの批判がウィトゲンシュタインとノース・ホワイトヘッド〔アルフレッドの息子〕とのあいだの喧嘩（とラッセルの表現するもの）の原因になった。そうした事情があったために、当然のことながら、ピンセントはウィトゲンシュタインなら絶対好きになれないと確信する「心なき阿呆」Cを手際よく遠ざけている。こうした状況のもとで〔ウィトゲンシュタインの〕評判が悪くなる余地があった。それでも、ウィトゲンシュタインは偶然知りあった多くの知己たちと、ときにはピンセントが驚くほどに生き生きとした会話を交わすことができたのである。四〇歳になってウィトゲンシュタインがケンブリッジ大学に戻ったとき、彼は一年有余のあいだに自分の知己を自分がうまくやっていけそうな相手に限定することを学んで、そうする決心をした。これが隠遁したウィトゲンシュタインという伝説を生み出した理由であり、彼が努めて知り合いになろうとした人々にとってはきわめてしばしば驚きの原因になったのである。しかし、第一次世界大戦前、彼がまだ若者の楽観——それはラッセルの気づいた単純さということなのであるが——を若干持っていたときには、友人になりそうな人も、なれそうにない人も、等しく議論するときの彼の迫力や彼の率直さにさらされたのであった。彼の突飛さ、彼の無遠慮、彼の広い経験、彼のあからさまな真剣さ（ピンセントと一緒のときでさえ、のちの彼の友人関係に特徴的に現れる単純なユーモアのセンスが現れてこないように見える点はすでに指摘した）——これらの素質すべてが一連の賢い学生たちから彼を傑出させることになったのである。にもかかわらず、本当に評判が悪かったのかどうかについて、われわれはいかなる証拠も持っていない。ノース・ホワイトヘッドは彼を嫌っていたように思われるし、両親のホワイトヘッド夫妻のほうは味方にならなくてはならなかったのだが、しかし、たいていの場合、ピンセントが暗示しているように、彼の奇妙さは安易に外国人に帰せられる狂気の一部と受けとられていたように思われる。ともかくも、彼は明らかに生きのいい客人として、(クラブや学会では)討論への果敢な貢献者として、受け容れられていた。

ウィトゲンシュタインが「協会」員に選出されたのは、この同じ一一月であった。その計画は五月にリットン・ストレイチその他の会員によって提起されていたのであるが、それが今やケインズによって引き継がれ、結論を見たのであった。事務的にはこの選挙は「協会」の「活動的メンバー」である学部学生によって行われたとはいえ、卒業後も引き続いて会合に出席している「天使」たちや元会員たちの影響が決定的であったことは明らかである。そのうえ、これらの人たちの多くがウィトゲンシュタインの友人であり、その崇拝者ですらあった。ラッセル、ムーア、ハーディ、ケインズ自身などがそうである。ホワイトヘッド、マクタガート、シェパード、シャヴ、それにリットン・ストレイチは皆彼のことをじっと観察していた。ストレイチは今や彼を「ひどくうんざりする奴」と考えがちであった。「哀れなポッツォ、彼は学ぼうとしないのか」と、彼はのちにその選挙がうまくいかなかったときに叫んだという[15]。もっと若い会員の意見は、たぶんジェイムズ・ストレイチが弟に宛てた手紙によって判断することができる(一九一二年一一月三日付)。すなわち、ルーパート[ブルック]、ケインズ、それにジェラルド[シャヴ]は「皆彼の言葉づかいがひどすぎると考えたけれども[16]」彼の入会を欲したという。「協会」は単純で気持ちのよい人物を求めていたわけではない。名誉と独立のために多少の目ざわりは寛恕するに値した。それに似た高揚気分で、リットン・ストレイチは選挙後ケインズにこう書いている。

将来へ向けて希望に満ちた事態の進展が格別に愉快です。われらが兄弟Bとウィトゲンシュタインはまことに扱いにくく、われらが兄弟ベカシはまことに気持ちのいい男なので、「協会」は今や最も進歩的な水流の中へ向けて棹差さねばなりません。日曜日の夜Bの所に立ち寄ったのですが、彼はルーパート［ブルック］がいつもそうであるように、まったく手に負えないように見えました。まったく慶賀すべきことです！（ケインズ宛リットン・ストレイチの手紙、一九一二年一一月二〇日）

しかしながら、まず第一にウィトゲンシュタイン自身が「協会」に価値のあることを納得しなくてはならなかった。その性格や沿革については、疑いもなくラッセルから彼に説明がなされていた。それは小さな社会共同体であって、毎年平均して一人か二人が加入していた。

それは一八二〇年以来存在しており、会員としては、それ以来ケンブリッジ在住の知的に傑出した人物を数多く擁してきた。(17)

彼らは毎土曜日の夜会合し、会員の一人が発表する論文を聴き、そのあとで出席者全員が討論に参加することが期待されていた。

いかなるタブーもないというのが討論の原則であった。制約もなく、何事もショッキングと見なされず、思弁の絶対的自由に対する障害もまったくなかった。われわれはあらゆる物事のあり方を論じた。無論ある種の未熟さはあったが、その後の生活の中ではほとんど不可能になった超脱と関心とがこれに伴っていた。（同書同箇所）

「協会」に関する無数の報告が現在残っている。ハロッドはその『ケインズの生涯』の中でメリヴェイル学寮長（テニソンの同時代人）やヘンリー・シジウィクによる記事を紹介しているし、部外者としての彼自身の記述もこれに加えている。ラッセルのものは、われわれがここで利用してきた。朗々たる見事な説明がE・M・フォースターのロース＝ディキンソン回想録にある。

フェローになる少し前、彼はいまだにケンブリッジで盛んな討論団体の一つに会員として選出されており、その精神生活に対してそれなりの役割を演じていた。そうした団体にはほとんど特徴の差がなかった。会員は年長の学寮学生や年少の学監から引き抜かれ、お互いの部屋で夕方会合して、論文が一つ発表される。発言の順番を決めるのは籤引きなのであるが、その順番は守られたり、無視されたりする。〔話の〕展開があり、脱線があるが、最後には発表者が批判者たちに応えているあいだに、アンチョビーの載ったトーストとかクルミケーキとかの茶菓がまわされる。討論のあるものは論理的になる傾向があるが、あるものは情報提供であったり、奇抜な発想だったりする。しかし、あらゆる場合に形式が回避され、会長も事務長も役割を最小限に減じられて、法廷風あるいは議会風にさえしようとする意図が皆無であった。若い人は議論に勝つよりはむしろ真理を求め、支持できないとわかった意見は喜んで放棄し、相手を言い負かそうとはせず、自分たちの遠慮を相互の一致のために支払うべき高い代償とは感じない。そして、ある観察者によれば、これこそケンブリッジが世界情勢の制御に比較的小さな役割しか演じなかった理由なのである。確かに、これらの組織はロータリー・クラブ精神の正反対を代表している。いったん自分の力を感取した者は、つき合いのよい人間だの、唯々諾々とした人間には決してならないであろう。彼らの影響は、それが悪く働いたときには自意識過剰とか高慢とかになるが、うまくいったときには精神が鋭敏になり、判断が強化され、心が利己的でなくなる。彼らには格別アカデミックなところは何もない。彼らは知性豊かな若者が集団訓練を受けないままに集まることが許されるような、もっと別の場所にいる。しかし、ケンブリッジでは、彼らが自分自身の奇妙に清浄な白光を発しているように見え、これこそまさしく中年に至るまで、ずっと役に立ち続けるのである。(18)

それは理想であった。それは——たぶん少しばかり珍重され、自らの幻想や儀式や、はたまたドイツ形而上学とか、うろ覚えの異端キリスト教とかから党派色なしに借用した私的言語の使用にいささか苦労しているような——理想であり、胎児であり、陣痛であり、時空の制約を免れた使徒たちなのであって、時来れば翼を持ち、天使となるべきものであった(といったぐあいに、彼らは正会員の資格停止を記述している)。しかし、それにもかかわらず、それはなおクラーク゠マクスウェルの足跡に従い、籤引きで当時最優秀の若者相手に話をするといったことなのであった。前向きに考えれば、その会員資格によって人は各世代ごとに最上級の若き秀才と接触できる機会を得たのである。それ自体の再生産は、常にそうした協会組織の主要任務の一つであった。エリート階級に属することは、もしそれが本当にエリート階級であるならば、明らかにウィトゲンシュタインを悩ませはしなかったであろう。そして、社会的成功と両立しないわけではないが、それとは別に「協会」に浸透していた非世俗性や、知的および道徳的な感受性といったものが彼を魅了することにさえなったであろう。彼がのちに語っているようなケンブリッジの風通しの悪さはもちろんあったけれども、しかし、それはジョウェットのベイリオル学寮綱領がいまだに流布していて、最良の若者が自国あるいは他国の支配を目指しているようなオクスフォード大学の雰囲気などよりは好ましいものであった。オクスフォードは、「協会」員の手紙の中では、常に「語るもおぞましい」といった感情を呼び起こしていた。ハーバード大学でジャーナリズムが教えられていると聞いて、ラッセルは「そんなことはオクスフォードだけでやっているものと思っていたよ」とコメントしている。多くの点でウィトゲンシュタインは常にケンブリッジ人であり続けた。

「協会」は自分の時代以後凋落した、とラッセルがなぜ考えていたのか、われわれはすでにその理由を見た。ケインズは、彼の解釈では「協会」員が理念上かなりムーアの理想からかけ離れてしまった事実を容認している。(19)

われわれは、いわばムーアの宗教を採り、その道徳を捨てたのである。実際、われわれの意見では、彼の宗教の最大の利点の一つは、それが道徳を不必要なものにしてしまうという点であった――ここで「宗教」という言い方で意味しているのは、自分自身と究極的なものとに対する人の態度のことであり、「道徳」というのは、外部世界や介在物に対する人の態度のことである。……他の人たちの精神状態ももちろんそうなのだが、しかし、主としてわれわれ自身の精神状態以外は、何ものも問題にされなかった。そうした精神状態は、行為とか業績とか結果とかに結びつけられてはいなかった。それは時間を超えた、ひたむきな思索と心の交わりの状態において成り立っているものであって、多くの場合「以前は」とか「今後は」とかいった問題から切り放されていた。……ひたむきな思索と心の交わりにふさわしい話題と言えば、愛する人のこと、美や真理のことなのであって、人の人生における第一目標は愛、美的経験の創造ならびにその享受、そして知の追求なのであった。

ケインズは言う、彼らは将来全体にわたる最も蓋然性の高い偶有的善を最大限に生み出すべき人間の義務についてのムーアの見解を否認したばかりでなく、一般規則に従うべき個人の義務についての彼の見解をも拒否したのだ、と。そうした見解が、ハロルドの論じているように、[20]『プリンキピア・エティカ』の中の説得力に乏しい生ぬるい部分のことなのか、それとも、ラッセルが示唆しているように、ムーアの有機的統一原理（これこそ、彼らの称賛した側面の一つなのであるが）がそうした結論を含意していたのか、といった問題は、われわれの目的からすれば取るに足りない。ウィトゲンシュタインもまた、こうしたムーアの思想を双方共に拒否する立場からさほど遠くないところにいた。彼が「協会」と意見を異にしていたのは、ケインズ自身も記しているように、彼らのムーア思想否認の基盤になっていた人間本性についての観点に関してであった。

われわれは原罪説なるものの諸説、〔たとえば〕大部分の人間には邪悪という正気でない不合理な根源が内在しているといった説をすべて否認した。われわれは、文明というものがきわめて少数の人格や意志によって樹立された薄く不安定な表皮のごときものであって、たくみに設定され狡猾に維持された諸規則や諸慣習によってのみ維持されている、という事実に気づいていなかった。われわれは伝統の知恵も習慣の拘束力も尊敬していなかった。ロレンスが看取し、ルートヴィヒもまた正当にも常々言っていたように——あらゆるもの、あらゆる人に対して、われわれは畏敬の念を欠いていた。[21]

ケインズはのちになって回想しているときでさえ、嫌々かつ表面的にしか畏敬の念の重要さを認めていない事実をわれわれはのちに見るであろう。何らかの信念が根拠もないのに保持されていたとしても、それはそれでいいことなのであろう。

こうした点についての態度の違いも、ウィトゲンシュタインに「協会」と没交渉のままでいる決心をさせるのに十分でなかった。結局、彼は長時間ラッセル、ムーア、ケインズらと語り合うことができたのであるが、その誰とも根本的に異なっていたのである。彼は実際に女性参政権に反対することによって、進歩的なケンブリッジ人の論争好みのパーティにショックを与えることさえ辞さなかった。彼はモラル・サイエンス・クラブでの議論にも秩序をもたらすことが可能だと考えていた。「協会」そのものを変革したらいいのではないか。この目標が（ラッセルはそれを言葉を尽くして言っているのであるが）事実上ウィトゲンシュタインをして、疑心暗鬼ながらも、選挙結果を受け容れさせることになった。

その疑心は、彼自身のもラッセルのも含めて、別の原因から生じた。彼自身の友人たちを除けば、若い人たち、つまり積極的な会員たちがはたして真剣な討論相手であったろうか。「協会」の雰囲気は正しいものであったろうか。ケインズは、あるところまで、前に引用したラッセルの回想的な非難を裏づけている。

年が一九一四年に改まろうとする頃、人間の心に関するわれわれの見解の薄弱さや皮相さが、その誤謬と共に、一層明白になってきたように、今の私には思える。そして、もとの学説の純粋さからの逸脱もまた何ほどかあった。一対の恋人の交わりの瞬間への専念が、一度は拒否された喜びの気持ちと完全に混じり合ってしまった。ときには生活のパターンが短く鋭く浅薄な、われわれのいう「密通」の継続以上のものにはならなかった。人生や事件に関するわれわれの意見は鮮明でおもしろかったが、もろいものでもあった。……なぜならその根底にある人間本性についての確固とした診断がなかったからである。(22)

ムーアとラッセルは、こうした雰囲気が起因となった個人的な悶着には本質的に無関係であった。ケインズのほうはあらゆる生活形態に強い関心を持っていたから、そうした悶着に興味を持って介入したけれども、そのことは厳密に言えば彼の諸活動の些細な一部にすぎなかった。しかし、何人かの若い人にとっては、そうした悶着がしばらくのあいだ最も重要であるように感じられた。ウィトゲンシュタインは、皮相や生半可に対する彼の憎悪からして、そうした悶着やそれに関する議論を寛恕しえたであろうか。

この種類のいくつかの疑問をラッセルは、一一月九日の「協会」の例会に提出している。ある会員が抱いた印象では、彼は「協会」が堕落しすぎていて、ウィトゲンシュタインにふさわしくないと考えていたようである。ともかくラッセルの疑問は脇に追いやられて、われわれのすでに見たように、一部嫉妬によるものだとされてしまった。ウィトゲンシュタインはすでに、そうした彼らのうちの一人ではなかったのか。彼は実際に次の朝彼らの多くと、もう一人別の若者Bを引き連れて、ケインズの部屋へ朝食を摂りにいっている。ラッセルは圧力に屈して、ウィトゲンシュタインに選挙結果を受け容れるよう説得する役目を引き受けた。

私の予想していた困難はすべてウィトゲンシュタインに関して生じたものです。私はついに、まずは会合に出て、それに耐えられるかどうか見てみるよう、彼を説得しました。彼の観点からすれば、明らかに「協会」は単なる時間の浪費です。しかし、たぶん一種慈善の観点から、彼は一緒にやっていくに値すると感ずるようになるかもしれません。(ケインズ宛ラッセルの手紙、一九一二年一一月一一日)[23]

この手紙を受けてケインズは、ウィトゲンシュタインの後援者として身を乗り出すが、そのことは実際彼自身のリットン・ストレイチ宛書簡にも現れている。

聞きましたか……われわれの新しい兄弟の「協会」に対する唯一の反対が、「協会」は使徒的になっていない、ということであるのを。また、彼がまことに興味深い人物であるということを。

もしあなたが今週「協会」へやってこれればとてもいいことだと思っています。もし駄目なら、そのあとの週……。

われわれの新しい兄弟は「天使」のほうを途方もなく好いています。彼の言うには、積極的な会員に会うことはまだ身づくろいを済ませていない人に会うようなものだそうです。それに、あの手続きは必要であるが、まともではない、とも。ともかくも、貴兄が身づくろいを済ませていないなどとは、彼にも言えないのではないですか。(ストレイチ宛ケインズの手紙、一九一二年一一月一三日)

しかし、ウィトゲンシュタインはすでに、

「協会」にはひどくうんざりしていて、抜け出したいと思っているようです。B［もう一人別の若者］が大きな障害で――ウィトゲンシュタインは彼と一緒にいることに耐えられません。私は彼に、「協会」を抜け出してもどうということはないが、しかし「協会」も昔はよかったし、もし君が「協会」にくっついていれば、もう一度よくなるかもしれないと言ってやりました。議論するのがとても難しかった。(オットリーン夫人宛ラッセルの手紙、一九一二年一一月一〇日)

ウィトゲンシュタインは実際に次の土曜日に「協会」へ行き、当日付で彼の会員資格が発効した。そのときの会合ではムーアが「回心について」という論文を発表したのだが、ウィトゲンシュタインは、こうした会合は自分にとっては煩いから逃れられることに意味がある、と報告している。[24] ところが、一二月の初めまでには「ウィター・ギター君は辞任の瀬戸際で震えている」とジェイムズ・ストレイチが兄に書き送っている。辞任！ それはまず彼らの有する概念でありえなかった。一九世紀のはるか昔、ある男が辞任した――もしくはあまりにも忙しくて会合に出られない旨、書き送った――が、その男についての記憶は彼らの儀式の中で喜劇的な呪詛の的にされていたし、たぶんそのときもまだそうだったのである。リットンがムーアとケインズに警告の手紙を書き、来訪を乞うて自分に何ができるかを相談しようとしたとき、辞任という語そのものを括弧つきで用いている。ケインズ、ムーア、ジェラルド・シャヴ、皆何もできなかった。Bはかたくなで、Bやベカシとの議論も、意味がなかった。ベカシはハンガリーの貴族で、ブダペスト郊外で華麗な生活をしており、イギリスのある進歩的な学校で教育された。(彼は一九一五年ブコヴィナで殺されたが、ケインズが彼の遺稿詩集刊行の面倒をみた。) 受け継がれてきた偏見がベカシとウィトゲンシュタインのあいだに立ちふさがっていたのだが、いずれにしても、ベカシはBのほうに親近感を持っていた。のちに彼はハンガリーの友人たちに、自分は反対票を投じたし、実際にウィトゲンシュタインを排除さえした、と語っている。そこで、一二月八日にムーアはストレイチに書簡を送り、ウィトゲンシュタインが辞任した旨、報告した。[25]

これで問題が完全に終わったわけではない。ストレイチが出向いて、ウィトゲンシュタインと取りなしの茶席を囲んだ。ムーアの日記はその反響に満ちている。

一二年一二月九日　リットン［深夜］一二時一五分頃来たり、一時四五分までいて、Wについて語る。

一二年一二月一〇日　宴席でリットンにWとの茶席の模様についてただす。Wが私のことをどう思っているのか。……Wについてノートンと話す。

一三年一月二日　Wについてデズモンド・マカーシーと話すことの難しさがわかる。

一三年二月一日　ジェイムズ［ストレイチ］来る。六時四五分—七時一五分、Wについて。一〇時一五分、「協会」へ。ノートン、ジェイムズ、ケインズ、ブルック、シャヴ等と、Wについて。一時四五分まで続く。[26]

妥協案が成立して辞任が公式に記録されず、ウィトゲンシュタインには会合出席が期待されなくなった——確かに彼は彼らの前で論文を発表しなかった——けれども、彼は彼らの問題に関心を持ち続けて、それらをムーアと議論し（一三年三月一九日）、ノルウェーからの手紙の中ではハーディの推す候補者が選出されたのかどうか、尋ねている。[27]一九二九年一月にケンブリッジに戻ったとき、彼は保全されていた会員資格最後のしるしとして、「飛ぶ鳥、あとを濁さぬ」ための儀式を通過している。

小さな自薦団体のメンバーだった者、コレジの選挙や学会の立候補制度を観察した者なら、誰しもわれわれの描写してきた出来事の些細さ、そうした出来事につけ加えられた重みに驚かないであろう。にもかかわらず、右の場合には、確かに特筆すべき魅力の持ち主でありながら、「協会」の観点からすれば明らかに「気難し屋」であった一人の若者との結びつきを維持していくためにあらゆる努力が払われたという事実の中に、ケンブリッジに特有な何か、ウィトゲンシュタインが自分自身のものとして受容したこの団体や雰囲気に特有な何かが存在している。ケインズのサークルには、もろもろの利点と共にエリートであるという制約があった。本当の優秀さは規則や慣行をものともせずに発揮される。彼らは、どれほど非社交的であっても、最良の人物を求めていた。それはウィトゲンシュタインのコレジを支配していた慈悲深い寡頭体制、すなわちC・P・スノー描くところの高教会トリニティ学寮協会と同種のものであった。(28) ラマヌジャンやカーピツァを支援する方法を見出した人々は、ウィトゲンシュタインがときには彼らのうちの何人かと言葉を交わすような間柄になくとも、彼を特例扱いにしたのである。(トリニティ・コレジが第一次世界大戦中ラッセルの講師職を剝奪したのは、主として人が前線に出払っていたために生じた逸脱行為であって、ほどなくしてその事実が感知されたのであった。)

だが、こうした事態に対してウィトゲンシュタインのほうはどうだったのか。かつて自分自身を老若の兄弟集団と格別に連帯した使徒の一人と見なして、少しばかり残余の世界から離れ、伝達不可能な理想を共有し、追求し、分析しているのだなどと考える姿勢が一度でもあったのだろうか。われわれはここで、小さな一例のうちに、彼の本性上の矛盾ならびに彼の性格の発展という、二つの局面に逢着する。ウィトゲンシュタインは何らかの社会、集団、職業に帰属することを願い、それらに結びつく仕事や慣習や身分を持つことさえも欲していたのだ、とわれわれは想定せざるをえない。不遜だなどとは露ほども思わずに、彼は自分がしかるべく所属しうるいかなる集団も、何らかの点で最高のものになるであろうことを知っていた。天職の模索は、一つには役割の模索であった。しばらくのあいだ彼は飛行士になろうとしていたし、わずかのあいだではあるが心理学者になろうともした。しかし、今や彼は哲学者になりつつあるように思われた。のちには二、三別のことも試みることになる。そのそれぞれの時期に、彼は通常の準備などまったくなしにやってき、そのつど仕事に接近するまったく新しい方法を探求し、しばしばこれを見出した。ときには自分に本当の独創性があるのかどうか疑ってはみたけれども、自分のしたすべてのことが自分自身の個性に彩られていることを疑問視するようなことは一度もなかった。彼のまったく何げない手紙のスタイルがその明白な一例である。彼はしばしば物質的な意味ではほとんど何も要求しなかったけれども、自分の個性の認められることは強く要求した。そのためには例外が作られなくてはならず、規則の抜け道が見出されなくてはならなかった。世界は彼の才能に合わせて再構成されなくてはならなかった。それが彼の才能を用いうる唯一の道であった。今や、その要求が彼の業績によって高らかに確証されていることを、われわれは見て取ることができる。その要求は、彼の若かったときには、誠実さと力によって友人たちに受容され、彼が年老いたときには、この両者が権威の形をとった。

それでも、われわれはここで友人関係そのものについて語っているわけではない。もろもろの困難がウィトゲンシュタインの彼らに求めた緊張ゆえに生じたけれども、そうした困難は彼と彼の友人が享受したもろもろの報償に不可避的に伴う別の側面だったのである。われわれに関心のある困難は、ここでは、彼があるグループのメンバーになったことのうちに見出した困難である。自分が認知され受容されることを彼は要求したが、しかし退屈な人物を寛恕し、自分の反対意見を抑制し、自分の行為を一小集団の慣行に順応させるようなことは、彼にとってはすべて忌まわしいことであった。特権階級の習慣や天才意識がそうした要求に現れていたのかどうかを問うのは無益である。この双方が彼の世界に対する態度を決定していたからである。あらゆる言動が自動的に彼自身のものでなくてはならなかった(ラッセルは彼を最もよく知っていて、このことを見て取っていた)。もし自分自身が満足し、自分自身の育ちにふさわしい生き方をしているのなら、外的必要から生ずるいかなる指針も顧慮する必要がなかった。社会的にも知的にも、そのような助言を受け容れる余地がなかった。知的生活におけると同様、道徳的生活においても彼には独我論への衝動があった。ニューマン枢機卿にとっては、二つのもの――神と彼自身の魂――だけが鮮明なものだったのであるが、ウィトゲンシュタインもまた原理的には、彼自身の本性と彼自身の世界だけを認めていたのであって、もし彼が自分のかくも真摯に肯んじている尺度を現実化しようとしたのであれば、その両者が間違いなく把握され、構成され、互いに正しく関係づけられているのでなくてはならなかったのである。

にもかかわらず——彼は若かった。もっと広範囲の交友を渇望し、社会の外縁に位置するのでない地位を求めた。あとになって彼は、大まかに言えば、さらに自分中心の、おそらくはそのせいで一層人為的で、満足することの少なかったであろう別種のグループを見出している。しかし、こうした初期ケンブリッジ時代（「協会」関係の出来事がその典型になるであろう）には、彼はまだ自ら社会に帰属することが可能であると考えていた。ラッセルは観察者であり、ウィトゲンシュタイン自身よりも明晰にものを見、気質のうえで首尾一貫していたから、そのようなことがうまくいくはずのないことを看破していた。その説明に妬みを持ち出す必要はないが、リットン・ストレイチその他の人たちが、「協会」内の地位ではないにしても協会員というウィトゲンシュタイン自身の地位を見つけてやったときには、たぶんウィトゲンシュタインの直接の必要にうまく応えたのであろう。ストレイチはウィトゲンシュタインを「もう一つのケンブリッジ」に接触させるのに役立った、とマイケル・ホルロイドが述べているのは、そのかぎりで正しい指摘である。

ラッセルには、他の人たちの知る以上に、「協会」のことで生ずるかもしれない重大な個人的諸問題を懸念しなくてはならない理由がたくさんあった。彼自身の忠誠心が痛むことになるばかりでなく、ウィトゲンシュタインに及ぼす影響がもっと悪化していたのかもしれなかった。この秋学期（ミケルマス学期）中、すでに述べたもろもろの出来事にもかかわらず、ウィトゲンシュタインの健康と精神状態が彼自身とラッセルの念頭から離れず、二人を苦しめさえしていた。ウィトゲンシュタインの気分は周期的に変わったのだが、このときは、われわれの知るかぎり、長いほうの沈滞期の一つであって、自分の仕事が著しく進捗したと彼自身感じた一、二の機会にだけ、それが軽減されるにすぎなかった。最初彼はピンセントにリューマチの苦痛を訴え、のちにはラッセルに医者に相談したと語っている。

ウィトゲンシュタインは神経衰弱の一歩手前で、自殺する状態からほど遠からず、自分が罪に満ちた哀れな被造物であると感じています。何を言うにしても、言ったことの弁解をする。めまいの発作があり、仕事をすることができません。医者はみんな神経の問題だと言っています。彼は自分を道徳的に取り扱ってもらいたいのですが、私は肉体問題に対処するほうが先だと言いきかせているのです。乗馬をすること、眠れないときはベッド脇にビスケットをおいて食べること、もっといい食事をすることなどを勧めてみました。思うに、天才というのは常に興奮しやすい神経を持っているのですが、それはきわめて不愉快な所有物のようです。彼は私をひどく心配させ、私は彼の悲惨を見るに耐えません——それはあまりにも生々しく、私にはそのすべてがよくわかるからです。それは人間が耐えうる範囲をほとんど越えているのがわかります。何か外部の不幸がその原因になっているのかどうかについては、私にはわかりません。（オットリーン・モレル宛ラッセルの手紙、一九一二年一〇月三一日）

ヘルニアとそれに対する小手術がウィトゲンシュタインを心底不快な状態にしていたとは思えない——あとで見るように、彼はかなり積極的な生活をすることができたのである——が、父親の重い病状が彼に影響していたことは間違いない。ピンセントは、ウィトゲンシュタインが一一月、別にもう一回手術の必要なことを知らされて、ひどく憂鬱げであったと伝えているが、ラッセルは本当の原因がウィトゲンシュタインの仕事の性質にあると考えるようになっていた。

彼は、その難しさに意気阻喪するような類いの物事について常時極端に精神を緊張させていて、遅かれ早かれ神経の疲労が彼を襲うでしょう。（オットリーン・モレル宛ラッセルの手紙、一九一二年一一月五日）

疑いもなくラッセルは、捉えどころのない主題や、閃きのない手づまりや、少し前進するとたちまち現れてくる新しい困難やに直面して、終日白紙を前に頓挫していたかつての自分自身を思い出していた。ウィトゲンシュタインはあらゆる障害を乗り越える決心をしており、長期にわたる精神集中がそのいつものやり方であった。のちに同種の問題状況にあって、彼がラッセルに、論理の問題で気が狂いそうだ、と述懐しているのも不思議ではない。両人とも「論理は地獄だ！」ということでは一致していた。[29] 身体の治療がウィトゲンシュタインの状態を改善したかもしれないが、それ以上のことではない。オットリーン夫人は、この時期の進歩的な思想家たちによって大いに評価されていた治療薬品ココアの摂取を勧め、これが乗馬ともども、嫌がるウィトゲンシュタインに強要された。彼は考え抜く決心をしていたとは言うものの、ラッセルによれば「自分の知性の早すぎる衰弱」だけが問題なのだということを容認していた、という。

かくしてウィトゲンシュタインは乗馬にでかけるようになった——ラッセルの友人の中で最も快活で気さくなリトルウッドか、あるいはピンセントと一緒に。彼らは馬に乗って近郊のグランチェスター、トランピントン、マディングリといった村々へ乗り出し、別の道を通って往復二、三時間の道のりを戻ってくるようになった。「かつてCと試みたときに比べれば」跳躍などがなかったから単調な乗馬だったけれども、とても楽しかった」[30]と、あるときピンセントがコメントしている。のちには学期間中、彼らはテニスを一緒にした。ウィトゲンシュタインはこのゲームを教えてもらわなくてはならず、かなり不器用だったという。ノイヴァルデッグやホーホライトではいろいろな家族ゲームがルートヴィヒ抜きで行われていたに違いないが、彼のヘルニアがその十分な説明になるとも思われない。今やピンセントと一緒だと、運動がとくに得意だったわけでないにせよ、彼は夢中になった。またそれ以上熱心に、二人はカヌーを試みることさえした。ほかの場合と同様に、この点でもピンセントとの友好関係がウィトゲンシュタインに正常な学寮生活を送らせる機縁となった。もちろん少々遅ればせながらということなのだが、しかし、それこそ彼の生活の普通のパターンなのである――彼の入学、哲学の学習、兵役、教員としての訓練、それに続く他の職業や地位への採用などは、大多数の初心者よりも年齢上はるかに遅れて始まっている。彼はそれらすべてに、自分自身の習慣をすでに確立していた人間として、すなわち順応性に欠ける批判者、付和雷同するのが困難な人物として接近した。ピンセントはこの種の物事が彼にとって容易になるよう取り計らったのだが、ウィトゲンシュタインの健康に関して言えば、身体運動こそ前夜遅くまでの思索や独白やその結果生ずる不眠症などに対する一種の解毒剤なのであった。ピンセントはウィトゲンシュタインが普通昼食のあとで元気を取りもどして快活になることに気づいたし、ラッセルも彼が哲学のほかにも何かやるべきことを持っているときには機嫌がいいことに気づいていた。

だが、彼の語ったのは父親のこととか自分の健康のことではなく、自分の落度のことであった。ラッセルがとくにはっきりと覚えていたのは、あの苦悩に満ちた夜の対話の時期のことだったに違いない(31)。ラッセルはそうしたことが自分を疲労困憊させたと言うのが常であった(しかも、彼の手紙はウィトゲンシュタインが自殺をするのではないかと、しばしば心底心配していたことを示している)。

昨日ウィトゲンシュタインにこう話しました［と彼は続けて言う］、君は自分のことを考えすぎている、今度また同じことをし始めたら、君が本当に絶望していると思わないかぎり、私は君の言うことを聞かないよと。今しがた、彼は言いたいことを思いっきりしゃべり終わったところです。（オットリーン・モレル宛ラッセルの手紙、一九一二年一一月一二日）

かくして、われわれはラッセルが最も頻繁に繰り返した挿話の一つをこの時期のものと考えてよい。すなわち、

一度私は彼にこう尋ねたことがある、「君は論理のことを考えているのか、それとも自分の罪のことを考えているのか」と。「その両方です」と彼は答えて、歩き回り続けていた。私はもう寝る時間だと言うのをためらっていた。なぜなら、彼がこの場を離れたら自殺をしかねないことが、彼と私の双方にとって確からしく思えたからである。

論理と彼の罪――ラッセルはしばしば、当時脅迫とさえ見えたばかばかしい事態の一面だけしか思い出していない。ウィトゲンシュタインのほうは明らかに、彼の哲学的諸問題の困難――「自分の知性の衰退」――すなわち自分の沈鬱の客観的根拠がかかえている困難と、自分自身の欠点との関係をどうにか見きわめていたのである。おそらくはもっと明晰で、もっと凝縮した見解が――それこそ『論考』の最終的メッセージでもあるのだが――彼をして世界を正しく見ることを可能にさせたのであろう。ともかくも、もし彼にこうした真の展望がなかったとしたら、もし彼がこの洞察に到達できなかったとしたら、そして、も

し彼が自分自身を世界と和解させることによって自分の悶着から脱出できなかったとしたら、彼の生涯は無意味になってしまうのであった。われわれは、自殺に関する彼の若者らしい考えを報告した際[32]、彼の生活態度のいくぶんかを描写しようとしたが、そこで触れた主題の多くはわれわれの解説の中に繰り返し現れてきている。彼の全背景が彼に人生を一つの課題と見るようにさせ、自分で何らかの成果を達成するよう要求したのである。彼は例外的な自分の能力を自覚していたが、自分の生み出しつつある仕事の内容には満足していなかった。また別の面では、彼は愛情を与え、愛情を享けることを欲していた。それは、彼にとっては何らかの形で他者と積極的かつ生産的な関係を結ぶことを意味していたにもかかわらず、常にその他者によって困惑させられている自分、常に他者を困らせてしまう自分を発見することでもあった。自分の生活環境を受け容れる決意をしながら、彼は日々その環境に反発した。そのようにして、彼は自分の生涯には何の意味もないと感じ、空虚感、ないしは夏ラッセルに言った言い方では「不安」に苦しんだのである。彼は自分自身の状態をウィリアム・ジェイムズの一章「病める魂」の中に認めることができたであろう。

にもかかわらず、われわれがここで記述しているのは病いではない。トルストイの言うように、

そうした疑問は世界で最も単純なものだ。ばかな子供から賢い老人に至るまで、それはあらゆる人間存在の魂の中にある。[34]

ウィトゲンシュタインの不満の典型的な表現を取りあげてみよう。

私は自分の生活によって何かはっきりしたことをなし遂げ、空の星になっているべきだった。そうある代わりに、私は地上に貼りつけられたままになっていて、今やしだいに色褪せようとしている。(35)

誰しもがときにはこうした感慨を抱く。精神分析医とて、これを重大な診断対象とは見なさないであろう。ジェイムズは、トルストイやウィトゲンシュタインと同程度に抑圧されている人々が、他人よりも低い「惨めさの識閾」しか持っていないことを示唆している。この線型モデルが適切かどうか、識閾に変動――循環気質――を認めて、これを補正すべきか否か、それともある場合には、同じ性質がきわめて容易に消沈し、かつきわめて容易に高揚するのを許すような何らかの別の説明方法を採用するほうがいいのかといったことは、ここでは問題ではない。ジェイムズの論点は、これらの人々はすべての人間が気づいていることを一層敏感に感じ取っている、ということなのである。「それならば、健康な心を持った人たちには背を向けよう」と、ある説明段階でジェイムズは言う。

むしろ、憐れみとか、苦しみとか、恐れとか、人間の無力感とかがさらに深い視野を開き、そうした状態の意味することに対する一層複雑な手がかりをわれわれに与えてくれないかどうかを見てみよう。(36)

トルストイにとっては、しばらくのあいだ、男らしい自殺が唯一の解決法であるように思われた。格別に沈滞気分になかった時のウィトゲンシュタインのほうは、ピンセントに向かって、自分の全生涯を通じてそうした自殺のことを折りにふれて考えなかった日はほとんど一日たりともなかった、と語っている。

しかしながら、彼の問題にとっては、とくに自殺が解決になることはありえなかった。もし彼の困惑が自分を世界と和解させるのに失敗したことであったとしたなら、彼は自殺を敢行することによって、このうえない失敗を犯したことになるであろう。それゆえ、少しあとになって、彼はこう言うのである。


もし自殺が許されているなら、あらゆることが許されている。もし何事も許されていないなら、自殺も許されていない。

このことは倫理の本性にある光を投げかける、というのは、自殺はいわば原罪だからである。

そして、人が自殺を研究するとき、それは蒸気の本性を把握するために水銀蒸気を研究するようなものである。（『草稿』一九一七年一月一〇日）[37]

この議論はショーペンハウアーの議論に類似している。自殺は究極の意志肯定であり、ただ解放を与えてくれるだけの諦念の対極にある。これに似た何らかの理由で、ウィトゲンシュタインは、このケンブリッジ時代には、折りにふれてラッセルとピンセントに直接自殺についてではなく、自分が長くは生きるべきでないという自分自身の確信について語るのを常とした。そうした予感はめずらしいものではなく、その直後に現実のものとなるのでなければ注意を引くこともまずない。それは通常人生が今あるがままに続いていくはずがないという強い確信の表現であり、ウィトゲンシュタインの場合には明らかにそうだったのだけれども、そうした確信は、人生を回顧する多くの結果論と同様に、文字通りには無意味なのである。
死を悲しんではならない――「死を肯定する」――というのがウィトゲンシュタインの最も基本的な態度であった。彼のケンブリッジ時代の友人たちは皆こうした言い方を耳にしている。それは、たとえばムーアやハーディが解こうとしたウィトゲンシュタインの謎の一つであった。〔ところが〕あることがその反対の方向に作用した。何事かを達成したのでなくてはならないという、彼の要求である。

彼は階型理論を矯正しないまま、あるいは自分の他の仕事を世間に理解させ、論理の科学に対しても何らかの役に立つような仕方ですべて書きあげないままに、自分が死んでしまうのではないかということを病的に恐れていた。彼はすでにたくさんのことを書き終わっていた。そして、ラッセルは、もし彼が死ぬようなことになったら、その成果を公刊すると、約束していたのであるが、しかし、彼は自分のすでに書いたものが、自分の本当の思考方法等を完璧に明白にするほどには、うまく書かれていないことを承知していた。それらいまだに書かれていない思考方法等こそ、彼の書き出した結果より価値のあることは、もちろんのことである。彼は自分が四年以内に死ぬことは確かだといつも言っている。だが、きょうはそれが二カ月になった。
（ピンセントの日記、一九一三年九月一七日）

彼は今晩再び自分の死について語った。死ぬことをあまり恐れていないと言うが、それでも、残るわずかな生の瞬間を浪費しないようにと、おそろしく悩んでいた。これも皆、自分は間もなく死ぬのだという彼のまったく病的な確信に関係のあることで、なぜ彼がもっと長く生きられないのか、私にわかるような明白な理由は何も存在していない。しかし、そうした確信やその確信についての彼の煩悶は理性によって払拭しようとしても無駄なのだ。その確信や煩悶を彼はどうすることもできない。というのは、彼が狂っているからだ。それは絶望的に悲惨なことであって、彼は明らかにそのことによって惨めなときを過ごしている。今晩もまた、彼は結局のところ論理に関する自分の仕事など本当の役に立たないのかもしれないということで、おそろしく悩んでいた。そうこうして、その神経質な気分が彼に悲惨な生活をもたらし、他の人たちには著しい迷惑をもたらし、すべてを虚しくしてしまうわけだ。(ピンセントの日記、一九一三年九月二〇日)

ウィトゲンシュタインが死に期待したのは、自分に生きる権利がない〔と思っていた〕からである。彼が死を恐れたのは、ひとえに自分のすでに過ごしてきた生涯に何らかの意味を与え、自分が他人にもたらした苛立ちや自分が他人に対して感じた侮蔑感をつぐない、あるいは正当化するために、何らかの大きな仕事を成就する必要があったからである。

こうした考え方やかかる動機は、『論考』の執筆と刊行に至るまで、彼のうちに残存していた。この著作に対する彼の態度のみならず、そこに含まれている彼の所見もまた、こうした先入観の存在を裏書きしている。しかし、以下に見るように、彼のそれらに対する知的態度には進歩があり、世界の意味や倫理や神秘的なものに関するこの著作の諸考察にそれが明示されている。何らかの抜け道が少なくとも目に見えていた。そうした展望がかすかながらも第一次世界大戦前、回心に関する彼の所見や、聖徳性に関するムーアとの会話(これについてはほんのわずかな報告しかない)の中に現れてくる。[38] そのため、ラッセルは、宗教的かつ神秘的な主題が戦後のウィトゲンシュタインの思考の中できわめて大きな役割を果たしていることを、一つの顕著な(悪いほうの)変化だと考えたのである。

一九一二年の秋学期を通じて現れるウィトゲンシュタインの霊的・道徳的な状態に関する諸議論は、哲学の議論に即して継続され、実際部分的には哲学の議論そのものから派生してくる。[39] ラッセルはロンドンで開催されたアリストテレス協会の集会で「原因という概念について」という論文を発表し、ケンブリッジのモラル・サイエンス・クラブではその改訂論文「物質について」を発表した。ウィトゲンシュタインはこの前者には出席しなかったが、後者では、ラッセルによると、発表を理解した唯一の出席者であったという。このクラブの会員たちは、ラッセルが結局は準拠することになってしまった、現に知覚されていない知覚可能な諸性質の存在に対する本能的な信念の妥当性のほうに、全体として関心を抱いていた。[40] ウィトゲンシュタインのほうは、その論文の四月版を検討したときにすでに見たように、全物理学のいかに少部分しか正当に推論できないかを示そうとするラッセルの試みのほうに興味を持っていた。ラッセルは当時まだ、私自身の感覚与件のみが現実に存在すると考える必要がある、と主張するほどには大胆でなかった。[41] そうした主張は彼が一九一四年一月に書いた「感覚与件と物理学の関係」の中で公にした見解であって、当時としては将来のプログラムであったにすぎず、彼が信じてはいながら、いまだ十分には確定することのできなかったものである。しかし、彼はとくに四月論文の改訂版の中で、物理学の諸原理がいかにしてわれわれの感覚与件の相違によって理解しうるのかについて、たくさんの創意ある提案を行っていた。この提案は、感覚与件に基づいて物理学の世界を「構築」する望みを実現したとは言えないまでも、そうした展望をうちに含んではいた。ウィトゲンシュタインがこうした問題をラッセルと議論したことは明らかである。彼が当初ボルツマン、それにおそらくはヘルツをも読んでいたこと、またマッハの著作に出会っていたことが想起されなくてはならない。一九一四年一月に、彼はラッセルに次のような提案（とそれに続く適切な議論）をすることになる。

「充足理由律」（因果律）の言っていることは、単に空間と時間とが互いに相対的であるというにすぎないのではないのでしょうか。

この提案は一九一二年の論文に挿入された補筆部分に向けられているのだが、そこではラッセルは（かなり違った議論をしながら）こう言っている。

「同一原因・同一結果」とか「自然の斉一性」とかいった、かなり曖昧な原理の真の目的は、絶対時間といったものが科学法則の中に現れてきてはならないということであるように思われる。

どちらが先に影響を与えたのかといった問題は、ここでは重要な論点でない。われわれは、この二人の哲学者が同じ問題に関わっていたという事実に注目している。同様にして、ラッセルの「原因という概念について」という論文の中の因果概念に対する破壊的批判と、ウィトゲンシュタインの『論考』（五・一三六三）に現れる、因果律信奉を迷信として退ける考え方のあいだには、並行関係がある。確かにウィトゲンシュタインは論理の外にいかなる必然性もないという見解の一段と過激な唱道者であったし、また、彼の論理的真理の本性に関する説明（それは帰納法や因果律といった「原理」のアプリオリな領域の存立する余地を許容しなかった）は確かにラッセルに甚大な影響を与えていた。しかし、そうできたのは、『哲学の諸問題』において想定されていたかなり雑多な先天的諸真理の集積を、すでに自分なりに明晰にし純化しようとしていた、ラッセルのような人がいたればこそである。

物質の問題に関する議論と論理の本性の問題に関する議論とは「歩調を合わせて」進行した。われわれは、ラッセルの「物質——問題提起——」と題する論文の裏面に、きわめて興味深いウィトゲンシュタインの一連の論理的な書き込み（ラッセルの筆跡で「～p」という書き込みもある）さえも見出す。この論文は、モラル・サイエンス・クラブでそれが口頭発表されたしばらくのちの頃のものであるように思われる。その書き込みのすべてが容易に判読できるわけではない——のちに利用されたことのない論理装置が暗黙裡に入っているかもしれないし、間違いや書き損じがあるかもしれない——のだけれども、『論考』における論理表現にとって重要な次の四つの考え方をたどることはできる。（1）一対の命題の真偽の可能性を表の形で提示しようとする構想、すなわち、

p	q
W	W
W	F
F	W
F	F

（『論考』四・三一参照）。（2）このような真偽可能性の表にもう一行真偽列を結びつけて、そのうちのどの真偽可能性が（もしあれば）許容され、どの真偽可能性が（もしあれば）排除されるのかを表示するという構想。これがのちに「真理表」と呼ばれるようになったものであって、もとの一対の命題の真理関数（『論考』五）であるところの一複合命題の真偽条件（『論考』四・四三一）を与える。真偽可能性の〔組み合わせの〕慣習的順序を前提にすれば、このつけ加えられた真偽列だけを一列に書き出して、特殊な真理関数を表記することもできる（『論考』四・四四二）。それゆえ、たとえば

p	q	
W	W	F
W	F	W
F	W	W
F	F	W

または

FWWW(p, q)

なる表記が、ラッセルの書く「p⊃~q」（pならばqでない）という命題を表現するであろう。この手続きから第三の構想へ至る道筋は、明らかに書き込みの中に暗黙裡に示されている。（3）この第三列目の真偽列を書き出す一六の異なったやり方があって、その一六の異なった真偽列を書き出せば、一対の命題のあらゆる可能な真理関数を表現することができる。ウィトゲンシュタインは『論考』五・一〇一でこれを完全に書き出しているが、上記の書き込みでは一つ、あるいはおそらく二つのやり方をスケッチしている。すなわち、

W	W	W	W
W	W	W	F
W	W	F	W
W	F	W	W
F	W	W	W
F	F	F	F
F	・	・	・

（4）ウィトゲンシュタインはこれら真理関数のうち、とくに第五行目のものに興味を持って、これを「p ⋈ q」と記し、「~p v ~q」と同一視している（これは、右に見たように、「p⊃~q」とも等値である）。こうした関心をごく自然に説明するとすれば、次のようになる。これら真理関数のそれぞれは『プ

リンキピア』の命題結合子（v、〜、等）を一対の命題に適宜適用した結果と等値であり、これら結合子の一対の命題に対する適用結果はこれら真理関数のいずれか一つと等値である。しかし、さまざまな結合子もまた相互に定義可能である。それゆえ、ホワイトヘッドとラッセルは「〜」と「v」によって他のすべての結合子を定義したのであった（たとえば $p \supset q =_{\mathrm{Df}} \sim p \vee q$）。さて、第五行目の表記している単一の結合子（ウィトゲンシュタインの新しい表記法では「p ⧓ q」）を用いることにすれば、それのみによって他のすべての結合子が定義できるという特性を当の結合子が持つことになる（たとえば「$\sim p =_{\mathrm{Df}}$ p ⧓ p」、また「$p \vee q =_{\mathrm{Df}}$ p ⧓ p. ⧓. q ⧓ q」）[42]。

哲学的な論点を提示するためにきわだって巧妙な表現を用いるのは、ウィトゲンシュタインらしい特徴であるが、しかし、論理の本性に関する自分の見解を提示したり推挙したりするためにこうした構想を用いる自分独自の方法に、彼は最初気づいていなかったように思われる。この構想は一九一三年の「論理に関するノート」にも、一九一四年の「ムーアへの口述ノート」にも現れておらず、それらには別の趣向が用いられている。しかるに、上記の書き込みは確かにこれらのノートよりも早い時期のものであった。ウィトゲンシュタインは「論理に関するノート」の執筆と戦争終結のあいだの期間中ラッセルには会っていないからである。

これらの書き込みは、『論考』の成立過程についてわれわれがいかにわずかしか知らないか、また、われわれの所有している断片的な予備作業がいかにミスリーディングであるかを思い知らせてくれる点で価値がある。この偶然の発見がなかったならば、真理表という装置や基本的な論理演算子がウィトゲンシュタインの念頭に浮かんだのは戦争中の『草稿』に記録されている諸考察のあとだったと、安易に想定されていたかもしれない。しかし、今や彼が『論考』を執筆していたときには、以前のある着想（たぶん失われたか、破棄されたノートに記録されていた）に回帰したのであるように思える。[43]われわれはすでに、ウィトゲンシュタインの基本的着想がきわめて早期に成立していたことを強調した。別の見方をすれば、『論考』とは自分の念頭に思い浮かんだ価値あるものすべてを用いようとする試みであったのである。

ウィトゲンシュタイン自身は細部にわたる新奇さをことさらに主張してはいない。真理表という考えはフレーゲのものであった。ウィトゲンシュタインの創意はこの種の図式を命題というものの説明としてではなく、その一つのシンボル〔表現法〕として用いる点にあった。[44]他のすべての結合子を定義しうる二つの単純結合子の発見というのも、シェファーによってなされたものである。そのことを認知するか否かについては議論があったようであるが、そうしたことはおそらく自明にすぎると考えられたのであろう。

ラッセルのほうも論理学の領域で有意義な進展を達成することを願っていた。われわれは論文「論理とは何か」の第一草稿を持っているが、「それは幸運にもきわめて重要なものだろうと思います」（オットリーン・モレル宛ラッセルの手紙、一九一二年一〇月一三日）と言われている。この草稿が当時ラッセルとウィトゲンシュタインの到達していた立場をかなり正確に伝えていること、また、それが「複合体問題」なるものを素描していて、ウィトゲンシュタインがクリスマス休暇中これに取り組むことになった点については、ほとんど疑いの余地がない。論理とは、この立場からすれば、複合体の諸形式に関する研究である。それは諸判断（これは心理学の対象である）を扱うのでもなく、命題（これは偽でありうるから、客観的なものではありえず、単なる言葉の諸形式でなくてはならない）を扱うのでもなかった。複合体とは、以前の議論[45]における真なる命題ないしは断定された命題と同一なもの、と認められる。われわれは（以前と同様）複合体というのは事実のことであると言ってよいのだけれども、ただ、その存在が論理的に必然であるとは言えないし、ラッセルがそうであったように、必然的ないし論理的な事実といったことについて語りたくないというのも自然である。

複合体には［とラッセルは書いている］われわれが形式と呼んでよいものがなくてはならないが、それは構成要素ではなく、構成要素の結びつけられ方のことである……。

論理は、どのように変項が選ばれようと、それには関わりなく複合体を生み出すような諸形式を扱う。

ラッセルは「形式」を原初的な概念として仮定することが必要であると見た。変項だけから成り立っている一つの論理的表現は一つの形式を象徴しているが、それ自体は形式でない。しかしながら、このことが一群の問題を喚起する。

何が一つの形式の部分なのか。単純な形式と複合した形式があるのか。……

あらゆる論理命題の中で、変項のみを含むいくつかの表現は恒真であるとか、ときには真であるとか言われる。「論理とは何か」という問題は、そうした命題がどういうことを意味しているかを問う問題である。

この問題はきわめて基本的な問題であり、しかも典型的な哲学の問題である。その解答が与えられるなら、それがわれわれをして論理の中で一歩前進させることになるであろう。こうした理由で、多くの「ブルジョワ思想家」（のちにウィトゲンシュタインがラムジーを評した言葉）はこの部分の探求を急いで、この主題についての進歩をものしようと躍起になった。しかし、ウィトゲンシュタインの目標は――ラッセルもこの場合はそうであったが――物事を明晰にするということであって、二人ともその種の仕事を押し進めようとする人の意気を阻喪させるような質問をして、これを制止した。いわく、複合体とは何か、それはどのような構成になっているのか、その形式如何、複合体の形式に関する言明（すなわち見かけの変項から成る言明）は実際には何事についての言明なのか、等々。これらの問題はウィトゲンシュタインが一九一二年に「複合体問題」「見かけの変項問題」などとさまざまに言い表している問題であって、その根の深さは、ラッセルの一断片が次のようにして終わらざるをえなかった当該問題の難しさを一考してみることによって計られる。

> (x): hum(x). $\supset$. mort(x) という表現［日常言語では、どのようなxであれ、もしxが人間であるならば、xは死すべきものである、という表現］を考えてみよ。これは「ソクラテスは人間である・$\supset$・ソクラテスは死すべきものである」という表現がソクラテスに関して一つの形式を持たなくてはならないこと、また、その形式が必然的でなくてはならないことを要求しているように思われる。そうすると、xが何か他の実体である場合には、右の複合体表現がソクラテスに対して持つのと同じ関係をそのxに対して持つような［別の］複合体表現が存在する、とわれわれは言明することになる。しかし、この言明は再び一般言明であって、もとの言明の意味ではありえないし、さもなければわれわれは無限後退に陥ることになる。

これには間違いがあるかもしれない。必然性と一般妥当性の混同が含まれているのかもしれない。しかし、ここで論理の必然性を説明できないでいる自分自身の失策を容認していたというのは、大いにラッセルの名誉となるべきことである。

ラッセルの希望は揺れ動いていた。一〇月一三日には「難しいが、もう一度やってみなくてはならないと思う」と言い、一四日には「『論理とは何か』についてはうまくいかない。ウィトゲンシュタインに任せたくなってしまう」と記している。[46] この学期を通じてウィトゲンシュタインは論理についての新しい考えを出し続けていたが、彼の健康と意欲は新しい考えにいきあたるかどうかに応じて変動した。〔年末の〕休暇にはウィトゲンシュタインはイェーナ経由でウィーンへ戻ったのであるが、イェーナでは

われわれの表記法理論についてフレーゲと長いあいだ議論しましたが、彼はおおよその骨格を大まかながら理解したと思います。このことをもっと考えてみると言っていました。

複合体問題は今や私にとって一層はっきりしてきていますから、これを解決してみたいと心から願っています。(ラッセル宛ウィトゲンシュタインの手紙、一九一二年一二月二六日)

フレーゲがウィトゲンシュタインに対して複合体についてのラッセルの話に概括的な反対を述べたのはこのときだった、というのはきわめて蓋然性の高いことであるように思える。ウィトゲンシュタインはそのことをたびたび会話の中で回想し、覚え書きなどの中でもこれをほのめかしている。フレーゲは、もし対象なるものがそれに関係する事実の一部であるとするならば、事実は対象よりも大きくなってしまうのではないか、と彼に尋ねたのである。その当時ウィトゲンシュタインはそのような見解は馬鹿げていると考えたのであるが、のちになってその論点がわかるようになった。それは実際には、命題の意味をそれに対応する複合体が存在すると述べることによって説明しようとするような考え方全体に対する攻撃だった。それはウィトゲンシュタイン自身が一九一三年に至って事実上放棄した言い方だったのである。一つには、複合体と事実をラッセルが混同し、当時のウィトゲンシュタインもこれを混同していた点に困難があった。

もっとあとになってウィトゲンシュタインが「複合体と事実」の中で言っているように、

認する。）……

……複合体とは空間的諸対象から成る一つの空間的対象である。（「空間的」という概念はある種の延長を容

赤い円が赤さと円さから成っているとか、そうした構成要素を伴った複合体であるとか言うことは、これらの語の誤用であって、誤解を招く。（フレーゲはこのことに気づいていて、私にもそう言った。）……部分は全体よりも小さい――これを事実とその構成要素に対して適用すると、それは不合理に陥るであろう。(47)

事実なるものは、それゆえ複合体とはまったく異なったものであって、まったく異なった仕方で語られなくてはならない。ラッセルはこの点についていつも落ち着かない様子を見せていたが、結局は困難を解消するのに失敗した。これがラッセルとウィトゲンシュタインの主要な違いになる。『論考』は事実という概念から書き出されるのである（いわば「初めに事実ありき」）。けれども、その当時でさえ、両者のあいだには多くの問題が共通にあった。たとえば、真なる否定命題に対応する否定的事実が存在するのか、偽なる命題がいかにして意味を持ちうるのか、等々。この種の命題に対しては、定義によって、いかなる事実も複合体も存在しないように思われたからである。

フレーゲとの対話は、かくしてウィトゲンシュタインの最も重要な思想の一つに種を播いたことになる。もう一つの種は、彼がラッセルに語ったところによると、それとは独立にやってきた。

物事の異なった階型などありえません！　言い換えれば、単純な固有名によって表記されるものはすべて一つの階型（タイプ）に属さなければならないのです。さらに言えば、あらゆる階型理論は適切な表記法理論によって余計なものとされなくてはなりません。（ラッセル宛ウィトゲンシュタインの手紙、一九一三年一月）

もし「ソクラテスは死すべきものである」が「ソクラテス」「可死性」（双方とも固有名）および繫辞に分析されるなら、われわれは「可死性はソクラテスである」を無意味にするような階型理論を必要とする。しかし、もしその代わりにこれを「ソクラテス」（固有名）と「(∃x).x⌒死スベキモノデアル」（性質でもあり同時に繫辞でもある論理的表現）に分析するなら、そうした無意味な疑似文の派生してくることが不可能であることがわかるだろう。ここに示唆された分析が可能な最良のものではないかもしれない。確かなのは、ウィトゲンシュタインの考えでは、

> 異なった種類の物事と思われているものが異なった種類の記号によって表記され、それらが互いに他の位置に決して代入されえないことを示すような表記法によって、あらゆる階型理論が廃棄されなくてはならないという事実（同）

である。この考えは多くの点で人を当惑させる。すなわち、それはきわめて尊大なやり方でラッセルの最も力を注いだ労作を扱っているように見えたし、実際多大の誤解を招いたのである。では、ウィトゲンシュタインは無意味な言明やパラドクシカルな言明の構成を妨げうるような理想的な表記法、つまりラッ

セルが『論考』の序文で述べているような「論理的に完全な言語」の構築を推奨していたのか。もしそうだとしたなら、人は論理的に完全な言語なるものによって充足さるべき諸条件がいかなるものであるのかについて、すでに何らかの理論を持っているのでなくてはならないのではないか。あるいは、日常言語は、その正しい使い方の諸規則が理解されていた場合には、すでにそうした疑似言明の構成を排除しているのだといったことを彼は意味していたのか。もしそうなら、われわれの当初の〔分析の仕方を間違えやすい〕諸性癖が明らかに不適切な指針になりうる以上、どのような種類の研究ないしは探求が日常言語の正しい使用法に関する諸規則を明らかにしてくれるのだろうか。

ウィトゲンシュタインの最良の思想がどの時点で彼の念頭に浮かんだのかを知るのは、興味深いことであろう。書簡類に記されている諸思想は、彼が通常の議論仲間から離れていた時期に現れてくる傾向がある。しかし、後日のノート類とか、休暇中の新構想を持って突然ラッセルを訪ねる彼の習慣とかは、新しいものの見方が通常はどこか比較的隔離された場所で彼の念頭に浮かんできたことを示唆しており、しかも、まず彼の思索に栄養をあたえ、のちにその結果に精確な表現を与えることを可能にするような議論こそが、彼にとって重要だったことを示している。

注目すべきは、ウィトゲンシュタインがこの年のクリスマスにウィーンへ戻った機会に、どうやらよき着想の鉱脈に打ちあたったということである。彼は父親がきわめて重い病いの床にあって回復の見込みがないことを発見して、自分の思想が片輪になり、気が狂ったように感じるとラッセルに書き送っているが、その実ラッセルからの返信〔心の安らぎが得られるほどには早く受信できなかった〕をひどく必要としていた。[48]（しばらくしてから、懇切な二通の手紙がラッセルから届いた。）

父親の最後の日々については、われわれはもともとルートヴィヒ自身の報告以外には資料を持っていない。姉ヘルミーネが世間並みの言葉で語っているのは、その長い闘病生活の試練、母親の自己犠牲、父親に対する自分の全身全霊をかけた献身、病状の致命的な性質に関する自分の長いあいだの無知の偽装、そして、最後には自分が虚心にその仮面をはずした様子などである。病いは急速に進んだ。ルートヴィヒはその最後を見届けるか、学期に間に合うよう帰るか、迷っていた。

父はまだ痛みを訴えていませんが、全体としてはいつも高熱を発していて、気分がすぐれません。それが父を無感覚にしていて、病床につき添ったり等々のことをしても、父にとっていいことなど何もしてやれません。しかも、そうしてやることが、私がかつて父にしてやれたことのすべてなのですから、私は今やここではまったく無用の長物です。ですから、私がここに滞在しているべき時間は、病気が非常に速く進行して、ウィーンを離れる危険を冒さないですむかどうかに全面的に依存しています。あるいはウィーンを離れるべきでないのか。(ラッセル宛ウィトゲンシュタインの手紙、一九一一九年一月)[49]

次いで一月二一日付のラッセル宛書簡は、その全文を引用すべきであろう。

親愛なるラッセル、

私の愛する父が昨日午後亡くなりました。私の想像しうる最も美しい死でした。少しも苦痛がなく、寝入った子どものようでした! 最期の時間、私は一瞬たりとも悲しさを感じませんでしたし、むしろ至上の喜びを感じました。この死は全生涯に値すると思います。

私は二五日にウィーンを離れ、日曜の夜か月曜の朝にケンブリッジに戻ります。再会を心待ちにしております。

敬具

ルートヴィヒ・ウィトゲンシュタイン

ここでしばし、この死のあり方につけ加えられた重要さに注意しよう。ルートヴィヒもまた、ある期間の病気とそれよりも長い早すぎた引退生活のあとで、ガンのために六〇歳代で死ぬことになる。彼は自分の死と共に自分の生にも満足しながら——これがある人たちを驚かせた——死ぬことになる。父親の場合にもまたそれと同じだったように思われる。われわれはルートヴィヒが一九一三年には死についてしばしば考えていたこと、そしてその後は——おそらく中年の絶頂に至るまで——常に死について考えるようになることをすでに見た。彼が恐れたいくつかのことは、死がすぐ訪れるかもしれない、自分の生活や仕事がきちんとしていないかもしれない、自分で自分の生を断つ誘惑に勝てないかもしれない、自分は（戦時中）まともに振舞わなかったかもしれない、といったことであった。よき生は自ら歓迎しうる死に終わるべきである。また、おそらくは、よき生とはよき死に至った生なのである。そのような死こそ、ルートヴィヒにとっては、精力的で激しかったカール・ウィトゲンシュタインの、静謐と秩序の雰囲気のうちに訪れた死であったように思えたのであろう。敬意に満ちた死亡記事が『ノイエ・フライエ・プレッセ』や『タイムズ』にさえ現れたが、それには「オーストリアのカーネギー」と形容されていた。彼はウィーン市の中央墓地に埋葬されたが、この墓地は何人もの一族の埋葬地になっていく。そして、彼の莫大な財産を寡婦の相続分や、生存中の五人の子どもたちに均等分割していく作業が徐々に始まった。ルートヴィヒはそのことの影響をのちに感じ取ることになる。あるいはまた、おそらくは自分の生活における中核的な統制力の喪失、その願いを自分の全計画が配慮しなくてはならなかった権威の喪失をも。しかし、当面物事の自然な成り行きは、彼に要求されていたケンブリッジでの在籍義務、彼の研究、当時彼の主たる支えであった友人たち――ラッセル、ピンセント、そしてたぶんムーア――のもとへ立ち戻ることであるように思われた。ウィトゲンシュタイン一家、つまりヘルマン・クリスティアンとウィトゲンシュタイン「一族」に多くを負いながらも主に彼の父親によって設立された苦心の有機的結合体は、これからも〔それ自体で〕機能し続けるはずであった。それは彼の背景ではあったけれども、当座は一家が彼に期待するようなことは何もなかったのである。

ラッセルはウィトゲンシュタインがウィーンから持ち帰った新しい構想に感銘を受けた。彼はますます仕事をウィトゲンシュタインに任せる考えに取りつかれていった。ウィトゲンシュタインに数学的論理学を教えさせるところまでいったなら（それには形式上、学位とか資格とかの問題がからむことになる）、彼自身はケンブリッジを離れるつもりになっていた。ウィーンからの手紙だけでも、ウィトゲンシュタインがまもなく彼の地位に取って代わるであろうと考えさせるのに十分であった。ラッセルは「論理とは何か」に決着をつけることについて話すことがますます少なくなり――その代わりに、ウィトゲンシュタインが『プリンキピア』における初期の証明のきわめて不正確なことを彼に納得させたときには、

幸い、そうしたことを正すのは彼の仕事であって、私の仕事ではない（オットリーン・モレル宛ラッセルの手紙、一九一三年二月一三日）

と考えて、自らを慰めている。「一〇年も前なら」と彼は同じ書簡の中で言っている、「自分のすでに蓄積してきていた考えでもって本を一冊書けていたでしょうが、今の私はもっと高度な正確さの基準を持って

います」。こうして、彼は五月になってから、認識論に関する一般的な仕事の内容を明確にするために論理学の入門書を書く計画に立ち戻ったのだけれども、その仕事の遂行にほとんど自信を持っていなかったように見える。ムーアの日記は、五月一九日ウィトゲンシュタインとの茶会での会話に言及して、「Rの論理学教科書はうまくいくだろうか」と記している。(投獄されて異なった精神状況にいた一九一八年に至るまで、ラッセルは実際に『数理哲学序説』を執筆しなかった。)たとえばピンセントは、ある日ウィトゲンシュタインの来宅中に、ラッセルも彼を訪ねてきたときの模様を記録している。

彼とウィトゲンシュタインが話し始めた。後者は論理の基本について自分の最新の発見の一つを説明したのだが、その発見は、私の想像では、今朝がた念頭に浮かんだばかりのもので、非常に重要であるように見え、実際とてもおもしろかった。ラッセルは一言も不平をいわないで、彼の言うことを黙認した。(日記、一九一三年二月四日)

このようにしてウィトゲンシュタインはラッセルと同等であることが認められている。彼は連れられてホワイトヘッド家の人たちやジョーダンにも会い、それぞれに異なった受けとめられ方をする。ホワイトヘッド一家は健康が優れず、彼のほうは機嫌が悪かった。彼らはウィトゲンシュタインについて悪い印象を持ってしまい、ラッセルがウィトゲンシュタインからきた好意的で感性豊かな手紙を見せようとしたにもかかわらず、その悪印象は後日にわたるホワイトヘッドとウィトゲンシュタインとの挿話の中にも依然として残っている。ジョーダンとの出会い(すでに言及した一九〇九年の文通にもかかわらず、明らかに最初の会合であった)は、もう少しうまくいった。それはその後の議論や、ある程度の共同作業をもたらした。ジョーダンは、この点については多少ケインズに似ていて、稀有で明敏な人物に対する鑑識眼を持っていた。彼は熱烈なフレーゲ崇拝者であって、フレーゲの仕事をいまだに興味深いいくつかの彼の論文の中でも要約していたし、実際フレーゲに頼んで、いくつか自筆のコメントを書いてもらっていたのである。[50] それだから、彼は、あたかも優れた同僚の意見を報告するかのようにして、フレーゲにこう書き送っている。

いちばん最後のお手紙で無理数の理論についてお仕事をしていらっしゃる旨、書いておられましたが、それは『算術の基本法則』の第三巻を書いていらっしゃるということなのでしょうか。ウィトゲンシュタインと私は、そうしていらっしゃると考えて、いささか戸惑いを覚えています。なぜなら、無理数の理論というのは——あなたがまったく新しい理論をものしていらっしゃらないかぎり——かの矛盾があらかじめ回避されていることを要求するように思われるからです。そして、新しい基礎に立脚して無理数を扱う部分は、ラッセルとホワイトヘッドによって『プリンキピア』の中で見事に解決されています。今、戸惑っていると申しあげましたのは、現時点であなたが初めて展開しようとしていらっしゃる理論がすでに他の人によって解決されている現在、あなたの第一巻および第二巻の独創と才気に匹敵するような第三巻を書くことなど、およそ不可能であるように感ずるからです。このように申しあげるのを、あなたは寛恕してくださらなくてはなりません。それはただ、論理学の基礎に関するあなたのお仕事が驚くべく立派なものと感じて入っているものですから、その続篇が他人のすでに開拓した領域に入り込むのを見るに堪えないからです。(フレーゲ宛P・E・B・ジョーダンの手紙、一九一三年三月二九日)

しばらくたってから、ウィトゲンシュタインはジョーダンによるフレーゲの『基本法則』の翻訳の一部を改訂しようとしたのだけれども、戦争によって長びいたウィトゲンシュタインの不在のために、その役目は実際上J・シュタッヘルロートによって行われた。[51]

ウィトゲンシュタインの専門家としての身分を表すしるしの一つは、彼が通常の形式論理学教科書を書評することができ、実際にその仕事を依頼されたということである。ピンセントはその書評をドイツ語から翻訳するのを手伝った。

彼はその書評をドイツ語で書き、その大雑把な英訳を私にくれた。しかし、それはとても難解で、文章の構成が、私の印象では、独文と英文とで非常に違っているように見えた。しかも、彼は翻訳が字義通りに直訳であることに固執したのである。

この書評は（そうした難解さの痕跡を残してはいないのだが）たぶんここに印刷しておく価値のあるものであろう。ウィトゲンシュタインについて知られた最初の出版物であり、確信に満ち、切れ味のよい文体で、彼が後日回避した類の仕事[52]にも適性のあることを証明しているうえに、彼が警句的で軽蔑的な表現を好んだ一例でもあるからである。

いかなる学問分野にもあれ、著者は哲学および論理学におけるがごとき多大の免罪権を以って純正なる研究の諸成果を軽視するわけにいかない。かかる状況下にわれわれはコフィ氏による『論理の科学』のごとき書物の刊行を得た。しかも、現今多数の論理学者による労作の典型的な一例としてのみ、この書物は考察に値する。著者の論理学はスコラ哲学者のそれであって、そのあらゆる誤謬を――無論当然のごとくアリストテレスに言及しつつ――犯している。（アリストテレスの名はかくも頻繁に現今の論理学者によって言及されているが、もし二〇〇〇年前に彼の知っていた以上のことを、今日かくも多くの論理学者が論理に関して何も知らない事実を感知したとすれば、彼は墓場の中で目をむくであろう。）著者は近代の数学的論理学の偉大な業績――占星術から天文学を生み出し、錬金術から化学を生み出した業績にのみ比肩しうるような、論理学上の進歩をもたらした諸業績――をまったく顧慮していない。

コフィ氏は、多くの論理学者と同様、不明確な自己表現の方法から多大の利益を得ている。何となれば、彼が「諾」と言うつもりなのか、「否」と言うつもりなのか不明なる場合には、これに反論することも困難になるからである。しかしながら、模糊たるその表現を通じてさえ、多くの重大なる誤謬を明らかに認知できる。評者はそのうち最も顕著なるもののいくばくかを表にして提示し、以て論理学学習者に対し、これら諸誤謬とその諸帰結を他の論理学諸書においても見きわめられるよう、忠告したい。（角括弧内の数字は、コフィ氏の書物――第一巻――中で誤謬の最初に現れる頁を示す。例示文は評者自身のものである。）

一、［三六］あらゆる命題は主語‐述語形式を採る、と著者は信じている。

二、［三二］実在はわれわれの思想の対象となることによって変化する、と著者は信じている。

三、［六］著者は繫辞の「である」と同一性を表す「である」とを混同している。（「である」という言葉は明らかに次のような命題では異なった意味を持っている。

例、「2かける2は4である」と

「ソクラテスは死すべきものである」）

四、［四四］著者はものと、ものの属するクラスとを混同している。（一人の人物は明らかに人類とはまったく異なった何かである。）

五、〔四八〕著者はクラスと複合体とを混同している。（人類はその構成要素が個々の人であるようなクラスであるが、しかし、図書館はその構成要素が個々の本であるようなクラスではない。なぜなら、個々の本が図書館の一部になるのは、互いにある種の空間的関係に置かれる場合に限られるからである。他方、クラスはその個々のメンバー間の関係からは独立している。）

六、〔四七〕著者は複合体と和を混同している。（2たす2は4であるが、4は2とそれ自体との複合体ではない。）

この誤謬表はさらに著しく拡張することができよう。かかる書物の最も悪しき点は、それが分別ある人々に偏見を植えつけ、論理研究に背を向けさせてしまう点にある。

新しい論理学の優越に対する彼の絶対の確信、ならびに論理は進歩しなければならない研究主題だというその含意内容にも注意すべきであろう。

これらもろもろの兆候は総じてウィトゲンシュタインが、いわば額に汗して、当時あたりまえと思われていた若き哲学者のあらゆる経歴過程を一つ一つ通過していかなくてはならないことを示していた。ちょうどムーアが一九一〇年にモーリー・コレジで一連の講義をしたように、(53)ウィトゲンシュタインも同じロンドンにあった労働者のコレジで講義することが計画された。労働者教育発祥の地であるその場所では、もともとF・D・モーリスが、そしてもっと新しくは『トム・ブラウンの学校時代』の著者がキリスト教の男らしさと社会主義のキリスト教について教えていたのであったが、ウィトゲンシュタインもまた、富める者が当時義務と感じていた教育という手段を介して、かの贖罪意識を抱きながら自分自身の役割を果たすることになっていた。一〇年のちには、彼は労働者を支援するのに哲学などはもちろんのこと、学問的訓練のごときをもってしようするような考え方そのものを嘲笑することになるのであるが、しかし、このときには、彼は明らかに（Fに対する彼の助言の言葉を使えば――一八七頁参照）哲学の学習が純正な思想の何たるかを彼らに悟らせる一助にはなると感じていたのである。一九一三年一〇月になると、彼は一連の理由からイギリスを離れていて、予定された講義は行われなかった。

その間、一九一二―一三年のレント学期およびイースター学期を通じて、ウィトゲンシュタインは論理学の基礎に関する新鮮ないい構想を携えて、ラッセルを訪問し続けていた。ムーアに対しても、機嫌のよい日には確率とか、ラッセルのクラス理論とか、命題分析とかを説明するのが常であった。秋学期のときのように沈滞する時期もあったけれど、それは比較的短いものであった。五月に彼はラッセルのところへやってきて、論理が自分を気違いにしそうだと言っている。

その危険があると思ったので、私は彼に、そんなものは放置しておいて、何か別のことをするよう強く言いました。彼はそうすると思います。彼はぞっとするような状態にあり、いつも憂鬱で、あちこち歩きまわり、誰かが話しかけると夢から覚めたようになるのです。（オットリーン・モレル宛ラッセルの手紙、一九一三年五月二日）

そして、ウィーンから彼はラッセル宛にこう書いている。

かつてなかったほどに完全な不毛状態で、二度と再び構想が得られないのではないかと思っています。論理について考えようとすると、いつも考えがぼんやりしてきて、何もまとまりそうにありません。私の感じているのは生半可な才能しか持っていない者すべての持つ呪いです。それは明かりを持って暗い通路を案内していくが、私が通路の真ん中に達したちょうどそのときに明かりが消え失せてしまって、私一人が取り残されてしまうようなものです。（ラッセル宛ウィトゲンシュタインの手紙、一九一三年三月二五日）[54]

シェイクスピアやモーツァルトのように、常に頼りにできる才能を持っていないならば、創造への衝動を持つということは恐ろしい呪いなのです［ラッセルは右の手紙についてコメントしている］。（オットリーン・モレル宛ラッセルの手紙、一九一三年三月二九日）

ウィトゲンシュタインの困難はとくに深刻であったように思われる。それは、あたかも彼が難しい主題全体を一瞬の洞察力によって把握し理解して、『草稿』（一九一五年一月二〇日付）の言い方に従えば、呪文を破る言葉を発見しようとしているようなものであった。たまたま当時ケンブリッジでは、催眠術に対する関心の波が生じていた。数多い教職員たちがその影響を受けた。ピンセントは次のように語っている。

ウィトゲンシュタインは催眠術をかけてもらっていた――ここのロジャーズ博士に頼んで。その趣向はこういうことである。思うに、人々が催眠状態下にあって特別な筋力を発揮できるというのは、本当のことであろう。とすれば、特別な精神力もそうならないわけはあるまい、と。そこで彼（ウィトゲンシュタイン）が昏睡状態にあるとき、ロジャーズ博士がウィトゲンシュタインにはいまだ明確になっていない論理学上の諸論点（何人もいまだ明確化するのに成功していなかったある種の不確定性）、つまりウィトゲンシュタイン自身が当時明確に見て取ることを望んでいた事柄について、ある種の質問をすることになった。これは乱暴な企画であるように聞こえる！　ウィトゲンシュタインは二度催眠術にかけられることになっていた。しかし、二回目の会見が終わるまで、ロジャーズは彼を眠らせることに成功しなかった。ところが、催眠に成功したときには完璧に成功してしまって、ウィトゲンシュタインを蘇生させるのに半時間もかかってしまったのである。ウィトゲンシュタインの言うところでは、彼はずっと意識があり、ロジャーズの話しているのを聞くこともできたが、意欲も力もまったく失っていて、何を言われているのか理解できず、筋肉の力を働かせることもできず、まさに感覚麻痺の状態にあるように感じた、という。ロジャーズのもとを辞したあと、彼は一時間ものあいだ非常な眠気を覚えたという。これはともかくも驚くべき出来事である。そこには「自己暗示」などありえない。なぜならウィトゲンシュタイン自身が眠気を覚えたのは、ロジャーズが催眠術をかけようとしているなどとは全然思わなかったときのことだからであり、それは実験が挫折した直後、彼（ウィトゲンシュタイン）がこの交霊儀式は終わったと思って帰り支度をしていたとき、辞去する前にちょっと別のことについて話をしていたときのことだからである。（日記、一九一三年五月一五日）

姉のグレートル〔マルガレーテ〕も催眠術者と一緒に行った自分自身の実験について、同様の話をルートヴィヒにしている。姉弟双方とも例外的に強い人格を持っていて、二人とも言ってみれば容易にはくつろげないが、いったんくつろげば容易にはもとへ回復しないような水準の生活をしていた、と考えたくなる。自分自身の精神力に対するディレッタント的関心もまた、この姉弟に固有のものである。一時期、二人はそれぞれの夢の報告を交換さえしていたのである。同様に特徴的なのは、催眠術が公に行われた場合、それが彼ら自身の依頼でほどこされたにもかかわらず、これに対して依怙地になり反抗することであった。ウィトゲンシュタインの実験が真剣なものであったかぎりでは、それは自分の課題の本性に関する彼自身の考え方にいくぶんかの光を投げかけてくれる。すなわち、彼の課題は部分的な諸問題を忍耐強く一つ一つ除去していくことによってではなく、努力の結果得られた何らかの大いなる洞察によってそこから放免さるべき何かなのであった。

ウィトゲンシュタインの仕事ぶりについてのもう一つの特徴は、他人を巻き込む必要があったということである。ピンセントやジョーダンがその一例であるが、ラッセルはもちろんその主たる被害者であり、その受益者でもあった。このことはラッセルの仕事にその後一〇年にわたって著しい影響を与えることになる。実際、ウィトゲンシュタインとの交わりはオットリーン夫人との交わりに比肩させていいし、また、第一次世界大戦に対する新たな関心事もラッセルの経歴に対する主要な影響の一つになった。

それはラッセルが回避しようとさえした影響であった。彼はウィトゲンシュタインが狭量かつ無教養であると感じ始める。

彼はどうも特定学派のチャンピオンになりすぎる。つまり、最高の尺度で判断した場合には。(オットリーン・モレル宛ラッセルの手紙、一九一二年三月六日)

彼は自分自身の仕事についてはもはや語らず、ウィトゲンシュタインの仕事について語っている自分を見出す。

明確な議論が存在せず、要領を得ない考察だけが比較考量されたり、不十分な観点が互いに拮抗しているようなときには、彼はまったくよろしくない。彼は幼児の議論を狂暴に攻め立てるのですが、そうしたことを

寛恕できるのは、彼らが成人した場合に限られるでしょう。(オットリーン・モレル宛ラッセルの手紙、一九一三年四月二三日)

こういった理由で、彼は自分自身の研究方向について、まず最初にウィトゲンシュタインに話をすることはしなくなったように思われる。一九一三年の五月には、彼は知識の理論という主題設定が翌年アメリカで行うことになっているいくつかの講義にとって最良であろうということ、ならびに自分が物質という主題に取り組むことを望みうるに先立って、ともかくも知識という主題についての著作を――とくに夢の問題(すなわち、いかにしてわれわれの経験のすべてが単なる夢なのではないことを知るに至るのかという問題)を解決するために――著さなくてはならないということに思いをめぐらし始めていた。彼の念頭にあった講義が一九一四年にボストンで行う予定だったロウエル講義だったのか、それとも同じときにハーバード大学で行った講義だったのか、はっきりしない。結局は一九一三年の九月以降に書いた材料をロウエル講義として発表し、それをのちに『外界に関するわれわれの知識』として上梓したのであるが、そのあいだ彼は知識理論の材料のほうをハーバードで用いたのであった。たった数日で自分の計画をスケッチしたあと(いかなる著述家も羨望の念なしには彼の書簡を読むことができない!)、彼は五月七日に執筆を始めて、一気呵成に最後まで書き終えられない理由などないように思った。

それは全部流れるように出てきました[と彼は次の日に書いている]。序論風の一章を加えるでしょうが、それはたぶん最後にまわすことになるでしょう。最初の実質的な一章はほとんど書き終えているのですが、これは「経験についての予備的な記述」と呼ばれます。……もし始めた通りの速さで進むとすれば、これはとても大きな本になるでしょう。印刷にして五〇〇頁にはなると思わざるをえません。すべてが頭の中にあって、ペンの走る速さで書きおろす準備ができています。（オットリーン・モレル宛ラッセルの手紙、一九一三年五月八日）

実際、彼は自分に課した速さで書き進んだ。一日に一〇頁——あるいはもっと速く。五月二一日までにはすでに六章分も書き進んでいる。[56] 実際に執筆の始まった日の一週間後、ウィトゲンシュタインは知識論について著書出版計画のあることを知らされる。それが彼に衝撃を与えたのだ、とラッセルは言う。

彼は、この本が彼の憎む三文小説のようなものになる、と思っています。彼こそ暴君です、もしそう言ってよければ。（オットリーン・モレル宛ラッセルの手紙、一九一三年五月一三日）

そして、同月二〇日になると、ウィトゲンシュタインはラッセルの以前の判断理論に対する反対意見を持って訪ねてくる。

彼が正しいのですが、その要求する訂正がさして重要だとは思っていません。一週間以内に意を決しなくてはなりません。もうじき判断〔審判〕に達するはずです。（オットリーン・モレル宛ラッセルの手紙、一九一三年五月二一日）

ラッセルは二四日までには「審判の日」に到達して、自信満々であった。

この主題を区分する新しい方法を得ました。完全に新しく、伝統的な区分よりはずっと尖鋭なものです。――本当に重要な考えがいくらでも湧いてきました。(オットリーン・モレル宛ラッセルの手紙、一九一三年五月二三日)

二六日までに決定的な一章――「命題の理解について」――を書き終わり、どうにか次の章に取りかかろうとしていたとき、ウィトゲンシュタインが訪ねてきた。

私たちは二人とも興奮のあまり不機嫌でした。私は自分の書いてきた原稿のうち決定的な部分を彼に見せました。彼は問題の難しさも認めずに、それが全部間違っていると言うのです。つまり、私の見解を吟味してみたが、これではうまくいかないことがはっきりしている、と。私には彼の反対が理解できませんでした。事実彼の言いまわしは非常に不明瞭でしたが、しかし、心の底では、彼が正しいに違いない、彼は私の見逃した何かを見たのだ、と感じています。私にもそれが見えるのなら、それはそれで構わないのですが、そうでないものですから、ひどく気がかりです。彼はむしろ私の書く喜びを破壊してしまいました――私は自分に見えるものでもって進んでいくほかないわけですが、それでもこれらがたぶん全部間違いだと感じていますし、このままでいくと、ウィトゲンシュタインが私を不誠実なならず者と考えるだろうと思います。でも、若い世代がドアをノックしているわけだし、私にできるときには彼にも出番を与えなくてはならないし、さもなければ私のほうが魔物になってしまうでしょう。ともあれ、今のところ、私は不機嫌です。(オットリーン・モレル宛ラッセルの手紙、一九一三年五月二七日)

こうしたことが暗示しているのは、新たな装いを凝らしたラッセルの判断理論に対してさえ、ウィトゲンシュタインが反対意見を提示しているということなのだけれども、しかし、それはまさしくラッセルがウィトゲンシュタインに一任したいと思っていた諸問題――命題の本性、命題の諸形式、命題の真偽が何によって成り立つのか等の問題――に関係していたのであった。

ウィトゲンシュタインが手紙の中で、自分の反対意見を正確に表現できる、と言い送ったとき、彼はそれを次のように言い表している。

私が明白だと信じているのは、もし正しい分析が行われるならば、「Aが（たとえば）aはbに対してRの関係にあると信じている」という命題から「aRb.v.~aRb」という命題が、他のいかなる前提も使用することなく、直接帰結しなければならないということです。この条件はあなたの理論によっては満たされていません。（ラッセル宛ウィトゲンシュタインの手紙、一九一三年六月）

同じ夏のあるとき、彼は次のように書きおろしている。

およそ正しい判断理論というものは、このテーブルはその本をペンホルダーしている、といった判断を私が下すのを不可能にするのでなくてはならない。ラッセルの理論はこの要求を満たしていない。

あるいは、九月になって、もっと簡潔に言っている。

適切な判断理論はナンセンスな判断を不可能にするのでなくてはならない。(57)

これに関連する章の中で、ラッセルは理解というものが、主体、命題のさまざまな構成要素、命題の論理形式のあいだに成り立つ関係であると説明している。するとそれはU(S, A, B, 類似性, R(x, y))という形式——つまり主体S、対象A、対象B、「類似性」という関係、および論理形式R(x, y)のあいだに成り立つ一つの関係形式——によって表現されていいことになろう。信ずるとか判断するというのはこうした関係の一別種である。理解なるものがいかなる種類の関係なのかについては、さまざまな特定の仕方があって、そうした特定の仕方は一般に信念〔の分析〕にもあてはまるであろう。その主たる機能は、当の関係が主体から発して他の諸項へ及び、次いでそれら諸項をある仕方で並べかえるのを示すことである。ウィトゲンシュタインの言及している困難が生ずるのは、対象が対象であり、関係が関係であり、論理形式なるものが対象と関係の双方（それぞれそのようなものであると仮定したうえで）の連座しうる形式でなければならぬことを示すような、特定された関係Uなど存在しないからである。主体が自ら体験する任意かつ雑多な諸対象群を取りあげながら、しかもそれらが自分の選ぶ何らかの論理形式によって結合されているると「理解し」あるいは「信ずる」ことなどできないというのは、いったいなぜなのか。そのような事態を成り立たせる関係U（理解する）あるいは関係B（信ずる）に関して与えられた特定の内容の中に、いったい何があるというのか。言い換えれば、命題だけを可能な対象とするような理解や信念の場合には、いったいどういうことになるのか。

実際、関係なるものは、それが主体の命題に対する関係でないかぎり、理解とか信念とか呼ばれない、と言ってしまうのはたやすいことであるように思われる。しかし、そのように言う人は、命題とは何であるのか、あらかじめ知っているのでなくてはならない。ラッセルの『知識の理論』における立場は、世界が（真なる信念に対応する）複合体と、真なる信念および偽なる信念を含んでいる、というものであった。真なる命題や偽なる命題がそこには含まれていないのである。これらの命題は複合体とすでに述べた心の状態とから構成され、あるいは抽象されてこなくてはならなかった。しかしながら、もしも、事実上確かにそうであるように、命題なる概念が信念において成り立っている心の状態といった概念に先立っているとするならば、ラッセルのプログラムのこの部分は崩壊してしまう。

以上は、われわれの所有する明白な同時代の証拠に基づく唯一のウィトゲンシュタインによる反論であるが、その後の年月にわたるウィトゲンシュタイン自身の著述の中では、議論された主題の多くが——競合した立場の多くが——『知識の理論』の草稿から採られているのである。(58) われわれはその内容について多くの議論が行われ、かつ次章で述べる生産的な一年のあいだ、それらがウィトゲンシュタインの思索に対してかなりの材料を提供したのだと想定しなくてはならない。

五月二七日のウィトゲンシュタインの「攻撃」以後も、ラッセルは、以前にもまして遅滞なく、しかし以前ほどには心を込めずに、執筆を続けた。彼は自分がウィトゲンシュタインの指摘する困難を表面的にしか克服していないと感じていた。そのうえ、彼はウィトゲンシュタインの考えを剽窃することも欲しなかった。そして、一つの困難でさえもが、一つの重要な論点なのであった。そうした困難が解決されなければ、彼の書こうと思っている著書の大部分が、たぶん将来何年にもわたって、不可能になってしまう。その結果、誠実であることがきわめて難しくなってしまったのである。「生まれて初めて仕事に誠実であることに失敗したということ。昨日は自殺したい心境でした」と、彼は一九一三年六月二〇日付でオットリーン夫人に手紙を書いている。このときまでに三五〇頁ほどを書き終えたあと、彼は執筆を中断して、推論に関する第三部を秋まで放置しておくつもりだったのであるが、実際にはそれ以上この本を書き続けることがなかったのである。ウィトゲンシュタインから——六月一一日に受信した昼食の招待状と共に——反対意見の「精確な表現」なるものを受け取ったとき、彼は事実上すでに執筆を放棄していた。その反対意見が自分を「麻痺」させてしまったのだ、と彼はウィトゲンシュタインに語っている。(59) 彼は全体として落ち着かない夏を過ごし、休暇後にはケンブリッジへ戻って、ロウエル講義を書き始めた（九月一日）。これはオットリーン夫人宛書簡の中で、彼が「通俗講義」と呼んでいたものである。

これらの出来事を振り返りながら、一九一六年になって、ラッセルは次のようにオットリーン夫人に語っている。

あなたがヴィトスに会っていらした頃、私が知識理論についてたくさんのことを書いていて、それをウィトゲンシュタインに手ひどく批判されたことを覚えていらっしゃいますか。彼の批判というのは、当時あなたは認識していらっしゃらなかったと思いますが、私の生涯では第一級の重大事だったのであって、それ以後私のしたことすべてに影響を及ぼしたのです。私は彼の正しさがわかっていましたし、自分が二度と再び哲学の基本的な仕事に携わることを望みえないということもわかっていました。私の推進力は防波堤に砕ける波のように粉砕されてしまいました。私はこのうえない絶望に襲われていたのです……。

「こうした気分はまもなく克服した」と、ラッセルははるかのちにこの手紙への脚註で述べてはいるけれども、(60) 哲学におけるあらゆる基本作業は論理的なものであり、自分自身はもはやそうした作業を遂行するのにふさわしくないのだという落胆の思いが、一九一三年の夏から少なくとも一九一六年に至るまで存続していたことを、この手紙の日付そのものが証明している。
これら草稿をめぐって現れた相違点は、ラッセルとウィトゲンシュタインが二人の友情のうちに見出した諸困難をさらに強める結果になった。ウィトゲンシュタインの批判にもかかわらず、ラッセルは自分の著書が「以前の著作が非科学的であった領域で科学的な方法の一例を与えるがゆえに」良きものであることを確信していた。その同じ手紙の中で、彼はウィトゲンシュタインが彼に与えた影響のことを痛々しく反省している。

彼は、私があなたに影響を与えているように、私に影響を与えています――彼が私をどのように苛立たせ意気阻喪させているのかを見ていると、私があなたを苛立たせ意気阻喪させている屈曲した道筋がすべてわかってきます。しかし、同時に私は彼を愛し、彼に敬服しています。それにまた、あなたが冷たいときに私に影響を与えるように、私も彼に影響を与えているのです。この平行関係は奇妙に類似しています。私があなたと違っているように、彼も私とは違っています。彼はもっと明晰で、もっと創造的で、もっと情熱的ですが、私のほうはもっと広く、もっと同情心があり、もっと正常です。対照をはっきりさせるために平行関係を強調しすぎましたが、でも、これには一理あるのです。(オットリーン・モレル宛ラッセルの手紙、一九一三年六月一日)

そして、数日後――、

昨日お茶と夕食のあいだにウィトゲンシュタインとひどい一時を過ごしました。彼がやってきて、彼と私のあいだがうまくいっていないことを細大もらさず分析するのですが、私はそれは双方の神経の問題にすぎないし、根底のところでは何も問題がないと思うと言ってやりました。すると、彼は私が本当のことを言っているのか、儀礼上そう言っているにすぎないのか、ちっともわからないと言うものですから、とうとう苛立ってしまって、その後は何も言わないようにしました。彼はしゃべりにしゃべり続けました。私は自分の机へ戻って腰をおろし、ペンを取りあげて、本を繰り始めたのですが、それでも彼はしゃべり続けました。私はとうとう声を荒らげて、「君に必要なのは少しばかりの自制心だよ」と言ってやりました。それで、ついに彼はとても悲しげに立ち去っていったのです。彼は夕方のコンサートへ私を誘ってくれていたのですが、コンサートへはやってきませんでしたから、私は自殺のことを恐れ始めました。しかし、夜遅くなってから、彼が自分の部屋にいるのを発見し（コンサート会場を離れても、最初のうちは彼を見つけることができませんでした）、私が不機嫌だったことを詫びて、どうしたら彼の状態が改善されるのかについて静かに話をしました。彼の短所は私の短所そのものです。いつも分析していて、感情を根こそぎ引きずり出し、人が自分に対してどう感じているのかについて精確な真理を得ようとする。私にはそれがとてもくたびれるし、人の愛情をひどくそぐものに見えます。思うに、それが論理学者の特性であるに違いありません。彼は私がこれまで身近かに知った唯一別人の論理学者なのです。（オットリーン・モレル宛ラッセルの手紙、一九一三年六月五日）

論理学者の短所といったものがあるのかもしれない。しかし、もっと確からしいのは、どちらの人物が相手の頬に口づけし、どちらが頬をそむけたのかという問題であった。数日後、六月一〇日に彼らは再び連れ立って、〔ベートーヴェンの〕合唱つき交響曲を聴きにいった。一緒にこの交響曲を聴くのは自分の生涯で最も意味のある瞬間の一つだった、とウィトゲンシュタインがラッセルに語ったのはこのときのことである。彼の感じた感激を描写することは可能である。蓄音器はまだ未熟だったし、ステレオ再生などは考えられもしていなかったから、合唱つき交響曲の演奏は一つのイヴェントであった。ともあれ、ウィトゲンシュタインはこのうえなく心を開き、熱狂的な心の状態にあった。それは、彼がピンセントにその演奏について語ってからたった三カ月のちのことであった。

第九交響曲の合唱が彼の生涯における本当の転換点を象徴したかのようにさえ思えた！　彼はついにそこに慰めを見出したのだということ。(日記、一九一三年三月五日)

ケンブリッジの年末にはある種のパターンがあり、かつてもあった。コンサートや高揚した個人的交友関係はその一部である。一九一三年には心理学実験室で公開実験が行われ、ウィトゲンシュタインもそれに参画した。関係者たちの訪問があり、ピンセントの家族もケンブリッジにやってきたのだが、ウィトゲンシュタインは接待に夢中で、ほかの点ではきちんとしてはいたものの、化学実験用のビーカーで彼らにお茶を振舞ったりした。ウィトゲンシュタインの母親もロンドンへやってきたので、ラッセルとムーアが出かけていって、彼女と一緒にサヴォイで昼食を摂った。彼らのあいだで何があったのか、われわれは何も知らないが、ラッセルは戦時中彼女にきわめて的確な調子の手紙を書き、ウィトゲンシュタインの安否を尋ねることができた。

ウィトゲンシュタイン自身の予定表(彼はこれを常に綿密に書き記していた)では、マンチェスターを訪問して、友人のエクルズに会うことになっていた(彼が水路〔アイリッシュ海〕を経てコールレインにあるエクルズの家を訪問したのがこの年だったのかどうか、詳らかでない)。彼がすでに述べたジョンソンのための研究費助成についてケインズに手紙を書いたのは、このときのマンチェスターからであって、そのことは、彼が自分の相続した遺産の使い方について、すでに考え始めていたことを示している。

このようにして、七月にはウィトゲンシュタインはオーストリアへ戻り、ホーホライトに滞在する。最も精力的な年月の一つを終えたあとで、彼は最も隠遁した年月の一つを始めることになる。最も波瀾の多かった一年のあとで、最も生産的な一年が始まる。

1．ヘルマン・クリスティアン・ウィトゲンシュタイン，祖父（クララ・シェグレン夫人蔵）

2．カール・ウィトゲンシュタイン，父（クララ・シェグレン夫人蔵）

3．カールとレオポルディーネ・ウィトゲンシュタインの銀婚式における一族の写真．前列左から四人目のセーラー服姿がルートヴィヒ（トマス・ストーンボロ博士蔵）

4．ホーホライトにおけるカールとレオポルディーネ，中央ヘルミーネ（クララ・シェグレン夫人蔵）

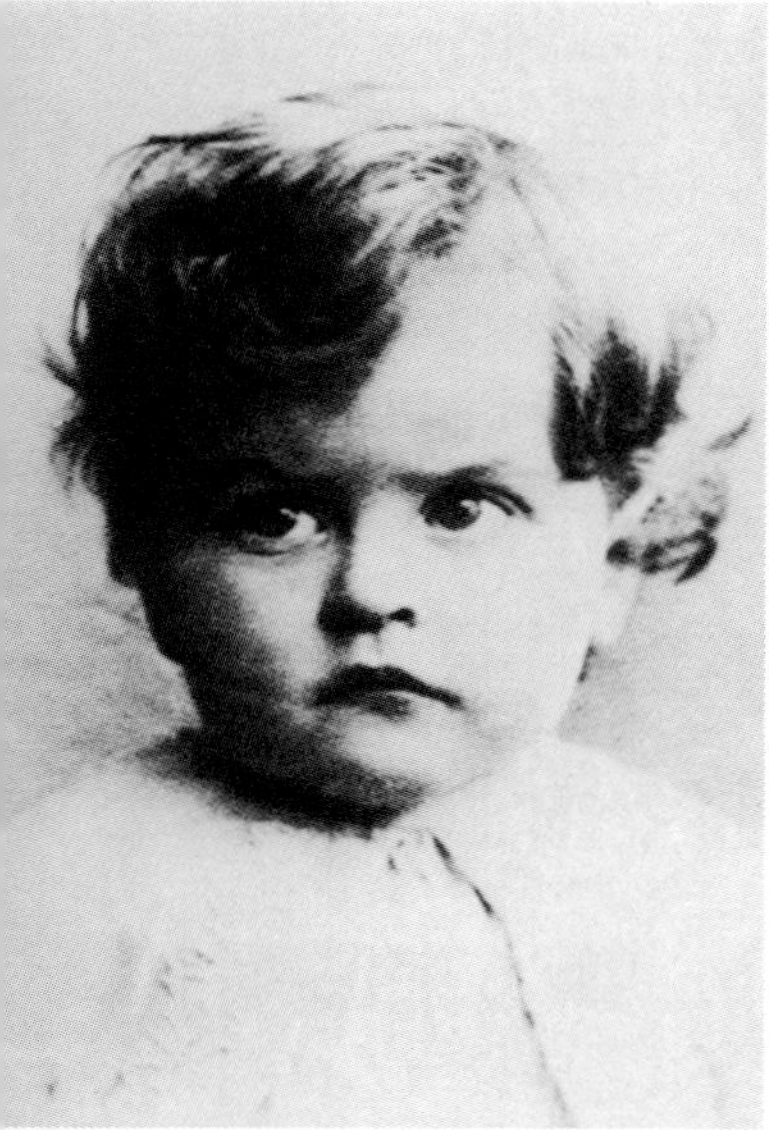

5．幼児ルートヴィヒ・ウィトゲンシュタイン
（クララ・シェグレン夫人蔵）

6．パウルとルートヴィヒ・ウィトゲンシュタイン
（クララ・シェグレン夫人蔵）

7．旋盤に向かうルートヴィヒ
（クララ・シェグレン夫人蔵）

8．ホーホライトで食卓を囲む家族．左から家政婦，ミニング，祖母〔マリア〕カルムス，パウル，グレートル，ルートヴィヒ（クララ・シェグレン夫人蔵）

9．ミヒャエル・ドロービル製作になる
ルートヴィヒ・ウィトゲンシュタイン
の頭部彫像（フランツ・リヒャルト・
ライター博士蔵）

10．1913年頃のデイヴィド・ピンセント
（ルートヴィヒ・ウィトゲンシュタ
イン相続人共蔵）

11．右：グスタフ・クリムト画になる
マルガレーテ・ストーンボロの肖像
（ミュンヘン，ノイエ・ピナコテーク蔵

2．アレーガッセの邸宅内部，音楽室（トマス・ストーンボロ博士蔵）

13．初期のホーホライト別邸，「ブロックハウス〔丸太小屋〕」（クララ・シェグレン夫人蔵）

14．凧の実験をしているウィトゲンシュタインとエクルズ（トマス・ストーンボロ博士蔵）

15．ウィトゲンシュタインがガリチアで乗船していたゴプラナ号（ウィーン戦争資料館蔵）

16．ウィトゲンシュタインの軍隊身分証明書（ルートヴィヒ・ウィトゲンシュタイン相続人共蔵）

17．ブコヴィナ地域における砲兵隊の進軍（ウィーン戦争資料館蔵）

18．休暇中の家族団欒．左からクルト，パウル，ヘルミーネ，マクス（ザルツァー），
レオポルディーネ，ヘレーネ，ルートヴィヒ（クララ・シェグレン夫人蔵）

第六章　ノルウェー　一九一三―一四年

ラッセルへの手紙から、七月とそれに八月もほとんど、例年通りあのホーホライトで過ごしていたことがわかる。天候はと言えば、「絶え間なく不快」(ラッセル宛ウィトゲンシュタインの手紙、一九一三年七月二二日) であった。

ここの天気はまったくたまりません。終日狂ったように雨が降っています。今も雷が落ちて、「ちくしょうめ！ (Hell!)」と叫んでしまいました。これでもう、英語の罵声語が私の骨の髄まで染み込んでいるのがおわかりでしょう。(ラッセル宛ウィトゲンシュタインの手紙、一九一三年夏)

学生言葉や軽い罵声語が出るのは、精神状態のよいしるしである。研究が例外的なほど順調に進んでいたのである。同じ手紙の中で、今までにないほどあらゆる問題の解決に近づいていると感じています、とも書いている。

ピンセントと一緒に休暇旅行に出かけるためにイギリスに着いたのは、流感のせいで八月も終わり近くになっていた。ピンセントはラッセルほど鷹揚でなかったので、ずいぶん心配して手紙を待っていたのだった。スペイン旅行が計画されていたのだが、このときウィトゲンシュタインは別の可能性を持ち出したのである。

彼は、自分がどれか特定の案を望んでいるということを極力見せないで、私が先入観なく選べるようにとずいぶん気を遣っていた。だが、彼の望みがノルウェーであることは明らかだったので、結局はそれに決めることにした。でも、やはり〔ポルトガル沖の〕アゾレス諸島にしたほうがよかったか。その航海ならずっと愉快なものになるのだが。だけど、これはウィトゲンシュタインが嫌っていたし。きっとアメリカからの観光客の群れとぶつかると思って、それが彼には我慢がならないのだ。……一体どうしてウィトゲンシュタインは最後の最後になって急に気を変えたのだろう。まったくどうかしている。（日記、一九一三年八月二五日）

その計画では、ベルゲンに行って、そこから徒歩旅行でもしてみることになっていた。ウィトゲンシュタインには、出発前にイギリスで済ましておく用事があった。ケンブリッジに行って、聞くところによるとお茶の会でムーアに会い、そしてこれは一層重要なことだが、マールボロのホワイトヘッド家を訪問し、さらにロンドンでラッセルと会合を持つというものであった。ピンセントはこのとき初めて、ウィトゲンシュタインの「実に驚嘆すべき」論理上の発見を耳にすることになったのである。

その発見により、彼が去年一年間取り組んできて不首尾に終わった問題がすべて解決されたのだ。いつも、そのとき取り組んでいる問題を説明してくれるので、彼がだんだんと研究を発展させていくさまがわかって大いに興味深い。それぞれのアイデアが新たな考えのきっかけとなり、最後には彼がたった今発見した体系へと導かれていく。素晴らしく簡潔で巧妙で、この体系を用いれば何もかもがはっきりとするように思える。（日記、一九一三年八月二五日）

ラッセルもまたいたく感銘を受けて、オットリーン夫人に「とてつもなく素晴らしい業績です」と書き送っている（一九一三年八月二九日付の手紙）。そしてホワイトヘッドも（ウィトゲンシュタインがピンセントに語ったところによると）同様だった。

『プリンキピア』の第一巻は、おそらく書き換えられねばならないだろう。そして、最初の一一章分はウィトゲンシュタイン自身が書くことになるかもしれない。彼のためには輝かしき勝利である！（日記、一九一三年八月）

この発見によりウィトゲンシュタインの研究がどこまで進んだのかということについては、この年を通しての研究成果を再検討する際に推測してみることにしよう。いずれにせよ、ラッセルとホワイトヘッドに対して発表できるとの確信を抱くに十分なほど進展していたのである。おそらく彼が望んでいたのは、主にホワイトヘッドの賛同であったろう。というのも、ラッセルはすでに、「論理」の基礎の問題は「ウィトゲンシュタインの受け持ち」と認めており、彼の進歩を耳にして以来今やすっかり安堵しているのだから。

今私がどんなにほっとしているか、あなたにはとても想像することはできないでしょう。あの〔彼の進歩を聞いた〕おかげで、私はほとんど若者のような、そして浮き浮きした気分なのです。以前に感じていたあの圧迫感は堪え難いものでしたし、あなたとの関係にも大いに影響を与えていました。（オットリーン・モレル宛ラッセルの手紙、一九一三年八月二九日）

ピンセントが見抜いたように、ウィトゲンシュタインがノルウェー行きを望んだのは、実のところ、一人になって研究を続ける機会がほしかったからであろう。その旅行は結局、休暇というより読書会に近いものとなったのだから。旅費は、前年ほど豪勢ではないにしても、十分すぎるほど潤沢だった。ウィトゲンシュタインは自分たち二人のために現金七〇ポンドと、それに銀行の信用状まで持っていったのであった。大ホテルのシングル・ルームに泊まったり、一等車がないとき以外は二等車に乗らなかったりで、旅は快適であった。相変わらずウィトゲンシュタインは相客を避けがちであったが、ピンセントのほうは二人が気持ちよく過ごせるよう気を遣っていたのである。あの厚かましい煙草呑みの一件（前述二〇六頁を参照）があったのは、この旅行でだった。ベルゲンに着くと、二人はフィヨルドにある小さな土地を探した。

〔それは〕旅行者たちからすっかり離れていられるような土地である（ルートヴィヒはこの点にはずいぶんと固執していた）。そういう土地に三週間ほど腰を落ち着けて（私は法律の、そしてルートヴィヒは論理学の）研究をしたり、散歩をしたり、それにできればそのフィヨルドでヨット遊びもしたいと思っている。（日記、一九一三年九月三日）(1)

そのような土地は当時の普通の呼び方でのエステンセー（Östensö）で見つかった。（ウィトゲンシュタインは最初だけ、そしてピンセントはいつも、エイステンシェー（Öistensjö）と書いていたが、今日の綴りではエイステーセ（Öystese）である。）ピンセントによれば、そこは、

すぐ背後に丘を従えた、そのフィヨルド（ハルダンゲル・フィヨルド）の小さな湾にある本当に小さな村で、願っていた通りの土地のように思える。

寝室を二室と居間を一室取り、そこで三週間を過ごしたが、そのホテルが次第に空いていくにつれ、ほとんど二人だけで暮らすことになった。まずは研究であった。ピンセントはローマ法か何かを勉強していたのであろうし、ウィトゲンシュタインのほうは、「ドイツ語と英語をごちゃ混ぜにした言葉でぶつぶつと独り言を言いながら、そのあいだ中部屋を行ったりきたり伸し歩いて」（日記、一九一三年九月三日）いたのだった。これがウィトゲンシュタインにとっての研究だった。つまり、自分が目下取り組んでいる問題に集中しようと努力していたのである。他の人の書いた書物も、あるいは自分のノートでさえ、彼には必要でなかった。彼のノートは長い期間の集中から抽出されてきたものであり、出版のために準備されたものなどは、それからさらに抽出したものだったのである。だから、ピンセントとヨット遊びをしながらでも、十分研究することができた。ジャガイモの皮をむきながら研究したのだと、のちになって自分で語っているようにである。

二人は気晴らしにヨット遊びや岩登りをしたが、ウィトゲンシュタインはそのどちらもあまり上手とは

言えなかった。また、夕べにはよくドミノ遊びに興じたものだった。

最初はいつも普通のドミノ遊びで始めるのだが、最後にはドミノ牌から成る素晴らしいシステムができあがる。しかも、それにはそのシステムを解体するための巧妙な配列があって、これがまたドミノ牌からできているのである!(日記、一九一三年九月七日)

あるときウィトゲンシュタインは、必要なものを買いにベルゲンまで出かけていき、シューベルトの歌曲集も二、三巻買って戻ってきた。そして、二人はその歌曲をいつものやり方で演奏したのだった。初めの頃、一つ二つ出来事があった。先に述べた、あの厚かましい煙草呑みの一件もそうだが、とりわけエステンセーに着いてまもなくのことである。

あとから私たちは散歩に出かけた。私はカメラを持っていったのだが、それがルートヴィヒとのあいだのもう一つの出来事の原因となった。私が写真を撮るためにちょっと彼から離れたときまでは、私たちのあいだは完全にうまくいっていた。ところが、再び彼に追いついてみると、彼はむっつりと黙りこくっていたのだ。半時間ほど黙って一緒に歩いてから、どうしたのかと聞いてみた。どうやら私が写真を撮るのに熱中しているることが気に入らないらしかった。「散歩しながらでも、ここらあたりはゴルフコースにどうだろうか、というようなことばかり考えている人のようだ」というわけである。(日記、一九一三年九月四日)

悪意のある批評ではあるが、写真家以外の人であれば、このことから誰もがピンセントのように〔ウィトゲンシュタインのことを〕ノイローゼ気味だと見なすとは限らないだろう。実際には、この友情の亀裂はすぐに修復された。ウィトゲンシュタインが悔い改め自己嫌悪に陥る一方で、ピンセントのほうでは、こういったことはウィトゲンシュタインにはどうすることもできない狂気の発作なのだと見なしていたのである。そうではあっても、二人の関係は今やしっかりとした基礎の上に築かれているようであった。

去年〔アイスランドに二人で休暇旅行に行ったとき〕はまだ、自分が君のことを好きなのか嫌いなのかあまり確信の持てないことがままあった、だけど、それ以来お互いのことをずっとよく知るようになって、今はすっかり確信していると、そう彼は言ってくれる。（日記、一九一三年九月二日）

そして実際、ピンセントが恐れたより軋轢はずっと少なかったのである。ドミノの一件だけを見ても、ピンセントと一緒にいるとウィトゲンシュタインは、無邪気に子供のようにはしゃいだ気分でいられたことがわかる。それは姉のヘレーネや何人かののちの友人と一緒にいるときにも見られたが、きたばかりの頃からのケンブリッジの友人たちといるときには見られない（あるいは、はっきりとは見られない）ものである。この年は、前年とは違って、少しは別々に時を過ごすという計画は立てていなかった。ウィトゲンシュタインが一人でベルゲンまで旅行しなければならなくなったとき、ピンセントはいい気がしなかったほどである。それに、（九月四日の日記からもわかるように）この頃から互いにファースト・ネームで呼ぶようになったということも特筆すべきことである。こと二人について述べるときには、われわれもこの習慣に従うことにしよう。(2)

ルートヴィヒはどうにか大概はかなり上機嫌でいられた、とデイヴィドは考えていたし、ウィトゲンシュタインのほうでも、「ピンセントがここにいてくれることが私にとってとても慰めになっています」とラッセルへの手紙に書いている。だが、彼はある観念に取り憑かれていて、そのことを先の手紙にこう書いている。

この頃私は、自分の業績がすべていずれはすっかり無駄になってしまうかのような、何とも言いようのない感情によく襲われます。それでもやっぱり、そうならないでほしいとは思っています。たとえ何があっても、私のことを忘れないでください！（ラッセル宛ウィトゲンシュタインの手紙、一九一三年九月五日）

不思議な気もするが、彼は往きの旅行中にノートもろとも革の旅行鞄をあやうくなくすところだった。これも、いつものうわの空のなせる業なのであるが、その旅行の帰路には旅行用膝掛けを置き忘れるし、次の旅行ではラッセルへの手紙を置き忘れるといった具合だった。自分の業績についての不安は、デイヴィドとの語らいにいつも影を投げかけた。階型理論（一九一三年九月五日付のラッセルへの手紙によると「あの忌まわしい階型理論」）に関して、自分がどんなに進歩したかをよく語って聞かせたものだったが、深刻な困難に打ちあたったときには、ふさぎ込んで近寄り難くなることもあった。自分の研究が未完のうちに、あるいは価値ある研究を果たさないうちに、死んでしまうのではないかという恐怖（この件は先の二六八頁にも引いたところであるが）をデイヴィドに語ったのは、この頃（九月一七日と一九日）であった。

デイヴィドは何度も、彼の業績がすっかり無駄になるなんてことはありえないと言って彼を納得させ、なんとか彼を落ち着かせた。ルートヴィヒは気難しい状態にあったのである。あるとき、遠出の際に、私たちは、今回の休暇について、そして休暇一般について長いこと話し合った。ルートヴィヒの言うには、今回ほど休暇を楽しんだことはないとのこと。彼が本当のことを言っているのは、ほぼ間違いがない。だが最近、彼が時折どんなに鬱屈しているかを考え合わせると不思議な気がする。もっとも、こういう抑鬱の発作は彼にはいつものことで、ちっとも異常なことではないのかもしれない。確かに、鬱屈していないときは本当に陽気なのだが。（日記、一九一三年九月二三日）

自らの成果に対する高揚した気分と、その成果は完全かと疑う気持ちやそれらの未来についての嫌な予感と、これら二つの気持ちに揺れ動きながら、ルートヴィヒは計画を二つ思いついた。その最初の計画を次のようにラッセルに持ちかけたのである。

階型〔理論に関する問題〕はまだ解けていませんが、私には大変基本的と思われる実に多くの着想を得ています。このところ、これらの着想を公刊しえないうちに死んでしまうのではないか、という感情が日ごと私の中で強まってきています。ですから、私がこれまでになし遂げたことのすべてをできるかぎり早くあなたにお伝えしたい、というのがいちばんの願いなのです。私が自分の着想を大変重要なものと信じているとは思わないでください。でも、それで誤りをいくつか避けることができると思えてならないのです。それとも、私のほうが間違っているのでしょうか。もしそうでしたら、この手紙はすっかり無視してくださって結構です。もちろん私は、自分の着想が死後にも残るに値するかどうかについては、何らの判断も持ち合わせていません。それに、ことによるとこんなことを考えることさえ馬鹿げたことなのかもしれません。ですが、たとえ馬鹿げたことだとしても、どうか私のこの愚かしさをご容赦ください。と言いますのも、それはうわべだけの愚かしさなどではなく、私にありうるかぎり最も深刻な愚かしさなのですから。この手紙を続ければ続けるほど、かえって要点がぼけてしまうのはわかっています。けれども、私の言いたいことはこういうことなのです。つまり、できるかぎり早くあなたにお会いすることをお許しいただき、今までに私がなし遂げたことの全領域についてあなたに概説するに十分な時間をお与えくださるようお願いしたいということ、そしてできることならあなたの御前であなたのためにノートを作るのをお許し願いたいということなのです。

(ラッセル宛ウィトゲンシュタインの手紙、一九一三年九月二〇日)

彼は続けて、一〇月の初め頃に会ってもらえないかと提案している。こういう計画、つまり同学の士を前にすることで執筆意欲をかき立てようという計画については、のちに『青色本』や『茶色本』の口述筆記の際にこれと似た事態に出会うことになろう。というのも、『茶色本』の構成の仕方は、一九一三年に計画されたこのやり方と驚くほど似ているからである。ラッセルはウィトゲンシュタインの死後に出版できるような何かを与えられていたのではないか、という想像についてはすでに検討したところである(二六八頁、ピンセントの日記からの引用を参照)。

これから、この会合がどのようなものであったか見ていくことにしよう。ウィトゲンシュタインは、ラッセルやムーアに計画を語る前に、まず最初にピンセントに話している。

ルートヴィヒは今朝ずいぶん機嫌がよかったが、突然、本当にどきっとするような計画を宣言した。すなわち、数年間あらゆる知人から離れて、たとえばノルウェーかどこかで暮らすと言うのだ。まったくの一人きりで暮らす、つまりは隠棲して論理学の研究以外は何もしないという。その理由というのは、私にはまったく奇妙なものなのだが、彼にとっては確かに大真面目なものなのだ。まず第一に彼は、そういう環境でならケンブリッジにいるよりもはるかに多くの、そしてずっと優れた研究ができるだろうと考えている。彼が言うには、ケンブリッジにいると絶えず邪魔されたり（コンサートのような）気晴らしをしたりしてしまいがちになって、それがひどく障害になるという。第二に彼は、自分が反感を抱いている（もちろん彼の共感を誘う人も少しはいるのだが）世界、彼が絶えず他人に対して軽蔑を感じ、また彼の神経質な気質のために絶えず他人を苛立たせずにはおれない世界、そういった世界の中では、その軽蔑というような感情に対する何らかの正当化、たとえば、自分が真に偉大な人物であるとか本当に偉大な研究をしてきたというような正当な理由がなければ、生きる資格はないのだと感じている。彼は、はっきりと心を決めたわけではない。だが、結局はこの計画を採用することになる、という確率は小さくはないのだ。（日記、一九一三年九月二四日）

この計画にはまだ若干躊躇していたようである。というのも、その翌日には労働者のコレジ（前述の二八九頁を参照）で受け持つことになっている講座の、導入講義のもととなる論文にデイヴィドと一緒に取り組んでいるのだから。

おそらくはこの講座のための準備、というより結局はそのキャンセルが、一〇月の初めにロンドンで済まさなくてはならない用事の一部だった。一〇月一一日にケンブリッジに着き、ただちにムーアとラッセルに対し、ケンブリッジを去ってノルウェーに隠棲する意志の堅いことを伝えたのだった。逸話風の手紙（オットリーン夫人に宛てたものではない）の中で、ラッセルは次のように書いている。

そのとき突然、あのオーストリア人のウィトゲンシュタインが旋風のように現れました。彼はノルウェーから戻ったばかりだったのですが、すぐにそこに取って返し、論理学のあらゆる問題を解決するまでは完全に蟄居しようと心に決めていたのです。私があそこは陽射しが弱いでしょうと言えば、僕は陽の光が嫌いなんですと言う。寂しくはありませんかと言えば、知的な人々との会話で僕は心を汚してしまいましたと応える。正気の沙汰ではないと言うと、神よ正気から我を守りたまえとくる。（神は確かにお守りくださるでしょうよ。）ところで、ウィトゲンシュタインは八、九月のあいだ中ずっと論理学に関する研究をしていたのです。確かにまだ概略的なものにすぎませんが、私の見るところ、これまで論理に関してなされてきた最良の研究と比肩できるものです。ですが彼は、芸術的良心のためにそれを完璧なものとするまでは何一つ書くことができないのです。ですから、二月には自殺することになろうと確信しています。私はどうすべきだったのでしょうか。彼は私にその着想を語ってくれたのですが、あまりに微妙なものであったために覚えていられませんでした。きちんと書いてくれるように頼み、彼もそうしようとしたのですが、長いことうめいたあとで、まったく不可能です、とのことでした。しまいには速記者の前で彼に語らせ、こうしてその着想の記録をいくらか手に入れたというわけです。このおかげで、ほとんど一週間分の時間と思考が取られてしまいました。

（ルーシ・メアリ・ドネリ宛ラッセルの手紙、一九一三年一〇月一九日）(3)

ラッセルは小咄風の逸話が、あるいは、少なくとも逸話を小咄風に語るのが何よりも好きだった。『自伝』の中では、相当短縮して次のように述べている。

一九一四年の初め頃に、彼はひどく興奮した様子で私のところにやってきて言った。「僕はケンブリッジを出るつもりです。すぐにも出ようと思っています」。「どうしてかね」と私は聞いた。「義兄がロンドンに住むことになったんです。彼とこんなに近くに住むなんて、僕には堪えられません」。こうして、彼はその冬の残りをノルウェーのはるか北部で過ごしたのである。(4)

ムーアの日記やオットリーン夫人へのラッセルの手紙、それにラッセルへのウィトゲンシュタインの手紙のいずれをとっても、年の変わり目の頃のこのケンブリッジ訪問のことは、沈黙するばかりか排除しているようにさえ見える。だからこそ、ラッセルは一七年以上も前のことを振り返って『自伝』を書いた際に、一〇月にあった会話を翌年当初のことと取り違えてしまったのだろう。その一〇月の会話から、ルーシ・メアリ・ドネリにも言わなかったような些細な出来事を取りあげて生き生きと再現してみせたのは、記憶違いでないとしたら、文体の妙技というやつである。現実に、グレートルとその夫ジェローム・ストーンボロは、ほぼこの頃、オックスフォード近郊の大きな別荘ベッセルスレイに引越してきているし、またウィトゲンシュタインはこの義兄を少しも認めてはいなかった。この若くて美しい理想主義者の姉はその時すでに、(彼女ほどではないが)金持ちで教養があって(自分自身の実験室を設けていた)素人科学者でもあるアメリカ人と結婚していたのだった。彼は豪奢な生活スタイルを好み、そしていかなる集まりにあっても押し出し強く、個性でもってその場の雰囲気を変えてしまうことのできる能力を好むという点で、彼女のほうの父親に似ていた。確かにのちには、ウィトゲンシュタイン家の人々も彼の支配欲の強さを不快に思うようになったし、グレートルもその怒りっぽい気質に悩むことになったのである。結局、二人はほとんどいつも別々に暮らすことになった。ウィトゲンシュタインはまったくつき合いを避けていたのだから、とくにこの別居のことを言っていたのかもしれない。

気を散らされないで研究することが必要だから、というのは十分に納得できる動機であり、結果的にもウィトゲンシュタインはこのノルウェー滞在中にずいぶんと成果をあげた。だが、先にピンセントに対してさえあげていたもう一つの理由は、むしろ友人たちから身を隠すのを糊塗するための口実のように見える。父親の家出のことが思い出されるし、またウィトゲンシュタイン自身の生涯に見られる、あるパターンにも気がつく。自分の家から（できるかぎり西に遠く離れようとして）リンツへと向かったり、どうにも感情が抑え切れなくなったらしく（「もうたくさんです！」と言い捨てて）ベルリンを去ったり、というパターンである。のちには、彼自身の内的な理由から家族のもとを離れて下宿したり、庭師の仕事をしたり、あるいは人里離れた村に住んだりもすることになった。ノルウェーにはもう一度行くことになったし、ニューキャスルでの戦時中の仕事を辞めたのも、ケンブリッジに戻るためではなくてスウォンジーでいくぶん孤立した生活をするためであった。そのうえ晩年にかけては、教授の席を辞任してアイルランドにますます辺鄙な土地を求めたのだった。こういった隠棲はときには成果をあげた――現在『哲学探求』と呼ばれているものは、本来一九三六年の（ノルウェーへの）隠棲と一九四四年の（スウォンジーへの）隠棲の成果である――が、いつもそうだったわけではない。確かに、これらそれぞれの場合には多くの異なった要因が作用してはいたが、どの場合においても人間関係の重圧から解放されたいという欲求が重要な役割を演じていたと言えそうである。一九一三年から一四年にかけての隠棲は間違いなくそうである。その年にノルウェーでウィトゲンシュタインは親友二人と仲違いをし、おそらくそれで、その年のあいだはあえてデイヴィドを招待しなかったのだろう。これらの隠棲には複雑な動機があって、それはさまざまな友人や活動を生活の中できちんと区分けしようとする（その発端はすでに見てきたところであるが）際の動機と同じものである。確かに、あまりに親密になったために研究が妨げられはしたが、研究のおかげで過度に親密にならずに済んだ、というのもまた重要なことだったのかもしれない。

ウィトゲンシュタインは一〇月一日にイギリスに着き、一一日にはそこを離れた。このあいだに彼は、五、六回ラッセルと、そしてムーアとは二、三回、長時間にわたる会談をこなした。ラッセルのほうでは例によって憤慨と感嘆のあいだを揺れ動いたのだった。

彼は今までに私が出会ったどんな人よりも精神的には私に近いのです。それでもやはり、彼が立ち去ってくれるのを見るとあり難いと思わずにはいられません。（オットリーン・モレル宛ラッセルの手紙、一九一三年一〇月八日）

ノルウェーに行くというウィトゲンシュタインの計画は、考えてみるとそれほど悪いものとは思われない、とラッセルは考えた。何がしかのものを書いたら戻ってくるだろうし、学位のための在学期間も終わって、そうすれば自分の後継者としての資格も得たことになろう、というわけである。そのあいだに、ウィトゲンシュタインのこれまでの成果の記録を確保しておこうと考えた。明らかに、少なくとも二回は速記者を伴った会合があった。一回はドイツ人速記者を伴ったバーミンガムでの会合、[5] もう一回はP・E・B・ジョーダンのところの秘書を伴ったケンブリッジでの会合である。ラッセルは自分でもウィトゲンシュタインの口述を少しは書きとめておこうとした。だから、バートランド・ラッセル文庫にある四つの翻訳原稿のうち、どれがそうとは言えないけれども、あるものはラッセルが口述筆記した言葉の翻訳であり、またあるものはウィトゲンシュタインが実際に書いた原稿〔の口述を速記者が筆記したもの〕の翻訳である、とも考えられる。いずれにせよ、この八日間のおかげで七頁のタイプ原稿と二三頁にわたる手書き原稿（ウィトゲンシュタインのドイツ語をラッセルが翻訳したもの）が残され、これがウィトゲンシュタインの最初の哲学的著作である「論理」あるいは「論理に関するノート」のもとになった。以下に示すように、ラッセルによる翻訳および原資料の、一九六〇年版『草稿一九一四―一六』における形式への配列は、一九一四年二月になって初めて行われたのであるが、本来この著作は一九一三年の秋に始まるものである。その内容はのちに論ずべき問題であるが、それの構成方法についてはここで一こと言っておかねばならない。ウィトゲンシュタインは、日々自分の考えたことの最終結果を書きつけておくノートを持っていた。彼はこれらのノートから選んで口述したり、あるいはそれらから選んで新しく編成したりしたのであろう。『要約』(明らかに一〇月九日における英語での口述筆記に基づくと思われる七頁のタイプ原稿)には、『論考』の中に再び現れる見解がかなり短縮された形で含まれている。ウィトゲンシュタインはノートに書きつけておいた語句からおおまかに翻訳していたか、あるいはそれらを思い起こしていたに違いない。ラッセルによって翻訳された四つの原稿には命題番号が含まれているが、ドイツ語原典ではそれは『論考』において再び見られるのとほとんど同じ形式を取っていたはずである。(6) ウィトゲンシュタインは、先の見解を読みあげたり写し取ったりしたときにもとにしたノートをとっておき、それが『論考』そのものの叙述を最終的に選ぶ際に使用したノートの一部になったのだ、と想定するのは無理のないところである。(7)

ウィトゲンシュタインの家具や蔵書、それに何篇かの論文は倉庫にしまい込まれ、値打ちのあるものや個人的な記念品のつまった小箱はラッセルが預かった。そしてムーアは、このヒューエル・コートの空いた部屋に戻ってくる準備をした。ウィトゲンシュタインが思っていたより長い期間にわたったケンブリッジでの生活もここに終わりを告げ、一一日には一路ノルウェーを目指してロンドンを去ったのだった。一四日火曜日にはベルゲンに着いていたであろう。極北のロフォーテン諸島に行こうと考えていたようである(8)(だからこそ、ラッセルはそこは陽射しが弱いでしょうと言ったのだと思われる)。慌ただしい計画だったために、泊まろうと思っていた宿が冬のあいだは閉じられるのだとは、〔ベルゲンに着くまで〕気がつかなかった。そこで、ベルゲンの北方、ソグネフィヨルドの深奥部にあるショルデンぐらい北の所に行くことで満足したのだった。

現在知られているかぎりでは、とくにこの場所に行くことになったのはまったくの偶然であった。（エンゲルマンが信じていたように[9]）以前にノルウェーに行ったことがあったにしても、ショルデンでの滞在は当地の彼の友人たちが覚えているかぎりこれが最初だった。ショルデンで彼は生涯にわたる隠れ家を手に入れることになった。そこはノルウェー最大のフィヨルドの最奥地にある小さな村で、それ以上奥には、山々と大氷河があるばかりだった。そこを訪れたことのある人で、フィヨルド本体の黒々とした水の色と、さまざまな湖や入江の青や緑との対照の妙を語らぬ人はいない。広い範囲にわたって、人跡未踏の山々が水際まで降りている。処々の平らな土地には、針葉樹の立ち木や、当時はまだほとんどが木造の点在する家々、それにその緯度の地方の目を見張るような夏には豊かに実りをもたらす牧草や果樹もあったことだろう。ノルウェーからのウィトゲンシュタインの手紙には、繰り返しこの景色のことが述べられている。エンゲルマンは[10]、環境がウィトゲンシュタインに大きな影響を与えた場合として戦前のノルウェーをあげているし、またウィトゲンシュタインも、一九三六年に次のような手紙をムーアに書き送っている。

ここ以上に研究のできる所は想像できません。ここの風景は落ち着いていて、たぶん、素晴らしくもあります。つまり、落ち着いた厳粛さがあるのです。（ムーア宛ウィトゲンシュタインの手紙、一九三六年一〇月）

新しい道路ができて少しは行きやすくなったが、一九一四年三月にムーアがきたときには、ウィトゲンシュタインと二人でベルゲンからミュルダールまでは列車で、「フーア（Fua）」（フロム（Flåm）のことであろう、というのも、その晩二人は、彼らのためだけに開けてあった（！）そこの宿屋に泊まったのだから）まではスキード（ski-ed）(11)で行き、それからソグンダルまで蒸気船で、ソルヴロンまではスキーで行って、そうしてモーターボートでショルデンに着いたのだった。

　そこでのウィトゲンシュタインの生活環境は、何もかもわかっているというわけではない。不思議なことに、彼は自分の住所を「ハルヴァード［本当はハルヴァー］・ドレグニ方」としている。それなのに、住所をそう書いた当の手紙の中でラッセルに説明しているように、「ここの郵便局長の家で素敵な部屋を二つ」あてがわれ、実際本当によくしてもらっていたのである。郵便局長のハンス・クリンゲンベルクは、多少とも教育のある人物と見なされていた。彼の息子は現在ショルデンの小学校の教師をしており、娘がその地方郵便局で父のあとを継いでいる。ドレグニ家にはフルーツジュースの瓶詰め工場があって、ムーアがそこにきていたあいだは（それに、おそらくは記録に残されていない他の機会にも）、ウィトゲンシュタインはよく音楽を演奏しに彼らの家へ行ったものだった。ドレグニ家の一人、アーンは、特別な友人だった。友人と言えば、アーン・ボルスタドがいる。のちに市場向け菜園の経営者となったこの児は、一九一三年当時まだほんの少年だったのだが、ウィトゲンシュタインとはずいぶんとよく会っていた。それに、女教師のアンナ・レブニもいた。彼女は、当時はともかくのちには、街から少し離れた自分の農場で夏の訪問客のための宿を経営するようになった。彼らは、ウィトゲンシュタインの生涯の中では、物静かで純朴な人々の役割を演じたように思われる。ほどほどの要求とほどほどの教育、それにほどほどの財産を持った、正直で率直なトルストイ的人物たちであった。ただ（ウィトゲンシュタインが大いに尊敬していた）アンナ・レブニについてだけは、普通なら友情が途絶えてしまうような激しいやり取りの痕跡

——とは言っても、ずっとのちのことだが——が見られる。ウィトゲンシュタインは、一生のうちには、ノルウェー語を十分に話せるようになったしイプセンやビョルンソンの文学的な文章も読みこなせるようになったのだが、こうした能力の大半を手に入れたのが、ノルウェー滞在のこの最初の年のあいだであったというのは想像に難くない。

それでも、先に述べたように、ほとんど誰とも顔を合わせていないとの彼自身の言葉にもある通り、ショルデンで過ごした時期はケンブリッジでの年月とはきわだった対照を示していたに違いない。二週間にわたったインフルエンザののちに、そこは研究するには理想的な所であると気づいたのだった。

あらゆる種類の新たな論理学上の素材が私の中で育ちつつあるような気がしていますが、まだそれについては書けません。(ラッセル宛ウィトゲンシュタインの手紙、[一九一三年一一月])

新たな着想が矢継ぎ早に押し寄せてきていたために、イギリスでの一週間にわたる口述筆記と議論との結果に関するラッセルの質問に、答えている暇も忍耐も彼にはなかったのである。ラッセルはウィトゲンシュタインにタイプ原稿とそれに関する若干の質問を送っていたし、手書き原稿のほうの内容についても質問していたのだった。このタイプ原稿は明らかにジョーダンの秘書に口述したものであり、今なお、先にあげた「論理に関するノート」のラッセル版の中に九頁の「要約」として保存されている。一方、手書き原稿のほうはドイツ語原典で、現在バートランド・ラッセル文庫の中では四つの翻訳原稿となっている原資料の一部は、このドイツ語原典がもとになっている。(12) ラッセル(13)はこの著作に魅せられ、自らの解説(現在は失われてしまったらしい)つきでホワイトヘッドに読ませたところ、彼も同様に高い評価を与えた。ところが、ウィトゲンシュタインは新たな問題へと移っており、同一性〔概念〕に取り組んでいたのである。以下に述べるように、彼は命題計算に関する独自の決定手続きを見出しており、それは全論理的真理に容易に妥当するものと考えていた。ついでながら、彼は無限公理と還元公理は拒否していた。この〔命題の一般形式という〕根本的な問題、その大問題について彼が語ろうとする時期なのであった。

神よ、もっと知性を与えたまえ。そうすれば、あらゆることが最終的に私に明らかになるでしょうに——さもなければ、もはや生きている必要はありません！——驚くべきことではありませんか、論理学というのはなんと巨大で途方もなく不可思議な学問なのでしょう。一年半前には、あなたにも私にもそのことがわからなかったのだと思います。（ラッセル宛ウィトゲンシュタインの手紙、一九一三年一二月一五日）

ウィトゲンシュタインは、そのときにはもうラッセルにはドイツ語で手紙を書いていた。自分の著作についてのこの年の一〇月の会話で、ラッセルはドイツ語に習熟しているとの最終的な確信を得たのに違いない。最初のうちは、ラッセルのことを「あなた（Sie）」と呼ぶべきなのか、それとも「君（Du）」と呼んだほうがよいのか確信が持てなかったために躊躇していた。しかし、予想されるように、この問題はラッセルが彼に代わって解いてくれたのだった。彼はラッセルからの手紙をこのうえなく頼りにしていた。「すぐにお返事ください」と彼はよく書いていた。「あなたからのお手紙はどれも、私に限りない喜びを与えてくれます」。「君の手紙は私にとっては大いなる賜物なのです。こんなによく私に手紙を書くのを残念なこととは思わないでください」。「私のために祈ってください。そして、神の祝福があなたにありますように（そんなものがあるとすればの話ですが）」(14)。ラッセルはウィトゲンシュタインにとって、思想ばかりではなく、希望と不安の受け皿でもあったのである。ラッセルのほうは、ウィトゲンシュタインが離れた所にいてどんなにほっとしているかということを、オットリーン夫人に何度となく打ち明けている。それでも、ウィトゲンシュタインの手紙を彼女に送って、ウィトゲンシュタインの精神状態について彼女はどんな印象を受けたか尋ねたり、彼の様子を報告したりもしていた。ウィトゲンシュタインのことが頭にあったのは、『知識の理論』に対する批判を克服できないでいたからであり、またウィトゲンシュタインの魂と精神の健康状態に関心を持っていたからでもある。だがここでも、ウィトゲンシュタインがラッセルに関わっていたようにはラッセルはウィトゲンシュタインに関わっていなかった、との印象がある。ウィトゲンシュタインは並行してフレーゲとも文通を続けていた。(15) ラッセルにこの文通のことを語らず、また一〇月二二日というすぐ先に計画していたにもかかわらず、イェーナへの訪問のことも語らなかったというのも、友人をそれぞれ区分けしておきたいという彼の嗜好の一例である。ラッセルには、あいにくクリスマスにはウィーンに行って母を訪問せねばならないんです、とだけ言っていた。その途中で、先にラッセルに対して行ったのと同じようにフレーゲにも自分の成果を伝えたいと思っている、という事実には一切触れなかった。少なくとも三通の手紙がフレーゲ訪問に先立って出されている。最初の手紙により、ウィトゲンシュタインは「指示（Bezeichnung）」（おそらく、指示の仕方（*mode of* signification）のことだろう）に重きを置きすぎている、との異議がフレーゲから出された。これに対してウィトゲンシュタインは、論理にとっての基本的な概念の一覧表を作成するのに不可欠なものは何か、ということに関する見解でもって答えている。明らかにここで、相互に定義可能な一組の原始記号〔という考え〕に対して異議を持ち出しており、それは『論考』五・四二に現れているが、一九一三年にまで遡ることのできるものなのである。さらに一九一三年一一月二九日付の手紙には、とくに意味の関数への割当に関して、ショルツによればフレーゲの真理理論に対する重要な異議が提出されていた。これは「真理関数」と読み替えてよいのであり、ここに『論考』四・四三一の先取りが見られる。その後に〔フレーゲによれば「クリスマスの前に」、だからたぶんウィーンに行く途中に〕、実際の訪問がなされたのだが、これはフレーゲにとっては大いに興味深いものであった。彼はウィトゲンシュタインの見解を四頁にわたって書きとめ、さらに議論を続けようとして四枚に及ぶ手紙を書いたのだった。一月の終わりに、フレーゲがジョーダンからウィトゲンシュタインの住所を教えてもらおうとしていたことがわかっている。奇妙なことだが、ウィトゲンシュタインはノルウェーに戻るつもりであることを黙っていたに違いない。ジョーダンは四月になるまで返事を出さなかったらしく、それで、途絶えてしまった文通は戦後になるまで再開されなかったものと思われる(16)。

ここで、ウィトゲンシュタインがR・L・グッドスタインに行なったフレーゲ訪問についての報告〔一二六頁を参照〕に立ち戻るべきであろう。マンチェスターから訪問に出たあと、

ウィトゲンシュタインは大変がっかりしてイギリスに戻ってきた。だが、一年のちにはもう一度フレーゲと会見する機会を求めていた。そして今度は、彼が「フレーゲをやりこめた。それで、その後は何度お茶を共にしても、再び哲学を論ずることは一度もなかった(17)」。

記憶というのは印象派風〔の現れ方をするもの〕であって、その個々の印象点に固執し、印象全体のパースペクティヴには達しない。われわれはすでに最初の会合が単に落胆に終わったわけでないことを見た。二人のあいだにある種の役割交替があったのかもしれないけれども、今やわれわれは、まず第一にこれら

の訪問が三回にわたっていたのであって、二回ではなかったという事実を認めなくてはならない。なぜなら、当時のウィトゲンシュタインがどちら側の敗北感をも遮断するような言い方で記述している、一九一二年の訪問があったからである。[18] そして、この三回目の訪問でさえ、実際にウィトゲンシュタインとこれ以上議論したくないといった嫌悪感をフレーゲに与えはしなかったのである。われわれはギーチに対して行ったウィトゲンシュタイン自身の説明によって、哲学以外の何事もフレーゲと議論することが許されず、[19] 両者最後の意見交換も、数を対象と考えることが容易であるか否かといったことについてのものだったことをすでに見ている。(ついでながら、この最後の意見交換が一九一三年に行われたことは十分に可能である。それ以後の訪問は立証されておらず、一九一九年一二月に計画されていた訪問は実際には実現しなかったのである。)

一九一三年の一連の出来事を精確に再構成しようとしても、あまり意味がない。おそらくはグッドスタインに話したウィトゲンシュタインの説明が、フレーゲの自制癖や、一連の新しい構想を検討しなくてはならなかったフレーゲの困難を下敷にして構想された、彼自身の新たな解決法に対する若者らしい確信を描写している。その説明が反映していないもの——他の挿話や評言によってのみ与えられる観点——は、ウィトゲンシュタインがフレーゲに対して抱いていた尊敬の念であって、そうした尊敬は多少なりともフレーゲが、かの活発でときにはむしろ荒々しいケンブリッジの討論世界に属していなかったという事実に由来するのかもしれない。

フレーゲのもとを辞して、ウィトゲンシュタインはウィーンへ行った。このウィーン行きは回避できなかった。

事実はこうです。母がとても私に帰ってきてもらいたがっていて、もし帰らなければ、ひどく嘆くだろうということ。それに彼女は去年のちょうど今頃のことに辛い思い出を持っているものですから、行かないで済ますつもりもありません。（ラッセル宛ウィトゲンシュタインの手紙〔一九一三年一一月または一二月〕）

父親の一周忌であったにもかかわらず、ウィトゲンシュタインには半ばウィーンへ行かないで済まそうとした形跡があって、母親には旅程の相当部分はスキーを使わなければならないだろうなどと書き送っている。後年の彼の生活から判断すれば、クリスマス時期に家族から離れて過ごすことを考えることすら、異例のことであった。後日の記録は、彼がどたん場になって突如贈物を発送する事例に満ちているからである。このときもまた、最後に生まれ、息子たちの中では最も優しかった彼が、習慣通り母親のそばに座って、その演奏を聴き、本を読んでやることになったであろうことは、いささかも疑いがない。ところが、このときの代償は大きかった。母親はせいぜい彼が支えてやらなくてはならない老人になってしまっていて、彼にとっては力の源泉ではなくなっていたのである。昨年は父親の末期の病いが「彼の思想を片輪にした」のであったが、今や注意を集中する対象がなくなっていて、「人々のあいだでの生活」が彼の仕事を不可能にしていた。まだノルウェーにいたとき、彼は自分が狂いつつあると考え、仕事の遅々たる歩みが彼の意気を低下させて、あらゆる物事が自分にとって明確になるか、さもなければ死が自分に襲いかかることを切望していた。そこでは、彼の全生活が彼の仕事のうちに集約されているように思われていた。ときには彼は自分には何もできないと思い、ときには少々仕事を進めて、それからおしまいにする——つまり死ぬ、そうしたら自分の仕事をラッセルに出版してもらおう、とも考えていた。〔ところが〕今家族のもとへ戻ってみると、彼は自分の問題が単に論理の問題なのではなくて、自分自身に根ざした問題であると感じた。家に戻ってまったく非生産的になり、孤独の中へ戻ることだけを望みながら、彼はラッセルに向かって自分の状態を次のように書き記している。

ここでは自分が毎日違っているように感じます。ときには自分の内部がひどく動揺して、気が狂うのではないかと思うほどですが、その次の日には再び完全に無感動になってしまう。しかし、自分の内部の深い所は間欠泉の底部のように果てしなく沸き返っていますから、最終的には何かが噴出して、自分が……別の人間に成り代われることをひたすら望んでいるのです。きょうは論理について何も書けません。たぶんこのような自省など時間の無駄だとお思いになるでしょうが、でも、私が人間である以前に論理学者であることなど、いかにしてありえましょうか！　はるかに重要なのは自分自身にけじめをつけることです！(20)

ケンブリッジへ戻ったあとで、彼はこのウィーン滞在の結末をもう一度書き送っている。

とても悲しいことですが、またしてもあなたに差しあげるべき論理学上のニュースはありません。その理由、この最後の数週間というもの、事態が私にとってはひどく悪く進行していたということです。（ウィーンにける私の「休暇」のせいです。）毎日私は恐ろしい煩悶と落胆とに交互に苦しめられ、そのはざまにあってさえ疲れはてていて、少しも仕事をする気持ちになれませんでした。それは言語を絶して恐ろしい、ありうる心的苦痛の最たるものです。私がその呪いのうめきを脱して、理性の声を聞くことができるようになり、仕事を再開しはじめたのは二日前のことにすぎません。そして、たぶんこれからはもう少しよくなって、何かましなものを生み出すことができるでしょう。でも、狂気すれすれのところにいると感じるということがいったいどういうことなのか、私にはまったくわかっていませんでした。万事うまくいくことを祈りましょう！（ラッセル宛ウィトゲンシュタインの手紙〔一九一四年一月〕）

にもかかわらず、彼の人格の問題と論理の問題とのあいだには顕著な平行関係がある。彼のうちなる動揺は、あるときには明らかに心理的なものであるが、他方別のときには「重大問題」へのめりこんでいく。両者の平行関係というのは、彼のノートや手紙類を一貫して流れているテーマなのであって、「論理と自分の罪」は、われわれがすでに見たように、双方が同時に彼の重大関心事でありえた（前述二六四－二六五頁）。彼が哲学に求めたのは「自分を解放してくれる救済の言葉」、問題を解決する明確な言語表現であると共に、また贖罪の言葉でもあるような言葉、われわれを悪より救い出す言葉なのだった。[21] さまざまな意味における回心こそ、彼が論理と生活の双方に望んだものなのである。論理のまさしく基本的な問題は解決されなくてはならず、彼は新たな人間にならなくてはならなかった。いったいどのような点でなのか、われわれにはただ推測することしかできない。彼の目的は単純であること、直截であること、基本的であること、理解すること、強くあることであり、とりわけ自分が自分自身であること、こうしたことのいずれかが達成できたようなふりをしないことであった。それでも、他の人々、彼の家族、これらの特性をまさに必要としていた人々は、この理想すべてに反する感情、高々胸のうちに秘めていることしかできないような感情を〔彼のうちに〕誘発したのである。なぜ当時こうした問題がとくに尖鋭に感じとられたのかについては、彼の父親がその存命中、ある種の期待の枠組みを設けていて、ルートヴィヒはその枠組みの内部でしか生きられなかったのだと想定するのが自然である。〔ところが〕今や、彼は総じて女性的な家族の中で自分自身の人格を確立することをよぎなくされたのに、そうした尺度に屈伏する用意がなかったというわけなのである。以後、彼の情緒的道徳的生活と哲学的進展とのあいだにある平行関係については、一度ならず立ち戻って論ずるつもりである。

ウィトゲンシュタインの場合にはいつもそうなのだが、とくに彼の生涯におけるこの年の出来事の意味を詳らかにしにくいわけは、外的刺激の特性にあるというよりは、むしろこれに対する彼の反応の強さや激しさにある。ほかの人たちなら、父親の死ぬ頃に成熟期に達していたであろう。ほかの人たちなら、自分の家族や、自分の家族が大写しになっている自分の環境世界から自分がよぎなく引き離されていくと感じたであろう。たとえ少数ではあっても、何らかの大問題に対する答えを見出したように思ったり、それを明確にしようと努力したりすることの産みの苦しみをすでに経験していたことであろう。こうしたことは生活や仕事や成長と不可分のことであって、大多数の人はそれらの中にある肯定的な要素によって支えられている。しかしウィトゲンシュタインの場合はそうでなかった。この年のあいだ中、いつにも増して思いが自殺に向い、芝居がかった以上に歴然とした不幸の中で、自分を支えていた友情の根幹に突きあたったからである。

真っ先に鉾先の向けられたのはラッセルとの友情であった。一人の父親を失った一年のちに、ウィトゲンシュタインはもう一人の父親を拒絶した。今となっては、神々のうちのいずれが両人を争わせたのか、特定することは不可能である。ラッセルは自分を責める。「私は彼に対してあまりにも辛辣にすぎました」と、以下に長々しく引用する一九一四年の一月ないし二月のウィトゲンシュタインの手紙を（明らかに）受け取った時点で、オットリーン夫人に報告している。ウィトゲンシュタインは、現在失われてしまったように思われるもう一通の手紙をそれ以前に書いていて、そこでも長々しく二人のあいだの根本的な違いを解決しようと試みているから、「あまりにも辛辣にすぎた」と悔やんでいるのは、たぶんその手紙に対するラッセルの返信の中でのことだったのであろう。なしうる最良の推測は、この事態がまず第一にラッセルのアメリカにおける講義（後日『外界に関するわれわれの知識』と題されて出版された）に関係していたということであろう。

たぶん彼らはあなたに［とウィトゲンシュタインは書いている］自分の思想を語って、単に断片的で干からびた結果を語るのでない機会、ともかくもいつもよりは好意的な機会を与えてくれることでしょう。（ラッセル宛ウィトゲンシュタインの手紙［一九一四年一月］）

たぶんこの評言が、ウィトゲンシュタインの〔自著を〕出版したい気持ちと、仕事を何も完成できないでいる完全主義との対比について、何らかのコメントをラッセルから引き出したのであろう。あるいは、ラッセルが（われわれのすでに見たように）ウィトゲンシュタインに対して批判的だった諸点——狭量さ、不寛容、自分自身の考えへの過剰な沈潜等——のいずれかに触れたのかもしれない。いずれにしても、この挿話の意味を理解するためには、ラッセルが実際ウィトゲンシュタインに対していくぶんか苛立っていて、不快感すらもっていたにもかかわらず、同時に気忙しげな愛情やある程度の理解を持っていつも彼のことを考えていた事実を当時の資料が示している、という点に留意することが大切である。われわれはウィトゲンシュタインの書簡だけに準拠すべきではないし、ましてははるかに後年のラッセルの評言の調子に誤導さるべきではない。

その反目——ウィトゲンシュタインはこれを「争い」と呼んでいる——の実際がいかなるものであったにせよ、ラッセルはウィトゲンシュタインに対して何事もなかったかのように振舞うよう要請する。ウィトゲンシュタインは次のように返答した。

しかし、あなたの要求を実行することなどできません……。そうすることは私の本性に反したきれいごとになるでしょう。ですから、この長い手紙を許してください。そして、私もあなたとまったく同様に自分の本性に従わねばならないことに思いをいたしてください。この一週間私たちの関係についていろいろ考えてみて、ふたりはお互いに本当に合わないのだという結論に達しました。これはあなたを、あるいは私自身を非難するということではありません。これは事実なのです。私たちは、ある種の話題については、しばしばお互いに気まずい会話を交わしてきました。その気まずさは一方あるいは他方の不機嫌の結果ではなくて、私たちの本性の途方もない違いの結果なのです。ともかく私があなたを非難したがっているとか、あなたにお説教をたれたがっているとか、決してお思いにならないよう、心からお願いします。私はただ、ある結論を出すために、私たちの関係をはっきりさせたいと思っているだけです。私たちの最近の反目も、明らかに単にあなたの感じやすさとか、私の配慮のなさとかの結果ではありません。それはもっと深いところから——たとえば科学の仕事の価値について私たちの考えがどれほど完全に違っているかを手紙の中で示したはずですが、そのような事実から出てきたのです。もちろん、そうした事柄についてあれほど長々と書き記したのは私の愚かなところであって、私はそうした根本的な差異が一通の手紙で解消するはずのないことを銘記しているべきでした。それに、これはたくさんの事例のうちのたった一つにすぎません。今、まったく心静かにこれを書いているとき、あなたの価値判断が、まさに私の価値判断の場合と同様に、しっかりと深くあなたの中に根をおろしていること、そして、私にはあなたを審問する権利などないことが完全によくわかります。だが、今やそれと同じくらい明確に、まさにその理由によって、私たちのあいだには本当の友情関係もありえないことがわかるのです。私は自分の全生涯をかけて衷心よりあなたに感謝し、あなたに献身するでしょうが、二度と再びお手紙を差しあげたりしないでしょうし、あなたも二度と私に会うことがないでしょう。あなたともう一度和解した今、私は平和裡にあなたとお別れしたいと思います。そうすれば将来二度とお互いに煩わされることがなく、そうすればたぶん敵としてお別れすることになりましょう。あなたにすべて最善のことのあるよう願うと共に、私のことも忘れず、しばしば友人らしい気持ちをもって思い出してください。さよなら！

敬具

ルートヴィヒ・ウィトゲンシュタイン(72)

彼の気分はしばらくしたら変わるだろう、とあえて言います［とラッセルはコメントしている］。自分が彼の説明など気にしていないことはわかるのですが、それもただ論理に関してだけです。それでも、これに直面することを本当に気にしていると思うのです。（オットリーン・モレル宛ラッセルの手紙、一九一四年二月一九日）

実際にはラッセルはもう一度手紙を書き、ウィトゲンシュタインの気持ちのなごむことを願った。その手紙は手厳しい相手の心琴に触れさえした。

親愛なるラッセル、

あなたのお手紙はとても思いやりと友情に満ちあふれていたので、これに応えないでいる権利など私にはないと思いました。そこで、私は自分の決心を変えなくてはなりません。しかし、残念ながら、自分の言うべきことを数行にしたためることはできないし、あなたが私を本当に理解してくれることもほとんど期待できません。もう一度申しあげなくてはならないのですが、肝心なのは、私たちの反目が単に神経質とか疲れすぎとかいった外的な理由から生ずるのではなく、ともかくも私の側ではとても根深いのだ、ということです。私たち自身はそれほど違っていないのだから、私たちの理想もそれ以上に違ってはいないのだとおっしゃるのは正しいかもしれません。しかし、そのことこそ、私たちが偽善的になるか喧嘩をするかしないかぎり、これまでお互いの価値を含む物事について話し合うことができず、今後も決して話し合うことができないであろうことの理由なのです。これは議論の余地のないことだと思います。私はずっと前にこのことに気づきました。それは私にとって恐ろしいことでした。というのは、そのことこそ、私たちお互いの関係を汚染したのだからです。私たちは沼地に並んで坐っているように思われました。事実はこうです、私たちは双方とも弱さを持っているが、とくに私がそうであって、私の生活は考えうる最も醜い卑劣な思いに満ち満ちているということです（これは誇張ではありません）。だが、もしある関係が双方にとって屈辱的なものになるべきでないとしたら、それは双方の弱さのあいだの関係であってはなりません。そうです、関係は当事者双方が汚れなき手を持っている領域、すなわち両者ともお互いに相手を傷つけることなく完全に率直でありうる領域に限定さるべきです。そして、それこそ、私たちの関係を客観的に確定できる諸事実の交流に限定することによってのみ、おそらくはまた多少なりともお互いの友好的な感情を述べ合うことによってのみ、私たちにできる何かなのです。それ以外のいかなる話題も、私たちの場合には、偽善か喧嘩別れになってしまうでしょう。ところが、あなたはおそらくこう言うでしょう、「物事は多少なりとも現在までうまくいっていた、なぜ同じようにいかないのか」と。でも、私はそうしたいつもの下劣な妥協にあきあきしています。私の生活はこれまで汚らしいゴミ溜でした。しかし、それを今後も続ける必要があるでしょうか。そこで、あなたに一つの提案があります。お互いに自分の仕事、自分の健康といったことについて手紙を書きましょう。しかし、私たちの文通では、どのような話題についてであれ、いかなる種類の価値判断も避けることにしましょう。そして、価値判断をすれば、二人とも相手を傷つけないでは完全に正直になりえないということを（このことはともかくも私の場合には明白な真実です）はっきり認識しておきましょう。あなたに対する私の深い愛情を確約する必要はないでしょう。でも、その愛情は、もし二人が偽善に基づく関係、そのゆえに双方にとって恥辱の源泉となるような関係を続けるとすれば、重大な危険にさらされることになりましょう。そうです。私たち双方にとって名誉なことは、二人の関係をもっとまともな基盤の上で続行させたらどうか、ということだと思います。このことについてお考えになり、辛さをお感じにならない場合にのみ、お返事くださるよう、お願いいたします。ともあれ、私の愛と誠実を信じてください。私の望みは、あなたがこの手紙を、私の理解されたいと思っている通りに理解してくださることだけです。

敬具

L・W

（ラッセル宛ウィトゲンシュタインの手紙、一九一四年三月三日）

反目は溶けたが、友情は終わった。ウィトゲンシュタインはもはや自分の心中をラッセルにさらけ出そうとはしないだろう。二人の文通が実際に暖かな敬意の表現を含むことはあるだろうが、その内容は個人的というよりは哲学的あるいは事実上の事柄になるだろう。[23] 二人の関係は悪化したが、それでもまだ二人の共同作業はかなりの程度行われることになる。もっとあとになればたぶん両者のあいだでもっと厳しい非難が交わされたであろうけれども、文通そのものや伝えられている対話のいくつかは、[24] 人間としての限界内で、ウィトゲンシュタインの約束した謝意と誠実さが維持されていたことを示している。

ノルウェーでの一年はウィトゲンシュタインのムーアに対する関係にとっても決定的な年だった。ムーアは、彼の生涯でしばしばそうであったように、自分の仕事について惨めな思いをし、ウィトゲンシュタインにもそのことについて書き送った。親切な返事がきた。

原因は、ご自分の問題をまだ頭が堅くなく、その主題に本当に関心を持っているほかの誰かと規則的に議論していらっしゃらない点にあると思います。思うに、ケンブリッジには現在そのような人がいないのでしょう。ラッセルですら――もちろんあの歳にしては例外的にきわめて新鮮なのですが――この目的に関してはもはや十分に柔軟ではないのです。（ムーア宛ウィトゲンシュタインの手紙、一九一三年一一月一九日）

二人は、ムーアが計画したイースター休暇時のノルウェー訪問に際して、定期的に議論をすることになっていた。（ムーアはウィトゲンシュタインが一〇月に旅立ったとき、ムーア自身の言い方では「軽率にも」そのような訪問を約束してしまっていたのである。）その予想がムーアをおびやかした。実際、彼とウィトゲンシュタインの関係のさまざまな側面がそうだったように。まず第一に、彼はモラル・サイエンス・クラブで発表されたジョンソン論文の解説を送付するのを怠った。次いで、ウィトゲンシュタインの督促に対して（相当の長さにわたって）応答したときにも、彼はそれに対するウィトゲンシュタインの返信を「開封するのを恐れた」。実際に開封してみて「非常に喜んだ」にもかかわらず。この返信というのは二月一八日付の手紙であって、ムーアに再度来訪するよう督促したものである。ムーアはウィトゲンシュタインの最近の論理観がいかなるものなのか、ラッセルから聞き出そうとした。ラッセルはちょうど「ウィトゲンシュタインの仕事についてのノート類を翻訳し、筆写し、分類する」仕事――明らかにハーバード大学における論理学講義の準備のために秋に書きとめ、あるいは書き出したノート（前述三一九頁以下参照）を整理する仕事——を終えたところだったから、そうするには好都合な時期ではあった。ラッセルはムーアがウィトゲンシュタインを理解する希望をもってノルウェーを訪問しようとしているのだと考えた。[25] G・H・ハーディもまた、この議論に引き込まれた。にもかかわらず、ムーアの神経が再び参ってしまって（と思われるのだが）、自分の書かなくてはならない論文についての弁解をしている。

ノルウェーで論文を読んでくれというウィトゲンシュタインの電報が私をひどく困らせる……ウィトゲンシュタインに返信。（日記、一九一四年三月一〇日）

ウィトゲンシュタインがどういうことを提案し、ムーアの気持ちを落ち着かせるためにどのようなことを試みたのかは、たぶん電報と同じときに投函された彼の手紙から察することができる。

いったいなぜここで論文を読もうとしないのですか。見事な風景を見渡せる居間をあなただけに専有させてあげられるし、あなたの望むだけ（実際必要なら一日中でも）一人にしておいて差しあげられます。他方、私たち双方がそうしたいときには、いつでもお互いに会うことができるでしょう。あなたのお仕事について語り合うことさえできるでしょう（それは一興かもしれない）。それとも本をたくさん読みたいですか。私は自分ですることがたくさんありますから、あなたの邪魔をすることなど少しもないでしょう。（ムーア宛ウィトゲンシュタインの手紙、一九一四年三月）

ムーアの危惧はまったく容易に説明される。ムーアにはウィトゲンシュタインのうんざりした様子や否認する様子をただちに見てとったり、すぐそのように想像してしまう性向のあることをわれわれはすでに見てきた。彼はとにかく内気で敏感な人であって、もう一人の人物と常に接触しながら何週間もの生活を継続していくことなど容易にはできなかった。エディンバラでは何年ものあいだ一人の親友（エインズワース）とそうしたことがあったけれども、われわれは彼の結婚以前にはそのような事例が一つもなかったことを知っている。最後には彼はおそらくラッセルとウィトゲンシュタインの反目のことを聞いてしまったのである（彼は五月になって「たぶんはっきりしないまま」カーリ——もう一人の親友——にそのことについて話をしているが、ラッセルのほうは早くも三月初旬からアメリカへ渡ってしまっていた）。

ムーアの危惧は、その原因が何であったにせよ、最終的には克服された。ムーアは三月二四日ニューキャッスル経由で出発した。大変な船酔いのあとで、彼はベルゲンに三月二六日の午後一〇時到着、ウィトゲンシュタインの出迎えを受けたのだけれども、ウィトゲンシュタインは午前一時まで話し込んだ、とムーアの日記が記録している。(26) 二人はもう一日ベルゲンに留まって午前中買物をし、そのあとウィトゲンシュタインが六時三〇分まで話し続ける。また買物をして、八時まで夕食。「彼は一二時一五分まで私をののしり続けた」。客にとっては奇妙な体験だったことだろう。さらにいささか奇妙だったのは、この年長者の年少者に対する反応である。ウィトゲンシュタインの精神力が一冬中まるまると蓄積され、今や抑制できずにムーアへ向かって発散されたかのようである。だが、実際あらゆる場合にウィトゲンシュタインは自分の優越性ではなく、相手のほうの欠陥に気づかせることによって相手を苦しめてしまうような力を持っていた。

二人は次の日、土曜日に、すでに述べた道程（三二二頁参照）をたどってベルゲンを離れた。議論は終わるところを知らなかった。身体上のこと、プラトンのこと、自殺のこと、不運のこと、悪のこと等々。そうこうしてショルデンに到着、そこでムーアは荷をとき、かのホテル――疑いもなく彼の居間つきの――の客となった。この時点に至って、彼の本性が反逆した。二人はその夕方湖畔を散歩しつつ口論し、ムーアは平静さを失ったのである（のちには哲学だけが彼を怒らせうるようになるのだが）。

ムーアはその小さな町に二週間滞在することになっていた。通常彼はそのホテルで二時まで仕事をし、それから食事のためにウィトゲンシュタインの小屋へおもむく。そこで五時まで議論があって（「彼が議論をする」とムーアは日記の中で言う）、お茶の時間になる。それから、二人は散歩に出たり、その前にピアノを弾いたりする。夕方の残り時間はウィトゲンシュタインが話をする。ピアノ演奏という目的もあってドレグニ家（父親と息子）とも往き来し、そうした折にはムーアが持参するよう頼まれていたブラームスの『運命の歌』の連弾用編曲譜が疑いもなく使われたことであろう。そばにウィトゲンシュタインだけがいるときには、ムーアはいつものようにシューベルトを弾いたように思われる。フィヨルド上のボート遊びも一度行われた。ムーアが甘受した受け身の役割、彼の日記によればともかくも割りあてられた役割が再度特記されるであろう。ある意味ではそのことが実を結んだ。すなわち、四月一日からムーアは口述筆記を始めた。その「ウィトゲンシュタインの論理学」が小さな練習帳二冊をいっぱいにし、三冊目の数頁分にまで及んで、現在では『草稿一九一四年―一九一六年』と題する一巻本の中に収録されている。その内容についてはあとで「論理に関するノート」と一緒に論じることにする。今のところは、これらのノートがウィトゲンシュタイン自身によって一層たくみに、あるいは十二分にまとめられたという点、そしてまた、そこでは新しい概念が導入されて、これらのノートではいまだ明示されていなかった論理上の解釈を敷衍し、明確にすることが可能になったという点で、一歩前進したと言っておくことだけが必要である。それら新しい概念のうちで最も重要なのは、トートロジーという概念と（おそらくはウィトゲンシュタインの全哲学的生涯を通じても重要な基本構想になる）「命題によって言われるのでなくて、むしろ示されるもの」という概念であった。

論理的ないわゆる命題は言語の、それゆえ宇宙の、論理的特性を示すが、しかし何事かを言っているのではない

という表現が最初の練習帳の冒頭にくる。ムーアに口述されたノートの斬新な点である。さらに、これらのノートが部分的にはムーア、ラッセル、ハーディを悩ませた諸問題の中から生まれてきたように見える外的状況もまた、これに続く事態を理解するためには重要である。

二週目の終わりにウィトゲンシュタインは例の善良なるマナーで、二日の旅をしてムーアをベルゲンへ連れ戻し、別れの食事のシャンペンと果てしない話のあと、船上のムーアを見送った。ムーアは一七日までには再びトリニティへ戻っていた。

ケンブリッジに二時半。荷物をとく。ホールへ行くまでに入浴、買物等。ホールでは端っこ、キャプスティックの隣り、マクタガートの向かい。『新しい政治家』を読む。（日記、一九一四年四月一七日）

大学教師の生活に戻ったわけである。

一〇日ののちムーアはホールでW・M・フレッチャーに会った。フレッチャーがウィトゲンシュタインの

テューターであることはすでに触れた。このときムーアはフレッチャーに祝辞を述べた。その理学博士号取得についてか、新たに設立された医学研究協議会の監事役就任についてかは不明であるが、そのいずれもがこの頃の出来事であった。彼はまたフレッチャーにウィトゲンシュタインに関する質問をしたのだけれども、それはウィトゲンシュタインの論理に関する考察が、学士号取得のために研究生に課せられる論文として扱えるのかどうかという質問であった、とわれわれは推測することができる。彼は次の日ウィトゲンシュタインに手紙を書き、五月一一日に次のような返事を受け取っている。

お手紙には困りました。私が「論理（Logik）」を書いたとき、〔大学の〕規則など調べませんでしたから、あなたも規則のことなどあれこれ調べたりせずに、私に学位をくださることだけが、唯一公正なやり方だろうと思います！　序文や註について言えば、私がボザンケトからどれほど孫引きしているか、試験官なら容易に看取できるだろうと思います。万一いくつかの馬鹿げた細部についてさえ私のために例外措置を講じてくださる価値が私にないとしたならば、私などすぐ地獄へ行ったほうがいい。また、万一私にその価値があるのに、あなたがそうしてくださらないのなら――神賭けて――あなたが地獄へ行ってください。（ムーア宛ウィトゲンシュタインの手紙、一九一四年五月七日）

ウィトゲンシュタインの友人たちがときに語る、彼の直截さと不躾の躍如たる一例であり、われわれなら偏執症とバランス感覚欠如の好例だとも考えたくなる。しかし、事実は規則なるものが学位申請者に対して次のようなことを要求していたのであった。

一般に論文の序文あるいはとくに註記において、情報の出典、他人の業績を利用した範囲、ならびに自己の独創であると主張する論文の箇所を明記すること。

ムーアがこうした規則を制定したわけではないし、彼の事務係がこれを強要したわけでもない。彼は単に経験ある大学管理者の指摘する見解を知らせていたにすぎない。もちろん、彼がウィトゲンシュタイン宛の手紙の中で生ぬるく、元気なく、無関心に見えたといったことはありえたであろう。友人たちが友情を云々する前に規則や手続きのことを持ち出すように見えたことが、しばしばウィトゲンシュタインの機嫌を損ずる原因になっていた。オーストリア人はすべて例外であり、ウィトゲンシュタインはそのオーストリア人のあいだでさえ例外だったのである。

ムーアは愕然とした。

昼食中にウィトゲンシュタインの手紙。気分が悪くなり、頭から離れない。散歩の最初の所ではとても惨め……（日記、一九一四年五月一一日）

平行四辺形［ムーアが通常の散歩道の一つにつけた風変わりな名前］を歩く。いまだにウィトゲンシュタインの手紙のことを考えざるをえない。（同、五月一二日）

三時半から四時半までコンサート。次いでホールへ行きつくまでウィトゲンシュタインの手紙のことを考え……ハーディの講義の前後にもウィトゲンシュタインのことを考え続ける。（同、五月一三日）

二時一五分から四時半までマディングリを散歩、とても気持ちがよかったが、その前半ウィトゲンシュタインのことを考えざるをえない……（同、五月一四日）

ベカシがお茶にきて……ウィトゲンシュタインの論理学について尋ねる。フレッチャーに会い、次いでハーディに会う合間にホールへ。ウィトゲンシュタインについてフレッチャーに質問する。（同、五月一五日）

二週間のち、ムーアは親友カールを家に泊めたが、話題は主としてウィトゲンシュタインのことであった（このとき、彼はラッセルとの反目の話を繰り返している）。いくぶんこれに似たことながら、われわれはムーアが一〇月に（このときまでには、もちろん多くの事情が変わってきていたのだけれども）デズモンド・マカーシーに「ウィトゲンシュタインについて何もかも」話しているのを見出す。その抜粋内容は、ラッセルの書簡類にも似て、ウィトゲンシュタインが彼らによって無視されたり、忘れられたり、低く評価されたりすることからどれほど遠い所に位置していたかを示している。それらはまたムーアが——年長者でありながら——かくも情熱的な友人を扱うのにいかに不適切であったかをも示している。一五年経って二人が再会したときには、ムーアはすでに結婚しており、自分自身の生活をしっかり確立していたから、ウィトゲンシュタインに立ち向かうこともでき、彼の生活の中で中心的な位置を占めて、これを安定させる役割を果たすようになっていた。

「論理（Logik）」——フォン・ウリクトの考えでは、このドイツ風の綴りはドイツ語で書かれた一著作を示しているのかもしれないのだが、もっとありそうなのは急いで書かれた手紙の中での綴り字だったということであろう。[27] 事実フレッチャーに提示された論文というのは、現在われわれが「ムーアへの口述ノート」と呼んでいるなまの口述記録の束であったというのが、ここでは信じてもよさそうな結論であるように私には思える。ウィトゲンシュタインが自分のノルウェーにおける諸発見をラッセルに披露するため、ラッセルに見せて説明してくれるようムーアに依頼しておいたのは、このノートのことであった。[28] ムーアがもし論文としてふさわしいか、あるいは論文としてふさわしいと自ら考えるような草稿を別に持っていたとするならば、確実にノートに代えてその別稿のほうを提示していたことであろう。もう一つ別の可能性は、当然のことながら、ウィトゲンシュタインの見せた原稿の内容をムーアが単に口頭でフレッチャーに説明したにすぎない、というものである。そのどちらでもさしたる違いはない。ムーアに口述したノートというのはウィトゲンシュタインの論理観を要約する試みだったのであるから、内容はおおまかにいって同じだったに違いないのである。[29]

明らかにムーアはウィトゲンシュタインの手紙に対する返事を出さずにいて、二人のあいだには、ウィーン発一九一四年七月三日付の注目すべき書簡に至るまで、音信が途絶えていた。

親愛なるムーア、

ショルデンを離れるに際して書類を整理していたところ、かつて私を憤激させたあなたの手紙がひょっこり出てきました。それを読み返してみて、前に差し上げたような手紙を書くに十分な理由など、たぶん全然なかったのだということがわかりました（今ならあなたのあの手紙はあれでよかったのだと思っているということではありません）。しかし、とにかく私の憤激は収まっていて、何よりもむしろ再びあなたの友人でありたいと思います。このようなことをかつて多くの人々に書いたことはありませんから、私は現在自分自身を十分に抑制していると思いますし、もしあなたがこれに応えてくれないなら、二度とお手紙を差しあげません。あなたの……

L・W・[30]

ぎごちない弁解ではあるが、それでもやはり弁解である。そして、もし戦争さえなければ、これがその効果を発揮していたかもしれない。

ウィトゲンシュタインの手紙がきた。返事は出さないだろうと思う。本当に彼には二度と会いたくないからだ。そうしていいかどうかは迷う。（ムーアの日記、一九一四年七月一三日）

ホールでラッセルの隣り。彼がウィトゲンシュタインについて尋ね、二人の反目について語る。再びウィトゲンシュタインに手紙を出すべきでないのか、疑問が生じる。（同、七月二三日）

途中何年ものあいだウィトゲンシュタインについての噂話はあったが、一九二九年二人が偶然出会うまで、二人の接触は途絶えた。その再会についてはあとで述べる。

四月にムーアがイギリスへ戻ったあと、ウィトゲンシュタインは自分の回避したい観光シーズンが始まるまで、ショルデンに滞在しつづけていた。彼は七月初めには確かにウィーンにいた。五月か六月のあるときにラッセルに手紙を出して、仕事が最近の四、五カ月のあいだに大きく進展したが、自分は今や疲労困憊していると述べている。このことは、ムーアに説明した彼の立場以上の進展をものにしたわけではないことを含意している。このことは戦時中のラッセル宛書簡（先に引用）とも一致していて、ムーアに見せた原稿のことや戦争中に書いた原稿のことにも言及してはいるが、その間何も見るべきものが生まれてこなかったということをも含意しているであろう。

かくしてノルウェーにおける晩春と初夏は、立ち直りの時期であったように思われる。ウィトゲンシュタインはもっと長い期間のノルウェー滞在、おそらくは不定期の滞在を計画し始めていた。フィヨルドから少し離れた所に湖水があり、その一方のへりを道路が、もう一方を山が縁どっている。その山辺に——そこへは湖を横切るボートでしか近づけない——ウィトゲンシュタインは、ラッセルに語ったように「人里を何マイルも離れた」家を一軒建てた。「何マイルも」という私の訳語はここでは少々自由にすぎるのであって、その家は実は村から約一マイルの所にあるのであるが、それに達する道程はひどく長いものになるのである。ウィトゲンシュタインがムーアのために描いた見取り図が書簡集の諸版に収録されている。[31]家は木造で、二七フィート〔八メートル余〕×二四フィート〔七メートル余〕の敷地面積、湖畔から一〇〇ヤード〔九一メートル余〕ほど離れている。ある時点で（そこに住むのは後日のことになるのであるが）ウィトゲンシュタインは、水その他の物資を湖畔から家まで引きあげるために、滑車つきのロープウェイを設置した。入口は湖面の反対側にあり、破風の下にあって、居間に通じる。この居間の右側のドアを開けると寝室と台所がある。[32]この小さな家には湖を隔てて素晴らしい眺望があり、フィヨルドが南西方向に開け、家屋それ自体も夏蔦でおおわれ、緑樹で囲まれると十分に快適な様相を呈した。だが、そこに冬のあいだ中棲みつくには、隠者か苦業僧のような気質をすら必要とするであろう。相当の勇気も必要である。ウィトゲンシュタインには神経質にすぎる傾向があって、風の強い日に自分の小さなボートで湖面を漕ぎ渡るとき、縁起をかついで湖水に唾をはくほどであった。ウィトゲンシュタインがそもそも一九一四年にそこに滞在していたのかどうか、証言のあいだには多少の食い違いがあるが、彼がそこに長く滞在していたことはほとんどありえない。家が建てられたのはムーアが発ったあとなのであって（ムーアが一九三六年に手紙を書いたときには、まだその所在地を知らなかった）、かの見取り図は夏以後オスロにあるクリスティーナ店から家具を運びあげるためのものだったのである。

「それは神々が別様に定め給ふたのだ」と、その夏の計画すべてについて、人は言いたくなるかもしれないが、ウィトゲンシュタインという人物は確信を持って将来を展望しているとはとても言えないような人物だった。彼のしたことはすべて何ぶんにも無計画であった。さまざまな時点で、彼はこの家を処分したり、誰か他の人に、とりわけ彼の帰還を遅延させた戦争のさ中には、ある一人の戦友にこれを譲り渡してしまおうと思っていた。うわべだけの安全しかなかったことで有名なその年の春、ウィトゲンシュタインは大戦が勃発した場合自分がどうするかについて、ムーアと議論している。人々はウィトゲンシュタインの予知能力に（おそらくはあまりにも容易に）感じ入ってしまうのを常としていた。彼は常に最悪を期待したから、その結果的に正しかった予言が当然記憶されてしまったのである。彼が悪い知らせを歓迎さえしたとは、姉のグレートルが常々言っていたことである。彼の好きだった下記の引用文はゴットフリート・ケラーのものである。

常に想起せよ、物事の順調なるとき、そうなる必然のなかったことを。

第七章　戦　争　一九一四年―一八年

舞台はオーストリアに移る。すなわちオーストリアの帝国と文化の最後の日々にである。その多様性と欠点と魅力の中には、人間の本性そのものが映し出されていた。その最後の日々を、そしてそれに続く悲惨な日々を、ウィトゲンシュタインはたいていは自ら進んで同胞の中で生きていくこととなった。あるときは（たいていは自ら進んで）彼らと危険、欠乏、屈辱を分かち合い、あるときは彼の家族らしい深い理想主義を彼らと分かち合い、またその富をひそかに彼らと分かち合った。ジャニクとトゥールミンは著書に『ウィトゲンシュタインのウィーン』という題をつけ、第一次世界大戦前夜のこの都市を論じた[1]。彼の伝記を問題にするのなら、重要な概念となるのはむしろウィトゲンシュタインのオーストリアである。二五歳から四〇歳までを過ごしたこの国の歴史と生活である。この時期が本当の意味での彼の人生の形成期である。この間に彼の厭世主義に強く傾いた気分が確立されたし、他方、すべてが没落していく中で、そこから救出しえるもの、救出さるべきものを見る目も確立された。この時期には、ベルリンに旅立った少年ウィトゲンシュタインの最後の面影も消え去った。甥や姪が戦前に見たのは朗らかで魅力あふれる叔父であったが、戦後になって見たのは何かにつけて反対の意思を示す権威主義的人物であった。一九一八年の「崩壊」のあとにはウィトゲンシュタインもまた絶望の時代を送ることになり、家族とも疎遠になりがちであった。一九二〇年代には、方向を誤り引き返すことになったとはいえ、発展と胎動が見られた。そしてそこから出てきた結果は魂のある種の調和であり、それにより彼は自分本来の仕事に復帰することができたのである。彼はオーストリアが置かれている地理的状況には限定されなかったので、そのかぎりでは幸運であったと言える。ただし一九三〇年代のオーストリアの諸事件もまた彼の個人生活に反映していることは、本書続巻で見ていくことになろう。

歴史的事実を問題にする際にはよくあることだが、われわれは因果的つながりよりは類型に注目しているのだと言える。戦争が自分にもたらした結果は必然的であったとウィトゲンシュタインは見なした。何年かあとになって、彼はよく甥の一人と戦争体験について長々と語りあった。そして甥が平和主義的傾向のことを口にすると、彼は戦争について次のように言った。「それが私の命を救ったのだ。それがなかったら私は何をしたか見当もつかない(2)」。ラッセルは戦後のウィトゲンシュタインに神秘主義的、宗教的傾向を見て取って、衝撃を受けた。あとで見るように、この傾向は戦争そのものの圧力と戦争中の出来事などから説明できるところがある。とはいえその傾向が一九一一年以来たずさわっていた著作の本質的要素を成してもいたのである。一九二〇年代に彼は哲学的には沈黙を守っていたが、それは落胆からきていたとするのがわかりやすいし、実際ある程度までそう見るのが正しい。だがその沈黙すら彼の処女作の教説の中で、また他の諸活動に没頭することで得た思想と言語に対する深い見方の中で、哲学的に正当化されるものであった。彼は自らのとった行為を説明するのに(あるいはむしろその説明を拒んで)、「内的ならびに外的理由により」と言うのを好んだ。それでわれわれもまた、おおむねその二つの光に照らして彼の行為を見るようにしなければならない。

ウィトゲンシュタインはオーストリアに帰っていた。七、八月をそこで過ごすつもりでいたようである。九月にはピンセントと休暇旅行をする予定をしていて、ショルデンに戻る前にイギリスに立ち寄ることになっていた。彼はある会合に出るため、七月末にホーホライトからウィーンにやってきた。この会合が結果的に、続く何年かの彼の友人関係や関心を決定することになった。

彼はカール・クラウスの愛読者であり、インスブルックで出版されていた知的文芸雑誌『ブレンナー』についての彼の言葉を読んでいた。「オーストリアで唯一真面目な雑誌はインスブルックから出ていること、また少なくともドイツで唯一真面目な雑誌もインスブルックから出ていることを知っておくべきである」とクラウスは言う。その編集者は、ウィトゲンシュタインよりいくつか年上のルートヴィヒ・フォン・フィッカーであった。彼自身作家であったが、何よりも良いものを嗅ぎわける鼻を持った――ウィトゲンシュタイン自身の言い方によれば「鼻の利く」――人物であった。一九一〇年来隔週に刊行されていた『ブレンナー』には、詩、評論、物語、哲学的社会的関心に基づく記事、時事批評が載せられていた。一つのまとまったテーマというものはなかった。カール・クラウスが影響を及ぼしていたことは明らかであり、雑誌名はブレンナー峠からとられたもので、ドイツ文化から地中海文化への通路を示そうとしていた。この雑誌には政治的傾向はなく、芸術と生活の拠り所を得ようとする努力に支えられていた。今日、文学史家に馴染みとなっている名前が、雑誌の初期の号に出ている。テーオドール・ドイブラー、ペーター・アルテンベルク、アルベルト・エーレンシュタイン、エルゼ・ラスカー＝シューラーの名が見えるが、とくに注目されてよいのはゲオルク・トラークルである。ウィトゲンシュタインの好みに合う作家がいたが、すべてがそうであったわけではないであろう。とはいえ、たびたび掲載されたドストエフスキー論、キルケゴールのドイツ語訳（入手の容易なものとしては最も早い翻訳である）からは影響を受けたと見てさしつかえない。ウィトゲンシュタインが実際に語っているところによれば、彼自身はフィッカーがクラウスについて書いたことに感銘を受けた。[3] この雑誌は、クラウスが試みていたことを彼ほど私的、個人主義的な仕方ではなく、また彼ほど潔癖でもなく試みるものであったと言ってよい。すなわち生活の諸条件を変えることなく、生活と思想のある種の道徳的改革を達成しようとするものであって、非常にオーストリア的なものであり、今から振り返ってみると明らかなように、非常にウィトゲンシュタイン的なものである。こうした現実離れした性格は、当時の知識人の政治的無力という現実の反映と見ることができよう、より一般的にいうならオーストリア＝ハンガリー帝国の腐敗の反映と見ることができよう(4)。だが同時に、それはある重要な発見、すなわち（たとえどんなに可能性が乏しいとしても）必要な革命は制度の革命ではなく人々の思考や感覚の——クラウス風に言えば言語の——革命であることの発見であった、と見ることもできる。

それゆえウィトゲンシュタインがフィッカーの助力を得て以下の事業を行ったのは偶然ではない。彼は一〇万クローネをオーストリアの「芸術家」（「キュンストラー」という言葉が使われているが、これはウィトゲンシュタインの父が援助したような画家や彫刻家だけを意味するものと取られかねない言葉である）に配分したいと考えた(5)。フィッカーなら最も優れていながら最も困っている人たちを知っているはずだ、とウィトゲンシュタインは言う。ウィトゲンシュタインの二通目の手紙での説明によれば、彼は多額の財産を相続したところであるが、慈善事業にそのいくばくかを寄付するのが習慣（彼の一家の、ということであろうが）となっている。彼とフィッカーの仲だちをしたのは（すでに触れた）クラウスである。面会が可能かどうか、とウィトゲンシュタインはたずねた。

そこでフィッカーは、ウィトゲンシュタインが次にウィーンにくるときに自分もそこに出向くことを約束した。さて、約束の日までのあいだフィッカーはウィーンにいる友人たちに問い合わせ、父カール・ウィトゲンシュタインの正体と彼が芸術家にほどこした援助のことも聞きつけた（皮肉めいた言い方をする人もいなくはなかった）。実際に面会したとき、こうした皮肉を思い出させるような節をフィッカーはいっこうに感じなかった。

旅行の当日はたいそう暑かった。ノイヴァルデッグの公園にはさまれた邸宅の庭園の開け放たれた門の前にタクシーが止まったときには、夜のとばりが降りていた。建物自体は道路から大分奥まった所にあり、定かには見えないが、前のテラスにはこうこうと明りがともり、そこにはすでに若い慈善家が私を待ち受けて立っていた。慎み深い風貌で、ドストエフスキーにでてくるアリョーシャかムイシュキン公爵を彷彿させた。私に気がつくとすぐに階段を何段か降り、広い砂利道を通って私のほうに迎えにきた。そして心のこもった挨拶をし、私を家の中へと案内した。彼は召使の給仕する夕食の際にも上機嫌で、話し方にはどこかぎこちないところがあったものの心からの交流を求めているように思われた。私が対している相手は、芸術愛好家というだけではなく、一個の思想家であることがすぐにわかった……。(6)

自分の思想をふるいにかけて明確にするため、ノルウェーにある山小屋に帰るつもりだとウィトゲンシュタインはフィッカーに語った。

翌朝、丘陵地帯まで続く公園――ウィトゲンシュタイン家私有のウィーンの森――を散歩しているときになって初めて、ウィトゲンシュタインはフィッカーの訪問の理由となっていた問題に触れた。手紙の文面から察すると、彼はもう小切手を用意していて、残る問題は受取人にどう配分するかということだけであった。フィッカーはすぐさまリルケとトラークルにそれぞれ二万クローネ配分するよう提案した。ウィトゲンシュタインはすでにリルケを称賛していたようだし、(7)当時はまだよく知らなかったようであるがトラークルについての提案も快諾したものと思われる。彼はただ、『ブレンナー』自体にもその一部（一万クローネ）が渡るべきだとする条件をつけた。あとはフィッカーにその配分を委ね、そしてフィッカーはほぼ次のリスト（これは現存している）にそって行ったものと思われる。

ゲオルク・トラークル	二万クローネ
ライナー・マリア・リルケ	二万クローネ
カール・ダラゴ	二万クローネ
『ブレンナー』編集部	一万クローネ
オスカー・ココシュカ	五千クローネ
エルゼ・ラスカー＝シューラー	四千クローネ
アードルフ・ロース	二千クローネ
カール・ボロモイス・ハインリヒ	一千クローネ
ヘルマン・ヴァーグナー	一千クローネ
ヨーゼフ・ゲオルク・オーバーコフラー	一千クローネ
テーオドール・ヘッカー	二千クローネ
テーオドール・ドイブラー	二千クローネ
ルートヴィヒ・エリク・テザール	二千クローネ
リヒァルト・ヴァイス	二千クローネ
カール・ハウアー	五千クローネ

フランツ・クラーネヴィッター　二千クローネ
フーゴー・ノイゲバウアー　一千クローネ

ハウアー、クラーネヴィッター、ココシュカ、リルケ以外の受取人は皆『ブレンナー』の寄稿者であり、そしてリルケは、たぶんこのことの結果として一九一五年中に出た唯一の号に寄稿することになった。受取人個々人に対してウィトゲンシュタインが何か格別の気持ちを抱いていたようには思われない。トラークル、リルケ、『ブレンナー』自体以外は、一切を彼はフィッカーに委ねたからである。ただ、それを思わせる発言はしている。彼はダラゴ（哲学者）からの感謝状を確認したむね述べているが、のちに匿名の慈善家への感謝状の山が彼のもとに送付されたとき、フィッカーに次のように言っている。

ハウアーの私宛の一文と、リルケの優しく気高い手紙を除き、受取の書状はお返しいたします。それ以外の受取の書状は必要でなかったものですから。感謝の手紙として見た場合、それらは——率直なところ——たいていは嫌なものでした。気品を欠いた、ほとんど欺瞞的とも言える調子などが目につくからです。
リルケのあなたへの手紙は私の心に触れるものであり、大きな喜びを与えてくれました。気高い心の持ち主の情愛は、私の人生の危うい均衡を維持してくれる支えです。私は彼のそうした素晴らしい贈り物にまったく値しませんが、その情愛のしるしならびに記念として心に深くとめおこうと思います。リルケに私の心からの感謝と敬意を伝えていただけないでしょうか。（フィッカー宛ウィトゲンシュタインの手紙、一九一五年二月一三日）

この手紙はもちろん開戦後数カ月して書かれたものであり、辛辣なところがあるのはそのせいもあろう。けれども一般にウィトゲンシュタインは物事に白黒をつけて見るたちであったから、彼の承認により行った慈善のいくつかについて後悔することもそれだけ多かった。一九一七年に友人エンゲルマンに宛てた手紙で次のように言っている。

私は今日チューリヒよりアルベルト・エーレンシュタインの二冊の本を受け取りました。この男は『ファッケル』によく書いておりました（一度私は本当はしたくなかったのですが彼を財政的に援助しました）。今彼はお返しに彼の『トゥブッチュ』と『人間の叫び』をわざわざ送ってくれたというわけです。私の間違いでなければ、こんなのは犬の糞です。こんな代物がここにいる私のもとに届けられるとは！（エンゲルマン宛ウィトゲンシュタインの手紙。一九一七年三月三一日）

エーレンシュタインもまた『ブレンナー』の寄稿者の一人であったので、フィッカーが計画を変更し、われわれの所持している先のリスト中の誰かの代わりに彼の名を据えたのだと考えたくなる。そうしたとしても、ウィトゲンシュタインにはその慈善行為に異論をさしはさむ理由はなかったであろう。彼がクラウスあたりを通じて、さらに別の慈善を行ったということもありうる。彼の並はずれた気前のよささを考慮しておく必要がある。（兵籍簿からわかる）彼の年収は二〇万クローネ（およそ、七五〇〇ポンド）であるが、われわれが知っているだけでも初年度の年収のほぼ三分の一が贈与されていることになる。エーレンシュタインに対するウィトゲンシュタインの敵意は表現主義嫌いによるものだと、エンゲルマン自身が説明している。(8) 右の二冊の本を読めば、それらが（エンゲルマンによるプラトンの引用をここでも引けば）「気品ある、男らしい生活のリズムに導かれて」いないのが誰にでもわかる。エーレンシュタインの平和主義（二冊の本がスイスのチューリヒから送られた理由である）も嫌悪感を増す種になったかもしれない。ただし、ほかならぬこの手紙の受取人であるエンゲルマンの平和主義に対しては、ウィトゲンシュタインは問題なく寛容な態度を取っていた。ダラゴとヘッカーについては特記するほどのことはないが、ただその後のある手紙から察すると、自分は何か出版できるほどの人材ではない点で彼らと同様だとウィトゲンシュタインは考えていたようである。(9)

こうしたまったく予期せぬ贈り物が受取人たちにとってどのようなものであったかを、ヴァルター・メトラーグルが記している。(10)そのうちの二人を取りあげておきたい。トラークルは病気の妹の扶養がままならず、絶望の淵にあった。彼自身の短い生涯の最後の日々にあって、彼の精神は少なくともこの窮状からは救われたことであろう。ココシュカのフィッカー宛の手紙は美術史家の関心を引くかもしれない。

感謝は一切無用とのご趣旨ですが、私は貴下に衷心よりの感謝を申し述べないわけにはまいりません。この素晴らしい助力がどれほど私を心配事から解放してくれたかは、ご想像もつきかねるほどです。私が何年ものあいだ求めて苦闘しながらどうしても得られなかったことが、今や現実となったのです。私は仕事ができますし、生存闘争の中で私の力が消耗させられることはなくなります。今私に召集がかかったとしても、私の計画をかなり先まで進めておくことができるでしょう。(11)

ココシュカはのちに再びウィトゲンシュタイン家の援助を受けることになった。作品の購入が援助と言えるとしての話であるが。受取人の選別にほとんど関与しなかったとはいえ、援助に値し援助を必要とする個々人に分配するというウィトゲンシュタインの考えは、父親譲りのものである。父親と違っているところは、選別するにあたって彼自身は口をさし挟まなかったことである。

フィッカーとの出会いは別の二つの重要な結果をもたらした。第一は二人のあいだの友情である。九歳ほど年上のフィッカーは、暫時彼の年長の友人という位置を占めることになった。ラッセルのあと空いており、のちにイギリスでは（親密度は薄かったが）ムーアが、オーストリアではヘンゼルが占めることになる位置である。それは彼がたびたび求めていたタイプと言える。第二の結果も事実上こうした例の一つと言ってよいかもしれない。フィッカーはウィーンを訪れたあの日曜日に、要件を話し終えたあと彼をカフェー・インペリアルに連れ出したが、そこで二人は建築家アードルフ・ロースに会った。ロースはその当時、ミヒァエル広場の、バロック様式の壮麗な王宮門の真向かいにある建物をたてた建築家として有名であった。いやそのために種々の議論を巻き起こしていた。この建物はあらゆる装飾を排しており、窓の上に庇さえついていないので眉毛のない家として知られていた。すぐにウィトゲンシュタインは彼を近代建築の原理についての活発な議論に引き込んだ。ただし、活発といっても、それは内容のうえでである。ロースは耳が悪いため会話の実際のペースは遅かった。ウィトゲンシュタインはもちろんイギリスで家具を設計したりノルウェーで素朴な昔風の小屋を設計したことがあるとはいえ、われわれの知るかぎり、これは彼が建築への興味を示した最初の例である。ほかに思い出されることとしては、彼が姉に図の書き方を指南したこと程度である。彼をルネサンス時代の普遍人になぞらえるのは、無理がある。彼はむしろ他人のテーマや他人の考えを取りあげ、それに取り組み改善を加えた。のちに、彼自身の手がけた家、そのためのロースの弟子エンゲルマンとの共同作業について論じ、解説することとなろう。その家もまた装飾をまったく欠いており、下の層だけとはいえ内部空間を「階」に分割するのを避けるため、抱合式乱平面というロースの考案を採用している。もっともその他の点、とくに高くて細長い窓や戸はロースの作品とは違っていて、どこかしらケンブリッジの建物を思わせる。

ある意味では、フィッカーとの接触よりもロースとの接触のほうが重要であった。フィッカーとは手紙でやりとりしなければならなかったが、ロースのほうはいつでもウィーンにいて、交際は生き生きと保たれ、ウィトゲンシュタインをクラウス・サークルの周辺（ときには中心）に誘い込むことになった。生涯のわずかな期間ではあるがウィトゲンシュタインはウィーンの知識人となり、気に入りのカフェー――彼の場合は美術学校近くのカフェー・ムゼーウムであり、そこの内装はロースの設計になるものである――を持つようになっていった。個性の強いロースは、他の多くの友人同様、大戦後の苦難の時代にあってはウィトゲンシュタインに不快の念を与えたようである。けれどもロースに象徴されるような人生のあり方は、ウィトゲンシュタインからこれをかぎりに消えてしまったわけではない。

フィッカーは七月二八日にインスブルックに戻った。この日はセルビアに宣戦布告した日である。ウィトゲンシュタインの一家はウィーンに出てきた。彼自身はなすすべもなく、そこにいたに違いない。すべてが混乱していた。彼の兄たち、クルトとパウルは帰任すべき連隊があった。だがルートヴィヒは何をしたらいいのか。デイヴィド・ピンセントによると、彼は非戦闘員の仕事に就こうとしたという。もしそうだとすれば、その理由はおそらくルートヴィヒが、自分は両側性鼠蹊ヘルニア（これが理由で彼は兵役免除になっていた）のために戦闘兵種には不適格とされるだろうと考えたからである。数日してこの問題は解決した。八月七日（対ロシア宣戦布告の翌日）には、戦時志願の砲兵として彼は入隊した。彼のヘルニアについては、調書の身体的欠陥に関する項目でまったく触れられていない。当局は信じられないほど親切だとウィトゲンシュタインは評している。毎日、何千もの問い合わせを受けているのに、彼らは親切で

こと細かな回答を与えている。それにはなんと元気づけられることか。彼にはイギリスの事情が思いやられた。(12)

その頃は混乱のときでもあれば熱狂のときでもあった。オーストリア＝ハンガリー軍の動員は遅く、七月三一日に始まった。同軍はロシア軍に負けじと急いだが、幸いなことにロシア軍の動きも同じぐらい緩慢であった。最高指令部の主要目標の一つはガリチアの軍隊を増強し、ガリチア掃討の用意があると思われたロシア軍騎兵隊の機先を制すべく、ロシア領内にできるだけ深く侵攻することにあった。(13)ロシア領への若干の侵攻が八月六日の当日に実際になされ、この目的のためにクラカウ駐屯軍部隊の派遣が承認された。こうした情勢からすれば、ウィトゲンシュタインの身体検査が形ばかりのものであったこと、彼の受けた教育や数学の知識がまったく見落とされたこと、わずか二日でクラカウ駐屯砲兵連隊に配属されたことは驚くにあたらない。彼は短期間、旧式臼砲の扱い、次に（その連隊には探照灯支隊があったので）ロシア軍から捕獲した河川用小型砲艦（それは、もとの名のままゴプラナ号と呼ばれた）に乗って探照灯の扱いの教育を受けた。ゴプラナ号はヴィスラ川をロシア領内へと下っていった。彼は一〇日もすると実戦任務に就き、八月一八日午前一時には夜着のままブリッジに呼集され、探照灯に配置されている。危険このうえない部署であったが、このときの非常呼集は間違いであることがあとになってわかった。

彼がどんな気持ちで入隊したかについては、種々の証言から推し測ることができる。デイヴィド・ピンセントは彼を愛国的だと考えた。姉のミニングは、彼には国を守りたいという願いがあったと語っているが、それだけではなく——彼女はこの点をとくに強調するのだが——「彼は何か重荷を引き受け、純粋に知的な仕事とは違った職務を果たしたいという強い願いをもっていた」(14)とも言っている。アルフィト・シェグレンは戦時中に彼と知り合いになり、戦争直後には彼の無二の友人と言ってよいほどであったが、そのシェグレンも似たような説明をしている。ウィトゲンシュタインは他人の上にふりかかった重荷を共に担いたかったのだと言うのである。[15] 同様に（当時、アルフィト・シェグレンに次ぐ友人であった）パウル・エンゲルマンは、ウィトゲンシュタインが特権を享受するのを繰り返し拒絶したと語っている。ただし、これを実際には貫徹しきれなかったことはあとで見る。

愛国心について言えば、彼は兵役を市民の義務と受けとめており、そして祖国との一体感を抱いていたことは明らかである。とはいえ、このことは決して勝利の確信を意味するものではない。一〇月二五日にパリが陥落したという馬鹿げた噂を批評して、彼は次のように書いている。

今日はいつにもましてわれわれ――ドイツ民族――のひどく悲しい立場に胸を痛めている。なぜならわれわれがイギリスに対して優位を占めることなど、まったくできない相談のように思えるからだ。イギリス人――世界最良の民族――が負けることなどありえない。ところがわれわれは負けることがありうるし、今年でなかったら来年にも負けることになるだろう。わが民族が打ち負かされることになるという考えが、私をひどく憂鬱にする。私が正真正銘のドイツ人だからである。[16]

戦争がもっと進んだあと、グロアクその他の人々との会話の中で、連合国が同盟国を破るのは間違いないと彼は言った。連合国はカール皇帝の提案（一九一七年三月の書簡による提案を指しているのであろう）など嘲笑うだけであろう。ドイツの将軍たちは彼らの職務をよく把握しているが、オーストリアの将軍たちは何もわかっていないと思う、とも彼は言った。

これまでに引いた発言のいくつかは、日記から成り立っている注目すべき文書から取ってきたもので、何頁かは普通の文で、それ以外は暗号で書かれているが、日記は三冊のノートに書き込まれている。このノート中の哲学的内容は『草稿一九一四―一六年』に翻刻されている。この日記は、とうてい完全なものとは言えないが、一九一四年八月九日から一九一五年六月二二日までと、一九一六年三月二九日から八月一九日まで続いている。第一次世界大戦期のものとして、われわれの手元にあるのとはむろん内容的に似ているノートがさらに三冊存在したということは、大いにありそうなことである。[17] 自己自身についての思索を書きとめる習慣がベルリン時代に始まっていること、また一九二九―三〇年に「こんなにも長い年月のあいだ」ノートに記載しなかったと語っていることは、前に見た通りである（前述九四頁）。一九一三年にイギリスに残してきた手稿には、個人的な覚え書きが入っていたように思われる。彼がどうしても燃やしてほしいと言っていた手稿である。また、一九二〇年代に、彼の生徒や近所の人の証言によれば、夜になると書き入れていた「大きい本」にもそうした覚え書きが存在していたように思われる。しかし、これらは皆失われた。保存されているノート集から推定できるのは、彼が友人たちと一緒にいないとき――第一次世界大戦のときとか、一九三六―七年にノルウェーで過ごしたときのような――に、個人的覚え書きを書きつける必要を最も強く感じたということである。それゆえ、一九二九―三〇年に列挙している動機のうち、ノートを、秘密を打ち明けることのできる人間の代わりに仕立てるというのが最大の動機であったのではなかろうか。たとえ紙数に余裕があったとしても、日記全部をここに転写するのは適切ではないであろう。それよりも、全体を読んだうえで必要なところに言及するほうがよい。戦時中の記載は非常に直截で明け広げである。ウィトゲンシュタインの（意識のレベルでの）道徳的感情的生活、また官能的生活についても、何か重大な要素が隠蔽されているとはとうてい思われない。読んでいると、臨終の告白を聞いているような気がすることがある。

暗号による記載は八月一五日に始まるが、それはおそらくウィトゲンシュタインが敵領内に向かっていたためである。暗号は単純なものである（a＝z, b＝y 等）。とはいうものの、最初から彼がかなりやすやすと使いこなしているところからみると、以前に練習したことがあるのかもしれない。目的とするところはいつまでも隠し通すことではなく、たまたま誰かが手にしても、わけがわからないようにするためであったのは、言うまでもない。(18)

主な資料はこのようなものである。入隊したときの態度を明らかにするその記述は、姉の言葉とよく符合する。これからのことを考えて、彼は興奮した。それは彼の人格の厳しい試練すなわち「炎の試練」、力と元気を失わないだけの強さを持っているかをためす試練となるはずであった。戦場では他の、より厳しい試練も待っていた。彼がそれらを試練として喜んで受け容れた形跡が随所に見られる。それと同時に、彼は戦時中も仕事をしようとしていた、すなわち哲学的思索を続けようとしていた。彼のノートの中の最初の哲学的記述は八月二二日に出てくるが、仕事はその日付以前になされたことを示唆する箇所がいくつかある。「仕事」とは熟考と、そしてたぶん紙切れに何かを書きつけることを意味していたことは間違いない。ノートに記載するのは第二か第三の段階であった。一冊の大きなノートに戦前からの仕事の成果が含まれていることは確かである。彼はそれをウィーンにいる父の秘書に渡し、保管を頼んでおいた。戦時中のノートも同様に、書きあげられたときにはウィーンに置き、もしウィトゲンシュタイン自身が生還できなければ、戦後にラッセルに送るようにとの指示がついていた。

軍隊での最初の日々を経験したことのある人なら、忘れることのできないものがある。それは混乱と物めずらしさ、自分めがけて一度にどっと押し寄せてくる山ほどの事件、自分のこれまでの生活からまったく分離されたという感覚である。一日がまるで一週間のような気がする。ウィトゲンシュタインは目を覚ましたものの夢うつつで、学校時代に戻ったような錯覚に陥ったりした。新兵のさえない任務は苦笑しながらも果たすことができたが、身体的難儀の中にはどうにも順応できないものがあった。彼は南京虫を避けるために兵舎の外で寝ることも考えた。酒保の食物はどうにも食べられたものではなく、決して強くはなかった胃をすぐにこわしてしまった。自分が自分の敵であることがしょっちゅうであった。酒保で彼のそばを通りがかった（そしてむろん彼が教育のある人間であることに気づいた）少尉がびっくりして、どうして彼が将校食堂にこないのかといぶかった。「実科学校」を卒業した彼は、「一年志願兵」の階級章と特権を受ける資格があった。士官候補生と言えなくはないが、オーストリア＝ハンガリー軍ではそれは別の階級である。戦時中、「一年志願兵」の将校任命は二、三カ月でなされるのが普通であり、それまでの期間もある程度、将校と起居を共にした。そうした特権が切実な意味を持っていたにもかかわらず、誇りのために彼はそれを求めなかったようである。ほかの「一年志願兵」が彼の経歴を知って「同志」と呼びかけ、自分たちの仲間に入るよう促すと、彼はただおもしろがるだけであった。

　ウィトゲンシュタインは、たぶん彼の兵士らしからぬ物腰のためであろうが、大尉とは、くだんの少尉とのようにうまくやっていくことはできなかった。彼はすでに述べたゴプラナ号上で、あまりさえない仕事にまわされた。そこでは特権などは問題にならなかった。もっともここでも相変わらず彼は、教育のない戦友にいぶかりの念を抱かせたであろう。彼のほうでも、彼らとうまくやっていくのは不可能なのがわかった。愚かで粗雑、そしてとりわけ悪意ある連中だと彼は思った。何らかの偉大な共通目標は人々を必ずや高貴にするというのは嘘だ。逆である。彼らに課せられたヴィスラ川を下っての巡航や艦上での作業は、生涯において最もやりがいのある仕事になりえたのに、彼ら自身がやっかいな仕事に貶めていた。

　けれども、他の人々は肉体労働を嫌というほどやりつけていた。ドイツの戦争なのに、相応の給料もなく、しかも危険覚悟でそれを自分たち――大部分はポーランド人やチェコ人であった――が引き受けなければならないことを思い、平和時の日常の厳しい条件下にもまして彼らは辛辣になったであろう。だがウィトゲンシュタインがそうした事情を飲み込むのは容易ではなかった。そのうえ、艦上勤務ということになると、彼らと始終顔を突き合わせていなければならなかった。悪臭や絶えざる騒音は耐えきれなかった。デッキで寝ようとしたが、そこは寒すぎた。のちには船室、それも彼専用の船室を持つようになったようである。というのも、探照灯当番兵となったため、一晩中監視に立ち、昼間寝なければならなかったからである。それにより彼は他の人々からある程度、距離を保つことができた。冬営地入りが迫ったとき、いつもはどんな特権も忌避していた彼は兵舎外で寝泊りする許可を求めた。(結局は一二月の配置換えにより、それが簡単にできるようになった。)

悪いことばかりではなかった。乗組員の交替はよい結果をもたらし、一把ひとからげに野卑さかげんを非難することはなくなった。とはいえ、たいていの場合、彼は仲間の乗組員を軽蔑していた。彼らは危急の際にも飲んだくれていたし、彼にとっては疫病神であった。彼らにしてみれば彼の地位はどうもはっきりしなかった。結局、(六週間の艦上勤務のあと)大尉に諭されて「一年志願兵」の袖章をつけてきたとき、皆一様に驚いた。彼が仕事をしようとすると彼らは邪魔をした。たとえば探照灯がうまく働かないので、いつものようにゆっくりと慎重にそれに触れようとすると、彼らは彼を押し退けたのである。どうしたらいいのかと途方にくれた。彼は見捨てられ、他人の言うがままになっているという気がしたが、そうした感情を抱いたのはリンツの学校にいた頃以来のことであった。大切なのは、彼自身の言い方によれば「自分自身を見失わない」こと、他人に譲歩しないことであった。そのためには万事に耐え、万事を傍観者として眺めるようにし、自分の仕事をつましく行い、起こっていることに巻き込まれないようにすることが必要であろう。その際、自分の立場を守るためなら彼らに食ってかかるぐらいのほうがよい。だが実際に身を引き離していることは、ほとんど不可能であった。人々と一緒に仕事をしていながら、その人々とは何の関係も持たないでいることはできなかった。何か言わなければならなかったし、質問しなければならず、それに対する粗雑で不適当な答えを我慢しなければならなかった。そのうえ、「不可解なことに」（と見るのはウィトゲンシュタインだけであろうが）、自分を他人から切り離すことはなま易しいことではなかった。誰かに好意を寄せていたというのではまったくなく、人々と親しくしている習慣が非常に強かったのである。

彼らとうまくやっていけないのは、自分に必要なだけの卑俗さがないためだと考えることもあった。だが別のときには自分自身をあの少尉と比較してみた。

> とてもいい男だ。彼はどんなならず者が相手でも、威厳を少しも失わずに仲良くやっていくことができる。中国人の話すのを聞くと、その言葉は不明瞭などよめきとしか思えない。中国語のわかる人は、それを言語と認めるであろう。同じ理由で、私は人間の中に人間を認めえないことがしばしばある。（日記、一九一四年八月二一日）

彼直属の下士官たちともうまくやっていくことはできなかった。たぶん彼の態度が尊大すぎたからである。彼らの一人が、彼が実際には職務を忠実に果たしたのに、臆病な態度をとったと将校に具申しようとしたとき、彼は（当然であるが）ひどく憤慨した。あとになってその下士官と話し合い、少しは気が晴れた。けれども兵士たちの飲んだくれと同様、狭量な当局によく見られるあらゆる欠点を潔癖なウィトゲンシュタインは痛感し、記している。クラカウ攻囲が予想されていた。

事態が深刻になればなるほど下士官は粗暴になる。将校は茫然として、もはや正しく統制を保つことができなくなり、そのため下士官は卑劣のかぎりをつくしても罰せられないと思うようになるからだ。こうなると耳にする言葉といえば悪態だけである。もはや品位を保ったところで何の見返りもなく、人々は残っている品位の最後のひとかけらさえ捨ててしまうからである。すべてはこのうえもなく悲しい。(日記、一九一四年一一月一二日)

うまが合う将校もたまにはいた。乗り組んだ艦の最初の艦長がそうで、彼とはあらゆる種類の事柄について話をした。先に触れた、酒保で会った少尉もその一人であった。タルノブゼクで乗り込んできた別の少尉は、馬鹿ではなさそうであった。ウィトゲンシュタインは彼に「君(Du)」と呼ばれて——将校同士が話すときの言い方である——うれしくなった。こうした将校のうちの一人がモレ少尉であることは間違いなく、モレはフィッカーに手紙を書き、デッキの上での素晴らしい夏の一夜のことを述べている。その夜ウィトゲンシュタインはジャガイモの皮をむきながら、熱心に哲学を論じた(19)。しかし将校たちにも彼をがっかりさせる側面がたくさんあった。後任の艦長と別の将校との会話を小耳にはさみ、彼は次のように書いている。

なんと下品な声だ。世界のあらゆる邪悪なものがそこでうなりわめいている。どこもかしこも下品なものばかり。見るかぎり、感情のこもった心など一つもありはしない。(日記、一九一四年一一月九日)

彼はなんでも話せる友人がほしくてたまらず、とくにデイヴィド・ピンセントを思い焦がれた。だが自国内でさえも郵便は不確かで遅かった。彼はカール・クラウスの冗談を引いた――「われわれはまわりの世界から軍事郵便によって切り離されている」[20]。スイス経由でイギリスに手紙を出せると知ったのでさえ一一月一〇日以後のことであり、デイヴィドから手紙をもらったのは一二月二一日のことであった。興奮のあまり彼は手紙に接吻し、翌月の日記によれば、デイヴィドから手紙がくるか否かが最も重要な問題となった。

ウィトゲンシュタインの生活の新しい局面を描くのに、またしても仲間との軋轢を述べることから始めなければならないのは遺憾である。記録に残されている感情の動きは聖人のものでもなければ、けちな男のものでもないことを見て取る必要がある。この記録は他の領域でと同様、戦争にあっても道徳的理想を実現しようとした人によって書かれた告白である。あたかもそのための絶好の機会として戦争が彼を見舞ったかのようであり、きたるべき生活に胸ふくらませ、あのように興奮しながら入隊した理由はそこにあったかのようである。その頃の何年かのウィトゲンシュタインの生活を説明しようとすれば、たいていこの理想の輪郭をなぞることにならざるをえない。この理想の持つ一面が、まわりの人々の行動の不快さを彼が始終口にする理由を説明してくれる。彼は自分を物質的環境にも、(このほうがずっと難しいのだが)他人にも依存しないものにしたかった。将校たちの下品な声を聞いたその日に、彼は伯父のパウルから葉書を受け取った。それは彼を元気づけ、奮いたたせるものであった。

けれども、この数日、私は抑鬱の虜になっていた!! 私は何事にも心から楽しめず、私の生活は将来の不安でいっぱいであった！　もはや心の平静が保てなかったからである。私のまわりに見られる品位の欠如――絶えずそうしたものがある――はすべて、私の内面深く傷を残した。そしてその傷が癒えないうちに、いつも新しい傷が口を開けた。抑鬱状態にないとき――この頃は夜がそうであるが――でさえ、さほど解放された気分にはならない。ほんのときたま、それもごく束の間、仕事への欲求が湧いてくるだけである。安らかな気分にならないからである。私は自分が世界に依存しているのを感ずる。そして悪いことは何も降りかかってきてはいない今も、そのことに危惧を覚えざるをえない。私は私自身を、私がかつて安住しえた自己を、憧れ求めているが今は消えてしまった遠い国のように感ずる。――ロシア軍はクラカウに向かって快進撃している。市民は皆街を離れなければならなくなってきている。事態はわれわれにとって非常に悪化しているように見える。神よ我を救い給え!!!（日記、一九一四年一一月九日）(21)

この文章は理解の鍵として役立つであろう。そしてウィトゲンシュタインの内的生活が、いくつもの要因――われわれの解説ではばらばらに述べざるをえないが――によって同時に決定されていたことを想起させてくれる。われわれは彼の戦友との関係にこだわってきた。だがここで気づくのは、戦争のもたらす危険（ロシア軍の接近）、そこからくる困苦（ウィトゲンシュタインは夜にはそれほど抑鬱状態にないと言っているが、それは疲れてはいても、少なくとも寝る楽しみはあったからである）、彼にとって重要であった哲学の仕事、祈りによって見出した力といったものも、要因としてそれとなくあげられていることである。

戦争の初めの四カ月間ウィトゲンシュタインが従っていた作戦計画は、次のような性格のものであった。（すでに述べたように）ロシア軍はガリチアを掃討してシュレジエンの工業地帯を目指し、またクラカウの背後、ウィーンへの通路となるモラヴィアの峡谷を目指すであろうと予想された。その際、誤った認識により、ロシア軍の攻撃はルブリン方面からくるという見方がとられた。したがってオーストリア＝ハンガリー軍総司令官コンラートは、左翼はルブリンに向かって、右翼はヘウムに向かって、ロシア侵攻の命令を下した。ウィトゲンシュタインの連隊の属していたダンクル麾下の第一軍はこの侵攻の左翼を成しており、ウィトゲンシュタインが乗り組んだ艦の航行したヴィスラ川はその左側にあった。東部戦線はまだ成立していなかった。散開した斥候隊が時々警戒をつのらせたが、本隊同士が遭遇するのはごくまれで偶然のことにすぎなかった。事情のつかめぬ軍隊同士が夜中に衝突した。

　こうして第一軍はロシアに侵攻したが、その記述が八月一七日付のウィトゲンシュタインの日記に見え、彼の艦がヴィスラ川を下ってサンドミエシの先まで行ったことがうかがえる。この街でオーストリア＝ハンガリー帝国の国境線は南東に折れ、ほぼサン川の川筋にそって続く。二重帝国軍がコサックと呼んでいたロシアの騎兵隊は攻撃・攪乱が非常に巧みで、実際以上の大軍であるかのような印象を与えた。それゆえ当然、二重帝国軍は警戒を怠るわけにはいかず、ウィトゲンシュタインもその任務に就いていたのである。彼が時折言っていることやありうべき状況から察すると、彼の艦の任務は、ヴィスラ川とその支流付近で渡河や交戦中の軍隊を援護するため機動火器を用いること、また必要なときには兵員と物資の輸送にあたることであった。探照灯は、あるときは射撃の照準合わせを助けるために、あるときは航行のために、またあるときは他の艦船上で夜間も作業を続けられるようにするために用いられた。とくに第一の場合、そして第二の場合もある程度、探照灯、それゆえまたその当番兵も敵の火器の格好の標的となった。ウィトゲンシュタインは危険を十分に意識していたが、戦闘中にはよくあるように、それよりもずっと心配なのは探照灯が消されてしまうことであった。そうなると、理由はどうあれ全責任は彼に降りかかってくることになろう。

全般的状況に戻ろう。ダンクル軍はクラスニクの戦い（八月二三―二五日）でロシア軍に対して若干の勝利を収めており、九月二日には五日間の大戦闘のことをウィトゲンシュタインは耳にした。たぶん、オーストリア第四軍がロシア第五軍を破ったコマロウの戦いのことであろう。ところが他の戦線では、ロシア軍の意図についてのコンラートの誤った認識の結果、そしてセルビアよりもガリチアに彼の軍隊を差し向ける決定の遅滞の結果が明らかになってきた。グニラ・リパとズロタ・リパ（共にドニエストル川の支流で、のちにウィトゲンシュタインの馴染みとなる所）での戦闘では、オーストリア＝ハンガリー第三軍と、セルビア戦線から到着した第二軍部隊は、ずっと強力なロシア軍によって撃退された。ロシア軍が侵攻計画を練っていたのはガリチアの北部ではなく、東部であった。そのためレンベルクは落ち、プシェミシルの城塞は攻囲にほんのしばらくのあいだ持ちこたえただけであった。この知らせは、ほかでは勝っていた第一軍を気落ちさせ、これによりともかくロシア軍の圧力が増すのを感じ始めた（ロシアの動員は遅かったが、いよいよ動員の効果が出てきたのである）。この圧力は、ウィトゲンシュタインの艦が航行していたヴィスラ川ぞいに形成されたロシア軍の右翼において、とくに強かった。コンラートはいくつかの計画を持っていた。北部（第一軍と第四軍の展開地域）で押していき、ロシア軍の側面にまわるという案は、名案だったかもしれない。しかし、ヒンデンブルクはドイツ軍のことを考えて、その時点で東部戦線での冒険を支援するために今以上にドイツの戦力を裂く気はなかった。同盟軍の総作戦計画（統一的な総作戦計画なるものがあったとして）は今まで通り、まず西部戦線で決定的勝利を収めることにあった。コンラートは実際には第一軍に暫時、侵攻を続けさせたが、第四軍はレンベルク方面に向きを変えさせた。このため両軍のあいだに危険を招きかねない間隙をつくることになった。このことやその他の事情のため総退却をよぎなくされた。第一軍は九月一一日から一五日までのあいだにサン川下流に後退したが、この地点も維持しえなくなった。九月一二日にウィトゲンシュタインは悪い知らせと緊急の戦闘準備のことを語っている。九月一三日には艦を放棄し、ロシア軍の手に委ねた。九月一五日に再び奪還し、川を遡り、ロシア軍を追ってドゥナイェッ川（ヴィスラ川支流でタルヌフはこの川沿いにある）まで航行した。九月一七日には大砲や小銃の音を耳にした。そこで、もといたクラカウまで航行していくことにしたが、一両日は国境（このあたりでは彼らが航行しなければならないヴィスラ川がそれである）が「コサック」によって占領されていないか不安であった。九月一九日にはどうやら無事クラカウにたどりついた。ロシア軍は川からかなり隔たった所まで撃退されていて、彼らを悩ますことはなかった。

九月二八日までにオーストリア＝ハンガリー軍はほぼゴルリチェとタルヌフの線まで後退した。ウィトゲンシュタインの覚え書きは戦況を非常によく反映する軍隊の士気を描き出しており、またクラカウでは今や攻囲を予想していること、赤痢患者が多く見られることを伝えている。

以上がウィトゲンシュタインの経験した最初の前進と退却である。二回目がすぐ続いて起こる。先の退却に伴い多数の死傷者と物資の損失をこうむった二重帝国軍の戦闘力を回復するために、いくつかの処置が講じられるべきだと同盟国は考えたからである。兵站学の粋をつくして、新ドイツ軍――ヒンデンブルク麾下の第九軍――がダンクル軍の左翼に集結し、オーストリア＝ハンガリー第一軍と連帯してワルシャワ進撃を策した。ウィトゲンシュタインは一〇日にそのことを聞き、一〇月六日にロシアに向かった。一〇月七日にはシチュチンに着いたが、ロシア軍はまだ八〇キロ先にいた。しかし、ウィトゲンシュタインと戦友たちがサンドミエシに向かって移動し、途中タルノブゼクに停泊したとき、遠くに砲声を聞いた。サンドミエシに着くと砲弾が見え、その音が聞こえた。砲弾幕下にもかかわらず、彼らは一〇月一〇日にはサウィホストまで進み、ドイツ軍の渡河を援護することになっていた。続く二、三日、いくつものこうした計画――それらが実行されていたならウィトゲンシュタインにはほとんど生存の見込みがなかったであろう――が立てられては撤回された。同盟軍が前進するあいだも、ロシア軍は絶えまなく圧力（「蒸気ローラー」）をかけた。一〇月一三日の夜、ウィトゲンシュタインの艦は総退却の一環としてサンドミエシへの夜間の撤退命令を受け、榴弾の飛び交う中を帰途についた。一〇月の残りの日々、彼らの艦は種々の使命を帯びてタルノブゼクとサンドミエシのあいだを往復したが、一〇月二八日には推進輪を壊し、クラカウまで曳航してもらわなければならなかった。クラカウには一一月五日に到着した。この日が事実上、今回の作戦で同盟国軍の退却がほぼ終了した日であった。ワルシャワ進撃の計画は、ワルシャワからの圧力の増大により完全に挫かれた。このクラカウの前面で二重帝国第一軍は冬営しようとしていた。ロシア軍の侵攻は速やかで、市民は疎開し、要塞ではまもなく砲声が聞かれた。予想されたことは、よくても長期にわたる攻囲であった。こうした戦闘は大分昔に消えゆく二つの帝国の軍隊のあいだで辺境でなされ、ごく専門的な戦争史家を別とすれば、まもなく忘れられた。だがこれらの戦闘が、ウィトゲンシュタインをのちのケンブリッジでの弟子たちから完全に分かつことになるのである。当時のイギリス人の塹壕体験が彼らの世代をのちの世代から区別したのも、これの比ではない。

西部戦線に比べると、こちらはずっと散開した戦争であった。ガリチアではきちんとした通信網がなかった。そのためどちらがその地域で優位を占めても動揺が広がった（年を経るにつれてそうした動揺はずっと大きくなった）。また不愉快なことも生じてきた。とくにウィトゲンシュタインの艦は糧食補給が容易ではなく、軍隊の糧食徴発がなくても、もともと貧しい地域で、始終現地調達に頼らなければならなかった。

ウィトゲンシュタインは何度か病気になり、疲労困憊することはしばしばであった。あるときなどは、四日間も長靴や服を身につけたままであったと言っている。他のときには、夜着のまま探照灯の任務に就かなければならなかったが、その地の厳しい気候のもとでは秋でも凍えるような任務であった。のちに、とくに攻囲されていたときのことであるが、張りつめた氷や、凍てつくなか仮設便所まで出かけていく様子を彼は伝えている。だが乗船中はたいてい狭い艦内に閉じこめられていた。ふだんは厳しい仕事に抑えつけられている肉欲が身体運動の機会があまりないと立ち戻ってくる様子を、彼は非常に鋭くかつ率直に観察している。

ウィトゲンシュタインには、耐え難い仲間たちと並んで、身体的困難がよい精神状態を得るのをとくに妨げているように思われた。戦争は彼の思いと注意を危険と死へ集中させることにより、逆説的ではあるが彼に新たな生の可能性を与えたように思われる。父の死はその全人生に値するという彼の言葉を思い出すならば、戦争は、彼の言うように「彼の命を救った」と言ってよいであろう。それは戦争が、よき死のための備えをするという単純な課題に彼を立ち向かわせたからである。最初の戦闘体験を記述しながら、彼は次のように言っている。

> 夜中の一時頃、突然起こされた。中尉が私を呼び、すぐに探照灯に行けという。「服は着なくてよい」。私はほとんど裸でブリッジに駆けていった。氷のような風。雨。ここで死ぬことになるのだと確信した。探照灯を点け、服を着に引き返した。間違った警報であった。私は恐ろしさでかき乱され、大きなうめき声をあげた。戦争の恐怖を感じた。いま（夜）は恐怖に再び打ち勝った。私の現在の心境が変わらないかぎり、全力をあげて生き続けようと努力するであろう。（日記、一九一四年八月一八日）

のちに一度ならず、寒さと睡眠不足と空腹で消耗しているときに、生をありのままに受け容れ「霊のために生きる」勇気を見出すことの難しさをかこっている。

彼の見出した救いの一つが、この「霊のために生きる」という言葉の中に示されている。九月一日にはトルストイの『要約福音書』を読み始め、二、三日もすると、大いに得るところがあると悟った。人を左右する本によくあることだが、この本も偶然に彼の手に入った。彼はタルヌフで小さな本屋に立ち寄った。

もっともその本屋には、絵葉書ぐらいしかなさそうでした。けれども彼は中に入ってみて、本がただ一冊あるのを見つけました。トルストイが福音書について書いたものです。彼がそれを買ったのはほかに何もなかったからです。彼は繰り返しそれを読み、以来その本は、戦火の中でいつも必ず彼と一緒でした。（オットリーン・モレル宛ラッセルの手紙、一九一九年一二月二〇日）[22]

あるとき、彼はそれを持ち歩いていることで兵士たちの物笑いになり、「福音書を持つ男」と呼ばれるようになった。トルストイの説くキリスト教が幸福への唯一確実な道のように彼には思われた。だがそれは容易な道ではない。自分自身および万人のうちにある霊に仕えるために、肉を、おのれ自身の意志の満足を放棄しなければならず、自己自身を外的環境から独立したものにしなければならない。この霊が万人を神の子たらしめるのであって、人間にとって唯一真実な生活は自らの願望、過去、未来を気づかうことではなく、この霊との交わりにある。唯一真実な生活は現在に生きる生活である。個人的な生活ではなく霊による共同の生活を生きる人にとっては、死は存在しない。

これらの主題が戦争中を通してウィトゲンシュタインのノートに現れ、そしてのちにはもちろん『論考』に現れてくる。それはウィトゲンシュタイン特有の刻印を受けたトルストイ的キリスト教である。

情報はますます悪いほうに傾いてくる。今晩、緊急配備があるだろう。毎日、多少は仕事をしており、それにかなりの自信も持っている。トルストイの言葉を何度も頭の中で繰り返している。「人は肉においては無力であるが、霊のゆえに自由である」。霊が私のうちにありますように。午後、少尉は近くで銃声を聞いた。私は非常に動揺した。たぶん警戒警報があるだろう。撃ち合いになったら、どのように行動すればよいのだろう。撃たれることを恐れはしないが、任務を適切に遂行しないことを恐れる。神よ我に力を与えたまえ！アーメン。アーメン。アーメン。（日記、一九一四年九月一二日）

彼がトルストイにつけ加えたもの――あるいはトルストイの教説に対する彼独特の見方――は、彼のうちなる霊と彼との同一性を強く自覚する点にあった。これこそ彼が失うまいとし、彼を取りまく卑しい本性の者たちに渡すまいと常に気づかった「自己」にほかならない。それゆえ、翌日、次のように書いている。

今日、われわれはあるものすべてを置いたまま、艦を放棄した……。ロシア軍が追ってきている。恐ろしい光景をかいくぐってきた。三〇時間も眠っていない。非常に弱っており、外部に何の希望も持てない。今、私の終わりがくるのなら、自己を気づかいつつよい死を迎えることができますように。私自身を見失うことがありませんように。（日記、一九一四年九月一三日）

その二日後には、次のように書いている。

今では私はまともな人間になる機会があるといってよいかもしれない。私が死に直面しているからである。霊が私を照らしてくれますように。（日記、一九一四年九月一五日）

通常、戦闘前に彼はこのように、神が私と共にいますように、霊が私と共にいますように、と祈っている。ときには霊が彼を見捨てたのではないかと恐れたり、また彼の内部の氷のような冷たさについて語ったりしている。重大局面となる前に、今一度ぐっすり眠ることさえできるなら、と彼は願った。彼はよい精神状態を得ようと苦闘しなければならなかった。

任務を任務であるがゆえにひたすら遂行するすべを、また、霊的生活のために私のうちなるすべての人間性を維持するすべを、私はまだ知らない。私は一時間したら死ぬかもしれないし、二時間したら死ぬかもしれない。一カ月したら死ぬかもしれないし、二、三年してようやく死ぬかもしれない。私はそれについて何も知りえないし、そうなるように、あるいはそうならないように何かをすることもできない。それが人生というものだ。では、あの瞬間を持ちこたえるために私はどのように生きるべきか。人生がおのずとやむまで善なる人々、美なる人々の中で生きること。（日記、一九一四年一〇月七日）[23]

彼が目標達成にどれだけ成功したかを評価するのは難しい。知的仕事の進捗度も手がかりとなるが、それについてはこのあと触れる。一般的に言うと、戦闘が目前に迫ったときには彼の霊は良好であった。彼は先に述べた仕方でひたすら祈った。しかし抑鬱状態に陥るときもあった。

外的運命に無関心なときと、再び外的自由と平安を熱望し、どんな勝手な命令をも黙々と遂行するのが嫌になるときが、交互に私にやってくる。すぐ先のことにまったく確信が持てない。要するに、ひたすら現在に、そして霊のためだけに生きることのできないときがある。人生のうちのよき日々を賜物として感謝して享受すべきであり、それ以外は無関心に人生と向き合うべきである。(日記、一九一四年一〇月一二日)

彼を抑鬱状態にさせたのは、危険ではないことがわかるであろう。同じ日の晩、右のように書いたあと、ロシア軍のいる中を航行してサウィホストに行き兵員と物資を陸揚げする予定であることを聞いた。

今晩のこと! われわれは速射銃と機関銃で射撃することになっているが、命中させるよりも騒々しい音をたてるようにと聞かされている。危険な事態になることも予想される。探照灯をかざすことになれば、私は確実に死ぬであろう。しかし、それは問題ではない。大事なことは一つだけなのだから! 一時間したら出航する。神我と共にいます!(日記、一九一四年一〇月一二日)

実際には彼らはナドブゼセまで遡り、命令の撤回により、そこからもとの場所へ引き返した。両岸から重砲が火を吹いてくる危険きわまりない日であった。ウィトゲンシュタインはその間ずっと上機嫌で意気軒昂としており、砲火の轟に興奮していた。「私は霊であり、それゆえに私は自由である」と彼は書いた。(24) 危険のときと抑鬱のとき、彼の霊は、彼に分かち与えられた霊は、勝利を収めないまでも彼を支えた。二つのうち、ねじふせるのがより困難な抑鬱は、われわれがすでに見たような原因からきていた。困難な生活条件、戦争についての悪い知らせ、同盟国軍の受けた打撃、彼の第二の育ての親とも言える国ノルウェーが敵と同盟を結んだという知らせ（実際には間違った噂）、心配な家族のこと——母親はまだ生きているであろうかという不安——、その家族についての悪い知らせなどである。とくに、ピアニストの兄パウルはロシア軍の捕虜になったが、そのときには右腕を失っていたことを彼は聞いた。（パウルがどのようにこれを克服したかはすでに触れたが（前述四九頁）、ルートヴィヒは当時そうした克服の仕方を予想できなかった。）

ずっとかわいそうなパウルのことを考えざるをえなかった。こんなにも突然、彼の職業を奪われるなんて！なんと恐ろしいことだ。これに打ち勝つにはどんな哲学が必要とされるのか！　自殺以外に何か方法があればよいのだが!!（日記、一九一四年一〇月二八日）

（まもなく見るように、ルートヴィヒの心の平衡をいくぶんなりとも保つのに、哲学という彼の職業が不可欠であった。）またあとで述べるが、抑鬱は彼の内的生活の一部となっている。ウィトゲンシュタインは「理由なく」抑鬱になることがあるように見えた。だがそれはたいてい仲間の兵士たちとうまくやっていけないこと、そしてこうしたことには無頓着になろうとしたがだめだったことからきていた。それだけにますます——必要がないといっていたはずの——心おきなく話し合える相手がほしいと思った。詩人のトラークルがクラカウにいるとフィッカーが言ってきたので、この街に撤退したとき希望が湧いてきた。帰着後すぐに彼を訪問したかったのだが、翌日まで待たなければならなかった。いざそのときになってトラークルが三日前に心臓発作で死亡したと聞かされ、彼の希望は打ち砕かれた。衛生兵だったトラークルは手に入れることのできる毒物を飲んで死んだと見なされるようになったとはいえ、死の真相については多くの議論がなされてきた。[25] 当然のことながらフィッカーはいったい何が起こったのかと手紙でたずねてきたが、ウィトゲンシュタインは死という重要なことを聞いてしまった今、それ以上詮索する気はないと答えている（フィッカー宛ウィトゲンシュタインの手紙、一九一四年一一月一六日）。

ルートヴィヒはますますデイヴィドに思い焦がれ、「私が彼のことを考える半分ほどでも、彼は私のことを考えてくれているであろうか」（日記、一九一四年一一月一一日）と書いている。トラークルが象徴していたのは、彼の軍隊生活には欠けていた霊的な友情、思いやりと感受性であったように思われる。一九一五年と一九一六年に新たに霊的友情をはぐくむ機会が訪れたとき、彼は進んでそれを受け容れたが、クラカウでは当面そうした支えなしに戦友たちとの軋轢に耐えなければならなかった。ゴプラナ号に乗っていたあいだはとても無理であったが、要塞勤務に就くようになると宿舎に一人座って（彼の言い方によれば）「自分に集中する」機会が得られ、事態は少しよくなった。彼は自分をよりよい精神状態におき、そうしようと努めさえすれば彼のうちにあり、彼そのものである霊をよりしっかり保持する機会を得た。彼がそうしたことを問題にしている例をすでにいくつも見てきた。彼のそのような考えを示すものとしてはさらに、今ではエマソンの『エッセー』に救いを求めるようになったことがあげられる。（クラカウでは本が手に入ったようであり、彼はニーチェの著作集の一冊を買っている。エマソンもまた当時の中欧で読まれていた。）

『エッセー』は文体の点で今日もなお推奨される。ウィトゲンシュタインは最初は内容に引かれて読んだのは間違いない。それはそもそもの出だしから、この頃の彼の気に入りの思想で始まっている。

すべての個人に共通する一つの精神がある。各人は同一のものへの、同一のもの全体への入り口である。（「歴史」、エマソン『著作集』一八八八年、一頁）

この文の神秘主義的道徳的意味は、「自己信頼」と「大霊」で説き明かされている。

政治上の勝利、地代の騰貴、君の病気の回復、旅に出ている友の帰還、そのほか何かこういうようなうれしい出来事は、君を元気づけ、君は仕合わせな日々がいよいよ自分を訪れようとしているのだと考える。そういうことを信じてはならぬ。君に平和をもたらすことのできるものは君以外にはいない。君に平和をもたらすことのできるものは原理の勝利以外にはない。（「自己信頼」、前掲書、二一頁）〔酒井訳（『エマソン論文集』（上）、岩波文庫）〕

だから人間たるもの、自分の心にすべての自然すべての想念が啓示する真理を学びとってほしい。つまり、こういうことをだ、「至高者」が自分とともに住んでいること、もしも義務感が自分の精神の中にあるなら、自然の源泉もそこにあることをだ。だがもしも偉大な神の語る言葉が聞きたければ、イエスが言ったように、「おのれの部屋に入ってドアを締め」なければならぬ。神は臆病者の目にはお姿を見せようとはなさらない……。魂〔霊〕は自分自身を、自分だけを、本来の純粋な自分を、その条件でなら、喜んで宿ってくれ、導いてくれ、その声の通路にしてくれる「ひとりだけの純粋な本来の実在」に委ねる。（「大霊」、前掲書、六六頁）〔酒井訳（『エマソン論文集』（下）、岩波文庫）〕

ウィトゲンシュタインのエマソン愛好は、自国の伝統への忠誠を間接的に示すものであった。エマソンはカーライルと共にドイツの天才に深い尊敬を抱いていたからである。エマソンはゲーテのうちにフランス、イギリス、アメリカの作家には欠けているもの、「道徳的真理への絶えざる関与」を見出した。彼はゲーテのように、宗教の飾りなしに高邁な世界観を探し求めた。その実際の帰結はよりセクト的な追随者たちの言う超越主義であるが、それは最終的にはカントから導き出された。超越的知識とは元来、悟性が自己自身の知識の条件に気づいていることであった。他方、超越主義の思想家たちにとっては、魂は自らの本性を熟慮することにより道徳的神秘主義的指標を獲得するのである。エマソンの文体について言えば、警句に近い定型的言いまわし、高尚な言語、哲学的主題の詩的修辞的扱いといったことすべてが、ウィトゲンシュタインが好んで読んだリヒテンベルク、聖アウグスティヌス、ショーペンハウアーなどの場合と共通している。彼自身の文体はもっと切りつめられている――彼は読むときよりも書くときのほうが潔癖であった――が、エマソンを読むと、『論考』や戦時中の『草稿』の箇所が逐一思い出される。

ニーチェもまた詩的で警句的である。エマソンを読んでから一カ月して、クラカウでニーチェ著作集第八巻を買った。おそらくナウマン書店のライプチヒ版〔グロースオクターフ版〕で、八巻にはとりわけ『力への意志』としてまとめられる予定であったものの第一書『アンチクリスト』が含まれていた。[26] この巻にはまた『ヴァーグナーの場合』、『偶像の黄昏』、『ニーチェ対ヴァーグナー』、それに詩が含まれていた。これら著作の反映や、それとない共鳴を探ってみる価値があるが、ウィトゲンシュタインが次のように言うとき、参照しているのは『アンチクリスト』であるように思われる。

私はキリスト教に対する彼の敵意に強く心を動かされた。彼の書くものもまた、何がしかの真理を宿しているからである。確かにキリスト教は幸福に至る唯一の確かな道である。だがもし誰かがこの幸福を、はねつけたらどうなるのか！　外的世界に対して望みのない闘争を続けるなかで、不幸に滅びるほうがよくはないだろうか。だがこうした人生は無意味である。だがなぜ無意味な人生を歩まないのか。それは下等なのであろうか。どのようにしたらそれは厳密に独我論的な立場と調和しうるか。だが私の人生が失われることのないために、私は何をしなければならないのか。それをいつも――霊をいつも――意識していなければならない。（日記、一九一四年一二月八日）

ちょうどニーチェがショーペンハウアーの意志分析を真剣に受けとめながらも、意志を廃棄するのではなく肯定したように、ウィトゲンシュタインは、トルストイも信奉したショーペンハウアー版のキリスト教――「必要なことは唯一つ、悪に逆らうな」――を真剣に受けとめながらも、それを人間性と現実そのものへの敵対と見なした。ニーチェがウィトゲンシュタインにとって重要に思われたのは、ニーチェの出発点が彼自身の出発点と同じであったからである。すでに見たように彼はヴァイニンガーについて、その著作中のどの文章を取りあげてもそれと反対のことを主張できると言った。それと同じように、ニーチェの場合もある問題群に対する一つの可能な態度であった。そうした問題群がニーチェ、トルストイ、エマソン、ウィトゲンシュタインに生じたのは、キリスト教が前提とする奇跡と秘跡の拒絶を出発点としたからである。それは皆ダーフィト・フリードリヒ・シュトラウスの遺産の一部であった。シュトラウスの中でニーチェの攻撃の対象となったものは、これらの要素を取り去ったときキリスト教に何が残るかを決定するためにシュトラウスが依拠した特定の価値体系であった。ウィトゲンシュタインの信頼する師たちが皆信じていたこと、そして彼自身も信じていたことは、キリスト教における真実なるものは自分たちに語られたことをじかに問うことによって取り出すことができること、霊の受容を霊的に測る尺度は思想の深さであること、農民は皆神の言葉に従いどのように生きたらよいかを自分の心で知っていることである。ニーチェ一人がこの問題に対して、これとは対立する巨人的ともいうべき解答を思い描いていた。

「問題と解答」とは彼の仕事のテーマと言えるかもしれない。ウィトゲンシュタインは哲学的活動にこの言葉をあてているからである。そうした哲学的活動が彼の軍事的任務、危険、抑鬱、孤独、物質的欠乏、確固とした心の平衡を求める霊的闘争に伴って生じた。あるいはむしろ哲学的活動がそれらのさ中で彼を支えていた。入隊したとき、ウィトゲンシュタインはまるで哲学が入隊した目的の一つであるかのように書いている。「私はこれから仕事ができるようになるであろうか！　今後の人生を思い、興奮している！」(『草稿』一九一四年八月九日) 意味するところは、この変化により彼の仕事の能力が回復するのではないかということである。一九一四年夏のノルウェーでの家造りは、彼の哲学的力が凪いだことの結果であったことが思い出されよう。彼の仕事は彼の霊的進歩と歩調を合わせていた。彼は「確信」に満ちて仕事をし、霊を通しての自由というトルストイの言葉を絶えず繰り返している。「仕事は賜物だ！」と彼は一度ならず強調している。困難のさ中にあっても人は自己自身と仕事に引きこもることができる。しかし仕事は単に時をやり過ごす方法の一つであってはならず、生きることを可能にすべく、神妙な態度でなされなければならない。(27) 仕事をしていると気分もよくなり、抑鬱が去った。だが逆に、心の平安が得られないときには仕事ができなかった。

午前中ずっと仕事をしようと一生懸命になったがだめだった。明快な展望がどうにも浮かんでこない。私の人生についていろいろと考えており、それも私の仕事ができない理由の一つである。［彼は続いて、他の乗組員たちから自分自身をまだ十分に切り離せないでいることを反省している。］(『草稿』一九一四年一一月一三

日）

仕事をする力は周期的に現れたが、それを決定するのはたいてい内面の状態であった。頭痛、疲労、頭上の砲弾、危険といったものが生じている日にも、彼はしばしばふだん以上の仕事をした。すでに見たように、彼はジャガイモの皮をむきながら仕事をすることができた。ここで仕事というのは、自分の問題に対する解決を考え出すことだと言ってよいであろう。そのために、彼はそうした雑役をわざわざ買って出ることにもなった。

彼の得意の知的トリックを用いて、自分の哲学的職務を軍事状況になぞらえている。

たくさんの仕事をした。目下のところ勝利は収めていないが、勝ち目は大きい。私は今、私の問題を攻囲している。（『草稿』一九一四年一〇月二四日）

一日中仕事をした。問題を襲撃したが死に物狂いだった。だが、何の成果もあげずに退却するぐらいなら、城塞の前で討ち死にしたほうがましだ。最大の困難は、攻略した砦を安閑と座していられるぐらい長く維持することである。都市が陥落するまでは、砦の一つに安閑としていることはできない。（『草稿』一九一四年一〇月三一日）

これを書いたとき、彼はクラカウに行く途中にあり、この都市で彼自身攻囲されるはめになった。他方、東ガリチアでは、独立して環状に配置された砦で守られた要塞の典型であるプシェミシルは、長くロシア軍を寄せつけなかった。彼はさまざまな問題や職務のあいだに明確な区別をつけていなかったようである。

戦闘や軍隊生活にあって威厳を持って立派に振舞いもすれば、哲学の問題解決を求めてそれをものにし、また自分を運命や他人から独立させて自分の生活をすっかり正すといった具合であった。彼はそのいずれもが、自分が生きていくことを正当化する機会になると見なしていたようである。いかにも彼らしいところだが、そのどれもが全力でなされるべきだと考えていた。いわば彼は、第一次世界大戦直前の軍事思想ではやった「撃滅戦」の理論を信奉していた。彼は遂行されるべき職務は唯一つと考えていたとも言える。すなわち自分を辱めることなく死と向き合うこと、「奇襲」により自分の全哲学問題の解決に向けて突破をはかることである。こうした言い方は単に文体上の、あるいは思いつきによるトリックというのではなく、思考習慣に深く根をおろしたものであり、ラッセルはそのことを嗅ぎつけた。ウィトゲンシュタインが日頃どのように論理と自分の罪を考えていたかは、すでに見た通りである。ところでラッセルが戦後述べていることであるが、哲学に対するウィトゲンシュタインの態度は、砲弾や銃弾がすべてという論法と苦闘しなければならなかったことで影響を受けた。彼は異なった諸領域における「救済思想」のあいだに、区別があるとは思っていなかった。つまりそうした思想ないし言葉は彼を恐れや不安から解放してくれるものでもあれば、戦友へのつのる苛立ちから、また絶えず手をすり抜けていく論理学の問題との消耗する格闘から解放してくれるものでもある。ある問題は別の問題と干渉し合うと言われるのは、このためである。彼はその後ほどなくエンゲルマンに言っている。

私がよい人間であることができないときに、どうしてよい哲学者であることができるだろうか。

『論考』と『草稿』はそれらの問題がどのように相互連関しているかを示している。哲学の問題解決は人生の問題の解決であった。二つの領域で共に重要なのは、悪しきものを求めないだけでなく、何ものも求めないことである。初期の頃の日記に認められるのは、それぞれの問題へのアプローチの仕方の類似性である。彼は哲学をあたかも戦争のように扱う。勝利だけが重要であり、決定的解答だけが問題を片づけることができる。これはもちろん『論考』序文で言われていることであるが、同じ考えが攻囲の比喩にも現れている。防御側が主要塞に留まるかぎり、攻撃側は独立した個々の砦をいくら取ったところで役に立たない。反面、もし攻撃側がそれらを放棄し防御側が出撃して奪還するならば、それらは再び攻撃側を要塞地帯から締め出すのに役立てられる。ここでいう要塞とは、ウィトゲンシュタインがいつもこの頃成就しかけていると感じていた「総括的展望」、解決、大発見である。それはもう口の先まで出かかっていたが、いつもどこかでつかえていた。

冬になろうとしている……。依然、明快な展望は得られない。だが私は明らかに今まさに最も深遠な問題を解こうとしており、解決は実際、すぐ目の前にあるとさえ言える!!! ただ私の精神は今この瞬間にはそれがどうにも見えない。その戸口に立っていると思うのだが、それを開けることができるほどはっきりとは見えない。これは特記すべき状態であり、私はこうした状態を今ほどはっきりと経験したことはない。(日記、一九一四年一一月一六日)

総括的展望の欠如というのは、細部ばかりを見ていて、どのように全体へと組み込まれているのかわからないことを指している。自分が見るべきなのは、それぞれの問題が皆主要問題だということであると彼は考えた。

「無くてならぬものは唯一つのみ」という格言――トルストイが聖書から引くこの句は、今再び聖書学者が好んで取りあげている――は、人生にも、哲学にも、戦争にもあてはまる。ウィトゲンシュタインの後期哲学も無論方法の唯一性によって特徴づけられるが、哲学は絶えず立ち戻ってきてわれわれを虜にし、われわれはそれをいっぺんに片づけることはできないというのが後期の思想である。ところがこの第一次世界大戦中には、突破を、つまり決定的解答を彼は考えていた。大戦中には、というよりも大戦だからこそそうした考えをしていたというべきかもしれない。まるで戦争と戦時的思考方法がちょうどよい時期に起こり、彼にふさわしい環境を与えたかのようである。そして彼は戦争と歩調を合わせて歩む中で、先に触れたような自分の人生の転回を見届けたがっているかのようである。彼は戦争が自分の思想に命令をくだすことまではともかく、感化を及ぼすことは容認した。そうした思考習慣のもとで、彼は目前にあるように思われた発見にまで至りつけるのかどうか、しばしば自問している。その際に、本当は「私は真っ先に殺されるのではないか」と言いたかったのか、それとも「私の知的能力は私を見捨てるのではないか」と言いたかったのかはわからない。身体的不調に苦しんでいるのか精神的不調に苦しんでいるのか彼は明示しないことがしばしばあり、また身体的死を意味するのか道徳的死を意味するのかを明示せずに失われるとか破滅するとか言ったりすることが思い合わされる。彼は脚に怪我をすると、自分の思想がかたわになるように感じた。この態度は彼の独我論と関連しているが、彼の場合、それは知的営みからきているのではなく、道徳的神秘主義的態度なのである。彼を取り巻いているものはすべて、心ないし魂に現前し、その世界を構成するものの一部と見られる。そして心ないし魂の職務はそれらのものの多様性を受け容れ、それを調和に導くことにある。こうした見方のために、彼はニーチェの偉大さを感じた。なぜならニーチェもまた人生と経験を、断固たる態度でのぞむべき一つの全体として把握する力を持っているからである。だが他方で、世界に反抗するニーチェの挑戦的態度をウィトゲンシュタインは受け容れることはできなかった。「どのようにしたらそれは厳密に独我論的な立場と調和しうるか」と彼が問うているのを見たが（前述三八三頁）、なぜそう問うたのかがここでわかる。無くてならぬものは唯一つであり、それは今この瞬間のために、自己自身のうちの霊のために生きることである。この主題は反復され、あとで見るように彼の処女作の形式と内容に決定的な影響を与えることになる。そしてその部分がこの哲学者の伝記の圧巻になるはずである。

ウィトゲンシュタインはある職務を果たす際の日程を自分に課す傾向が、あるいは日程が課せられていると見なす傾向があった。平和時にあってさえ、彼の活動に終止符を打つべき死を予想した。この前年の末にノルウェーにいたときに、彼は翌二月に自殺をするつもりだとラッセルにほのめかしたことがあった。さて、今彼が考えるのは、一一月が終わる頃、自分の多産な営みも終わりとなるということである。「私の三、四カ月は終わった」。つまり開戦まもない初秋の頃に心に期していた生産的な三、四カ月は終わったと言うのである。予告するのは、そうなる心配があったからである。公言し思い込んでしまうと、そのことが往々にしてぴたりと確証されることになる。四カ月間に彼は哲学について本にして三二頁分を書いたが、続く五カ月間に書くのは九頁である。われわれが注目してきたその日その日の変動よりも、インスピレーションの長期的周期のほうを彼は気にしていたのかもしれない。この不毛な五カ月というのは、彼の軍隊生活の新しい局面が始まり、任務と仲間関係の両方に注意がより多く奪われた時期と重なり合っていることは、彼の予想とは別に興味深いものがある。

彼は一一月の終わり頃、こうした新たな事態のためにかなり絶望的になっていた。攻囲下の狭い兵舎の中でどうしたらこんな戦友、こんな上官とうまくやっていくことができようか。親切な司令官は、とにかく彼専用の部屋を与えると約束してくれた。彼が気球分隊に加わる話もあった。これが立ち消えとなり、ウィトゲンシュタインは指令部に行ったが、折よくそこで彼に数学の知識があるのを聞きつけたギュルト中尉が、工廠内の自分の分隊に配属させた。二、三日して、つまり一二月九日に彼は守備隊作業場「自動車・大砲」支隊（文字通り車両と銃砲の両方を扱う）の一員になり、翌日、四カ月半にして初めてベッド付個室で一人過ごす贅沢を味わった。

彼は一生を通じて、折々に休息に訪れることのできる家、あるいはむしろ家庭を見出したが、軍隊生活時代も同様であった。彼の仕事は当初、ある兵舎内の全車両のリスト作成といったひどく退屈なものであり、通常まる一日を事務所内で過ごさなければならなかった。「終日、事務所」が彼の日記のおきまりの記入となった。よいこともあったが、中でも特記すべきことは、何人かの将校、すなわち彼自身と同等の経歴と趣味をそれなりに持った人たちのところに招かれ、対等の扱いを受けたことである。最初の晩、彼はギュルトの宿舎で夕食を取った。そこである大尉（おそらくショルツ大尉）に会ったが、この大尉にギュルトはあらかじめウィトゲンシュタインのことを話していた。ウィトゲンシュタインは五人の将校と食事を共にした。ギュルトが「たいへん素晴らしい」ことはもうわかっていたし、大尉も「このうえなく好感の持てる」人物のように思われ、他の人たちは「すごく親切」であった。一〇時半まで話をし、非常に友好的な気分で別れた。ほんのささやかな出来事ではあった。だが万事洗練されていて折り目正しく配慮の行き届いた中で育ったのに、無教育で粗野な人々と暮らさなければならなかった者にとって、これは賜物であった。ギュルトに会う前、ウィトゲンシュタインがクラカウに戻ったとき、毎朝カフェーで二杯のコーヒーを飲むことに喜びを見出したことがあった。「気品ある雰囲気が快い」と彼は書いている。彼は今ではいつでも将校の会食に加えられ、興味ある優秀な人物として扱われたことは間違いない。他面、将校が皆彼の要求を満足させてくれたわけではない。ある日のことを彼は次のように記している。

晩にカフェーで多くの将校たちと過ごした。彼らは大方豚のように振舞った。私さえも適量を少々越えるぐらい飲んだ。(日記、一九一五年一月二七日)

そしてギュルトと一緒に旅行中、休憩して「どうにも好感の持てない」ある大尉と夕食を共にしたとき、食事を終えてテーブルから立ちあがるや否や、ウィトゲンシュタインはそそくさと立ち去った。元気なときでさえ、背筋がぞっとするような孤独を感じることがあった。けれども今ではまわりの人々に多少の支えを見出していた。ギュルトはもちろん味方だったし、ショルツ大尉はとりわけ愛想よく迎えてくれた。あるときなど、ウィトゲンシュタインは真夜中まで――と彼が言うのは誇張であろうが――演奏したと語っている。レンベルクの工科大学で学んだ青年と会い、カフェーで同席することが特記すべき事件であるような環境の中では、こうしたことは皆大きな賜物であった。

正月にギュルトは公務でウィーンに行く際、彼を同行させた。このときのことについてウィトゲンシュタインが主として記しているのは、多くの非常に楽しい時間を共に過ごしたことや、今では今後の人生に強い興味を持っているといったことである。家族に対する彼の態度は意味深長である。非常に長くて心配な月日を経たあと家族と再会したのに、彼が述べていることと言えば、母の驚きよう喜びようが格別であったこと、彼自身の道徳的水準がたとえばイースターの頃よりかなり低いのを記録しておきたいと思っていることだけである。彼は家族と一緒にいるのが気づまりなように見えたが、この短期間のあいだに老作曲家ラーボルのところには少なくとも二回訪れている。

ギュルトはほどなく自分が見つけた新しい助手はなかなかの逸材であると悟り、できるかぎり目をかけた。ウィトゲンシュタインは降ってわいたかのように「軍属」(これは実際には階級を伴わない事務職であった)に抜擢され、その後まもなく今度は「副官」(これも階級ではなく中尉を補佐する役)に抜擢されて驚いた。さらに重要で興味深いのは、一九一五年二月三日に鍛冶作業場監督官に任命されたことである。これが悶着の種になることは明らかであった。その前に中尉からの推挙を受けて異例の昇進をしたといっても階級は伴わないのに、それがもう軋轢を引き起こしていた。そのときには思い切って昇進を受け容れるべきだと彼は考えた。今回はただ次のように言っている。

霊よ我を守り給え！　非常に面倒なことになるかもしれない。だが、ともかく勇気を出せ！(日記、一九一五年二月三日)

にもかかわらず、二、三日もすると将校の一人と非常な緊張関係に置かれることになった。階級は少尉候補生なので、たぶんかなり若い将校である。マンチェスターの研究室でウィトゲンシュタインにとってたいそう厄介な存在であった青年を思い出させる。

われわれが決闘することになったとしても不思議ではない。それならなおさらよい生活を送り、おまえの良心に従うことだ。霊が私と共にいますように！　今、そして将来何が起ころうとも！(日記、一九一五年二月一一日)

奇妙なことに、ウィトゲンシュタインはこうした結果を避ける力がないと感じていた。たぶん、彼の怒りと不満の強さ、それに公認の作法への敬意の両方が、ここに作用していたのであろう。とはいえ、彼がのちに一騎打ちについて語っていることからするならば[29]、彼が自分からそうした決闘をしでかそうとしたとは信じられない。まして他人にそれをけしかけたとはとうてい信じられない。それでも決闘が話題になっているのは、われわれには理解しにくい。それはたぶん、その制度がわれわれの思い及ばない遠い昔のものとなったためか、それともわれわれが事態に責任のない二五歳のウィトゲンシュタインを見る目がないことを暴露しているだけなのかの、そのいずれかであろう。

彼は繰り返し不快感を訴えている。そればかりか、ときとして不快感といった程度では済まなかったことも明らかである。彼は長時間、鍛冶作業場で働いていたうえ、そこでの彼の地位はまったく不満足なものであった。彼は責任者の立場にあったが、人々（「兵隊たち」と彼は言っている）は、階級では自分と同級ないし下級の者から指図されるのを好まなかった。彼が自分の技術的判断に大いに自信を持っていたことが、他人の目には尊大に映ったということもありうる。腹立たしく嫌なことがたくさんあり、精力を浪費しているのではないかという気がした。それが思索の邪魔にもなった。そのことについてギュルトとしばし語り合ってみたものの、埒があかなかった（と彼は思った）。

結果はいつもと同じであった。彼の精神はかき乱され、孤独を感じ、正気ではいられなくなった。彼はゲーテをそらんじたりした。それは次のような詩である（ちょっとした引用の誤りを訂正してある）。

臆病な考えや
不安なためらいや

女々しい足ぶみや
哀れな訴えは
決して悲惨をすくうことはできぬ
決してきみを自由にしない。(30)〔大山訳(『ゲーテ全集』人文書院、第一巻)〕

だがそれもほとんど役に立たず、彼は泣き出さんばかりであり、自殺も考えた。彼の生活の外的状況、まわりの人々の卑俗さは、彼の内的自己に侵入していた。そのため内的自己は憎悪で満たされてしまって、霊を容れる余地がないように思われた。いくつもの計画が心に浮かんだ。歩兵として前線におもむくこと、フィッカーのいた「帝室猟兵」連隊に加わることなどである。ラッセルは、哲学上の問題について手紙のやりとりをしていたクラカウ在住のドゥィエヴィツキーの住所を知らせてきた。ウィトゲンシュタインは日をおかずに彼を訪問した(「親切な老人」、「天才的な若者」というのがお互いの印象であった)が、その際、ウィトゲンシュタインは暗い予感を語った。明らかに彼の心は作業場を去るほうに傾き、そしてそれに合わせて、いずれかの戦闘部隊に入り、戦死する気になっていた。

ウィトゲンシュタインは作業場に最もふさわしい人材であったことは、まず間違いない。四月二二日に、彼は作業場の総監督をしていると言っている。ギュルトがしばらく不在であった期間のことにせよ、高度な責任を伴うものであった。ギュルトは種々の方法でぎくしゃくした関係を解消しようとした。彼はウィトゲンシュタインのために何らかの昇進の申請をした。そして当面は暫定的に「国民軍技術者」の称号を与え、その制服を着用させた。これは予備兵が就く地位であり、おそらくはもっと年のいった人のためのものである。(あとで述べるように)この申請は一九一六年初めに決着がつくが、それまでのあいだ、ウィトゲンシュタインはただの「技術者」のまま活躍し、かなりの成果をあげた。しかしウィトゲンシュタインの側では、こき使われているという意識がかなりあった。おそらく、能力を発揮しているのに、階級や身分の点で不都合を免れるに足る庇護を受けていなかったからである。

一つの慰めは、徐々にではあるが仕事をする力が戻ってきたことである。彼はこの点では力尽き、死んだも同然のような気持ちであった。何かを生み出すには奇跡が必要のように思われた。つまり、何か外的な力が彼の目から鱗を落とさなければならないように思われた。しかし二月中旬にもなると、（たとえ束の間であったとしても）論理学について思索できない日はないことに気づいた。絶望に希望の光が交錯し、四月一七日になると彼は短く、「仕事をしている」と記している。こうした書き込みが繰り返され、実際、彼のノート中の哲学的記述がこのとき以降、長くかつ持続的になっていることが認められる。六月には今参照しているノートも終わり、その後しばらく日々の活動を伝える証言は欠落しているものの、彼はその頃、開戦後の何カ月かとほとんど同じぐらい生産的な仕事をしていた。

カルパチア山脈でのいつ果てるとも知れない冬期の戦闘、三月半ばのプシェミシル陥落は、クラカウ守備隊の士気に影響した。他方、その頃から四月半ばまでの小康期間は、作業場が活発に動いた時期であった。攻勢に出る準備が進められており、その際オーストリア゠ハンガリー軍の威信回復も目標の一つとなっていた。攻勢に出るとき――ウィトゲンシュタインの戦区ではゴルリチェ゠タルヌフの突破と称された――これまでは西部戦線でしか知られていなかった規模の弾幕砲火を先行させたが、そのために使える大砲は片っ端から集めなければならなかった。この戦区での攻勢は、実際にはドイツのマッケンゼン将軍の指揮下にあり、大砲戦術はドイツのブルッフミュラー大佐（彼はすかさず「ドゥルヒブルッフ〔突破〕ミュラー」とあだ名をつけられた）の考案であった。この事実も、ドイツ人指令官とオーストリア人指令官に関するウィトゲンシュタインの批評の背景を成している。作業場にかかってくる負担は、この攻勢をもって終わりはしなかった。というのは、カルパチア山脈におけるロシア軍拠点を断固弱体化せしめるために、できるだけ前進する決定がくだされたからである。実際、東部戦線で敵を壊滅させる見込みもありそうに思えたが、この点についてドイツ参謀本部内の意見は分かれていた。これらの目的のためにも、また全般的に見ても、数のうえで劣る同盟国は物資面での優位を維持し発揮することが必要であった。ウィトゲンシュタインが戦争で最初に負傷したのは、このように急を要し、負担が増していたときであった。のちにアルフィト・シェグレンに語ったところによると、同僚（部下かもしれないが正確にはわからない）が何か馬鹿な操作をしたとき、巻き添えになることになった。扱っていた砲身が破裂してしまい、彼は衝撃を受け、いくつもの傷を負った。額の傷跡は終生消えなかった。彼はしばらく病院で過ごした（もう七月になっていた）。

マッケンゼンの攻勢には幸運も味方し、西部戦線から増援部隊を派遣することができるようになった。プシェミシルとレンベルクは奪還され、九月までに同盟軍はチェルノヴィッツからほぼ真北にリガまで連なる戦線を確立した。ポーランドの大部分とリトアニアからなるロシアの広い突出地域は奪い取られ、ロシア軍は捕虜となった分だけでも七五万人を失った。この時点で、フランス軍の攻撃が予想される西部戦線に増援部隊を引き揚げることが必要になった。こうして東部戦線は膠着した。この間、ウィトゲンシュタインはおそらく八月に前線に移動した。行く先はレンベルクの北にあるソカルの列車内作業場であり、ここはオーストリア＝ハンガリーの鉄道網の終点であった。その地でウィトゲンシュタインは冬を過ごすことになる。

この時期のことを記したノートが少なくとも一冊欠けているものの、ウィトゲンシュタインの当地での生活を伝える別の資料がある。マクス・ビーラー博士の手紙(31)がそれであり、ウィトゲンシュタインのみならず彼に引きつけられた友人たちについても的確に描写している。

一九一五年に私は対ロシア戦線の陸軍病院医師として働いておりました。そしてある赤十字病院列車指揮官が病気になったため、その指揮を引き継ぐよう命じられました。列車は前線に近い、レンベルクの北、ソカルという所の寂しい駅に止まっていました。前線は比較的平穏な状況にあったため列車は空で、私は病院のきつい仕事の疲れを癒すことができました。私のいる病院列車の向かいに軍用作業列車が止まっており、そこでは車両や銃砲などの修理が行われていました。私は隣のこの作業列車の指揮官に挨拶にいきましたが、彼は親切にも地方司令部の将校食堂ではなく自分の列車の食堂で食事を取るようにしたらどうかと言ってくれました。私は喜んで応じました。

最初の食事の際にそこにいた人たち——みんな将校でした——の中に、二五歳ぐらいで軍人の階級を持たない痩身の男が目にとまりました。彼はわずかしか飲み食いせず、煙草はやりませんでしたが、他の人々は食物や酒をたらふく詰め込み、大騒ぎをしていました。隣の人に彼のことをたずねると、ウィトゲンシュタインという名でその列車付の技師とのことでした。私は頭の足りない若い生え抜き将校たちの中に大学出の男を見つけてうれしくなり、しかもその男にはすぐに好感が持てました(私も飲食はわずかですし煙草はやりませんでした)。彼はまわりとは一線を画している印象を受けました。彼はいなければならないから、そこにいただけでした。彼もまた私に好感を持ったようであり、食後、列車内の彼のコンパートメントに招いてくれました。

こうして私たちの親交は始まり、その後数カ月間続き、毎日何時間にも及ぶ会話をすることになりました

(酒も煙草もなしにです)。

数日後、彼は「君(Du)」で呼び合おうと言い出しました。

私たちは哲学や形而上学の問題を語り合い、ときには熱中のあまり時と場所を忘れてしまうほどでした。私はおかしな一件を思い出します。一九一五年大晦日のことです。現地司令官は新年祝賀のために私たち全員を将校食堂に招待していました。夕食後一〇時近くになって、私たち二人は昨日の問題を続けるためにウィトゲンシュタインの部屋に戻りました。一一時頃、列車の将校たちがパーティに間に合うためにはもう出かける時刻だと知らせにきました。ウィトゲンシュタインは、すぐにあとから行くので先に行ってくれるようにと伝えました。私たちはまもなく招待のことも時間のことも忘れて、議論を続けていると、外で騒々しい声のするのが聞こえてきました。私たちはまだ真夜中だと思っていたのですが、もう午前四時で、戦友たちが浮かれて帰ってきたのです。翌日、私たちは現地司令官に謝り、遅ればせながら新年の挨拶をしなければなりませんでした。

私は一度ウィトゲンシュタインに次のような話をしたことがあります。根本原理を思いめぐらしていると、私は万華鏡のようなものをいじっている気がしてくる。円筒が回されるたびに、私の質問に対する答えの書かれた図柄が新たに見えてくる。ただ円筒の機構はわからない。ちょうど主要問題の解答が書かれた最後の図柄が視野に現れようとしたとき、機構の欠陥のために底に落ち込んでもう見えてこない。どうしたらこの機構を修理できるか、そもそもそれを修理することができるのか、ということに私たちの関心はありました。

一九一六年の冬は非常に厳しいものでした。前線での困難はとても大きく、兵士たちの心からの願いは戦争がすぐにも終わることでした。あるとき、私たちがこのことを話していると、ウィトゲンシュタインはちょうどロンドンにいるラッセルから手紙をもらったところだと語りました。ラッセルによれば、戦争はまだまだ長く続くとのことでした。

一九一六年四月(?)[32]、ウィトゲンシュタインは突然、前線へ向かうよう命令を受けました。私たち二人にとってそれは大きな打撃でした。彼はどうしても必要なものだけ持っていくことにし、それ以外のものは置いていくので隊の人たちに分けてほしいと私に頼みました。このとき言うには、彼はノルウェーのフィヨルドのほとりに家を建ててあって、落ち着いて仕事ができるように時々そこに避難していたとのことです(ラッセルもそこを訪れたことがあるようです)。そして彼は私にその家を贈りたいと言いました。私はそれを断り、代わりにウォーターマンの万年筆を受け取りました。彼が持っていくことにしたわずかの本の中には『カラマーゾフの兄弟』がありました。彼はこの本がとても好きでした。私たちはしばしば「長老」なる人物について語り合ったものです。

……

私たちの活気に満ちた会話の中で、あるときウィトゲンシュタインは私に「君は立派な弟子になるだろうが預言者にはならないだろう」と言いました。私が彼について言うとすれば、彼は預言者の特性をたくさん持っているが、弟子の特性は絶対に持っていないということになりましょう。彼はときとしてぶっきらぼうでしたが、決していばったりしませんでした。

……

ビーラーの語っているところによれば、ウィトゲンシュタインはこのうえなく好ましい環境の中にいる。たぶんその最も重要な点の一つは実のところ、彼が(ほかならぬビーラーという)弟子を持っていたことである。ビーラーと出会う前の時期のノートの内容と、彼とビーラーが議論した主題とを比較するのは、興味深い。一九一五年六月にウィトゲンシュタインは、彼の本のもとになった叙述のうち、最も無味乾燥で厳密に論理学的と言える部分を書いた。だが同時に彼の心は、トルストイやドストエフスキーが提起するような人生と人生の意味についての省察で満たされていたことは疑いない。この問題はたぶん他人と議論するしかなかった。それを検討し、比喩を用い、教訓を引き出すことは、本質的にビーラーとの共同の仕事であった。見知らぬ後代の人々に何か音符の記録を残すよりは、共に音楽を奏でようというわけである。

ウィトゲンシュタインは弟子だけではなく従者も持っていた。将校ではなかったので彼は従卒を持つ資格がなかったと、ビーラーは別の手紙の中でピッチャーに語っている。しかし当地の捕虜収容所長は若いロシア人を召使として彼にあてがった。

コンスタンティンはよい少年で、一生懸命にウィトゲンシュタインに尽くしました。ウィトゲンシュタインは彼をとても大事に扱い、この痩せて虚弱で汚い捕虜は、まもなく守備隊中で最も肉づきよく清潔な兵士に変貌しました。

このコンスタンティンは、ウィトゲンシュタインがのちに小学校教師をしていたとき、折に触れて語った逸話の主人公である。それはコンスタンティンが自分の安楽よりウィトゲンシュタインの安楽をどれほど望んだか、彼がどれほど大酒飲みであったかといったことであり、これこそウィトゲンシュタイン好みの素朴なロシア人気質である（農夫たちがこれを聞いて何よりもあきれたのは、小学校の先生が召使を持っていたらしいからである）。

ビーラーの叙述からするならば、ウィトゲンシュタインがクラカウの作業場で感じていた一身上の困難は、もはやそれほど大きなものではなくなっていたと思われる。

彼の仕事は新しい局面に入っていた。これ以前のものは戦前の大冊のノート（おそらく一九一四年のイースターにムーアに見せた草稿と同じもの）と、戦時中に書かれた二冊のノートに結実していた。それからもちろんノルウェーでムーアに対して口述したノートがある。ムーアによるノートの主張は基本的には正しいものの、理解が困難であり、そのためムーアは口述者の考えをラッセルに説明することができなかった（とウィトゲンシュタインは思うようになった）[33]。五月にノートに記述したものは、ムーアによるノートよりも一層理解が困難である。「問題はますます彫琢され一般化しており、方法はすさまじい変化を遂げました」とウィトゲンシュタインはラッセルに書いている。戦争が終わったあかつきにラッセルにこれを説明するか、もし生還できなければ彼のもとにこれを送り届けさせるつもりであった。あるときなどは、理解する人がいようがいまいが草稿は印刷に付そうと心に誓った。

一〇月になると彼はそれまでの仕事の成功に気をよくしただけでなく、成果を要約し論文の形式で書きおろす作業に取りかかった（論文にあたるドイツ語は Abhandlung で、『論考』のドイツ語題名として実際に使われた）。一九一五年一〇月二二日付ラッセル宛の手紙で、彼は「綴じていない紙に鉛筆で書いた最終的摘要」に触れ、理解困難であるにしてもそれにうんざりすることのないようラッセルに望んでいる。これは三種あると思われる『論考』の下書きの、おそらく一番目のものである。

日記を参照しえないながらも判断できることは、作業列車にいた期間は比較的平穏でさまざまの点で進展が見られたということである。突然の前線赴任はいわば港から洋々たる荒海へ押し出されるようなものであり、そこであらためて自己を見つめなおさねばならず、また初めて戦争の恐怖を嫌というほど経験することにもなった。前線に行くことになったのには、ある事情が作用していた。秋になると、ギュルトの支援を受け、そしてもちろん勧めたのも彼であろうが、ウィトゲンシュタインは技術者の身分をなんとか正規のものとするための申請をした。ベルリンで二年、マンチェスターで三年、ケンブリッジで二年に及ぶ学歴によりイギリスで「大学教員資格」を得ており、さらに銃砲作業場で一年の実務経験も積んでいる、と彼は上申する。ギュルトがこの申請に添えた報告書で強調しているのは、ウィトゲンシュタインが両側性鼠蹊ヘルニアにもかかわらず戦争が勃発するとすぐに志願したこと、志願兵の特権を何ら利用しなかったこと、低い職務——衛生兵など——を務めあげているうちに銃砲作業場でまったく偶然ギュルトの目にとまったことなどである。さらにギュルトが言うには、規律上の支障がないように彼には将校の制服を着ることが許されていた。数カ月間、彼は作業場や作業列車内で十分に職務を果たした。七月に砲身の破裂により大怪我をした（これは同情を誘うためにつけ加えられた）。彼は本当は狙撃兵として前線に行くことを希望しているのだが、作業場部門で彼が非常に有用であることは明らかである。報告書の中ではさらに、（たぶん戦争前の）三つの医学的所見においてまったくの兵役不適格を示している点に注意が喚起されている。そしてヘルニアの再発と乱視性近視のため前線勤務はまったく不適当である（と示唆されている）。(34)

当局が扱いに困ったとしても、もっともな面がある。ウィトゲンシュタインには非難すべきところはないと当局は回答で強調している（他方、ギュルトの働きかけは問題とされたことは明らかである）。ウィトゲンシュタインは「非常に有用である」（これは軍隊用語の傑作の一つであり、具体的には何らしかるべき職を約束するものではない）が、国民軍技術者に昇進させることは不可能であった。彼が正規軍所属であり国民軍所属ではないことも理由の一つであった。そこで浮上した別の可能性、すなわち予備軍砲兵将校補は、一二、三年服務した兵士のためのものであった。ウィトゲンシュタインがこれまで仮に与えられていた技術者の称号と制服を保持しえないことは明らかであり、またそうなると作業列車に留まることもできなかった。そこで彼はどうしても必要なものだけをまとめ、他のものはすべて人に譲り、もう普通の生活には戻らない覚悟で出発した。(ラッセルやフィッカーとの文通は一九一五年で終わり、そのあと戦後まで復活しなかったことは印象的である。一九一五年四月二八日にラッセルに宛てて書かれた手紙は着かなかったようである。)

彼は三月二一日頃、第五野戦曲射砲連隊第四砲兵中隊に入った。(曲射砲と野砲がもはや別個のものとして分類しえなくなったとき、この連隊は第一〇五野戦砲連隊と名前が変わった。)連隊本部はモラヴィアのオルミュッツにあった。彼が加わったとき、連隊は明らかに前線に向かっており、第二四歩兵師団に所属していた。この師団はその当時、オーストリア最良の将軍の一人プランツァー＝バルティン麾下第七軍に配置換えになっていた。この頃の東部戦線の一般的状況であるが、同盟軍は包囲網が大きいためロシア軍を撃滅する望みはほとんどなくなった。ロシアへのこれ以上の侵攻は(ロシア軍がほとんど無際限に撤退する可能性を考えると)戦線を拡大するだけで、それに見合う利益を何ももたらしそうになかった。このために西部戦線および新たに開かれたイタリア戦線のほうが重視され、東部戦線の兵力はそれに応じて弱体化した。戦線のオーストリア＝ハンガリー軍地域では、このことは使える大砲の数の減少、配備に就いている部隊の質の低下となって現れた。一部でドイツ＝オーストリア軍とハンガリー軍に代わって、忠誠をあてにできない少数民族の部隊が任務に就くのも見られた。政治的感情が意識されることは当時まれであったとはいえ、チェコ地域で召集された部隊のあいだではごく普通であった。そのため、そうした感情の兆候はウィトゲンシュタインにも感得されたはずである。前線では、九月に戦線が確立して以来、陣地戦が続いていて改善の兆しがないため、士気は低かった。

ウィトゲンシュタインのこの時期のノートが残っており、彼の人生における最も困難な時代の一つを描き出している。身体的条件だけでも彼にはたいへんな負担であったが、それに加えて慣れておらず適任でもないあらゆる種類の事柄に努力を傾けることを強いられた。彼は食中毒になったり、その他の病気にかかったりしたようである。指揮官は彼の後送を口にした。食中毒後の苦しみの中で生きることが魅力的に見えてきた。しかし前線から送り返されることにでもなれば、自殺してしまうのではないかという気がした。のちになって、戦争だけが自分の命を救ったと彼はよく言っていた。（おそらく）戦争の危険が通常の仕方で生きることを欲するように彼を促し、戦争の課する義務が生き続けるべきか否かの選択や、生きることの責任の問題を棚あげにした。長い行軍、咳き込む夜、重労働のため彼は仕事ができなくなり、まったくの性的不能になってしまった。そしてまた彼は沈鬱な顔になり、その顔はその後の人生において彼がもはや真摯な青年ではなく、深い苦難を味わった男であることをはっきり示すことになった。

以前と同じく兵隊仲間が彼の最大の悩みの種であった。幸い将校たちは彼に好意を持ち、ある程度彼をかばってくれたが、（彼の思うには）他の階級の人たちはほとんど皆彼を憎んでおり、それというのも彼が先に述べたような身分を持つ一年志願兵だったためである。彼らは大酒飲みで愚かで卑しく、邪悪で薄情のように思われた。彼らのうちに人間性のかけらを見出すことさえほとんど不可能であった。彼は彼らを憎んだりしなかったが、彼らが彼を嫌っていた。彼らは人間の皮をかぶった化け物であり、賤民である。人間は総じて哀れな悪党であると本当は言いたいのであろう。デイヴィド・ピンセントからの感動的な手紙を読んでいると、ウィトゲンシュタインは自分が追放され、化け物たちの中で暮らしている気がしてきた。そしてノートの中で彼らに毒づいている。それはもちろん彼らに実際に毒づくことをしないためでもある。彼らに腹を立てても無駄であることを知っており、ゴプラナ号上にいたときと同じく無頓着でいるように努力した。彼は自分の失敗を責めた。自分は弱い人間であり、聖者にはなれないのであろうか。周囲に不満を持つことは悪しき生活の兆候であった。仲間を憎むよりも理解するよう努めるべきである。自分のまわりにいる人々は卑しくも愚かでもなく、ひどく狭量なのである。彼らの仲間うちではそれなりに知的であるのだが、品性を、したがってまた幅を欠いているのである。「真の信仰者の心はすべてを理解する」と彼は言っているが、たぶん自分自身と彼らとの両方にあてつけているのであろう。

彼のノートには、戦争の初めの頃と同じくらい多く自戒と祈りが記されている。

これから監察である。私の霊は萎縮しきっている。神よ我に光を与えたまえ！　神よ我に光を与えたまえ！（日記、一九一六年三月二九日）

最善を尽くせ。それ以上のことはできないのだ。快活であれ。自己に満足せよ。他人はおまえを支えようとはしないし、してもせいぜいわずかのあいだだけであろうから（そのときおまえは彼らの負担になるであろう）。全力でおまえ自身と他人を助けよ。そしてその際に快活であれ！　しかしどれだけの力を自己自身にふりむけ、どれだけを他人にふりむけたらよいか。よく生きるのは難しい。しかしよい生活というのは素晴らしい。とはいえ私が願うことではなく、御心にかなうことが行われますように。（日記、一九一六年三月三〇日）

以前と同じように、戦闘中は、神に助けを求める祈りと神の御手への忍従がさらに増してくる。戦闘は四月二一日頃から始まった。砲兵中隊に加わってから一カ月後である。彼は最初、射撃陣地に配置された。

そこでは重労働が待っていて、（彼の階級では）特殊な能力を要するものは何もなかった。訓練はほとんど必要と見なされていなかったことに注意しなければならない。彼は二回、監視所に派遣されたが、一度は不意打ちの砲撃のときであった。そして二度とも砲火をかいくぐった。

神のことを考えている。御心にかなうことが行われますように！　神が我と共にいますように。人が必要とするのは神だけである。（日記、一九一六年四月二九日および三〇日）

彼はいつまでもその場所に派遣しておいてくれるよう要望までし、その志願は（妥当にも）許可された。彼が監視所の優秀な従兵であり、そこでの孤独は彼の気質にぴったりであったことは明らかである。

私は監視所にある呪いの城に住む王子のようだ。（日記、一九一六年五月五日）

そこには、問題をはらむ別の魅力もあった。

たぶん明日、私自身の要望により監視所に派遣されるであろう。そのとき初めて私の戦争は始まる。そして、おそらく私の人生も。たぶん死の接近が人生の光明をもたらすであろう。（日記、一九一六年五月四日）

ここでの彼の任務は厳密に決まっていた。敵の位置を突き止め地図上に記し、味方の大砲の着弾を監視し指図するというものであった。最後はいつも弾幕砲火になるのであり、後年、彼はそれを思い出しては興奮した。敵の砲火と味方の砲火は彼を悩ましはしなかったものの、絶えず野戦電話に向かって怒鳴っていなければならなかったことをのちに振り返って、彼は不平をならべたてた（これも彼が自分に許した非論理性の一つである）。後方への伝達が監視所の存在理由であるのはもちろんなのだが。

絶えず死の危険があったために、絶えず祈ることにもなった。危険に直面したときや、からくも生き延びたときにである。もし自分が「臆した」なら、たとえば砲声を聞いて心がたじろいだなら（ということは肉体はたじろがなかったということであるが）、それは人生について誤った考えを持っているしるしであると彼は考えた。それは罪であり弱さであって、仲間の者たちへの彼の苛立ちが罪であるのとまったく同様である。彼は罪に深く身を沈めているが、神は赦してくれるであろう。彼の精神がもっと強ければ、それだけ幸福になるであろう。人生の終局を思いみるべきである。「死のみが人生に意味を与える」と彼は監視所にいた最初の日々に書いている（父の死に際して彼が言った言葉が思い出される、前述二八二頁）。これは少なくとも二つの意味を持つ。死を思うことのみが人生を好ましいものにするということと、死に直面することのみが人生において価値があるということである。ウィトゲンシュタインが危険の最も大きい場所に行ったのは後者のゆえにであるが、そこで前者のことも実感せざるをえなかった。彼は最も困難な状況に身を置く決心をしたかのようであった。戦友に腹を立ててしまうという自らの弱点克服の失敗は、もし彼が身に迫ってくるずっと大きいこの試練に打ち勝てれば、どうにか埋め合わせがついた、あるいは帳消しになったというべきであろう。彼は自己自身の主人になることが必要であったと言うこともできる。何か相当の職務を達成したときにのみ、彼は得心のいく形でそうした境地に至ることができた。思う通りの立派な人間にぜひともなるように、彼は危険の中に身をさらしていたのである。

姉のミニングが時々考えたように、ウィトゲンシュタインが実際に聖人であったのかという問題にここで触れておくべきかもしれない。彼自らは聖人ではないと考えていたが、それが答えのように思われる。とはいえ聖人の概念は彼の念頭にあり、自分がそれにどれだけ足りないかを意識していた。このため彼とはとうてい気楽につき合いきれなかった（その意味では聖人のようなところがあった）。彼はまた他人に霊感を与えたり、英雄になったりすることがあった。日記は自己正当化のために書かれたわけではないし（ウィトゲンシュタインはそうした動機をうさん臭い目で見たであろう）、また彼の人生を正当化するのがわれわれの任であるわけでもない。日記の記述がわれわれに対して持つ価値は、それが彼の人生の意味――といってもその成果ではなくその核心――を明らかにしようとしている点にある。読み取らなければならないのは彼の理想の本性である。すなわち「よい生活をし自己を浄化する」（日記、一九一四年七月二六日）という言葉の持つ意味である。

陣地戦が五月いっぱい続いたが、その月の終わり頃になるとロシアの攻勢が迫っていることが明らかになった。大量の弾薬と多数の兵隊がロシア南西方面軍のほぼ全戦区に運ばれていた。五月二七日にウィトゲンシュタインは「今日明日にも」攻撃があるだろうと予想した。こうした状況に彼は神経過敏になった。当時のオーストリア゠ハンガリー軍兵士が皆そうであったと言われている。

この何週間かひどくうなされる。いつも自分の任務を夢にみる。夢にうなされて、私は目を覚ましそうになる。（日記、一九一六年五月二八日）

実際に攻勢が始まったのは六月四日であり、ロシアの南西戦線全体にわたって展開されたが、主戦場は北方のルーツクと、ウィトゲンシュタインが駐屯していたドニエストル川のすぐ北のオクナ地域であった。

ロシア皇帝は、西側連合軍への同盟軍の圧力を多少ともそぐため、夏季攻勢を行うことに同意していた。もともと、これは七月に予定されていた。ところがイタリア軍支援のため、早めに行動を起こすよう要請がきた。ロシア軍の司令官のうちブルシーロフだけがこれを行う準備ができていた。攻勢（これはブルシーロフ攻勢として知られており、大戦中にロシア軍の収めた最も重要な勝利の一つである）の実体は次のようなものである。同盟軍部隊（この戦区には相当数のドイツ軍が加わっていた）は強固な備えをした陣地内にあった。これら陣地を臼砲、大砲でたたき、どこでもよいから前線突破が敢行されれば、そこから侵攻するという作戦が立てられた。当然これは予想されたことであり、それに対する同盟軍側の防御作戦は、歩兵をたこつぼにかくまって敵の一斉弾幕砲火から守り、敵の突破が決行されるや、歩兵は無傷のまま飛び出してへとへとになった突撃兵に襲いかかるというものであった。この間、応戦する防御側砲火は弾幕砲火の威力を減殺するであろう。ブルシーロフが正しく予知したのは、攻撃側の弾幕砲火は監視を妨げ、防御作戦を支えている通信連絡を分断するだろうということである。そして混乱のため——文字通り戦雲のため——防御側歩兵がタイミングよくたこつぼから飛び出すのは至難の業となる。それに加えて、どの地点で主要攻撃が繰り広げられるか防御側にはわからないため、それを迎撃し牽制する前線部隊の後ろに、しっかりした増援部隊がついていなかった。こうした形勢は士気に関わってくる。当時、「突破熱病」がよく話題になった。突破軍の両翼にぶつかった部隊を襲う恐慌である。一九一五年に莫大な数のロシア軍兵士が囲い捕られたのがその例である。オーストリア＝ハンガリー軍部隊の質に問題があったというよりも、彼らが戦線維持にこだわりすぎる作戦に従っていたためにブルシーロフは勝利を得るに至ったと言える。彼はもちろん相手の軍隊が多言語集団であることに助けられたし、そしてたぶん相手の将軍たちの指揮のまずさにも助けられた(35)。

ウィトゲンシュタインはちょうど「一等砲兵」に昇進したところであった。彼のいた師団は第一一軍団の左翼、したがってベニグニ部隊（その後まもなく第七軍団と改称され、ウィトゲンシュタインのいた師団はこれに加えられた）の真南にいた。出身地がまちまちの混成部隊であったが、彼らはオクナの戦闘では最良のロシア軍部隊のいくつかと対峙してこれを寄せつけなかった。ウィトゲンシュタインへの勲章授与を上申する報告書が二通残されており、それらには、この戦闘における彼の任務と働きが描かれている。長いほうの報告書には次のようにある。

志願兵ウィトゲンシュタインは砲台ＪＲ七七（基本地点サロクリニツニー）と四―六vi一六の騎兵隊防衛拠点四五八高地との前方で戦闘中、監視将校付でありました。
砲台への重砲火や臼砲弾の炸裂をものともせず、彼は臼砲の発射を監視してその位置を突き止めました。砲兵中隊は実際、重口径臼砲二門に砲弾を命中させ破壊するを得たことは、捕虜の追認するところであります。中隊監視所四一七高地では弾幕砲火の中、私が何度か身を隠すよう呼びかけたのでありますが、彼は休むことなく監視を続けました。この顕著なる行動により、彼は戦友たちの動揺を静めるのに多大の貢献をいたしました。(36)

ここで推薦を受けている勲章は武勇銀章二級で、彼のような低い階級の者にはかなりの栄誉である。その勲章は一〇月に実際に彼に授与されているが、詳細はわからないものの、別の、これ以前の戦闘に対するものであることは間違いない。今見た推薦によるものは、同じく一〇月に授与された殊勲銅章であったようである。(37)

前述の騎兵隊防衛拠点は実際、しばらく持ちこたえてロシア軍を食い止めたが、六月一〇日にウィトゲンシュタインのいる陣地の北西面に向けて突破が敢行された。そのためプランツァー＝バルティンは撤退をよぎなくされ、ベニグニ部隊は西に移動し第一一軍団は南西に向かって（必要なところでドニエストル川を渡り）プルート川の線まで、のちにはシレト川の線まで移動した。ウィトゲンシュタインはおそらく彼の属する師団と共に後者の方向をたどった。

オーストリア＝ハンガリー軍は北方のルーツクにおいてと同様、ここでも混乱に満ちた総退却をよぎなくされた。その際、多くの兵士を失った。計算によると、六月一二日までにプランツァー＝バルティンには、ウィトゲンシュタインの加わっていた隊列にいるべき彼の麾下の一万六千の将兵のうち、わずか三千五百しか残っていなかった。ウィトゲンシュタイン自身、のちにこの攻勢を受けたあとの長い退却につい て甥に語っている。延々とのびる縦隊の中、彼は疲労困憊して馬に乗っていたが、ただ鞍にしがみついているとだけを考えていた。というのは、もしころがり落ちれば踏みつけられて死んでしまうだろうからである。

「先月は途方もない辛酸をなめた」とウィトゲンシュタインは七月七日に書いている。彼がいったいどんな作戦に従っていたのかを示唆する日記の記述がないのは、いたし方ない。第七軍の多くが南西に退却したため、ロシア軍は六月半ばにブコヴィナに侵攻した。ウィトゲンシュタインのいた師団はこの戦いに参加し、そのあと六月二四日から七月六日までコロメアの戦闘に参加した。結局オーストリア軍はカルパチア山脈まで押し戻され、この会戦の残りの期間をここで過ごした。数少ないノートの記述の一つによれば、ウィトゲンシュタインは山中にいた。

ひどい天気だ。山の中ではろくな避難場所がないのに、冷え冷えとした寒さ、雨、霧である。責め苛まれる生活だ。自己を失わないようにするのがひどく困難である。それも私が弱い人間だからだ。しかし霊が私を助けてくれる。私が病気になるなら最高であろう。そうなれば私は多少の安らぎを得られる。(『草稿』一九一六年七月一五日)

困苦と危険のため、自己を、霊から授かっている部分を失うのではないかと彼は恐れた。彼の戦友たちも、しばしばこうした困難に輪をかけた。

七、八月中、プランツァー゠バルティンはドニエストル川南部地域で何度か反攻を試みた。敵側ロシア軍のレチツキーを彼がすでに勝ち取った地域内にほぼ釘づけにした点で、それは効果があった。しかもロシア軍がハンガリーに向かう通路は鎖された(これは軍事的目的よりも世論対策として重要であった)。結局、プランツァー゠バルティンの軍は少なくとも二重帝国軍を軽視できないことを証明してみせたと言える。二重帝国軍が手痛い敗北を喫していたというのは本当である。多くの戦区では、ドイツ軍部隊の混入により動きがとれなくなっていた。多くのオーストリア゠ハンガリー軍部隊は今やヒンデンブルクの指揮下に入り、南部方面軍のプランツァー゠バルティンでさえフォン・ゼークト(プロイセン軍人の典型)を参謀長に迎えなければならなかった。のちには南部方面軍オーストリア総司令官カール大公も彼を参謀長に迎えることになった。とはいえロシア軍は釘づけにされたままであった。この戦争におけるロシア軍の失敗はブルシーロフ攻勢以上の勝利をあげられなかったことにある。最後の一撃も部分的な成功を収めただけであった。

ウィトゲンシュタインがこれらの作戦で正規の任務に就いていたことは明らかである。彼が砲火をかいくぐり、歩兵と食事を共にし（将校と一緒のはずだったのが兵士と一緒に食事をさせられるのを嫌がっていること、また特権を得ようと努めていることで彼は自分を責めている）、新しい陣地に向かって三日の行軍をしたことがわかっている。八月の中頃になって、彼は訓練のためにまもなく後方に送り返されるだろうと聞いて、それを喜んだ。どう見ても今のままでは卑俗さから逃れられないからである。正規の訓練は戦時中も続けられねばならなかった。というよりも戦時中だけになおさらと言うべきであろう。ウィトゲンシュタインはその技量と勇気のゆえに、まぎれもない将校候補であった。加えて彼の戦区の過酷な戦闘は終局に向かっているように見え、彼の任務を解いてもよくなったことも、理由になっていたようである。

ウィトゲンシュタインは五カ月間ずっと戦場にいた。彼の書いた覚え書きは哲学的なものにしても個人的なものにしてもごくわずかであるが、それでも彼の思考の変化がよくわかる。それは彼の顔つきの変化と同じぐらい大きなものであった。四月に彼は以前の戦時ノートの中ですでに話題になったことのある命題、関数、対象について、わずかばかりの覚え書きを書いた（本にしてせいぜい一頁半である）。五月には問題提起程度の走り書きがあるぐらいだが、一つだけとくに興味深い箇所がある。それは自然法則が自然現象を説明するという近代の幻想についてである。古代人（彼らにあっては今の自然法則の役割を神や運命が果たしている）は明確な限界を承認していたかぎりで、すべてが自身に根拠を持ちうるとは考えていなかったかぎりで、ずっと明晰である。（こうした意見は『論考』六・三七一―二で用いられている。）なお、ウィトゲンシュタインは彼の時代の「世界観」についても一般的意見を述べ始めている。ようやく七月の初めになって[38]、再びものが書けるようになった。彼が沈黙していた理由が戦闘に加わっていたためであることは、すでに見たところから予想できる。けれども緊張が高まっていた五月、そして敗走した六月のあいだ、あらゆる問題について存分に思索した（と七月六日に書いている）。「奇妙なことに、私は私の数学的思考様式とのつながりをつけることができない」[39]。この困難は、彼が哲学的覚え書きを再開した際の次のような言葉から明らかである。


私は神と人生の目的について何を知っているか。

私が知っているのは、この世界が存在すること。

私の目がその目の視覚野の中に位置しているように、私はこの世界の中に位置していること。

世界には世界の意味と呼ばれる何か問題となるものがあること。

世界の意味は世界の中にあるのではなくその外にあること。

……

人生の意味、すなわち世界の意味を、神と呼ぶことができる。

そして父なる神という比喩をこれと関係づけることができる。（『草稿』一九一六年七月一日［四日？］）

ノートの残りの部分（本にして二〇頁ほど）には人生、宗教、倫理、意志、独我論についての省察が、命題の一般形式や操作の本性についてのいつもの議論のあいだに散らばっている（それどころかそうした省察の比重のほうが大きい）。さらに重要なことは、これら省察が以前のノートのように祈りや自己分析といった個人的性格をもはや持たないことである。また暗号で書かれてもいない。あたかも彼は自分の哲学と内的生活とのあいだの溝を埋めた、あるいは埋めかけているかのようである。実際、彼が八月二日に言っているのは、このことだと思われる。

そうだ、私の仕事は論理学の基礎から世界の本質へと広がってきている。(40)

先に述べたように(一二九—一三〇頁)、技術的な哲学は「人生哲学」に対して意味を持っていることが、無意識のうちではあれ彼が前者に向かう動機の一部を成していたことは間違いない。ただその意味が彼には必ずしも明らかではなかった。だが、今この危険と敗北にまみれた最悪の夏、銃弾と砲弾のさ中に、彼は両者が結びついていることを感じ始めた。命題や操作の本性を把握することは、人生に対して正しい態度を取ることと何らかの関係がある。哲学に対する彼の態度は、人生に対する彼の態度と同じ構造を示すだけではない。両者は今や同一のものとされる。ラッセルの批判者たることとドストエフスキーの読者たることとが融合している。

ウィトゲンシュタインの最初の哲学(そして彼の後年の性格の多く)は、あの戦闘の季節の成果である。しかし実を結ぶためには、実りの秋も必要であった。それは戦時の奮闘や苛立ちからある程度解放される一方で、知的で人間的な刺激に満ちた季節である。この刺激により宗教と論理学の混交が進められ強化され、戦後のラッセルはこれにひどく驚いた。またこの刺激を受けて、他人に対する彼の態度に見られる相互に矛盾する二つの面もあらわになってきた。彼は権威主義的であるかと思えば情愛こまやかで人なつこいといったふうであった。軍隊生活というルーレットの輪はめぐって、今や鎖された軍隊の檻から彼を解放し、しばらくは先に述べた「家族」の一つに彼を転がり込ませておくことになった。その家族の中で、叔父とか父というわけにはいかないにしても、少なくとも兄の位置を占めるようになるのだが、彼にはたぶん初めての体験である。

事情を整理すると次のようになる。ウィトゲンシュタインは所属の連隊からモラヴィアのオルミュッツの町にある予備士官学校に転出となり、任地に行く前にまず休暇でウィーンに行った。そこで彼はロースに会ったが、(41)その際ロースは、ちょうどその頃オルミュッツで療養していた若い弟子の名前を彼に教えた。それはパウル・エンゲルマンであった。

エンゲルマンはこれをきっかけとしたウィトゲンシュタインとの出会いを述べるにあたって、当の町の物理的情景を描写することから始めている。

私のいた当時、そこは二〇世紀の平板な世界の中にあって、えもいわれぬ美しさを保っている過ぎし時代の遺構であった。二つの大きな広場を取り巻く荒れかけた町家のあいだ、あるいは昔の要塞の狭苦しい区域に押し込まれた曲がった小路での毎日。丸天井におおわれた暗い階段のある家や、一、二の大きくて陰鬱な部屋しかなく、ニス塗りの床板がひどく傷んでいるアパートなどでの暮らし。そしてそこには死に絶えようとしている小市民の家族の最後の生き残りたちがいる。こうした環境で幼年時代を過ごした人は、もっと普通の所で育った人にはもう見られないような過去のものに対する感受性を授かる。(42)

ウィーン人にとってオルミュッツは田舎者根性の代名詞であり、チェコ地方におけるドイツ人の辺境居留地であるとはエンゲルマンは言っていないし、そう感じてもいなかったであろう。だがそうした事情が、この地の文化生活が豊かである理由にもなっていた。前世紀後半における二重帝国の思想家のうちのかなりの数が、こうした小さな町の出身であることは注目に値する。フロイト、マッハ、フッサール、ゴンペルツ、ロースはモラヴィア出身であり、クラウスはボヘミア出身である（プラハのドイツ人作家リルケとカフカにしても似たような事情にある）。彼らの文化はドイツ文化であり、その最後の開花はチェコの国民的復興と競合し、ついには後者が前者に取って代わった。彼らのドイツ文化はカトリック的文化であった。反宗教改革の教会、柱、像がどの広場にもあり、聖人記念日が祝われ、オルミュッツの人は誰でも当地の大司教の持つ優れた位階と特権を知っていた。またその文化はかなりの程度ユダヤ人によって受け継がれた。中にはオルミュッツの大司教コーエンやクラウス自身がしばらくそうであったようなユダヤ教からの改宗者もいたが、たいていい戸籍上はユダヤ人のままで、ただキリスト教の本質ないしは彼らが本質と考えたものを進んで取り入れた。いずれにしてもウィトゲンシュタインが招き入れられたのは、そうした若者たちの小グループであった。

紹介の労を取ったエンゲルマンは、ウィトゲンシュタインが弟子に期待するような性質を多く持っていた。穏やかで利己的ではなく無気力とさえ言えるほどだったが、自分自身の落度には厳しかった。彼は建築家、もっと限定すれば「室内装飾家」であった。あるいはそのための修業をしていた。彼は小柄で、皆から愛嬌ある醜男と思われており、健康状態はよくなかった。[43] 一九一五年に彼は入隊後わずか数日で、傷病兵として退役となった。ある点で自分はウィトゲンシュタインと非常に違っていると彼は考えていた。戦争勃発時には彼もまた、先にウィトゲンシュタインの覚え書きでたどったような愛国心の大波にのまれていた。だが時がたつにつれて、同盟国側の戦争指導に対するカール・クラウスの異議の正しさを彼は確信するようになった。彼はクラウスを助けて新聞の切り抜きを集めたが、そうした切り抜きは戦時中の『ファッケル』の多くを埋めており、そして幻想的で上演不可能な戯曲『人類最後の日々』の中でしばしば用いられている。典型的な切り抜きとしては公報があり、それらは言葉づかいそのものにより註釈なしで当局の野蛮さやジャーナリズムの腐敗を暴露する。よく引かれる例は一九一六年の次のような報告である。

ベルリン発、九月二二日。

ヴォルフ局報告。わがUボート一隻は九月一七日地中海にて任務中の敵輸送船を攻撃。船は四三秒にて沈没。(44)

クラウスはこれに「時計を手にして」という題をつけただけである。公的宣伝に対するこうした痛烈な風刺が前線の将校によってごく普通になされていたという事実には、どこかオーストリア的なところがある。イギリスの将校ならディケンズ、マコーリ、シェイクスピア、スコットの仮綴じ複製本を読んで満足する。オーストリア人は大義を、ましてや勝利を確信することなく、勇敢であることが要求された。彼らが人間社会の本質へのより辛辣で現実主義的な見方をもって登場するのは、当然であった。彼らの内面をのぞいてみると、彼らの義務感は帰属している集団への全面的信頼には支えられておらず、良心は結果よりも動機と方法に焦点を合わせており、のちに内的亡命と呼ばれるものの先駆と言える。ウィトゲンシュタインにもこうした態度の兆候があることは、すでに見た通りである。それは同時代のイギリス人に比べてずっと希望の少ない道徳的状況に直面していることの反映であり、三、四〇年代においてウィトゲンシュタインが彼らと違っている点の多くは、もとをただせばここからきている。だがエンゲルマンの反応はウィトゲンシュタインとは違っていた。エンゲルマンはクラウスよりも極端である。クラウスは最初から同盟国の敗北を望んでいたことをのちに認めたと伝えられる。エンゲルマンは戦争をしているどちらか一方を敵視することはなかった。彼はまったくの平和主義者であった。彼は回想の中で自分の活動について語りたがらず、ただその効果は(45)ウィトゲンシュタインたちが当時考えていたほど気まぐれで現実離れしたものではない、と主張している。彼がここで言っているのはクラウスの『ファッケル』による効果のことではなく、たとえば次のような出来事であると思われる。あるとき彼は病気で寝ていたが、家の向かいの聖マウリッツ教会で新たに前線に送られる部隊が（いつものように）ミサを受けていた。彼はベッドから起きあがり、教会に入り、人々に聖霊の名において武器を捨てるよう勧告した。もちろん彼はそれをドイツ語で話したので、チェコの兵士たちが理解したとは思われない。引率の将校は穏やかにエンゲルマンに立ち去るよう命じただけで、それ以上の処置は取らなかった。エンゲルマンはベッドに戻り、危うく難を逃れた。彼が動けるようになるとすぐ、友人のグロアクは彼をウィーンに、そのあとツェル・アム・ゼーに連れ出し、皆が忘れてしまった頃になって初めて二人は帰ってきた。

エンゲルマンのサークルの仲間は皆世間離れしていた。彼らは商業や専門職の家庭の出で、そろって芸術や精神的事業に身を捧げることを夢みていた。エンゲルマンの父親は商売にあまり成功したとは言えず、それなりに暮らしていたものの先代が築いた水準には達していなかった。兄弟にはペーター・エングの名で画いていた才能ある風刺漫画家がおり、姉妹にも画家がいたが重い鬱病にかかっていた。エンゲルマンは、小さいが厳選した委託業務、個人出版業務などで生計をたてることになる。また、ほっておけば散逸してしまうドイツ最高の詩を集め、自身の絶妙な手書きによる選集を出版したりした。彼らは皆世間一般の人々に盾突いた。それに対しエンゲルマンの母――少々みすぼらしい住居での知的な夕べの心暖まる中心であった――のほうは、自分たちより裕福で近頃成りあがった市民たちを嫌っていた。

サークルの中には従兄弟同士のツヴァイクもいた。音楽家のフリッツと作家のマクスである。マクスは法律を勉強したものの、このうえなく厳密な統一規則に従った戯曲を書くことに生涯を捧げた。彼はプロスニッツの父親の事務所を継がずに、エンゲルマンと共に生涯の過半をイスラエルで一種の亡命生活をして過ごした。その地ではドイツ文化などあやしいものに思えたに違いない。さらに先にも触れたハイニ・グロアクがおり、彼はたぶん最も実際的で最も愉快な人物である。俳優志望であったが、結局弁護士になって成功した。青年時代の理想主義の面影がのちの彼の献身的平和主義のうちに見られ、モラヴィアで〔ナチスの時代には〕ユダヤ人として、続いて〔社会主義政権下では〕ブルジョアとして生き抜くことが彼の信念とならざるをえなかった。

彼らは今やウィトゲンシュタインのサークルのメンバーということにもなり、ウィトゲンシュタイン家ともしだいに交際するようになった。二〇年代にエンゲルマンは建築と室内装飾の依頼を受け、グロアクは法律の仕事の依頼を受け、技術者が必要になったときにはグロアクの従兄弟が頼られるといった具合であった。すでに述べたように、彼らはウィトゲンシュタインにとって家族であった。彼ら同様、彼も自分の家族を裕福にした家業を継ぐことに熱心になれなかった。そしてこの小さな集まり同様、彼の家庭でも音楽を演奏したり、芝居をしたり、本や詩を論じたりして時を過ごした。それゆえ彼らといると、家に帰ってグレートルや彼女の友人たちといるようであった。違うところは、ここでは彼が指導的立場にたてたことである。グレートルは彼に信仰など持たないようにと説いていたが、彼は自分の宗教の理想に最も近いトルストイとドストエフスキーの文章に彼らを導くことができた。そしてここには慈愛あふれる母親役のエンゲルマン夫人がおり、すべてを包み込んだ。エンゲルマン自身は真面目で自己に厳しく、ウィトゲンシュタインが必要としている弟子にぴったりであった。ウィトゲンシュタインはまだ吃っていたが、エンゲルマンがいると――ウィトゲンシュタインの言うには胎児を引き出す鉗子の役をして――言葉をうまく口に出すことができた。実際エンゲルマンは彼の思考に非常に親しんでいたので、彼より先に正確な定式化をすることがよくあった。またウィトゲンシュタインは自分の着想を発展させるのに、グロアクの鋭い頭脳と驚異的な記憶力を活用した。彼は夕べの集まりを誰かほかの者（グロアクかエンゲルマン）と辞去すると、こんどはお互いどちらかの家に一緒に行って夜が更けるまで会話の続きをした。ここには確かに戦闘からの暫時の休息があり、ヴィスラ川上で求めてやまなかった感情ゆたかな人たちがいた。

彼らにとってそうした日々が忘れ難いものであったのは間違いない。ウィーンから一人の男がやってきたが、彼らより少し年長なだけであるのにすでにたくさんのことを知っていた。彼らの問いに対して、かけ離れてはいるが、明晰と確実を得られるかもしれない論理学と哲学の領域から、彼は答えを引き出してきた。彼らが畏敬の念を抱いていたのは言うまでもない。彼は自分たちよりも多くを見、体験していたし、オルミュッツ最上の仕立屋で制服をあつらえ、ウィーンの一流の家庭の出である。彼も自分たちとほとんど同じユダヤ人だとはとても考えられなかった。彼は名士たちと対等に話もしていたのである。いかにも彼らしいところだが、彼らに接する態度にはいくつかの要素が入り交じっていた。一方に彼の家族特有の人を引きつける慎み深さと上品さ、というよりもむしろ「魅力」があり、他方にはびっくりするような道徳的判断の厳格さとそれを言う際の野蛮さと直截さがあった。彼らと違っていた点の一つは、精神生活に専念する人たちのあいだでありがちな恋愛沙汰に何ら関わっていなかったことである。彼は女性に何の関心もないと彼らは思っていたし、彼のほうでは彼らの一人――あまり親しくない友人――に「君たちは汚物の中をころげまわる豚のようだ」と言った。彼らは、少なくともグロアクは彼の性格をよく知っていたので、他人と距離を置くことがどうしてそんなに必要なのかとたずねた。彼がショーペンハウアーの寓話を引いたのはこのときのことである。ヤマアラシたちは一方で群れあってお互いに暖を取りたいのだが、他方ではお互いの針を避けたいと思う（前述七六頁）。彼の場合もこれと同じであった。一方で彼は彼らとの快適で談論風発の夕べを必要としていながら、他方ではそのさ中に、自分をそこから連れ出してほしいと哀願するようなまなざしをグロアクなどに投げかけたりした。（確かにこの場合、この頃彼が患っていた重い胃病もその理由になりうるとはいえ、彼は友人一人とならば楽しそうに語り合っているのであまり説得的ではない。）ウィトゲンシュタインは正しい距離を見出すのが困難であったというのが本当のところではあるまいか。彼は「市庁舎」の高い塔で暮らしたいと思ったときのように、あらゆる交際を避けようとするか、友人たちの生活に関わりすぎて彼らの欠陥に苛立つことになるかの、いずれかであった。

彼ら青年たちにとってウィトゲンシュタインはたいてい先導者であった。彼らは生涯を通じて劇や音楽をしたり、読んだり話したりしたにもかかわらず、彼と過ごした時はしっかりと記憶にとどめられた。彼が皆を率いていた。彼は実行者ではなく批評家であったが、その判断は重きを成した。のちにベルリン歌劇場指揮者になるフリッツ・ツヴァイクが、彼らに演奏して聴かせた。ウィトゲンシュタインの役目は聴衆の筆頭になることであった。階上の住人が床を踏みならすと（演奏の始まるのは九時半であった）、エンゲルマン夫人はやめようと言い出すのだが、上の住人もこうした音楽を聴いて幸せになるべきだとウィトゲンシュタインは言い張った。彼は彼らの劇の観客になった。彼が役を受け持つことは誰も考えておらず、彼がそこで観ていてくれることが彼らの『気で病む男』の上演を忘れ難いものにした。

ウィトゲンシュタインらしいところだが、彼が楽しみ取り組んだのは過去の偉大な創造的芸術家の限られた作品であった。モリエールが上演され、シェークスピアも上演されたらしい。[46] フリッツ・ツヴァイクはシナゴーグ（ユダヤ教会）のオルガンで彼らにバッハを演奏して聴かせ、またハミングとピアノの両方でモーツァルト、シューマン、シューベルト、ブラームスの声楽曲や管弦楽曲を演奏した。（ウィトゲンシュタインがムーアやピンセントと一緒に口笛を吹いたことが思い出されるが、実際彼はエンゲルマンにも吹いてみせた。）若い連中はヴァーグナーを嫌っていたものの、ウィトゲンシュタインもそれにとくに反論はしなかった。詩の場合も優れたものだけが取りあげられた。ゲーテやメーリケの最も厳密な意味で古典的な詩は、前線にいるウィトゲンシュタインに送られたアルベルト・エーレンシュタインの詩（後述四三七頁）に対する解毒剤として必要であった、とエンゲルマンは指摘している。ウィトゲンシュタインがシラーの自由への情熱を賛えた（前述五六頁）のはグロアクに対してであり、グリルパルツァーについて「どれほど彼が素晴らしいか、われわれはわかっていない」（前述五七頁）と言ったのも彼に対してである。グロアクと一緒にいるときはいつでも、彼にゲーテを語った。ウィトゲンシュタインは表現と感情の正確な適合のゆえにゴットフリート・ケラーを称賛した、とエンゲルマンは語っている（これにはほかの証人もいる）。同じ特質が、クラウスによると「明瞭すぎて誰も理解できない」ウーラントの詩にあるようにエンゲルマンには思われた。『エーベルハルト伯爵のサンザシ』は、主題はロマン的で、表現が精確かつ控え目である点では古典的である。この詩についてウィトゲンシュタインの書いたささやかな批評文を、エンゲルマンがとくに重視しているのはうなずける。

ウーラントの詩は実に壮大です。そのわけはこうです。言いえないものを言おうと試みないならば何ものも失われることはありません。そして言いえないものは言われたものに——言わく言いがたく——含まれているでしょう！（エンゲルマン宛ウィトゲンシュタインの手紙、一九一七年四月九日）

ここでは二つのことが重要である。第一には、ウィトゲンシュタインの文学に対する思い入れは彼の哲学的仕事の中心観念の一つ、すなわち命題によって示されることは命題の中で明示的に表明されることはできないという考えに結合していることである。第二に、この観念はエンゲルマンによって示唆されたように思われることであり、そのことはこの手紙の中でウィトゲンシュタインが彼に賛成しながら語っていることからわかる。エンゲルマンはウィトゲンシュタインとの会話の中で、彼の展開する論理概念に遠くからついていく以上のことは望まなかったが、エンゲルマン自身その頃精神的危機にあったため、ウィトゲンシュタインが例の本を書いている動機を理解できると感じていた。この本は哲学における感覚主義と心理学主義への反動となるはずであった。それは当時の文学の大部分をウィトゲンシュタインが拒否したことと軌を一にする。彼が依拠したのは、この点について反動的立場をとった人たちであった。それはまずクラウスであり、彼を通してヴァイニンガーと批評家キュールンベルガーであるが、このキュールンベルガーからウィトゲンシュタインはある句を好んで引き、のちに『論考』のモットーに用いた（奇妙なことに彼はこの引用の出所を明らかにしていない。なおこの句はクラウスも引用している）[47]。このモットーは彼が参加していた、あるいはむしろ彼が作りあげたとも言えるサークルを象徴するものであった。彼らもまたしばらくは、言うに値するものはすべてわずかの語で言うことができると考えていた。「無くてならぬものは唯一つのみ」というウィトゲンシュタインが前線で見出したトルストイ的キリスト教の基調は、今や知的生活全般に及ぼされた。取られたアプローチは、広い意味では言語論的であったと言えるかもしれない。クラウスが敵対者の言葉を捉え、その言うところを明らかにして当人の口から有罪宣告させるやり方と、ウィトゲンシュタインによる哲学の言語の批判とをエンゲルマンは対応させようとしている[48]。ウィトゲンシュタインはこの頃、パウル・エルンストの書いたグリム童話への「あとがき」を読んだり検討したりしたようでもある。どれほど言語が[49]——文字による図示的表現や隠喩が——われわれを誤解に導くかについての説明は、彼に強い影響を与えた。両方の場合で、ウィトゲンシュタインは彼の依拠したものを超えて進んだ。すなわち彼は欺瞞や惑わしばかりではなく、無意味〔ナンセンス〕を探りだし、解剖した。とはいえ、いずれの場合も、そこにはある思索がこめられている。このオルミュッツ時代にウィトゲンシュタインの心をしっかりとつかんでいた主題はヴァイニンガーやクラウスとも共通したものであり、論理学、倫理学、美学は一つであるという観念であった。ウィトゲンシュタインはオルミュッツでこの主題に関するヴァイニンガーの本の諸章をよく議論しており、『論考』で倫理学と美学は一つであると言っていることにそれが反映している。エンゲルマンは、これに関連するクラウスの所論の二つの面を指摘する。作品は美的規範だけで一面的に判断してはならないとクラウスは主張し、また道徳的欠陥は一般に芸術家の作品において美的誤謬として現れてくる、とも主張する。しかしウィトゲンシュタインとその友人たちが言おうとしたのは、明らかにそれ以上のことである。彼らの思想の一般的方向は一九一六年のノートから復元できる。

芸術作品とは「永遠の相のもとに」見られた対象であり、よい人生とは「永遠の相のもとに」見られた世界である。これが芸術と倫理の関係である。(『草稿』一九一六年一〇月七日)
世界を幸福な目で眺めるのが芸術的なものの見方の本領であろうか。
人生は深刻で、芸術は陽気。［シラー］
というのは芸術の目的は美であるという見方には、本当らしいところがあるから。そして美とは幸福にさせるものにほかならないのだから。(『草稿』一九一六年一〇月二〇—二一日)

ここでは、ある種のものの見方が問題になっている。のちにわかるが、それはある特殊な仕方でのみ伝達されうるもの、示され明らかにされるが言うことのできないものという概念に結びついている。芸術において示されるものとは、エンゲルマンが解決と呼んでいるものかもしれない(50)。それはウィトゲンシュタインが(後年、明らかになったことではあるが)「ハッピー・エンド」の映画が好きなこと、また詩の持つ教化的側面に「愛着を持っている」ことと符合する。こうした彼の好みは趣味を多少狭めており、彼の視点が要求するものでもない。とはいえ、彼の視点と矛盾もしていない。倫理についてもまた、全体としての世界の中で解決を見ることができる、少なくとも見ようとする人の目は見ることができる、とされる。

オルミュッツのサークルの人たちが、その解決をどのようなものと考えたかは、このあと述べていく。彼らが論理学と、倫理学ならびに美学との一致ということをどのように理解したかということのほうは、(エンゲルマンの回想やまだ存命中の人からの報告によっても)それほど明瞭ではない。ウィトゲンシュタインは彼らの何人かにフレーゲを読ませ、カントやショーペンハウアーについて語って聞かせた。このあとの二人については彼と同様、彼らにも正規の教育を受けた人が持つ程度の知識はあった。「偉大なカントの言葉によると」といって、彼は時々引用した。ただし、エンゲルマンの推測によれば、ウィトゲンシュタインは先天的総合判断の存在を信じていなかった(51)。それにしてもウィトゲンシュタインの目標とカントの目標とは、確かに対応している。一方が信仰への道を開くために理性を廃棄しようと欲したとすれば、他方は倫理学と宗教のすべてを思弁の領域から言いえぬものの領域に移すことを欲した。だがウィトゲンシュタインにとって重要な論理学への強い関心は、カントには欠けていた。ウィトゲンシュタインの意図は、論理学の言明(哲学が望みうる最良のもの)もまた何も言っていないことを示すことにあった。とはいっても論理学は、経験から独立した真理群をわれわれに与えるものではない。この点については倫理学も同様であり、それゆえこの年の七月に彼は次のように言うことができた。

倫理学は世界を扱わない。倫理学は世界の条件でなければならず、論理学と同様である。(『草稿』一九一六年七月二四日)

論理学はこうして、言いえないものの範型〔パラダイム〕である。そこには見ることのできるものはあっても、言うことのできるものは何もない。オルミュッツで討論していた時期に、彼はノートの中で操作の概念に取り組んでいる（のちに『論考』の命題五・二一―五・二五四で論じられる）。それを受けてエンゲルマンがウィトゲンシュタインの思想を説明する際に、この概念を重視しているのはもっともであり正しい（『手紙と回想』一〇四頁）。論理学がわれわれに与えてくれる命題および命題間の関係の形式の知識とは、ある命題が他の命題から操作により産出されうるという認識にほかならない。それが産出されうることは論理的事実ではなく、それが産出されうることを見て取ることは論理的経験ではない。

　この論理学において問題なのはどのようにものを見るかであり、それに対して倫理学において問題なのはどのように意志するかである（『草稿』一九一六年七月二九日。「ここではいわば、人がどのように欲するかにかかっているように思われる」）。このショーペンハウアー的見方の改訂版は、この時期のウィトゲンシュタインのノートや友人との会話の中に現れる。日常生活での欲求や意志の背後には、日常生活での成功や失敗とは無関係な、より深い生活とより真実の意志があるかのようである。ウィトゲンシュタインはある会話の中でグロアクにそのように語り、のちにエンゲルマンへの手紙で次のように繰り返した。

> 私たちは眠っています。私たちの人生は夢のようなものです。けれども幸いにして、私たちは目を覚まし、夢を見ているのだと悟るときがあります。とはいえ、たいてい私たちはぐっすりと眠っています。私自身は目覚めることができないでいます！　私は目覚めようと努力しておりますし、夢の中の私の体は動いているのですが、私の体はみじろぎもしません。残念ながら、これが実情です。（エンゲルマン宛ウィトゲンシュタ

インの手紙、一九一七年四月九日)

この思想がどの程度ショーペンハウアー的枠組みに収まるかは、はっきりしない。ウィトゲンシュタイン自身この頃「こうした命題がすべてまったく不確かであることを自覚している」(『草稿』一九一六年八月二日)と言っているものの、この当時の彼の思想の輪郭、オルミュッツの友人たちとの会話の中に反映されたその思想の輪郭に、不確かなところはない。倫理は、すなわち幸福で調和的なよい生活は、どんな客観的徴表によっても特徴づけられない。また世界の現実を変える能動因とされる意志の領域の中にあるものによっても性格づけられない。よい生活はむしろ、形而上学的ないし先験的徴表によって特徴づけられる。もっと深い意味で意志する主体の態度、すなわち世界の悲惨を乗り越え受け容れることができ、世界の楽しみをいつ絶たれるともしれない運命の賜物と見なすことのできる態度によって特徴づけられる。ショーペンハウアーの場合がそうであるが、悲惨が世界を支配しており、そのため死は単に立ち向かうべき相手というのではなく歓迎すべきものですらある、とウィトゲンシュタインも考えているように見える。オルミュッツの友人の一人の戦死が話題になったときに、「彼には、それにまさることはなかったであろう」というのがウィトゲンシュタインの述べた感想であった。しかし彼はショーペンハウアー的な理由から、(意志——ここでは通常の意志——の自己主張行為の極致である)自殺は否定したようである。そして自殺が許されるなら、すべてが許されると彼は言う。とはいえ彼はためらい、「あるいは自殺もまた、それ自身よくも悪くもないのであろうか!」(『草稿』一九一七年一月一〇日。残されている戦時のノートで最後の記述)と問う。ヴァイニンガーの自殺に動揺した、と彼はオルミュッツの友人たちに語っている。(自殺はこの間、彼の思想に決して無縁ではなかったと、また自殺は意志の誤用だと考えていたと、彼はのちにエンゲルマンへの手紙で示唆している。)

一人の人間の精神的態度全体をひとまとまりに見るのは、容易ではない。ウィトゲンシュタインや彼の友人たちにしても、そうした一体性を求め創造しようと務めているものの、まだ十分つかみきれていないと感じていたのではなかろうか。世界の現実を前にして、その現実を受け容れたり断念したりするのは、彼らが執心していることの一部でしかない。実際、自己自身の魂の高みや深みとの一致こそ彼らの求めていたものである。ウィトゲンシュタインの手紙、とくにエンゲルマン宛の手紙を読んだ人なら、その主題に気づくであろう。ウィトゲンシュタインは自殺の卑劣さを分析している先の手紙の中で「特定の事態を切り抜けられない場合」に触れており、また戦時の日記の最初のほうで同種の問題にこだわっていることはすでに見た通りである。トルストイの書いた物語の中に「自分が罪に負けた」ことを認め、自分の行為の弁明をしなかった巡礼の話が出てくる。エンゲルマンが伝えているように(『回想』八〇頁)、ウィトゲンシュタインはこの巡礼の自己認識を称賛していたが、それも同じ関心から出ている。ドミートリ・カラマーゾフ——放蕩者の彼でさえ、そして彼だからこそ——の「世界のうちなる神に栄えあれ、我のうちなる神に栄えあれ」という叫びにウィトゲンシュタインが感激したのは、これとは別の基準によるものである。トルストイにもましてドストエフスキーが教師として好まれた。おそらく人間本性の、しかもその奥深くにあるよいものへの感覚、死んだほうがましのような人生にも見出される幸福への感覚が、ドストエフスキーにおいてまさっているからであろう。一九一六年七月にウィトゲンシュタインは先に触れた意志と世界に対する態度を例示し説明するために、ドストエフスキーを引いている。正しい意志は、世界の中の何ものをも変えることがなくとも、世界に意味を与える。

そしてこのかぎりで、幸福な人は生存の目的を果たしているとドストエフスキーが言っているのも正しい。[52]ウィトゲンシュタインの見方の中にあるこうした態度の本質的特徴は、世の成り行きに影響を与えるのを放棄している点にある。そしてドストエフスキーの議論をさらに煮つめる。

あるいは、生存の目的を果たすのは人生以外の目的を必要としない人である、と言うこともできよう。つまり、満足している人がそれである。(『草稿』一九一六年七月六日)

ドストエフスキーに出てくる長老は信仰の薄い婦人に、隣人を進んで愛することによってのみこの幸福は成就され、彼女の問いと疑念一切に対する答えが見出されるであろうと言う。長老にとってはウィトゲンシュタインにとってと同様、結果が問題ではないのは明らかである。だが長老のほうが生きるうえでの目的にこだわっており、それに対してウィトゲンシュタインはいわばもっと抽象的な水準に立ち、ただわれわれは世界と一致しなければならないと言うだけである。人生自体がそのつど、われわれのはっきりと目指すべきものを与えてくれるというのが、[53]彼の考えのようである。もしわれわれがそこから離れるならば、良心のやましさを覚えることになろう。

ノートでの思索と同様、オルミュッツの友人たちとの会話の中でも、倫理的なものは宗教的なものへと押し進められた。彼らは一緒に聖書を、主として新約聖書を読んだ。「これは人間の霊感以上のものに違いない」とエンゲルマンは、グロアクに章句を読んで聞かせながら言った。ウィトゲンシュタインはラテン語で読むのが最善だと考えていた。この壮大な石造建築のような言語は、いつも彼の心に訴えた。のみならずラテン語は文によそよそしさ、いかめしさを与え、それは彼がひどく嫌った聖なるものへのなれなれしさとは正反対のものであった。こうした新約聖書は人生の教訓集ではないとはいえ、その基調ないし方向を正しく捉えるなら、人生にふさわしい教訓となる。「宗教についてはまったくわからないが、神とか死後の生の概念には確かに正しいものがあり、ただそれは私たちが想像しうるものとはまったく異なっている」と彼はグロアクに語った。死後の魂は自分を取り巻いている炎が神の愛にほかならないと悟るとうたったエンゲルマンの詩(54)は、同じ態度を表現している。こうしたことを認識することにより、魂は夢から目覚める。ウィトゲンシュタインがグロアクに言ったように、われわれの人生はまさしく夢なのだから。宗教は正しい世界観、目覚めた世界観を人に与え、それと共に運命を受け容れることを教える。たとえば彼の草稿がゆくえ知れずになったとすると、それが神の意志であったのだ(55)。（自分の仕事の価値についての彼の控え目な態度もここに現れているとグロアクは考えた。）ウィトゲンシュタインが戦争を歓迎したのは、それにより人は自分が神の御手の中にあることを悟らざるをえなくなるからである。ただ、日常の生活の場合と同じく戦場においても「品位をもって」（ここでもこの言葉が使われている）行動できるかという問題は残る。この点についてウィトゲンシュタインと同じ良心のやましさをかかえていたのはエンゲルマンであった。二人のあいだの文通に見られるように（そして会話ではなおさらのこと）、二人は共に自己を責めたてていた。

ウィトゲンシュタインの軍事教練は、ときにわずかの中断を挟みながらもほぼ順調に進んだ。彼はそれほど熱心に学んでいなかった（「おれはげすだ」）。彼は腸カタルにかかり、エンゲルマンが母のところから場末にあるウィトゲンシュタインの宿舎まで粥を運んだ。「君はそんな温情を私にかけてくれるのか」。——「いえ、僕は自分にかけているのです」（エンゲルマンは自分の外套に粥を少々こぼしていた）。病気の友へのユーモアと気づかいはウィトゲンシュタインの気持ちにぴったりであった。この腸カタルは明らかに再発を繰り返しており、それはハーン医師の薬が「私に効いた唯一のもの」とウィトゲンシュタインが述べていることからわかる。その後の生活で、彼は刺激の少ない食物——子どもの好むようなものと彼は言っている——を取り、そして簡素な食事を取るのは、決して懺悔のためではなく、そのほうが好きだからだと説明したりしている。だがそれはむしろ潰瘍患者の食事であり、戦時中の苦労が以前からの病的体質をはなはだしくすることになったようである。

一九一六年一二月一日にウィトゲンシュタインは戦時の予備役士官候補生に任官した（のちに、遡って一九一六年一〇月一日付とされた）。それ以前には一等砲兵（一九一六年六月一日より）、ないし伍長（一九一六年九月一日より）の称号を持った戦時志願の砲兵であった。新たに将校に任官したのちも、一九一六年三月に作業場を去って以来所属していた第五野戦曲射砲連隊（のちの第一〇五野戦砲連隊）第四中隊にそのまま残った。予備士官学校の課程はクリスマス前には終わったようであり、休暇でウィーンに行き、まずはエンゲルマンの母親へのクリスマス・プレゼントを心をこめて包み、洗濯物かごに入れて持ち運んだ。

オルミュッツ滞在は終わりとなったが、そこに所属の連隊の兵站部があったため、時々は戻ることになった。いずれにしてもオルミュッツの友人たちとのつき合いは続けた。ウィーンにおいても、とるものもとりあえずエンゲルマンの伝言を持ってロースを訪問している。フリッツ・ツヴァイクもウィーンにおり、ウィトゲンシュタインを訪問した。エンゲルマンはウィトゲンシュタインがウィーンを出発した直後に着いたのだが、彼のウィトゲンシュタイン家との交流はおそらくこの頃に始まっている。彼はすぐにこの家庭に完全に受け容れられた。

ヘルミーネ・ウィトゲンシュタインによれば、同じくこの頃、ルートヴィヒは三〇サンチ口径臼砲購入のため一〇〇万クローネを国に寄贈した。(56) この頃とするのは正しいように思われる。ギュルトが昇進を促進するために作成した書類の一つに、ルートヴィヒの年収は三〇万クローネと記入されているので、三、四年つましい暮らしをしていれば、この程度の剰余がでることになろう。ヘルミーネは弟がこうした現実離れした仕方で寄付をしたのを少しばかりからかっている。彼女の言うには、国はこの金を所期の目的には使わず、金は結局、皇帝（この頃はもうカール帝）の慈善基金に繰り入れられた。そしてその後のインフレのために消えて無駄となったが、それはちょうど父の死後、癌研究のために出資された六〇万クローネが管理不十分のために無駄になったのと同じである。税金として国が徴収する金ほどには無駄にならなかったという考えもありうる。したがって兄パウルが（このときばかりは父にならって）軍隊用外套工場を建設しようとして投じた一〇〇万クローネと同じぐらいの貢献にはなったであろう。それはともかく、これもウィトゲンシュタインが自分の金銭から距離を置き、それを他人の采配に委ねた例の一つである。もう一つ注意すべき面は、ウィトゲンシュタインの単純な愛国主義的振舞いである。オルミュッツの友人たちに公然と語っていた戦争の結末についての彼の悲観的見方に、それはまったく反している。

ウィトゲンシュタインは一月九日より再び実戦任務に就いた。彼の属する砲兵中隊は、今では第三軍（フォン・テルツィアンスキー大将）第八軍団（フォン・チチェリチ元帥）内のホンフェト、すなわちハンガリー国防軍（シニャリチ中将からリポシュチャク元帥［一九一七年三月―六月］、ミハリエヴィチ中将へと受け継がれる）のクロアチア師団の一つである第四二ホンフェト歩兵師団付であった。ここに出てくる人名また町や川の名によって、二重帝国とはどういうところなのかのイメージがわいてくる。ウィトゲンシュタインが訓練のために離れた頃、オーストリア＝ハンガリー軍はこの戦区において力の衰えてきたロシア軍の前進を食い止めており、そして今もほぼ同じ陣地を維持していた。一九一七年初期にあって、カルパチア山脈とドニエストル川に挟まれた地域は比較的平穏であり、ときおり第四二ホンフェト歩兵師団（およびウィトゲンシュタインのいた連隊の他の砲兵中隊を擁した第五歩兵師団）がビストゥシツァ・ソロトウィンスカ川を越えてボホルスチャニのほうへ小規模な攻撃をかける程度であった。三月にはにわかに偵察隊の動きが活発になった。二月革命が敵軍の補給や軍備状況、士気に影響することが大いに期待された。いずれにしても情報だけは必要とされた。ウィトゲンシュタインも志願して、三月一五日にダルウィニアツへの偵察をしている。ロシア皇帝が退位した日である。このことは感状からわかるが、それによると偵察はひどい悪天候の中で決行され、価値ある情報を持ち帰った。(57)

実際には、第四二ホンフェト歩兵師団その他の第三軍が対峙していた敵部隊は、一般にこの時点では共産主義者その他による宣伝活動の影響をあまり受けていなかった。ロシア軍は若干の前進さえしており、戦争地図の示すところによればウィトゲンシュタインの属していた師団は六月の終わりに、依然ラホウチェの向かいにいる。このときロシア軍の攻撃が迫っているのは明らかであり（それが結局この戦争での最後の主要な攻撃になる）、ウィトゲンシュタインのいた第三軍増援部隊はロスルナに集結して待ち受けた。そしてスタニスラフ＝カルスの戦闘の一翼を担うことになった。この戦闘では、コルニーロフ麾下のロシア第八軍は、オーストリア＝ハンガリー軍をビストゥシツァ・ソロトウィンスカの線からロムニカの線まで押し戻し、（ウィトゲンシュタインのいた戦区では）ルジアニでそれが食い止められた。このロシア軍の進撃はそれなりの勝利を収めた。チェコの連隊の一つがまるごと戦線離脱した。とりわけ東ガリチアの油田地帯が脅かされることになった。第三軍はドイツ軍部隊で補強され、クリテク将軍の指揮を受けた。抵抗は成功した。このルジアニで、第四二ホンフェト歩兵師団への攻撃を撃退するために防御砲火の果たした役割は、公式の戦史においてもとくに論評されている。[58] ウィトゲンシュタインへの感状には、この頃の日々（一九一七年七月一〇―二〇日）についても記録されている。彼は武勇銀章一級を授与されたが、それは「激しい砲火のもと……監視将校の任務をみごとに果たしたことによる。それにより決定的な時機に敵は重大な損害を受けた」。[59] こうした文章はもちろんおおげさに書かれることが多いとはいえ、通常の仕方では砲兵指揮官の目の届かない要所に砲火は向けられた。直属の上官たちがウィトゲンシュタインに抱いた信頼は歴然としている。同様の記述が一九一六年九月三〇日から一九一七年九月三〇日までの彼の活動について、一部は彼により、一部は上官たちによって作成された報告に見られる。「上級指揮官への適性」という項目のところに、予備少尉ショルツは次のように書いている。

指揮官たるに適しております。当人のきわだった資質と他の任務形態に対する不安（もちろん未確認でありますが）に鑑みるならば、監視兵以外の部署につくのはあまり有効とは思われません。指揮は抜群であり、とくにルジアニ周辺の戦闘においてそうでした。

ショルツは他の項目において、ウィトゲンシュタインが部下によい感化を及ぼしており、とくに戦闘中にそれが目立つとも述べている。[60]

この侵攻がロシア軍最後の侵攻であった。ケレンスキーは自分の戦争政策の正しさを示すような勝利を望み、これを命じた。ブルシーロフが指揮したが、ズボルフで敗北したあと、コルニーロフが指揮した。コルニーロフはまもなく軍事クーデターを起こすことになる。ロシア軍の混乱した状況のために侵攻は失敗に終わった。歩兵の士気は低かった。将校は権威を失っており、「派遣委員」はほとんど影響力を持たなかった。フォックス将軍がロイド゠ジョージに報告したように(61)、軍相互の調整が、また砲兵隊による援護と兵站の編制が適切ではなかった。オーストリア゠ハンガリー第三軍は七月二三日にロムニカ川を渡り、進撃を開始した。ウィトゲンシュタイン自身の公的従軍記録によれば、彼は第四二ホンフェト歩兵師団の行動に従いビストゥシツァ川の二つの支流を渡り、第三六歩兵師団のスタルミア攻略を支援し（七月二四日）、コロメア、クニアゼへと進撃した。ついにはプルート川にほぼ沿って、一日に一〇ないし二〇キロの速さでチェルノヴィッツに向かった。この都市の西北西二〇キロの所で一両日足止めされた。ロシア軍は糧食を運び出そうとしており、二重帝国軍のほうは（当時の動力燃料である）飼料の不足と鉄道連絡の欠如が足かせとなったからである。だが長くはかからなかった。八月三日にウィトゲンシュタインは自分の属する師団および第五歩兵師団と共にチェルノヴィッツ攻略に参加した。それは小さな都市とはいえ三つの大聖堂と一つのユダヤ教会、そして大学もあり、民族、宗教、言語のるつぼであったが、また文化の中心でもあった。第一次世界大戦中は一二回以上も主が変わり、大戦後はルーマニアの小都市となった。現在ではウクライナ地方の小都市である。栄華がとは言わないまでも、何かが滅びていくのをウィトゲンシュタインは見て取った。彼のイギリスの友人たちは「攻囲されざる都市」（リルケの言葉）にいるため、そうした経験をしたことがなかった。

ここやこの周辺でウィトゲンシュタインは残りの秋を過ごした。陣地戦や、ちょっとした進撃（八月二七日のドルゾクという名の丘の攻略）が一度あったものの、それでこの戦区の砲撃戦は終わりを告げたようである。この地域で遂行すべき戦略目標はとくになくなって、第四二ホンフェト歩兵師団の大半は北に移動した。けれどもウィトゲンシュタイン自身の記すところによると、ボルシェヴィキの署名した休戦協定が一一月二九日に発効するまで、彼はここに留まった。彼は一月以来ずっと戦地にあり、彼の知的精神的生活についてはほとんど記録がない。この年の主要な戦闘以前に出したエンゲルマン宛の葉書一通と手紙が二通、それ以降では、葉書二通と短い走り書きの手紙が二つあるだけである。[62] 戦地に戻り、(クリスマス休暇の際の抑鬱のあと) 彼は再び仕事ができるようになった。すでに見たように、送られてきたエーレンシュタインの本にうんざりして、[63] 彼はその解毒剤としてメーリケの詩やゲーテの詩のいくつかを送るよう頼んでいる。「ドイツ古典詩の最も純粋な源泉を求めている」のだとエンゲルマンは言うが、[64] 確かにウィトゲンシュタインの希望したとされる詩集本にでてくるゲーテの詩の多く(『ヴェネチア短唱』、『悲歌』、『書簡』)は古典的韻律で書かれている。しかし収められている詩には(『ローマ悲歌』におけるように)道徳、偏見、責任からの、さらには時代と自分自身の過去の美的趣味からのゲーテの独立宣言も見られ、エロティシズムに彩られた、より単純な生活が求められていることにも注目しなければならない。ウィトゲンシュタインはワイマールの聖者の面だけではなく、栄華の巷を離れて引きこもる田園詩人の面との一体感を見出すことができたのかもしれない。イタリア旅行から帰ったあとのゲーテの慣習軽視と戦後のウィトゲンシュタインのそれとのあいだには、確かに共通性がある。両者の考えた末のくだけた服装は、その底にある過去との断絶を暗示するものにほかならない。エンゲルマン自身は先に触れたように、ウィトゲンシュタインがメーリケに価値を置いていること——文体と内容の完全な適合(前述五六頁)など——を強調している。今あげたゲーテの詩が示してくれるように、ウィトゲンシュタインの趣味は、「気品ある男らしい生活のリズム」というエンゲルマンのプラトン的表現よりもっと複雑なものによって規制されていた。メーリケはゲーテと深く通ずるところがあるとウィトゲンシュタインは見ていたが、それはとりわけ『イフィゲーニエ』を書いたゲーテではないであろうか。[65] とはいえ、すでに引用したウーラントについての手紙(四二三頁)を読むにつけても、こうした解釈はすべて注意深く行わなければならないであろう。

これらの詩以外に、ウィトゲンシュタインは持ち運びに便利で、しかも読みやすい聖書を所望している。彼は別の機会に二度(四月と八月で、あとのほうは今述べたオーストリア軍の進軍の頃である)、仕事ができる、あるいは頭が働いていると人に伝えているものの、この時期のノートは見あたらない。彼はもっと善良であり「賢明」でありたいと言っているが、この二つは同じことである。そしてエンゲルマンには、われわれは夢の中で生活しているという先に触れた見解を繰り返しているとはいえ、個人的事柄をことさら書きとめるのは自分には不可能であるとほのめかしている。

われわれの知っている、あるいは推測できるところによれば、彼の仕事はかなり進んでいて、のちに『論考』で用いた番号づけによる叙述草稿をグロアクに託すことができるまでになった。これはウィトゲンシュタインがオルミュッツからウィーンに戻る際の出来事である。[66]同様に、彼自身の本性についての思索の結果がいくつか出てきていることも、われわれは知っている、あるいは推測できる。彼は次のように書いている。

今の私は、オルミュッツで会っていた頃の私とは違っています。その違いとは、私が今では少しばかり品位を持っていることです。といっても、私の品位のなさについてあの頃よりよくわかるようになった、ということでしかないのですが。(エンゲルマン宛ウィトゲンシュタインの手紙、一九一八年一月一六日)

この冬のあいだに彼が考え出した道の一つは、歩兵に転科することであった。彼は一兵卒に戻ることも考えたようであるが、どうにもならなかったらしい。兵種を変えることのほうが現実味があった。東部での戦争の終結によりオーストリア゠ハンガリー軍は再編成をしていたため、その機会はあった。その冬にも歩兵師団の改組と砲兵連隊の番号のつけ変えが行われた。それにしてもウィトゲンシュタインの要求は、ひどく風変わりなものであった。危険がずっと多い任務に移りたいという将校の希望に、参謀将校たちは応えようがなかった。ウィトゲンシュタインは姉のグレートルとつながりのあったレーブル将軍にまで頼み込んで、転科が認められたようである。(67) 彼がそれに成功したこと、家から遠くない所に戻ってくるのならうれしいのだがといったことが彼の姉たち、スイスにいるグレートル（アメリカ国籍であったため亡命していた）と家にいたミニングのあいだで取りざたされた。しかし結局は砲兵隊に留まることに決まり、姉たちはひとまず安心した。この妥当な決定に落ち着いた理由は定かではないにしても、彼が転科を求めた動機は友人たちには明らかであった。彼は最も危険な部署に就きたかったのである。それは「死の肯定」であることは間違いないが、それと共に、自分自身の基準にかなった生き方を強いられる部署に身を置く方法でもあった。右に引いた手紙は続いて次のようなもくろみなどにも触れている。

君が私には信仰がないと言うならば、君はまったく正しい。私はこれまでだって持ったことなどなかったのです。品位あるようになるための機械を発明しようとしている男が、信仰を持っていないことなどあたりまえです。ほかにどうしたらいいというのでしょう。（エンゲルマン宛ウィトゲンシュタインの手紙、一九一八年一月一六日）

ウィトゲンシュタインは今では予備少尉に昇進し、当面のイタリア戦線に向かい、三月一〇日には到着したようである。これまでいたチェコ連隊からはずされ、第一一軍（フォン・ショイヒェンシュテュール将軍）所属のガリチア部隊、山岳砲兵連隊（第一一山岳砲兵連隊）に配属された。彼はヴェーネト平野の北西、したがってトレンチーノ地方のオーストリア＝ハンガリー軍陣地の右翼に配置された。そこでの基本的戦略は平地に下ることであり、ピアーヴェ川を越えて行う同じような攻撃と連携して、糧食の豊富な平野をできるだけ広く確保することであった。それ以外には今のところ侵攻はなかった。前年一〇月のカポレットでのイタリア軍の敗北は少しも決定的ではなかった。イタリア軍はピアーヴェ川でも勢いを盛り返しており、一月にはアジアーゴ地域の二つのオーストリア＝ハンガリー軍陣地を奪取し、たびかさなる反撃も彼らをそこから追い返すことはできなかった。オーストリア＝ハンガリー軍とイタリア軍は、共に味方の国々より侵攻を決行するよう迫られていた。オーストリア＝ハンガリー軍の侵攻は四月に計画されたが、なされたのは六月であった。イタリア軍の侵攻は、六月にオーストリア軍に先手を打たれたため、実際になされたのは一〇月であった。六月までオーストリア＝ハンガリー軍はロシア地域から到着した部隊を再編成し、陣容を整えていた（ウィトゲンシュタイン自身は五月に訓練を受けた）。それまでのあいだ同軍は陣地戦を闘っていたが、山岳地帯のため生活条件と通信・輸送は困難をきわめ、ことのほか不安な状態におかれた。ウィトゲンシュタインは思い出しては次のように語った。着いてみると、兵隊は物資輸送用のロープウェイで部署に向かわなければならないことがわかった。彼が勇気をふるって上に向かおうとしているとき、小屋のすみに座っていた冷静な男に大いに助けられた。この男は一言、「びくびくするな！」と言ったのである。(68)

彼の健康はむしばまれたようである。エンゲルマンに腸カタルのための処方薬を頼んでいること、またこの年のある時点にウィーンにいる彼の母が将校仲間から杓子定規だが善意の手紙を受け取り、それにはウィトゲンシュタインがボルツァーノの病院にいると書いてあったことがわかっている。夏に長期の休暇を与えられたのは、健康状態のためかもしれない。

だがその前にまず、彼はオーストリア軍の侵攻に参加しなければならなかった。今では元帥だがもはや総司令官ではないコンラートはアジアーゴとモンテ・グラッパから第五五師団を率いて攻撃することになっており、他方でボロエヴィチが同時に第五一師団を率いてピアーヴェ川を渡って攻撃した。第三の予備的で牽制的な攻撃はステルヴィオ地域から北東ロンバルディアに向かってなされるはずであったが、失敗に終った。イタリアの消息筋とオーストリア軍付ドイツ監視官（フォン・クラモン将軍）は、オーストリア軍の意気と技術的装備は卓越していると見ることで意見が一致していた。訓練は行き届き、民族間の調和はよく保たれていた。おそらくはイタリア軍の抵抗力を過小評価していて、平野部で一つの侵攻に的を絞らなかったのは、統帥部の誤りであった。(69) コンラートの戦線、すなわちアジアーゴ高原では、ラデツキー侵攻という勇ましい名前がつけられた。

ウィトゲンシュタインは先発砲兵隊の監視兵として、六月一五日に第一波と共に進軍した。勲章推薦状は彼の働きを述べるにあたって、激しい機関銃と大砲の射撃のさ中における用兵状況を報告している。彼の偵察隊の二人が負傷し、弾幕砲火にひるむことなく撤兵の用意をした。そして彼は新しい砲撃陣地にさがったのに、そこも重砲火にさらされていた。一つの榴弾がそこにいた砲兵将校と砲手三人を葬った。ウィトゲンシュタインは生命の危険を顧みずそこを引き継ぎ、救出作業を指揮した。大砲をもとの地点まで撤収せよとの命令が出されたとき、彼は激しい弾幕砲火にもかかわらず、まもなくそれを実行した。

彼のまれにみる勇敢な行動、冷静、沈着、英雄的態度は、兵士たちの絶大な称賛を勝ちえました。その行為により、彼は軍人らしい忠誠心と任務遂行の輝かしい手本となりました。

最高の褒賞と言える武勇金章（将校用）に推薦されたものの、別の証人デンツァー大佐は、戦闘の効果（敵に対する、ということであるが）は僅少であるといって抗議した。銃砲は何時間も鳴りやんでいることがしばしばあったし、金章とは行きすぎであろうと言うのである。このときに彼は剣付軍功章帯を授与され、これもかなりの栄誉であった。ちなみに実際の成功によって武勇を測るこの方法は、のちに彼の冗談の種になった。皮肉なことに、このときの敵はイギリス軍であった。

彼の英雄的行為は非凡なものであったとはいえ、彼の経験はこの侵攻の縮図となっている。攻撃を予想していた敵の備えは行き届いていた。どの場所でも敵は猛烈な対抗砲火を浴びせてきた。味方の砲火は沈黙させられ、陣地は爆撃され、通信・輸送や増援軍の要請は、不可能とは言わないまでも困難になった。オーストリア軍は機関銃が随所にひそんでいる、木の生い茂った丘陵地に進撃しようとしていた。敵の位置の確認、味方の砲火の効果確認はほとんど不可能であった。六月一六日にコンラートはもとの地点までの退却をよぎなくされた。コンラートの言うには、目下戦闘能力ありと見られる師団は一つたりともなかった。

ピアーヴェ川での侵攻も撃退され、ある評価によるとオーストリア軍の兵の全損失は約一〇万とされる。このことが軍隊の士気やハンガリー議会、戦争全般に及ぼした、より広汎な影響については、ここでは立ち入らない。のちのウィトゲンシュタインの生活に影響してくることになるのであるが、イタリア軍もまた損害を受けており、反撃ができないでいた。オーストリア軍はアジアーゴ戦区で一、二の局地的攻撃に対して頑強な抵抗を続け、敵の戦意を挫くのに成功したものの、イタリア軍の補給活動はどの場合も非常にしっかりしていた。ピアーヴェ川の戦線での両者の損害は甚大であった。それゆえ両軍とも、もとの位置まで後退した。オーストリア軍は立て直しをはかるためであり、イタリア軍側のディアス将軍は援軍を集めてもっと大胆な計画を実らせるためであった。一〇月になされたその計画の実行については、のちに述べなければならない。(70)

アジアーゴ侵攻のあとまもなく、ウィトゲンシュタインは休暇を得た。状況からみて、それは七月五日(この日に彼は「資格説明届出簿」の欄に記入をしている)から九月末にまで及んでいる。それほど長期にわたったのは健康を害したためか疲労のためか、あるいは功労を積んだためであるか、定かではない。ウィトゲンシュタインは戦時中一度ならず急激な転換を体験したようであるが、この休暇も何らかの意味でこれまでの人生に別れを告げ、新しい役割につく重大な転機となったことは間違いない。

かすかな証拠しかないとはいえ、非常に重要な出来事がこの休暇中に、それもたぶんその初めに起こったことはほぼ確かである。(71) ウィトゲンシュタインの伯父パウルは偶然ある鉄道駅(おそらくはザルツブルク)で、深い精神的煩悶の状態にあった彼に出会った。実際ルートヴィヒは、どこか山岳地帯(ザルツカンマーグートあたり)へ自殺しにいく途中であった。パウルは世俗的な人間で謹厳な伯母たちからはひんしゅくを買っていたが、甥を心から愛しており、また甥の哲学も愛していた。そのために自殺などやめて自分の家のあるハラインにくるよう、ルートヴィヒを説得することができたのであろう。自殺を企てた理由は知りようがない。ただウィトゲンシュタインはこの頃、世の中で一人ぼっちになったと感じていた。軍事テストパイロットをしていたイギリスの友人デイヴィド・ピンセントが事故死したという知らせが届いていたのである。戦地に戻るという救いがまだ残っていた。そこで彼は家族のもとに、すなわちその雰囲気と圧迫感から長年避けていたとしか思えないところに、戻ることにした。

ハラインで、八月にはホーホライトでこの六年間の仕事を完成させ、ほぼ決定版の『論理哲学論考(Logisch-philosophische Abhandlung)』を準備し、出版社へ送付した(ただしこの最初の出版の企ては不成功に終わった)。これはムーアによって『トラクタートゥス・ロギコ=フィロソフィクス（Tractatus Logico-philosophicus)』と命名され、縮めて『トラクタートゥス』という名で呼ばれることも多い。

この著作のもとになったノート類については、どうもよくわからない。ただ多少のことはわかっている。それは七冊の大型のノートから抜粋されたと言われる。その夏ホーホライトでウィトゲンシュタインと一緒に過ごしたエンゲルマンの証言である。[72] 三冊のノートは確かに残っており、出版されている。本書でもこれまでにそこから自由に引用している。フォン・ウリクトは日付の途切れ具合からノートがもう四冊あったはずだと勘定しているが、こうした計算はそもそも危険であるし、すでに見たようにウィトゲンシュタインのノート記入の割合は戦闘中には落ちている（彼が問題の知的解決を指していう「仕事」の割合となると別かもしれないが）ことからいっても危険である。エンゲルマンの記憶違いということがありうるし、また彼が、今では『原・論考』と呼ばれているノートを計算に入れてしまったということは大いにありうる。『原・論考』には『論考』の初期草稿が含まれていて、それが興味ある仕方で配列されている。この著作は（『論考』が結局そうなったように）命題、箴言、あるいは長くてもせいぜい一段落の叙述からなるように意図されており、そしてそれぞれの論理的関係を示すような番号づけがなされていた。N・一はNの、N・一一はN・一の註解となるといった具合である。こうした番号体系の最も模範的な例は『プリンキピア・マテマティカ』である。ウィトゲンシュタインがこの著作の第一章を書き直してくれるよう、ラッセルが希望していたのが思い出される。こうして書き出された哲学的命題には曖昧さがなく、論理学体系における補助定理、定義、公理、定理のようなきわめて明確な論理的関係をとっているかのようである。けれども案に相違して見かけだけであると言ってよい。構成上、この番号づけの方法には、（デューイの分類法同様）追加の必要が生じた場合、ある数を、既存の二つの数のあいだにいつでも挿入できる利点はある。つまりN・一一とN・一二のあいだに、まずN・一一一とN・一一二（あるいはN・一一〇一）、次にN・一二一（あるいはN・一二一一あるいはN・一一〇二あるいはN・一一〇〇一）等々（これ以外の系列ももちろん可能である）を挿入できる。『原・論考』ノートでは、そのノート中の命題（それらは今残っている日付のあるノート、および他のノート類から直接ないし間接に書き写されたようである）にこうした番号がつけられてはいるが、しかるべき順序では配列されていない。[73]むしろまず、かなめとなる命題、一、二、三、四、五（六、七がのちにつけ加えられることになる）を最初の頁に書き出し、それらの註解となる命題があとに続く。その際、それらはもとのノートに現れる順序に従うこともあれば、単にウィトゲンシュタインの心に浮かんだ順序や、今となってはわからない別の順序に従っていることもある。要するに『論考』の最初の草稿になって初めて、ウィトゲンシュタインは叙述をしかるべき順序で並べることになる。大部分は戦地用鉛筆で書かれているところから見て、『原・論考』ノートは実際に前線でまとめられたと思われてならない。それをアジアーゴでまとめたという可能性がある。たぶんウィトゲンシュタインはすでに番号づけしてあった論文を利用した。それは（前述四三八頁で述べたように）グロアクに貸し、その年の初めに返してもらったものである。もう一つの可能性は『原・論考』はグロアクに貸した草稿である、あるいはそれに含まれているというものであり、面倒な議論が要らない点でこれが最も支持できる。この場合には、『原・論考』は基本的に一九一七年に彼が前線にいた頃のものであることになろう。

いずれにしてもウィトゲンシュタインはイタリアからウィーンへの帰途、ザルツブルクに着いたときには問題の草稿を所持していたと推定される。配列は理想的とは言えず、番号の多少のつけ替えが必要であり、序文を書かなければならないといったことがあった。しかし本質的な点で彼の見解は出版のために必要な円熟度、完成度に達していた。そこでハラインでは、本の仕上げに取り組み、番号や本文の訂正にあたった。彼は序文も書き加えた。序文は大方は現在の『論考』に見られるようなものであるが、パウル伯父への謝辞もついていた。すでに見たように最初の頁には、カール・クラウスから孫引きしたと思われる文芸欄作家キュールンベルガーの引用があり、それに続いてデイヴィド・ピンセントへの献辞がつけ加えられている。われわれの知るかぎり、この献辞は親友を失うというウィトゲンシュタインの大きな損失を伝える最初の記録である。なお母親のエレン女史宛の感動的な手紙が、彼女の家族のもとに保存されている。

『論考』の内容と意味については、章をあらためて考察する。ここではその著作が、ウィトゲンシュタインの精神とその夏の過ごし方に及ぼした影響を問題にしたい。確信を持って言える経緯は次のようなものである。この頃には改訂ずみの草稿を基礎にして、まず中間的な稿本が準備されたに違いない。それが次に、番号のつけ替えや、ある程度の素材の追加ないし抹消といった変更が加えられた。そうしてできたものをタイピストが（たぶんウィーンで、おそらくはアレーガッセ街にある一家の事務室で）二種類のほんのわずかだけ違っているタイプ原稿に打ち出し、それらが第三のタイプ原稿と共に『論考』として残った。[74]二回タイプする際にカーボン紙を使えば、ウィトゲンシュタインは全部で四つ（最大限六つ）のコピーを入手できたであろう。ハライン、ウィーン、ホーホライトと場所を移しながら、著作は八月に完成した。再びラッセルに手紙を書くことができるようになったとき、彼はそれを「私のライフワーク」と呼び、次のようにも書いている。それは「この六年間の私の仕事をすべて含んでいます。私たちの問題を私は最終的に解決したと信じています。そういうと傲慢に聞こえるでしょうが、私はそう信じざるをえないのです」。[75]彼はただちにコピーの一つをウィーンの出版社ヤホダに発送した。

ヤホダにしたのは、カール・クラウスのものを出している出版社であったからである。ウィトゲンシュタインは自分の著作を『ファッケル』の目的にかなうものとみており（彼がフィッカーにこの点を強調している様子はのちに触れる）、クラウスに出版の相談をすることを希望ないし提案している。ウィトゲンシュタインはクラウス・サークルと接触があった。ロースは友人であった。クラウスのかつての助手エンゲルマンはウィーンにおり、ちょうどこの頃ホーホライトにウィトゲンシュタインを訪問していた。

第八章　捕虜生活と復員　一九一八―二〇年

ウィトゲンシュタインが戦地に戻ったのは、「オーストリア帝国の最後」の時期であった。その最後は戦地において最も劇的に見て取ることができた。九月は小康状態、あるいは執行猶予の時であったと言ってよい。収穫を終え、糧食供給は多少改善された。アジアーゴ戦区におけるイギリス・フランス軍の攻撃は撃退された。ウィトゲンシュタインはおそらくまだウィーンにいた(1)。最後の公的書類に見られるように、六月の手柄による軍功章を九月二二日に授与された。しかし彼がイタリアに戻った月末にはブルガリアの休戦が成り、ハンガリーは一夜にして無防備となったため、ハンガリー部隊の帰還要求が高まった。ついでオーストリア＝ハンガリーを自由国家連合とするという宣言、ついには全面講和の要請が出された。

各部隊はこの要請のことを一〇月五日に聞いた。この日以降、ヨーゼフ大公その他の司令官は雑多な民族からなる軍隊に、妥当な講和条件を得るために踏み止まるよう説得するという絶望的な作業を始めた。加えてこれらの軍隊は、軍服は破れ、下着は着たままのものしかなく、敵の宣伝により故国の民が困窮していると絶えず吹き込まれていた。ウィトゲンシュタインの戦区で、講和条件を悪化させることと同じぐらい恐れられていたことは、指揮する者のいない飢えた軍隊が故郷に向けてまっしぐらに退却するに任せたなら、どうなるかということであった。実際そういうことになったのはクロアチア人、ボスニア人、チェコ人、ハンガリー人といった多くの民族であろうが、オーストリア人の多くも似たようなものであった。

こうした困難はセッテ・コムーニ（アジアーゴ周辺地域）における一〇月二四日の連合軍による攻撃のあと、とくに緊急の度をました。とはいえこれは陽動作戦にすぎず、実際の突破はピアーヴェ川で予定されていた。当初（ウィトゲンシュタインのいた砲兵中隊が所属していた）第三八ホンフェト歩兵師団はイギリス・イタリア軍を食い止めるのに成功し、シセモル山を取り返すほどであった。エンゲルマンおよび依頼をした出版社とのウィトゲンシュタインの文通は、この日まで続いた。たぶんこのときに『論考』の唯一の訂正済みコピーが拒否され、（ぎりぎりのところで）彼に送り返された。[2] 危急存亡のさなかにあっても些細な生活上の変化——手紙、記録、昇進、叙勲——が相変わらず続いていることは、いつでも驚きである。しかしまもなくウィトゲンシュタインのいる師団および第一一軍のハンガリー軍部隊すべてに、帰国を約束せざるをえなくなった。増援の拒否があり、また上部組織からきた将校が直接説得しても連隊の抵抗にあうといった具合であった。砲兵隊のみが戦線を維持しようとの考えを持ち続けた。そしてアジアーゴ戦区では、一〇月三〇日までほぼ戦線は維持された。とはいえピアーヴェ川では大渡河作戦が一〇月二四日に決行され、一〇月二九日頃までにはヴィットリオ・ヴェーネトでのイタリア軍の勝利は確実となった。オーストリア軍は講和を求め、そして占領地域からの総退却を命じた。

講和はすぐには成立しなかったが、大がかりな帰国がすでに始まっていた。軍隊は国別に分解する傾向にあり、国民色を身にまとい、ときには兵士評議会を樹立したり望ましくない国の出身の将校を排斥したりした。ウィトゲンシュタインの兄コンラート（クルト）が自らの命を絶ったのは、こうした状況の中であった。家族の話にはいく通りかある。彼の部隊が従わなかったからだとか、彼らが絶望的な戦いに走るのを肯じなかったからだとか、あるいは単に降伏し捕虜となる恥辱を避けるためだったとか言われている。いずれにしても高度にとぎすまされた名誉心が動機であったことは明らかである。

この間に高位の将校も含めた多くの人々は、出ていく列車に飛び乗った。ハインリヒ・グロアクは冷静沈着に、わけのわからない機関士に命じて列車の前に「オルミュッツ」と書いた看板を出させた。こうして少なくとも一支隊は復員した。ウィトゲンシュタインは違っていた。彼の忠節の精神がそうしたことを容認するとは考えにくい。彼は命令通りに退却してトレントに至り、そこでイギリス・フランス軍に追いつかれた。そして一一月一日に始まった一方的闘いとなる。トレントは一一月三日にイタリア軍によって占領され、そこの全オーストリア＝ハンガリー軍部隊は捕虜の宣告を受けた。オーストリア軍側では休戦は三六時間前に、つまり条項の合意が告示されたときに発効したものと信じていた。(3) この三六時間のあいだに三〇万の兵隊が捕虜となり、そのうち三万が捕虜生活の中で死亡した。同じ一一月三日に、故国ではカール皇帝が統帥権を手放した。また支配権や大権を、正確に言うと放棄はしていないものの人民の手に委ねた。

このような事情からして、捕われたオーストリア軍が将校と兵士に分けられ、故国に送還されるのではなく捕虜収容所に送り込まれることになったのは、彼らには驚きであった。(4) フランツ・パラクは遅々とした足どりで、修道院が見おろしているカッシーノに向かった。ウィトゲンシュタインは最初たぶんヴェローナへ、(5) 次にコモのどこかへ行き、そしてカッシーノにようやくたどり着いたのは一九一九年一月のことであった。(6)

パラクはわびしい光景を描き出している。(7) 二列に並んだ仮兵舎、収容所の一本道、閲兵場、ぐるりを取り巻く高い壁、冬は厳しい寒さ、夏は狭い部屋の鉄製ベッドに駆り立てるぎらぎらする太陽、絶えざる空腹である。ある日パラクは、一人の新来者を見つけた。

彼は品のあるほっそりした顔つきをしており、中背で、体つきや風貌から察すると、まだ三〇には届いていなかった。緑色の上着の襟元を開け、その上にシャツの襟を折りまげていて、ズボンの先にはゲートルを巻いていた。無帽で、髪はわずかにカールしているようであった。だが彼の最も印象深いところはその話し方であり、ことのほか几帳面に物事を述べた。そして同じく印象深いのは頭の動きであり、いつもはうつむきかげんであったが、時々後ろにそらし、遠くをじっと見つめていた。それがルートヴィヒ・ウィトゲンシュタインであった。

パラクの記すところによれば、終戦と共に軍隊的判断基準はすたれ、捕虜たちは市民生活では何をしていたとか、強いられた無為をいやすための講義や朗読、会話にどれほど役に立ちうるかといったことのほうで、一層お互いを評価するようになった。彼の背景をなすすべての要素がただちに明らかになったわけではない。何か変わったところがあるとすれば、彼は他の人たちよりも見たところ形式ばらず、みすぼらしい格好をしていたことである。話題がクリムトのこと、とくに彼の作品マルガレーテ・ストーンボロの肖像に及んだとき、ウィトゲンシュタインが「私の姉」と言うのを聞いてドロービルはびっくりし、「君はウィトゲンシュタイン家の人なのか」と質した。

こうした話題もごく普通のものとなり、パラクの記している変化の現れと言えそうである。多くの場合、捕虜生活は、あるいは単に敗北という事実が、おのずと精神的なものに目を向けさせる。両大戦中ならびに両大戦後の多くの捕虜収容所で（事情が許せばであるが）講義や催し物が企画され、本が熱心に求められた。そして個人的宗教的問題についての知的な討論が、通常の生活や家庭生活では容易に得られないような友情を培った。

少なくともカッシーノではそうであった。もちろん、いつもたいしたレベルであったわけではない。以前俳優だった者あるいは俳優志願者が、おおげさな振りをつけて詩を朗読することもあったという。「聞くに耐えない、電気ショックを受けている気がする」とウィトゲンシュタインは言った。収容所で描いた絵の展覧会もあった。ウィトゲンシュタインは一つを除いてすべてを不可とした。よい絵というのは人の横つらを張るような効果がなければならない、と彼は言った。彼は時事的な哲学の講義は避けて出なかったとパラクは言っている。しかしウィトゲンシュタインは「論理学と教育理論」に関する教養講義には(のちに見る理由で)出席した。おそらく同名の題を持つアントン・ハーゲスの教科書をもとにした複数で分担する講義である。彼はコフィ博士の古典論理学教科書のことは忘れたのか、あるいは無邪気なてらいから(8)か、自分も論理哲学論文を書いたことはあるものの論理学教科書とはどんな内容になるのか考えつかないとパラクに語った。結局のところ講義に多くの批判すべき点を見出した。それも当然で、この教科書のよっているヘルバルト的伝統では、いわゆるアリストテレス論理学しか知られていないからである。アリストテレス論理学は種々の論理形式に対して限られた洞察しか示しておらず、そして半ばその結果として論理学を哲学の単なる予備学と見なしている。これに対し、ウィトゲンシュタインの著作の題名そのものが示しているように、彼は哲学の全体が論理学に含まれると見ていた。

もっともウィトゲンシュタインの性格からいって、こうした大勢の会合などよりも、むしろ小さな集まりや個々人と親しくつき合うほうを好んだ。彼がイギリスに着いたとき「友達が見つかるだろうか」と問うたこと、オルミュッツの集まりを大切にしていたことが思い出される。彼は適当な仲間を見つけだした。たとえばパラクであり、彼が収容所で書いた抒情性と郷愁にあふれる短篇小説をウィトゲンシュタインは見せてほしいと言った。すでに連隊生活や捕虜生活の初めの頃にも、ほかの仲間を見つけていた。そのうちで彼の生涯を通じて最も重要になったのはルートヴィヒ・ヘンゼルであった。彼は敬虔なカトリック教徒で、のちにオーストリア教育界の重鎮になる。解放されてのち、ウィトゲンシュタインは時々ヘンゼル家に滞在し、そこを自分の蔵書の置き場所にしたり連絡場所に使ったりした。またヘンゼル家の子どもたちの幸福と訓育に深い配慮を示した。後年のことは今はおくとして、ヘンゼルはその真面目さ、哲学的な素養と志のゆえに、理想的な盟友となった。(9) 二人は兵舎前広場や樫の木の下に椅子を持ち出し、午前中一緒にカントを読んだ。本は「スイス協会」(赤十字のことか)が収容所に贈った図書の中から入手したようである。捕虜が個人的に本を差し入れてもらうのは難しかった。のちにウィトゲンシュタインは幸運にもほかならぬこの差し入れの特別許可を得ることができたが、これについてはあとで触れる。それまでは彼の愛読書『算術の基本法則』すら手元になく、その序文の素晴らしさをヘンゼルに確信させるのに記憶をたどって暗誦してみせなければならなかった。(10) 二人は同志のような関係になった。「ヘンゼル君」という呼び方がその後一生続いた。そういう関係がその後長く続く友人として、彫刻家ドロービルもいる(のちに彼がウィトゲンシュタインを描いたデッサンが数枚と頭部のレリーフが残っており、またウィトゲンシュタインが彼のアトリエでかたどった胸像も残っている)。わずかに残されているドロービルの書いた覚え書きや手紙はヘンゼルのそれよりも簡潔であり、それは造形家と思想家の違いからきている。いずれにしても、二人ともウィトゲンシュタインの弟子というよりも対等に語り合う人々の小さなグループに属しており、将校風の挨拶がこのグループを象徴していた。

パラクとのつき合いは別であって、それはパラク自身が魅力あふれる筆致で明らかにしている通りである。彼の書くものや彼が教師であることに興味を持ったウィトゲンシュタインによって、彼はいわば「摘み採られ」れたのである。彼は自分がウィトゲンシュタインに夢中になったことを認めている。パラクのほうでもウィトゲンシュタインがたずさえていたタイプ原稿に目を通した。そして、二人は雨あがりのあとの兵舎前広場をぐるぐると歩きまわり、パラクが感激して語り出すと、ウィトゲンシュタインはその腕をとった。さらに午後にも会った。パラクは例のグループ——ヘンゼル、ドロービル、ユングヴィルト——にも加わった。ウィトゲンシュタインは彼らに『罪と罰』を読んで聞かせた。またこれとは別にパラクとウィトゲンシュタインは二人だけでこの本や他の文学作品について議論したり、その頃ウィトゲンシュタインが好んでいたバッハから選んだフーガの主題を口笛で二重奏したりした。(パラクがしっかりと書きとめている) 文学上の会話はウィトゲンシュタインの発展の記録となっており、以下で簡単に触れるつもりである。ただしパラクとウィトゲンシュタインの関係(これは多くの同様のケースの先例となる) の性格を把握するために、その関係の発展についても明らかにしておく必要がある。

夏の暑い盛りになると、ウィトゲンシュタインは(ほかの多くの人々と同じように) ベッドに横になり、パラクの考えでは自著の中の命題の修正に心をくだいていた。実際には、タイプ原稿からわかるように、ほとんど何の手も加えられなかった。彼はむしろ内的な問題、彼の言い方によれば「私の内面的なこと」[11]に心を奪われていたのかもしれない。いずれにしてもパラクは自分の訪問が今では歓迎されておらず、どうもウィトゲンシュタインは単なるむら気ということでは説明できないほど自分を避けていると感じた。彼はうまく話のきっかけを作り、興味あることを聞き出すことができた。露のしずくが太陽に満たされているように、自分はウィトゲンシュタインに満たされていた(ちょうどゲーテがワイマールにきたときヴィーラントがそうであったように) と彼は告白している。ウィトゲンシュタインは七つ年上なだけなのに、才能と教養の点で自分よりずっと卓越しているように思われた。その知識をできるだけ多く吸い込むために、彼はすべての気孔を開け放たずにはいられなかった。けれどもウィトゲンシュタインは神経質で気難しく、おじぎ草がそうするようにしだいにそうした濃密な関係から身を引き離していった。この比喩はウィトゲンシュタインの使ったもののようである。ウィトゲンシュタインはさらに続けて、パラクのような人はほかにただ一人知るのみであり、それは自分の母であると言った。ウィトゲンシュタインの家族は彼が母を敬遠しているのに気がついていたし、彼の家族宛の手紙を見てもそれとわかる。「母さんによろしく」としか書いておらず、まるでそう言えば十分であるかのようである。ベルリン時代に言った「もうたくさんです!」という言葉を思い起こさざるをえない。[12] あまりにも近づきすぎた女性たちの例、(ゲーテの語る、あの「下心」をもって掘り採られた花のように)掘り採られ、ウィトゲンシュタインの庭に植えられたが、咲きほこるとは限らない男たちの例がいずれまた出てくるはずである。

ウィトゲンシュタインは激しく愛情を欲していたにもかかわらず、それがあからさまに表現されることにほとんど我慢がならなかった。それが彼の悲劇であったと言えるかもしれない。この点マルコムに共鳴するところもあるとはいえ、全面的に同意するのは難しいであろう。[13] われわれの今の関心は、こうした特徴の発展とそれに影響を与えた要因を見ることにある。戦争や捕虜収容所でウィトゲンシュタインに生じた変化、あるいは発展の一つは、成熟であり、他人の指導、支配である。そこからパラクのような例が出てきたが、少なくともパラクにとってみれば幸福な例だといってよいであろう。事情によりまもなく二人は別れることになったものの、パラクにとってはいつまでも心暖まる意義深い思い出となった。パラクによる二人の関係の説明は、実にしっかりしており、適切である。

この頃のウィトゲンシュタインには、ほかにも発展が見られたことがパラクの説明によって確認できる。彼らの会話はパラク自身の作品を批評することから始まって、ドストエフスキーと他の作家との比較を経て、ウィトゲンシュタイン流の宗教や彼の人生計画をめぐる議論にまで及んだ。ウィトゲンシュタインの場合、たいていは美学的方面から見ていくのが最もわかりやすい。彼の行う価値評価がいつも変わらなかったわけではない。その頃の彼はハイドンをベートーヴェンと肩を並べるものと見、そうは言いながらもこの二人よりはバッハを愛していた。その後ベートーヴェン、ないしはシューベルトがすべてといった時期がやってくる。作曲家の追究は一度に一人と限らなければならないかのようである。彼のヴァーグナー音楽批判の弁を読み込んでみることができそうである。そこで彼は、ある言語から別の言語へ一語一語翻訳することはできないと言っている。これは文学的目標、すなわち伝えたい言説を、ヴァーグナーはあまりにも機械的に音楽に移している、と言っているように思われる。そしてウィトゲンシュタインは若者らしい『マイスタージンガー』熱から離反し、非表現的な芸術、すなわち何を言うかではなくどのように言うかを重視する芸術へと向かった。こうした見方がまたパラクの著作に対する彼の批評の趣旨にもなった。これこれの形容詞は（ウィトゲンシュタインはそれらの真の用法や出典を問うてケラーの書いた物語にまで遡ることができた）、パラクの言おうとすることに合致していない。パラクは物事を明瞭に思い描いていなかったのだ。これに対してパラクが、そんなふうに見ていったら物語（それは第二作目で前作よりよい出来だと考えていた）の全内容がだいなしになると抗議すると、ウィトゲンシュタインは「言語がすべてなのだ」と答えた。[14] あるいはホーフマンスタールを援用して、どのように事柄が言われるかで一切が違ってくると答えた。

とくにこの時期にと言うべきかもしれないが、実際にウィトゲンシュタインに最も多くを語りかけたのは、道徳的教訓が強く込められていながら簡素な表現の作品であった。エンゲルマンに推奨したウーラントの詩、ケラーの物語一般がその例である。パラクに対しては、ゲーテが性愛に文学的表現を与えるのに成功しているとパラクが考える箇所につき合うよりは、メーリケから一つの寓話を朗読して聞かせた。[15]

そうした論点は彼らが『罪と罰』を読んだことから生じた。問題はなぜドストエフスキーがソーニャの気高い側面のみを描き、罪深い側面にはほとんど触れていないのかということであった。売春婦が殺人者に福音書の一節を読んで聞かせるような場面にとって、それが不可欠の背景を成しているにしてもである。仲間たち、ことにウィトゲンシュタインは、自分自身の人生のためにこの本にこだわった。ウィトゲンシュタインはトルストイ的宗教に満足できなかったのだとパラクは考えるが、こうした関心の変化をあまり重視しすぎてはいけない。ウィトゲンシュタインはトルストイに立ち戻ることになるからである。[16] それはともかく、ドストエフスキーが彼の戦中日記後半で引用されている作家であり、そして『罪と罰』より偉大なのは『カラマーゾフの兄弟』だけだと彼はパラクに語っている。ウィトゲンシュタインがドストエフスキーを評価したのは、その「深い宗教的態度」のためであった。パラクは確かな作家の目をもって、別のときの彼らの会話を『罪と罰』に結びつけた。ウィトゲンシュタインは自分は生まれ変わったと述べたことがあったが、その際パラクはそうした転生の仮説を退けた（以前ウィトゲンシュタインもわれわれの思い起こすことのできない前世を考えたり、前世の罪滅ぼしをしようとするのはナンセンスであると言っていた）。だがパラクは『罪と罰』の最後の段落を読んだとき、彼の言ったことを思い出した。

しかし、そこにはすでに新しい物語、一人の人間が次第に新しくなってゆく物語、次第に更生してゆく物語、一つの世界から他の世界へと次第に移ってゆく物語、これまで全然知られなかった新しい現実を知る物語がはじまろうとしているのである。〔中村訳（『罪と罰』第三巻、岩波文庫）〕

パラクの考えでは、これこそがウィトゲンシュタインのうちに生じた変化である。宗教的回心であり再生の感情であって、それはウィトゲンシュタインをしてすべての財産を放棄させ、まったく違った生活、内的宗教的目標に捧げられた別の生活を送るようにしむけた。パラクはウィトゲンシュタインの生活の贅沢、安楽について戦前と戦後を比較し、正反対になっていることを指摘している。パラクはその多くを、ウィトゲンシュタイン家の興隆の背景と基礎を成していた帝国が崩壊したためとしている。たとえウィトゲンシュタインが戦争の初めから負け戦になることを知っていたにしても、この点にある程度留意しなければならない。むろん現実は予想以上に強力な効果を及ぼした。ウィトゲンシュタインの変化のもう一つの要因として、彼が戦争から立ち直る必要のあったことがあげられる。戦争体験のすべてを克服するために、内面への退却が必要であった。リーヴィスの記憶によれば、一九三〇年のことであるが、ウィトゲンシュタインは自分と同様、戦争体験に過敏に反応する精神の持ち主であると見て取れた[17]。けれども、最も重要なのは先に述べたことではなかろうか。戦争はウィトゲンシュタインにとって救いであった。辛苦や危険は彼の精神を本質的なことだけに集中させ、日々要求される務め、すなわち「困難な任務を日々遂行すること」は、人々との共同生活を可能にした。彼はもはや何になるべきかを模索しなかった。今では何であるべきかを知っていたからである。

　これが当時の彼の精神状態であったように思われる。現実の世界ではもちろん何かにならなければならず、パラクの説明によれば聖職に就くか教師生活に入るかのいずれかを選ぼうとしていたようである。しかし神学を四年間学ぶのはたいへんなので、ウィトゲンシュタインは教員養成学校の最終学年に編入しようと考えた。「本当は聖職者になりたいのだけれど、教師になっても子どもたちと福音書を読むことができる」と彼はパラクに語った。

　こうした状態を（ドストエフスキーが最後の段落で試みているように）数語で要約すれば、それは刻苦して得られた精神状態であり、それが深く苦しい自責の念、そして過去の態度や行為についての罪の意識と不可分になっている。卑しからぬ男が哀れな罪人となるというキューゲルゲンに出てくる話にはすでに触れた。ウィトゲンシュタインはこれを自らの体験により理解した。捕虜収容所でこの頃、彼が罪を認めることの重要性に思いをこらしているのを見て取ることができる。ソーニャはラスコーリニコフにこれを迫り、そしてトルストイに出てくる気高い巡礼は自分が罪に負けたことを進んで認める。[18] 捕虜収容所で考えふけっていたこと、エンゲルマン宛の手紙でほのめかしている彼の内的状態は、すべてこの種のものである。[19] 一、二年あと、彼の姉はヘンゼルに、弟が幸福な普通の人間ではなく、不幸な聖人であるのを嘆いている。姉はこの種の不幸は聖人のしるしであり、実際に犯した罪の重さとはほとんど関係ないと見ているのである。人生の一段階を見て聖人の称号を与えるのは意味あることとは思えないが、この時期がウィトゲンシュタインの人生における重い宗教的段階であったことは見まがうべくもない。

彼はもちろんこれまでも常に高度の原則を守る人間であり、この点は変わらなかった。カッシーノにある下級の収容所で腸チフスが発生したとき、そちらに移してほしいと要望したこと、また特権を得るのを拒み続けたことなどはその例である。この特権の拒否について述べるとなると、収容所と外の世界との接触に言及せざるをえない。

家族はもちろん彼を探していた。グレートルはスイスにおり、戦争のためその地に亡命した人たちの中に有力な友人を持っていた。彼女はまもなくフーヴァー氏の合衆国食料援助機関の仕事にも関わることになった。誰かの忠告に従い、彼女は一一月にはもうルートヴィヒの「交換」（即時釈放のことを言っているのであろう）を求める手紙を書いた。[20] これには成功しなかったとはいえ、自分が介入することにより彼がそれだけよい扱いを受ければと願った。その後の手紙で、「ルー坊」の捜索は成果を得るには至っていないと彼女が報告しているところから見ると、[21] 彼の正確な居所はわかっていなかった（あるいは、再びわからなくなった）ようである。だが、いずれにしても一月までには彼と連絡がついたようで、若干の金と煙草を送ることができた。[22] ここの捕虜たちは、イタリア軍より定期的に支払われる将校手当で暮らしていたが、それは糊口をしのぐのがやっとというほどのものであった。（このことからして、一一月一日付のウィトゲンシュタインの中尉昇進は重要であった。）

努力はこれだけで終わらなかった。三月にはチューリヒにいる遠い親戚（ウィトゲンシュタインとラッセルのあいだの文通を取り持った、あのエリーザベト・グレーガー）がこの捕虜のために バチカンの国務長官の枢機卿に手紙を書き、同情すべき理由——ウィトゲンシュタインの母親は彼以外の息子を一人を除きすべてなくし（その一人も戦争で不具になった）、ひどく健康を害している——を述べて釈放を求めた。家族の誰もこの申し入れは知らないとグレーガー夫人は言っている。[23] 枢機卿はその大きな影響力を行使してくれるであろうか。枢機卿はたいへん丁重で、注意を払ってくれた。グレーガー夫人は傷心の母君に代わって立派な思いやりある役を務めており、教皇庁はできるだけの助力をすると請け合った。実際、枢機卿は（現地で何かできそうな場合には）カッシーノの大修道院長に手紙を出し、そして「信仰基金」の長であるモンティ男爵にも手紙を出したが、これは一層効果的であった（教皇庁と王国政府のあいだの通常の交渉経路はまだ公的には確立されていなかった）。モンティ男爵はさらに王国総理府に援助を請うた。家族の事情は（一般的であるため）釈放の根拠として認められなかったものの、ウィトゲンシュタインは他の二人（たった二人）のオーストリア人と共に、釈放の必要があるかどうかを決定するため特別の医学的診断を受けることになった。寛大な基準の適用されることが保証されていた。グレーガー夫人は深い感謝の念を示し、それに対して枢機卿は神の祝福を彼女に授けた。ウィトゲンシュタインの母親はついにはそれを聞きつけ、大喜びした。

彼らは当の捕虜自身のことを計算に入れていなかった。当人はどんな特別扱いをも拒み、戦友たちが一緒である場合にのみ復員するつもりであった[24]。介入したのは家族だと彼は考え、のちにこの件については潔白であったはずの母を責めた[25]。

ウィトゲンシュタインは彼を特別扱いさせたがる友人たちにつけまわされた。イギリスでも彼に便宜をはかる努力がなされた。ラッセルはパリの講和会議に出席していたケインズ、イタリアで赤十字の活動をしていたトレヴェリアンに依頼した。ケインズはさらにパリのイタリア全権団に依頼し（彼らを通じてウィトゲンシュタインに手紙を書いている）、トレヴェリアンは科学者で探検家のフィリッポ・デ・フィリッピに依頼した[26]。ウィトゲンシュタインの釈放を勝ち取る望みはあってもごくわずかであったが、短い葉書のみならず学問的な文通の許可を取りつける望みは大いにあった。ついには本も、雑誌類だけではなく装丁された本も入手できるようになった[27]。それでウィトゲンシュタインはエンゲルマンにフレーゲの『算術の基本法則』を頼んだのである[28]。ラッセルの『数理哲学序説』は速やかに届くように、ばらして郵送された。ラッセルの本は実際にはケインズの名前で送られた。ウィトゲンシュタインのイギリスの友人たちは、良心的戦争反対者であるラッセルが彼の後援者であることを表に出さないほうが賢明だ、と考えたのである。

このようにしてウィトゲンシュタインには真の友人たちとの接触が、また真の生活との接触さえもが、再び始まった。ラッセルが会いにきてさえくれたならと思わずにはいられなかった。「もしあなたが世界の反対側にいても、私があなたのところに行くことができるのなら、私は行くのですが」と彼は手紙の中で言っているが[29]、ラッセルはこれの写しをとって、援助のできそうな人すべてに回覧した。もちろんウィトゲンシュタインは、(彼らしいところであるが) ここでも現実離れしていた。訪問が許されるとしても(実際には誰も許されなかったのだが)、ラッセルはいちばん最後に許される訪問者となったであろう。

いつものように仕事と生活は密接に連関しながら進んでいった。自分の仕事を説明するために、ウィトゲンシュタインはなんとしてもラッセルと話がしたかった。その仕事は彼のライフワークであり、ぜひとも出版したかった。完成した仕事を捕虜生活の中で引きずり歩き、外の世界ではたわごとが罷り通っているのを見るのは辛いことである。ラッセル宛の手紙の中で彼はそう嘆いている。[30]ラッセルにはすでにタイプ原稿を送ってあったものの、彼がそれを理解するであろうというはかない希望も今では消え去った。少なくともラッセルの本(右にあげた新刊書)の内容はウィトゲンシュタインにそのように暗示した。一九一四年四月にムーアに口述した論理に関する思想を理解した跡がまったく見られなかった。[31]

とはいえ、こうした悲観論に陥ったにもかかわらず、友人との接触、哲学との接触は復活し始めた。五月と六月に、彼は内的苦悶のこと、仕事をしていないこと、自分がまともな人間になる見込みがあるだろうかと絶えず思いめぐらしていることについて語っている。[32]八月にはフレーゲの手紙を受け取り、彼もまた送ったタイプ原稿の「一語も理解していない」のを確認することさえできた。[33]ウィトゲンシュタインは姉のミニングに今は仕事ができると書いており、その成果の一部はラッセルに書き送った解説に現れている。[34]ウィトゲンシュタインの本の内容については別のところで考察するが、彼がその趣旨を次の一つの定式に要約しようとしているのは印象深い。

主要な点は、命題によって――すなわち言語によって――「語られ」うること(同じことですが、考えられうること）と、命題によっては表現されえずただ「示され」うることとの理論にあります。これが哲学の基本的問題であると私は考えております。

思考の表現の限界を説くこの主張が、他のいずれの時期よりも人生の決断が要求されたときに現れたこともまた重要である。

クリスマス以前は無理ではないかとウィトゲンシュタインは考えていたが、オーストリアへの早期復員が噂や情報として伝わってきた。[35] 彼らは家畜用トラックでカッシーノの街にくだり、そこから二等客車で復員することになったとパラクは語っている。イタリアの衛兵はフィラッハで立ち去った。パラクは下オーストリア行きの列車に乗り換えたが、ウィトゲンシュタインは他のウィーン出身者と共にそのまま行った。二人は二度と会うことはなかった。ウィトゲンシュタインの公式の釈放日は一九一九年八月二六日になっているものの、彼のウィーン発の最初の手紙は八月二五日付である。彼はエンゲルマンに、精神状態に関するかぎり「かんばしくない」と書いている。[36]

この復員が彼の人生における危機であったことは、ほとんど疑いないであろう。彼の父親の場合と同様、生涯の節目となる大きな「転換」の一つが準備されていた。姉のヘルミーネはそう感じていた（『家族の思い出』、一一一頁）。それもそのはずであった。彼の命を救い、見苦しくない生き方をさせる機構の役をした戦争は終わった。彼はどうにかして足場を見つけなければならなかった。[37] 戦争や捕虜生活が命ずるのではない自分自身の場所を、この世界の中に見つけなければならなかった。

彼が家族の雰囲気を離れなければならないのは、当然の成り行きであったように思われる。けれども今回はそれを外国行きによって果たすことはできなかった。もちろん彼らは戦争によって貧しくなっていたとはいえ、インフレと飢餓のはびこる戦後の厳しい冬を過ごしていた貧しいウィーンの人々に比べれば、格段によい暮らしをしていた。彼は人々と苦しみを共にするために軍隊に入ったのであり、今さら特権ある場所に戻ることはできなかった。以前はもっともな言い訳をいろいろすることもできた。金は自分のものではなく父のものであったし、自分は得意とする論理学をやっていた。ところがその論理学も完成した。彼が非常に間接的な形で著作の中で伝えようと試みたことを、今や人生の中で明示しなければならない。

およそこうしたことが動機となって、復員後にまず二つのことに取りかかっている。彼は自分の金を兄と姉たちにあげてしまった。次には下宿生活を始め、家を探してもらっては次々と移り住んだ。彼の住所は、もはや「金持ちのウィトゲンシュタイン家」の住所ではなくなる。彼は家族と別れたとはいえ、接触を絶ってしまったわけではない。「花嫁に手を触れずに出奔した」が、後年、父親の家の地下の使用人部屋に住むことになったアレクシウスにどこか似ていた。姉のヘルミーネが比較(38)の対象としているのは、もう一人のアレクシウスと言うべき『カラマーゾフの兄弟』のアリョーシャである。アリョーシャは無一文だが、几帳面なイワンと違い必要なものに決して事欠くことはない。人々が喜んで彼に与えるからであり、彼のほうではごく自然に受け取る。このアリョーシャとの類似点は、確かに存在し重要であるとはいえ、次に見るように完全に類似するわけではない。

というのは、ウィトゲンシュタインは自分の財産の分配を主張したというのが事実(39)だからである。まず彼はまっすぐに銀行に行き、預けてある金は要らないと告げたので、皆は肝をつぶした。顧問弁護士たちとさんざん議論したあげく、家族(40)の者たちはようやく、誰かが言うように、彼が経済的な自殺をしようとしているのだということを了解した。この議論(41)の過程で、伯父のパウルは、ルートヴィヒの分としてひそかに金を留保すべきだと声を張りあげて説いた。しかし、そのようなことは金輪際してほしくないと彼は繰り返し主張した。万事は自分が父より早死にしたかのように運ばれなければならない、とルートヴィヒは言った。(ただ例外として、戦争でそれほど経済的に打撃を受けなかったグレートルは、この再分配の対象には含めないことにしたようである。)[42] 未亡人としての母親の相続分が、彼女の死により一九二六年に分配されることになったとき、同じ取り決めが繰り返されたのがわかっている。[43] この際にもまたルートヴィヒは、自分のところに一銭もよこしてくれるなと主張した。彼は自分に重要なことを主張しだすと、まったく手に負えなかった。

ウィトゲンシュタイン自身の家族に贈与されると聞いて、笑う人もいた。アードルフ・ロースは「ああ、そういうことなのか」と言った。けれども、いくつかの点から見て、それが唯一可能な解決であった。金といってもそれは黄金の山ではなく、複雑に入り組んだ財産や有価証券からなっている。他人や慈善団体をその管財者にするのは容易ではない。加えてウィトゲンシュタインの狙いは遺産から自分を解放することであり、たとえ間接的にであれ自分の目的のためには使わないことであった。そしてまたエンゲルマンに語ったように、[44] 自分の資産を人道的目的に捧げたところで、結局のところ何のよい結果も得られないと彼は考えていた。

こうしたことすべてについて、姉たちは一言も批判しなかった。彼女たちは特権に伴う責任をはっきり意識していた。グレートルはおそらくこの頃、飢餓に苦しむオーストリアを救う運動のためアメリカを旅行していた。彼女はすでにスイスから自費で貨車一両分のコンデンス・ミルクを送っていた。慈善活動はほかにもある。戦時中、病院で働いていたヘルミーネは、今では貧しい男の子を日中あずかる託児所をつくる準備をしていた。のちにはウィトゲンシュタインもしばしばこの姉たちの奉仕活動を頼りにした。それは彼自身の慈善計画のためであるが、注意すべきは、それがいつでも個人的計画であること、つまり個人のために個人によって企てられるものであって、慈善団体への助成ではなかったことである。のちにはまたケインズにも、ある計画への助力を依頼することになるが、ケインズはそれをこころよく引き受ける。[45]ここからわかるのは、自分は金をためこむという不正はできないので、人の持っている金を使うのは構わないというウィトゲンシュタイン流の命題を、友人たちが彼に限っては、容認していたことである。

自分に課したこの命法の背景には、困難を分かち合う必要以上のことが問題になっていたのであろうか。こうした点については、彼の後年のノートが引用されてきた。彼は自分の家族が貧しくなるのを見たいとは思わなかったが、それは彼らの場合、彼らの持っている「力」を失うことになるからである。[46]とはいっても、ウィトゲンシュタインは自分についてはその力を放棄しようとしたということにはならない。むしろ彼は、どんな力にしても自分自身の人格から自分の手で生み出したかったのである。(のちにも見るように、彼は普通、得た収入のうち、どれだけが自分の取り分と言えるかわかっていたし、それを節約して使い、必要なときにはできるだけ目立たないようにしながらも気前よく出した。)

こうした金銭問題が片づくと、彼は生活の仕方を決めなければならなかった。宗教的生活もまだまったくやめにしたわけではなかった。ヘンゼルの話によると、ウィトゲンシュタインは修道院（彼の念頭にあった愛徳修道会かフランシスコ修道会）を訪れており、そこで門番に冷たくあしらわれた。修道院でよくあるように、ひと通りの予備尋問も行われたようである。一二月にラッセルはウィトゲンシュタインに会い（これについてはこの章のあとのほうで触れる）、彼が信じられないほど変わったのを見た。

私は彼の本の中に神秘主義のにおいを感じ取ってはいましたが、彼がまったくの神秘家となっているのを見て驚きました。彼はキルケゴールやアンゲルス・シレージウスといった人たちのものを読んでおり、修道僧に

なろかと真面目に考えています。（オットリーン・モレル宛ラッセルの手紙、一九一九年一二月二〇日）

にもかかわらずラッセルは、「そう考えただけで、その気になったわけではない」と判断している。ウィトゲンシュタインは教師になる気でいると見ていた。

宗教に入るのでなければ教師になる、と彼は捕虜収容所で言っていた。[47] それは彼の気質によく合っていたとも言える。前に記したように、ウィトゲンシュタイン家の人たちは教育の才能ないしは欲求を持っており、そしてすべての教育は道徳教育であると見る傾向があった。二人の姉がその例で、ミニングは託児所を持ち、グレートルは心理学を研究していた。さらに、先に見た通り、ルートヴィヒは自分をアリョーシャになぞらえていたようであり、少年たちに福音書の一節を読んで聞かせ、彼らが生き抜くための霊感を与えることを夢想していた。

とはいえそれは彼の才能を誤用することにならないだろうか。ミニングの言うように、荷箱を開けるのに精密器具を用いるようなものではないだろうか。これに対して、彼らしい笑みを浮かべて、「あなたは窓を隔てて外を眺めている人のようだ」と彼は言った。「外を通りかかる人の奇妙な動作を飲み込めないのです。外の嵐の激しさにも、その人が立っているだけでたいへんなことにも、思い及ばないのです」。

このように彼は職業選択を、自分の内的問題の要求に従って考えていたのは間違いない。したがって（確かな根拠もなく示唆されたように[48]）ウィーンの道徳的退廃の中で暮らしていく必要からではない。その内的問題は捕虜収容所ですでに自覚されていた（そしてある決心が固まっていた）。それは彼に絶えずついてまわった問題であるのだか、敗戦国をおおう意気沮喪により、さらに切実になった。自分や他人に対して十分誠実であったであろうか。他人と（風紀が乱れた際には一層あらわとなる）他人の卑俗さに不当に苛立つことなく耐えることができたであろうか。息がつまるといってもむやみに拒否すべきではない家族の愛情に、どのように応えることができたであろうか。この種のことを、そしてあまりにも上を目指し、あまりにも辛辣であることからくる良心の呵責の逐一を、われわれはこれまでも繰り返し見てきた。それらは彼を今やある種の現実放棄に、単純な職業の選択に導かずにはおかないのではなかろうか。そうすれば職業の価値に全面的確信が持てないでいることもなく、仲間の人たちとの関係にも曖昧さがなくなるであろう。そして宗教的生活にある場合と同様、気晴らしを求めることから自由になり、同時に瞑想と霊の発展に専念する内的生活に入る自由も得られるのではないだろうか。

ほかにどんな職業が彼に開かれていただろうか。まだ出版されていない彼自身の本の説く教えを、彼が真剣に受けとめていた徴候が至るところに見られる。彼は自分の思考の道筋をたどって哲学の終焉にまで行き着いており、何もつけ加えることがなくなっていたのである。何年かのちにケインズとラムジーにそのように言っている。「私はそうした活動に今では強い内的衝動を持っておりません。私はどうしても言わなければならないことをすべて言ってしまったので、泉は涸れてしまいました(49)」。実際面から言ってもイギリスに戻らずに哲学をするすべはなかったし、イギリスに戻ることは一九一九年には思いもよらなかった。彼はオーストリアの学界に地位を得ていないだけではなく、それを軽蔑していた。自分の哲学的仕事であれ、あるいはどんな哲学的仕事であれ、哲学教授に見せたって豚に真珠だ、と彼は言った(50)。彼はオーストリアの知的生活などに今ではほとんど何の興味もなかった。フィッカー宛の手紙を見ると、彼は苛立っている。復員後すぐにとんでいってロースに会ってはみたものの、彼は苦い失望を味わった。

私は慄然とし、胸が悪くなりました。彼はにせの主知主義にかぶれてきっています！　彼は私に「美術局」

創設計画のパンフレットをくれましたが、そこで彼は聖霊に対する罪などということを口にしています。[51] これではもうおしまいです！　ロースのところに行くときすでに抑鬱的気分だったのですが、これはもう決定的でした。[52]

友人たちは、ウィトゲンシュタインがクラウスに会ったと言っている（これが戦前ということはありえない）。彼はその際、次のように言いたくてたまらなかった、いや事実そう言ったそうである——「もちろんあなたは忌まわしい虚栄心の持ち主だから、このようなことを理解しないでしょう」。[53] 教師になることは誠実な選択であったにしても、それ自体は宗教的生活の代わりでしかなかったのではなかろうか。ウィトゲンシュタインが言った言葉の中に、こうした見方を読み取ることができる。エンゲルマンが自分と同じ精神状態にあると思われたとき、ウィトゲンシュタインは言っている。

事情は次のようになっているのだと思います。私たちは目的地へのまっすぐな道を進んでいないのです。そうする力が私たちには（少なくとも私には）ないのです。それで私たちはわき道をしているのですが、それでも前へ進んでいるかぎりは満足しております。ところがその道が行き止まりになっていると、そこで立ち往生し、私たちは初めて、いるべき所にはいないことに気がつきます。[54]

そうだとすれば、これは信仰の欠如のためウィトゲンシュタインが失敗した例となるであろう。それは召命を受けたのに応えるのに失敗したという、彼がのちに抱いた感慨の説明になりそうである。とはいえ、「長老」がアリョーシャに望んだような「在俗の修道僧」になれるかもしれない、と彼が考えたときもあったように思われる。

ノイヴァルデッグに短期滞在し、ホーホライトに多少長く滞在しているうちに、決心もなんなくついた（彼はエンゲルマンにはそれと告げず、想像に任せた）。そして九月二五日にはもう「教員養成所」——「いわゆる」と彼は皮肉っぽく前置きしている——に登録されている。これは第三区にあり、彼とエンゲルマンがのちにストーンボロ邸を建てた場所の、通りを挟んだ向かいに位置していた。彼が下宿したのもその近くであった。「私の境遇もことごとく変わり、私が賢くないのだけが相変わらずです」と彼は暗い調子で書いている。住所も一カ月のうちに二度も変わることになった。

同じ手紙で、こうした学校に通い人生を後戻りすることの困難を、後悔まじりに記している。


こうして私はまた教室に座っています。そういうと実際以上に滑稽に響きます。本当は、非常な困難を感じているからです。私はもう中学生のように振舞うことはできません。こういうと滑稽に響くでしょうが、屈辱があまりにも大きく、ほとんど耐えられないと思うことがしばしばです！（エンゲルマン宛ウィトゲンシュタインの手紙、一九一九年九月二五日）

事実こうした養成所の学生は、普通若い教育実習生で、ウィトゲンシュタインの持っている「マトゥーラ」すらなく、彼が研究生活や戦争で得た高い教養や広い視野などひとかけらもなかった。同じ年頃に、バルセロナでラテン語を習っていたイグナティウス・ロヨラのことが思い出される。「名将が生徒になられた」と讃美歌にうたわれている。しかし、ウィトゲンシュタインがリンツ時代に逆戻りしたというのは事実ではない。校長はこの風変わりな退役軍人（戦後には、こういう例はさほどめずらしくなかった）の優秀さに気づき、校長室に引き入れては楽しげに話をした。ウィトゲンシュタインの知性と人格の力は、いつでも教師仲間皆の尊敬を勝ち得た。彼の素性に推測をめぐらす人もいた。そこで彼は裕福なウィトゲンシュタイン家との関係を否定し、ただ遠い縁戚であるだけだと言い張った[55]。しかしこう言って切り抜けるのは困難であったようであり、そしてむろん隠しだてしたことがかえって裏目にでた。

学校での勉強はまったく簡単であった[56]。ウィトゲンシュタインは「マトゥーラ」証明により全学科を免除され、ただ歌唱、オルガン、ヴァイオリン、地域経済、書道といった特殊教育科目だけを受けることになった。金釘流の「ドイツ筆記体」で書かれたこの頃の手紙がヘンゼル家に残っている。ウィトゲンシュタインはほぼ生涯を通じて読みやすいラテン筆記体で書いていた。書道で学校からもらった成績は「満足できる」で、五段階評価の3にあたる。その他の科目はすべて「称賛に値する」、すなわち4である。教育実習も「称賛に値する」であった。実習では子どもたちにおとぎ話を読んで聞かせることもしたようである。「それは彼らの気に入り、ほっとしました[57]」。

この学校で使われた教科書については、ヴュンシェが適切に記述している[58]。それによると教科書は、各クラスで新任教師が目標をよく考え、教材を準備し、生徒の記憶に残るよう連想や工夫をこらすのを原則としていた。こうしたすべてを、ウィトゲンシュタインはその後の教員生活で几帳面に行った。彼が目標としたのは、伝統的教授法の場合と同じく下準備した教材を生徒に吸収させることであろうか、それとも活動を通して新しい能力をかち取らせることであろうか。ここでは関係ないことかもしれないし、あまりはっきりしない。この問題は本質的には彼が新しい「学校改革」の理念に同意したのかという問題に帰着するが、そうとも言えるし違うとも言えるであろう。彼は自分自身の教育方法を考え出したというのが事実である。したがって伝統から離れていることは間違いないにしても、他面、「学校改革」がうたっているものの多くも彼は退けている。とくに反対だったのは、しつけに対する姿勢、また学校運営への子どもたちの参加に対してである。[59]ただしこれは、のちに教員生活について述べる際にあらためて議論さるべきことである。ただ彼の通った学校の理念について少し触れてみただけであり、今はそれで十分である。この学校で実際にしていることは、文字通りの訓練であった（「養成」というよりは「調教」であり、たぶんこれを皮肉ってウィトゲンシュタインは「いわゆる」と言ったのである）。後期の哲学の中で、また子どもたちに対する姿勢において、彼がこの訓練というものを重視しているのは確かである。それが人間の思考においても、社会生活においても基本をなすと、彼は見ているのである。

この時期の彼自身の生活では、家族のことにかまけているかと思えばよそよそしくしたりして揺れ動いた。学校の近くで下宿を変えていたものの、まもなくヒーツィングにいる家族と親しい人の家に引っ越した。旧姓をヘルミーネ・バッハーというミーマ・シェグレンは、あるスウェーデン人技術者の未亡人であった。この技術者はカール・ウィトゲンシュタインの持つ製鋼所の所長をしていた。彼女の父も別の製鋼所の所長であった。彼女はルートヴィヒがまだごく幼い頃から、彼の姉たちの親友であった。今では彼女の息子たちも広義のウィトゲンシュタイン家の一員となっていたが、それは女手一つで男の子どもを育てるには、援助と導きが必要だと思われたからでもあった。そのためシェグレン一家は一緒になって祝いごとの準備に精を出したり、夏にホーホライトを訪れたり、週末にウィーンに何軒かある邸宅を訪問したりした。ミーマはそうした折に芸術面で多少の協力をした。それもウィトゲンシュタイン家の人たちのようなディレッタントとはちがって、本格的な芸術家と言ってよいほどであったし、現にそのように評価されていた。彼女の才能は、描いた一連の肖像画により今でも確かめることができる。写真で見ると、彼女はマルガレーテ・ストーンボロと肩を並べるほど魅力的で人目を引く女性である。彼女の二人の息子、アルフィトとタラは別々の仕方でルートヴィヒに接触した。(60) タラは背の高い美男で感じがよく、見るからにスウェーデン人であった。家庭でよく見られるように、あるいは少なくともウィトゲンシュタイン家ではそうなのだが、彼にあった役どころに擬せられ、それはあまり真面目でない役柄であった。誰からも愛されていたとはいえ、彼の行状にはいつも問題があった。彼は他人の生活におせっかいをやくストーンボロ夫人の格好のえじきであった。彼はいつもそうしたふうに見られた。(彼がルートヴィヒの人生においてある役割を果たすのは、ずっとのちのことである。) アルフィトは背が高いだけでなく体重もあり、もの静かでありながら反抗的でもあった。彼には素直な魂と自立心があり、それらが生涯間違いなく彼を導いていくように思われた。彼の真剣な何かが、彼のものの見方の飾らなさと率直さが、ルートヴィヒを引きつけた。これまでに二人が会ったのは戦時の休暇の際だけであり、その頃アルフィトはもっと騒々しい中学生であった。その彼が今ではひんぱんに行動を共にする仲間となった。そうするうちに彼はウィトゲンシュタインの外国旅行についていくことにもなるが、それについてはあとで触れる。ここに生涯続く友情が始まった。アルフィトはルートヴィヒの要求があまりにも大きすぎると思うようになり、距離をとらざるをえなくなるものの、二人の友情はその後も続いた。ルートヴィヒの友人たちは過度に彼と接触していなければならず、過度に友情に熱中しなければならなかった。ルートヴィヒは他人の人生についても大いに語ったとはいえ、やはり自分のことを問題にせざるをえなかった。誰かを訪れてみると外灯がついていなかったり、あるいはアルフィトがルートヴィヒの姉の一人のために大工仕事に熱中していたりすると、彼はじれた。ルートヴィヒの友人となるには冷静である必要があった。アルフィトにはそれができ、すでに見たようにちょうどこの頃の彼はルートヴィヒの弟子にふさわしかった。弟子という枠に収まる友人としては、アルフィトが最初であると言えるかもしれない。甥といってもよい彼に比べると、ピンセントとエンゲルマンはもっと対等の立場にあった。弟子とはいえ、アルフィトは一個の思想家でもあった。ルートヴィヒはいつでも彼のこの面を認めていた。どんな本、どんな人生の出来事を議論しても、アルフィトは自分なりの理解を示した。それゆえ感化の受け方も微妙で、ある人格が他の人格に刷り込まれるというものではなかった。ルートヴィヒの関与したある実際的決断は、のちに家族のある者たちの後悔を招くことになった。彼はアルフィトに勉強などするなと言い、その結果、少年は技術者ではなく機械工になったのである。若者たちにルートヴィヒと姉のグレートルが単純な実際労働につくように勧めるということが繰り返されることになる。それは確かにこの時期のルートヴィヒ自身の好みに一致していた。何か重要なことを学問的に研究するといった考えは、彼の本の中ではっきりと拒否されていた。それにしてもここで気になるのは、彼が他人の人生に好んで介入しようとしていることである。「上の世代の人たちは他人の権利の前で立ち止まることをしなかった」と、甥のトマス・ストーンボロはよく言っていた。[61] のちのことであるが（アルフィトの手紙から推測すると）アルフィトは友人の救済、あるいは魂の幸福に配慮しない（「糞をかけている」）と言って、ルートヴィヒが叱ったのがわかる。[62] それに対してアルフィトは、ルートヴィヒは他人を、婚約者さえをも当人の好きなようにさせるべきだと答えている。ここぞというときでも、彼は（ただそこに立っているだけの）道標の役を果たせるだけである。例の高等教育のことでルートヴィヒは道標以上のものであったが、彼の誘導がなくとも自分は同じ道をたどることになったであろうと、アルフィトは晩年語っている。アルフィトよりもむしろ、まわりの人たちがうらめしく思った。

さて、シェグレン家に下宿し、こうしたことに没頭したのは一一月か、一一月近くであった。少年たちの教育の手伝いは他人のもくろみに合致し、そうしてアレーガッセから遠ざかるのは自分のもくろみに合致していたと言えよう。そこで過ごした成果は、すでに触れた生涯にわたる友情であった。まず手始めには、ラッセルに会うためオランダに旅行する際の同行者が得られた。しかし同時に、ミーマとの生涯続く、ひびの入ったぎこちない関係もまたその成果であった。アルフィト自身は、彼女がルートヴィヒに恋してしまったと考えている。彼が抱いていた温かさへの欲求と過度の接触への嫌悪、つまりショーペンハウアーのヤマアラシの比喩にでてくる牽引と反発——ウィトゲンシュタインはとくに女性に対して感じていたと思われる——と折り合っていくことは、彼女にとって何ほどか困難であったに違いない。しかも彼はこの頃最も神経過敏な状態にあった。それは姉のヘルミーネが彼の扱いに困った様子からわかる。それで、このあと見るように、彼女はヘンゼル博士に手紙を書いてすますほうが楽であった。とにかくルートヴィヒはヒーツィングを去り、第三区に戻った。引っ越しには「いろいろの作業が伴いますが、そのときのことを思い出すと沈んだ気持ちにならざるをえません」[63]と彼は言っている。それ以後、関係は難しくなった。一年ほどあとに、彼女のほうから彼を訪問する計画がかなり注意深く立てられてはいる。とはいえ普通、家族の者は彼が自分たちのもとにきそうなときには、ミーマを招かないように用心した。一〇年以上あとの日付のない手紙を見ると、彼女の息子のアルフィトの側でも、同じことをしているのがわかる。[64]

この逸話は、ウィトゲンシュタインがほとんどいつも嘆息しながら、内的アスペクトと外的アスペクトと呼んだものの混合しているのが、特徴となっている。この場合では他人の行動ないし期待が彼にぶつかってき、彼のほうでは事態を打開するために周囲と自分自身に対して処置をほどこさなければならなかった。そしてそれは、彼が整えようと努力していた内的生活にゆゆしい影響を与えた。

このような光に照らして、この移行の年において彼を悩ました主要な問題を概観しなければならない。この年には当然、彼は自分の足場を見出すのにとてつもない困難を感じていたに違いない。そして、それは家族の者が実際に見て取ったところである。第一の問題は、すでに多少は述べたように、家族と友人のことである。家族から離れたとはいえ、毎週土曜の午後には母親と過ごさなければならず、[65]それは捕虜収容所でパラクに言ったような理由で重荷であった。ヘンゼルとその夫人は、ハシカを病んでいるとかその他の家庭の事情がないときには避難場所を提供した。[66]それに対してヘルミーネ・ウィトゲンシュタインは心から礼を述べており、また困難な当時にあって非常に役に立つものを贈ったりした。その際彼女は、こうした贈物はもちろん自分のなすべき感謝を十分表すものとはとうていなりえないと、たくみにくどいている。[67]ただしルートヴィヒは、ヘンゼルのところにそうしばしば訪れたわけではない。彫刻家ドロービルのところにも、ときには訪れた。またごくたまにパウル・エンゲルマンの訪問を受けたが、[68]彼とは本当の話ができるとウィトゲンシュタインは感じていた。けれどもこれだけのつき合いではとても十分とは言えなかった。のちに触れるラッセル訪問のあとの三月に、ウィトゲンシュタインは次のように書いている。

どんなにかまた、あなたにお会いしたいことでしょう。私はもうどうしたところで新しい友人を得られそうになく、旧い友人も失いつつあるのです。それはひどく悲しいことです。毎日のようにかわいそうなディヴィド・ピンセントのことを思い出します。きっと奇妙に聞こえるでしょうが、私はほとんど誰に対しても馬鹿になりすぎているのです!(ラッセル宛ウィトゲンシュタインの手紙、一九二〇年三月一九日)

彼の考え方は、たいていの人々には理解できなかったかもしれない。(新しい友人のアルフィトは例外であった。)にもかかわらず、他人を受け容れることを彼は目指していたはずである。たぶんこのことからウィトゲンシュタインの次のような訴えは了解できる。こんどはエンゲルマンに宛てて、「普通の人間は私にとって慰めであり、同時に苦痛です」[69]と彼は書いている。

第二の問題は学校とそこでの訓練であった。すでに見たように、そこで受ける屈辱は彼には耐えがたく、一九二〇年一月にエンゲルマンに宛ててひどい状態にあると書き[70]、ヘンゼルには助言ばかりか援助をも請うている。

仲間たちとの関係に絶えずわずらわされて不快になり、内的な点であまり調子よくありません。そのため、ここにとどまったものか去るべきか考えあぐねていますが、まだ結論に達していません。（ヘンゼル宛ウィトゲンシュタインの手紙、一九二〇年一月一六日）

ここからも修道院に入ろうという試みの一つが出てきたようである。そうすると、それを試みた原因の一端は、学校での扱われ方に対する不満にあったことになる（たぶんこれが彼の言う、救いようのない「一身上の事柄」である[71]）。けれども原因はまたこの環境を受け容れ、あるいは処理していくことが彼にはできなかったことにもあるようである（そしてこの点がとりわけ重要であった）。そうすると、この原因は内的なものであろうか、それとも外的なものであろうか。それに答えることは不可能である。ウィトゲンシュタインが「私自身の劣悪さに対する絶望からではなく、純粋に外的な理由から」自分の命を絶つことを考えたと語るとき[72]、この学校に見られるような環境が念頭にあったにしても、そこには強力な内的要素も働いていた。エンゲルマン宛のこの手紙はすでに引用したが、そこで直接的にせよ間接的にせよ目標に向かっての前進が語られていることは重視されるべきであろう。一月になるとウィトゲンシュタインは、前進できず無為に過ごしていると感じている[73]。

第三の問題は人生の前段階の締めくくりとも言うべき、彼の著作出版の企てであった[74]。ここでも、しかるべき扱いを受けていないという気持ちになるのは避けられなかった。彼は著作家の宿命とも言うべき厄災の、ほとんどすべてにさらされたからである。捕虜生活から復員した直後、彼はおそらく第三のタイプ原稿をオットー・ヴァイニンガーの本を出した出版社ブラウミュラーに持ち込んだ。[75]誰か権威ある哲学者からの推薦がほしいというので、彼はラッセルに頼み、なんなく引き受けてもらった。これが認められ、ブラウミュラーは本を出す気になったが、ウィトゲンシュタインが紙代と印刷代を払うという条件をつけた。けれどもウィトゲンシュタインには金がなかった。金を手に入れることはできたであろう。しかし、彼はフィッカーに次のように書いている。

私はそうしたくないのです。こうした仕方で本を世間(この中には出版社も含まれます)に押しつけるのは、市民として慎みある振舞いとは思われないからです。私の役目は書くことだけです。世間に出す仕方は、通常の通りのものでなければなりません。[76]

まったく正当な反応である。とはいえ(時期はあまりはっきりしないものの、今引用した手紙によれば)ウィトゲンシュタインは「ドイツのある教授」(明らかにフレーゲ)にも打診し、自分の著作がその地の雑誌に載せられるよう希望していた。[77]フレーゲにはこの著作の一語も理解できないことが見過ごされたようであるが、それを思い知るのに長くはかからなかった。手紙を交換したあげく、ウィトゲンシュタインは「ひたすら解説するだけですっかり疲れきった」状態に追いやられたからである。[78]結局(この点ウィトゲンシュタイン自身の報告によるしかないのであるが)、雑誌出版社は「その著作を初めから終わりまで切りきざむこと、要するにまったく別の著作にすること」を彼に要望した。[79]これもまた不可能な条件であった。

次はフィッカーの番である。『ブレンナー』に載せる機会があるなら原稿を送りたいと彼は言い、さらに次のように述べている。

> 現在言えるのは、次のことだけです。この著作は厳密に哲学的であり、同時に文学的でもあります。けれどもそこには何のおしゃべりもありません。

「おしゃべり」は文学においても哲学においても重大な危険となる。そして、フィッカーとクラウスが取り組んでいる問題にしてみても、それの正しい見方を得る唯一の方法はこのおしゃべりを追放することにある。フィッカーに宛てたウィトゲンシュタインの次の手紙は、従来もしばしば引用されてきた。

> 私の著作は二つの部分、すなわちここに呈示されたものと私の書かなかったものすべてとから成っています。そして重要なのはまさにこの第二の部分なのです。倫理的なものは私の本によりいわば内側から限界づけられ、そして私の確信するところでは、厳密にはそのようにのみ限界づけることができるのです。多くの人々が今日おしゃべりしている事柄すべてを、私は本の中で沈黙することにより、しっかりとあるべき場所に置いたと信じています。

「すべてをしっかりとあるべき場所に置いた」とは大胆な主張である。フィッカーがこれをすぐに理解すると期待されなかったのは無理もない。また実際、やはり彼は理解できなかったようである。ともかく彼はウィトゲンシュタインに弁解している。（おそらく）まず『ブレンナー』がその仕事を載せるのに適した場所かどうか多少疑問であると述べ、ただそれをある哲学教授（たぶんギムナジウム教師）に見せてみようと思うがどうかとたずねた。それに対してウィトゲンシュタインは、激しい手紙――彼はのちにそれを「督促状」(80)と呼んだ――で答えた。

その通りです。どこに私の著作がわが家を見つけられるか、私自身がわからないのです！　私自身がこの汚れた世界とは別の所に、すでにわが家を持っていればよいのですが！　あなたが原稿を哲学教授に見せてくれても、私はかまいません（哲学の著作を哲学教授に見せるのは、……に真珠だとしても）。とはいえ彼は一語も理解しないでしょう。そこでもう一つだけお願いがあります。早く私の苦痛のないように処理してください！　だらだらするぐらいなら、むしろすぐに否と言ってください。だらだらするのはオーストリア的繊細さではありますが、私の神経は目下それに耐えられるほど強くはないのです。（フィッカー宛ウィトゲンシュタインの手紙、一九一九年一一月二二日）

ただちにフィッカーは（その後のウィトゲンシュタインの手紙からわかるように）、その著作の尋常でない性格と、そのために自らの小さな出版社がかぶる危険をも顧みず、結局は自分が出版を引き受けようと申し出た。それもまたウィトゲンシュタインが受け容れることのできないものであった。彼の本を出版するために「誰であれ、その人の生活を」危険にさらすつもりはなかった。フィッカー自身が本にするだけの価値があると考えたのなら別である、とも彼は書いている。

たとえ誠心誠意書かれていても、本などは、一つの点から見るならば無価値です。なぜなら、世の中にはほかにすることがいくらもありますし、誰も本など書く必要はないからです。他方ではしかし、もしあなたがダラゴ、ヘッカー等のものを印刷するのなら、そのときには私の本も印刷できるはずだと言えるように思えます。（フィッカー宛ウィトゲンシュタインの手紙、一九一九年一二月四日）

ここでのウィトゲンシュタインが「一身上の事柄」にこだわるのは、よく理解できる。むしろ彼は憤懣を抑え、次のように思いやりを示しているのが注目される。

さて、それではどうぞお元気で。私のことはご放念ください。万事はきっとよい方向に向かうでしょう。[81]

同じような思いやりから、ウィトゲンシュタインは一月にエンゲルマンに宛てて書いている。そこでは、フィッカーが『ブレンナー』の出版を続けていたら、破産してしまうのではないかと気づかっている。[82]「彼のために何かできないものか」とウィトゲンシュタインはすかさずつけ加えている。何に対してであれ、全力で立ち向かうのが彼の変わらぬ才能、もしくは呪われた運命であった。彼自身、中途半端はできないばかりか、他人にもそれを許すことができなかった。

彼の落胆も理解できる。[83]ヤホダとブラウミュラーから拒絶されたということは、あたかもそこから本を出していたクラウスやヴァイニンガーに拒絶されたようなものであった。そしてフレーゲとフィッカーからは事実上拒絶されたわけである。インゼル出版社に多少の可能性が残っていた。リルケが彼のために交渉する用意があったからである。けれどもウィトゲンシュタインは、それをあまりあてにしていなかったと思われる(うまくいかなかったので、それが正しかったと言えよう)。まだ希望をつなぐとすれば、予定されていたラッセルとフレーゲへの訪問に託すしかなかった(この両方が計画されており、少なくとも前者への訪問にはとくに期待がかけられた)。

ラッセル訪問はこの年の圧巻である。そこでウィトゲンシュタインは彼の「理性の活用」に熱中しているが、誰かがそばにいて初めて彼にはそれができたと言えよう(84)。またわれわれはそこで、彼自身の目よりはゆがみの少ない他人の目を通して彼を見つめることができる。ラッセルは送られてきた著作について、若くて優秀なフランス人の(85)数学哲学者ニコと、弟子で秘書役でもありのちに優れた結晶学者になったドロシー・リンチと論じ合った。そのうえでウィトゲンシュタイン自身と議論することが必要になり、二人は中立国のオランダで会うことに決めた。ウィトゲンシュタインの従兄弟がこの国のオーストリア大使であったことも関係していたようである。一〇月にはすでに会おうと決めていたものの、パスポートと入国ビザの取得は必ずしも順調にはいかなかった。またウィトゲンシュタインが旅費の工面に多少苦労したことが予想される。自分の財産の放棄と当時の一般の通貨事情の悪さの両方が、その原因だったのであろう。そこでウィトゲンシュタインはラッセルに、戦前よりケンブリッジに置いたままになっている彼の蔵書や家具をすべて売ってくれるように頼んだ。実際には(専門家の査定に基づき)ラッセルがすべて買い取った。家具のうちのあるものについては、一九一二年のウィトゲンシュタインの部屋との関連ですでに触れた。蔵書はこのようにして運よく保存され(現在はバートランド・ラッセル文庫の所蔵となっている)、それを見ると、前に説明したような戦前のウィトゲンシュタインの趣味のうるささがわかる。「私のこれまでで最上の買い物だ」とラッセル(86)は言っている。家具は、そのデザインを好まなかったケンブリッジの商人の考えた以上の価値があった。

ラッセルは一二月初めにハーグに到着した。ウィトゲンシュタインは一二月一二日に、たぶん到着後とるものもとりあえずラッセルの前に現れた。彼はアルフィト・シェグレンを伴ってきた。他方ラッセルは、この間に将来のことを語り合うためにパリからやってきたドーラ・ブラックと合流していた。それはともかく、二人が会ってみると、戦前のケンブリッジのときとまったく変わらなかった。

ウィトゲンシュタインが到着しましたが、まったく昔のままです。彼に会えてたいへんうれしく思っています。彼は論理学のことで頭がいっぱいで、個人的な話をさせることなどほとんどできません。彼は非常に情愛ゆたかで、強いて言えば戦前より少しは穏健になっています。彼はまだ私が寝ているうちにやってきて、起きるまでドアをどんどんとたたきました。それから延々四時間、彼は論理学の話を続けました……。(87)

そしてそれが一週間続いたのである。二人は著作の内容を一つ一つ検討した。ウィトゲンシュタインは「見事で素晴らしく、これまで見たことのないような情熱あふれる純粋さを持っている」とラッセルは感じた。(88) ウィトゲンシュタインもまた喜んだ。ラッセルが彼の著作を自ら翻訳して序文を書き、独英対訳版としてイギリスで出版するよう取り計らうと約束したので、なおさらであった。

その間ドーラ・ブラックはオランダの図書館で自由思想の勉強をしており、アルフィトも好きなことをして時を過ごしていた。食事のときには四人全員が顔を合わせたが、(ドーラ・ラッセルの回想によると)会話はあたりさわりのないものであった。ウィトゲンシュタインは機知に富んでいたとラッセルは言っているものの、あまり深い意味はなかったようである。戦争に関して、ウィトゲンシュタインは愛国主義者でもあれば平和主義者でもあるといったふうであった。彼は東部戦線でロシア人と親しく兄弟づき合いしたと語り、彼らを称賛した。彼は非常に誇り高く、ウィーンでの窮乏生活に触れたがらず、またそれを笑いとばそうとした、とラッセルは言っている。彼はオーバーコートを持っておらず、暖かくないゴム引き雨ガッパを着ているだけであった。

神秘主義がウィトゲンシュタインに深く根をおろしているのを見て、ラッセルが驚いたことはすでに触れた。ウィトゲンシュタインが神秘主義でいちばん好むところは、それが自分の思考を停止させる力を持っていることにある、というのがラッセルの意見である。これにはウィトゲンシュタインは承服しかねるであろう。それはともかくこの再会は幸福なものであり、そのことは両人がその当時書いた手紙からわかる。(意見の違いがめだってきたあとに書いたラッセルの回想では、もっと皮肉な見方がされている。)(89)

まもなくアルフィトがひどい感冒にかかったため、ウィトゲンシュタインは具体的な行動の面でも、大いに面目をほどこすことになった。フレーゲ訪問は取りやめ、二人は戦後のドイツのあてにならない列車に乗り、ウィーンまで戻らなければならなかった。パッサウではクリスマス休暇前にはもうオーストリア行きの客車がなくなっていた。けれどもウィトゲンシュタインは懸命に探してまわり、貨物列車に場所を確保した。そしてそれに揺られながらアルフィトの看病をし、無事に家まで連れ帰った。

本の出版にはもはや困難はないように思われた(ただしすでに見たように一月には別の問題が出てきて、彼に重くのしかかってくる)。ラッセルの序文があればどんな出版社でも引き受けてくれるであろう。たとえばエンゲルマンの友人の一人が薦めてくれた、レクラム出版社である。そしてレクラムは実際に引き受けるつもりだったようであり、約束していたラッセルの序文が四月初めに到着したとき(ウィトゲンシュタインの感覚から言えばとうてい迅速とは言えなかった)、ウィトゲンシュタインはレクラムのために、それの翻訳の段取りをした。だがすぐに彼はその中に同意できないところを数多く見て取った。そしてその点を次のように言っている。

あなたが私を批判している箇所と、単にあなたが私の見解を説明しようとしている箇所との両方にあります。しかしそれは問題ではありません。未来が私たちに判断を下してくれるでしょう。(ラッセル宛ウィトゲンシュタインの手紙、一九二〇年四月九日)

いざ翻訳を手にしてみると、ラッセルの洗練された文体はすべて失われ、残るのは「皮相と誤解」だけであった。そこで彼は、序文は出版社自体が著作について見当をつける役にしか立たないとレクラムに言い、印刷を断った。ラッセルもそのことで腹を立てたりしないだろうと彼は考えている。[90] もしこのためにレクラムが著作そのものの印刷を拒否するなら、ウィトゲンシュタインは次のような論法をもって慰めとするであろう。

私の著作は最高級の作品か、最高級の作品ではないかのいずれかです。(可能性の大きい)後者の場合、私自身はそれが印刷されないほうがよいと思います。そして前者の場合、その印刷が二〇年ないし一〇〇年早いか遅いかは、どうでもよいことです。(ラッセル宛ウィトゲンシュタインの手紙、一九二〇年五月六日)

立派なせりふではあるが、実際の出版を話し合う言葉とは言いにくい。事実レクラムはこの著作を採用せず、ウィトゲンシュタインは結局、印刷のためにこれ以上算段するつもりはないとラッセルに伝えた。そしてさらに次のようにつけ加えている。

ただ、もしあなたにそれを印刷させる気があるのでしたら、それはまったくあなたのご自由ですし、それをお好きなように処置していただいて結構です。（ただし、本文に何らかの変更を加えるときには、あなたが変更したと註記してください。）（ラッセル宛ウィトゲンシュタインの手紙、一九二〇年七月七日）

いたましい手紙である。ちょうどこの日に彼は教員免許状を手にし、教員生活に向けて船出することができたのであるが、本音は次のようなものであった。右に続けて次のように書いている。

私がどうなるか——私が人生にどのように耐えていくことになるのか——は神のみがご存じです。私にとって最善のことは、ある夜横になって二度と目覚めないことであるかもしれません。（あるいは、ひょっとしたらもっとよいことが私に残されているかもしれません。）いずれわかるでしょう。

ここでわれわれは、ウィトゲンシュタインの本の出版前史を考察する際の出発点に再び立ち戻る。この件での彼の苦闘の様子や、彼の内的生活に及ぼしたそれの影響である。（本の出版問題はこれでほぼウィトゲンシュタインの手を離れてしまうが、その後の出版史については次章で触れる。）

この問題が失望と苛立ちの歴史であったのは確かであるにしても、それが彼の気分を決定している主な要因だということはほとんどありえない。それは彼の陰鬱な世界観を引き起こしたというよりは、確実なものにしたのである。出版の見込みがたちそうなときでも彼は自殺を考え、死への願望を抱いている。

一九二〇年の前半におけるウィトゲンシュタインの絶望の原因を正確に再構成することは、不可能ではないにしても、行きすぎであろう。それにしても沈黙をもって終わる彼の著作を印刷に付そうとしているちょうどそのときに、彼の心が死の想念や自殺に傾いていることは、印象深い事実である。（戦時のノートの中でも、彼の最後の思索は自殺の正当性に関するものである。そして一九一八年の晩夏に、彼は自殺するか著作を完成するかの岐路に立っていた。）

最も率直で最も陰鬱な思想を彼はエンゲルマンに表明しており、そして同じくエンゲルマンと彼が宗教的な事柄について論じて合っているのも偶然ではない。エンゲルマンの宗教思想はまだ十分明瞭になっていない、と彼は言う。こうした事柄はそもそも言うことができないのかもしれないとウィトゲンシュタインは書いているが(91)、そこで考えられていることは、書いて定式化することは不可能だということであろう。宗教や自分自身の問題について、「人を理解する」者（ウィトゲンシュタインにはエンゲルマンはこうした人物であると思われた）と顔をつき合わせて話し合うことはもちろん可能である。言うなればウィトゲンシュタインの症例にあって、これが常に最もてっとり早い療法であった。

自殺に思いをはせているのは、ウィトゲンシュタインが深く落ち込んでいるからである。彼は純粋に外的状況によりそうなったのかもしれないし、そうだとするとそれだけ不面目ということになる。ただその場合でも、そうした状況が彼の内的状態に影響していたのである。したがって彼の窮状は、いずれにしても常に自分が卑劣で堕落しているという意識の結果であった。そこで自殺などを考えてそれに屈することは信仰の喪失を意味するものであり、それをまた地獄行きともウィトゲンシュタインは言っている。この何カ月かのあいだにエンゲルマンに書いた手紙の中には、ウィトゲンシュタインの態度を非常に明瞭に述べたものがある。次の箇所はそこから取ってきたものである。

実際、私は以前にも何回かそういう経験をしたことがあるのですが、ひどい精神状態にあります。それはあある一つの事実を越え出ることができない状態です。それが憐れむべき状態であることは知っています。ただ一つだけ手だてがあることはわかっており、それはもちろん事実と折り合うことです。けれども、泳げない人が水に落ち手足をばたばたさせてみたものの、水に浮かんでいることができないと思うことが起こるものです。それが私の今置かれている立場です。自殺がいつでも不潔な行為であることはわかっています。確かに人は自分自身の破滅を望むはずはありませんし、自殺行為の実際を考えたことのある人は誰でも、自殺は常に自分自身への奇襲であることを知っています。しかし、自分を不意打ちせざるをえないことほど忌まわしいことはありません。

もちろんこうしたことになるのはすべて、私が信仰を持っていないという事実に帰着します。(エンゲルマン宛ウィトゲンシュタインの手紙、一九二〇年六月二一日)(92)

エンゲルマンのほうで一カ月沈黙していたあとを受けて、ウィトゲンシュタインはこのように書いた。エンゲルマンの沈黙は、ウィトゲンシュタインがラッセルの序文を拒否し、それにより出版の可能性をすべて拒否した(ように見えた)ことへの絶望から生じたものである。ここで「ある一つの事実」について詮索する必要はない。これまでと同じく、それがあらゆる困難の錯綜した状態であることは、明らかである。家族のこと、研究のこと、下宿先の女主人のこと、そしてとりわけ彼の犯した多くの過ちである。ウィトゲンシュタインがのちに友人に告白したように、それは完全になりたいと思うのが当然だとしている人にのみ起こりうる精神状態である。

エンゲルマンは彼のよき理解者であり、回想の中でこの精神状態を次のように説明している。

私が不幸であり、そしてその不幸が私自身と現実の生活のあいだの大きな齟齬にあると理解したところで、何も始まらない。齟齬が現実の生活の側の責任ではなく、現実の私自身の責任であるという決定的な洞察に至らないかぎり、私は間違った行路を歩んでいるのであり、感情や思想の混沌状態から抜け出す道を見出すことはできない。(『手紙と回想』七六―七頁)

彼とウィトゲンシュタインが共有するものについてのエンゲルマンの説明を深刻に受けとめ、そして内面的な過ちをウィトゲンシュタインが明言していること(これはとりわけ彼が完全であるように生まれついていないことの自覚と受け取れる)をも深刻に受けとめたい。そうすることにより、自殺への誘惑(三人の兄と彼の称賛するヴァイニンガーはこれに屈した)と、自殺が根本的な背信行為になることの両方について、われわれ局外者としては最良の理解が得られる。彼がいくたびも自殺の誘惑にまどわされたことをすでに見てきたが、それは多様に見えても、克己の欠如がそのつど取る形式でしかない。[93] それは人間が負っている条件への、ある種の絶望である。その時、その場所の歴史的環境により助長されているにしても、その絶望が同時にウィトゲンシュタインの発展の全過程に根をおろしている様を見てきたわけである。

エンゲルマンの母親へのいつも通りの挨拶を除けば、「いずれわかるでしょう!」という彼がよくするようにアンダーラインで強調した言葉が、最後に引いたウィトゲンシュタインのいたましい手紙の結びであった。いずれわかるというのは、何かが起こるということである。そして実際には、それは彼自ら引き起こすことになった。その夏、オルミュッツにエンゲルマンを訪ねるとか、ホーホライトに行ったりはせず、彼は雇われてクロスターノイブルクの庭師手伝いになった。

私は何か規則的な仕事にあこがれていました。今の私にできることのうちでは、私の間違いでなければ、それが最も我慢のできるものです。(エンゲルマン宛ウィトゲンシュタインの手紙、一九二〇年七月一九日)

そして実際、彼はその裕福な修道院の穏やかな雰囲気の中で、静かにのびのびと過ごした。そこは、あの立派なケンブリッジの学寮の建物を思わせるところがあったものの、学者たちが住みついているわけではなく、小さな町と広大なぶどう畑を見おろしていた。ウィーンの北のほうに位置し、ちょうど見えるか見えないかの距離にある。そこでの彼の暮らしはあのアレクシウスにさらに近づき、庭師の帽子をかぶり、参事会員墓地のかたわらに住んだ(「死者は語らず」と彼はアルフィトに言った)。毎晩疲れてぐったりしているのも不幸なこととは思われなかったし、女料理頭は彼を気づかってくれ、練り粉菓子をくれたり、ときには参事会員の食卓からさげてきた肉をくれることもあった。(94) こうしているあいだに、彼の志願した下オーストリアの教職の件が検討されていた。

ここでしばらく彼のことを離れ、彼の本に目を転じよう。彼自身について言えば、この頃は危機の時代であり、今後の精神状態には依然不安があった。だがたぶん(捕虜収容所で彼の心に描き出されたような)新しい物語が、一人の人間が次第に新しくなっていく物語、再生していく物語が始まりつつあったのである。

第九章 『論考』 一九二一―二二年

この書物だけをとくに取りあげて扱うのは、その特異な経緯のためである。この書物の内容にはそのときまでの著者の人生の歩みが反映している、と見てよかろう。出版の事情にも、いかにもウィトゲンシュタインらしいところがあった。というのも、彼はこの著作を他人任せにして、したいようにさせたのであった。もっとも、のちの著作についても事情は同じである。以前、草稿を野戦郵便で自分のところに送ってもらおうとしたときに彼自ら語ったように、すべては神の御心のまま、なのである。

この書物の出版の準備を整えるというまるでマルタ〔新約聖書ルカ伝一〇章に言うベタニアの女〕向きの仕事が、ラッセルの秘書役の一人と先に述べておいた若い婦人ドロシー・リンチ嬢の手に委ねられた。ラッセル自身は一九二〇年の秋に中国へと発ち、一年間は戻ってこなかったのである。彼女はてきぱきとその仕事に取りかかった。[1]（おそらく最初の交渉先である）ケンブリッジ大学出版局は、一月一七日に否定的な返答を送ってよこした。どの出版社も後悔先に立たずの思いをするのだが、この点「薄情な母校」だったケンブリッジは、ウィトゲンシュタインののちの著作をも拒否することになった。そこで、リンチ嬢はドイツに目を向けた。明らかに当初は、この著作を長めの論文ぐらいに縮めた解題のようなものを、哲学の科学的研究、あるいは、哲学は科学の本質を含むといった見解に関心のある一連の学術雑誌に送りつけたのであった。しかしながら、『心理学と感官生理学の雑誌』のシューマンは、掲載論文は哲学的であるよりも心理学的なものであるべきだという規定に訴えて、この論文の掲載は認められない、と言ってきた。また、『体系哲学雑誌』のルートヴィヒ・シュタインからは、ラッセルの弟子の論文なら掲載するに吝かではないが、出版は少し遅くなろう、五月にもう一度問い合わせてくれないか、ということであった。これらの手紙の日付は両方とも二月一二日であった。ところが、『自然哲学年報』のヴィルヘルム・オストヴァルトは、五二・二一という日付——これは、数ある彼の癖の一つ(間違いなく二月二一日のことで、返事が遅れたことを詫びてもいる)——の手紙に次のように書いている。

私は、ほかのいかなる場合にも、この論文の採用はお断りしたでしょう。けれども、私はバートランド・ラッセル氏に対し、研究者としてもまた人間としても、大いなる敬意を払うものでありますから、ウィトゲンシュタイン氏の論文は、わが『自然哲学年報』に喜んで掲載いたしましょう。バートランド・ラッセル氏の序文はとりわけ歓迎されましょう。

二、三カ月後には出版されるだろうし、抜刷も、おそらくはもっと早くにお届けできるとのことであった。この申し出を受けて、リンチ嬢は先のタイプ原稿をラッセルの序文の写しをつけて送り届けた(オストヴァルトは、一九二一年三月一〇日の消印のある葉書で受け取った旨を知らせてきている)。だがこの序文は、またもやかなりいい加減にドイツ語に訳されたものだった。(2) この著作を掲載した雑誌は期日通りに出版されたが、(この著作のメッセージに従ったかのように)当誌はこの号を以て廃刊となってしまった。

「これは海賊版だと見なしています。間違いだらけです」とウィトゲンシュタインは言っていた。(3) もっとも、彼自身もこの不満の中で——よくあることだが——二つ間違いを犯している。だが、その不満自体は正当なものである。というのも、校正は、その扱う主題についてはほとんど理解されぬままドイツ語のほうでしか行われなかったし、植字工も――無理もないことだが――ラッセルやシェファーの論理的な表記法をタイプで打つためにウィトゲンシュタインが考案したさまざまな記号類を、もとに戻そうとせずにそのまま複写してしまったのである。タイピストへの指示やラッセルによる手書きの疑問符までもが本文に組み入れられている箇所さえ、一つならずある。[4] それでもこの著作は、ヨーロッパ大陸における第一世代の読者たちには十分に理解可能だったのであるし、また現在、この今にも壊れそうな一巻――戦後ドイツの多くの出版物と同様、黄ばんだ紙に不鮮明に印刷されたこの一巻――を手に取ってみるならば、この著作の時代とそれを取り巻く環境そのものに触れる思いをせずにはいられないだろう。こんな比較が許されるのなら、その扱いはシェイクスピアの四折本に似ている。つまり、もっと正確な原文を復元するのにはほとんど役立たないのである。

それでもこの二人は、ウィトゲンシュタインのためには予想外の吉兆となり、その擁護者にもなったのである。もっとも、ラッセルについては、その序文がウィトゲンシュタインには不満であったし、オストヴァルトのほうは、ウィトゲンシュタインの最も嫌悪するものをたくさん集めてできあがっているような人物であった。オストヴァルトは、物理化学を基礎学科として確立し、一連の不可欠な科学的古典文献を出版するという傑出した経歴を歩んでいた最中に、広大な屋敷（実際、彼の固定観念に敬意を表して「エネルギー荘」と呼ばれていた）に引きこもってしまっていた。しかもそれは、一連の関心事をすべて促進せんがためなのであった。つまり、平和主義・普遍言語・科学的一元論（これについては、いわゆる『日曜説教集』を出版している）等々である。ウィトゲンシュタインは彼のことを「まったくのぺてん師」と呼んでいたし、自分の書物を「あの馬鹿みたいな綴り方」、つまり、あの日付の癖と同じ類のもう一つ別の妙な癖で書き換えてしまうのではないかと恐れてもいた(5)。

今でもやはり書物の運命などこのようなものであるし、一つの作品が世に受け容れられる「普通の仕方(6)」もおおむねそのようなものである。これに続いて出版された英語版もまた、その出自は偶然的なものであった。というのは、一九一二年に創刊された『ケンブリッジ・マガジン』の創立者である、あのC・K・オグデンとリンチ嬢が友達だったからである。この雑誌は、戦前からも知識人たちのあいだでは高く評価されていたが、戦中戦後を通じて大変な成功を博していた。ウィトゲンシュタインのことは、ラッセルのサークルとか戦前のモラル・サイエンス・クラブとかを通じてオグデンにも知られていた。この頃オグデンは言語教育についての研究成果を用いて、I・A・リチャーズと一緒に『意味の意味』を著したばかりであったが、それは当時としては例外的なほどに具体的な、言語についての心理学的・社会学的な説明であった。この時点で、彼は新たな出版活動に乗り出した。つまり、言語を主な関心領域とする国際雑誌『プシュケー』、およびキーガン・ポール社から出版された『心理学・哲学・科学的方法論に関する国際叢書』(まさにこの題名が自らの声明を伝えている)の編集者としての活動である。そこでは、ユングやファイヒンガー、ラッセル、ムーアといった著者、それにハーディの『哲学者のための数学』という著書がとりわけて企画に載っていた。こういう新しい学問はイギリス文化を支えるものとされ、ケンブリッジの声が、ウィーンやトリエステから発せられる最後の声と共に聞かれるはずであった。戦争の余波が新しい学問、すなわち人間についての学問を約束しているように思われた。中でも、言語への関心がその品質証明であった。オグデンとその友人たちのこうした望みは、〔結果としては〕ほぼ実現されたと言ってよいだろう。

ケンブリッジ大学出版局から断りの返事が届いたあと、ただちにドロシー・リンチがウィトゲンシュタインの論文を見せた相手は、こうした人物だったのである。(7) ただ、オグデンはすぐには行動を起こさなかったので、彼女はドイツをあたりまわって、先に述べたような成果を得たというわけであった。それでも、オグデンはフィッカーよりは洞察力が鋭くて、「鼻の利く」ところを見せた。つまり、時期を見計らって、この作品を出版してはどうかとラッセルに持ちかけたのであった。ラッセルは良心的にも、出版の許可を再度ウィトゲンシュタインに求めた。もちろんこれはすぐに具体化されたし、ウィトゲンシュタインも自ら協力したのであった。『年報』版に訂正を書き入れたり、オグデンが持ってきた校正刷りに目を通したり、あるいは、翻訳が送られてくるとそれに論評を加えたりもしたのである。この翻訳は、主にフランク・ラムジーの手になるもののようである。彼は短い生涯の中で、経済学と数学の哲学とに多大な貢献をすることになるのだが、まだ二〇歳にもならないのにすでに天才と目されていた。学者の家の生まれで、もちろん「使徒」たちの一人であり、またケインズの愛弟子でもあった。ケンブリッジで謂うところのモラル・サイエンスを専攻するために数学は断念しようとしていて、それでトリニティ・コレジからキングズ・コレジへと移ったのであった。おそらく、非専門家に与えられるドイツ賞を、彼がすでにウィンチェスター校で獲得していたということは知られていたのだろう。ブレイスウェイトの描写によると、ラムジーはケンブリッジにあるペイト嬢のタイプ室に悠然と入っていき、オグデン立ち会いのもとで訳文を口述していったという。(8) ラッセルがもともと序文の中で詳細に引用していた数節に関しては、ラッセル自身の訳が用いられた。ウィトゲンシュタインが、この翻訳はドイツ語原文と同等の権威があると強く主張したからである。またオグデンの主導のもとで、何度もウィトゲンシュタイン自身との協議もあった。「見開きの頁ごとに」原文対訳で出版するというのはラッセルのアイデアであったが、難しい問題に対するわかりやすい解決策として、オグデンもすぐにこれを受け容れた。編者註で彼が述べているところによると、これ以外の方法では、原文の文学的で警句的な味わいを伝えることはほとんど不可能だった、という。

この味わいを伝えようとすることで、オグデンとラムジーにやりすぎがなかったかどうかは難しい問題である。英語圏の同世代哲学者たちがこの著作を知るに至ったのは、翻訳を通してであったが、その翻訳は、左側の頁にドイツ語原文があることによって、枷になるというよりはかえって〔原文の制約から〕解き放たれているように見えたのである。原文は、まるで死語で書かれているかのように読めるのだが、原著の目的の一つであったある種の啓示を、文体上に現す効果を助長しているとも考えられよう。もっと洗練されていて、おそらくはより哲学的でもある翻訳が、本書の著者とその一同僚によって試みられている。(9)

この翻訳に劣らず影響が大きかったのは、それにつけられた書名であって、そのラテン語の書名は、ドイツ人のあいだでさえLogische-philosophische Abhandlungというドイツ語の書名に取って代わることが往々にしてある。このドイツ語名が原題なのだが、私にはわざと慎み深くしたもののように思われる。すなわち、「論理的な方法で哲学に取り組む——多くの論考の一つにすぎない——論考」といった意味である。ある意味では、この書物そのものはそのようなものではない、ということが控えめに述べられているとも受け取れる。原題の翻訳に関する最初の案は『哲学的論理学』であり、キーガン・ポール社の広告には実際この題で現れたのである。もちろんこれはまったく的外れな翻訳で、ウィトゲンシュタインはこれを嘲笑した。

私にはそれが何を意味するかまったくわかりません！　哲学的論理学などというものは存在しません。(書物全体がナンセンスなのだから、書名だってナンセンスなほうがよかろう、というのなら話は別ですが。)(オそれで、「Tractatus Logico-Philosophicus というムーア案が代わりに受け容れられた。ウィトゲンシュタインに言わせれば、「理想的ではないが、それでも少しは正しく意味を伝えている」というわけである。内容よりも題名のほうがわれわれになじみ深いスピノザの著作『神学政治論（Tractatus Theologico-Politicus）』を暗示するこの書名が、格別名案というわけではなかったであろう。これはその楽観論ゆえにショーペンハウアーによって酷評された著作であり、しかもそのことをウィトゲンシュタインが知らなかっただろうからである。確かに彼は、限界づけられた全体として世界を神秘的に観ることと、「永遠の相のもとに」世界を観ることとを同一視するとき、スピノザの（別の著作からの）一句を繰り返してはいる[10]ものの、『草稿』の文脈からすると、彼の引喩の多くがそうであるように、ここで繰り返している[11]のもスピノザの原文ではなくて、ショーペンハウアーがスピノザから引用したもののようである。

この新しい書名は、ウィトゲンシュタインの原著が持つ教条的で疑似聖書的な調子を強調するという、先の翻訳の傾向を一層強めることになった。すでにそれとなく示唆しておいたように、こうした傾向には正当性がないわけではないのである。というのも、この著作は次のような一種の創造神話、つまり、

世界は、実情であることのすべてである。
世界は諸事実の総体にして、諸物の総体ならず。（一―一・一）

で始まり、あたかも否定神学の一種ででもあるかのように、言葉で言い表せないものの前では沈黙しなく

てはならないという、神秘的な厳命をもって終わっているからである。

話し得ざること、それに就きては人は黙さねばならぬ。（七）

（ここでは、その効果を考えて最初のオグデン訳を用いている。）また、まるで賢者かツァラトゥストラが語ってでもいるかのように、何事かを啓示しているような印象も受ける。確かに、明示的な議論もあることはある。（今度は、通常通り新しいペアーズ／マクギネス訳を用いる。）たとえば、

対象が世界の実体を形づくる。したがって対象は合成されえない。

仮に世界が実体を持たないとすれば、ある命題が意義を持つか否かは、他の命題が真か否かに依存することとなろう。

この場合、（真であれ偽であれ）世界の像を立案することが不可能となろう。（二・〇二一―二・〇二一二）

だが、こうした議論がそのもとでこそ効果を発揮する前提の枠組みが明瞭に述べられているわけではなく、理論体系全体の中でのこれらの議論の重要度は、番号のつけ方で暗に示されているばかりで、まだ誰もこれを完全には解明していない。

この著作には構造がない、と言っているのではない。それどころか、これには注意深く組み立てられた構造がある。それはこれからまもなく述べることになろう。だが、一つ一つ細かに見ていくと、これはあの〔レオパルディの〕『瞑想集』、つまり書物全体の構造をも汲み取れるような警句的パラグラフを集めた

ノートの類といった特徴を多く残している。これらのパラグラフにおいては、ある程度モデルの役を果たしたに違いないショーペンハウアーやリヒテンベルクの警句集におけるのと同じように、一日のうちに、あるいは一つの節の中で扱われている話題のあいだには、きわめて緩い結びつきしかない。著者には何らかの内的統一性が感じられているのかもしれないが、読者にしてみればともかくも自分の推測次第ということになる。いやそれどころか、言われていることがすべてそれで明らかになるような完全な世界観、すなわち思考および感情の様式がここにはあるのだ、と読者は思わされてしまうのである。先の引用に続く次の警句が、その一例となっている。

現実の世界とはどんなに異なった思考上の世界にしても、現実の世界と何か——形式——を、共有せねばならないことは明らかである。（二・〇二二）

これが明らかだと言うのは読者への挑戦である。異なる可能世界は形式においてではなく内容において異なっているのだという考えは、まったくウィトゲンシュタインがわれわれに押しつけようとしている考えであって、少しもそれ自体で明らかなものではない。なるほど、われわれは本書の中で、ムーアはどんな理由で世界の中身は概念でできていると考えるに至ったかということ、そしてどんな理由でウィトゲンシュタインはこれを修正して、世界の中身は主張された命題あるいは事実でできていると考えるに至ったかということを見てきた。そして、おそらく最初のうちは、現実世界に対比される世界はいずれも何らかの記述可能な仕方で異なっていなくてはならず、それゆえに、この代替世界は異なった命題の集合を真とすることになる、という観念がもっともらしく思われることであろう。しかしながら、同時に、言及されないままになっている実体、いわばあらゆる可能世界という実体もまた存在するであろうという思想、さらには、この実体があらゆる可能世界にとって一種の形式あるいは型であるという思想は決して自明ではない。

それにもかかわらず、これはこうなのだと語ることで、ウィトゲンシュタインには、読者もまたすべてを自分と同じように考えねばならない、そうすればすべてが明らかになるのだ、と言いたい気持ちもあるのである。序文の第一文において次のように語るとき、彼はこの種の予告をわれわれに与えている。

この書物を理解してくれるのは、ことによると、ここに表現されている思想ないしそれに類似した思想を自分でかつてすでに考えたことのある人々だけかもしれない。したがってこの書物は教科書ではない。

この書物が実際には教科書のように書かれ、またそのように編まれているというのは、いかにもこの書物らしい反語である。命題の番号づけは、この書物の成り立ちの最終段階のことを論じた際に述べたように、『プリンキピア・マテマティカ』の（一般に、数学的な方針あるいはユークリッド的な方針で編集された論文の）順序づけをまねたものである。だが、実際に採られた編集原理は決して明確なものではない。文学的な形式によって、およびその形式と内容との著しい差異によって、われわれは、物事が表現上そう見えるほどに単純でありかつ同時にそれほど単純ではない、ということを知らされる。

しかしながら、明白だと逆説的に言われていた、あの世界の形式についての命題の中で、ウィトゲンシュタインは、当の自分の存在論そのものに（おそらくどんな存在論についてもそうであろうが）奇妙なところがある、ということをほのめかしてもいる。また確かに、世界の実体を構成している対象は、われわれわれになじみの世界を構成している固形状で複合的な対象とは、その性質と関係とにおいてまったく異なっているに違いない。彼の言う対象とは、むしろ、単に事態の可能な構成要素となるよう企図されたものにすぎない。この書物の初めのほうに置かれていて、これはまた別の意味で反語的かついくぶん自己否定的な言明の中で、ウィトゲンシュタインはこう述べている。

論理的なものの領域にあっては何事も、単に可能ということはありえない。論理はあらゆる可能性に関わり、あらゆる可能性が論理の事実である。（二・〇一二一、部分）

ここでもまたわれわれに見て取れるのは、ウィトゲンシュタインの全般的なアプローチの仕方、彼の文学的な文体の告げようとしていることの一つが、可触的な対象について直截な命題を述べている——「魂を個体扱いいたしておる(12)」——ように見えるにすぎないのかもしれない、ということである。自分の命題にどんな地位を与えるかということは、彼が絶えず気にかけていた問題なのである。彼が、先に引用したフィッカーへの手紙の中で、この著作が厳密に哲学的であり、かつ同時に文学的でもある、と語ったのは正しい。その文学的な性格の一つの側面は、それが一篇の詩にも似て、別の仕方でもそれを表現できるような、内容に無頓着な伝達手段なのではなくて、それ自身の表現形式による以外にはそのことを示し、あるいは伝えることができないような伝達手段なのだということである。序文の最後の文でウィトゲンシュタイン自身が用いている言葉づかいを借りるならば、それは何事かを示す、あるいは開示する——sie zeigt etwas——のである。興味深いのは、また『論考』の真の謎となっているのは、『論考』が同時にまごうかたなき真理とされる諸思想にも表現を与えている、という点である。このために、この著作は文学的であると同時に哲学的ともなっているのだが、しかし、（『論考』に従えば）哲学の本質には、哲学思想の眼目はわれわれをして哲学に背を向けさせることである、ということが含まれるのである。かくしてウィトゲンシュタインは、自分の著作は本質的な点では取り扱った問題すべての最終的な解決を含んでおり、[13]この著作の価値はまず第一にこれがいかに適切に表現されているかにあるのだ、と確信している。だが、自分が最終的な解決を手にしているという、まさにその事実が、序文の最後の文で次のように述べることを可能にしたのである。

そして、もしこの点で私に誤りがないとすれば、この仕事の価値の成り立つ第二のものは、これらの問題が解決されたとき、いかにわずかのことしか達成されなかったかをそれが示している点に存する。

なんという不思議な書物であろう、その価値の半分が自らが重要でないことを示す点にあるとは！

この著作を読む際にはこういった文学的な特徴を心に銘記しておくのが大切であることを、読者にもわかってもらえるものと思う。警句的な文体や、ときに厄介な思想の変移は、著作それ自体に対する註釈の一部なのである。それらは哲学の本質について何事かを示しており、そして結局、それがこの著作の主題なのである。諸命題は「字義通りに」受け取られてはならない、ということを内的に示すものが数多く存在する。もちろんこの著作は、そういう目的を持った単なる哲学的な著作に留まるものではない。哲学者の自己懐疑は、多くの懐疑論的な著作に見られるが、ここではセクストゥス・エンピリクスの響きがある。セクストゥスは、懐疑主義とはピュロンの懐疑論によれば一組の教義のことではなくて生き方なのだ、と語っているし、またプラトンも『パイドロス』の最後の部分で、文字に書かれたものは（それゆえ、このことを教えている当の対話篇も）真の哲学の教訓を伝えるものではなく、それは生きた会話の中にのみ見出され、参加者の魂に書き込まれるものなのだ、ということを論証している。ウィトゲンシュタインが次のように述べるのも、同じ精神なのである。


哲学は学説ではなく、活動である。

哲学の結果は「哲学的諸命題」ではなく、むしろ諸命題が明晰になることである。

哲学は語りうることを明晰に描出することによって、語りえぬことを意味するであろう。

（四・一一二部分、および四・一一五）


ここでは「意味する（signify）」という概念が重要である。確かに、それが'bedeuten'〔意味する〕の唯一可能な翻訳ではある――オグデンとラムジーは'mean'を使っていた――のだが、しかしいずれにせよ、何事も語られえはしないのだという考えなのである。ヘラクレイトスも言うように、哲学とは間接的にしか表されえないような種類の知識なのである。すなわち、

デルポイに神託所をもつ主なる神は、あらわに語ることも、またかくすこともせずに、ただしるしを見せる。

（ディールス／クランツ、二二B、断片九三）〔田中美知太郎訳（『ギリシア思想家集』世界文学大系第六三巻、筑摩書房）〕

しかも、プラトンとの類似を一層顕著なものとするために、ウィトゲンシュタインは自著の方法を非難し

ているようにも見える。すなわち、

> 本来哲学の正しい方法は、語りうる物事、したがって自然科学の命題――したがって哲学とは何の関係もない物事――これ以外の何事も語らず、ほかの人が形而上学的なことを語ろうとするときはいつも、彼が自分の命題のある記号に何の意味も与えていないことを彼に指摘してやる、というものである。この方法は彼には不満であろう――彼はわれわれが哲学を教えているという感情を抱かないであろう――けれども、この方法が唯一厳密に正しい方法なのである。（六・五三）

神秘的ということが語りえないこと、あるいは語られるべきでないことを意味しているのを想い起こすならば、彼の哲学全体を一種の神秘的な啓示と捉えても不当とは言えない。彼自身、右の命題の直前で次のように述べている。

> 実際言葉で表明しえぬ物事が存在する。それは自らを開示する。それは神秘的なものである。（六・五二二）

そうだとすれば、この書物を読むことにも意味はあるのだが、これを読むということは、奥義へ至る通過儀礼のようなものなのであるから、奥義に達するや忘れられてよいのである。

もちろん、これらはほんの序論にすぎない。本書の読者は、この章を読むことで『論考』を読む代わりにしようと思ってはいないだろうが、その隠された内容にこんなにも大きな強調を置く序論に驚くかもしれない。しかしながら、実際のところ、『論考』の学説をそのまま記述すると（多くの先達が試みてきたことなのだが――「その足跡が私を懼れしむ」ことになる)、その学説そのものが無効になってしまうような議論へと突然推移していくことにしばしば驚かされるのである。この著作の中に築かれている体系は、確かによく調べてみなくてはならない。だがそれは、この体系は脆弱なのだという、私がここですでに与えたと思っている自覚を持って行わなければならないのである。(14)

思うに、この著作を理解しようとする者が、その番号づけによって主要なテーゼだとされているもの、つまり整数かあるいはせいぜい小数一桁の番号がつけられたテーゼに最初に目をつけるのはもっともなことであろう。すでに註記したように、これらはほとんど『原・論考』のノートの冒頭に書かれてあった。ただし、五と六に属す命題で小数のついたもの、および最終命題である七は、本文を書いていく途中で加えられたものである。その番号づけの狙いは、この著作がこれらを中心としてどのように組み立てられているかに注目させることにあるはずである。もちろん、だからと言って、最初にきているものが最も基本的だと考えてはならないし、ましてそれが最も理解し易いものだなどと考えてはならない。もっとも、命題四の周辺にこの著作の議論にとって最も基本的な諸命題が見出されるのだが、この著作はそれを中心として一種の心収縮と心弛緩を行っているのだ、とする見解を擁護するのは可能である。

かくしてウィトゲンシュタインは、(最初の二つの主要命題はすでに引用したところだが) 世界は実情である事柄のすべてである、という考えでもって口火を切る。これは、註釈(それゆえ番号では、一・一)により、世界は事実から成っているのであって物から成っているのではない、そしてさらに(一・二)、これらの事実は世界を分割し尽くす、すなわち、諸事実は独立である、という意味であることが明らかになる。命題一に関するこれらの註釈が命題二へと導くのであるが、それはある程度は命題二に対する論証とも見られる。こういう論の進め方が全篇に共通する特徴であり、おそらく番号づけの仕方の主眼も一部この点にあるのだろう。命題二は次のようになっている。

実情であること、すなわち事実とは、諸事態の存立である。

これは、一つの事実（当然、現実の事実）が一つ以上の潜在的な実現可能性を前提とする、という考えである。それはまた、これらの潜在的可能性をその実現からは独立に捉える方法があって初めて理解可能となる。換言すれば、いかなる事実でも主張できるためには、観念的に捉えられたものとしての可能性の貯蔵庫に接近可能でなくてはならない、ということである。そして、それがまさに命題二・一の言わんとするところである。すなわち、

われわれは事実の像を作る。

命題を主張する（それゆえ、命題を理解する）人間の能力へと議論が絶えず向かっていくことに注意されたい。先にも短い補助的な議論（二・〇二一―二・〇二二）を引用したが、そこでも同じように、世界を勝手に想像する、すなわち、事実を知るに先立って自分は一つの可能性を記述しているのだと確信する、そういうわれわれの力をもとにして、単純な対象が必然的に存在しているということ（それは先に述べた潜在的可能性の貯蔵庫が確定的に存在しているということにおおむね等しい）が証明されている。

像が何事かを描くのを可能にする特質は、いかなる像もそれが写像するものと共通の形式的特性を持っていなくてはならない、という要請へと一般化されうる（また、現に命題二・一に関する註釈はどれもそ

うなっている)。そして、この特性は(命題二・二において)実際、規範的定義により写像の論理形式と呼ばれている。このことは、どの像も世界に関する一つの可能性(本当は、偶然性——逆もまた可能である可能性)を表示しなくてはならない、ということを意味している。逆に言えば、何事かが世界における可能性となるのは、それが像によって描出されうるとき、そしてそのときに限るのである。このあと(命題二・二のあと)は、次のようになっている。

事実の論理像が思想である。(三)

たった今規定した最小限の条件を満たすもの、ただそれだけが思考されうるのである。おそらく次の段階は何の論証も必要としないだろう。その三・一はこうなっている。

命題において思想は感性的に知覚可能に表現される。(15)

つまり、思想を同定することができるのは言語においてのみであり、かくして、(最終的にはそういうことになるのだろうが)言語について論理的に真であることの全体が、われわれに対し考えられうることおよび存在しうるものの限界をもまた定めるであろう、ということである。というのも、ウィトゲンシュタインは、さしあたり命題をそのようなものとして明確化しようとしているからである。記号の集まりではなくて記号がある仕方で配列されているという事実だけが、一つの意義を表現することができる。このことは次のような重要な帰結を生む。すなわち、

思想の諸対象に命題記号の諸要素が対応するような具合に、思想は命題において表現可能である。（三・二）[16]

このことがウィトゲンシュタインにとって重要なのは、このことにより対象を表す原始記号からそれぞれの命題が構成されるよう命題を分析することが原理的に可能になるからである。これらの原始記号――ウィトゲンシュタイン言うところの名（names）――は、地位において命題と相互依存の関係にある。つまり、互いに他を必要としている。すなわち、

命題のみが意義を持つ。命題という連関の中でのみ、名は意味を持つ。（三・三）

ウィトゲンシュタインはここで、つまりこの命題三・三の第二文で、フレーゲの考えをそのまま繰り返し、フレーゲ得意の説、つまり名と文は共に意義と指示（reference）の両方を持つとする説に反駁するため、例によって反語的にそれを利用している。この新たな考えでは、われわれの最も単純な言語能力の中にはある言語レベルの存在が含まれており、そのレベルでは二つの相互依存的な要素あるいは因子を（理論的には）認めることができる。二つの因子のうち一つは結合という事実であり、もう一つはそのようにして結合されるもの――ウィトゲンシュタインの半術語的な語彙では関数および独立変項と呼ばれる――である。[17]言語を用いて行うことのできるすべてのことに対する手がかりは、これらの因子と共に、あらゆる判断の中に等しく存在している。われわれはここで、分析の理論上の限界について語っているのだと理解されたい。われわれはそのような限界に達しうるとあえて言うつもりはないし、またそうする必要もない。一々ここに繰り返すことはしないが、命題三に属す残りの諸命題を通して語られていることは、描出・意

義・可能性・必然的帰結という概念は、命題の中に含まれているものについてのわれわれの理解と結びつけられうるにすぎない、ということである（ウィトゲンシュタインの戦時中のノートにおいては、命題の問題がいかに中心的な問題であったかが思い出されよう）。かくして、この節の到達点として、

思想とは有意義な命題である。（四）

と語るとき、このとき彼は、命題の意義の法則は一般に思想の法則である、という結論を引き出しているのである。ここから直接に、哲学は言語批判以外の何ものでもない、という註釈が導かれても何の不思議もない。[18] ここが『論考』の核心である。『論考』の命題論の真髄は、命題番号四・〇一―四・〇六四一の諸命題に含まれており、それらは次のように写像理論が皮切りになっている。

命題は実在の像である。
命題はわれわれが想像するような実在のモデルである。（四・〇一）

命題は像と解することができる、という考えにウィトゲンシュタインが思い至る前に、この節のほとんどすべての議論が展開されたというのは興味深い事実である。命題をこのように理解するかどうかは事の本質には関わらない、と言えるのかもしれない。写像というパラダイムは、命題について論理的に真でなくてはならないことを要約する便宜的な方法なのである。よくあることだが、前提のように見えることが実は結論になっているのである。

本当の前提には、たとえば、命題記号の意義は説明されなくても理解することができる（四・〇二）、というのがある。命題は、それが正しい多様性を持つことによって、つまり暗示的にであろうと明示的にであろうと関係する実在のあらゆる要素を描出することによって、初めてその意義が理解されうる。いわば（これはウィトゲンシュタイン自身の隠喩を拡張したものだが）実在の中に十分に類似した積み木があると確信したうえで、命題は積み木でもって一つのモデルを組み立てなければならないのである。もしこれができるなら、命題はそれ自体で自らの語ることの可能性を保証するに十分であることになろう。なぜなら、命題は意義を持っているから（すなわち、このことは命題が意義を持つという事実に等しいから）である。またこのことは、命題が理解されたのちにその命題を実在と比較する（四・〇五）というさらに進んだ段階がある、ということを意味する。意義と可能性という二つの概念の正しい関係をウィトゲンシュタインはどうしてそんなにも確信を持って知っていたのか不思議に思うかもしれないが、これらの概念についての話はすべて、結局のところ、命題とは本質的に真か偽でありうるものである、ということを述べる（あるいは、そういう事実の意味を探る）一方法にすぎないのである。ウィトゲンシュタインは一九一三年にホワイトヘッドとの会話で、ちょうどこれと同じことを語っている。このときウィトゲンシュタインは、

命題は二つの極、すなわち「a」と「b」を持つ、

と語り、「a」と「b」とは何かと穏やかに——というのも、ホワイトヘッドは皮肉っぽいところのない人だったから——尋ねられたとき、「雷鳴のような声で」

「a」と「b」は定義不可能です、

と答えたのであった。(19) 『論考』の中では、次のように述べることでこのことすべてが表されている。

命題は、それが現実の像であることによってのみ、真か偽でありうる。(四・〇六)

ここでウィトゲンシュタインが語っているのは、命題であるためのこの最小限の条件、すなわち二極性は、今までかい摘んで述べてきた先の数節で説明されている可能性や論理空間についての見解を含意する、ということである。

四・〇六以下の諸命題は、真であるための(すなわち、真か偽であるための)条件について説明を与えており、『論考』の軸、つまりこの著作の論理的な中心であると言えよう。このことに関して、ウィトゲンシュタイン自身はほんの少し前に置かれた次のような命題を選んでいる。

私の根本思想は、「論理定項」は代表機能を持たない、事実の論理は代表されえない、というものである。(四・〇三一二、部分)(20)

ここで思い浮かぶのは、この命題にはウィトゲンシュタインとラッセルの以前の問題が響いている、ということである。そしておそらくそのために、この命題はこの書物の否定的な局面、いわば下り斜面(前の部分よりもはるかに長い部分でもあるのだが)へと導く分岐点の役割を果たしているのであろう。これまで見てきたことは、記号による対象の代表という原理により命題が真または偽になることを可能にする、換言すれば、前もって事実に問い合わせずに結合することのできる記号の貯蔵庫がわれわれの発話の意義を保証する（もちろん、その真理性を保証するわけではないが）、ということであった。ところで、これら命題となりうるための条件は、それ自体は命題では表現されえない、つまり、それ自体は言語の助けを借りて試験的に構成されうるような事態ではない、ということがわかる。このことから、命題の構成要素のレベルに関していくつかの帰結が導かれる。ある論理的な枠組みの中で言葉が新たな仕方で結合される（あるいは、対象がそのように結合されると見なされる）とき、主張されうる何事かが存在する。論理的な枠組み以外には何も存在しないとき、すなわち、先にあげたいかなる対象に関しても間違いを犯す危険性が存在しないとき、このときは、真であろうと偽であろうと、いかなる命題もまた存在しない。ウィトゲンシュタイン自身の例を用いるならば、雨が降っているか降っていないかのどちらかだということを知ったとしても、天候については何も知ったことにはならない。[21] それでは、否定と選言、および命題の真偽一般に関しては何か知ったことになるだろうか。ウィトゲンシュタインは否と答える。つまり、知りうることは命題で表現することができる、だがこのとき、どんな命題であってもそれを形成しうるに先立って与えられていなければならないものがある。真および偽とは何かというような質問をされたとして、どうしたらそれに答えることができよう。だから、先の言明において、「……ならない」とか「……か……かのどちらか」のような言葉の意味について一般的な真理を与えているわけではない（これらの言葉は、現在考察している例で問題となる唯一の言葉であり、最近の用語で言うならば、当該の文において「本質的に現れている」唯一の言葉である）。こういった分野には何一つ真理は存在しない。それゆえ、ここには内容もまた存在しない。それだからこそ、（たとえば右にあげた言葉のような）論理定項は対象を代表せず、したがって代表機能を持たないのである。(またこのことから、根本思想と言われていたものは思考の複雑な様態全体を包み込むものであることがわかる。)

そのような文をそれでもなお発話するということでわれわれは何を行っているのかということ、ウィトゲンシュタイン自身が『論考』の中で暗に行っていることは何なのかということ、それはすぐに明らかにされる。四・〇以下の命題がこの著作の主要な前提であるとするなら、四・一以下の命題はその結論を要約した見解となっている。だからこそ、先に引用した哲学についての諸命題がそこに現れているのであり、哲学は本来の命題とは明らかな対照を示す。本来の命題というのは、ここでは(四・一そのものであるが)事態の存立非存立の描出と同一視される。この記述を満足するような命題は(真であればだが)自然科学の内容となる。だから哲学は自然科学ではない、実際のところ、科学でもまたいかなる種類のものであれ学説でもない。解釈したり明晰にしたりという、真理に関する発話とはまったく異なる別の活動も存在する。哲学はまさにこの領域、すなわち語るに対するものとしての示すの領域に属すのである。だからウィトゲンシュタイン自身の書物が、ある意味ではわれわれになじみのことを新しく意外な形で表現することに卓越していても驚くにはあたらない。このことは、たとえば彼が真理表(彼に関するかぎり、一九一二年の発見になる)を命題の本当の性質を示すために(したがって、命題は本質的に真理可能性のうちの一つの選択肢にすぎないことになる)、そしてそれゆえ、いわゆる論理的真理(および矛盾も同様に)はそれが何事をも語らないがゆえに命題ではないということを示すために、用いているという点にも言えることである。論理的真理の真理表というのは、(アンスコム女史の名言だが)まったく空白のままになっている地図のようなものなのであった。かくして、形式科学におけるあらゆる議論は一種の誤りとなる。だがそれと共に、解釈することや示すことの重要性が減ぜられることは決してない。それがある先入観とは相容れない、ということがあるにすぎない（確かに科学者ラッセルにはそういう先入観があった）。当然このことはすべて詳細な論証を必要とする。そこで、残りの数節がこれの説明に充てられている。つまり、四・五、五、および六において、命題の一般形式は何かということがあれこれ言葉を換えて、最初はくだけた調子だが印象深く、二度目は四以下でわれわれが習い覚えた語彙を用いて、三度目は記号を用いて、それぞれ語られている。たとえば、

……命題の一般形式は「事情はかくかくである」というものである。（四・五、部分）

命題は要素命題の真理関数である。（要素命題は自分自身の真理関数である。）（五）

真理関数の一般形式は、$[\bar{p}, \bar{\xi}, N(\bar{\xi})]$ である。

これは命題の一般形式である。（六）

四・五、五、六という数字が頭についている節のもくろみは（別の話題についての付随的な解説があるとしても）、これらの洞察（あるいは、この洞察）を導き出すことである。たとえば、あらゆる命題および命題に関するあらゆる操作は、すでに与えられたモデルを用いて記述されうる（しかも、実に啓発的に記述されうる）、ということが五に属す諸命題で示されている。かくして、推論とは単に二つの命題に共通の真理根拠を読み取ることにすぎない、と言われる。そして、この真理根拠が単純な事例、すなわち二つの独立な命題のあらゆる可能な組み合わせ、に対してどのように適用されるのかということは、大変巧妙に作られた一覧表が示してくれる。またこの一覧表により、さまざまな組み合わせが互いに与え合う確率の計算も可能となる。

五・二以降、ウィトゲンシュタインは操作という概念を用いて、真理関数が実質的な関数とはどのように異なるかを一般的な仕方で示している。このことからは、二つの命題がある論理的な関係にあるということは決して仮説なのではなく、それゆえにまた本来の意味での真理でも決してない、ということが帰結する。一般的に言えば、複合命題（たとえば、雨が降っているということはないということはない、という命題）を発話する場合、ある対象についてそれがある性質を持っていると言い、次いでそのような性質を持つとされた対象についてそれがもとの対象と同じ性質を持つと言っているのではない、ということである。（ウィトゲンシュタインの言葉づかいを用いるなら、われわれはここでは実質的な関数を得ていない、ということになる。）そうではなくてむしろ、複合命題を発話する場合は、現実の事柄（たとえば、雨とか今日とか今とか）に対して、真理根拠の可能な図式の一つ、すなわち可能な真理表を適用しているのである。何らの図式をも適用しないならば命題は存在しないことになろう。だが、適用するものに関しては、どれも実際には他のものより一層複合的ということはないのである。(22) 確かに、体系的な仕方で利用可能な真理表を示してやることはできるし、また、別の仕方である事柄についての可能な主張に対する表現がどのようにして別の主張に対する表現から構成されうるのか、ということを示すこともできる。しかし、そうすることにおいて提示することになるものは選ばれた記号体系の特徴にすぎず、しかもこの特徴に対する関心は［その特徴を提示する］われわれ自身あるいはその特徴を提示される人々がそれに気づくかどうかに従って変わることになる。「雨が降っていなくはない」を「雨が降っている」の別の言い方と見ることに困難を覚える人は多くはないだろう。だがこれをもう少し複雑にした場合、あるいはもう少し複雑な包含関係がある場合、誰も最初はそれと気づかないであろう。

このようにして導入された操作という概念は、ウィトゲンシュタイン独特のものである。それは、これまでに比較的研究されることの少なかった概念であり、論理学と数学を一見瑣末なものに見せてしまうから、あまりにも野心的にすぎるとさえ言えるように思われる。この概念の難点は、これに従えばわれわれはお気に入りのモデル――形式科学を一組の真理と見なすモデル――から逸脱せざるをえない、という点にある。ウィトゲンシュタインは、われわれの研究方法全体に変更を要求するほど、広く認知された問題群の解決に貢献しているわけではない。言ってみれば、新しい基礎の上に引き続いて論理と数学の体系全体を発展させているのではないという点に、彼の負い目があるのかもしれない。彼はただの洞察だけで満足しているのだが、これにはいくつか理解できる点がある。というのも、それは容易に得られるような洞察ではないからである。言語には少なくとも二つのまったく異なった使用法――一つは真理を提言するために言語を使用するという用法で、もう一つは言語そのものの特徴を提示するために言語を使用するという用法――がある、という考えは魅力的なものではあるが、また到底受け容れられないものでもある。日常言語は、自らの真なる論理形式を現すというよりはむしろ、何事かを行うためのものであるとの特徴を有する、とウィトゲンシュタインは述べているが、ちょうどそれと同じように、形式科学に関するわれわれの活動――論理学の書物を著述したり、子どもたちが算術の試験を受けたり等――の多くは、こういう分野においてもわれわれが推測を働かせたり間違いを犯したりすることは可能なのだ、ということを前提としているように思われる。それに対して、われわれの活動の他の部分――自明なものに信頼を置いたり、出発点ではひどく自由であったり等――は、われわれを異なった世界に置くように思われる。事実探究との違いは、われわれがときにその違いをはっきりと認識するように見えて、また不意に見失ってしまうような類の違いなのである。

あらゆる真理関数を生成するに十分なほど強力な操作が五・五で定義され、そしてそれに続く諸命題では、この操作は実際、真理可能性の選択に際してはいかなる程度の複合性を持った表現をも、それればかりではなく一般的命題についての表現をも許容することになる、ということが示される。命題というのが、ある適当な対象に対して真理図式を適用することにあるとするならば、あるいはウィトゲンシュタインの言うように、関数と独立変項である（しかも、この二つは真理図式によって表現された論理定項を適用することによる以外は結合されえない）とするならば、フレーゲやホワイトヘッドとラッセルが想定したような、一般性に関する論理定項はもはや必要ではなくなる。ウィトゲンシュタインのただ一つの論理操作を適切に使用することにより、命題変項（すべての命題に含まれている一種の関数）に真理図式を適用することが可能となり、必要とされるいかなる程度の複合性を持った一般化命題をも手に入れることが可能となる。たとえば、単純な例をあげると、「x は人間であり、かつ不死である」という意味になる命題すべてを同時に否定するなら、人はすべて死すべきものである、という命題が得られる。この決定的な措置は、ある範囲の命題はある関数によって、すなわち「x は F を持つ」というような論理的な「原型（Urbild）」を用いることによって特定することができる、という想定のもとに講じられている。またこのことにより、その否定が今問題となっている一般化の定義に用いることのできる Fa v Fb v Fc……（ここで、F は「人間であって、かつ不死である」を表す）という虚構的な命題を構成するために、a, b, c, ……というあらゆる可能的対象を同じく虚構的に列挙する必要はなくなるのである。

続く短い数節でウィトゲンシュタインは、同一性は別個の扱いを必要とするような特別な論理定項なのではないということ、および「A は p と判断する」という形式の命題（すでに述べたように、これがラッセルにとっては大問題となったのであった）もまた扱われうるのだということ、を示そうと試みている（彼のその試みは、少なくとも興味深いものではある）。この形式の命題は、ある独立した主体 A の、ある命題に対する関係を表しているのではない。もしそのような関係として捉えるならば、Aは何の気なしに少しも命題ではないようなものに対してこれと同じ関係を持つことがあるかもしれない、またたとえば、Aは少しも命題ではないようなものを心に抱いているのかもしれない、という可能性を未決定のまま残すことになろう。Aは、独立した主体というよりむしろ、一続きの思想にほかならないのである。だから、これらの思想のうちの一つを取り出すときには、もはやそれがどのようにして首尾よく自らの描く事態についての思想となるのか、という問題は存在しなくなる。それゆえウィトゲンシュタインに言わせれば、「p」はpと語る、すなわち「p」はpと語る以外のことはできない、ということになる。思想の現れは、心の度合いを測ることによってではなく、命題を考察したり理解したりすることによって確認される。ここから、ナンセンスは思考されえない（技術的に言えば、pが思考されるということから「pまたは非p」が導出される）、ということが容易に導かれる。[23]

このように、判断の主体が複合物である（それゆえ、決して魂などではない——五・五四二一）[24]とするならば、ウィトゲンシュタインが次に独我論の話題へと向かうのも蓋し当然であろう。すなわち、

私の言語の限界が私の世界の限界を意味する。

私は私の世界である。（ミクロコスモス。）（五・六および五・六三）

確かにウィトゲンシュタインはいつかは、世界や言語の外側に、しかもそれらに対置される形而上学的な主体、それはショーペンハウアーにもまたおそらくは歴史上のどの哲学者にも何らかの形で見出される観念であるが、そのようなものは存在しないのだ、ということを明らかにする必要があった。さもなければ、

自然科学は、真ではあるが偽となりうることを主張するために言語を用いるという、言語の通常の使用にその本質があるのに対して、形式科学はそのような言語の不可避的な特徴を提示することにあるという彼の論証（論証と言うに値するとしたらだが）は結局、世界の必然的な特徴に関する形而上学的な学問というものの余地を残すこととなったであろう。したがって、主体とはそうした特徴の一つ、あるいはそれらをすべて一体化したもの、ということになったであろう。これに対してウィトゲンシュタインは、記述可能なものはすべて、それゆえ心理学的なものもまたすべて世界の中にあり、単なる事実にすぎない、と答える。このうえさらに、この世界はそれでもある観点から記述されると言われるならば、その観点は言語および言語の限界によって与えられるのであり、それ以外の制約は存在せず、またこの制約は記述可能でもない、と彼は答える。この制約を除去したり解除したりというのは、文字通り考えられないのであって、それゆえ表現不可能でもある。

六以下になって、われわれが初めからずっと指摘してきた結論が引き出される。（『プリンキピア・マテマティカ』のように命題の体系と見なされる）論理は同語反復から成り立っている、ということが見出される。すなわち、正しく理解される場合には、自らの真理性――あるいはむしろ、自らの真偽性の欠如、自らの疑似命題としての地位――を直接的に開示するような疑似命題から成り立っているのである（六・一以下）。数学もまた同様に疑似命題から成り立っていることが見出されるが、今度は真理値を持つとさえ思われない。それらは等式なのであって、それぞれの場合において、操作の一見異なると見える二つの適用が実は同一の適用にすぎない、ということを示している。六・三以下では、科学についての説明が与えられ、一見必然的あるいは非仮説的と見える科学の諸原理が実は諸法則のはめ込まれる枠組みを恣意的に選択したものにすぎない、ということが示される（もちろん、これらの諸法則自体の真偽は容易に判明しうる)。

この書物の最後の二節は、われわれが絶えず先取りしてきた箇所ではあるのだが、予備知識のない読者には意外な内容であるかもしれない(もっとも、ある種の純粋に論理的な命題が発話される際の、あの神官風の口調で注意を喚起されたとしたらまた別かもしれないが)。六・四以下(および六・三以下の若干の命題)では倫理学が——しかも実のところは、神、自由、それに不死が扱われ、六・五以下では哲学と人生の問題とが扱われている。〔この六・四から七の前までの〕およそ三頁に、この書物の真のメッセージが込められている。もちろん、それは間接的な表現で与えられうるにすぎない。行為や人生や善なる世界・悪しき世界といったものを生み出すような事実など存在しはしない。だが、それらはそのようなものとして理解され、また経験されうる。ウィトゲンシュタインは幸福な人もしくは不幸な人の世界についてこう語っている。その世界は全体として縮小もしくは増大——収縮もしくは膨張——することができる(六・四三)。もちろん、このことは字義通りにはナンセンスであろう。というのも、あらゆるものが膨張するのなら、何も膨張していないことになるのだから。しかしこういう言い方は、希望と絶望とを言い表すのに神秘主義者たちによってよく用いられてきたものである[25]。世界はある仕方で理解されえ、受容(あるいは拒否)されうる。本来、人の心に平静を与えるのは、言ってみれば、世界の中の事実には価値がないのだということを受け容れることである。かくして倫理学というのは、世界の中で何が事実であり何が事実でないかを見分けるという問題なのである。論理学とまったく同じように、倫理学が超越論的と言われるはこのためである。しかも、かなり大まかに言うならば、哲学[26]や人生の問題の場合も同じことなのである。人生の問題(ウィトゲンシュタインがのちに語っているように、ゲーテやベートーヴェンの問題)に対する科学的な答えは存在しない(まして哲学的な答えなど存在しはしない)ということを(『論考』がそれを可能にしてくれるように）理解しさえすれば、こういった問題に答える一歩手前まできているのである。このようにして、この書物は一種の「知ある無知」を生み出すのに役立ち、そしてこれを読む者は本心から次のように言うことができるようになるだろう。

語りえぬものについては、沈黙せねばならない。（七）

自分の哲学生活の問題をすべてこの書物の中で結び合わせるというのは――しかも、負け戦のオーストリアの将校という無力で絶望的な状況に関係し、またそれを反映した多くのことをも語るというのは、どう見ても「至難の業」であった。論理定項に関するラッセルの問題がウィトゲンシュタインの出発点だった。この問題に対して彼は、論理的な命題には妥当するがそれ以外の命題には妥当しないことについて、初めて正確な特徴づけを与えるものとなった、言語についての説明で応じたのであった。確かに、論理学のすべての命題が真理表と同類の手段によって証明されうるわけではないということ、すなわち、論理全体に関する決定手続きは存在しえないのだということ、このことはあとになって判明した。また、これが一部理由となって、定式化を試みることができるような言語の論理とかあらゆる思想の論理とかが存在するとはもはや想定されることはない。[27] その代わりに現代の論理学者たちは、異なった論理、異なった計算法、可能的と想定される解釈、を検討する。だがそれでもなお、こういった措置それ自体はウィトゲンシュタンに依存しているのである。つまりそれは、彼の提起した、論理について語ることはできないという困難に対する一つのありうる反動なのである。それに加えて、現代の論理学者であってもわきまえておかなくてはならないような言語と実在との関係、それについての何らかの一般的な議論に関わったり、あ

るいはそれを差し控えたりするためにも、この書物を読むことは今なお必要なのである。(28)

数学に対するこの著作のアプローチの仕方は、〔論理学と比べても〕一層支持者が少ない。異なった形式の談話（この「談話（discourse）」という言葉さえ人をぞっとさせるかもしれない）を心の中で区別しておこうとすることの一般的な重要さ、しかもそうすることの困難さは貴重な教訓であるに違いない。しかし彼の学説には、そんなことが著者以外の人に可能だとして、なお細部に手を加えなくてはならないところがある。のちに彼が直観主義に関心を持つことになるという予感は感じ取ることができる。そのため、考察のための材料を求めている数学の哲学の研究者なら、確かにこの書物を見捨てることはないだろう。数学がクラスの理論なしに済まされうるという同書の主張（六・〇三一）は、例の言語の論理についての同書の考えと同じくらい、おそらくは時代遅れのものであろう。だがここでも、それ自体が自ら時代遅れになることに寄与しているのである。どれほど多くの集合論がどれほど多くの数学にとって必要とされるのか、という明らかにより技術的な問題が今なお中心的な問題であり、またその探究が時折思いもかけない単純化をもたらしてくれる。それに、直観主義とプラトニズムとのあいだの基本的な問題も、ある形で今なお存続している。つまりこの問題は、『論考』がこの分野の揺籃期にあって何とか与えようとしたような新鮮で見通しのきく位置を哲学者たちが探し求めようとする端緒となりうるのである。

ラッセルのいう「物質の問題」に対するウィトゲンシュタインの解答は、論理学と数学の基礎という問題に対する解答と同じくらい意図は明白である。『論考』は、実在の要素を記述しようとするいかなる試みをも無意味なものとしてしまう。というのも、そういった要素は、いかなる記述も不可能な論理的な要素とならざるをえないからである。確かに、より高次のレベルでなら事実についてのいかなる陳述をも物理学の用語で言い換えることは可能であるし、また個体に関する感覚与件の点からそれを言い換えることも等しく可能である。しかしこれらのことは、その内部で記述が行われるところの枠組みを恣意的に選択しているにすぎないのであって、どちらの言い換えも正しいものではない。たとえそのどちらか一方が、ある特定の目的にとっては解明を与えるものであるかもしれないとしてもである。[29] その一方でも世界の本当の内容を表していると主張するならば、それは形而上学的な主張ということになろう。[30]

科学の地位という問題、つまり、ラッセルをして哲学における科学的方法を目指す気にさせた、科学の認知的あるいは認識的価値の問題に関しては、『論考』の立場は複層的である。一方で（自然科学という意味での）科学は真なる命題の総体なのだから、それだけが認知的価値を持つとし、他方でそれは何ものについての説明をもたらさないとする。ダーウィニズムも、現象主義と同じくらいほとんど世界の本質を与えてくれはしない。それは、ニュートン物理学やヘルツの物理学と同様、その中で世界についての一般的な記述をわれわれが表現しようとするところの形式を選択、しかもアプリオリに行われうる選択をしているにすぎない。さまざまなこと、たとえば利便性や慣習、それに誤りに対する許容性とか記述の複雑さなどを考慮するならば、そのような選択可能性のうちの一つが他のものに優先すると決定されることもありえよう。だが、それらの可能性自体は、明らかにすべて言語に内在する構造なのである。ここから見ると、おそらくウィトゲンシュタインは、新しい概念を形成していく科学者たちの生産性の高さや、幾世代にもわたる科学者たちが協調しあるいは一致して生み出してきた経験と自然探究の集大成――それなしには新しい概念を形成するための条件も存在しようのないような集大成――が概念形成に際して演じる決定的な役割を、正当に評価していないのであろう。[31] だが、こうした懸念が主要な論点に影響を与えることはない。主要な論点とは、（正確に言えば）説明ということが明瞭で容易に理解される何らかの形式において現象を述べるという以上のことと解されるかぎりは、現象を説明して、い、る、のだという科学の側からのいかなる主張をも拒否する、というものである。もちろん、マッハもすでに同じように拒否するに至っていた。だが、ウィトゲンシュタインの立場が特別興味深い[32]のは、その拒否が経験主義的な偏見からではなく、純粋に論理的な考察から発しているという点にある。この結論はそれに加えて、ウィトゲンシュタインのこの書物の根本的な教訓にとってもまた重要なものである。六・三以下での科学についての記述が、次のような六・四においてその頂点に達するのも決して偶然ではない。

すべての命題は等価値である。

事実命題が認識的な脈絡において説明を行うことはできないが、またそれと同じように、世界に意味を与えることもできはしない。すでに見てきたように、世界の価値はすべて表現不可能なものの中にあるのである。

ラッセルとウィトゲンシュタインが扱わねばならなかった第三の領域の問題、自己に関する問題に関しては、ウィトゲンシュタインの答え、というよりはむしろ新たな問題の核心、をすでに本書の解説の中で述べておいた。自己が現象主義によって一連の意識状態へと解消されるか、もしくは、観念論的な出発点を採った場合には、何もかも自らの中に吸収して結果的に独我論に陥るか、そのどちらかにならざるをえないように思われた。ウィトゲンシュタインは両方の立場を採ってはいるのだが、その両方から刺を抜き取っている。直接知としての自己は――「鉄血宰相」という言葉の本当の指示対象はビスマルクにしか知られないような――Oと呼ばれる――対象である、とラッセルが考えたように――私だけにしか知られないような対象なのではなくて、当然私によって記述可能であるような一連の思想なのである[33]。

しかしながら、世界に対する態度はほかにもある。つまり、形而上学的な主体と一体化するという態度、言ってみれば、言語自体の客観性や中立性を用いて世界を見るという態度である。こういう、個々の人間の関心事と一体化することへの拒否、あるいは希望や恐怖で思い悩むことへの拒否というのは、確かに彼があの第一次世界大戦のほんの最初の頃に厳密な独我論的立場として日記の中に書いていたことであり、[34]また『草稿』においても一九一六年の後半部分では再三再四このテーマへと立ち戻っている。『論考』自体の中では、この態度はそれほど顕著ではない。しかし、そこでもまたウィトゲンシュタインは、認識主体としての自己に対して何らの特別な地位をも認めず、いかなる特定の事態の存立あるいは生起にも少しも価値を認めないという、世界に対する態度を素描している。この教訓そのものは、それが教えられる仕方ほどには意外なものではない。確かに彼は、彼の意に反してラッセルが価値を見出している、あの論理学の技術的な問題を通して自分のやり方を見出したのであるが、まさにこういう問題の中から彼は人生の問題に対する自分の解答もまた見出したのである。哲学は論理学を必要とし、論理学はいかなる哲学も存在しえないことを示す。だが、いかなる哲学も存在しえないというまさにこのことが最大の解放であると判明する。ショーペンハウアーの観念論に対するウィトゲンシュタインの若者らしい執着は間違いである、と彼を諭したのはフレーゲであった。このとき、フレーゲの見解を考え抜いて、観念論と実在論は結局は合致するのだということ、[35]自分は世界に背を向けることによってのみ世界の主人たりうるのだということ、このことにウィトゲンシュタインは思い至るのである。こういう確信に達したあとの彼の有様、それが次の話題ということになろう。

原註

第一章

1 当時支配的だった噂は、ヘルマン・クリスティアンがピュルモント＝ヴァルデック家の私生児だったというもので、この一族の領土内に彼の誕生地だったコルバッハがある。ウィトゲンシュタイン一族に似たいくつかの画像がピュルモント＝ヴァルデック家の先祖の肖像の中に発見されたり、推定されたりしているが、この家族とは、ザイン＝ウィトゲンシュタイン家との間にあったような、接触の記録がない。

2 このようにファニーが友人に話しているのだが、パパが反対したというハンガリーの伯爵のことをたぶん忘れているか、黙って隠している。

3 この結婚はまたウィーンのユダヤ文書にも登録されていたように思われる。

4 一八五五年刊。Debit and Credit という題で英語に翻訳されている。

5 原題 Jugenderinnerungen eines alten Mannes (1870)。

6 原題 Ut mine stromtid (1864)。ルートヴィヒの友人たちや、彼の年若い親族たちは、彼らの全くオーストリア的な言語をこの低地ドイツ語のテクストに慣れさせる努力を強いられた。「ミニング」という姉ヘルミーネの名はこの本から採られたのである。

7 ヘルマン・クリスティアンからファニーに宛てたヨアヒムについての別の手紙による。

8 ヘルミーネ『家族の思い出』。

9 一八八八年八月一五日の『ノイエ・フライエ・プレッセ』所収の論説（カール・ウィトゲンシュタイン『政治経済論集』アムステルダム／フィラデルフィア、一九八四年に再録）による。

10 ヘルミーネ『家族の思い出』に引用されている手紙による。

11 カール・ウィトゲンシュタイン「アメリカの産業発達の原因」、『政治経済論集』二二一頁以下。

12 「年頭所感」［一九〇五年］、『政治経済論集』一六七頁以下。

13 『ファッケル』第三一号、一九〇〇年二月、三頁。

14 同誌、第五六号、一九〇〇年一〇月、七頁。
15 『政治経済論集』二二一頁以下。
16 同右。
17 『ファッケル』第七一号、一九〇一年三月、一〇頁以下。
18 ヘルミーネ『家族の思い出』七七頁。
19 ラッシュ・リーズ編『ウィトゲンシュタインの思い出』(オクスフォード、一九八四年) 五四頁。
20 ブルーノ・ワルター『主題と変奏』(ロンドン、一九六七年) 一六八頁。
21 『ブリタニカ百科事典』第一一版第四巻、三九〇頁におけるフラー・メイトランドの評言。この字句が興味深いのは、ルートヴィヒ・ウィトゲンシュタインの美的理想についてのパウル・エンゲルマンの説明に、これが密接に対応するからである(パウル・エンゲルマン『ルートヴィヒ・ウィトゲンシュタインの手紙と回想』一九六八年、八六頁)。
22 ルートヴィヒ・ウィトゲンシュタインについての伝記資料を最初に収集したF・A・ハイエク教授は、この一族の出である。
23 ヘルミーネ『家族の思い出』九三頁に引用されているファニー・フィグドールの言。

第二章

1 「アメリカの産業発達の原因」[一八九八年]、『政治経済論集』二二一頁以下。
2 F・A・ハイエク教授宛の手紙に述べられている。
3 P・エンゲルマン『ルートヴィヒ・ウィトゲンシュタインの手紙と回想』一三二頁。
4 同書、八六頁。
5 同書、八八頁。
6 『オトカル王の幸福と最期』第三幕。
7 デイヴィド・ヒールド「グリルパルツァーとドイツ人」、『オクスフォード・ドイツ研究』第六号(一九七一—二年)を参照。
8 『ルートヴィヒ・ウィトゲンシュタインの手紙と回想』一一三頁。
9 ウィトゲンシュタインとリヒテンベルクの類似については、フォン・ウリクトが早くから指摘していた。「哲学者としてのゲオルク・クリストフ・リヒテンベルク」、『テオリア』第八号（一九四二年）を参照。リヒテンベルクと後期のウィトゲンシュタインとの類似については、J・P・スターン『リヒテンベルク』（ロンドン、一九六三年）のとくに一五八頁以下で言及され、論じられている。

10 エンゲルマン『ルートヴィヒ・ウィトゲンシュタインの手紙と回想』五五頁。元来ウィトゲンシュタインは、「精神がきらめく会話のうちに」と書いた。書くよりも会話においてのほうがずっと多くのことを語ることができる——これは、彼の書簡の中に繰り返し現れるテーマである。この手紙は一九二五年八月に書かれた。「救済の言葉」への切望は、たとえば『草稿一九一四—一九一六年』の中の一月二〇日の記述に見られる。

11 ウィトゲンシュタイン『文化と価値』六六頁。

12 実際にはクラウスは、次のような印刷上の修正をほどこしただけである。つまり、"Er war ein Mann von Eisen und Stahl." を "Er war ein Mann von Eisen, und stahl." と変えたのである。

13 『哲学的文法』第八九節、四二一頁に引用されている。〔実際にはこの箇所には引用されていない。独訳には、「マニュスクリプト二三一、第八九節」とある。〕

14 『文化と価値』三六頁。

15 ここでは、私は、ウィトゲンシュタインが友人のアルフィト・シェグレンに宛てた手紙の中で用いた表現を多少言い換えて使っている。この手紙自体は、先に言及したキューゲルゲンの著作に多くを依存している。

16 ノーマン・マルコム『回想のルートヴィヒ・ウィトゲンシュタイン』二〇頁。

17 この例は、『哲学的文法』第一四一節、一九四頁で用いられている。

18 ショーペンハウアー『余録と補遺』第二巻、第三一章、第三九六節。

19 （ウィトゲンシュタインの遺稿管理人が所有している）この覚え書きには、ほとんど句読点がなく、いくつかの書き誤りがあるが、それでも彼の多くの草稿と同様、多くの修正がほどこされている。

20 たとえば、ジャニク／トゥールミン『ウィトゲンシュタインのウィーン』（ロンドン、一九七三年）六四—五頁を参照。

21 ピンセントの日記でウィトゲンシュタインに関わる部分は、コピーされてトリニティ・コレジの図書館に所蔵されている。この引用は、一九一二年六月一日のものである。

22 当時のオーストリアの成績評価は、優れている順に言うと、次の五段階に分かれていた。「優秀」、「称賛に値する」、

「満足できる」、「十分」、「不十分」。

第三章

1 『文化と価値』四三頁。
2 「暗号日記」。
3 F・A・フォン・ハイエク宛パウル・ウィトゲンシュタインの手紙。
4 「ケーニヒスベルク」について。一九三〇年九月にケーニヒスベルクで開催された「精密科学の認識論に関する第二回会議」で、フリードリヒ・ヴァイスマンにより、ウィトゲンシュタインの数学に関する考えが紹介され、詳しく論じられた。このことは、ヨーロッパに関するかぎりウィトゲンシュタインの哲学への復帰が一九二〇年代以降であったことを示している。『ウィトゲンシュタインとウィーン学団』の一九頁と一〇二頁を参照。
「とても不幸な出来事」について。これはどうも、ヨレス夫妻の娘が自宅内での事故がもとで亡くなったことを指しているらしい。
5 ウィトゲンシュタインの遺稿管理人の所有する手紙。
6 ウィトゲンシュタインの遺稿管理人の所有する下書き。
7 ウィトゲンシュタインの遺稿管理人の所有する手紙。
8 「暗号日記」一九一四年一〇月五日および二八日。
9 『王立学士院会員追悼記録』第四巻（一九三五年）を参照。
10 リトルウッドから直接聞いた。
11 『王立学士院会員追悼記録』第四巻（一九三五年）を参照。
12 『王立学士院会員追悼記録』第五巻（一九三六年）を参照。
13 トマス・ストーンボロ博士の所有になっていたときに拝見した。
14 エクルズは、マンチェスター大学のW・メイズ博士が『マインド』に論文（K・ファン編『ルートヴィヒ・ウィトゲンシュタイン——人と哲学』一九六七年、七九—八八頁に再録されている）を書くに際して、ウィトゲンシュタインとの友情のことを話している。エクルズ宛のウィトゲンシュタインの手紙は、エクルズの若干の註をつけて『ヘルマテマ』第九七号（一九六三年）にて公表された。また、ルートヴィヒ・ウィトゲンシュタイン『書簡集』（一九八〇年）も参照。

エクルズはその後も数多くの——私によるものも含めて——インタビューに応えている。

15　著者への手紙。

16　ウィトゲンシュタインの英会話が正確にどの程度のものであったかについては、証言が食い違っている。時と場合によって違ってくるのは当然だろう。確かにドイツ語風の言いまわしで生まれはわかっただろうが、アクセントは総じてよかったということで一致している。彼にとって気のおけない人たちのあいだでは、外国風のアクセントは少しもなかったと言われることが多い。

17　原文は、

　時は多くを与え、また奪うもの。だが、よりよき人々の喜ばしき友情、それはまた君の喜ばしき持ち物でもありますように。（Vieles giebt uns die Zeit, und sie nimmt's auch, aber der Besseren / frohe Neigung sei auch Dir froher Besitz）

となっている。これは、ゲーテが自分の息子に語りかけた次のような二行連句（ここではこちらから訳しておいた）からの引用なのだが、明らかに記憶に頼って書いたために、少しばかり間違いがある。つまり、ゲーテの原文では、

　時は多くを与え、また奪うもの。だが、よりよき人々の素晴らしき友情、それはいつまでも君の喜びでありますように。（Vieles gibt uns die Zeit und nimmt's auch; aber der Bessern / Holde Neigung, sie sei ewig Dir froher Genuss.）

となっている。ウィトゲンシュタインのほうでは、喜ばしい友情を喜んで自分のものとする、と語られているのである。

〔なお、本文中の訳詩はマクギネスの英訳に基づいている。〕

18　A・アンブローズとM・ラゼロウィッツの『ウィトゲンシュタイン——哲学と言語』所収の、L・グッドスタインによるルートヴィヒ・ウィトゲンシュタインの回想による。

第四章

1 『バートランド・ラッセル自伝』第二巻、九八頁以下。この部分は一九六八年に出版されたが、実際に書かれたのは、明らかに一九三三年である。

2 G・H・フォン・ウリクト「小伝」五頁、ノーマン・マルコム『回想のルートヴィヒ・ウィトゲンシュタイン』所収。あとで触れるが、フォン・ウリクトが述べているように、ウィトゲンシュタインがイェーナとケンブリッジに行ったときにはすでに工学の勉強をやめる決心をしていた、と考えるべき理由がある。

3 これは現在、スウェーデンのジュールスホルムにあるミッタークｰレフラー研究所に所蔵されている。関連部分のコピーをくださった研究所に、また書簡録の存在を教えてくださったI・グラッタン＝ギネス博士に深謝する。

4 『英国学士院会報』第二四号（一九三八年）三八六頁におけるJ・レアドの言葉。

5 グッドスタインの報告は、アンブローズ／ラゼロウィッツ『ルートヴィヒ・ウィトゲンシュタイン――哲学と言語』（一九七二年）二七一―二頁に載っている。彼の報告中の一、二の箇所は、その他の証拠と一致しない。しかし、記憶が不確かであり、逸話には尾ひれがつきがちであるとはいえ、ウィトゲンシュタインがアレグザンダーと相談したという事実そのものは、ほとんど疑いえない。

6 この点は、ドルーリから直接聞いた。

7 G・フレーゲ『書簡集』（一九七六年）二六四―八頁。

8 『フィロソフィカル・マガジン』第六巻、四二頁以下および六一頁以下。この論文がどのようにしてウィトゲンシュタインの目にとまったのかを知るうえで、M・L・カートライト女史の指摘は示唆的である。彼女が私に教示したところに従えば、ウィトゲンシュタインの教師の一人であったホラス・ラム教授の論文が同じ号に載っていて、ウィトゲンシュタインはそれを読んだのかもしれないのである。

9 この頃フレーゲの講義を聞いていたR・カルナップが記憶しているかぎりでは、そうであった。シルプ編『ルードルフ・カルナップの哲学』四―五頁を参照。

10 「小伝」五頁、ノーマン・マルコム『回想のルートヴィヒ・ウィトゲンシュタイン』所収。

11 この点は、P・M・S・ハッカー『洞察と幻想』に詳述されている。

12 『意志と表象としての世界』第六一節。ハッカー、前掲書、七一頁に引用されている。

13 フレーゲ『算術の基本法則』第一巻（一八九三年）XVIII頁。

14 同書、XVI頁。
15 ボルツマン「ショーペンハウアーのテーゼについて」、『通俗著作集』(一九〇五年)三八五—四〇二頁所収。
16 たとえば『哲学探求』第一部、第九七節。
17 『数学の原理』の第一版(一九〇二年)への序文。第二版のXV-XVI頁に所収。
18 シルプ編『ルードルフ・カルナップの哲学』五頁。
19 フレーゲの重要性について述べたこの箇所は、ダメットによっている。マイクル・ダメット『フレーゲ——言語の哲学』XII頁以下。
20 同書、XV頁(第二版、XXXIII頁)。
21 G・E・M・アンスコム/P・T・ギーチ『哲学の三人』。グッドスタインの報告でも、フレーゲがウィトゲンシュタインをやりこめたことが語られている。しかしそこでは、ウィトゲンシュタインの消沈だけが論じられていて、再訪するようにと元気づけられたことには触れられていない。グッドスタインの報告よりもギーチの説明のほうがヘルミーネ・ウィトゲンシュタインの話と一致するし、訪問の実際上の結果ともつじつまが合う。
22 『文化と価値』一九頁(拙訳による)。
23 『自伝』第一巻、一五三頁。
24 『哲学の諸問題』(一九五九年)八七頁。
25 『自伝』第一巻、二〇五頁。
26 アポリナクス氏が合衆国を訪れたとき、
彼の笑いはティーカップの間でチリンと鳴った。
私はふと思い出した、樺の木立の中ではにかむフラジリオンを、
そして灌木の茂みからプライアパスが
ブランコに乗った婦人に見とれているさまを。
……
彼の乾いた情熱的な話が午後をのみつくしたとき、
私はケンタウルスの蹄が固い芝を蹴って走るのを聞いた。
「魅力ある男だ」——「でも結局どういうことを言ったのだ?」

「あの尖った耳……錯乱しているに違いない」……

27 ラッセルに対するT・S・エリオットののちの結びつきのほうが一般にはよく知られているところではあるが、ラッセルがハーバードにきた一九一四年に、すでにエリオットは彼の教えを受けていた。

28 この往復書簡についての私の知識は、(ほかの多くの情報と同様) ケネス・ブラックウェル氏によっている。ラッセルの手紙は、テキサス大学オースティン校図書館に所蔵されており、オットリーン夫人の手紙は、マクマスター大学図書館の「ラッセル文庫」のうちに保存されている。

29 オットリーン・モレル夫人宛の手紙二二五番 (一九一一年一〇月一八日)。以下では、手紙は本文中に日付をもって記すことにする。この手紙の中でラッセルは、ウィトゲンシュタインの彼らしからぬへたな英語を聞いて、彼は内気なのだ (これは初対面の人と会うときのウィトゲンシュタインの特徴である) と推量している。ウィトゲンシュタインは、イギリス人の友人がドイツ語を解するということを、当然かもしれないが、いつもなかなか信じることができなかった。

30 『マインド』第六〇巻 (第二三九号)、一九五一年。

31 さしあたりここでは、論理学的真理は考慮からはずしておく。

32 「複合体と仮定に関するマイノングの理論」、『マインド』一九〇四年。ラッセル『分析論文集』に再録。この引用箇所は、その六二頁にある。「客観となるもの (Objektiv)」という語はマイノングの用語で、ここでの意味は、ほぼラッセルとムーアの言う「命題」にあたる。この引用箇所を読むと、ウィトゲンシュタインの初期の著作を思わせるところが多いのに気づくが、それについてここではこれ以上立ち入らないことにする。

33 『分析論文集』七六頁。ムーアが同様のことを述べている (『マインド』一八九九年、一八〇頁)。

34 「[命題を構成する諸概念のあいだの] どのような種類の関係が命題を真としたり偽としたりするのかは、それ以上定義できず、むしろ直接に認識されねばならない」。

同右。

『草稿一九一四―一九一六年』九四頁、および『ラッセル、ケインズ、ムーアへの手紙』三四頁。これら二つの問題に関する『論考』の立場は、かなり錯綜している。確かに、否定命題と存在命題は、世界についての真なる部分的記述を与えるために用いられる。しかし両者の真理性は、存在している事態ないしは原子的事実に依存しており、かつ両者が原子的事実のすべてであるということに依存している。原子的事実の「存在」は、基本命題によって、つまり一般命題ではなく、いかなる量化記号も含まず、それゆえここで問題となっている意味での存在命題でもないような基本命題によって肯定される。

35　ラッセルはこの話を何度も、しかもたいていはもっと生々しい形で繰り返している（たとえば『自伝』第二巻、九九頁、『自伝的回想』一三三頁）。「僕がまったくの馬鹿なのかどうか言ってください」――「君ねぇ、そんなこと私にはわからんよ。どうして私に尋ねるのかね」――「僕がまったくの馬鹿なら飛行機乗りになり、そうでないなら哲学者になろうと思ってるからです」。ウィトゲンシュタインは休み中に何か書いてくることになり、実際にそうした。

36　一九一二年六月一日付のピンセントの日記。

37　『回想のルートヴィヒ・ウィトゲンシュタイン』七〇頁。マルクス・アウレリウスには、著しく類似した箇所が見出される（『自省録』一〇・六）。しかし、ここで述べられている思想そのものは、さまざまな著述家に見られるありふれたもので、正確にはストア的とは呼び難い。

38　エーリヒ・ヘラー「ルートヴィヒ・ウィトゲンシュタイン――非哲学的ノート」、『エンカウンター』第七二号（一九五九年）四二三頁。ここに言及した部分は、第三幕第一場に出てくる。大分以前のことだが、P・フォン・モールスタイン教授は、これが出てくる箇所を突きとめるのに力を貸してくださった。

39　「おまえは万物の一部であり、万物はおまえの一部なのだ」というこの言葉の中に、自然神秘主義が典型的に現れている。私はそれが『論考』の中に存在することを確認しようと努めてきた（『フィロソフィカル・レヴュー』一九六六年、三〇五―二八頁）。

40　S・ツヴァイク『昨日の世界』（一九五五年）三六六頁。

41　「倫理に関する講義」、『フィロソフィカル・レヴュー』（一九六五年）六頁以下。『ウィトゲンシュタインとウィーン学団』（一九七九年）六八頁。

42　これらの情報はトリニティ・コレジの資料に基づくが、それを教えてくださったのはフォン・ウリクト教授である。J・W・L・グレイシャーは高名な数学者であった。彼とウィトゲンシュタインとのあいだにどのような交流があったのか、それを示してくれる記録は残っていない。夏には、W・M・フレッチャーがウィトゲンシュタインのチューターになった。トリニティでは、チューターは（今でもそうであるが）直接に研究と教育にではなく、学生とコレジとの事務的な関係に対して責任を持つことになっていた。

43 R・F・ハロッド『J・M・ケインズの生涯』一五〇―一頁を参照。

44 のちにこれは、水素の一形態であることが判明する。トリニティ・コレジでの「ハイ・テーブル座談」に関する報告は、G・E・ムーアの日記（現在はケンブリッジ大学図書館に所蔵）によっている。

45 これは、『外界に関するわれわれの知識』と『哲学における科学的方法』（ハーバート・スペンサー講演）におけるスローガンであった。出版されたのはどちらも一九一四年であるが、一九一二年一一月のアリストテレス協会での会長講演、「原因という概念について」（『神秘主義と論理』一九一八年、第八章）においても同じ目標が掲げられている。

46 一九一三年一〇月一八日付のムーアの日記には、次のように書かれている。「ホールでラッセルとハーディの向かいに座り、彼らがウィトゲンシュタインの論理学上の理論について話しているのを聞いていたが、グレイシャーの話に耳を傾けねばならなかった」。このほかにも同様の書き込みがあるが、その際、常にラッセルに言及されるわけではない。

47 ジョンソンについては、『英国学士院会報』第一七号（一九三一年）所載のC・D・ブロードによる追悼記事を参照。ハロッド『J・M・ケインズの生涯』（一九五九年）一六二頁によれば、キングズ・コレジのフェローの俸給は、年額一二〇ポンドであった。

48 これはハイエク宛の手紙に述べられている。

49 F・R・リーヴィス「ウィトゲンシュタイン――いくつかの思い出」、R・リーズ編『ウィトゲンシュタインの思い出』（一九八四年）五一頁以下。

50 フォン・ウリクト編『ラッセル、ケインズ、ムーアへの手紙』所収のケインズ宛K一四番の手紙に付された編者の註を参照。ここでフォン・ウリクトは、さらに次のように書いている。「ウィトゲンシュタインは戦前の対話の中でジョンソンの論理学に対して決定的な批判を加えたが、ジョンソンはそれを辛抱強く甘受したように思われる」。しかしこの見方は、のちに見るように、ラッセルやムーアの印象とはやや異なる。

51 『マインド』第六〇巻（一九五一年）。K・T・ファン編『ルートヴィヒ・ウィトゲンシュタイン――人と哲学』三一頁に再録。

52 『自伝』第二巻、九八―九九頁。

53 『自伝的回想』一八―一九頁。

54 『ウィトゲンシュタインの思い出』五七頁。

55 『自伝』第二巻、九九頁。ラッセルは、彼が毎晩真夜中にやってきたと述べている。これは誇張であるが、のちに見るように、一九一二年一〇月ないし一一月以降のことを考慮すれば、無理もない誇張である。

56 『ラッセル、ケインズ、ムーアへの手紙』に所収されているラッセル宛R一一六番の手紙を参照。たとえば、「言うまでもありませんが、あなたがいないのでひどく寂しい思いをしています」などと書かれている。

57 オットリーン・モレル宛ラッセルの手紙、一九一二年三月一五日。

58 この巻は世に出なかったが、ホワイトヘッドは、ラッセルが予想した以上に研究を進めていた。

59 改訂はとくに「記号概念についての序言」に対してなされた。本来それは、著作全体の冒頭にきてしかるべきであった。こうした事情があったために、またその箇所がホワイトヘッドの手になるものであることを知っていたために、ウィトゲンシュタインは一九一五年六月二二日付の日記の中で「ホワイトヘッドの『規約』」について言及しているのであろう（『草稿』七〇頁）。『プリンキピア』成立過程のこのような詳細については、I・グラッタン＝ギネス博士に教示していただいた。

60 『アリストテレス協会会誌』第一二号（一九一一―一二年）一―二四頁。『論理と認識』一〇三―二四頁に再録。

61 一九一一年のラッセルの論文は、彼の思想の発展における一時的な逸脱だと言えよう。R・イェーガー『バートランド・ラッセルの哲学の発展』九五―六頁を参照。

62 『論考』五・六―五・六四一。『草稿』七三―八九頁。P・M・S・ハッカー『洞察と幻想』六七―七六頁には、関連箇所が集められていて有益である。

63 「ラッセル文庫」にある未公刊の手稿から引用。ここでの引用は、未訂正のテクストからなされている。四月と五月に書かれた手稿への訂正は一九一二年一〇月になされた、と私は考えているからである。訂正の特徴は、一つには、論文が以前ほど否定的でも挑発的でもなくなっていることにある。

64 たとえば『論考』五・一三六三と五・四七三一を参照。

65 『神秘主義と論理ほか』（一九一八年）五五―六頁。

66 『哲学の諸問題』（一九五九年）九三頁。

67 『神秘主義と論理ほか』（一九一八年）への「前書き」。同書、V頁。

68 『哲学論集』（一九一〇年）。ウィトゲンシュタインは手紙の中でこの論文集に言及している。この論文集には、「倫理学の諸要素」（一九〇八年）、「自由人の信仰」（一九〇三年）、「数学の研究」（一九〇七年）のほか、プラグマティズムと真理に関する四篇の論文が収められている。

69　これは一九一二年三月、ケンブリッジの「異教徒」に対して講演され、一九一二年七月には『モニスト』に、一九一四年にはパンフレットで公刊された。

70　『ルートヴィヒ・ウィトゲンシュタインの手紙と回想』八一―五頁。『ハジ・ムラート』については、ウィトゲンシュタインのラッセル宛の手紙（『ラッセル、ケインズ、ムーアへの手紙』所収のラッセル宛R六番の手紙、一九一二年夏）を参照。おもしろいことに、ウィトゲンシュタイン自身も、一九二七―八年に数人の親しい哲学者に対してラビンドラナート・タゴールの詩を朗読したとき、聞いている彼らに背を向けて朗読した。

71　A・ジャニク／S・トゥールミン『ウィトゲンシュタインのウィーン』。

72　一九一二年一一月九日付のピンセントの日記。

73　ラッセル宛ウィトゲンシュタインの手紙、一九一二年八月一六日。「まことの神の子ら」という表現は、ゲーテの『ファウスト』における「天上の序曲」を念頭に置いているのであろう。

「だが、おまえたち、まことの神の子らは、
生き生きと豊かな美を楽しめ！
永遠に生きて働く生成の力が
愛の優美な垣でおまえたちを包み込むように。
そして揺らぐ現象のうちに漂うものを、
おまえたちが、永続する思想でしっかりとつなぎとめよ」。

74　T・N・ホワイトヘッドは、ホワイトヘッドの長子である。一一月九日、彼はスカル競技の最初のレースで、ケンブリッジ大学ボートクラブの会長――彼が結局その競技会で優勝した――を相手に見事に戦ったが敗退した。

75　この点でのアリストテレスとの類似性については、先に言及しておいた（前述五三―四頁）。よい人間の衝動と感情はすべて正しいというウィトゲンシュタインの信念のうちには、さらにもう一つの類似性が現れている。

76　ウィトゲンシュタインのこの発言を、ラッセルは手紙でオットリーン夫人に伝えている。手紙で言われている日付

（一九一二年一一月一六日）は、ウィトゲンシュタインが「使徒」に選ばれた日であり、このことは別の資料からもわかる。後述二五五頁以下を参照。

77　前述一五七頁を参照。

78　このことは、次の二つの逸話からもわかる。第一は、ラッセルが企画したり創設したりした「平和と自由のための同盟」にまつわる話で、これについてはパウル・エンゲルマンが報告している。一九二二年、ラッセルは「平和と自由のための婦人同盟」で講演しにいく途中、インスブルックでウィトゲンシュタインに会った。ラッセルがウィトゲンシュタインに「君なら『戦争と隷従のための同盟』のほうを好むんだろうな」と言ったところ、ウィトゲンシュタインは力をこめて「そのほうがずっといい、ずっといい」と答えた。第二は、ウィトゲンシュタインがドルーリに語った話である。それによれば、ラッセルの本は色分けして製本されるべきで、論理学と数学の著作は青色に製本してすべての人に読ませるべきであるが、倫理だの結婚だのに関する著作は赤色に製本して、誰にも読ませてはならないのである。

79　前述五五頁を参照。ラッセルも幼少の頃からフランス語とドイツ語を学び、両語で本を読んでいた（このことは、のちの事情との関連で覚えておくべきである）。ウィトゲンシュタインは大変な読書家であった。無論こうした判断は、相対的である。今日の基準からすれば、

80　前述六〇頁およびエンゲルマン『ルートヴィヒ・ウィトゲンシュタインの手紙と回想』四頁、六八頁を参照。『女学者』は、ウィトゲンシュタインの死後、蔵書中に残された唯一のフランス語の本であった。その中で彼が好んで引用した箇所は、「学識ある愚か者は、無学な愚か者以上に愚かだ」という部分である。ウィトゲンシュタインとフランス文学に関するエンゲルマンの意見は、私が彼から直接聞いた。

81　シルプ編『G・E・ムーアの哲学』（一九四二年）所収の彼の自伝。これはK・T・ファン編『ルートヴィヒ・ウィトゲンシュタイン』に再録されている。同書、三九頁。同書の文献表を参照。

82　『自伝』第一巻、六四頁。興味深いことだが、当初ラッセルが天才の典型として考えていたのはムーアであったが、のちにはそれがウィトゲンシュタインになる。「おそらく彼は、私がこれまで知ったうちで最も完全な天才の実例であった。深く、激しく、情熱的で、周囲を威圧せずにいない、といった伝統的に天才と考えられてきた型の天才である。彼には、ある種の純粋さが備わっていた。この点で彼に比肩しうる者としては、G・E・ムーアのほかには私は一人も知らない」（『自伝』第二巻、九八―九頁）。

83　『自伝』第一巻、七〇―一頁。

84　オリヴァーは当時、ケンブリッジの学生であった。
85　ピンセントの日記からの引用については、トリニティ・コレジの学寮長およびフェローの方々の好意ある許可を得た。
86　ピーター・ブラウン『アウグスティヌス』一〇頁。典拠は『八三問題集』七一ノ六と思われる。
87　『ラッセル、ケインズ、ムーアへの手紙』に所収されている、ウィトゲンシュタインの一九二九年五月付ケインズ宛の手紙と、それに対する一九二九年五月二六日付のケインズの返書を参照。
88　『回想のルートヴィヒ・ウィトゲンシュタイン』三九―四九頁。
89　一九三一年。『文化と価値』二二頁（拙訳による）。
90　一九四六年八月一〇日。『文化と価値』四七頁（拙訳による）。
91　一九四六年九月二四日。『文化と価値』五二頁（拙訳による）。
92　『王立学士院会員追悼記録』第五巻（一九四五―八年）七七二頁。
93　たとえば、マイアーズ「音楽の起源」（『W・M・リッジウェイ献呈論文集』ケンブリッジ、一九一三年所収）およびマイアーズ『心の領域』（ケンブリッジ、一九三七年）における音楽に関する章を参照。
94　こうした手法は、マイアーズの著作に述べられている。そこでは、より大きな音を出すために、ゴム紐をぴんと張ってハンマーを吊しておくという別の手法についても記述されている。ウィトゲンシュタインは、このような実験技術に強い興味を寄せていた。彼が第二次世界大戦中に実験技師として示した発明と工夫の才覚が、その一例証となろう。
95　ラッセル宛ウィトゲンシュタインの手紙、一九一二年七月一日。これは『英国心理学会誌』に、「L・ウィトゲンシュタイン／B・ムーシオ（C・S・マイアーズ序）リズムの実験（実演）」という題で掲載されている。
96　オットリーン・モレル宛ラッセルの手紙、一九一三年七月一五日。ムーアに宛てた一九一四年三月五日付のウィトゲンシュタインの手紙には、ムーシオへの伝言が記されている（この伝言は、共同の研究計画に関連してのものなのであろう）。
97　『家族の思い出』一〇八頁。「哲学の次の一歩」という表現は、ラッセルが戦時中にウィトゲンシュタインの母親に出した手紙にも見られる。
98　奇妙なことに、翌年ウィトゲンシュタインがケンブリッジを去ったとき、ムーアは再びこの部屋に移った。
99　ラッセルは、一九一二年五月一七日にオットリーン・モレルへ宛てた手紙でこのように報告している。その中でラッセルは、次のようにも言っている。「素晴らしい理論です。しかし事実に反しています」。

100　前述一一三頁。
101　バーナード・ライトナー『ルートヴィヒ・ウィトゲンシュタインの建築』九九―一〇一頁を参照。
102　テーブルに関するこの箇所の記述は、コンラッド・ラッセル氏から直接聞いた話に基づく。ラッセルの手紙には、このテーブルは大きすぎて、引越しの際は窓から入れねばならなかった、とある。ラッセルの娘であるキャサリン・テイト夫人の話では、彼女の母親ドーラ・ラッセルの家の屋根裏部屋でウィトゲンシュタインのベッドが見つかったとのことである。
103　『書簡集』（一九八〇年）所収の四番目の手紙。
104　ここでは、存在の概念（少なくとも一つの項によって命題関数が充足されること）は、普遍性（すべての項によって命題関数が充足されること）と否定とによって定義されうる、ということが前提されている。すべての人間が死すべき存在とは限らないのであれば、死すべき人間は存在するのである。
105　ラッセル宛ウィトゲンシュタインの手紙［一九一二年夏］。『書簡集』（一九八〇年）一三三頁。（ラッセルが九月二日に受け取った手紙は、これである。）
106　右の手紙。『ハジ・ムラート』については、前述五三―四頁を参照せよ。
107　こうした会話のうち、二つの例を前述二〇四頁に示しておいた。
108　ムーアと一緒に散歩していたときのこととして、ラッセルがよく似た話を伝えている。「私たちは一人の粗野な男と偶然出くわした。その男はペトロニウスの下品な行為にいたく興味を覚えていて、彼について話し始めた。おもしろいタイプの男だと思ったので、私はその男をけしかけてしゃべらせた。男がいるあいだ、ムーアは一言も口をきかなかったが、行ってしまうと私に食ってかかり、『あれは実に嫌な奴だ』と言った」（『自伝』第一巻、六四頁）。

第五章

1　ナオミ＝ベントウィッチからの直接伝聞による。
2　前述一九九―二〇一頁を参照。
3　R・F・ハロッド『J・M・ケインズの生涯』一六一頁。ケインズの才能に関する嘆賞すべき要約については、同書六四六―五〇頁を参照。
4　マイクル・ホルロイド『リットン・ストレイチ』第二巻、七一頁。

5　前述一八三頁を参照。

6　一九一二年一〇月二四日付オットリーン夫人宛ラッセルの手紙による情報。

7　これらの日記類は、右に述べた一連の抜き書きと同様、ドロシー・ムーア夫人の好意ある許しを得て、ポール・レヴィ氏が著者に見せてくれたものである。それらはこの戦前期にまたがっている。ムーアは自分の結婚生活時代を含む後期の日記を破棄してしまったように思われるが、破棄する前にウィトゲンシュタインに関する記事のたぶんすべてを抜き書きしたのである。本文のこの箇所における意見はこれら抜き書きの存在を紹介するものであって、彼の記憶が織り込まれているように思われる。実際一九一二年一〇月一八日の日記は、こう読める。

Wが講義のあとでやってきて、私の講義がひどく悪くなったと言う。その後定義が問題になり、彼は三時まで滞在する。

右のウォードの見解は『ブリタニカ百科事典』第二二巻、五四八頁、「心理学」と題する彼の執筆項目の中に出てくる。「自伝」の中でムーアはこれを自分の講義の題材の一つとしてあげている。彼はまた、総じて自分の場合哲学することへの主たる刺激が世界や科学について他の哲学者たちの述べた事柄にあった、とも述べている（シルプ編『G・E・ムーアの哲学』一三頁および二九頁）。

8　そうだとすると、ムーアが一九一三年一月三一日に「Wをお茶に誘ったが、四時三〇分から七時四五分まで彼はずっと確率を論じ続けた」と記しているのは、たぶん例外だったのだろう。ただし、このお茶の時間の長さが例外だったわけではない。

9　シルプ編『G・E・ムーアの哲学』六頁以下。

10　ロバートソンというのは、のちにギリシア語教授となったドナルド・ロバートソンのことで、当時結婚したてで、H・D・ハーディの親友であった。ジョーンズ嬢というのはジャートン校の校長で、その学問的関心は哲学にあった。催眠術については後述する。

11　この点については、モラル・サイエンス・クラブの議事録について情報を提供してくれ、コピーをとってくれたケンブリッジ大学哲学科の主任図書館員D・H・メラー教授に感謝する。

12　報告されているこの見解はもちろん別の解釈を許容する。〔たとえば〕哲学はいくつかの諸科学によってアプリオリに前提されている異なった諸原理から成り立っている、あるいはそうした諸原理を含むと考えてよい、といった解釈である。しかし、これはこの頃のものと報告されているウィトゲンシュタインの別の見解にいちばん近い解釈になる。

13　前述一八七頁を参照。

14　前述一九九頁以下を参照。

15　一九一二年一一月、ジェイムズ・ストレイチ宛の手紙による。これらの書簡類、およびケインズとダンカン・グラント、ケインズとリットン・ストレイチ、ムーアとリットン・ストレイチ、ジェイムズ・ストレイチとルーパート・ブルックとのあいだの各書簡を参照させてくれたポール・レヴィ氏に感謝する。「ポッツォ」とはポッツォ・ディ・ボルゴ〔コルシカ生まれのフランス外交官〕にちなんだ名称で、リットンがケインズにつけたあだ名である。

16　ルーパート・ブルックは実際にはまだウィトゲンシュタインに会っていなかった。

17　ラッセル『自伝』第一巻、六八―七〇頁。

18　E・M・フォスター『ゴールズワージー・ロウズ・ディキンソン』（一九三四年）六五頁。彼は自分の仕事に対する「協会」の影響を過大評価しているわけではない。ロウズ・ディキンソン『自伝』六八頁。「若者の精神と魂が成長しているとき、思索が情熱になるとき、討論が愛によって深化されるとき、その魔法の空気を呼吸している者以外の者には信じられないようなことが起こる」。

19　ラッセルについては前述一九九―二〇〇頁を、ケインズについてはその『ケインズ著作集』第一〇巻所収の「わが初期の信念」四三三頁以下、また『二つの回想』（一九四九年）を参照。

20　『ケインズの生涯』七八頁。

21　『ケインズ著作集』第一〇巻、四四七頁。この論文は一九一四年に書かれ、ウィトゲンシュタインのよく知っていたこのサークルに対するD・H・ロレンスの、上記同じクラブで述べられた若干の回想に誘発されている。ウィトゲンシュタインにおけるニーチェ的なものが、しばしばロレンスを思い起こさせたのである。

22　『ケインズ著作集』第一〇巻、四四九頁。もろさという点では、ケインズはラッセルをもこの判断に加えている。ラッセル自身の「陰謀」についての意見は前述の二〇〇―一頁に示されている。このサークルのさまざまなメンバー間の文通は、明らかに気ままな誇張を免れてはいないが、ケインズの、あるいはラッセルの描写すらをも裏書きしている。一つの重要な否定的論点は、これら辛辣な言いまわしがいかなる陰謀の罪をもウィトゲンシュタインに負わせてはいない、という点である。彼らはせいぜいウィトゲンシュタイン選出に対するラッセルのそう想像されていた嫉妬（明らかにその意味では陰謀ではない）を念頭に置いていただけなのである。
23　キングズ・コレジ図書館所蔵ケインズ遺稿資料に含まれている書簡による。
24　前述一九三頁を参照。
25　ラッセルも同じことを言っている。「ウィトゲンシュタインが『協会』を離れました」。（一二月六日あるいは一三日のオットリーン夫人宛の手紙）
26　ラッセルも引っ張り出されている。「議題はウィトゲンシュタインについて。私は現在の『協会』は脆弱な代物だといって、彼［サンガー］を仰天させました」。（オットリーン・モレル宛ラッセルの手紙、一九一三年二月二日）
27　ムーアの日記、一九一三年三月一九日、およびムーア宛ウィトゲンシュタインの手紙、一九一四年二月一八日。
28　G・H・ハーディ『数学者の弁明』に寄せた序文、二五頁以下。
29　オットリーン・モレル宛ラッセルの手紙、一九一三年五月二日。ラッセルは「論理は地獄だ」という文句を議論の中で常用していた、とウィトゲンシュタインが一九三七年九月二九日に回想している。また、一九一三年一一月ないし一二月付のラッセル宛ウィトゲンシュタインの手紙とも比較せよ。「私はしばしば気が狂うのではないかと思います」。
30　一九一二年一一月八日の日記、「Cは〈心なき阿呆〉だった」。
31　前述一七〇頁、およびラッセル『自伝』第二巻、九九頁を参照。「彼は毎晩夜中に会いにきては、私の部屋の中をいらいらした野獣のように黙って行きつ戻りつするのだった」。また、『自伝的回想』一二三頁も参照されたい。
32　前述八二―三頁。
33　前述二一九頁。
34　「ある告白」として、ウィリアム・ジェイムズ『宗教的経験の諸相』一五五頁に引用されている。
35　エンゲルマン宛ウィトゲンシュタインの手紙。のちに当時の彼の全精神状態について考察する。
36　『宗教的経験の諸相』一三六頁。（本文中の引用文では少しばかり表現を変えてある。）
37　ウィトゲンシュタインはここでこうつけ加えている。「それとも、自殺もまた、それ自体では善でもなく悪でもないのか」。しかし、われわれがここで指摘したいのは、彼の見るかぎりでの反自殺論である。同種の議論については、一九二〇年六月二一日付エンゲルマン宛の手紙を参照。
38　「回心」については前述一九三頁参照。「回心」と「聖徳性」というのは、『宗教的経験の諸相』の中で、病める魂についての議論のあとに現れる二つの主要な文節の表題である。

39 『アリストテレス協会会誌』(一九一二―一三年)、および『神秘主義と論理』に収録。この論文は一一月四日に発表された。

40 前述一七七―八頁。

41 しかし、たぶんラッセルは、クリスマスにウィーンにいたウィトゲンシュタイン宛の手紙の中で、この論文の予告をしたのであろう。ウィトゲンシュタインが(一九一三年一月の手紙で)「感覚与件から出発するというあなたのやり方は想像不可能です」と答えているからである。

42 『論考』で行われた二つの変更に注意すべきである。そこではウィトゲンシュタインは真偽可能性の表に上記のものとは異なった、現在では少々異例な順序を採用している。すなわち、

p	W	F	W	F
q	W	W	F	F

彼は任意の数の命題の真理関数を考えたかったし、おそらくこの順序が真理表の作成や、ある種の一般化を容易にすると考えたのである。もう一つの変更は、そこでの基本操作(『論考』五・五、また五・四七四、五・一三一一)が「……でも……でもない」という結合子、または右の解釈における真理関数 FFFW (p, q) に対応するような両言否定になったということである。これは右に述べた特性をもつ唯一別個の結合子である。

43 同様にして、ある表現がトートロジーであることを示すために、ウィトゲンシュタインが『論考』のタイプ原稿の中に手書きで、六・一二〇三で用いられているような中括弧による真偽結合表示の方法を挿入していることを、われわれは知っている。ここでもまた、彼は新しい構想を記録しているのではなくて、一九一三年の一一月または一二月のラッセル宛書簡の中ですでに展開され、「論理に関するノート」の中でも暗示されていた古い構想を復活させているのである。

44 C・ダイアモンド編『数学の基礎に関するウィトゲンシュタインの講義』一七七頁。

45 前述一五〇―一頁。

46 引用は両方ともオットリーン夫人宛の手紙から。

47 「複合体と事実」(一九三一年六月)、『哲学的考察』三〇二頁、『哲学的文法』二一〇頁。

48 ラッセル宛ウィトゲンシュタインの手紙、一九一三年一二月二六日〔この日付の書簡はブラックウェル社版ないしコーネル大学出版会版の書簡集には見出せない〕。一九一三年一月六日の手紙に〔わざわざドイツ語で〕'von allen guten Geistern verlassen' とあるのは、俗語で「頭がおかしくなっている」の意。

49 この手紙は、ウィトゲンシュタインの家庭教師宛にすでに書かれていた手紙（その日付が一月一〇日）のことに言及しているから、たぶん一月一一日か一二日に書かれたものである。英語が心もとないのは理解できる。「まだ」というのは、おそらく「もはや」の意味である。

50 『季刊・純粋数学および応用数学』第四三号（一九一二年）二三七―二六九頁。これはフレーゲ『哲学的・数学的書簡集』（一九八〇年）にも再録されている。

51 序文の大部分、序論、本文の七つのセクションのジョーダンによる英訳が『モニスト』第二五―二七号（一九一五―一七年）に収録されている。

52 書評されているのはP・コフィ『論理の科学』（一九一二年）である。コフィはメイヌース・コレジの教授で当時神学系のコレジで流布していた形態のスコラ哲学を実際に提唱していた。書評は『ケンブリッジ・レヴュー』第三四号（一九一二―一三年）三五一頁に印刷されているが、この定期刊行物は真面目な書評（とくにジョーダンやラッセルによるもの）のほかに、大学のニュースや論争なども載せていた。コフィ教授がこの書評を目にしたことはありそうにない。書評は『ケンブリッジ・マインド』に再録されている。

53 現在では『哲学の主要問題』として刊行されている。

54 これは、ラッセルがホワイトヘッド一家に見せて、ウィトゲンシュタインのことをもっとよく考えてもらおうとした手紙である。

55 この批判の背景は前述一九三―四頁で説明した。

56 実際には一九一四年一月号から一九一五年四月号まで『モニスト』に載った六つの論文。この仕事は全体として（あるいは執筆されたもの全体）は、現在『バートランド・ラッセル著作集』第七巻として、『知識の理論』という表題のもとで出版されている。

57 この双方の意見は現在「論理に関するノート」に収録されているが、その成立過程については以下の記述、あるいは『国際哲学雑誌』第二六号（一九七二年）四四四頁以下所収の私の論文を参照。

58 その例のいくつかは拙論「『論考』の基本思想」（G・ヴェシー編『ウィトゲンシュタイン理解』一九七四年）の中で

指摘しておいた。
59　ウィトゲンシュタインはそうした感想に対して、一九一三年七月二二日付のラッセル宛の手紙の中で答えている。
60　この手紙はラッセルの『自伝』第二巻、五七頁に再録されている。

第六章

1　ピンセントは一九一三年の〔ケンブリッジ大学の〕数学卒業試験一級合格者名簿に名を列ねている。その二年前には数学優等卒業試験第一部でも一級を獲得していた。（未来の義兄である）エイドリアン卿によれば、彼はトリニティ・コレジのフェローに応募したいと思っていた。だが、それは（のちのバーミンガムの異端的主教である）バーンズに説得されてやめにした。そこで、数学優等卒業試験第二部の終了後、ここに書かれてあるように弁護士になるための勉強を始めたのである。おじの一人、パーカー・オヴ・ウォディントン卿はそのときすでに大法官裁判所の判事であった。

2　比較のために言っておくが、ラッセルとムーアとウィトゲンシュタインは終生互いに姓で呼び合っていた。（もっとも、ムーアの場合は特殊だろう。というのも、誰も彼のことをジョージとは呼ばず、家族のものはビルと呼んでいたし、夫人はムーアと呼んでいたのだから。）〔またケインズに対しては、〕一九二五年以降、いつも「親愛なるケインズ」で手紙を始め、ケインズはまたいつも「ルートヴィヒ」と彼に応じていた。

3　ケネス・ブラックウェル氏は、親切にもこの手紙の写しを私に提供してくれた。この手紙に関する氏のコメントが『ラッセル』の一九七頁にある。事の成り行きは、『国際哲学雑誌』第一〇二号（一九七二年）に掲載された拙論「バートランド・ラッセルとルートヴィヒ・ウィトゲンシュタインの『論理に関するノート』」で論じられているが、それは少し不適切な情報に基づいたものだった。

4　自伝のこの一節は一九三一年頃に書かれたものらしい。一九四九年に手を加えたことについては若干触れている（九六頁を参照）のだが、この自伝の本文全体を通じて、一九三〇年にジュリアン・ベルが〔ウィトゲンシュタインに対する〕諷刺詩を公刊した以後のことは、ウィトゲンシュタインにまつわるどんな出来事にも言及していない。

5　一〇月九日付のオットリーン夫人宛ラッセルの手紙に、この日ウィトゲンシュタインがバーミンガムでのドイツ語による口述筆記を送ってよこしたことが書かれている。このことは、J・P・グリフィン宛の手紙に述べられている一九五八年のラッセルの回想によっても確認される。『国際哲学雑誌』第一〇二号（一九七二年）に掲載された拙論を参照。

6　このことの例証に関しては、前掲拙論、四五一頁を参照。

7　『原・論考』中の、G・H・フォン・ウリクトによる「ウィトゲンシュタインの『論考』の起源」を参照。フォン・ウリクトは、F・A・フォン・ハイエクに宛てたパウル・エンゲルマンの手紙から次のように引用している。「彼の原稿ノートは、オーストリアで台帳として使われている類の黒と緑のストライプ入りの布で綴じられた大判の事務用帳簿で……。『論考』はこの種の七冊のノートの中から最終的に選び出されてできたのだが、その公刊後、彼はこれらのノートを破棄してしまった」。私が推測するに、これらのノートのうち少なくとも一冊は、「論理に関するノート」のもとになった原資料を含んでいたのであろう。しかもこの原資料は、いろいろなノートから写し取られて一冊にまとめられたというよりは、一冊のノートから写された可能性のほうが高いように思われる。

8　一九一三年一〇月一七日付のバートランド・ラッセル宛ウィトゲンシュタインの手紙および『書簡集』三五頁の註を参照。

9　エンゲルマンは、（ハイエクへの手紙の中で）ウィトゲンシュタインは一九一一年の初め頃にノルウェーに行っていたと主張した。というのも、一九一一年二月に『ファッケル』で実際に発表された詩をノルウェーで読んだと、ウィトゲンシュタインが彼に語ったからという。二月の訪問というのは、ほとんどありそうにない。というのも、先に、ウィトゲンシュタインは一九一一年にマンチェスター大学の研究奨学生に再度選ばれたと述べたが、その前学期に不在であるのはほとんど両立し難いからである。ノルウェーに滞在したとしても、ごく短いものであったはずである（彼はまだ一語も、あるいはほとんど、ノルウェー語を覚えていなかった――一九一三年一〇月二九日付のラッセル宛の手紙を参照）。

10　『ルートヴィヒ・ウィトゲンシュタインの手紙と回想』六〇頁を参照。エンゲルマンはおそらく、ウィトゲンシュタインにとっての物理的な環境の重要性を過小評価しているのだろう。ケンブリッジやウィーンの水辺の牧草地を好んだこと、塔の中に住むのを選んだこと、アイルランドの僻地へ何度も旅行したこと、これらはすべて静寂に対する明らかな嗜好の例である。

11　ムーアは日記の中でスキッズ（skyds）と言っているらしい。たぶん、橇の一種であろう。

12　『ラッセル、ケインズ、ムーアへの手紙』のR二一番においてウィトゲンシュタインがラッセルに思い出させている質問とR二〇番におけるその解答は、共に一九一三年一一月の初め頃のことであろうが、それらは『要約』および（いわゆる）「第三・第四手書き原稿」と容易に関係づけることができる。

13　オットリーン・モレル宛ラッセルの手紙、一九一三年一〇月一八日。

14　ラッセル宛ウィトゲンシュタインの手紙、一九一三年一〇―一二月（『ラッセル、ケインズ、ムーアへの手紙』R一九―二三番）。

15　フレーゲが保有していた手紙は戦争で消失してしまい、今ではその全般的な性格を記したハインリヒ・ショルツのノートが残っているだけである。ウィトゲンシュタインは、少なくとも一九三六年まではフレーゲの手紙をいくつか保有していた。ところが、当時ウィトゲンシュタインは、それらは私自身にとっては「記念的価値」――感傷的な価値――のあるものだが、他の人にとっては何の重要性もないものだと言って、ショルツに見せるのを断っている。彼の文書の中からは、今のところ何一つ見つかってはいない。

16　この文通は、ショルツが手にすることのできたウィトゲンシュタイン―フレーゲ往復書簡のうちの、(a)から(f)までの項目に関するショルツの註に基づいて復元されている。また、ジョーダン―フレーゲ往復書簡も、保存されている場合には参考にし、保存されていない場合はそれについてのショルツの註を参考にした。フレーゲの『書簡集』（一九七六年）二六四―六八頁および『哲学的・数学的書簡集』（一九八〇年）一〇九―二三頁を参照。

17　アリス・アンブローズ／M・ラゼロウィッツ編『ルートヴィヒ・ウィトゲンシュタイン――哲学と言語』（一九七二年）二七一頁以下。また、前述一二五―六頁および一三九―四〇頁も参照。

18　前述一二四頁を参照。「われわれの表記法の理論についてフレーゲと長いあいだ議論しました。彼は大体の骨格を大まかに理解したと思います。彼はこのことをもっと考えてみると言っていました」。（ラッセル宛ウィトゲンシュタインの手紙、一九一二年一一月二六日）

19　前述一三九―四〇頁を参照。

20　ラッセル宛ウィトゲンシュタインの手紙、一九一三年一二月？『書簡集』（一九八〇年）四七―八頁。以前には一九一四年六月／七月と記録されていたが、このほうが彼のクリスマス気分にも合うし、これが一月の手紙（「またしても論理的なお知らせがない」）に先行しているようにも思われる。R・リーズ編『ウィトゲンシュタインの思い出』（一九八四年）一九一頁の註では、この最後の節（mit mir selbst in's Reine kommen）の拙訳を疑問視している。たぶん「私の家をきちんとする」と訳したほうがいいのであろう（もちろん、比喩的な意味で）。

21　「救済の言葉」については『草稿』一九一五年一月二〇日の箇所を参照。

22　ラッセル宛ウィトゲンシュタインの手紙、一九一四年二月。『書簡集』（一九八〇年）五〇頁。この手紙の中頃に「たとえば（E. G.）」という表現が大文字で特記されているが、これは実際に二人の反目を招来した相異なる専門分野の尺度の一例であって、当時ウィトゲンシュタインがこれを基本的な違いの徴候と見なしていたことを示唆している。

23 私は「間欠泉」書簡の日付を上記註(20)で比定した通りと仮定している。ラッセルの態度は一九一五年二月五日付のウィトゲンシュタイン宛書簡から、もしくは戦時中のウィトゲンシュタインの母親宛書簡から、あるいはまたオットリーン夫人宛のラッセル書簡に含まれるたくさんのウィトゲンシュタインへの言及からも測り知ることができる。

24 ここで、ラッセルとウィトゲンシュタインがうまくやっていけなかったのは、少なくとも部分的には、ラッセルがウィトゲンシュタインの同性愛嗜好を難じたからだという、ロナルド・クラークの見解(『バートランド・ラッセルの生涯』一九七五年、一七二頁)についても、たぶん論評しておくべきであろう。ラッセルが四〇年後に言ったといわれているることは根拠薄弱であり、また同時代の証拠がすべてこれを反証する。二人の友誼に終止符を打ったのはウィトゲンシュタインであり、しかも彼が一人でいて、明らかに誰とも同性愛関係になかったときのことなのである。ラッセルはオットリーン夫人にウィトゲンシュタインの欠点と共に、男が互いに好意を寄せ合う事態について、それが何やら面倒くさいものだいう自分の意見を率直に話している(前述一九九頁参照)が、彼がこの二つの話題を結びつけて論じたことはまったくない。ピンセントとウィトゲンシュタインがラッセル主催のあるイブニングで「互いに話し合っていて、そのほかの世界のことは無視していた」というラッセルの評言(オットリーン・モレル宛、一九一三年五月一六日)も、それを苦々しく思っていたというよりは、むしろおもしろがっていたように聞こえる。ウィトゲンシュタインが一般に同性愛と見なされていたのかどうかについては、前述第五章注(22)を参照。親切な友人たちはウィトゲンシュタインの不道徳よりもラッセルの嫉妬のほうをまず感取したように思われる。

25 オットリーン・モレル宛ラッセルの手紙、一九一四年二月二八日。

26 こうしたことの詳細はすべてムーアの日記に準拠している。書簡類と照合すると、この訪問は始めウィトゲンシュタインが計画して、その一週間のちに実現している。

27 『ラッセル、ケインズ、ムーアへの手紙』一五〇頁所収のムーア宛書簡、M四番への脚註。しかしながら、“Logic”または“Logik”と題された仕事は一九一四年の二月および三月にはまだ進行中であって、かつて私が想定したように「論理に関するノート」と同一であることなどありえない、というフォン・ウリクトの指摘は正しい。

28 一九一四年の夏、一九一四—一五年の冬、および一九一五年三月のラッセル宛書簡。ムーアにはそのノートを説明する能力がない、とラッセルがウィトゲンシュタインに語ったのを聞いて、ムーアは反感を持った。「彼にはそんなことを言う権利がない。私があれを説明できるようにするための努力など一切してくれなかったのだから」。ムーアの日記、一九一五年一月二〇日。

29 このことについての言及が一九一五年一月にラッセルの受け取った手紙の中にある。「私が当時ムーアに示した原稿」。

30 フォン・ウリクトはこの手紙の受領日が七月三日であると想定する（『ラッセル、ケインズ、ムーアへの手紙』一五一頁）。しかし、ムーアの日記はそれが七月一三日だったことを示している。

31 『ラッセル、ケインズ、ムーアへの手紙』（一九七四年）一六六頁、『書簡集』（一九八〇年）一九九頁。

32 この家は一九五七年に取り壊されたが、村の中に少しばかり違った形態で再建された（今でもこれを見ることができよう）。

第七章

1 ロンドン／ニューヨーク、一九七三年。

2 フェリクス・ザルツァー教授から直接聞いた。

3 『ブレンナー』掲載のクラウス論を集めた小著『カール・クラウス研究』が一九一三年に出版されていた。その広告が『ファッケル』に載っていた。ウィトゲンシュタインがそれを見たのは間違いない。

4 私の理解では、ジャニクとトゥールミンは先にあげた本でそう見ている。

5 手紙が、ルートヴィヒ・ウィトゲンシュタイン『ルートヴィヒ・フォン・フィッカー宛書簡』に収録されている。これにはW・メトラーグルとG・H・フォン・ウリクトによる、多くの有益な註がついている。手紙はまた『書簡集』（一九八〇年）にも収録されており、英訳はC・G・ルックハート編『ウィトゲンシュタイン——資料と展望』にある。

6 L・フォン・フィッカー「リルケと未知の友人」、『ブレンナー』最終号の第一八号（一九五四年）二三八頁。この論文は他では知りえない回想と、日付や出来事の順序の単純な取り違えの入りまじったものである。

7 友人たちの話では、彼はリルケの後期の作品には共鳴していなかった。

8 P・エンゲルマン『ルートヴィヒ・ウィトゲンシュタインの手紙と回想』八五頁。

9 フィッカー宛ウィトゲンシュタインの手紙、一九一九年一二月四日。

10 L・ウィトゲンシュタイン『L・v・フィッカー宛書簡』（ザルツブルク、一九六九年）所収。

11 同書、五四頁。

12 ウィトゲンシュタインのこうした反応を知る典拠となる日記については、このあとまもなく解説する。日付はウィーンの「戦争資料館」や「内務省」にあるかなり豊富な記録により裏づけられ、その他の詳細もそこから得られる。

13 ウィトゲンシュタインが東部戦線で従事していた戦闘は、オーストリア領ガリチア、ブコヴィナ地域、およびごく一部は当時隣接していたロシア領地域でなされた。これらの地域は、今では大部分ソビエト連邦に、一部はポーランドに属する。両大戦間期には大部分ポーランド、一部はルーマニアに属していた。本書では英語名がある場合を除き、地名はオーストリア＝ハンガリーの戦争地図や記録にある形に従う（通常、多少ドイツ語化されたポーランド語である）。ただし英語名レンバーグ（ドイツ語読みではレンベルク）はリヴォフとした。〔本訳書の方針については、凡例参照〕

14 『家族の思い出』一〇八頁。

15 アルフィト・シェグレンから直接聞いた。

16 この文の出典となるノートについては、あとの叙述を参照されたい。ウィトゲンシュタインがどの程度「ドイツ人」であるかについては、これまでの諸章から十分明らかであろう。国民性をめぐるここでのウィトゲンシュタインの態度は、彼が一九三九年にマルコムを罵倒したときと対照的である（N・マルコム『回想』三二頁）。たぶん、時代も変われば、ウィトゲンシュタインも変わったということであろう。

17 『原・論考』所収の、フォン・ウリクトによる「ウィトゲンシュタインの『論考』の起源」での解説を参照。彼は、さらに三冊ないし四冊の戦時ノートがあったと勘定している。後述四四四頁参照。そこで私が三冊と考える理由を説明する。

18 一九三〇年代のノートの一つには、ウィトゲンシュタインが死亡した場合、どのように処置すべきかについての暗号で書いた指示がある。ほかにもっと細かな指図もなされており、一九三〇年代、四〇年代に書き記された文は、他人に読まれることを予想した、ある種の遺言ないし自伝と考えられる。

19 L・フィッカーによる。『ブレンナー』（一九五四年）二三七頁。また、L・ウィトゲンシュタイン『L・v・フィッカー宛書簡』一九頁参照。

20 『L・v・フィッカー宛書簡』二五頁。

21 「遠い国」というあたり、ドイツ語原文は解読し難いところがあるが、一般的意味は明瞭である。「私がかつて安住しえた自己」と言うとき、ウィトゲンシュタインがいつの頃のことを指しているのかよくわからない。あるいは（konnte ではなく könnte であって）「私が安住しえるかもしれない……」ということか。ただそうすると、「消えてしまった (von mir gewichen)」というのがこれにそぐわなくなる。

22　これはラッセルが、戦後初めてウィトゲンシュタインに再会したときの話からのものである。

23　「霊的生活」の原文は das geistige Leben である。これには知的生活が含まれうるし、著作家によってはその意味に用いる（ただしウィトゲンシュタインは違う）。「あの瞬間を持ちこたえる」の原文は in jenem Augenblick zu bestehen である。もしここで jenem ではなくて jedem と読むのであれば、「あらゆる瞬間に実存する」といった意味になろう。

24　原文は、Ich bin Geist und darum bin ich frei（一九一四年一〇月一三日の日記）。「私は一つの霊であり」という訳し方もありえるが、他の文章を見るなら、例のトルストイ的な霊が彼のうちにあること、神が彼と共にあることを言っているのは明らかである。

25　説明の一例として、シュトゥップのものを参照。『南東ドイツ学期報』第一九夏学期号（一九六六年）二二一―九頁。

26　『力への意志』序文〔『アンチクリスト』序文〕は、次の言葉をもって始まる。「本書はごく少数の人たちのためのものである。しかも彼らのうち誰一人もはや生きていないかもしれない」。これが『論考』序文に反映していることは間違いない。そしてウィトゲンシュタインが後期の著作で、われわれとはまったく違った仕方で思考する人種のために書いていると言うとき、それが一層顕著に反映している。のちのウィトゲンシュタインのニーチェ評価については、すでに前述五四頁で引用した。それによれば、哲学者の中でニーチェだけがゲーテとベートーヴェンの認識していたわれわれの文化に触れており、ただ彼は哲学者というより詩人であった。『アンチクリスト』本文は、ニーチェの教説の奇異さと新しさを印象づける言葉で始まっている。「私たちおたがいの顔を見つめあってみよ。私たちは極北の民である――私たちがどれほど世を離れて生活しているかを、私たちは十分承知している。『陸路によっても海路によっても汝は極北の民にいたる道を見いだすことなからん』、このことをピンダロスは私たちについて知っていたのである。北方の、氷の、死のかなたに私たちの生が、私たちの幸福がある……。私たちは幸福を発見してしまった、私たちは道を知っている。私たちはたっぷり数千年もまよいぬいた迷路からの出口を見いだした」。〔原訳（『ニーチェ全集』理想社版、第一三巻）〕またフォン・ウリクト教授が私に指摘してくれたように、『ツァラトゥストラ』の副題は「万人のためのものであり、誰のものでもない書物」となっている。

27　私はここで「日記」中の一九一四年一一月一二日の記述を解釈している。そこではいくつかのテーマが重なっている。「ただ自分を見失わないようにせよ!!　集中せよ！　そして時間つぶしとしてではなく生きるために敬虔に仕事をせよ！　誰にも不正を行うな！」避難としての仕事という考えは一九一四年一一月二日の記述に出てくる。「ひどい寒さだ。自分自身を保ち、いつでも自分のうちに避難できるのは本当に幸せだ。たくさん仕事をした。仕事は賜物だ!!」

28 『新約聖書』ルカ伝第一〇章第四二節、イエスのマルタへの答えより。

29 ドルーリが第二次世界大戦に出征する際に彼の与えた助言の一つは、もし白兵戦にでもなったなら、そのときはもう殺されるに任せよというものであった。

30 ゲーテの歌唱劇『リラ』より。正気ではいられなくなった、文字通りには「すべてのよい霊に見捨てられた」という言い方を、ウィトゲンシュタインは父の死の際にもしている。ラッセル宛ウィトゲンシュタインの手紙、一九一三年一月六日を参照。

31 一九六一年九月三〇日付のこの手紙は、当時、本書のような伝記を構想していたジョージ・ピッチャー博士に宛てられたものである。かたじけなくも博士はこの手紙のことをご教示賜り、私のために用立ててくださった。

32 実際には三月の末であった。このように不確かなところに疑問符をつけておく慎重さがかえってビーラー博士の記憶を信頼に値するものにしている。このあとのラッセルのノルウェー訪問についても同様に不確かなものとしている。実際に訪問したのはムーアであり、家も訪問の当時まだ建てられていなかった。

33 ムーアはこれを伝え聞いて（一九一五年一月に着いたラッセル宛ウィトゲンシュタインの手紙を読んで）憤慨した。ラッセルからウィトゲンシュタインの考えを説明するように頼まれたことはない、とムーアは日記に書いている。

34 この申請のファイルは、ウィーンの「戦争資料館」にウィトゲンシュタインの名前で収録されている記録の中にある。

35 最近の解説書としては、ノーマン・ストーン『東部戦線一九一四―一七年』（一九七五年）を参照。ただしロシア側の視点に偏っており、オーストリア＝ハンガリー軍司令部の「ハプスブルク＝ブルボン的無能」を強調している。

36 もう一通の推薦文で変わっているところは、歩兵の銃火にも立ち入っていること、「基本地点」の綴りが違っていることぐらいである。

37 ウィーンの「戦争資料館」にあるウィトゲンシュタイン名の記録による。彼の「基本台帳」には銀章授与は「二度目」になると特記しているが、実際にはそれ以前の記録はなく、ウィトゲンシュタイン自身も公的報告の中で一つだけしかあげていない。

38 『草稿一九一四―一六年』の編集者が、第二版でも一九一六年六月一一日としている記述の本当の日付は、七月一日か四日と思われる（一一日と読めそうであるにしても）。また五月末のものと思われる、走り書きした式がわずかにある。「暗号日記」も、五月二九日から七月六日まで空白である。

39 これは暗号文の中のものである。

40 『草稿』一九一六年八月二日。(アンスコム女史の英訳は、この箇所、意味を取り損なっているように思われる。)

41 この頃の「日記」中にある日付のない記述(暗号で書かれている)は、たぶんこの再会についてのものである。「滅入っている。まったくの一人だ。ああよかった、ロースは生きている」。ウィトゲンシュタインが戦場を離れ、一人になれて喜んでいるのか、家にあっても孤独であるのを感じて滅入っているのか定かではない。ただおそらくは第二の解釈のほうがありそうなことであり、ロースのところが家族からの避難所であったということであろう。ちょうどギュルトが一九一五年の初めにウィトゲンシュタインをウィーンに連れていったときに、ラーボルのところがそうであったように。

42 P・エンゲルマン『ルートヴィヒ・ウィトゲンシュタインの手紙と回想』(オクスフォード、一九六七年)。私はエンゲルマンとも連絡を取り、さらに当時の人たちの中で存命であるハインリヒ・グロアク博士とマクス・ツヴァイク博士に問い合わせることができた。

43 ウィトゲンシュタインは概して容姿にうるさかったものの、半面、誰も注目しないが見どころのある者の「面倒を見る」のを好んだ。「ルーキーの飼う白鳥は、みんなガチョウよ」と姉のグレートルはよく言っていた。

44 『ファッケル』第四三七―四二号(一九一六年一〇月)一二二頁。

45 P・エンゲルマン『手紙と回想』七三頁。

46 「私がしばしば思い出すのは、あなたのこと、『真夏の夜の夢』、『気で病む男』の第二のバレエ……」。エンゲルマン宛ウィトゲンシュタインの手紙、一九一七年三月三一日。

47 ウィトゲンシュタインはハインリヒ・グロアクとしばしばキュールンベルガーについて論じ合っており、この点についてはグロアクから教示を得た。

48 P・エンゲルマン『手紙と回想』一二四―七頁。

49 マクス・ツヴァイクは、新古典主義の作家で批評家であるパウル・エルンストの崇拝者、信奉者であった。オルミュッツで彼のことがよく話題にのぼったのをグロアクは記憶していた。ウィトゲンシュタインはここに述べた理由により、エルンストの名前を将来の版の序文に加えたいものだと後年リーズに語っている。ただし、ウィトゲンシュタインはエルンストの「あとがき」をもっと早くから知っていたかもしれない。ラッセル文庫にはこの版の『グリム童話』があるが、おそらくラッセルが買い取ったウィトゲンシュタインの戦前の蔵書の一部であろう。

50 P・エンゲルマン『手紙と回想』九三頁。
51 P・エンゲルマン『手紙と回想』一一五頁。
52 『草稿』一九一六年七月六日。参照しているのは、おそらく『カラマーゾフの兄弟』第一部第二篇第四章であろう。そこで長老ゾシマは言っている。「人は仕合せのために作られた者ですからな。じゃによって、ほんとうに仕合せな人は『わたしはこの世で神の掟を果たした』という資格がある」。〔米川訳(『カラマーゾフの兄弟』第一巻、岩波文庫)〕
53 具体的には、良心とはドストエフスキーに出てくる長老の語るようなものである。「もし私の良心が私の平衡をくずすと、私はあるものと一致しなくなる。けれども、あるものとは何であろうか。世界であろうか。……たとえば、私が誰それを侮辱したと思うと、私は不幸な気持ちになる。それが私の良心であろうか」(『草稿』一九一六年七月八日)。
54 P・エンゲルマン『手紙と回想』と、L・ウィトゲンシュタイン『書簡集』七九頁に掲載されている。ウィトゲンシュタインはその詩をたいへん愛しており、姉のミニングに好んで読んで聞かせた。
55 エンゲルマン宛の日付のない手紙。P・エンゲルマン『手紙と回想』七頁、『書簡集』七九頁。
56 『家族の思い出』一〇九頁と一一一頁以下。たぶんオーストリア製一一インチ曲射砲のことで、機動性に富んでいるためドイツ軍でも用いられた。
57 ウィーンの「戦争資料館」、第三軍第五野戦曲射砲連隊の「武勇章……に関する記録簿」。
58 『オーストリア゠ハンガリーの最後の戦争』VI、二七八。
59 ウィーンの「戦争資料館」、第三軍第五野戦曲射砲連隊の「表彰申請に関する記録簿」。
60 ウィーンの「戦争資料館」、「資格説明届出簿」。
61 D・ロイド゠ジョージ『戦時日記』第二巻、一五二七頁。
62 ズールカンプ版ウィトゲンシュタイン書簡集〔L・ウィトゲンシュタイン『書簡集』〕の七八―八一番〔このうち七九番は知的精神的生活を伝えていない〕、および八二番と八四―八六番である。グロアクに貸した草稿とエンゲルマンの書いた詩に触れている手紙八三番は、一九一八年初めの頃のものではなかろうか。それが書かれたとき、ウィトゲンシュタインはエンゲルマンに少し前に会っており、ほどなく姉のヘルミーネに会うことになっていた。この二つとも一九一七年初めではありえない。グロアクの記憶によっても、草稿を貸してもらったのは一九一七年末である。このことは『論考』の前史にとって多少重要な意味を持つ。
63 前述三五六頁、四二二頁。エンゲルマン自身もエーレンシュタインにはためらいを覚えていた。たいした気取り屋だということであろう。

エーレンシュタインは尊敬できても
その作品はいただけない
(Man ehrte gern den Ehrenstein
Nur seine Werke stören ein')

彼は（「頭韻転換による韻」を踏んで）そう言っていた（ein'は einen のウィーンなまりである）。

64　P・エンゲルマン『手紙と回想』八五頁。

65　一九一四年一月のラッセル宛の手紙（『書簡集』三五番）がこの点に関わってくる。

66　グロアクの記憶からいってもこの時期にあたるし、今言った草稿の内容から見てもそうである。

67　このことは故グロアク博士から口頭でうかがった同博士の記憶と、マルガレーテ・ストーンボロからヘルミーネ・ウィトゲンシュタインへの何通かの手紙（T・ストーンボロ博士が所有しているのを見たことがある）により知られる。

68　故アルフィト・シェグレンから同氏の記憶を口頭でうかがった。

69　P・ブロウツェク編『黄昏の中の一将軍』（E・グライゼ・フォン・ホルステナウの回想録）第一巻（一九八〇年）を参照。

70　この侵攻の解説として、L・ヴィラリ『イタリア戦線における戦い』、および『ブリタニカ百科事典』第一二版第三一巻所収、「イタリアにおける戦闘」の項を参照。

71　この出来事は戦時中、ザルツブルク近くでのことであった。彼は一九一八年七月にそこにおり、戦時中にはこのとき以外にそうした自由な時間はほとんどなかった。

72　『草稿一九一四―一六年』（実際には一九一四―一七年）。ドイツ語テキストに関するかぎり、第二版は初版より多少改善されている。

73　私たちが編集して出版した『原・論考』（ロンドン、一九七一年）では、もとの順序と意図された順序がそれぞれ写真版と活字でわかるようになっている。

74　第三のタイプ原稿があったはずで、フォン・ウリクトは一九五二年にグムンデンで、ラッセルの序文の写しが添えられたその原稿を見た覚えがあると言っている。このラッセルの序文の写しは、たぶん最初の独訳である。オストヴァルトの用いたラッセル序文の写しは紛失したことがわかっているからである。いずれにしてもこの序文ないし序文独訳がエンゲルマン所持のタイプ原稿にもついていたはずであり、オストヴァルト版がそれを用いたことは疑いない。

75 ラッセル宛ウィトゲンシュタインの手紙、一九一九年三月一三日。一九一九年六月一二日の手紙も参照。

第八章

1 姉のグレートルは、九月一六日には彼がウィーンにいると思っている。ヘルミーネ宛グレートルの手紙、一九一八年九月一六日。エンゲルマンに彼が出した最初の軍事郵便葉書の日付は一九一八年一〇月九日である。

2 エンゲルマン宛ウィトゲンシュタインの手紙、一九一八年一〇月二二日、および二五日。

3 これはオーストリア側の見方であり、これにより「その奇妙な休戦のさ中に彼は捕虜となった」というヘルミーネ・ウィトゲンシュタインの言葉の意味が了解される。もちろん厳密に言えば、連合軍のしたことは正当である。

4 F・パラク「私がウィトゲンシュタインと共に捕虜であったとき」、『モルゲン・下オーストリア文化雑誌』第三三号(一九八四年)。

5 ここでウィトゲンシュタインはシュトルム中尉から一〇〇リラ借りた。ウィトゲンシュタインは一九二五年にこのことを思い出し、不必要なほどの几帳面さから返済することになる。ヘンゼル宛ウィトゲンシュタインの手紙、一九二五年九月二三日を参照。

6 ハイエクの未刊の原稿による。彼の記述は、ウィトゲンシュタインと同じ道をたどったヘンゼルに依拠している。

7 自分たちは背嚢を上にかけて寝たとルートヴィヒはアルフィト・シェグレンに語っており、また彼は一生でこのときほど空腹なことはなかったとも言っている。

8 ウィトゲンシュタインはしばしば自分のことを正しく伝えなかったことで自責の念にかられている。たぶん多少はあたっているであろう。

9 ハイエクの伝えるところでは、ウィトゲンシュタインが(たぶんコモで)ヘンゼルを最初に知ったのは、ヘンゼルが論理学の講師をしているときであった。彼は黙ってヘンゼルの話を聞いていたが、あとになって記号論理学をヘンゼルに説いて聞かせた。

10 彼は五月に一冊送ってくれるようエンゲルマンに頼んでいるものの(エンゲルマン宛ウィトゲンシュタインの手紙、

一九一九年五月二四日）、その後、着いたという文面は見あたらない。エンゲルマン宛ウィトゲンシュタインの手紙、一九二〇年一〇月三一日、によって察するに、新生チェコスロバキア共和国から書籍を郵送するのは困難であったのかもしれない。

11 エンゲルマン宛ウィトゲンシュタインの手紙、一九一九年四月二五日。

12 「見出したのは」の詩。「私は森に行き……」というその詩で、ゲーテは妻のことを語っている。

13 『回想』（一九八四年版）八一頁。マルコムは「彼の愛情への欲求と愛情をはねつける厳しさ」について語っている。私はむしろ、彼には愛情を欲しないところがあると言っておきたい。

14 「けれど、どのようにという点で、さまざまの違いが出てきます」と『薔薇の騎士』第一幕の終わりのほうで元帥夫人は言っている。つまり、問題はどのように人は必然的なものを受け容れるかということなのである。

15 グレートヒェンの独白（『ファウスト』第一部「井戸のほとり」の場）よりも、メーリケの『不屈の男の童話』を取ったのである。

16 たとえば授業で『民話』を使ったこと自体がトルストイ的な（またドストエフスキー的でもある）企てである。また自分の家族や富に対するウィトゲンシュタインの関係は、パラクが認めている（一四頁）以上にトルストイ的である。この二人の作家のいずれとも縁は切れない。

17 リーヴィスから直接聞いた。

18 パラクは第一の例をあげている（一五頁）のに対し、エンゲルマンは第二の例をあげている（『回想』の第三章）。

19 ヘンゼル宛ヘルミーネ・ウィトゲンシュタインの手紙、一九二〇年一二月一三日。

20 ヘルミーネ宛グレートルの手紙、一九一八年一一月三〇日。

21 ヘルミーネ宛グレートルの手紙、一九一八年一二月二五日（この手紙が実際には一九一七年である可能性もなくはない）。

22 この頃までにウィトゲンシュタインは煙草を吸うようになっていたようである。アルフィト・シェグレンの証言による。

23 やりとりされた書簡は国務省の二つのファイル、一九一四年 GUERRA 二四四―二a の八九一七四と九一二三四に収録されている。それらのコピーは、発見したトレントのドットレッサ・リリアーナ・アルベルタツィのご好意により、入手することができた。

24 パラク、一二頁。
25 T・ストーンボロから直接聞いた。
26 ここに名前をあげた人たちとやりとりした手紙が、マクマスター大学のラッセル文庫にある。
27 エンゲルマン宛ウィトゲンシュタインの手紙、一九一九年五月二四日。
28 ラッセル宛ウィトゲンシュタインの手紙、一九一九年六月一二日。『書簡集』八七頁に、註と共に収録されている。
29 ラッセル宛ウィトゲンシュタインの手紙、一九一九年三月一三日。
30 ラッセル宛ウィトゲンシュタインの手紙、一九一九年六月一二日。
31 ラッセルがウィトゲンシュタインの見解の説明をムーアから聞きそびれていたことについては、本書第七章の註(33)(およびムーアの日記、一九一五年一月二〇日)を参照。
32 エンゲルマン宛ウィトゲンシュタインの手紙、一九一九年五月二四日、およびヘルミーネ宛ウィトゲンシュタインの手紙、一九一九年六月二五日。
33 ラッセル宛ウィトゲンシュタインの手紙、一九一九年八月一八日。
34 同右、およびヘルミーネ宛ウィトゲンシュタインの手紙、一九一九年八月一日。
35 ヘルミーネ宛ウィトゲンシュタインの手紙、一九一九年七月一九日。
36 エンゲルマン宛ウィトゲンシュタインの手紙、一九一九年八月二五日。
37 「自分を再び見出すこと」と、エンゲルマン宛ウィトゲンシュタインの手紙、一九一九年九月二日で言っている。
38 『家族の思い出』一一〇頁。自分たちを愛読書の中の登場人物になぞらえる習慣は、このウィトゲンシュタイン家では何代にもわたって続いた。ある者はそれにより命名され、またあだ名された。たとえばミニングという呼び名からしてそうである。甥たちの中には、ピエールとか隠しだてのできないアンドレがいた。後者は『借方と貸方』に出てくる「悪いことのできない」息子にならい、「息子ベルンハルト」とも呼ばれた。
39 F・フォン・ハイエク宛エンゲルマンの手紙、一九五三年三月八日。
40 この言いまわしは、R・リーズが伝えている。
41 パウルが失敗だったとするこの件をめぐって、彼が姪たちと仲直りできるまでになるには、かなり時間がかかった。
42 家族の人たちの話による。ただしウィトゲンシュタインのヘルミーネ宛の日付のない手紙(たぶん一九二九年の経済恐慌以降のもの)によっても裏づけられる。

43　以前、クララ・シェグレン夫人の所有であった書類による。

44　すでに引用したハイエク宛エンゲルマンの手紙による。

45 ウィトゲンシュタインが思っていた以上に好意的であったことが、ケインズ宛ウィトゲンシュタインの手紙（一九二九年五月）からわかる。

46　一九三一年のノートより。ネド／ランケッティ編『ルートヴィヒ・ウィトゲンシュタイン――写真と資料によるその生涯』一四八頁に引用されている。

47　彼の職業選択の動機となったのは社会主義やオーストリアの「学校改革」ではなかったことも、このことは示している。

48　この仮説はW・W・バートリ三世『ウィトゲンシュタイン』に出ている。

49　ケインズ宛ウィトゲンシュタインの手紙、一九二四年七月四日。

50　フィッカー宛ウィトゲンシュタインの手紙、一九二〇年一月二二日。

51　国家が真の芸術家を見定めることができないのは聖霊に対する罪だと、ロースは『芸術局のための要綱』（一九一九年）序文で言っている。

52　エンゲルマン宛ウィトゲンシュタインの手紙、一九一九年九月二日。verschmockt（にせの主知主義にかぶれている）とは、ウィトゲンシュタインが冒瀆とか偽善だと見て取ったものへの反発を厳しく要約した言い方である。一九二四年にロースが書き添えた献辞を見るならば、二人の関係が疎遠になったわけではないことがわかる。彼はウィトゲンシュタインから受けた刺激に感謝し、本がその友情のお返しとなることを希望している。（『虚空に語る』、故アルフィト・シェグレン所有の贈呈本。）

53　ハインリヒ・グロアクから直接聞いた。エンゲルマンも二人の出会いのことを語っている。その際、クラウスはウィトゲンシュタインを気違いだと思ったそうであるが、それは彼がクラウスの追随者たちを口をきわめて罵ったからである。

54　エンゲルマン宛ウィトゲンシュタインの手紙、一九一九年一一月一六日。この箇所の解釈は、K・ヴュンシェ『小学校教師ルートヴィヒ・ウィトゲンシュタイン』四四頁以下による。

55　ヘンゼル宛ウィトゲンシュタインの手紙（一九一九年九月）。

56　実際、のちに彼がクラリネットを好んで吹いているのがわかるが、それは教育に役立てるために習ったものである。

57 エンゲルマン宛ウィトゲンシュタインの手紙、一九二〇年二月一九日。
58 ヴュンシェ、前掲書、四九頁以下。
59 E・C・ハルグルーヴ「ウィトゲンシュタイン、バートリ、グレッケルの学校改革」、『ジャーナル・オヴ・ヒストリー・オヴ・フィロソフィー』第一八号（一九八〇年）四五三頁以下を参照。
60 これらの印象は、多くは当時の人たちの記憶に基づいている。その中には故アルフィット・シェグレン自身も含まれる。
61 同氏から直接聞いた。
62 ウィトゲンシュタイン宛シェグレンの手紙、日付なし（たぶん、一九三一年）。「私が友人たちの魂の救済に多少とも糞をかけている（scheißen）と言うなら、そうかもしれません」。（多くの友人が述べているように、この種のすさまじい言葉づかいは、ウィトゲンシュタインが意見を口で語るときの特徴である。）ウィトゲンシュタインからの手紙の前の半分は、アルフィットの徳性に関するものであった。
63 エンゲルマン宛ウィトゲンシュタインの手紙、一九二〇年四月二四日。
64 ウィトゲンシュタイン宛シェグレンの手紙、日付なし。「もし母さんがちょうどその折に外出しているようなら……私たちのところにきてください」。一九三〇年代中頃のことか。ミーマはピエロンガッセの家に息子やその嫁と同居していた。
65 ヘンゼル宛ウィトゲンシュタインの手紙、一九一九年九月二四日。
66 ハシカについては、ヘンゼル宛ウィトゲンシュタインの手紙（一九二〇年三月）を参照。
67 ヘンゼル宛ヘルミーネの手紙が、一九一九年から二〇年にかけて何通かあり、ヴュンシェ、前掲書、三二七—九頁に収録されている。
68 他方で、この年にはエンゲルマン宛ウィトゲンシュタインの手紙が一六通もある。
69 エンゲルマン宛ウィトゲンシュタインの手紙、一九一九年一一月一六日。
70 エンゲルマン宛ウィトゲンシュタインの手紙、一九二〇年一月二六日。
71 エンゲルマン宛ウィトゲンシュタインの手紙、一九二〇年六月二一日。
72 エンゲルマン宛ウィトゲンシュタインの手紙、一九一九年一一月一六日。
73 ラッセル宛ウィトゲンシュタインの手紙、一九二〇年一月一九日。
74 以下の情報のほとんど、さらにそれ以上のものが、G・H・フォン・ウリクトの「ウィトゲンシュタインの『論考』

の起源」に載っている。これは『原・論考』に付された序文であり、また同氏の『ウィトゲンシュタイン』(一九八二年)に再録されている。

75 一つがラッセルのところにあったのは間違いなく、もう一つはおそらくフレーゲのところにあった。

76 フィッカー宛ウィトゲンシュタインの手紙、一九一九年一〇月中頃。この辺のことについては、註(74)であげたフォン・ウリクトの論文が最も参考になる。

77 フレーゲの「思想」(これは捕虜収容所のウィトゲンシュタインのもとに送られた)が掲載された、『ドイツ観念論哲学論集』である。フレーゲ宛ウィトゲンシュタインの手紙は第二次世界大戦中に失われた。その数と概略についてのハインリヒ・ショルツの覚え書きが残っているだけである。そこに記録されているのは、捕虜収容所から一〇通(この要望の手紙はその一つ)、次の秋に四通である。(ウィトゲンシュタイン宛フレーゲの手紙も残念ながら失われており、これは奇妙でもある。一九三〇年代にウィトゲンシュタインは、フレーゲからは個人的な手紙しか受け取っていないが、それらを大切に保管しているとショルツに語っている。けれども、この種の手紙は彼の書類中にはまったく見あたらない。もっとも、他の人々からの個人的手紙についても同じような例は多い。)

78 ラッセル宛ウィトゲンシュタインの手紙、一九一九年一〇月六日。

79 フィッカー宛ウィトゲンシュタインの手紙、註(76)の手紙。

80 「督促状(Brandbrief)」とは、普通借金の催促のような有無を言わさない書状をさす。

81 フィッカー宛ウィトゲンシュタインの手紙、一九一九年一二月五日。ただしこれには冷笑的な追伸が続く。「ところで悪い出版人たちをこらしめるクランプスというのも、いないものでしょうか」と書いており、追伸の日付は折よく一九一九年一二月六日となっている〔聖ニコラウスはこの日に従者クランプスと共に家々をまわるとされる〕。

82 エンゲルマン宛ウィトゲンシュタインの手紙、一九二〇年一月二六日。

83 これが自殺を考える要因になったかどうかは、このあと論ずる。時期は必ずしも一致しない。彼がエンゲルマンにそうした考えを書き送った一一月一六日には、フィッカーの最初の否定的な手紙をまだ受け取っていなかったからである。

84 ウィトゲンシュタイン自身、エンゲルマンも相手の理知的能力を高めるこうした力を持っているとしている。エンゲルマン宛ウィトゲンシュタインの手紙、一九一九年一二月二九日。

85 エンゲルマン宛ウィトゲンシュタインの手紙、一九二〇年一月二六日。こうした事柄について、ここでは手紙によって確認しているが、大部分ラッセルの『自伝』第二巻、九五頁以下で容易に見ることができる。

86 この事実および支払い額（八〇ポンド）は、ラッセル文庫所蔵（ファイル W五一）のジョリ（商人）とやりとりした手紙からわかる。
87 （コンスタンス・マレソン夫人）コレット・フライデー宛ラッセルの手紙、一九一九年一二月一二日。
88 （コンスタンス・マレソン夫人）コレット・フライデー宛ラッセルの手紙、一九一九年一二月一六日。
89 『自伝』第二巻、一〇〇―一頁。
90 非常に直截なこの手紙には、多くの情愛に富む言葉も見られる。
91 エンゲルマン宛ウィトゲンシュタインの手紙、一九二〇年一月九日。
92 エンゲルマン宛ウィトゲンシュタインの手紙、一九一九年一一月一六日も参照（落ち込んで、外的理由から自殺を考えている）。また、一九一九年一二月二六日（非常にふさいでいる）、一九二〇年一月二六日（ひどい状態で、エンゲルマンがいることが救いである）、一九二〇年二月一九日（外的事情が士気にひびいている）、一九二〇年五月三〇日（自分自身の卑俗さにより悲惨な気持ちになり、最低のところまで沈み込んでいる）も参照。
93 W・W・バートリ『ウィトゲンシュタイン』は、ウィトゲンシュタインがプラーター地区で同性愛に関わったことへの罪悪感が大きく影響していると見ている（遠く離れたヒーツィングから夜な夜な通ったというのであろうか）。私はこの仮説にあまり注意を払ってこなかった（そうだとする根拠が曖昧だからである）。これまでの叙述からわかると思うが、そうした仮説はとりわけ不必要である。実際、ウィトゲンシュタインの苦境について私が個人的に当時の彼の親しい友人たちと交わした率直な会話に照らしてみても、そうした仮説はとうていありえない。仮説の通りなら、それを裏づけるエンゲルマンの回想やウィトゲンシュタイン自身の告白があってもよいはずではなかろうか。それはともかく、バートリの見解に対する最良の反論として、『ヒューマン・ワールド』（一九七四年）所収のラッシュ・リーズとJ・J・ストーンボロ（甥）の論文を参照。
94 エンゲルマン宛ウィトゲンシュタインの手紙、一九二〇年八月二〇日、ヘンゼル宛ウィトゲンシュタインの手紙、一九二〇年八月一〇日。

第九章

1 詳細はラッセル文庫のW五一番、「リンチ」の項を参照。また、先に引用したフォン・ウリクトの論文「『論考』の起源」も参照。リンチ嬢はのちに著名な分光技師になった。

2　これより前の翻訳は、おそらくオーストリアには残っていたのであろうが、今は失われてしまっている。この序文のオストヴァルト版とその後の英語版とにおける異同については、『ラッセル』（一九七七年）の二五―二八頁に掲載されているM・テリーザ・イグレイシャースの論文を参照。
3　エンゲルマン宛ウィトゲンシュタインの手紙、一九二三年八月五日。'voller Fehlern'〔間違いだらけ〕という表現は、二つのドイツ語構文を混同しているし〔「間違いだらけ」という意味のドイツ語構文には、'voll[er] Fehler'という形と'voll von Fehlern'という形とがある〕、また、もちろんこの出版はいかなる意味においても「海賊版」などではなかった。
4　たとえば、ウィトゲンシュタインがラッセルの無限公理が引き起こすあらゆる問題を解いたと主張している『論考』の五・五三五には、'Alle'〔あらゆる〕という語のあとに鉛筆で書かれていた疑問符（おそらく、ラッセルによる異議の申し立て）が、そのままに印刷されている。
5　ラッセル宛ウィトゲンシュタインの手紙、一九二一年一一月二八日（これは『自然哲学年報』が出版されたあとに書かれたのだが、ウィトゲンシュタインはその出版を承知のうえで書いたものではない）。
6　これは、先に引用した一九一九年一〇月中旬のフィッカーへの手紙の中にあるウィトゲンシュタインの言葉である。
7　これはドロシー・リンチが私に語ったことであるが、これにより、オグデンが翌年の秋にこの書物のことでラッセルに近づくことがどうしてできたのかも明らかになろう。
8　ブレイスウェイトから直接聞いた。
9　D・F・ペアーズとの共訳、一九六一年刊。一九七一年には、オグデンとの文通（これも一九七一年に出版された）の中で表明されていたウィトゲンシュタイン自身の要望も斟酌して、これの第二版が出版された。
10　『論考』六・四五。
11　『草稿』一九一六年一〇月七日の項、およびショーペンハウアーの『意志と表象としての世界』の（フラウエンシュテット版）第二巻、二二一頁を参照。
12　ダンテ（『煉獄篇』第二一歌一三六行）の中で、スターツィオがヴィルジリオの亡霊に対してそうしたように、「これらの影を物質的なものとして扱っている」ということである。〔本文のほうは寿岳文章訳（『古典文学集』集英社）〕
13　ウィトゲンシュタインはここで、フレーゲの『算術の基礎』の序文にある「私は問題を、少なくとも本質的な点で、最終的に解決したいと思っている」（序文五頁〔J・L・オースティンの対訳版による〕）という文をそっくりまねている。

14 ノーマン・マルコムは『何も隠されてはいない』（一九八六年）（とくにその第二章）において、私の見解と類似した見解を少なくとも検討することはしているが、反対の結論に達している。これ以前の註釈者たちには、結局は自棄になって重要なものも不要なものも一緒にしてしまおうとする、ということがよくある。

15 『原・論考』では、ここは「思想の知覚可能な表現は命題記号である」となっている。最終稿〔『論考』〕では、記号によって表現された「命題」ではなくて、（ここでのように）記号そのものが意味されている場合を指摘することにあまり注意を払っていない。

16 三の下に小数第一位の数字がついた諸命題は、『原・論考』のものとはわずかに異なっているが、本質的には同一線上の思想が続けられている。

17 このことをかなりはっきりと表明している箇所としては、同書のもっとあとにある五・四七を参照。

18 四・〇〇三一を参照。その中でウィトゲンシュタインは「マウトナーの言う意味でではない」と述べている。というのも、マウトナーはその大著『言語批判』において言語が思想や現実をさまざまな仕方で誤って伝える、その仕方を示そうと企てているが、ウィトゲンシュタインにしてみれば、それらはおおむね言語によってもたらされる可能性に等しいからである。

19 これは、V・ロウによるホワイトヘッドの伝記の中に書かれている、ウィトゲンシュタインについての唯一の逸話である。ラッセルの『自伝』第二巻、一〇一頁からの引用。

20 訳文には少し手が加えられている〔一九七一年改訂のペアーズ／マクギネス版と比較すると、原文 'nicht vertreten' に関して 'not representatives' を 'not representative' に、また原文 'nicht vertreten läßt' に関して 'can be no representatives of' を 'can be no representation of' に、それぞれ変更している〕。いずれにせよ、私はG・ヴェシー編『ウィトゲンシュタイン理解』（一九七四年）所収の論文「『論考』の基本思想」において、この一節をかなり詳細に論じておいた。

21 四・四六一を参照。なお、彼がこれを書いたのはイギリスを去ってずいぶん経ってからであった。

22 このことは次のように言い換えることができるかもしれない。つまり、二つの命題に関する可能な真理関数についてのウィトゲンシュタインの表では、（同語反復と矛盾は、当該の二つの命題に関する真理関数ではないのだから、それらの場合は無視するとすれば）すべての行が正確に同じ仕方で命題を定義するのに利用できる。すなわち、どの行も可能性に関して優先されているわけではない。

23 この解釈については、拙論「『論考』における言語と実在」、『テオリア』第五号（一九八五年）一四〇頁以下において、わずかばかりより詳しい説明が与えられている。またこの解釈は、ラッセルが『プリンキピア・マテマティカ』の第二版において採用している、ということから多少の信頼性を得ているものである。

24 しかしながら、『原・論考』においてはもっと前にこの話題が扱われており、判断に関する話題はもっとあとで扱われている。

25 拙論「『論考』の神秘主義」、『フィロソフィカル・レヴュー』（一九六六年）三二四―五頁には、例をいくつか載せてある。

26 一九三一年のことである。『文化と価値』（これから私が提出しようと思っている考察のためには、あまり適切とは言えない題名だが）の九頁を参照。

27 ヤン・ファン・ハイエノールト「言語としての論理と計算法としての論理」、『ジュンテーゼ』第一七号（一九六七年）三二四―三〇頁を参照。

28 『論考』を頻繁に参照しなくてはならない例としては、マイクル・ダメットの『フレーゲ――言語の哲学』（第二版、一九八一年）を参照。

29 たとえば六・三七五一では、物理主義的解釈が粒子の運動に関して、たとえば赤く見えることと緑に見えることとを視野の単一の場所に帰すのがどうして（すなわち、どのように）矛盾であるのか、を示すために用いられている。カルナップとノイラートがこの概念に大騒ぎをしていたとき、ウィトゲンシュタインはシュリックにこう語っている。物理主義のことはすでに『論考』で扱っていたんだ、「虫の好かない」名前なんかつけないで、例によって簡潔に扱っただけだけどね、と（シュリック宛ウィトゲンシュタインの手紙、一九三二年八月八日）。

30 このように、前註で引用した手紙の中でウィトゲンシュタインがシュリックに思い出させようとした通り、『論考』は哲学者たちの形而上学（現象主義もその一形態であろう）に対するのと同じくらい、物理学者たちの形而上学（物理主義）にも反対しているのである。

31 マッハの『熱学の諸原理』には、こうした考えが一つの分野に関して見事に記述されている。だが思うに、この考えはウィトゲンシュタインがあれほど称賛していたボルツマンやヘルツの著作においてもはっきりと見て取れる。一九八六年にキルヒベルクで行った私の講演は、このテーマを発展させたものである。

32　シュリックやその他の人たちが、ウィトゲンシュタインのことを論理実証主義の創始者の一人と見なしたのはこのためである（だが、「論理」の方はともかく「実証主義」という言葉はあまり彼にふさわしいとは言えない）。

33　ウィトゲンシュタインによれば、『私が見出した世界』という本を彼が書いたとしたら、その中では主体についてはまったく論じられないことになろう（五・六三一）。

34　一九一四年一二月八日付の「暗号日記」で、ウィトゲンシュタインは、意味のない人生を送るという観念は厳密な独我論的立場——明らかにこれが彼の望む立場と考えられる——と両立しうるかどうかと問うている。

35　『草稿』の一九一六年九月二日を参照。また、『論考』五・六四でもそのまま繰り返されている。

訳者あとがき

本書は Brian McGuinness: *Wittgenstein, A Life, Young Ludwig 1889-1921*, London, Gerald Duckworth & Co. Ltd., 1988 を四人の訳者がほぼ同分量ずつ分担、ほぼ四年の歳月をかけて全訳したものであって、翻訳に際しては、Joachim Schulte による独訳 *Wittgensteins Frühe Jahre*, Frankfurt am Main, Suhrkamp Verlag, 1988 およびそのペーパーバック版（一九九二年刊）を適宜参照した。両者に異同のある場合には現時点で訳者が適切と思う取捨を行ったのだけれども、全体としてその数は多くないし、そのつどこれを断るのも煩瑣なので、訳文中にそれぞれの異同を明記することは差し控えた。

しかし、翻って考えてみれば、「なぜ今ウィトゲンシュタインなのか」といった率直な意見もありえようかと思う。現にポスト・モダーン、ポスト構造主義、ポスト記号学といった過去との決別を標榜する諸主張が横行し、名前だけのことにしても『ウィトゲンシュタイン以後』といった題名の論文集さえ刊行されているというのに、今さらウィトゲンシュタインに関する著作や論文集が依然として公刊されなくてはならないのはなぜなのか、と。それは、ひとえに彼の思想がいまだに刺激に満ち、彼の人となりや生き方がわれわれにとっても興味深いさまざまな様相を呈しているからである、とでも言っておく他ないであろう。本書は、これに二年ほど遅れて上梓された Ray Monk: *Ludwig Wittgenstein, The Duty of Genius*, London, Jonathan

Cape Ltd., 1991と共に、新しい資料ならびに新しい観点に準拠してウィトゲンシュタインの生涯とその思想をまことに興味ぶかく描き出している新しいウィトゲンシュタイン伝なのだ、とでも了解していただきたいのである。

本書の内容については、本文を読んでいただければすぐにわかることであるが、いわゆる前期ウィトゲンシュタインの主著『論理哲学論考』の英訳者の一人であり、オクスフォード大学・クイーンズ・コレジの哲学教師（フェロウ）としてたくさんの研究業績をものしてきた原著者が、あえて哲学者というよりはむしろ伝記作家の役割に徹し、自ら長年にわたって調査や資料収集に従事した結果、六二年にわたるウィトゲンシュタイン（一八八九—一九五一）の全生涯のうち、そのほぼ前半生（『論理哲学論考』の完成まで）に相当する三二年間についての歴史的経緯とその諸活動を一巻にまとめあげたという体裁になっている。とくに若きウィトゲンシュタインの家族的背景、人間としての性癖、友人関係、『論考』成立へ至る思想の遍歴過程などについて、これまでのわれわれの理解を一新するような事実関係をも提示してくれている点で、一人われわれ哲学関係者のみならず、広く一般読者にとっても、特異な人生を歩んだ一人物の伝記としてまことに興味深い作品であるように思われる。当然のことながら、本書はウィトゲンシュタインの後半生に関する続篇を予想しているのであるが、しかし、本巻一巻だけでも完結した体裁をとっており、これだけでもウィトゲンシュタインの魅力を知るには十分であるような内容になっている。それでも続篇を待ちかねる読者は、右に述べたレイ・モンクによる別の魅力的な評伝（これはウィトゲンシュタインの全生涯を一巻にまとめて扱っている）も刊行されていて、その邦訳もすでに成ったと聞いているから、あわせて読まれることを薦めたい。そして、本書の続篇の早く公刊されるのを待ちたい。

ただ、原著の英文は悪文とは言えないまでも、相当に訳者泣かせの難文であって、これを自然でわかりやすい邦文に移し換えるのに、訳者は大変な努力を強いられた。幸い、そうした努力の甲斐あって、ありうべき誤訳を最小限にとどめえただけでなく、本訳書のほうが原典よりもはるかに読みやすくなっていると自負している。人名・文献名・術語などの表記についても、訳者は密接に連絡を取り合いながら、できるだけ統一を図るよう努めた。また、巻末の「引用文献一覧」や「索引」は訳者の作成したものであって、原典を直接翻訳したものではない。さらにまた、当初原著者に「日本語版への序文」を依頼してあったのであるが、依頼時に原著者がオクスフォード大学を辞任し、南欧で著作文化活動に専念し始めたとのことで(現在シエナ大学教授である由、仄聞している)、連絡がままならず、とうとうこれを割愛せざるをえなくなってしまった点も、ここでお断りしておきたい。

蛇足ながら、最後に、この翻訳を北国在住の友人たちと試みるに至った経緯について一言述べさせていただきたい。最初に原著翻訳の依頼がK社のN氏から訳者の一人藤本のところへ持ち込まれたのは、原著発行直後の一九八八年九月のことであった。たまたまN氏が北海道大学哲学科の御出身であり、かつて同大学で教鞭を執っていた藤本とも旧知の間柄であったから、翻訳は藤本一人ではなく、当時同大学に直接関係していた今井・宇都宮・髙橋を含む計四名で分担することを条件に、その依頼を受けることにしたのであった。ところが、N社による翻訳権取得に手違いが生じて、計画がまったく白紙状態に戻ってしまい、われわれ翻訳分担予定者も一年間ほどこの件をまったく放念していたところ、思いがけず、法政大学出版局から同じ原著の翻訳を依頼されたものだから、当初の計画をそのまま容認していただいたうえで、今回の訳出を行うに至ったというわけである。この間、こうした背後の事情を快く了承され、遅きにすぎる翻訳の進行に対しても寛大な雅量を示してくださった法政大学出版局編集部の方々、とりわけ稲義人編集長、藤田信行氏に訳者一同あらためて御礼申しあげたい。

なお翻訳分担部分は次の通りである。序文、第一章、第五章、第六章後半は藤本隆志、第二章、第四章は宇都宮輝夫、第三章、第六章前半、第九章は髙橋要、第七章、第八章は今井道夫がそれぞれ初訳ならびに校正を担当し、相互に訳述の調整を行ったのち、引用文献表ならびに索引の作成は今井道夫、宇都宮輝夫、髙橋要が共同でこれを行った。

一九九四年一〇月五日

訳者を代表して
藤　本　隆　志

著　者
ブライアン・マクギネス（Brian McGuinness）
元オクスフォード大学クイーンズ・コレジ・フェロウ
元シエナ大学教授

訳　者
藤本隆志（ふじもと　たかし）　東京大学名誉教授
今井道夫（いまい　みちお）　札幌医科大学名誉教授
宇都宮輝夫（うつのみや　てるお）　北海道大学名誉教授
髙橋　要（たかはし　かなめ）　八戸工業高等専門学校准教授

《叢書・ウニベルシタス　453》
ウィトゲンシュタイン評伝
若き日のルートヴィヒ　1889-1921

1994年11月25日　初　版第1刷発行
2016年1月15日　新装版第1刷発行

ブライアン・マクギネス
藤本隆志／今井道夫／宇都宮輝夫／高橋 要 訳
発行所　一般財団法人　法政大学出版局
〒102-0071 東京都千代田区富士見 2-17-1
電話 03(5214)5540 振替 00160-6-95814
製版，印刷：三和印刷　製本：積信堂

Printed in Japan

ISBN978-4-588-14031-0

人名索引

ア行

アヴェナリウス　Avenarius, Richard　66
アウグスティヌス　Augustine　52, 69, 73, 78, 207, 382
アリストテレス　Aristotle　53, 138, 231, 288, 452, 538
アルテンベルク　Altenberg, Peter　351
アルト　Alt, Rudolf von　28
アルベルタツィ　Albertazzi, Dottoressa Liliana　559
アレグザンダー　Alexander, Samuel　125-7, 532
アンゲルス・シレージウス　Angelus Silesius　466
アンスコム　Anscombe, Elizabeth　65, 513, 555
アンツェングルーバー　Anzengruber, Ludwig　157
イエス・キリスト　Jesus Christ　381, 554
イグレイシャース　Iglesias, M. Teresa　565
イプセン　Ibsen, H.　323
ヴァイス　Weiss, Richard　354
ヴァイスマン　Waismann, Friedrich　530
ヴァイニンガー　Weininger, Otto　3, 61, 66-70, 82, 141, 191, 388, 424-5, 428, 478, 481, 489
ヴァインベルガー　Weinberger　23, 26
ヴァーグナー，アードルフ　Wagner, Adolf　28
ヴァーグナー，ヘルマン　Wagner, Hermann　354
ヴァーグナー，リヒァルト　Wagner, Richard　6, 92-3, 121, 422, 456
ウィトゲンシュタイン，カール・クリスティアン　Wittgenstein, Karl Christian　3, 8-9, 12, 16-32, 35, 37, 38, 40, 46, 72-3, 75-6, 155, 221, 228, 283, 352, 527
ウィトゲンシュタイン，クララ　Wittgenstein, Clara　8, 15, 60
ウィトゲンシュタイン，コンラート（クルト）　Wittgenstein, Konrad (Kurt)　45, 359, 449
ウィトゲンシュタイン，パウル（兄）　Wittgenstein, Paul　41, 49-51, 53, 72-4, 76, 78-9, 81, 83, 85, 95, 359, 379
ウィトゲンシュタイン，パウル（伯父）　Wittgenstein, Paul　8, 10, 15, 19, 31, 34, 225, 227-8, 368, 443, 446, 464, 560
ウィトゲンシュタイン，ハンス　Wittgenstein, Hans　42-5, 73, 111
ウィトゲンシュタイン（旧姓オーザー），フィーネ　Wittgenstein (Oser), Fine　8-9, 15, 21
ウィトゲンシュタイン（旧姓クーペルヴィーザー），ベルタ　Wittgenstein (Kupelwieser), Bertha　8, 14-5

ウィトゲンシュタイン，ヘルマン・クリスティアン　Wittgenstein, Hermann Christian　2-3, 6, 9-10, 13, 17, 19, 21, 37, 227, 284, 527
ウィトゲンシュタイン，ヘルミーネ（ミニング）　Wittgenstein, Hermine (Mining)　3-4, 10, 19, 29-31, 40, 42, 44, 46, 48, 50, 74, 87, 89, 91, 109, 111, 119, 123, 126, 160, 208, 219, 221-2, 282, 360, 407, 433, 439, 462-3, 464-5, 467, 475, 527-8, 533, 556-8
ウィトゲンシュタイン，ヘレーネ（レンカ，ザルツァー夫人）　Wittgenstein, Helene (Lenka, Salzer)　47-8, 311
ウィトゲンシュタイン，マルガレーテ（グレートル，ストーンボロ夫人）　Wittgenstein, Margarete (Gretl, Stonborough)　2, 29, 48-9, 60-1, 63, 71, 76, 79-80, 88, 224, 292, 317, 348, 420, 439, 451, 459, 465, 467, 472-4, 555, 557-8
ウィトゲンシュタイン，ミリー（ブリュッケ夫人）　Wittgenstein, Milly (Brücke)　8
ウィトゲンシュタイン，モーゼス・マイアー　Wittgenstein, Moses Meier　2
ウィトゲンシュタイン，ルーイ　Wittgenstein, Louis　2, 8, 10, 14
ウィトゲンシュタイン，ルードルフ（ルーディ）　Wittgenstein, Rudolf (Rudi)　44-5, 60, 63, 73, 79
ウィトゲンシュタイン（旧姓カルムス），レオポルディーネ（ポルディ）　Wittgenstein (Kalmus), Leopoldine (Poldy)　15, 21, 33-8, 43
ヴィーラント　Wieland, C. M.　454
ヴェッセリ　Wessely　23
ヴェッセル　Wessel　17
ウォード　Ward, James　158, 542
ヴォルフマン　Wolfmann　23
ウッド　Wood, Henry　211
ヴュンシェ　Wünsche, Konrad　471
ウーラント　Uhland, Ludwig　184, 423, 437, 456
ウリクト　Wright, Georg Henrik von　62, 65, 71, 90, 122-3, 131, 164, 344, 444, 528, 532, 535-6, 548, 550-3, 557, 563, 564
エイドリアン　Adrian, E. D.　159, 547
エインズワース　Ainsworth, Alfred Richard　339
エクルズ　Eccles, William　91, 108, 110-7, 120, 122, 167, 224, 303-4, 530-1
エマソン　Emerson, R. W.　380-3
エリオット　Eliot, T. S.　534
エルンスト　Ernst, Paul　424, 555
エーレンシュタイン　Ehrenstein, Albert　351, 356-7, 422, 437, 556-7
エング　Eng, Peter　419
エンゲルマン　Engelmann, Paul　55-7, 59, 62, 87, 184, 194, 321, 356-8, 361, 386, 416-20, 422-4, 426-7, 429-32, 437-8, 440, 444, 447, 449, 456, 458, 461, 463, 465, 469-70, 474, 476-7, 481, 484, 487-9, 528, 539, 544, 548, 555-6, 558-9, 561, 563-4
オグデン　Ogden, C. K.　158, 494-6, 498, 503, 565

オーザー　Oser, Nepomuk　15
オストヴァルト　Ostwald, Wilhelm　492-3, 558, 565
オーバーコフラー　Oberkofler, Josef Georg　354

カ行

カートライト　Cartwright, M. L.　532
カーピツァ　Kapitsa, Pjotr Leonidowitsch　258
カフカ　Kafka, Franz　416
カール　Curle, Richard　344
カール皇帝　Karl　361, 433
カール大公　Karl　412
カルナップ　Carnap, Rudolf　138, 532, 567
カルムス，ゾフィー　Kalmus, Sophie　35
カルムス（旧姓シュタルナー），マリア　Kalmus (Stalner), Maria　34-5
カルムス，ヤーコプ　Kalmus, Jakob　34-5
カント　Kant, Immanuel　59, 134, 137, 426, 453
キーガン・ポール（出版）　Kegan Paul　494, 496
ギーチ　Geach, Peter T.　139, 533
キプリング　Kipling, Rudyard　204
キャルヴァリ　Calverley　161
キューゲルゲン　Kügelgen, Wilhelm von　6-7, 458, 529
ギュルト中尉　Gürth　390-4, 402, 433
キュールンベルガー　Kürnberger, Ferdinand　61, 424, 446, 555
キルケゴール　Kierkegaard, S.　351, 466
グッドスタイン　Goodstein, R. L.　126, 326-7, 531-3
クーペルヴィーザー，カール　Kupelwieser, Karl　12, 14-5
クーペルヴィーザー，パウル　Kupelwieser, Paul　20-3
クライスト　Kleist, Heinrich von　53
クラウス　Kraus, Karl　3, 25-6, 61-3, 141-2, 351-2, 356, 368, 416-8, 423-7, 479, 481, 529, 551
クラーク　Clark, Ronald　550
グラッタン＝ギネス　Grattan-Guinness, Ivor　532, 537
クラーネヴィター　Kranewitter, Franz　355
クラモン将軍　Cramon, von　441
グラント　Grant, Duncan　234, 543
クリテク将軍　Kritek　434
グリフィン　Griffin, James P.　547
クリムト　Klimt, Gustav　28-30, 451
グリルパルツァー　Grillparzer, Franz　11, 57-60, 209, 423
クリンガー　Klinger, Max　29

クリンゲンベルク　Klingenberg, Hans　322
グレイシャー　Glaisher, J. W. L.　157, 535-6
グレーガー　Gröger, Elisabeth　460
グロアク　Groag, Heinrich (Heini)　361, 419-21, 423, 427, 430-1, 438, 445, 450, 555-7, 561
クントマン　Kundmann, Karl　30
ケインズ，ジョン・ネヴィル　Keynes, John Neville　162
ケインズ，ジョン・メイナード　Keynes, John Maynard　158-60, 162, 164-5, 193, 200-1, 208, 233-8, 247, 251-4, 257, 286, 461, 466, 468, 495, 540-1, 543, 547
ケストラネク　Kestranek　25-6
ゲーテ　Goethe, Johann Wolfgang von　35, 54-7, 59, 65, 70, 195, 219, 382, 393, 422-3, 437, 454-6, 520, 531, 538, 551, 554
　――ファウスト　Faust　59, 146, 219, 538
　――メフィストフェレス　Mephistopheles　146
ケラー　Keller, Gottfried　56, 93, 95, 348, 423, 456
　――レー，ハインリヒ　Lee, Heinrich　56
ケレンスキー　Kerensky, Alexander　435
コーエン　Kohen　417
ココシュカ　Kokoschuka, Oskar　354-5, 357
コフィ　Coffey, P.　287-8, 452, 546
ゴルトマルク　Goldmark, Karl　33
コルニーロフ　Kornilov　434-5
コンスタンティン　Constantin　400
ゴンペルツ　Gomperz, Theodor　17, 416
コンラート　Conrad　371, 441-2

サ行

サラサーテ　Sarasate, Pablo de　50
ザルツァー，フェリクス　Salzer, Felix　551
ザルツァー，マクス　Salzer, Max　47
シェイクスピア　Shakespeare, William　60, 291, 418, 493
ジェイムズ　James, William　219, 265-6, 544
シェグレン，アルフィト　Sjögren, Arvid　71, 81, 83, 88, 360-1, 396, 472-6, 483-4, 490, 529, 552, 557-9, 561-2
シェグレン，タラ　Sjögren, Talla　472
シェグレン（旧姓バッハー），ヘルミーネ（ミーマ）　Sjögren (Bacher), Hermine (Mima)　472, 475, 562
シェパード　Sheppard, John Tressider　199
シェファー　Sheffer, H. M.　275, 493
シジウィク　Sidgwick, Henry　249

ジチー伯　Zichy　49
シニャリチ中将　Šnjarić　433
シャヴ　Shove, Gerald　199, 247, 256-7
ジャニク　Janik, A.　185-6, 349, 551
シュースター　Schuster, Arthur　105-7
シュタイン　Stein, Ludwig　492
シュタインバッハ　Steinbach　233
シュティフター　Stifter, Adalbert　59
シュトラウス，ダーフィト・フリードリヒ　Strauß, David Friedrich　58, 383
シュトラウス，ヨハン　Strauß, Johann　32
シュトラウス，リヒァルト　Strauss, Richard　49, 211-2
シュトリグル，ペピ　Strigl, Pepi　84, 87-8
シュトルム中尉　Strum　558
シューベルト　Schubert, Franz　29, 209-10, 230, 310, 422, 456
シュペングラー　Spengler, Oswald　54, 61, 141
シューマン，F.　Schumann, F.　491
シューマン，クララ　Schumann, Clara　13
シューマン，ローベルト　Schumann, Robert　53, 56, 422
シュリック　Schlick, Moritz　164, 567-8
ジュール　Joule, J. P.　108
ショイヒェンシュテュール将軍，フォン　Scheuchenstühl, von　439
ジョーダン　Jourdain, P. E. B.　124, 127, 285-7, 293, 319, 323, 326, 546
ショーペンハウアー　Schopenhauer, Arthur　59, 65-6, 76, 131-2, 134, 141, 222, 267, 382-3, 421, 426-8, 474, 497, 499, 518, 525
ジョリ　Jolley, B.　564
ショルツ，ハインリヒ　Scholz, Heinrich　126, 325, 549, 563
ショルツ大尉　Scholz　390-1
ショルツ予備少尉　Scholz　434
ジョーンズ　Jones, T.　241
ジョンソン　Johnson, W. E.　158, 161-6, 196, 233, 237, 240, 304, 536
シラー　Schiller, Friedrich　54-6, 64, 425
スキナー　Skinner, Francis　88
スコット　Scott, Walter　418
ストレイチ，オリヴァー　Strachey, Oliver　201, 228, 540
ストレイチ，ジェイムズ　Strachey, James　247, 256-7, 543
ストレイチ，リットン　Strachey, Lytton　178, 198-202, 228, 238, 247, 255-7, 260, 541, 543
ストーンボロ，J. J.　Stonborough, J. J.　564
ストーンボロ，ジェローム　Stonborough, Jerome　317
ストーンボロ，トマス　Stonborough, Thomas　474, 530, 557, 560

スピノザ　Spinoza, Baruch　198, 497
スミス（バートレット夫人）　Smith, E.（Bartlett）　212
スラッファ　Sraffa, Piero　61, 141, 193
セガンティーニ　Segantini, Giovanni　28
セクストゥス・エンピリクス　Sextus Empiricus　502
ゼークト　Seeckt, von　412
ソーリ　Sorley, W. R.　158
ゾルダート＝レーガー　Soldat-Röger, Marie　32

タ行

ダーウィン　Darwin, Charles　125
タゴール　Tagore, Rabindranath　538
ダメット　Dummett, Michael　138-9, 533, 567
ダラゴ　Dallago, Carl　354-5, 357, 481
ダンクル　Dankl　371-2
チチェリチ元帥　Csicserics, von　433
ツィトコフスキー兄弟　Zitkovsky brothers　60
ツヴァイク，フリッツ　Zweig, Fritz　419, 422, 432
ツヴァイク，マクス　Zweig, Max　419, 555
ディアス将軍　Diaz　442
ディキンソン　Dickinson, Goldsworthy Lowes　249, 543
ディケンズ　Dickens, Charles　190, 418
　——コパフィールド，デイヴィド　Copperfield, David　190
ディルタイ　Dilthey, Wilhelm　92
デカルト　Descartes, René　138-9, 221
テザール　Tesar, Ludwig Erik　354
テニソン　Tennyson, Alfred　249
デ・ハヴィランド　De Haviland, Geoffrey　107
テルツィアンスキー大将　Tersztyánszky, von　433
デンツァー大佐　Denzer　442
ドイブラー　Däubler, Theodor　351, 354
ドーウォード　Dorward, A. J.　158, 243
トゥールミン　Toulmin, S.　185-6, 349, 551
ドストエフスキー　Dostoevsky, F. M.　351, 353, 400, 415, 420, 429-30, 455, 457-8
　——アリョーシャ　Alyosha　353, 464, 467, 469, 556, 559
　——イワン　Ivan　464
　——ソーニャ　Sonia　457-8
　——ドミートリ　Dmitri　429
　——ムイシュキン公爵　Myshkin　353
　——ラスコーリニコフ　Raskolnikov　458

ドツィエヴィツキー　Dziewicki, M. H.　394
ドネリ　Donnelly, Lucy Mary　146, 317
ドプルホフ　Doblhoff　116
トムソン　Thompson, J. J.　160
トラークル　Trakl, Georg　351, 353-5, 357, 378-9
トルストイ　Tolstoy, Leo　53, 69, 184, 265-6, 322, 375-6, 383-4, 388, 400, 420, 424, 429, 457, 459, 553, 559
ドールトン　Dalton, John　108
ドルーリ　Drury, M. O'C.　65, 126, 153, 532, 539, 554
トレヴェリアン　Trevelyan, George　461
ドレグニ，アーン　Draegni, Arne　322
ドレグニ，ハルヴァー　Draegni, Halvar　322
ドロービル　Drobil, Michael　451, 453-4, 476

ナ行

ナコー伯爵　Nako　28
ニコ　Nicod, J.　482
ニーチェ　Nietzsche, Friedrich　54, 59, 380, 382-3, 388-9, 553
　——ツァラトゥストラ　Zarathustra　498
ニュートン　Newton, Isaac　57, 222, 523
ニューマン枢機卿　Newman, J. H.　259
ネストロイ　Nestroy, Johann Nepomuk　59, 209
ノイゲバウアー　Neugebauer, Hugo　355
ノイラート　Neurath, Otto　567
ノートン　Norton, Henry Tertius James (Harry)　257

ハ行

ハイエク　Hayek, Friedrich A. von　528, 536, 548, 558
ハイエノールト　Heijenoort, Jean van　567
ハイドン　Haydn, Joseph　32, 54, 209, 456
ハインリヒ　Heinrich, Karl Borromäus　354
ハウアー　Hauer, Karl　354-5
バウマイアー　Baumayer, Marie　32
パウリ男爵　Pauli, Di　25
パーカー・オヴ・ウォディントン　Parker of Waddington　547
バークリ　Berkeley, George　65, 222
ハーゲス　Hergeth, Anton　452
パスカル　Pascal, Blaise　194
ハッカー　Hacker, Peter M. S.　132
バッハ　Bach, J. S.　211, 215, 422, 454, 456

ハーディ　Hardy, G. H.　104, 158, 160, 241, 247, 257, 268, 338, 341, 343-4, 494, 536, 542, 544
パティソン　Patisson, Gilbert　236
バトラー　Butler, J. R. M.　159
バートリ三世　Bartley III, W. W.　564
バートレット　Bartlett, F. C.　158, 212-3
バーナビ　Burnaby, J.　159
パラク　Parak, Franz　450-7, 463, 559
ハル　Hall, von　26
ハロッド　Harrod, R. F.　160, 249, 541
バーンズ　Barnes, the Bishop　547
バンバー　Bamber, J.　110, 118, 120
ピクソーン　Pickthorn, K. W. M.　159
ビスマルク　Bismarck, Otto von　11, 25, 524
ピッチャー　Pitcher, George　400, 554
ヒトラー　Hitler, Adolf　84-5
ピープス　Pepys, Samuel　93
ヒューゲル　Hügel, Franziska von　195
ヒューム　Hume, David　202, 222
ビョルンソン　Bjoernson, Bjoernsterne　323
ビーラー　Bieler, Max　397, 399-401, 554
ピンセント, G. H. S.　Pinsent, G. H. S.　159
ピンセント, エレン　Pinsent, Ellen　202, 232, 446
ピンセント, デイヴィド・ヒューム　Pinsent, David Hume　82, 88, 155-6, 159, 174, 202-3, 205-12, 216-8, 223-4, 229-33, 236, 246, 261-3, 266-9, 284-5, 287, 291, 293, 303, 305-12, 314-5, 318, 350, 359-60, 368, 380, 404, 422-3, 446, 473, 529, 538, 540, 547, 550
ヒンデンブルク　Hindenburg, Paul von　371-2, 412
ファイヒンガー　Vaihinger, H.　494
フィグドール, ヴィリ　Figdor, Willi　34
フィグドール, ファニー　Figdor, Fanny　5, 8, 14, 37, 527
フィッカー　Ficker, Ludwig von　61, 351-9, 379, 394, 403, 468, 478-81, 495, 501, 552, 563
フィリッピ　Filippi, Filippo de　461
フーヴァー　Hoover, H. C.　459
フォスター　Forster, E. M.　203, 543
フォックス将軍　Fox　436
フッサール　Husserl, Edmund　416
フライターク　Freytag, Gustav　6
ブラウアー　Brouwer, L. E. J.　128
ブラウミュラー（出版）　Braumüller　478, 481

マ行

ヤ行

ラ行

ワ行

文献対照表

本訳書中では文献名をすべて邦訳してある。読者の文献検索の便宜を考え，以下に邦訳文献名と原書中の欧文文献名との対照表を掲載する．

アリストテレス，ゲーテ，トルストイなどの著作の場合，原書中の英訳題名を対照させるのはあまり意味のあることとは思われないが，それらも含めた全部について対照させてある．原書中に発行年の指示のあるものについては、それも付記した．なお，文献名は原書中でしばしば略記されている（例えば，エンゲルマン『ルートヴィヒ・ウィトゲンシュタインの手紙と回想』が『手紙と回想』あるいは『回想』などのように）．前後関係から誤解の余地はないので，原書中の略記は本訳書本文中でも略記のままとし，この文献表においては正式な文献名を記しておく．

ウィトゲンシュタインの著作の邦訳としては、『論理哲学論考』（法政大学出版局）のほか，『ウィトゲンシュタイン全集』（大修館書店）に主要著作が収録されている．ウィトゲンシュタイン関連の外国語ならびに邦語の文献については，山本・黒崎編『ウィトゲンシュタイン小事典』（大修館書店）がかなりよく網羅しているのでそれを参照されたい．

ア行

アウグスティヌス　Augustine
　『告白』 *Confessions*.
　『八三問題集』 *De diversis quaestionibus 83*.
アリストテレス　Aristotle
　『トピカ』 *Topics*.
　『分析論前書』 *Prior Analytics*.
アレグザンダー　Alexander, Samuel
　『空間・時間・神』 *Space, Time and Deity*, 1929.
アンスコム／ギーチ　Anscombe, G. E. M./Geach, P. T.
　『哲学の三人』 *Three Philosophers*.
アンツェングルーバー　Anzengruber, Ludwig
　『十字を書く人々』 *Die Kreuzelschreiber*.
アンブローズ／ラゼロウィッツ（編）　Ambrose, A./Lazerowitz, M. (eds.)
　『ウィトゲンシュタイン——哲学と言語』 *Ludwig Wittgenstein. Philosophy and Language*, 1972.
イェーガー　Jager, R.
　『バートランド・ラッセルの哲学の発展』 *The Development of Bertrand Russell's Philosophy*.
ヴァイニンガー　Weininger, Otto
　『究極的なことについて』 *Über die letzten Dinge*.
　『性と性格』 *Geschlecht und Charakter* (*Sex and Character*).

ウィトゲンシュタイン，カール・クリスティアン　Wittgenstein, Karl Christian
『政治経済論集』 *Politico-Economic Writings*, 1984.
「アメリカの産業発達の原因」'Die Ursachen der Entwicklung der Industrie in Amerika', 1898.
「年頭所感」'Neujahrsbetrachtungen', 1905.
ウィトゲンシュタイン，ヘルミーネ　Wittgenstein, Hermine
『家族の思い出』 *Familienerinnerungen.*
ウィトゲンシュタイン，ルートヴィヒ　Wittgenstein, Ludwig
『青色本』 *Blue Book.*
『原・論考』 *Prototractatus.*
『書簡集』 *Briefe*, 1980.
『草稿1914-16年』 *Notebooks 1914-16.*
『茶色本』 *Brown Book.*
『哲学探究』 *Philosophical Investigations.*
『哲学的考察』 *Philosophical Remarks.*
『哲学的文法』 *Philosophical Grammar.*
『文化と価値』 *Culture and Value.*
『ルートヴィヒ・フォン・フィッカー宛書簡』 *Briefe an Ludwig von Ficker, 1969.*
『論理哲学論考』(『トラクタートゥス・ロギコ=フィロソフィクス』) *Tractatus Logico-Philosophicus* (*Logisch-philosophische Abhandlung*), 1918.
「暗号日記」 Code diary.
「ウィトゲンシュタインの論理学」'Wittgenstein on Logic'.
「第三・第四手書き原稿」 The 3rd and 4th Manuscripts.
「日記」 Notebooks.
「複合体と事実」'Complex and Fact', 1931.
「ムーアへの口述ノート」'Notes dictated to Moore'.
「倫理に関する講義」'Lecture on Ethics', 1965.
「論理に関するノート」'Notes on Logic'.
ウィトゲンシュタイン，ルートヴィヒ（ウリクト編） Wittgenstein, Ludwig (ed. Wright, G.H von)
『ラッセル，ケインズ，ムーアへの手紙』 *Letters to Russell, Keynes, and Moore.*
ウィトゲンシュタイン，ルートヴィヒ（ダイアモンド編） Wittgenstein, Ludwig (ed. Diamond, C)
『数学の基礎に関するウィトゲンシュタインの講義』 *Wittgenstein's Lectures on the Foundations of Mathematics.*
ウィトゲンシュタイン，ルートヴィヒ（マクギネス編） Wittgenstein, Ludwig (ed. McGuinness, B. F.)
『ウィトゲンシュタインとウィーン学団』 *Wittgenstein und der Wiener Kreis*

(*Wittgenstein and the Vienna Circle*), 1967, 1979.
ウィトゲンシュタイン，ルートヴィヒ／ムーシオ　Wittgenstein, Ludwig/Muscio, B.
「リズムの実験（実演)」'Experiment on Rhythm (Demonstration)'.
ヴィラリ　Villari, L.
『イタリア戦線における戦い』 *The War on the Italian Front*.
ヴェシー（編）　Vesey, G. (ed.)
『ウィトゲンシュタイン理解』 *Understanding Wittgenstein*, 1974.
ヴュンシェ　Wünsche, Konrad
『小学校教師ルートヴィヒ・ウィトゲンシュタイン』 *Der Volksschullehrer Ludwig Wittgenstein*.
ウーラント　Uhland, Ludwig
『エーベルハルト伯爵のサンザシ』 *Graf Eberhards Weißdorn*.
ウリクト　Wright, Georg Henrik von
『ウィトゲンシュタイン』 *Wittgenstein*, 1982.
「ウィトゲンシュタインの『論考』の起源」'Origin of Wittgenstein's Tractatus'.
「小伝」 Biographical Sketch.
「哲学者としてのゲオルク・クリストフ・リヒテンベルク」'Georg Christoph Lichtenberg als Philosoph', 1942.
エマソン　Emerson, R. W.
『エッセー』 *Essays*.
『著作集』 *Works*.
「自己信頼」'On Self-Reliance'.
「大霊」'The Over-Soul'.
「歴史」'History'.
エーレンシュタイン　Ehrenstein, Albert
『トゥブッチュ』 *Tubutsch*.
『人間の叫び』 *Man Screams*.
エンゲルマン　Engelmann, Paul
『ルートヴィヒ・ウィトゲンシュタインの手紙と回想』 *Letters from Ludwig Wittgenstein with a Memoir*, 1967.
オグデン（編）　Ogden, C. K. (ed.)
『心理学・哲学・科学方法論に関する国際叢書』 *The International Library of Psychology, Philosophy, and Scientific Method*.
オグデン／リチャーズ　Ogden, C. K./Richards, I. A.
『意味の意味』 *The Meaning of Meaning*.
オストヴァルト　Ostwald, Wilhelm
『日曜説教集』 *Sunday Sermons*.

カ行

キューゲルゲン　Kügelgen, Wilhelm von

『過ぎ去りし日々』 *Jugenderinnerungen eines alten Mannes* (*In Bygone Days*), 1870.

キュールンベルガー　Kürnberger, Ferdinand

『文学的情事』 *Literarische Herzenssachen.*

クライスト　Kleist, Heinrich von

『ミヒャエル・コールハース』 *Michael Kohlhaas.*

クラウス　Kraus, Karl

『人類最後の日々』 *The Last Days of Mankind.*

『道徳と犯罪』 *Sittlichkeit und Kriminalität.*

『破壊された文学』 *Die demolierte Literatur.*

クラーク　Clark, Ronald

『バートランド・ラッセルの生涯』 *Life of Bertrand Russell*, 1975.

グリルパルツァー　Grillparzer, Franz

『オトカル王の幸福と最期』 *König Ottokars Glück und Ende.*

『主君の忠実なしもべ』 *Ein treuer Diener seines Herrn.*

『祖先の女』 *Die Ahnfrau.*

ケインズ，ジョン・メイナード　Keynes, John Maynard

『確率論』 *Treatise on Probability*, 1921.

『ケインズ著作集』 *Collected Writings.*

『二つの回想』 *Two Memoirs*, 1949.

「わが初期の信念」'My Early Beliefs'.

ケインズ，ジョン・ネヴィル（父）　Keynes, John Neville

『形式論理学』 *Formal Logic.*

ゲーテ　Goethe, Johann Wolfang von

『イフィゲーニエ』 *Iphigenie.*

『ヴェネチア短唱』 *Venetian Epigrams.*

『書簡』 *Epistles.*

『悲歌』 *Elegies.*

『ファウスト』 *Faust.*

『リラ』 *Lila.*

『ローマ悲歌』 *Roman Elegies.*

ケラー　Keller, Gottfried

『グライフェンゼーの代官』 *Der Landvogt von Greifensee.*

『チューリヒ短編集』 *The Zurich Stories.*

『馬子にも衣装』 *Kleider machen Leute.*

『緑のハインリヒ』 *Der grüne Heinrich.*

コフィ　Coffey, P.

『論理の科学』 *The Science of Logic*, 1912.

サ行

シェイクスピア　Shakespeare, William

『真夏の夜の夢』 *Midsummer Night's Dream*.

ジェイムズ　James, William

『宗教的経験の諸相』 *Varieties of Religious Experience*.

ジャニク／トゥールミン　Janik, A./Toulmin, S.

『ウィトゲンシュタインのウィーン』 *Wittgenstein's Vienna*, 1973.

ショーペンハウアー　Schopenhauer, Arthur

『意志と表象としての世界』 *Die Welt als Wille und Vorstellung*.

『充足理由の原理の四つの根基について』 *Die vierfache Wurzel*.

『処世術箴言』 *Aphorismen zur Lebensweisheit*.

『余録と補遺』 *Parerga und Paralipomena*.

ジョンソン　Johnson, W. E.

『論理学』 *Logic*.

「論理計算」'The Logical Calculus', 1892.

シルプ（編）　Schilpp, P.(ed.)

『G・E・ムーアの哲学』 *The Philosophy of G. E. Moore*, 1942.

『ルードルフ・カルナップの哲学』 *The Philosophy of Rudolf Carnap*.

スターン　Stern, J. P.

『リヒテンベルク』 *Lichtenberg*, 1963.

ストレイチ，リットン　Strachey, Lytton

『フランス文学の里程標』 *Landmarks in French Literature*.

ストーン　Stone, Norman

『東部戦線1914-17年』 *The Eastern Front 1914-17*, 1975.

スピノザ　Spinoza, Baruch

『神学政治論』 *Tractatus Theologico-Politicus*.

タ行

ダメット　Dummett, Michael

『フレーゲ——言語の哲学』 *Frege : Philosophy of Language*.

ダンテ　Dante Alighieri

『煉獄篇』（『神曲』） *Purgatorio* (*Divina Commedia*), 1307-21.

ツヴァイク，シュテファン　Zweig, Stefan

『昨日の世界』 *Die Welt von gestern*, 1955.

ディキンソン，ゴールズワージー・ロウズ　Dickinson, Goldsworthy Lowes

『自伝』 *Autobiography*, 1973.

ドストエフスキー　Dostoevsky, F. M.

『カラマーゾフの兄弟』 *The Brothers Karamazov*.

『罪と罰』 *Crime and Punishment.*
トルストイ Tolstoy, Leo
『ハジ・ムラート』 *Hadji Murat.*
『復活』 *Resurrection.*
『民話』 *Simple Tales.*
『要約福音書』 *The Gospel in Brief.*

ナ行

ニーチェ Nietzsche, Friedrich
『アンチクリスト』 *Der Antichrist.*
『ヴァーグナーの場合』 *Der Fall Wagner.*
『偶像の黄昏』 *Götzen-Dämmerung.*
『力への意志』 *Der Wille zur Macht.*
『ニーチェ対ヴァーグナー』 *Nietzsche contra Wagner.*
ネド／ランケッティ Nedo/Ranchetti
『ルートヴィヒ・ウィトゲンシュタイン——写真と資料によるその生涯』 *Ludwig Wittgenstein, sein Leben in Bildern und Texten,* 1989.

ハ行

ハイエノールト Heijenoort, Jean van
「言語としての論理と計算法としての論理」 'Logic as language and logic as calculus', 1967.
ハーゲス Hergeth, Anton
『論理学と教育理論』 *Logic and Educational Theory.*
パスカル Pascal, Blaise
『パンセ』 *Pensées.*
『プロヴァンシャル』 *Lettres Provinciales.*
ハッカー Hacker, Peter M. S.
『洞察と幻想』 *Insight and Illusion.*
ハーディ Hardy, G. H.
『純粋数学』 *Pure Mathematics.*
『数学者の弁明』 *A Mathematician's Apology.*
『哲学者のための数学』 *Mathematics for Philosophers.*
バートリ三世 Bartley III, W. W.
『ウィトゲンシュタイン』 *Wittgenstein.*
パラク Parak, Franz
「私がウィトゲンシュタインと共に捕虜であったとき」 'Als ich mit Wittgenstein in der Gefangenschaft war', 1984.
ハルグルーヴ Hargrove, E. C.
「ウィトゲンシュタイン，バートリ，グレッケルの学校改革」 'Wittgenstein,

Bartley, and the Glöckel School Reform', 1980.
ハロッド　Harrod, R. F.
『J. M. ケインズの生涯』 *A Life of J. M. Keynes*.
ヒトラー　Hitler, Adolf
『わが闘争』 *Mein Kampf*.
ヒューズ　Hughes, Arthur
『トム・ブラウンの学校時代』 *Tom Brown's Schooldays*.
ヒールド　Heald, David
「グリルパルツァーとドイツ人」'Grillparzer and the Germans', 1971-2.
ファン（編） Fann, K. (ed.)
『ルートヴィヒ・ウィトゲンシュタイン――人と哲学』 *Ludwig Wittgenstein: The Man and His Philosophy*, 1967.
フィッカー　Ficker, Ludwig von
「リルケと未知の友人」'Rilke und der unbekannte Freund', 1954.
フォスター　Forster, E. M.
『ゴールズワージー・ロウズ・ディキンソン』 *Goldsworthy Lowes Dickinson*, 1934.
『ハワーズ・エンド』 *Howard's End*.
フライターク　Freytag, Gustav
『借方と貸方』 *Soll und Haben*, 1855.
ブラウン　Brown, Peter
『アウグスティヌス』 *Augustine*.
プラトン　Plato
『パイドロス』 *Phaedrus*.
フレーゲ　Frege, Gottlob
『算術の基礎』 *Die Grundlagen der Arithmetik*, 1884.
『算術の基本法則』 *Grundgesetze der Arithmetik*, 1893.
『書簡集』 *Briefwechsel*, 1976.
『哲学的・数学的書簡集』 *Philosophical and Mathematical Correspondence*, 1980.
「思想」'Der Gedanke'.
ブロウツェク（編） Broucek, P. (ed.)
『黄昏の中の一将軍』 *Ein General im Zwielicht*, 1980.
ヘラー　Heller, Erich
「ルートヴィヒ・ウィトゲンシュタイン――非哲学的ノート」'Ludwig Wittgenstein, Unphilosophical Notes', 1959.
ホーフマンスタール　Hofmannsthal, Hugo von
『チャンドス卿の手紙』 *Brief des Lord Chandos*, 1901.
ボルツマン　Boltzmann, Ludwig
『通俗著作集』 *Populäre Schriften*, 1905.

「ショーペンハウアーのテーゼについて」'Über eine These Schopenhauers',
ホルロイド　Holroyd, Michael
『リットン・ストレイチ』 *Lytton Strachey*.

マ行

マイアーズ　Myers, C. S.
『心の領域』 *In the Realm of Mind*, 1937.
『W. M. リッジウェイ献呈論文集』 *Essays Presented to W. M. Ridgeway*, 1913.
「音楽の起源」'The Beginnings of Music'.
マウトナー　Mauthner, F.
『言語批判』 *Critique of Language*.
マクギネス　McGuinness, Brian
「バートランド・ラッセルとルートヴィヒ・ウィトゲンシュタインの『論理に関するノート』」'Bertrand Russell and Ludwig Wittgenstein's "Notes on Logic"', 1972.
「『論考』における言語と実在」'Language and Reality in the Tractatus', 1985.
「『論考』の基本思想」'The Grundgedanke of the Tractatus'.
「『論考』の神秘主義」'The Mysticism of the Tractatus', 1966.
マッハ　Mach, Ernst
『熱学の諸原理』 *Theory of Heat*.
マルクス・アウレリウス　Marcus Aurelius
『自省録』 *Ad se ipsum*.
マルコム　Malcolm, Norman
『回想のルートヴィヒ・ウィトゲンシュタイン』 *Ludwig Wittgenstein: A Memoir*, 1984.
『何も隠されてはいない』 *Nothing is Hidden*, 1986.
ムーア，ジョージ・E.　Moore, George E.
『哲学の主要問題』 *Some Main Problems of Philosophy*.
『プリンキピア・エティカ』 *Principia Ethica*.
『倫理学』 *Ethics*, 1912.
「自伝」'Autobiography'.
「判断について」'On Judgment', 1899.
「判断の本質」'The Nature of Judgment', 1899.
メーリケ　Mörike, Eduard
『不屈の男の童話』 *Das Märchen vom sicheren Mann*.
モリエール　Molière
『女学者』 *Les Femmes savantes*.
『気で病む男』 *Malade imaginaire*.

ラ行

ライトナー　Leitner, Bernard

『ルートヴィヒ・ウィトゲンシュタインの建築』 *The Architecture of Ludwig Wittgenstein.*

ラッセル，バートランド　Russell, Bertrand

『外界に関するわれわれの知識』 *Our Knowledge of the External World*, 1914.

『自伝的回想』 *Portraits from Memory.*

『神秘主義と論理ほか』 *Mysticism and Logic and Other Essays*, 1918.

『数学の原理』 *Principles of Mathematics*, 1902.

『数理哲学序説』 *Introduction to Mathematical Philosophy.*

『知識の理論』 *Theory of Knowledge.*

『哲学における科学的方法』 *Scientific Method in Philosophy*, 1914.

『哲学の諸問題』 *The Problems of Philosophy*, 1959.

『哲学論集』 *Philosophical Essays*, 1910.

『バートランド・ラッセル自伝』 *Autobiography*, 1968.

『バートランド・ラッセル著作集』 *Collected Papers of Bertrand Russell.*

『物質の分析』 *The Analysis of Matter*, 1927.

『プリンキピア・マテマティカ』 *Principia Mathematica.*

『分析論文集』 *Essays in Analysis.*

『論理と認識』 *Logic and Knowledge.*

「感覚与件と物理学の関係」'The Relation of Sense-data to Physics', 1914.

「原因という概念について」'On the Notion of Cause', 1912.

「宗教の本質」'The Essence of Religion', 1912.

「自由人の信仰」'A Free Man's Worship', 1903.

「数学の研究」'The Study of Mathematics', 1907.

「複合体と仮定に関するマイノングの理論」'Meinong's Theory of Complexes and Assumptions', 1904.

「物質――問題提起――」'Matter--the Problem Stated'.

「物質について」'On Matter', 1912.

「普遍と特殊の関係について」'On the Relations of Universals and Particulars', 1911.

「倫理学の諸要素」'The Elements of Ethics', 1908.

リーヴィス　Leavis, F. R.

「ウィトゲンシュタインのいくつかの思い出」'Memories of Wittgenstein'.

リーズ（編）　Rhees, Rush (ed.)

『ウィトゲンシュタインの思い出』 *Recollections of Wittgenstein*, 1984.

リヒテンベルク　Lichtenberg, Georg Christoph

『選集』 *Vermischte Schriften.*

ルックハート（編）　Luckhardt, C. G. (ed.)

『ウィトゲンシュタイン——資料と展望』 *Wittgenstein. Sources and Perspectives*, 1979.

レイモン　Reymond, Emil du Bois

『世界の謎』 *Die Welträtsel*.

レオパルディ　Leopardi

『瞑想集』 *Zibaldone*.

ロイター　Reuter, Fritz

『古譚・我が農耕の日々』 *Ut min stromtid* (*An Old Story of My Farming Days*), 1964.

ロイド=ジョージ　Lloyd-George, David

『戦時日記』 *War Diaries*.

ロース　Loos, Adolf

『芸術局のための要綱』 *Richtlinien für ein Kunstamt*, 1919.

『虚空に語る』 *Ins Leere gesprochen*.

ワ行

ワルター　Walter, Bruno

『主題と変奏』 *Theme and Variations*, 1967.

定期刊行物・論集・その他

『アリストテレス協会会誌』 *Proceedings of the Aristotelian Society*.

『英国学士院会報』 *Proceedings of the British Academy*.

『英国心理学会誌』 *British Journal of Psychology*.

『エンカウンター』 *Encounter*.

『王立学士院会員追悼記録』 *Obituary Notices of Fellows of the Royal Society*.

『オクスフォード・ドイツ研究』 *Oxford German Studies*.

『オーストリア=ハンガリーの最後の戦争』 *Österreich-Ungarns letzter Krieg*.

『カール・クラウス研究』 *Studien über Karl Kraus*, 1913.

『季刊・純粋数学および応用数学』 *Quarterly Journal of Pure and Applied Mathematics*.

『ケンブリッジ・マガジン』 *Cambridge Magazine*.

『ケンブリッジ・レヴュー』 *The Cambridge Review*.

『国際哲学雑誌』 *Revue internationale de Philosophie*.

『自然哲学年報』 *Annalen der Naturphilosophie*.

『ジャーナル・オヴ・ヒストリー・オヴ・フィロソフィー』 *Journal of the History of Philosophy*.

『ジュンテーゼ』 *Synthese*.

『心理学と感官生理学の雑誌』 *Zeitschrift für Psychologie und Physiologie der Sinnesorgane*.

『体系哲学雑誌』 *Archiv für systematische Philosophie*.

『タイムズ』 *The Times.*
『デイリー・テレグラフ』 *Daily Telegraph.*
『テオリア』 *Theoria.*
『ドイツ観念論哲学論集』 *Beiträge zur Philosophie des deutschen Idealismus.*
『南東ドイツ学期報』 *Südostdeutsche Semesterblätter.*
『ノイエ・フライエ・プレッセ』 *Neue Freie Presse.*
『ヒバート・ジャーナル』 *Hibbert Journal.*
『ヒューマン・ワールド』 *The Human World.*
『ファッケル』 *Die Fackel.*
『フィロソフィカル・マガジン』 *Philosophical Magazine.*
『フィロソフィカル・レヴュー』 *Philosophical Review.*
『プシュケー』 *Psyche.*
『ブリタニカ百科事典』 *Encyclopaedia Britannica.*
『ブレンナー』 *Der Brenner.*
『ヘルマテマ』 *Hermathema.*
『ベルリン学生寮速報』 *Berliner Bursen-Kurier.*
『マインド』 *Mind.*
『モニスト』 *Monist.*
『モルゲン・下オーストリア文化雑誌』 *Morgen. Kulturzeitschrift aus Nieder-österreich.*
『ラッセル』 *Russell.*